大学赤本シリーズ

547

立命館大学

理系－全学統一方式・学部個別配点方式・理系型３教科方式・薬学方式

教学社

は し が き

おかげさまで，大学入試の「赤本」は，今年で創刊 70 周年を迎えました。

これまで，入試問題や資料をご提供いただいた大学関係者各位，掲載許可をいただいた著作権者の皆様，各科目の解答や対策の執筆にあたられた先生方，そして，赤本を使用してくださったすべての読者の皆様に，厚く御礼を申し上げます。

以下に，創刊初期の「赤本」のはしがきを引用します。これからも引き続き，受験生の目標の達成や，夢の実現を応援してまいります。

本書を活用して，入試本番では持てる力を存分に発揮されることを心より願っています。

編者しるす

＊　＊　＊

学問の塔にあこがれのまなざしをもって，それぞれの志望する大学の門をたたかんとしている受験生諸君！　人間として生まれてきた私たちは，自己の欲するままに，美しく，強く，そして何よりも人間らしく生きることをねがっている。しかし，一朝一夕にして，この純粋なのぞみが達せられることはない。私たちの行く手には，絶えずさまざまな試練がまちかまえている。この試練を克服していくところに，私たちのねがう真に人間的な世界がはじめて開かれてくるのである。

人生最初の最大の試練として，諸君の眼前に大学入試がある。この大学入試は，精神的にも身体的にも，大きな苦痛を感ぜしめるであろう。あるスポーツに熟達するには，たゆみなき，はげしい練習を積み重ねることが必要であるように，私たちは，計画的・持続的な努力を払うことによって，この試練を克服し，次の一歩を踏みだすことができる。厳しい試練を経たのちに，はじめて満足すべき成果を獲得できるのである。

本書は最近の入学試験の問題に，それぞれ解答を付し，さらに問題をふかく分析することによって，その大学独特の傾向や対策をさぐろうとした。本書を一般の参考書とあわせて使用し，まとはずれのない，効果的な受験勉強をされるよう期待したい。

（昭和 35 年版「赤本」はしがきより）

挑む人の、いちばんの味方

1954年に大学入試の過去問題集を刊行してから70年。赤本は大学に入りたいと思う受験生を応援しつづけてきました。これからも，苦しいとき落ち込むときにそばで支える存在でいたいと思います。

そして，勉強をすること，自分で道を決めること，努力が実ること，これらの喜びを読者の皆さんが感じることができるよう，伴走をつづけます。

そもそも赤本とは…

受験生のための大学入試の過去問題集！

70年の歴史を誇る赤本は，500点を超える刊行点数で全都道府県の370大学以上を網羅しており，過去問の代名詞として受験生の必須アイテムとなっています。

なぜ受験に過去問が必要なのか？

大学入試は大学によって問題形式や頻出分野が大きく異なるからです。

赤本の掲載内容

傾向と対策

これまでの出題内容から，問題の「**傾向**」を分析し，来年度の入試に向けて具体的な「**対策**」の方法を紹介しています。

問題編・解答編

- 年度ごとに問題とその解答を掲載しています。
- 「**問題編**」ではその年度の試験概要を確認したうえで，実際に出題された過去問に取り組むことができます。
- 「**解答編**」には高校・予備校の先生方による解答が載っています。

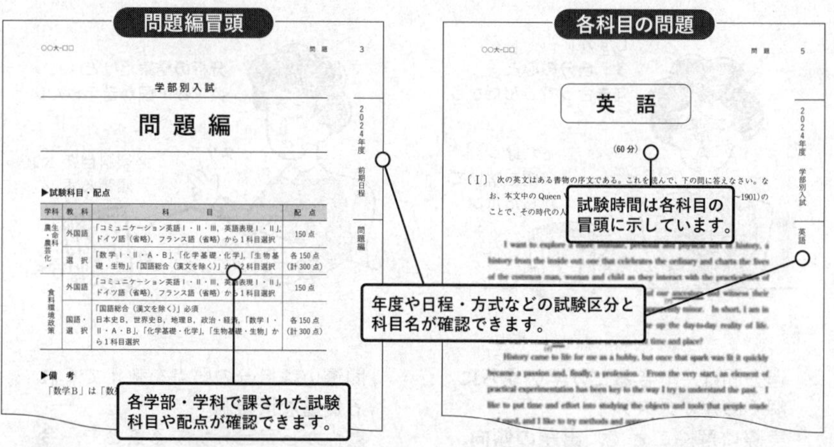

他にも，大学の基本情報や，先輩受験生の合格体験記，在学生からのメッセージなどが載っていることがあります。

掲載内容について

著作権上の理由やその他編集上の都合により問題や解答の一部を割愛している場合があります。
なお，指定校推薦入試，社会人入試，編入学試験，帰国生入試などの特別入試，英語以外の外国語科目，商業・工業科目は，原則として掲載しておりません。また試験科目は変更される場合がありますので，あらかじめご了承ください。

受験勉強は

過去問に始まり，

STEP 1

なにはともあれ

まずは解いてみる

過去問は，**できるだけ早いうちに解く**のがオススメ！
実際に解くことで，**出題の傾向，問題のレベル，今の自分の実力**がつかめます。

STEP 2

じっくり具体的に

弱点を分析する

間違いは自分の弱点を教えてくれる**貴重な情報源**。
弱点から自己分析することで，**今の自分に足りない力や苦手な分野**が見えてくるはず！

合格者があかす
赤本の使い方

傾向と対策を熟読
（Fさん／国立大合格）

大学の出題傾向を調べるために，赤本に載っている「傾向と対策」を熟読しました。

繰り返し解く
（Tさん／国立大合格）

1周目は問題のレベル確認，2周目は苦手や頻出分野の確認に，3周目は合格点を目指して，と過去問は繰り返し解くことが大切です。

赤本の使い方 解説

過去問に終わる。

STEP 3 志望校にあわせて

苦手分野の重点対策

参考書や問題集を活用して，苦手分野の**重点対策**をしていきます。**過去問を指針**に，合格へ向けた具体的な学習計画を立てましょう！

STEP 1▶2▶3 サイクルが大事！

実践を繰り返す

STEP 1～3を繰り返し，実力アップにつなげましょう！
出題形式に慣れることや，**時間配分を考えること**も大切です。

目標点を決める
(Yさん／私立大合格)
赤本によっては合格者最低点が載っているので，それを見て目標点を決めるのもよいです。

時間配分を確認
(Kさん／私立大学合格)
赤本は時間配分や解く順番を決めるために使いました。

添削してもらう
(Sさん／私立大学合格)
記述式の問題は先生に添削してもらうことで自分の弱点に気づけると思います。

新課程入試 Q&A

2022年度から新しい学習指導要領（新課程）での授業が始まり，2025年度の入試は，新課程に基づいて行われる最初の入試となります。ここでは，赤本での新課程入試の対策について，よくある疑問にお答えします。

Q1. 赤本は新課程入試の対策に使えますか？

A. もちろん使えます！

旧課程入試の過去問が新課程入試の対策に役に立つのか疑問に思う人もいるかもしれませんが，心配することはありません。旧課程入試の過去問が役立つのには次のような理由があります。

● 学習する内容はそれほど変わらない

新課程は旧課程と比べて科目名を中心とした変更はありますが，学習する内容そのものはそれほど大きく変わっていません。また，多くの大学で，既卒生が不利にならないよう「経過措置」がとられます（Q３参照）。したがって，出題内容が大きく変更されることは少ないとみられます。

● 大学ごとに出題の特徴がある

これまでに課程が変わったときも，各大学の出題の特徴は大きく変わらないことがほとんどでした。入試問題は各大学のアドミッション・ポリシーに沿って出題されており，過去問にはその特徴がよく表れています。過去問を研究してその大学に特有の傾向をつかめば，最適な対策をとることができます。

出題の特徴の例	・英作文問題の出題の有無 ・論述問題の出題（字数制限の有無や長さ） ・計算過程の記述の有無

新課程入試の対策も，赤本で過去問に取り組むところから始めましょう。

Q2. 赤本を使う上での注意点はありますか？

A. 志望大学の入試科目を確認しましょう。

注意

過去問を解く前に，過去の出題科目（問題編冒頭の表）と 2025 年度の募集要項とを比べて，課される内容に変更がないかを確認しましょう。ポイントは以下のとおりです。科目名が変わっていても，実際は旧課程の内容とほとんど同様のものもあります。

英語・国語	科目名は変更されているが，実質的には変更なし。 ▶▶ **ただし，リスニングや古文・漢文の有無は要確認。**
地歴	科目名が変更され，「歴史総合」「地理総合」が新設。 ▶▶ **新設科目の有無に注意。ただし，「経過措置」（Q3参照）により内容は大きく変わらないことも多い。**
公民	「現代社会」が廃止され，「公共」が新設。 ▶▶ **「公共」は実質的には「現代社会」と大きく変わらない。**
数学	科目が再編され，「数学C」が新設。 ▶▶ **「数学」全体としての内容は大きく変わらないが，出題科目と単元の変更に注意。**
理科	科目名も学習内容も大きな変更なし。

数学については，科目名だけでなく，どの単元が含まれているかも確認が必要です。例えば，出題科目が次のように変わったとします。

旧課程	「数学Ⅰ・数学Ⅱ・数学A・数学B（数列・ベクトル）」
新課程	「数学Ⅰ・数学Ⅱ・数学A・**数学B（数列）・数学C（ベクトル）**」

この場合，新課程では「数学C」が増えていますが，単元は「ベクトル」のみのため，実質的には旧課程とほぼ同じであり，過去問をそのまま役立てることができます。

Q3. 「経過措置」とは何ですか？

A. 既卒の旧課程履修者への対応です。

多くの大学では，既卒の旧課程履修者が不利にならないように，出題において「経過措置」が実施されます。措置の有無や内容は大学によって異なるので，募集要項や大学のウェブサイトなどで確認しておきましょう。

○旧課程履修者への経過措置の例

- 旧課程履修者にも配慮した出題を行う。
- 新・旧課程の共通の範囲から出題する。
- 新課程と旧課程の共通の内容を出題し，共通範囲のみでの出題が困難な場合は，旧課程の範囲からの問題を用意し，選択解答とする。

例えば，地歴の出題科目が次のように変わったとします。

旧課程	「日本史 B」「世界史 B」から１科目選択
新課程	「**歴史総合**，日本史探究」「**歴史総合**，世界史探究」から１科目選択※ ※旧課程履修者に不利益が生じることのないように配慮する。

「歴史総合」は新課程で新設された科目で，旧課程履修者には見慣れないものですが，上記のような経過措置がとられた場合，新課程入試でも旧課程と同様の学習内容で受験することができます。

新課程の情報は WEB もチェック！
より詳しい解説が赤本ウェブサイトで見られます。
https://akahon.net/shinkatei/

科目名が変更される教科・科目

	旧課程	新課程
国語	国語総合 国語表現 現代文A 現代文B 古典A 古典B	**現代の国語 言語文化 論理国語 文学国語 国語表現 古典探究**
地歴	日本史A 日本史B 世界史A 世界史B 地理A 地理B	**歴史総合 日本史探究 世界史探究 地理総合 地理探究**
公民	現代社会 倫理 政治・経済	**公共 倫理 政治・経済**
数学	数学Ⅰ 数学Ⅱ 数学Ⅲ 数学A 数学B 数学活用	**数学Ⅰ 数学Ⅱ 数学Ⅲ 数学A 数学B 数学C**
外国語	コミュニケーション英語基礎 コミュニケーション英語Ⅰ コミュニケーション英語Ⅱ コミュニケーション英語Ⅲ 英語表現Ⅰ 英語表現Ⅱ 英語会話	**英語コミュニケーションⅠ 英語コミュニケーションⅡ 英語コミュニケーションⅢ 論理・表現Ⅰ 論理・表現Ⅱ 論理・表現Ⅲ**
情報	社会と情報 情報の科学	**情報Ⅰ 情報Ⅱ**

大学のサイトも見よう

目　次

2022年度 問題と解答

解答用紙は，赤本オンラインに掲載しています。

https://akahon.net/kkm/rit/index.html

※掲載内容は，予告なしに変更・中止する場合があります。

掲載内容についてのお断り

全学統一方式は，２日程のうち２月２日実施分を掲載しています。

立命館大学

基本情報

沿革

1869（明治 2）　西園寺公望（学祖）が私塾「立命館」を創始
1900（明治 33）　中川小十郎が私立京都法政学校を創立
1903（明治 36）　専門学校令により私立京都法政専門学校となる
1904（明治 37）　私立京都法政大学と改称
1913（大正 2）　私立立命館大学と改称
1922（大正 11）　大学令による大学として発足。法学部を設置
1948（昭和 23）　新制大学発足（法・経済・文の 3 学部）
1949（昭和 24）　理工学部を設置
1962（昭和 37）　経営学部を設置
1965（昭和 40）　産業社会学部を設置
　　✎広小路キャンパスから衣笠キャンパスへの移転開始（1981 年まで）
1988（昭和 63）　国際関係学部を設置
1994（平成 6）　政策科学部を設置　✎びわこ・くさつキャンパス開設

2000（平成 12）	立命館創始 130 年・学園創立 100 周年
	立命館アジア太平洋大学開学
2004（平成 16）	情報理工学部を設置
2007（平成 19）	映像学部を設置
2008（平成 20）	生命科学部・薬学部を設置
2010（平成 22）	スポーツ健康科学部を設置
2015（平成 27）	大阪いばらきキャンパス開設
2016（平成 28）	総合心理学部を設置
2018（平成 30）	食マネジメント学部を設置
2019（平成 31）	グローバル教養学部を設置

校章

1913（大正 2 ）年に学校の名を立命館大学と改称したのに伴って，「立命」の二文字を図案化した校章が制定されました。1935（昭和 10）年頃には「立命」の文字を金色とし，「大」の文字を銀色で表すものになりました。「立命」の文字に「大学」をあしらう現在の校章になったのは，1941（昭和 16）年頃のことだといわれています。

学部・学科の構成

大　学

●**法学部**　衣笠キャンパス

法学科（法政展開，司法特修，公務行政特修）

●**産業社会学部**　衣笠キャンパス

現代社会学科（現代社会専攻，メディア社会専攻，スポーツ社会専攻，子ども社会専攻，人間福祉専攻）

●**国際関係学部**　衣笠キャンパス

国際関係学科（国際関係学専攻〈国際秩序平和プログラム，国際協力開発プログラム，国際文化理解プログラム，国際公務プログラム〉，グローバル・スタディーズ専攻〈Governance and Peace Cluster, Development and Sustainability Cluster, Culture and Society Cluster〉）

アメリカン大学・立命館大学国際連携学科

●**文学部**　衣笠キャンパス

人文学科（人間研究学域〈哲学・倫理学専攻，教育人間学専攻〉，日本文学研究学域〈日本文学専攻，日本語情報学専攻〉，日本史研究学域〈日本史学専攻，考古学・文化遺産専攻〉，東アジア研究学域〈中国文学・思想専攻，東洋史学専攻，現代東アジア言語・文化専攻〉，国際文化学域〈英米文学専攻，ヨーロッパ・イスラーム史専攻，文化芸術専攻〉，地域研究学域〈地理学専攻，地域観光学専攻〉，国際コミュニケーション学域〈英語圏文化専攻，国際英語専攻〉，言語コミュニケーション学域〈コミュニケーション表現専攻，言語学・日本語教育専攻〉）

●**経営学部**　大阪いばらきキャンパス

国際経営学科

経営学科（組織コース，戦略コース，マーケティングコース，会計・ファイナンスコース）

●**政策科学部**　大阪いばらきキャンパス

政策科学科（政策科学専攻，Community and Regional Policy Studies 専攻）

●**総合心理学部**　大阪いばらきキャンパス

総合心理学科

●**グローバル教養学部**　大阪いばらきキャンパス，オーストラリア国立大学

グローバル教養学科

●**映像学部**　大阪いばらきキャンパス

映像学科

●**情報理工学部**　大阪いばらきキャンパス

情報理工学科（システムアーキテクトコース，セキュリティ・ネットワークコース，社会システムデザインコース，実世界情報コース，メディア情報コース，知能情報コース，Information Systems Science and Engineering Course）

●経済学部 びわこ・くさつキャンパス

経済学科（国際専攻，経済専攻）

●スポーツ健康科学部 びわこ・くさつキャンパス

スポーツ健康科学科

●食マネジメント学部 びわこ・くさつキャンパス

食マネジメント学科

●理工学部 びわこ・くさつキャンパス

数理科学科（数学コース，データサイエンスコース）

物理科学科

電気電子工学科

電子情報工学科

機械工学科

ロボティクス学科

環境都市工学科（都市システム工学コース，環境システム工学コース）

建築都市デザイン学科

●生命科学部 びわこ・くさつキャンパス

応用化学科

生物工学科

生命情報学科

生命医科学科

●薬学部 びわこ・くさつキャンパス

薬学科［6年制］

創薬科学科［4年制］

（備考）学科・専攻・コース等に分属する年次はそれぞれで異なる。

大学院

法学研究科 / 社会学研究科 / 国際関係研究科 / 文学研究科 / 経営学研究科 / 政策科学研究科 / 人間科学研究科 / 映像研究科 / 情報理工学研究科 / 経済学研究科 / スポーツ健康科学研究科 / 食マネジメント研究科 / 理工学研究科 / 生命科学研究科 / 薬学研究科 / 言語教育情報研究科 / 先端総合学術研究科 / テクノロジー・マネジメント研究科 / 法務研究科（法科大学院）/ 教職研究科（教職大学院）/ 経営管理研究科（ビジネススクール）

大学所在地

衣笠キャンパス

びわこ・くさつキャンパス

大阪いばらきキャンパス

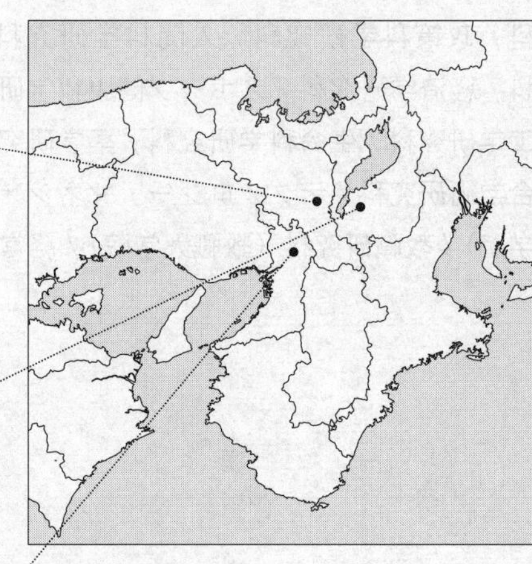

衣笠キャンパス　〒603-8577　京都市北区等持院北町 56-1
びわこ・くさつキャンパス　〒525-8577　滋賀県草津市野路東 1-1-1
大阪いばらきキャンパス　〒567-8570　大阪府茨木市岩倉町 2-150

入試データ

2024 年度 一般選抜方式一覧

全学統一方式	文系学部は英語，国語，選択科目，理系学部は英語，数学，理科の合計点で判定される立命館大学のメイン入試。グローバル教養学部を除く全学部で実施。
学部個別配点方式	全学統一方式と同一の出題形式で，学部・学科・学域ごとに科目の指定や配点が異なる。グローバル教養学部を除く全学部で実施。 映像学部は文系型と理科 1 科目型を実施。 情報理工学部は理科 1 科目型を実施。 理工学部・生命科学部・薬学部は理科 1 科目型と理科 2 科目型を実施。
理系型 3 教科方式	総合心理学部・スポーツ健康科学部・食マネジメント学部で実施。全学統一方式（理系）と教科は同じだが，数学の出題範囲は「数学Ⅰ・Ⅱ・A・B」で実施。
薬学方式	薬学部で実施。全学統一方式（理系）と教科は同じだが，数学の出題範囲は「数学Ⅰ・Ⅱ・A・B」で実施。
IR方式 （英語資格試験利用型）	国際関係学部で実施。英語，国際関係に関する英文読解，英語外部資格試験（得点換算）による入試。
共通テスト方式	共通テストの得点のみで合否判定。個別試験は実施しない。グローバル教養学部を除く全学部で実施。 7 科目型，5 教科型（薬学部除く），3 教科型を実施。 後期型は，5 教科型（薬学部除く），4 教科型（薬学部除く），3 教科型を実施。
共通テスト併用方式	大学独自の試験科目と共通テスト（各学部が指定する科目）の総合点で合否判定をする入試。グローバル教養学部・薬学部を除く全学部で実施。
後期分割方式	グローバル教養学部を除く全学部で 3 月に実施。2 教科型入試（法学部・経済学部・スポーツ健康科学部は共通テスト併用の 3 教科型）。
経営学部で学ぶ感性＋共通テスト方式	経営学部経営学科で 3 月に実施。発想力，構想力，文章表現力等を通じ，「感性」を評価する入試。
共通テスト＋面接ISSE方式	情報理工学部 Information Systems Science and Engineering Course で 3 月に実施。共通テストと面接（英語）の得点の合計点で合否判定をする入試。

（注）2025 年度入試については，要項等で必ずご確認ください。

入試状況（志願者数・競争率など）

2024 年度 一般選抜状況

○競争率は受験者数÷合格者数で算出。

○合格者数には，追加合格者を含む。

学部	学科/方式	方式/学科・専攻	2024年度				
			志願者数	受験者数	合格者数	競争率	最低点/配点(得点率%)
法学部	法学科 ［法政展開 司法特修 公務行政特修］	全学統一方式(文系)	2,600	2,514	954	2.6	209/320(65.3%)
		学部個別配点方式(文系型)	521	489	203	2.4	255/400(63.8%)
		共通テスト併用方式(3教科型)	443	409	142	2.9	305/400(76.3%)
		後期分割方式(共通テスト併用3教科型)	249	238	30	7.9	208/300(69.3%)
		共通テスト方式(7科目型)	916	915	584	1.6	640/900(71.1%)
		共通テスト方式(5教科型)	498	498	319	1.6	504/700(72.0%)
		共通テスト方式(3教科型)	715	713	255	2.8	473/600(78.8%)
		共通テスト方式(後期5教科型)	75	75	37	2.0	525/700(75.0%)
		共通テスト方式(後期4教科型)	63	63	35	1.8	456/600(76.0%)
		共通テスト方式(後期3教科型)	71	71	23	3.1	480/600(80.0%)
	学部合計		6,151	5,985	2,582	2.3	−
産業社会学部	現代社会学科 現代社会専攻	全学統一方式(文系)	1,879	1,834	640	2.9	200/320(62.5%)
		学部個別配点方式(文系型)	295	289	57	5.1	326/500(65.2%)
		共通テスト併用方式(3教科型)	532	506	153	3.3	294/400(73.5%)
		後期分割方式	301	282	15	18.8	142/220(64.5%)
		共通テスト方式(7科目型)	190	190	75	2.5	657/900(73.0%)
		共通テスト方式(5教科型)	126	126	46	2.7	525/700(75.0%)
		共通テスト方式(3教科型)	497	497	156	3.2	385/500(77.0%)
		共通テスト方式(後期5教科型)	19	19	8	2.4	535/700(76.4%)
		共通テスト方式(後期4教科型)	33	33	13	2.5	465/600(77.5%)
		共通テスト方式(後期3教科型)	69	69	27	2.6	392/500(78.4%)
		小計	3,941	3,845	1,190	3.2	−
	現代社会学科 メディア社会専攻	全学統一方式(文系)	956	939	315	3.0	202/320(63.1%)
		学部個別配点方式(文系型)	236	226	34	6.6	326/500(65.2%)
		共通テスト併用方式(3教科型)	436	417	127	3.3	294/400(73.5%)
		後期分割方式	123	117	7	16.7	144/220(65.5%)
		共通テスト方式(7科目型)	71	71	26	2.7	657/900(73.0%)
		共通テスト方式(5教科型)	45	45	14	3.2	525/700(75.0%)
		共通テスト方式(3教科型)	253	252	72	3.5	385/500(77.0%)
		共通テスト方式(後期5教科型)	11	11	4	2.8	535/700(76.4%)
		共通テスト方式(後期4教科型)	19	19	8	2.4	465/600(77.5%)
		共通テスト方式(後期3教科型)	21	21	11	1.9	392/500(78.4%)
		小計	2,171	2,118	618	3.4	−
	現代社会学科 スポーツ社会専攻	全学統一方式(文系)	348	346	102	3.4	193/320(60.3%)
		学部個別配点方式(文系型)	80	77	21	3.7	311/500(62.2%)
		共通テスト併用方式(3教科型)	146	141	100	1.4	260/400(65.0%)
		後期分割方式	168	156	3	52.0	143/220(65.0%)
		共通テスト方式(7科目型)	19	19	6	3.2	657/900(73.0%)
		共通テスト方式(5教科型)	25	25	4	6.3	525/700(75.0%)
		共通テスト方式(3教科型)	73	73	9	8.1	385/500(77.0%)
		共通テスト方式(後期5教科型)	1	1	0	−	535/700(76.4%)
		共通テスト方式(後期4教科型)	2	2	1	2.0	451/600(75.2%)
		共通テスト方式(後期3教科型)	9	9	1	9.0	379/500(75.8%)
		小計	871	849	247	3.4	−
	現代社会学科 子ども社会専攻	全学統一方式(文系)	164	159	64	2.5	194/320(60.6%)
		学部個別配点方式(文系型)	49	45	8	5.6	315/500(63.0%)
		共通テスト併用方式(3教科型)	84	80	38	2.1	272/400(68.0%)
		後期分割方式	13	13	2	6.5	123/220(55.9%)
		共通テスト方式(7科目型)	49	48	19	2.5	657/900(73.0%)
		共通テスト方式(5教科型)	28	28	9	3.1	525/700(75.0%)
		共通テスト方式(3教科型)	53	53	18	2.9	385/500(77.0%)
		共通テスト方式(後期5教科型)	3	3	2	1.5	535/700(76.4%)
		共通テスト方式(後期4教科型)	5	5	1	5.0	465/600(77.5%)
		共通テスト方式(後期3教科型)	12	12	3	4.0	392/500(78.4%)
		小計	460	446	164	2.7	−

（表つづく）

学部	学科/方式	方式/学科・専攻	2024年度				
			志願者数	受験者数	合格者数	競争率	最低点/配点(得点率%)
産業社会学部	現代社会学科 人間福祉専攻	全学統一方式(文系)	386	383	161	2.4	193/320(60.3%)
		学部個別配点方式(文系型)	79	78	25	3.1	304/500(60.8%)
		共通テスト併用方式(3教科型)	144	138	103	1.3	260/400(65.0%)
		後期分割方式	86	80	4	20.0	139/220(63.2%)
		共通テスト方式(7科目型)	25	24	11	2.2	657/900(73.0%)
		共通テスト方式(5教科型)	28	28	10	2.8	525/700(75.0%)
		共通テスト方式(3教科型)	78	77	29	2.7	385/500(77.0%)
		共通テスト方式(後期5教科型)	1	1	1	1.0	535/700(76.4%)
		共通テスト方式(後期4教科型)	4	4	0	−	465/600(77.5%)
		共通テスト方式(後期3教科型)	17	17	7	2.4	392/500(78.4%)
		小計	848	830	351	2.4	−
	学部合計		8,291	8,088	2,570	3.1	−
国際関係学部	国際関係学科 国際関係学専攻	全学統一方式(文系)	1,038	1,010	364	2.8	239/350(68.3%)
		学部個別配点方式(文系型)	110	106	38	2.8	199/300(66.3%)
		共通テスト併用方式(3教科型)	92	87	22	4.0	281/350(80.3%)
		IR方式(英語資格試験利用型)	256	250	77	3.2	224/300(74.7%)
		後期分割方式	151	134	5	26.8	161/220(73.2%)
		共通テスト方式(7科目型)	98	98	30	3.3	711/900(79.0%)
		共通テスト方式(5教科型)	82	82	30	2.7	571/700(81.6%)
		共通テスト方式(3教科型)	111	111	13	8.5	540/600(90.0%)
		共通テスト方式(後期5教科型)	13	13	2	6.5	586/700(83.7%)
		共通テスト方式(後期4教科型)	16	16	3	5.3	684/800(85.5%)
		共通テスト方式(後期3教科型)	26	26	3	8.7	544/600(90.7%)
		小計	1,993	1,933	587	3.3	−
	国際関係学科 グローバル・スタディーズ専攻	IR方式(英語資格試験利用型)	196	192	30	6.4	234/300(78.0%)
	学部合計		2,189	2,125	617	3.4	−

学部	学科・学域	方式	2024年度				
			志願者数	受験者数	合格者数	競争率	最低点/配点(得点率%)
文学部	人文学科 人間研究学域	全学統一方式(文系)	463	444	167	2.7	206/320(64.4%)
		学部個別配点方式(文系型)	117	110	39	2.8	244/400(61.0%)
		共通テスト併用方式(3教科型)	53	52	16	3.3	238/300(79.3%)
		後期分割方式	166	156	26	6.0	138/220(62.7%)
		共通テスト方式(7科目型)	76	76	35	2.2	688/900(76.4%)
		共通テスト方式(5教科型)	59	59	26	2.3	539/700(77.0%)
		共通テスト方式(3教科型)	114	113	33	3.4	502/600(83.7%)
		共通テスト方式(後期5教科型)	3	3	2	1.5	617/700(88.1%)
		共通テスト方式(後期4教科型)	3	3	2	1.5	489/600(81.5%)
		共通テスト方式(後期3教科型)	5	5	1	5.0	507/600(84.5%)
		小計	1,059	1,021	347	2.9	−
	人文学科 日本文学研究学域	全学統一方式(文系)	619	605	191	3.2	210/320(65.6%)
		学部個別配点方式(文系型)	185	179	60	3.0	260/400(65.0%)
		共通テスト併用方式(3教科型)	84	81	20	4.1	231/300(77.0%)
		後期分割方式	199	191	16	11.9	148/220(67.3%)
		共通テスト方式(7科目型)	99	99	36	2.8	693/900(77.0%)
		共通テスト方式(5教科型)	62	62	24	2.6	547/700(78.1%)
		共通テスト方式(3教科型)	157	157	32	4.9	494/600(82.3%)
		共通テスト方式(後期5教科型)	2	2	1	2.0	624/700(89.1%)
		共通テスト方式(後期4教科型)	4	4	1	4.0	473/600(78.8%)
		共通テスト方式(後期3教科型)	7	7	1	7.0	492/600(82.0%)
		小計	1,418	1,387	382	3.6	−
	人文学科 日本史研究学域	全学統一方式(文系)	890	869	277	3.1	215/320(67.2%)
		学部個別配点方式(文系型)	256	247	81	3.0	272/400(68.0%)
		共通テスト併用方式(3教科型)	121	119	30	4.0	234/300(78.0%)
		後期分割方式	91	86	8	10.8	143/220(65.0%)
		共通テスト方式(7科目型)	119	118	36	3.3	705/900(78.3%)
		共通テスト方式(5教科型)	87	87	26	3.3	560/700(80.0%)
		共通テスト方式(3教科型)	152	152	26	5.8	502/600(83.7%)
		共通テスト方式(後期5教科型)	6	6	2	3.0	600/700(85.7%)
		共通テスト方式(後期4教科型)	3	3	1	3.0	473/600(78.8%)
		共通テスト方式(後期3教科型)	9	9	3	3.0	519/600(86.5%)
		小計	1,734	1,696	490	3.5	−
	人文学科 東アジア研究学域	全学統一方式(文系)	218	214	98	2.2	204/320(63.8%)
		学部個別配点方式(文系型)	67	65	28	2.3	240/400(60.0%)
		共通テスト併用方式(3教科型)	53	49	16	3.1	234/300(78.0%)
		後期分割方式	84	78	9	8.7	142/220(64.5%)
		共通テスト方式(7科目型)	26	26	13	2.0	652/900(72.4%)
		共通テスト方式(5教科型)	28	28	16	1.8	530/700(75.7%)
		共通テスト方式(3教科型)	65	65	20	3.3	473/600(78.8%)
		共通テスト方式(後期5教科型)	2	2	2	1.0	486/700(69.4%)
		共通テスト方式(後期4教科型)	1	1	1	1.0	471/600(78.5%)
		共通テスト方式(後期3教科型)	2	2	2	1.0	437/600(72.8%)
		小計	546	530	205	2.6	−
	人文学科 国際文化学域	全学統一方式(文系)	774	757	316	2.4	226/350(64.6%)
		学部個別配点方式(文系型)	185	181	74	2.4	256/400(64.0%)
		共通テスト併用方式(3教科型)	88	86	31	2.8	233/300(77.7%)
		後期分割方式	247	228	16	14.3	154/220(70.0%)
		共通テスト方式(7科目型)	97	97	49	2.0	675/900(75.0%)
		共通テスト方式(5教科型)	117	117	53	2.2	542/700(77.4%)
		共通テスト方式(3教科型)	261	261	96	2.7	482/600(80.3%)
		共通テスト方式(後期5教科型)	6	6	1	6.0	594/700(84.9%)
		共通テスト方式(後期4教科型)	4	4	2	2.0	541/600(90.2%)
		共通テスト方式(後期3教科型)	4	4	1	4.0	478/600(79.7%)
		小計	1,783	1,741	639	2.7	−
	人文学科 地域研究学域	全学統一方式(文系)	418	411	130	3.2	208/320(65.0%)
		学部個別配点方式(文系型)	126	121	41	3.0	266/400(66.5%)
		共通テスト併用方式(3教科型)	54	51	18	2.8	232/300(77.3%)
		後期分割方式	194	184	8	23.0	147/220(66.8%)
		共通テスト方式(7科目型)	43	43	16	2.7	684/900(76.0%)
		共通テスト方式(5教科型)	39	39	10	3.9	541/700(77.3%)
		共通テスト方式(3教科型)	123	123	21	5.9	475/600(79.2%)
		共通テスト方式(後期5教科型)	4	4	1	4.0	544/700(77.7%)
		共通テスト方式(後期4教科型)	3	3	1	3.0	484/600(80.7%)
		共通テスト方式(後期3教科型)	7	7	1	7.0	487/600(81.2%)
		小計	1,011	986	247	4.0	−

(表つづく)

学部	学科・学域	方式	2024年度				
			志願者数	受験者数	合格者数	競争率	最低点/配点(得点率%)
文学部	人文学科 国際コミュニケーション学域	全学統一方式(文系)	556	544	254	2.1	218/350(62.3%)
		学部個別配点方式(文系型)	106	104	45	2.3	260/400(65.0%)
		共通テスト併用方式(3教科型)	60	57	25	2.3	225/300(75.0%)
		後期分割方式	191	180	6	30.0	161/220(73.2%)
		共通テスト方式(7科目型)	60	59	30	2.0	655/900(72.8%)
		共通テスト方式(5教科型)	79	79	43	1.8	529/700(75.6%)
		共通テスト方式(3教科型)	202	202	86	2.3	467/600(77.8%)
		共通テスト方式(後期5教科型)	10	10	2	5.0	577/700(82.4%)
		共通テスト方式(後期4教科型)	5	5	2	2.5	506/600(84.3%)
		共通テスト方式(後期3教科型)	6	6	2	3.0	498/600(83.0%)
		小計	1,275	1,246	495	2.5	−
	人文学科 言語コミュニケーション学域	全学統一方式(文系)	239	236	90	2.6	214/320(66.9%)
		学部個別配点方式(文系型)	56	55	21	2.6	257/400(64.3%)
		共通テスト併用方式(3教科型)	34	33	11	3.0	239/300(79.7%)
		後期分割方式	75	70	15	4.7	146/220(66.4%)
		共通テスト方式(7科目型)	31	31	20	1.6	697/900(77.4%)
		共通テスト方式(5教科型)	25	25	9	2.8	549/700(78.4%)
		共通テスト方式(3教科型)	57	57	15	3.8	480/600(80.0%)
		共通テスト方式(後期5教科型)	3	3	2	1.5	567/700(81.0%)
		共通テスト方式(後期4教科型)	1	1	1	1.0	493/600(82.2%)
		共通テスト方式(後期3教科型)	6	6	1	6.0	500/600(83.3%)
		小計	527	517	185	2.8	−
	学部合計		9,353	9,124	2,990	3.1	−

学部	学科・専攻	方式	2024年度				
			志願者数	受験者数	合格者数	競争率	最低点/配点(得点率%)
経営学部	国際経営学科	全学統一方式(文系)	1,619	1,560	244	6.4	224/320(70.0%)
		学部個別配点方式(文系型)	150	143	49	2.9	278/400(69.5%)
		共通テスト併用方式(3教科型)	180	167	18	9.3	240/300(80.0%)
		後期分割方式	58	53	5	10.6	159/220(72.3%)
		共通テスト方式(7科目型)	336	336	72	4.7	684/900(76.0%)
		共通テスト方式(5教科型)	191	191	38	5.0	546/700(78.0%)
		共通テスト方式(後期5教科型)	22	22	2	11.0	586/700(83.7%)
		小計	2,556	2,472	428	5.8	−
	経営学科	全学統一方式(文系)	4,259	4,145	741	5.6	223/320(69.7%)
		学部個別配点方式(文系型)	727	709	144	4.9	251/370(67.8%)
		共通テスト併用方式(3教科型)	497	477	52	9.2	243/300(81.0%)
		後期分割方式	234	213	5	42.6	158/220(71.8%)
		「経営学部で学ぶ感性＋共通テスト」方式	328	307	34	9.0	52/100(52.0%)
		共通テスト方式(7科目型)	1,603	1,601	412	3.9	689/900(76.6%)
		共通テスト方式(5教科型)	784	784	172	4.6	546/700(78.0%)
		共通テスト方式(3教科型)	530	529	60	8.8	510/600(85.0%)
		共通テスト方式(後期5教科型)	16	16	3	5.3	578/700(82.6%)
		共通テスト方式(後期4教科型)	30	30	3	10.0	516/600(86.0%)
		共通テスト方式(後期3教科型)	21	21	2	10.5	553/600(92.2%)
		小計	9,029	8,832	1,628	5.4	−
	学部合計		11,585	11,304	2,056	5.5	−
政策科学部	政策科学科 政策科学専攻	全学統一方式(文系)	2,447	2,411	639	3.8	209/320(65.3%)
		学部個別配点方式(文系型)	393	380	85	4.5	226/350(64.6%)
		共通テスト併用方式(3教科型)	373	355	52	6.8	235/300(78.3%)
		後期分割方式	241	226	14	16.1	143/220(65.0%)
		共通テスト方式(7科目型)	168	168	77	2.2	670/900(74.4%)
		共通テスト方式(5教科型)	143	143	51	2.8	545/700(77.9%)
		共通テスト方式(3教科型)	514	514	140	3.7	470/600(78.3%)
		共通テスト方式(後期5教科型)	18	18	1	18.0	599/700(85.6%)
		共通テスト方式(後期4教科型)	41	41	3	13.7	502/600(83.7%)
		共通テスト方式(後期3教科型)	16	16	1	16.0	526/600(87.7%)
	学部合計		4,354	4,272	1,063	4.0	−
総合心理学部	総合心理学科	全学統一方式(文系)	1,572	1,537	387	4.0	220/320(68.8%)
		学部個別配点方式(文系型)	324	314	89	3.5	271/400(67.8%)
		理系型3教科方式	146	143	61	2.3	262/400(65.5%)
		共通テスト併用方式(3教科型)	215	206	35	5.9	240/300(80.0%)
		後期分割方式	277	269	10	26.9	157/220(71.4%)
		共通テスト方式(7科目型)	263	261	108	2.4	692/900(76.9%)
		共通テスト方式(5教科型)	131	130	44	3.0	560/700(80.0%)
		共通テスト方式(3教科型)	291	291	64	4.5	499/600(83.2%)
		共通テスト方式(後期5教科型)	7	7	1	7.0	580/700(82.9%)
		共通テスト方式(後期4教科型)	14	14	5	2.8	513/600(85.5%)
		共通テスト方式(後期3教科型)	14	14	2	7.0	530/600(88.3%)
	学部合計		3,254	3,186	806	4.0	−
映像学部	映像学科	全学統一方式(文系)	1,074	1,035	306	3.4	205/320(64.1%)
		学部個別配点方式(文系型)	227	221	80	2.8	206/350(58.9%)
		学部個別配点方式(理科1科目型)	127	119	52	2.3	222/400(55.5%)
		共通テスト併用方式(3教科型)	214	210	85	2.5	213/300(71.0%)
		後期分割方式	87	81	3	27.0	146/220(66.4%)
		共通テスト方式(7科目型)	105	104	21	5.0	624/800(78.0%)
		共通テスト方式(5教科型)	131	131	61	2.1	423/600(70.5%)
		共通テスト方式(3教科型)	225	223	53	4.2	481/600(80.2%)
		共通テスト方式(後期5教科型)	1	1	0	−	410/600(68.3%)
		共通テスト方式(後期4教科型)	2	2	0	−	577/800(72.1%)
		共通テスト方式(後期3教科型)	11	11	1	11.0	530/600(88.3%)
	学部合計		2,204	2,138	662	3.2	−
経済学部	経済学科 国際専攻	全学統一方式(文系)	997	968	314	3.1	200/320(62.5%)
		共通テスト併用方式(5教科型)	82	77	20	3.9	285/400(71.3%)
		後期分割方式(共通テスト併用3教科型)	320	297	15	19.8	215/300(71.7%)
		小計	1,399	1,342	349	3.8	−
	経済学科 経済専攻	全学統一方式(文系)	3,179	3,098	1,128	2.7	197/320(61.6%)
		学部個別配点方式(文系型)	347	311	115	2.7	185/350(52.9%)
		共通テスト併用方式(5教科型)	247	232	74	3.1	282/400(70.5%)
		後期分割方式(共通テスト併用3教科型)	555	511	37	13.8	213/300(71.0%)
		共通テスト方式(7科目型)	1,750	1,745	1,024	1.7	609/900(67.7%)
		共通テスト方式(5教科型)	420	420	176	2.4	706/1000(70.6%)
		共通テスト方式(3教科型)	1,463	1,460	624	2.3	435/600(72.5%)
		共通テスト方式(後期5教科型)	89	89	35	2.5	743/1000(74.3%)
		共通テスト方式(後期4教科型)	154	154	35	4.4	451/600(75.2%)
		共通テスト方式(後期3教科型)	142	142	17	8.4	505/600(84.2%)
		小計	8,346	8,162	3,265	2.5	−
	学部合計		9,745	9,504	3,614	2.6	−

(表つづく)

学部	学科・専攻	方式	2024年度				
			志願者数	受験者数	合格者数	競争率	最低点/配点(得点率%)
スポーツ健康科学部	スポーツ健康科学科	全学統一方式(文系)	1,142	1,116	345	3.2	190/320(59.4%)
		学部個別配点方式(文系型)	166	160	34	4.7	236/400(59.0%)
		理系型3教科方式	120	117	33	3.5	242/400(60.5%)
		共通テスト併用方式(3教科型)	249	241	66	3.7	213/300(71.0%)
		後期分割方式(共通テスト併用3教科型)	111	106	11	9.6	193/300(64.3%)
		共通テスト方式(7科目型)	114	113	40	2.8	635/900(70.6%)
		共通テスト方式(5教科型)	135	133	39	3.4	510/700(72.9%)
		共通テスト方式(3教科型)	294	294	72	4.1	450/600(75.0%)
		共通テスト方式(後期5教科型)	11	11	7	1.6	512/700(73.1%)
		共通テスト方式(後期4教科型)	19	19	10	1.9	446/600(74.3%)
		共通テスト方式(後期3教科型)	25	25	12	2.1	450/600(75.0%)
	学部合計		2,386	2,335	669	3.5	−
食マネジメント学部	食マネジメント学科	全学統一方式(文系)	876	856	281	3.0	193/320(60.3%)
		学部個別配点方式(文系型)	262	258	107	2.4	229/400(57.3%)
		理系型3教科方式	172	166	57	2.9	203/320(63.4%)
		共通テスト併用方式(3教科型)	460	446	121	3.7	212/300(70.7%)
		後期分割方式	144	138	40	3.5	107/200(53.5%)
		共通テスト方式(7科目型)	156	156	86	1.8	629/900(69.9%)
		共通テスト方式(5教科型)	128	128	67	1.9	486/700(69.4%)
		共通テスト方式(3教科型)	261	261	90	2.9	446/600(74.3%)
		共通テスト方式(後期5教科型)	10	10	6	1.7	511/700(73.0%)
		共通テスト方式(後期4教科型)	8	8	5	1.6	420/600(70.0%)
		共通テスト方式(後期3教科型)	27	27	15	1.8	447/600(74.5%)
	学部合計		2,504	2,454	875	2.8	−

学部	学科	方式	2024年度				
			志願者数	受験者数	合格者数	競争率	最低点/配点(得点率%)
理工学部	数理科学科 数学コース	全学統一方式(理系)	276	264	77	3.4	193/300(64.3%)
		学部個別配点方式(理科1科目型)	128	122	41	3.0	237/400(59.3%)
		学部個別配点方式(理科2科目型)	28	27	8	3.4	343/450(76.2%)
		共通テスト併用方式(数学重視型)	24	24	11	2.2	289/400(72.3%)
		後期分割方式	53	48	2	24.0	160/200(80.0%)
		共通テスト方式(7科目型)	59	58	28	2.1	630/800(78.8%)
		共通テスト方式(5教科型)	41	41	16	2.6	554/700(79.1%)
		共通テスト方式(3教科型)	96	96	44	2.2	403/500(80.6%)
		共通テスト方式(後期5教科型)	4	4	2	2.0	563/700(80.4%)
		共通テスト方式(後期4教科型)	7	7	3	2.3	386/500(77.2%)
		共通テスト方式(後期3教科型)	7	7	3	2.3	445/500(89.0%)
		小計	723	698	235	3.0	−
	数理科学科 データサイエンスコース	全学統一方式(理系)	245	232	88	2.6	176/300(58.7%)
		学部個別配点方式(理科1科目型)	108	104	46	2.3	208/400(52.0%)
		学部個別配点方式(理科2科目型)	14	14	8	1.8	322/450(71.6%)
		共通テスト併用方式(数学重視型)	22	22	11	2.0	280/400(70.0%)
		後期分割方式	58	52	3	17.3	144/200(72.0%)
		共通テスト方式(7科目型)	46	44	22	2.0	602/800(75.3%)
		共通テスト方式(5教科型)	67	67	26	2.6	523/700(74.7%)
		共通テスト方式(3教科型)	74	74	33	2.2	385/500(77.0%)
		共通テスト方式(後期5教科型)	7	7	3	2.3	539/700(77.0%)
		共通テスト方式(後期4教科型)	8	8	2	4.0	382/500(76.4%)
		共通テスト方式(後期3教科型)	10	10	3	3.3	416/500(83.2%)
		小計	659	634	245	2.6	−
	物理科学科	全学統一方式(理系)	462	447	263	1.7	170/300(56.7%)
		学部個別配点方式(理科1科目型)	194	181	120	1.5	226/400(56.5%)
		学部個別配点方式(理科2科目型)	57	53	37	1.4	277/450(61.6%)
		共通テスト併用方式(数学重視型)	57	55	29	1.9	269/400(67.3%)
		後期分割方式	61	55	5	11.0	142/200(71.0%)
		共通テスト方式(7科目型)	179	179	121	1.5	604/800(75.5%)
		共通テスト方式(5教科型)	141	141	82	1.7	533/700(76.1%)
		共通テスト方式(3教科型)	183	182	101	1.8	394/500(78.8%)
		共通テスト方式(後期5教科型)	9	9	5	1.8	590/700(84.3%)
		共通テスト方式(後期4教科型)	3	3	2	1.5	393/500(78.6%)
		共通テスト方式(後期3教科型)	15	15	4	3.8	436/500(87.2%)
		小計	1,361	1,320	769	1.7	−
	電気電子工学科	全学統一方式(理系)	1,203	1,150	585	2.0	160/300(53.3%)
		学部個別配点方式(理科1科目型)	378	344	185	1.9	209/400(52.3%)
		学部個別配点方式(理科2科目型)	84	80	41	2.0	289/450(64.2%)
		共通テスト併用方式(数学重視型)	125	121	57	2.1	264/400(66.0%)
		後期分割方式	203	187	62	3.0	118/200(59.0%)
		共通テスト方式(7科目型)	530	527	304	1.7	576/800(72.0%)
		共通テスト方式(5教科型)	275	275	112	2.5	519/700(74.1%)
		共通テスト方式(3教科型)	330	330	138	2.4	378/500(75.6%)
		共通テスト方式(後期5教科型)	18	18	7	2.6	552/700(78.9%)
		共通テスト方式(後期4教科型)	8	8	3	2.7	375/500(75.0%)
		共通テスト方式(後期3教科型)	21	21	6	3.5	417/500(83.4%)
		小計	3,175	3,061	1,500	2.0	−
	電子情報工学科	全学統一方式(理系)	974	928	337	2.8	175/300(58.3%)
		学部個別配点方式(理科1科目型)	295	264	86	3.1	247/400(61.8%)
		学部個別配点方式(理科2科目型)	81	77	38	2.0	303/450(67.3%)
		共通テスト併用方式(数学重視型)	66	64	27	2.4	282/400(70.5%)
		後期分割方式	166	155	5	31.0	159/200(79.5%)
		共通テスト方式(7科目型)	177	177	78	2.3	622/800(77.8%)
		共通テスト方式(5教科型)	91	91	25	3.6	552/700(78.9%)
		共通テスト方式(3教科型)	145	145	54	2.7	401/500(80.2%)
		共通テスト方式(後期5教科型)	19	19	8	2.4	563/700(80.4%)
		共通テスト方式(後期4教科型)	12	12	3	4.0	388/500(77.6%)
		共通テスト方式(後期3教科型)	19	19	4	4.8	441/500(88.2%)
		小計	2,045	1,951	665	2.9	−
	機械工学科	全学統一方式(理系)	1,346	1,304	637	2.0	166/300(55.3%)
		学部個別配点方式(理科1科目型)	413	395	184	2.1	222/400(55.5%)
		学部個別配点方式(理科2科目型)	96	93	32	2.9	333/450(74.0%)
		共通テスト併用方式(数学重視型)	127	119	55	2.2	262/400(65.5%)
		後期分割方式	138	116	47	2.5	101/200(50.5%)
		共通テスト方式(7科目型)	322	322	176	1.8	599/800(74.9%)
		共通テスト方式(5教科型)	258	258	111	2.3	541/700(77.3%)
		共通テスト方式(3教科型)	364	364	167	2.2	385/500(77.0%)
		共通テスト方式(後期5教科型)	13	13	5	2.6	575/700(82.1%)
		共通テスト方式(後期4教科型)	13	13	4	3.3	374/500(74.8%)
		共通テスト方式(後期3教科型)	24	24	5	4.8	435/500(87.0%)
		小計	3,114	3,021	1,423	2.1	−

（表つづく）

学部	学科	方式	2024年度				
			志願者数	受験者数	合格者数	競争率	最低点/配点(得点率%)
理工学部	ロボティクス学科	全学統一方式(理系)	921	888	382	2.3	168/300(56.0%)
		学部個別配点方式(理科1科目型)	301	287	130	2.2	218/400(54.5%)
		学部個別配点方式(理科2科目型)	47	46	19	2.4	327/450(72.7%)
		共通テスト併用方式(数学重視型)	38	37	18	2.1	255/400(63.8%)
		後期分割方式	124	107	5	21.4	133/200(66.5%)
		共通テスト方式(7科目型)	87	87	42	2.1	610/800(76.3%)
		共通テスト方式(5教科型)	102	102	37	2.8	529/700(75.6%)
		共通テスト方式(3教科型)	132	132	48	2.8	383/500(76.6%)
		共通テスト方式(後期5教科型)	13	13	5	2.6	541/700(77.3%)
		共通テスト方式(後期4教科型)	22	22	7	3.1	373/500(74.6%)
		共通テスト方式(後期3教科型)	23	23	5	4.6	409/500(81.8%)
		小計	1,810	1,744	698	2.5	−
	環境都市工学科	全学統一方式(理系)	894	862	473	1.8	163/300(54.3%)
		学部個別配点方式(理科1科目型)	343	329	149	2.2	205/400(51.3%)
		学部個別配点方式(理科2科目型)	66	62	31	2.0	297/450(66.0%)
		共通テスト併用方式(数学重視型)	55	52	20	2.6	271/400(67.8%)
		後期分割方式	72	64	8	8.0	118/200(59.0%)
		共通テスト方式(7科目型)	206	206	128	1.6	583/800(72.9%)
		共通テスト方式(5教科型)	258	258	102	2.5	520/700(74.3%)
		共通テスト方式(3教科型)	195	195	79	2.5	383/500(76.6%)
		共通テスト方式(後期5教科型)	8	8	3	2.7	519/700(74.1%)
		共通テスト方式(後期4教科型)	11	11	3	3.7	380/500(76.0%)
		共通テスト方式(後期3教科型)	11	11	4	2.8	415/500(83.0%)
		小計	2,119	2,058	1,000	2.1	−
	建築都市デザイン学科	全学統一方式(理系)	928	897	233	3.8	196/300(65.3%)
		学部個別配点方式(理科1科目型)	294	281	68	4.1	257/400(64.3%)
		学部個別配点方式(理科2科目型)	61	56	19	2.9	338/450(75.1%)
		共通テスト併用方式(数学重視型)	102	93	24	3.9	294/400(73.5%)
		後期分割方式	79	72	5	14.4	142/200(71.0%)
		共通テスト方式(7科目型)	225	225	73	3.1	640/800(80.0%)
		共通テスト方式(5教科型)	174	174	39	4.5	563/700(80.4%)
		共通テスト方式(3教科型)	199	199	53	3.8	412/500(82.4%)
		共通テスト方式(後期5教科型)	12	12	3	4.0	563/700(80.4%)
		共通テスト方式(後期4教科型)	10	10	3	3.3	392/500(78.4%)
		共通テスト方式(後期3教科型)	9	9	3	3.0	433/500(86.6%)
		小計	2,093	2,028	523	3.9	−
	学部合計		17,099	16,515	7,058	2.3	−

学部	学科	方式	2024年度				
			志願者数	受験者数	合格者数	競争率	最低点/配点(得点率%)
情報理工学部	情報理工学科	全学統一方式(理系)	2,865	2,774	710	3.9	192/300(64.0%)
		学部個別配点方式(理科1科目型)	827	777	94	8.3	287/400(71.8%)
		共通テスト併用方式(情報理工学部型)	739	703	82	8.6	290/400(72.5%)
		「共通テスト＋面接」ISSE方式	3	3	1	3.0	345/400(86.3%)
		後期分割方式	293	265	53	5.0	129/200(64.5%)
		共通テスト方式(7科目型)	904	901	384	2.3	698/900(77.6%)
		共通テスト方式(5教科型)	514	514	148	3.5	632/800(79.0%)
		共通テスト方式(3教科型)	581	580	142	4.1	482/600(80.3%)
		共通テスト方式(後期5教科型)	51	51	4	12.8	710/800(88.8%)
		共通テスト方式(後期4教科型)	33	33	1	33.0	549/600(91.5%)
		共通テスト方式(後期3教科型)	24	24	1	24.0	564/600(94.0%)
	学部合計		6,834	6,625	1,620	4.1	−
生命科学部	応用化学科	全学統一方式(理系)	1,086	1,057	533	2.0	168/300(56.0%)
		学部個別配点方式(理科1科目型)	249	239	92	2.6	217/350(62.0%)
		学部個別配点方式(理科2科目型)	160	153	97	1.6	249/400(62.3%)
		共通テスト併用方式(数学重視型)	117	111	52	2.1	282/400(70.5%)
		後期分割方式	163	146	23	6.3	124/200(62.0%)
		共通テスト方式(7科目型)	466	465	212	2.2	682/900(75.8%)
		共通テスト方式(5教科型)	165	165	70	2.4	612/800(76.5%)
		共通テスト方式(3教科型)	166	166	46	3.6	404/500(80.8%)
		共通テスト方式(後期5教科型)	12	12	9	1.3	612/800(76.5%)
		共通テスト方式(後期4教科型)	5	5	1	5.0	394/500(78.8%)
		共通テスト方式(後期3教科型)	10	10	3	3.3	412/500(82.4%)
		小計	2,599	2,529	1,138	2.2	−
	生物工学科	全学統一方式(理系)	763	732	375	2.0	165/300(55.0%)
		学部個別配点方式(理科1科目型)	188	183	66	2.8	211/350(60.3%)
		学部個別配点方式(理科2科目型)	112	108	72	1.5	242/400(60.5%)
		共通テスト併用方式(数学重視型)	80	77	37	2.1	269/400(67.3%)
		後期分割方式	136	118	6	19.7	124/200(62.0%)
		共通テスト方式(7科目型)	344	344	143	2.4	672/900(74.7%)
		共通テスト方式(5教科型)	172	172	61	2.8	605/800(75.6%)
		共通テスト方式(3教科型)	115	115	24	4.8	398/500(79.6%)
		共通テスト方式(後期5教科型)	16	16	9	1.8	605/800(75.6%)
		共通テスト方式(後期4教科型)	3	3	1	3.0	388/500(77.6%)
		共通テスト方式(後期3教科型)	9	9	4	2.3	408/500(81.6%)
		小計	1,938	1,877	798	2.4	−
	生命情報学科	全学統一方式(理系)	638	613	315	1.9	161/300(53.7%)
		学部個別配点方式(理科1科目型)	182	173	60	2.9	210/350(60.0%)
		学部個別配点方式(理科2科目型)	71	68	45	1.5	237/400(59.3%)
		共通テスト併用方式(数学重視型)	97	90	47	1.9	264/400(66.0%)
		後期分割方式	99	93	19	4.9	117/200(58.5%)
		共通テスト方式(7科目型)	199	197	84	2.3	673/900(74.8%)
		共通テスト方式(5教科型)	89	89	29	3.1	606/800(75.8%)
		共通テスト方式(3教科型)	90	90	19	4.7	399/500(79.8%)
		共通テスト方式(後期5教科型)	19	19	10	1.9	606/800(75.8%)
		共通テスト方式(後期4教科型)	7	7	0	−	389/500(77.8%)
		共通テスト方式(後期3教科型)	10	10	3	3.3	409/500(81.8%)
		小計	1,501	1,449	631	2.3	−
	生命医科学科	全学統一方式(理系)	618	596	278	2.1	170/300(56.7%)
		学部個別配点方式(理科1科目型)	150	148	38	3.9	217/350(62.0%)
		学部個別配点方式(理科2科目型)	60	59	39	1.5	249/400(62.3%)
		共通テスト併用方式(数学重視型)	72	69	29	2.4	282/400(70.5%)
		後期分割方式	97	80	13	6.2	119/200(59.5%)
		共通テスト方式(7科目型)	279	278	129	2.2	681/900(75.7%)
		共通テスト方式(5教科型)	119	119	44	2.7	613/800(76.6%)
		共通テスト方式(3教科型)	94	93	27	3.4	405/500(81.0%)
		共通テスト方式(後期5教科型)	18	18	13	1.4	613/800(76.6%)
		共通テスト方式(後期4教科型)	7	7	2	3.5	395/500(79.0%)
		共通テスト方式(後期3教科型)	12	12	2	6.0	415/500(83.0%)
		小計	1,526	1,479	614	2.4	−
	学部合計		7,564	7,334	3,181	2.3	−
薬学部	薬学科	薬学方式	494	476	223	2.1	192/300(64.0%)
		全学統一方式(理系)	228	222	121	1.8	191/300(63.7%)
		学部個別配点方式(理科1科目型)	86	75	23	3.3	239/350(68.3%)
		学部個別配点方式(理科2科目型)	73	65	35	1.9	273/400(68.3%)
		後期分割方式	86	76	5	15.2	155/200(77.5%)
		共通テスト方式(7科目型)	312	311	142	2.2	700/900(77.8%)
		共通テスト方式(3教科型)	165	165	53	3.1	406/500(81.2%)
		共通テスト方式(後期3教科型)	23	23	9	2.6	420/500(84.0%)
		小計	1,467	1,413	611	2.3	−
	創薬科学科	薬学方式	328	315	156	2.0	182/300(60.7%)
		全学統一方式(理系)	161	159	98	1.6	178/300(59.3%)
		学部個別配点方式(理科1科目型)	26	25	11	2.3	225/350(64.3%)
		学部個別配点方式(理科2科目型)	24	22	13	1.7	258/400(64.5%)
		後期分割方式	34	34	10	3.4	108/200(54.0%)
		共通テスト方式(7科目型)	135	135	65	2.1	683/900(75.9%)
		共通テスト方式(3教科型)	83	83	34	2.4	387/500(77.4%)
		共通テスト方式(後期3教科型)	8	8	3	2.7	377/500(75.4%)
		小計	799	781	390	2.0	−
	学部合計		2,266	2,194	1,001	2.2	−

募集要項の入手方法

一般選抜はすべてインターネット出願となっています。詳細は大学ホームページでご確認ください。

問い合わせ先

立命館大学　入学センター
〒603-8577　京都市北区等持院北町 56-1
TEL 075-465-8351
(問い合わせ時間)
9：00～17：30（大学休業日を除く月～金曜日）
ホームページ　https://ritsnet.ritsumei.jp

立命館アジア太平洋大学

基本情報

沿革

2000（平成 12）	立命館アジア太平洋大学開学（アジア太平洋学部・アジア太平洋マネジメント学部）
2009（平成 21）	アジア太平洋マネジメント学部を国際経営学部に名称変更
2016（平成 28）	国際経営学部が国際認証「AACSB」取得
2018（平成 30）	アジア太平洋学部が国連世界観光機関（UNWTO）の観光教育認証「TedQual」取得
2020（令和　2）	経営管理研究科（GSM）が国際認証「AMBA」取得
2022（令和　4）	国際学生の出身国・地域が 100 を超える
2023（令和　5）	サステイナビリティ観光学部開設

シンボルロゴ

Shape your world

Ritsumeikan
Asia Pacific University

●シンボルマーク

海を越えた若々しい生命の連帯を象徴する3つの波形に，知力と活力を表現する高品位でダイナミックな書体を融合したデザインです。

●タグライン

数多くの国・地域から集う若者が，APUのキャンパスで互いに切磋琢磨し，個としての自分を探求，発見し，新たな世界を切り開く。そんないきいきとした学生の姿を「Shape your world」は表現しています。

学部・学科の構成

大　学

●アジア太平洋学部（APS）

文化・社会・メディア分野
国際関係分野
グローバル経済分野

●国際経営学部（APM）

経営戦略・リーダーシップ分野
マーケティング分野
会計・ファイナンス分野
アントレプレナーシップ・オペレーションマネジメント分野

●サステイナビリティ観光学部（ST）

環境学分野
資源マネジメント分野
国際開発分野
地域づくり分野
社会起業分野
データサイエンスと情報システム分野
観光学分野

ホスピタリティ産業分野
観光産業分野

大学院

アジア太平洋研究科 / 経営管理研究科

大学所在地

立命館アジア太平洋大学

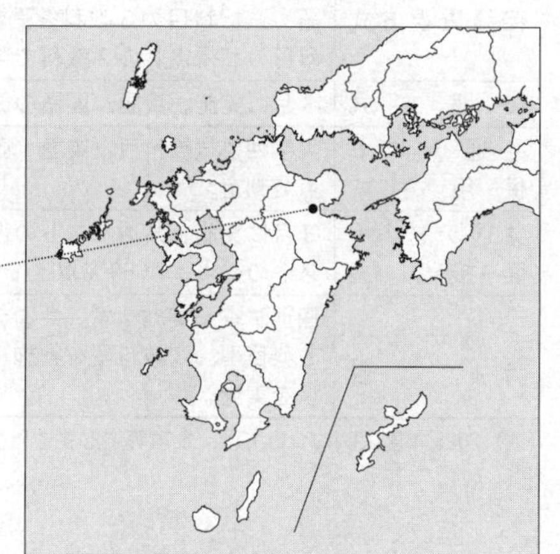

〒 874-8577　大分県別府市十文字原 1-1

入試データ

2024 年度 一般選抜方式一覧

前期方式［スタンダード3教科型］	3 教科で総合的に評価する，APU のスタンダード入試。出題教科は英語，国語，選択科目（公民，地理歴史，数学）。
英語重視方式	前期方式と同一の出題形式で，英語力が活かせる方式。英語・国語・選択科目の 3 教科を受験し，「英語の得点」+「国語または選択科目の高得点」の 2 教科で判定。
後期方式	3 月に実施。英語，国語の 2 教科で実施。
共通テスト併用方式	大学独自試験科目（英語・国語）と共通テスト高得点 1 科目の合計点で判定。
共通テスト+面接方式	3 月に実施。共通テストの得点と面接により総合的に評価。共通テストの得点率が 60％以上であることが合格の条件。
共通テスト方式	個別試験を実施せず，共通テストの得点のみで合否判定。7 科目型，5 科目型，3 教科型を実施。後期型は 5 科目型，4 科目型，3 教科型を実施。

（注）2025 年度入試については，要項等で必ずご確認ください。

入試状況（志願者数・競争率など）

2024 年度　一般選抜状況

○競争率は受験者数÷合格者数で算出。

○2024 年 4 月入学の結果であり，2023 年 9 月入学の結果は含まない。

●アジア太平洋学部

（　）内は女子内数

区分	入試方式		募集人数	志願者数	受験者数	合格者数	競争率	満点	合格最低点
独自試験	前期方式		35	128(72)	112(66)	40(19)	2.8	320	197
	英語重視方式		20	97(56)	88(51)	58(35)	1.5	250	165
	後期方式		8	63(23)	62(23)	7(3)	8.9	220	139
共通テスト利用	共通テスト併用方式		20	68(46)	66(45)	52(35)	1.3	300	196
	共通テスト方式	3 教科型	35	127(75)	127(75)	88(54)	1.4	500	369
		5 科目型		22(14)	22(14)	13(9)	1.7	1,000	715
		7 科目型		20(10)	20(10)	17(9)	1.2	900	619
	共通テスト＋面接		2	4(2)	4(2)	3(2)	1.3	400	286
	共通テスト方式後期型	4 科目型	5	4(3)	4(3)	3(2)	1.3	800	522
		3 教科型		18(11)	18(11)	7(6)	2.6	500	384
		5 科目型		4(1)	4(1)	3(0)	1.3	1,000	724

●国際経営学部

（　）内は女子内数

区分	入試方式		募集人数	志願者数	受験者数	合格者数	競争率	満点	合格最低点
独自試験	前期方式		25	166(41)	157(37)	47(15)	3.3	320	199
	英語重視方式		15	79(26)	77(26)	42(15)	1.8	250	167
	後期方式		8	72(19)	69(18)	2(2)	34.5	220	145
共通テスト利用	共通テスト併用方式		15	81(21)	77(21)	31(13)	2.5	300	214
	共通テスト方式	3 教科型	30	109(42)	109(42)	61(27)	1.8	500	354
		5 科目型		30(13)	30(13)	14(7)	2.1	1,000	688
		7 科目型		26(10)	26(10)	19(6)	1.4	900	616
	共通テスト＋面接		2	3(1)	2(1)	1(1)	2.0	400	287
	共通テスト方式後期型	4 科目型	5	7(4)	7(4)	2(2)	3.5	800	636
		3 教科型		13(4)	13(4)	2(1)	6.5	500	404
		5 科目型		3(0)	3(0)	1(0)	3.0	1,000	745

●サステイナビリティ観光学部

（　）内は女子内数

<table>
<tr><th>区分</th><th colspan="2">入試方式</th><th>募集人数</th><th>志願者数</th><th>受験者数</th><th>合格者数</th><th>競争率</th><th>満点</th><th>合格最低点</th></tr>
<tr><td rowspan="3">独自試験</td><td colspan="2">前期方式</td><td>20</td><td>170(60)</td><td>159(57)</td><td>47(15)</td><td>3.4</td><td>320</td><td>180</td></tr>
<tr><td colspan="2">英語重視方式</td><td>10</td><td>66(33)</td><td>57(30)</td><td>42(25)</td><td>1.4</td><td>250</td><td>153</td></tr>
<tr><td colspan="2">後期方式</td><td>8</td><td>84(26)</td><td>80(24)</td><td>14(6)</td><td>5.7</td><td>220</td><td>121</td></tr>
<tr><td rowspan="8">共通テスト利用</td><td colspan="2">共通テスト併用方式</td><td>10</td><td>96(43)</td><td>91(40)</td><td>46(24)</td><td>2.0</td><td>300</td><td>191</td></tr>
<tr><td rowspan="3">共通テスト方式</td><td>3教科型</td><td rowspan="3">30</td><td>132(67)</td><td>132(67)</td><td>80(40)</td><td>1.7</td><td>500</td><td>327</td></tr>
<tr><td>5科目型</td><td>29(16)</td><td>29(16)</td><td>23(14)</td><td>1.3</td><td>1,000</td><td>627</td></tr>
<tr><td>7科目型</td><td>21(11)</td><td>21(11)</td><td>15(9)</td><td>1.4</td><td>900</td><td>557</td></tr>
<tr><td colspan="2">共通テスト＋面接</td><td>2</td><td>4(3)</td><td>4(3)</td><td>2(1)</td><td>2.0</td><td>400</td><td>266</td></tr>
<tr><td rowspan="3">共通テスト方式後期型</td><td>4科目型</td><td rowspan="3">5</td><td>7(3)</td><td>7(3)</td><td>3(1)</td><td>2.3</td><td>800</td><td>539</td></tr>
<tr><td>3教科型</td><td>20(8)</td><td>20(8)</td><td>10(6)</td><td>2.0</td><td>500</td><td>328</td></tr>
<tr><td>5科目型</td><td>3(1)</td><td>3(1)</td><td>3(1)</td><td>1.0</td><td>1,000</td><td>604</td></tr>
</table>

募集要項の入手方法

インターネット出願となっています。詳細は大学ホームページでご確認ください。

問い合わせ先

立命館アジア太平洋大学　アドミッションズ・オフィス
〒874-8577　大分県別府市十文字原 1-1
TEL 0977-78-1120
（問い合わせ時間）　9：00〜17：30（土・日・祝除く）
ホームページ　https://www.apumate.net/

立命館アジア太平洋大学のテレメールによる資料請求方法

スマートフォンから	QRコードからアクセスしガイダンスに従ってご請求ください。
パソコンから	教学社 赤本ウェブサイト(akahon.net)から請求できます。

気になること、聞いてみました！

在学生メッセージ

大学ってどんなところ？ 大学生活ってどんな感じ？
ちょっと気になることを，在学生に聞いてみました。

以下の内容は 2020～2023 年度入学生のアンケート回答に基づくものです。ここで触れられている内容は今後変更となる場合もありますのでご注意ください。

Message from current students

メッセージを書いてくれた先輩 ［文学部］N.O. さん ［政策科学部］Y.N. さん S.Y. さん ［総合心理学部］N.K. さん ［食マネジメント学部］A.S. さん ［理工学部］宇井穂さん

大学生になったと実感！

高校では決められた授業に出席するだけでしたが，大学では授業を自分で選択できることです。言語科目の選択や制限はありますが，講義の選択個数も自由です。苦手だった科目を受けなくてよくなり，レポートは大変ですが興味のある分野の課題には楽しいものもあると思います。新たな専門的知識や自主的に学ぶ姿勢が養われると思います。（N.O. さん／文）

高校までとは違い，より専門的な内容についての勉強をしていること。私は総合心理学部だが，経営学や音楽学といった，専門外でも興味のある授業を選択して受講している。単に別の分野の知識を得られるだけでなく，心理学とのつながりを見出しながら勉強できるので，自分の学びの幅が広がっていると感じる。（N.K. さん／総合心理）

自分の取りたい授業を，取りたい時間に取れるようになったことが大きな変化だと思う。高校まではあまり興味のない授業も受けなければならなかったし，毎日朝から授業があった。しかし，大学では必修科目がすでに入っている場合を除き，時間割を自分で作っていく。たとえば１限目を入れない，１日全休などを作ることも可能である。そこが授業に関して，高校との変化を感じるところだと思う。（A.S. さん／食マネジメント）

大学生活に必要なもの

パソコン。レポートも授業内試験もほとんどパソコンを用いるので，パソコンがないと何もできない。また，講義資料（レジュメ）が PDF 形式で電子配布されるものもあるため，印刷するためのプリンターか iPad などのタブレット端末も持っていると便利だと思う。私は iPad を買い，電子配布されるレジュメをノートアプリにまとめるようにしている。レジュメへの記入や取り消しも簡単で，プリントの管理にも困ることがないのでおすすめ。（N.K. さん／総合心理）

春は，各学科で教科書などの準備が必要でした。建築都市デザイン学科では，製図板などの専門の道具を一から揃える必要があり，大変でした。大学生皆に共通することでは，スケジュール管理が重要になるので，今までスケジュール帳を使っていない人も，用意して使い始めるとよいと思います。一人暮らしをするつもりの人は，家具や家電の準備も必要です。（宇井さん／理工）

この授業がおもしろい！

哲学の講義がとてもおもしろいです。高校での勉強とは大きく異なり，講義では自発的に考えることや先生の話している内容を批判的に捉えること，私たちが普段考えもしないことを考えることなどを行います。内容も非常に興味深いですし，大学の講義っていう感じが強いです。（Y.N. さん／政策科）

歴史・地理分野から京都の個性や地域性を理解する京都学です。京都の大学ならではの講義で，講義で紹介された寺社や建物に実際に訪れてみると講義の内容が定着します。講義はリレー方式で，それぞれのテーマごとの専門の先生の講義を受けることができます。課題は毎回小レポートが出されるので大変ですが，寺社にも詳しくなり，京都に住んでいる実感が湧くのでおすすめです。（N.O. さん／文）

様々な国の言語について勉強する授業がおもしろいです。ネイティブの先生から，毎週１言語ずつ学びます。言語だけでなく，その国の料理や文化・歴史を学んだり国歌を聴いたりします。大教室で行う授業ですが，説明だけでなく，クイズが出題されて何人かの学生が当てられたりする授業方式なので，楽しみながら学ぶことができます。（S.Y. さん／政策科）

大学の学びで困ったこと＆対処法

エクセルなどといったコンピュータソフトの基礎知識がある前提で進む授業があることです。高校の授業でエクセルに関するものはなかったので非常に苦戦しました。また，コンピュータの授業以外でもパワーポイントで大量に資料を作ることがあり，慣れない最初のうちはスライドを１枚作るだけでもすごく時間がかかりました。対処法としては，コンピュータをよく理解している友達に教えてもらったり，大学に無料でパソコンの使い方を教えてくれるセミナーのようなものがあるのでそれに参加するなどして克服していきました。（S.Y. さん／政策科）

建築の学科なので，製図や模型などの時間のかかる課題と，数学や物理の課題をバランスよくやっていくことが本当に難しいです。時間の使い方がうまくなれるように，努力したいです。学習の難度が上がって，一つひとつのレポートに時間がかかります。ですが，「物理駆け込み寺」等の，質問できる機会も多いので，学習意欲があれば課題もこなしていけます。（宇井さん／理工）

部活・サークル活動

軽音サークルに所属しています。2カ月に1回ほどのペースで行われるサークルのライブで演奏します。バンドメンバーはライブごとに変わるので友達ができやすいです。バンドは同学年で組みますが，ライブ以外にもイベントなどがあるので先輩との交流もあり，バンドに関することだけでなく授業やゼミの情報などのリアルな声も聞かせてくれます。仲良くなった先輩は個人的に食事に連れて行ってくれたりもして，学年関係なく仲良く活動しています。（S.Y. さん／政策科）

交友関係は？

30名ほどで行う少人数クラスがあって，そこで友達がたくさんできました。お互いに知らない人ばかりなので，気楽に周りの席の人と話すのがいいと思います。先輩との関係は部活やサークルに入っていないと築くのが難しいと思います。「この先生の講義は大変だ」などの情報が得られるので，同じ学部の先輩がいると安心かもしれません。（Y.N. さん／政策科）

いま「これ」を頑張っています

大学での勉強や趣味に時間を注いでいます。講義とその課題を済ませれば，自由な時間がかなり多くあります。私は就職のことを考えて，良い成績を取れるように大学での勉強を頑張って，その他の時間は自分の趣味やアルバイトに費やしています。（Y.N. さん／政策科）

普段の生活で気をつけていることや心掛けていること

早寝早起きと体調管理です。単純なことだと思うかもしれませんが，一人暮らしで体調を崩すと買い物にも行けず，家事も滞り，本当に辛いです。授業にも出席できないため，後々，出席日数が足りずに課題が未提出となると本当に困ります。また，１回生のうちは１限に必修科目が多いため，早寝早起きは本当に大事だと思います。（N.O. さん／文）

おススメ・お気に入りスポット

清心館の１階にあるラーニング・コモンズというベンチやハイテーブルが多くあるところです。2020 年度に改修工事がされたばかりなので，とてもきれいで居心地がいいです。主に文学部の学生が，Zoom で授業を受けたり空きコマに課題をしたりするときに利用しています。パンの自動販売機も設置されているので，朝ご飯やお昼ご飯を食べている人も見かけます。（N.O. さん／文）

大阪いばらきキャンパスの図書館には，出入口前に１人用のソファーとテーブルがあって，そこがお気に入りです。課題をしたり昼寝をしたりしてリラックスできます。６席しかないので座れたらラッキーです。また，岩倉公園という大きな広場が大学に隣接しており，天気のいい日はみんなで昼ごはんを食べています。（Y.N. さん／政策科）

大阪いばらきキャンパスに隣接した岩倉公園には広い芝生があり，天気がいい日はランチをしたり球技をしたりする学生で賑わいます。遊具もあり，レストラン・スターバックスがある立命館いばらきフューチャープラザも隣接していて，周辺にある学校の子供や地域の人々が多く訪れるので，様々な人と交流することができるのも楽しいです。（S.Y. さん／政策科）

入学してよかった！

周りの学生の意識が高いことです。私の知っている立命館大学の学生はみんな，部活動やサークル，資格の勉強，アルバイトなど，常に何かにベクトルを向けて努力しています。そのため私もぼーっとしている暇はないと思って TOEIC の勉強をするようになりました。このように周りの意識が高いことに加えて，大学もこういった気持ちに応えてくれるように，豊富な部活動やサークル，快適な自習室，トレーニングルーム，英語力向上レッスンなどを用意してくれています。高い意識をもつ人たちが集まっていて，努力したい気持ちを支援してくれたり，モチベーションの上がる環境を整備してくれている立命館大学に入学できてよかったです。（S.Y. さん／政策科）

食マネジメント学部で学べること。日本で唯一の学部なので，学部自体が新しく，学んでいることも固定観念にとらわれない。また，食を幅広く学べること。食関係といえば大体が栄養士になりたい人向けになるが，食マネジメント学部は食ビジネスについてしっかり学べ，自分に合っている学部なのでよかったと思う。（A.S. さん／食マネジメント）

高校生のときに「これ」をやっておけばよかった

読書です。日本文学を学ぶうえで，授業で読んだことのない本をテーマにされるとグループワークの際に話についていけず，課題も本を読むところから始まるので大変な思いをしました。受験勉強で忙しいとは思いますが，大学で日本文学を学ぶ予定の人は，有名な文学作品や自分の好きな作家の作品だけでも読んでおくと入学前に差をつけられると思います。（N.O. さん／文）

数学の確率やデータ分野の勉強。総合心理学部では心理学統計法という授業があり，高校数学を発展させたものがしばしば出てくる。そのため，自分は文系だからとおざなりにするのではなく，ちゃんと理解しておいたほうがよかったなと思う。（N.K. さん／総合心理）

パソコンの基本的なスキルや用語を，もう少し学んでおけばよかったかもしれません。レポートを書いたり，発表資料のスライドを作ったりするときに，ちょっとしたパソコンスキルが作業効率につながるのだと実感しました。（宇井さん／理工）

合格体験記

みごと合格を手にした先輩に，入試突破のためのカギを伺いました。入試までの限られた時間を有効に活用するために，ぜひ役立ててください。

（注）ここでの内容は，先輩方が受験された当時のものです。2025 年度入試では当てはまらないこともありますのでご注意ください。

・アドバイスをお寄せいただいた先輩・

K.M. さん　理工学部（機械工学科）
一般選抜 全学統一方式（理系）2023 年度合格，広島県出身

合格ポイントは，日々の努力です。短期間で点数が上がることはまずありません。しかし，努力を続けると必ず結果に現れます。つまり，短期間だけ努力して結果を求めてはいけません。毎日コツコツ続けてこそ結果に現れます。結果が出ないとつらいですが，それでも続けた先に成長が見えます。頑張ってください。

その他の合格大学　日本大（理工）

宇井穂さん　理工学部（建築都市デザイン学科）
一般選抜 全学統一方式（理系），学部個別配点方式（理科１科目型），共通テスト併用方式 2021 年度合格，橿原学院高等学校（奈良）

大切なことは，常に自分の現状を分析し，合格するために何をすべきか正確に把握することです。自分は合格すると信じ続け，強い意志を持って努力を積み重ねていけば，合格が待っています。

その他の合格大学　関西学院大（建築），大阪工業大（工）

入試なんでも Q & A

受験生のみなさんからよく寄せられる，
入試に関する疑問・質問に答えていただきました。

１年間の学習スケジュールはどのようなものでしたか？

A　英語が苦手だったため，高校３年生の７月は単語だけをやりこみました。８月には英語の成績が上がり，点数が安定してからは数学をメインに学習しました。秋頃は主に数Ⅲに時間を割き，物理は授業の進度と並行して過去問を解きました。直前期，数学は複素数平面のセンター過去問をしたり，立命館大学の問題形式に慣れるため過去問演習をしたりしました。英語の学力が下がらないように，長文問題だけ勉強し，物理は演習が足りていないと感じた分野の過去問だけを勉強しました。

（宇井さん／理工）

Q どのように学習計画を立て，受験勉強を進めていましたか？

A 7月に，本番の2月までのスケジュールを大まかに立て，何をすれば合格できるかを考えました。模試の結果や過去問の出来具合に基づき，足りていないところを考えて調整しました。私は，1日をどう効率的に使うかにこだわり，朝に優先順位をつけたリストを作成し，終えたものにチェックをつけました。連休などが始まる前には，しっかりと計画を立てるようにしました。1日に1，2個できなかった項目があるぐらいがちょうどよいと思います。できなかったことは次の日に必ず処理するように心がけました。（宇井さん／理工）

Q 「赤本」をどのように活用していましたか？ また，効果的な使い方があれば教えてください。

A 主に大学の問題の傾向をつかむために使っていました。赤本には問題だけでなく，合格最低点や競争率，出題分野などが細かく掲載されているので，傾向をつかむためには赤本は手放せないと思います。また，過去問演習のときには合格最低点との点差を確認し，合格のためには自分はどの程度ステップアップするべきなのかを考えました。過去問を解いて終わりではなく，赤本に載っている解答と照らし合わせて，復習することが大切です。（K.M. さん／理工）

A まずは，7月頃に英語から解きました。復習の際は，長文問題のスラッシュ訳をして，読みながら意味がわかるまで音読をしました。数学と物理は，既習分野の問題から大問ごとに解きました。初めは時間を無制限にして解き，細かいところまで考えることを大切にしました。冬頃からは，3教科ともノートをつくり，英語は音読を続けました。数学と物理は時間内でどこまで正確に解けるか確認しました。苦手分野が見つかったときは，教科書や授業ノートに戻り，基礎レベルを完璧にしました。（宇井さん／理工）

Q 共通テストと個別試験（二次試験）とでは，それぞれの対策の仕方や勉強の時間配分をどのようにしましたか？

A 秋の冠模試がある期間まではほとんど共通テストの勉強はせず，個別試験の勉強をしていました。秋の冠模試が終了した頃から，個別試験にない共通テストの科目の過去問を解き，授業の復習を重点的に行いました。時間的には共通テストと個別試験を 1：1 くらいのイメージでした。12 月になるとほとんど個別試験の勉強はせずに，共通テストに特化した勉強をしました。ただ，理系の場合は共通テストが近くなっても，「数学Ⅲ」は毎日 5 分でも 1 問でもいいので取り組んでおくと，焦らずに個別試験を迎えることができるでしょう。 (K.M. さん／理工)

A 初めは，1 月に入れば共通テストの対策のみをすべきかと考えていましたが，立命館大学の数学を克服しなければならないと思い，その過去問を研究していました。共通テスト対策には勉強時間の半分を割き，予想問題を使って，英語と物理は時間配分などの戦略を考えていました。数学は図形の性質，数列，ベクトルなどを中心に演習しました。また，基本的な問題を確実に解くため，今までのミスを記録したノートを見返しました。結果的に，個別試験の対策が共通テスト対策につながったので，私大志望の人は特に，個別試験の対策に時間をかけてよいと思います。

(宇井さん／理工)

立命館大学を攻略するうえで，特に重要な科目は何ですか？

A 英語だと思います。英語は他の科目と違って自分なりの解き方を身につけると高得点が安定して狙える科目だと思います。自分に合う解き方を見つけるまで毎日時間を計って色々な解き方を実践することが大切です。また，立命館大学の英語は単語も難解なものがあります。特に単語を知っていれば解け，知らないと非常に解答が困難な問題もあるので，長文読解と合わせて単語力の強化をするべきだと思います。

(K.M. さん／理工)

Q 時間をうまく使うために，どのような工夫をしていましたか？

A 電車に乗っている時間など普段は何も考えていない時間に暗記などをすることをおすすめします。私は通学に１時間近くかかっていたので，行きに覚えた単語を帰りにもう一度覚え，１週間で単語帳を１周できるようにしました。また，共通テストが近くなるとリスニングの勉強をしていました。ここでのコツは，リスニング問題で読まれている内容を見ながら聞くことです。リスニング問題をただ聞くだけだとぼーっとしてしまうので，読まれている内容と照らし合わせながら聞くようにしていました。（K.M. さん／理工）

A 25 分の集中に慣れるために，タイマーを設定して勉強していました。本番で，数学や物理の大問１題を解くのにかけられる時間が25 分だからです。休憩と集中のけじめをつけ，効率よく勉強しました。また，英単語などは携帯しやすいメモ帳に書いて，どこでも勉強しました。英語はお風呂に入っているときや，食事中，移動時間に勉強することで，机に向かっている時間を数学と物理にあてることができました。また，時間を効率的に使うなら，睡眠時間をしっかりとるべきです。理系科目を眠い状態で勉強しても，効率が悪いと思います。（宇井さん／理工）

Q 苦手な科目はどのように克服しましたか？

A 高校３年生の春まで，私は英語が苦手でした。とにかく知らない単語が多かったので，単語帳を見て，意味が１秒で思い出せることを理想とし，何度も勉強しました。克服できるまで数学と物理の勉強は最低限にとどめて，英語に時間をたっぷりかけました。長文の勉強は，音読を繰り返しました。音読をすることで文のつながりがわかり，すぐに訳せるようになりました。苦手な科目を「できるようになる」と信じて根気よく勉強すれば，本番で自分を救うことになると思うので，がんばってください。（宇井さん／理工）

**Q スランプはありましたか？
また，どのように抜け出しましたか？**

A 勉強日記をつけていました。秋頃は，数学がこのままでは間に合わないと焦りを感じ，泣いてしまうぐらいつらかったです。合格するには，自分のことを心の底から信じられるかが大切だと思います。普段の勉強の反省点，先生からいただいた言葉，絶対に合格したいという思いを，つらいときの自分に読ませるつもりで書いていました。それを読んで，決意を新たにしてがんばりました。また，自分のいいところも書き出して，ネガティブになりすぎないようにしていました。 （宇井さん／理工）

Q 併願する大学を決めるうえで重視したことは何ですか？

A 私は睡眠時間をある程度確保しないと調子が出なかったので，２日以上続けて入試を受けないように工夫しました。私立大学の場合は，様々な日程や方式があるので，連続しないように日程を組むべきだと思います。そこで注意すべきことは試験会場です。必ずしも地元で受験できるとは限らないので，移動も含めて予定を立てることが大切です。試験科目は，国立と併願する人は第一志望の大学の科目と合わせることが大切です。 （K.M. さん／理工）

**Q 試験当日の試験場の雰囲気はどのようなものでしたか？
緊張のほぐし方，交通事情，注意点等があれば教えてください。**

A 受験生は皆，愛用の参考書，単語帳で勉強していました。私は，いままでつくってきたノートやボロボロになった単語帳を見返し，誰よりもがんばってきたんだから大丈夫と思うことで，緊張をほぐしました。数学はケアレスミスを絶対にしたくないと思い，注意しなければいけない点を試験前に書き出していました。また，私は必ず集合時間の１時間前には席に着くようにして，筆記用具や時計を準備し，実際に文字を書いてみて問題を解くイメージをしました。 （宇井さん／理工）

Q 普段の生活のなかで気をつけていたことを教えてください。

A 睡眠時間をしっかりと確保しました。勉強したくて睡眠時間を削ったことがありますが，そのときは大丈夫でも，次の日は勉強効率が下がりました。私は１月に風邪気味になり，長引けば共通テストに影響するかもしれないと不安になりました。そのときは勉強したい気持ちもありましたが，思い切って半日寝ました。体調面では，無理をしないことが大切だと思いました。受験には学力だけではなく，勉強に耐える体力が必要なので，睡眠時間も大事にしてください。（宇井さん／理工）

受験生へアドバイスをお願いします。

A 毎日コツコツと勉強することが，合格の秘訣です。短期間勉強したからといってすぐに結果に現れるわけではありません。合格する人は結果にすぐに現れなくても日々努力して結果に現れると信じて勉強した人です。挫折や苦労を経験せずに成功することは絶対にありません。本当につらくて心が折れそうなときには，大学生になった自分，夢を叶えている自分を想像したり，大学のホームページを見たり，企業の紹介ページを見たりするとよいと思います。皆さんが後悔のない日々を過ごして合格されることを祈っています。（K.M. さん／理工）

科目別攻略アドバイス

みごと入試を突破された先輩に，独自の攻略法や
おすすめの参考書・問題集を，科目ごとに紹介していただきました。

英　語

長文読解と単語力の強化が大切です。また，時間配分でミスしてしまうと解き終わらないので，時間配分にも気をつけましょう。

（K.M. さん／理工）

おすすめ参考書　『システム英単語』（駿台文庫）

長文の空所補充に文法問題は少ないので，いかに単語を知っていて文章の流れを正確に捉えられるかが鍵です。わからないときは一度とばして最後まで読むと，文章全体のテーマが理解できて答えがわかる場合があります。

（宇井さん／理工）

おすすめ参考書　『英単語ターゲット 1900』（旺文社）

数　学

公式暗記だけでは解けないので，たくさん問題演習を重ね実戦感覚を積み上げましょう。

（K.M. さん／理工）

おすすめ参考書　『大学への数学　1対1対応の演習』シリーズ（東京出版）

文字が使われている問題が多く，解き進めるのが難しいときもあります。計算がかなり複雑な問題もあります。一つの分野に集中して演習すると，立命館大学特有のパターンがわかると思うので，問題集を解く感覚で，時間の許す限り過去問をさかのぼってみてください。

（宇井さん／理工）

おすすめ参考書　『チャート式 解法と演習』シリーズ（数研出版）

物　理

典型問題だけでなく応用問題にも取り組むことです。問題の後半になるにつれて難度が上がるので，後半の問題を解答できるかどうかで合否が決まると思います。（K.M. さん／理工）

おすすめ参考書　『名問の森 物理』シリーズ（河合出版）

特に力学では，見たことのない題材が出題されることがあります。勉強する際，公式の意味を理解するのに時間をかけ，物理現象をよく理解しておけば，難しそうに見える問題でも解法が見いだせます。この文章量のある問題に慣れるためには，問題集を解きつつ，過去問を早くから研究すべきです。必ず出題されている力学と電磁気の勉強を優先したほうがよいと思います。（宇井さん／理工）

おすすめ参考書　『大学入試 漆原晃の 物理基礎・物理が面白いほどわかる本』シリーズ（KADOKAWA）

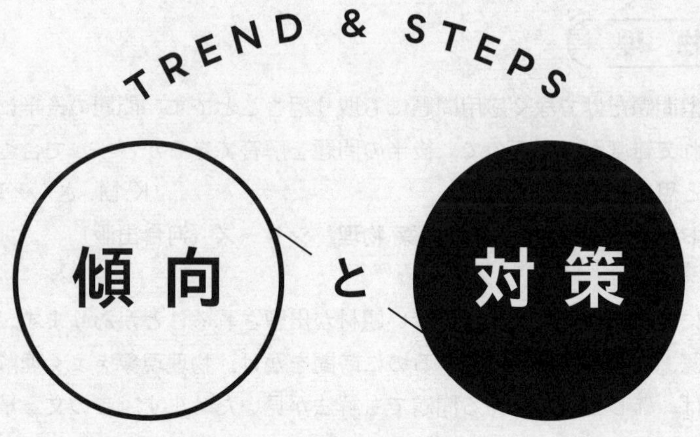

科目ごとに問題の「傾向」を分析し，具体的にどのような「対策」をすればよいか紹介しています。まずは出題内容をまとめた分析表を見て，試験の概要を把握しましょう。

注　意

「傾向と対策」で示している，出題科目・出題範囲・試験時間等については，2024 年度までに実施された入試の内容に基づいています。2025 年度入試の選抜方法については，各大学が発表する学生募集要項を必ずご確認ください。

立命館大学の全学統一方式は
試験日が異なっても出題傾向に大きな差はないから
過去問をたくさん解いて傾向を知ることが合格への近道

立命館大学の入試問題は,「**同じ入試方式であれば，学部を問わず統一の出題形式・問題傾向（英語は全日程・全学部問題傾向が同じ）で，学部ごとの対策は不要**」であると公式にアナウンスされています。また，同じ入試方式内であれば試験日が異なっても出題形式・問題傾向に大きな差はみられません。

受験する日程にかかわらず多くの過去問にあたり，苦手科目を克服し，得意科目を大きく伸ばすことが，立命館大学の合格への近道と言えます。

立命館大学の赤本ラインナップ

総合版　まずはこれで全体を把握！

✓『**立命館大学**（文系－全学統一方式・学部個別配点方式）／立命館アジア太平洋大学（前期方式・英語重視方式）』

✓『**立命館大学**（理系－全学統一方式・学部個別配点方式・理系型３教科方式・薬学方式）』

科目別版　苦手科目を集中的に対策！（総合版との重複なし）

✓『**立命館大学**（英語〈全学統一方式３日程×３カ年〉）』

✓『**立命館大学**（国語〈全学統一方式３日程×３カ年〉）』

✓『**立命館大学**（文系選択科目〈全学統一方式２日程×３カ年〉）』

難関校過去問シリーズ

最重要科目「英語」を出題形式別にとことん対策！

✓『**立命館大の英語**〔第 10 版〕』

英　語

年　度		番号	項　目	内　容
2024 ●	全学統一・理系 3教科・薬学	〔1〕	読　　解	内容説明，内容真偽，主題
		〔2〕	読　　解	空所補充，内容説明
		〔3〕	会 話 文	空所補充
		〔4〕	文法・語彙	空所補充
		〔5〕	文法・語彙	空所補充，同意表現
	学部個別	〔1〕	読　　解	内容説明，内容真偽，主題
		〔2〕	読　　解	空所補充，内容説明
		〔3〕	会 話 文	空所補充
		〔4〕	文法・語彙	空所補充
		〔5〕	文法・語彙	空所補充，同意表現
2023 ●	全学統一・理系 3教科・薬学	〔1〕	読　　解	内容説明，内容真偽，主題
		〔2〕	読　　解	空所補充，内容説明
		〔3〕	会 話 文	空所補充
		〔4〕	文法・語彙	空所補充
		〔5〕	文法・語彙	空所補充，同意表現
	学部個別	〔1〕	読　　解	内容説明，内容真偽，主題
		〔2〕	読　　解	空所補充，内容説明
		〔3〕	会 話 文	空所補充
		〔4〕	文法・語彙	空所補充
		〔5〕	文法・語彙	空所補充，同意表現
2022 ●	全学統一・理系 3教科・薬学	〔1〕	読　　解	内容説明，内容真偽，主題
		〔2〕	読　　解	空所補充，内容説明
		〔3〕	会 話 文	空所補充
		〔4〕	文法・語彙	空所補充
		〔5〕	文法・語彙	空所補充，同意表現
	学部個別	〔1〕	読　　解	内容説明，内容真偽，主題
		〔2〕	読　　解	空所補充，内容説明
		〔3〕	会 話 文	空所補充
		〔4〕	文法・語彙	空所補充
		〔5〕	文法・語彙	空所補充，同意表現

（注）●印は全問，◑印は一部マークシート方式採用であることを表す。

読解英文の主題

年　度		番号	主　題
2024	全学統一・理系型3教科・薬学	〔1〕	ジ・オーシャンレースが担う海洋科学への貢献
		〔2〕	都市部における持続可能な食生活を目指して
	学部個別	〔1〕	バナナを守れ：歴史的に奥深い遺伝子群を活用する
		〔2〕	シーフードの変遷：メニューから見た気候変動
2023	全学統一・理系型3教科・薬学	〔1〕	アロラは開放型旅行会社の社長さん
		〔2〕	赤ん坊にはあるがコンピュータにはないもの
	学部個別	〔1〕	ウェタホテルが昆虫の保護に果たしている役割
		〔2〕	イヌの人との交流能力は生まれつき
2022	全学統一・理系型3教科・薬学	〔1〕	二人の先駆的ルネサンスの画家の業績
		〔2〕	なぜ電話で待たされるといらつくのか
	学部個別	〔1〕	職場で仲良くなるのは難しいが，それだけの価値はある
		〔2〕	ロボット繁殖技術で人間は別世界に行けるか

長文読解中心の正統派
読解力と語彙力がキーポイント

01　出題形式は？

すべてマークシート方式である。例年，大問5題，小問数は49問。読解問題2題を中心に，会話文問題1題，文法・語彙問題2題が出題されている。試験時間は80分。

02　出題内容はどうか？

2題の**読解問題**は，論説文が中心。具体的で身近な親しみやすい話題が取り上げられ，主に環境，社会問題，認知科学，人間心理といった分野から出題されている。分量も，入試の読解問題として標準的であると言える。設問は，〔1〕は内容説明中心であるが，内容真偽問題には，通常とは異なり，「どちらとも判断しかねるもの」という選択肢もあることに注意。〔2〕は空所補充と下線部の指示・意味内容を問う問題である。空所補充は，単なる文法・語彙ではなく，論旨の把握にかかわる問題も多い。指示内容問題は，単なる対応箇所発見ではなく，本文の言い換えや，選択肢の読み取りを問われることが増えている。

会話文問題は，場面設定のある対話文2種である。一定の状況下で，対話の流れに沿って，適切な発言をあてはめていく空所補充形式となっている。使われない選択肢が多数あることが大きな特徴である。

文法・語彙問題では，大問ごとに文法的な知識を中心とするものと，語彙力を中心とするものに分かれる。〔4〕は文法問題8問で，すべて選択肢4つの空所補充形式。〔5〕は語彙問題で2部に分かれており，前半は空所補充，後半は同意語句選択で，それぞれ5問ずつ出題されている。〔5〕の前半の空所補充には難しい単語もみられるが，落ち着いて消去法で対応したい。後半の同意語句選択に関しては，『システム英単語』（駿台文庫）などで同意表現をマスターすることで対策できる。

03 難易度は？

読解問題の英文は，ほぼ標準的なレベルであり，語句注も多く，難解な構文などは含まれない。設問も内容真偽問題を含めてごく標準的な難易度である。ただし，選択肢はすべて英語なので，かなりてきぱきと解いていかないと時間の点で苦しくなることには要注意。

会話文問題については，標準レベル。

文法・語彙問題は，標準〜やや難レベルである。

全体として，80分という試験時間では，読解問題の英文量や設問数を考えると，標準〜やや難レベルと考えてよい。まずは会話文問題や文法・語彙問題をミスを避けながら手早く解き，読解問題になるべく時間を割けるように時間配分を考えておこう。

01 長文問題対策

読解問題で着実に得点できる英語力を養うことが肝心である。内容理解中心の設問であるし，〔1〕の内容説明をはじめとして，選択肢はすべて英語なので，読みこなさなければならない英文量はかなり多い。十分な基礎力がついたら，標準レベルの問題集（問題文800語程度が望ましい）を使って，「内容理解力」を鍛えよう。内容説明では設問文を先に読み，答えを探すつもりで本文を読むと解答スピードも正答率も上がるだろう。また，指示語の内容は，読解のキーポイントである。指示対象の把握があいまいだと，文全体の理解があやふやになる。だから，「論旨」が把握できているか（本文が何を言おうとしているのか）を常に意識して，それがぼんやりしてきたら，そこでじっくり考える，という学習をしよう。内容真偽問題は立命館大学独特の形式なので，過去の出題例になるべくたくさんあたって，十分練習しておこう。

02 会話文問題対策

会話文問題に関しては，まず教科書レベルの定型表現をしっかり身につけよう。会話が長くなると，省略や代用表現が出てきやすい。そうした約束ごとを意識的に学ぶことが大切である。会話の流れをつかむ問題に関しては，話題をしっかりつかみ，その展開を的確にとらえる練習をしよう。会話文が苦手な人には，少し易しめの物語文を読むことを勧めたい。その中に出てくる会話によって，自然にそうした形式への慣れが生じることだろう。

03 文法力の養成

基礎的文法力は，読解力の基礎をなすので，十分な時間をかけて習得すること。構文の基礎となる重要文法項目，とりわけ準動詞，関係詞，比較などは，特に力を入れて学習しておこう。文法項目を体系的に学べる参考書を，必ず1冊仕上げよう。たとえば，受験生が間違いやすいポイントを完全網羅した総合英文法書『大学入試 すぐわかる英文法』（教学社）などを手元に置いて，調べながら学習すると効果アップにつながるだろう。ただし，細かい文法知識を暗記して，詰め込む必要はない。英語の文法の法則が理解できればよいのである。といっても，じっくり考えればできるが，うっかりミスが多いというレベルでは不十分。読解問題にたっぷり時間がかけられるように，文法問題に対して「反射的に」対応できるレベルまで達してほしい。そのためには，文法の問題集（文法項目別になっているものを選ぼう）を使って，しっかりと反復練習することが大切である。「毎週20題」を最低レベルの目標にしよう。

04 語彙力の養成

必要な語彙レベルに達しているかどうかを見分けるには，過去の入試の設問の語彙を見ればよい。設問に使われる単語に知らないものがないというのが，最終的な目標レベルである。それを目指して，単語集・熟語集などを使いながら効率よく学習を進めよう。自分の気に入ったものを使って，まず標準レベルを確実にクリアしよう。さらに意欲的に，少しでも上級レベルへと挑んでみてほしい。そうすることで，読解力にもよい影響が及ぶ。地道な努力を重ねていこう。

立命館大「英語」におすすめの参考書

- ✓『システム英単語』（駿台文庫）
- ✓『大学入試 すぐわかる英文法』（教学社）
- ✓『立命館大の英語』（教学社）

数　学

年　度		番号	項　目	内　容
2024	全学統一	〔1〕	整数の性質	除法の性質，二項定理，不定方程式
		〔2〕	ベクトル	位置ベクトル，無限等比級数
		〔3〕	微・積分法	関数の増減，積分計算，面積，関数の極限
		〔4〕	確率，数列	漸化式，反復試行の確率，二項定理，関数の増減
	理系型3教科・薬学	〔1〕	小問3問	(1)三角関数　(2)指数方程式　(3)相関係数の計算
		〔2〕	微・積分法	接線，面積，相加平均と相乗平均の関係
		〔3〕	図形の性質	直方体の回転
		〔4〕	確率	確率と連立漸化式，階差形の漸化式
	学部個別	〔1〕	微・積分法	放物線の共通接線，面積
		〔2〕	ベクトル	平行六面体，体積
		〔3〕	微分法	関数の増減，最大値・最小値
		〔4〕	整数の性質，場合の数	二進法で表された整数，重複順列，数列の和
2023	全学統一	〔1〕	三角関数	2次関数の最小値，面積，三角不等式
		〔2〕	ベクトル	四面体の体積
		〔3〕	微・積分法	媒介変数で表示された曲線の長さ
		〔4〕	場合の数	場合の数と漸化式，数列の極限
	理系型3教科・薬学	〔1〕	小問3問	(1)対数関数の応用　(2)三角関数のグラフ　(3)分散
		〔2〕	微・積分法	放物線と2本の接線で囲まれた図形の面積
		〔3〕	ベクトル	四面体の体積
		〔4〕	確率	反復試行の確率，確率と漸化式
	学部個別	〔1〕	微分法	導関数の計算，恒等式
		〔2〕	複素数平面	平面図形と複素数
		〔3〕	式と曲線	楕円，接線の方程式，面積の最小値
		〔4〕	確率	確率と漸化式，数列の極限

年度	方式	番号	項目	内容
2022	全学統一	〔1〕	積分法	2次方程式の解と係数の関係，定積分で表された関数の極限
		〔2〕	図形と方程式	円と放物線の共有点，三角関数の計算 ⊘図示
		〔3〕	複素数平面	複素数平面における円の方程式
		〔4〕	確率	場合の数，反復試行の確率，数列の極限
	理系型3教科・薬学	〔1〕	小問3問	(1)正四面体の内接球の半径 (2)数列と対数 (3)相関係数
		〔2〕	微・積分法	3次関数のグラフと放物線が接する条件，面積
		〔3〕	ベクトル	空間ベクトルの内積，球面の方程式
		〔4〕	確率	最短経路と確率
	学部個別	〔1〕	数列	等比数列，等差数列，漸化式，恒等式
		〔2〕	微分法	3次方程式の実数解の個数
		〔3〕	積分法	置換積分法を用いた定積分の計算
		〔4〕	極限	円錐に内接する球，無限等比級数，関数の極限

出題範囲の変更

2025年度入試より，数学は新教育課程での実施となります。詳細については，大学から発表される募集要項等で必ずご確認ください（以下は本書編集時点の情報）。

方　式	2024年度（旧教育課程）	2025年度（新教育課程）
全学統一方式・学部個別配点方式	数学Ⅰ・Ⅱ・Ⅲ・A・B（数列，ベクトル）	数学Ⅰ・Ⅱ・Ⅲ・A・B（数列）・C（ベクトル，平面上の曲線と複素数平面）
理系型3教科方式・薬学方式	数学Ⅰ・Ⅱ・A・B（数列，ベクトル）	数学Ⅰ・Ⅱ・A・B（数列）・C（ベクトル）

旧教育課程履修者への経過措置

2025年度においては，旧教育課程履修者に不利にならないように配慮した出題を行う。

全学統一・学部個別：計算力・思考力を要す 理系型3教科・薬学：典型的な標準問題

01 出題形式は？

いずれも大問4題の出題で，試験時間は100分。設問はすべて，空所に当てはまる数値・式などを答えるという空所補充形式である。2022年度全学統一方式では図示問題が出題された。いずれも，丁寧な誘導のついた問題あるいは標準的な小問集合である。

02 出題内容はどうか？

全学統一方式・学部個別配点方式は微・積分法，確率，複素数平面などがよく出題されている。標準レベルの問題が中心であるが，計算量が多いので要領よく処理していくことが必要である。また，思考力を試す問題もみられる。

理系型3教科方式・薬学方式は，毎年〔1〕は基本的な小問集合で，〔2〕は微・積分法，〔3〕はベクトル，〔4〕は確率が出題されていたが，2024年度は〔3〕で図形の性質が出題された。いずれも典型的で無理のない標準問題が出題されている。

03 難易度は？

全学統一方式・学部個別配点方式は，全体としては標準レベルであるが，計算力・思考力が要求される問題が出題されている。

理系型3教科方式・薬学方式の問題は，入試で頻出の，無理のない基本〜標準レベルの問題である。〔1〕は小問集合でもあり，苦手分野をつくることなく学習しておくことが重要である。

まずは問題を見極め，確実に解けそうな問題から処理していこう。同じ出題形式が続いているので，過去問演習などの際は，見直す時間も含めた目標解答時間を設定して解き，時間配分の感覚を身につけておくことが大切である。

対策

01 基礎力の充実

どの試験についても基礎力の充実は必須である。基本的な用語・概念の完全な理解，正確で速い計算力，典型的な解法パターンの習得。この基礎力なしにはどの問題にも対応できない。教科書，参考書（数研出版の黄チャート・青チャートがおすすめ），問題集を使って基礎力の充実を図ろう。

02 しっかりとした計算力，柔軟な思考力の養成

全学統一方式・学部個別配点方式の問題では，しっかりとした計算力，柔軟な思考力を必要とする問題が出題されている。解法のパターンを暗記するだけというようなスタイルでは十分に対応できない。基礎力の充実に加えて，自分の頭でしっかりと考える力を養うことも大切である。

03 過去問の研究

過去問の研究が重要なのはいうまでもない。どのくらいのレベルの問題がどのような形で問われるのか，過去問で十分研究しておくこと。

立命館大「数学」におすすめの参考書

✓『チャート式 解法と演習シリーズ（黄チャート）』（数研出版）
✓『チャート式 基礎からの数学シリーズ（青チャート）』（数研出版）

物　理

年　度		番号	項　目	内　容
2024 ◑	全学統一・理系型3教科・薬学	〔1〕	力　学	すべり台の斜面をすべりおりる小球の運動
		〔2〕	電磁気	電荷がつくる電場・電位，直線電流がつくる磁場によるローレンツ力
		〔3〕	熱力学	ピストンで真空と仕切られた容器内の気体の状態変化
	学部個別	〔1〕	力　学	摩擦のある面上での 2 つのばねによる単振動
		〔2〕	電磁気	円形加速器の原理
		〔3〕	波　動	偏光板を通過する光の強度，屈折率の差による光路差
2023 ◑	全学統一・理系型3教科・薬学	〔1〕	力　学	両端におもりを連結したばねの重心に対する単振動
		〔2〕	電磁気	コンデンサーの一部分に挿入する誘電体・導体
		〔3〕	熱力学	ピストンで真空と仕切られた断熱容器内の気体の状態変化
	学部個別	〔1〕	力　学	回転運動する円板からの斜方投射
		〔2〕	電磁気	ホイートストンブリッジを使った温度センサー
		〔3〕	原　子	発光ダイオードの発光と発電
2022 ◑	全学統一・理系型3教科・薬学	〔1〕	力　学	斜面上のばねから斜方投射された物体の軌跡
		〔2〕	電磁気	非線形抵抗を並列に接続した直流電源から取り出せる電力の最大値
		〔3〕	熱力学	等温変化と断熱変化における 2 つの容器内の気体の混合の比較
	学部個別	〔1〕	力　学	ばねの力で摩擦のある斜面を上昇し，水平投射される小球の運動
		〔2〕	電磁気	一様な電場・磁場中を移動する荷電粒子の運動
		〔3〕	熱力学，原　子	気体の分子運動による圧力と光子の圧力

（注）●印は全問，◑印は一部マークシート方式採用であることを表す。

標準的な良問が中心
確実な計算力を鍛えよう

01 出題形式は？

大問３題の出題が続いている。全問空所補充形式で，適切な数式または数値を記入するものと，選択肢から選んでマークするものがある。試験時間は，学部個別配点方式の理科２科目型は２科目 120 分，その他は１科目 80 分となっている。

02 出題内容はどうか？

出題範囲はいずれの方式も「物理基礎，物理」である。

力学，電磁気が必出で，残り１題は熱力学や波動，原子の分野から出題されている。単に「問題のための問題」ではなく，物理的にも興味深い身近な現象を取り上げ，それがモデル化された問題となっている。多くの受験生が初見と思われる題材や，教科書よりやや高度な内容を扱った出題もあるが，その場合でも丁寧な誘導がされているため，多くは標準的・典型的な問題といってよい。出題は，文字式を答えるものが多いが，文字式の後で数値計算を要求する問題もあるので，日頃から有効数字に注意して，正確で手際のよい数値計算ができるようにしておこう。数値計算の中には結果を選ぶ問題もあるが，選択肢が多いため，計算力は必要である。

03 難易度は？

標準的な良問が中心であるが，一部にやや難の設問が含まれているので，すばやい理解力と処理能力が要求される。さらに計算量も多いので，試験時間内ですべての問題をこなすには，日頃から計算力を養っておく必要がある。特に理科２科目型は２科目 120 分であるので，時間配分には注意が必要である。また，空所補充形式なので，計算ミスは致命的であると心得ておきたい。

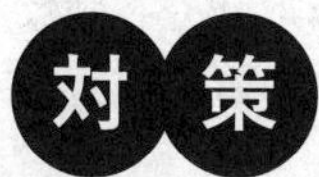

01 幅広い基礎力の充実を

問題の中には基本的な計算や名称，用語，人物名を問うものも含まれている。教科書や参考書を用いて，まず，基本法則や公式をしっかりと身につけておく必要がある。そのためには，単なる丸暗記ではなく，日頃の授業などを大切にし，公式の成り立ちや，背景となる基礎的事項を理解することが大切である。

02 丁寧な問題演習を

全分野から出題されているので，標準程度の問題集を丁寧に何度も解くことが必要である。その中で，計算力や論理的な思考力を鍛えておくことが望ましい。

03 モデル化に慣れよう

問題集などには，いろいろなモデル化の問題が含まれている。このような問題にあたることで，現象をモデル化する考え方に慣れておこう。見慣れない題材が使われていたとしても学習した内容の応用である。実験の内容が形を変えて出題されることもあるので，あわてずに条件を整理していこう。また，高校では学習しない法則や関係式が与えられ，それを用いて考えを進める問題などでは，柔軟な思考力と推論力を磨いておくことが要求される。図録や資料集など，少し高度な内容に触れているものにも目を通しておくとよい。

04 確実な計算力を

多くは計算問題である。しかも空所補充形式なので，計算ミスは許されない。問題文を注意深く読んで式を展開したり，すばやく正確な数値計算が行えるように，実力をつけておこう。また，グラフの読み取りや有効数字の扱い，近似計算には十分慣れておくことが必要である。検算をする習慣をつけるのもよいだろう。

05 過去問でトレーニングを

問題集がひととおりできたら，次は時間を計りながら過去問に取り組むこと。数年分解けば，必ず傾向がわかるであろう。解答群から選ぶ問題では，選択肢から逆に正解をある程度推測することも必要である。やや難しい設問や時間のかかる数値計算も含まれているが，これらに時間をとられて他の基本問題を取りこぼすことのないように，時間配分に注意しよう。

化　学

年度		番号	項目	内容
2024 ◑	全学統一・理系型3教科・薬学	〔1〕	理論・無機	二酸化炭素の性質と構造，混合気体の圧力 ✓計算
		〔2〕	変化・無機	ダニエル電池，銅と亜鉛の反応性 ✓計算
		〔3〕	有　　機	エステルの構造決定，異性体の数 ✓計算
		〔4〕	高 分 子	合成高分子化合物，タンパク質の窒素含有量 ✓計算
	学部個別	〔1〕	構造・無機	周期表，塩素の性質と発生法 ✓計算
		〔2〕	変　　化	中和滴定，緩衝液，塩の pH ✓計算
		〔3〕	有　　機	サリチル酸の合成と反応 ✓計算
		〔4〕	高分子・有機	天然高分子化合物，油脂 ✓計算
2023 ◑	全学統一・理系型3教科・薬学	〔1〕	変化・構造	多段階反応の反応速度，化学平衡，反応熱 ✓計算
		〔2〕	無機・変化	塩の推定 ✓計算
		〔3〕	有　　機	アルコールの異性体と反応，フェノールの性質
		〔4〕	高 分 子	ゴムとナイロンの合成 ✓計算
	学部個別	〔1〕	構造・無機	炭素の単体と化合物，結晶の構造 ✓計算
		〔2〕	無機・変化	実験器具と試薬の扱い方，硫酸の性質 ✓計算
		〔3〕	有　　機	有機化合物の構造決定 ✓計算
		〔4〕	高 分 子	ビニロン，吸水性高分子 ✓計算
2022 ◑	全学統一・理系型3教科・薬学	〔1〕	理　　論	鉄と銅の単位格子と単体の生成反応，亜鉛酸化物の量的関係 ✓計算
		〔2〕	無機・変化	硫黄の化合物，硫化水素の電離平衡，硫酸による中和滴定 ✓計算
		〔3〕	有機・高分子	エタノールの酸化実験，グルコースの構造 ✓計算
		〔4〕	高 分 子	天然繊維，合成繊維 ✓計算
	学部個別	〔1〕	無機・構造	金属イオンの定性分析 ✓計算
		〔2〕	無機・変化	遷移元素，酸化還元反応と反応熱，水和水の数 ✓計算
		〔3〕	有機・構造	芳香族化合物の構造，アセトアミノフェンの合成 ✓計算
		〔4〕	高分子・状態	合成高分子化合物 ✓計算

（注）●印は全問，◑印は一部マークシート方式採用であることを表す。

理論，有機分野中心の総合問題 考察力や思考力も試される

01 出題形式は？

大問4題の出題で，解答方式はマークシート方式と記述式の併用である。試験時間は学部個別配点方式の理科2科目型は2科目120分，その他は1科目80分となっている。マークシート方式は，問題文の空所を補う語句や化学式，計算結果に合う数値を選択肢から選ぶ形式が中心である。記述式は，化学用語や化学式，計算数値，化学反応式や構造式を書く形式である。

02 出題内容はどうか？

出題範囲はいずれの方式も「化学基礎，化学」である。

例年，理論・無機から2題，有機1題，高分子1題の出題であることが多い。有機分野は，化合物の立体構造の考察や電離平衡，重合度や分子式の決定といった理論的な内容の出題もみられ，思考力を試される。理論分野は，一つの大問に複数の分野からの出題がある。無機・有機分野とともに出題されることもあり，幅広い知識が求められる。問題文が長いことも多く，読解力が必要となる。

03 難易度は？

方式により難易に差があるが，標準～やや難の問題が出題されている。各大問は思考力重視の総合的な出題で，高得点をとるためには，『実戦 化学重要問題集 化学基礎・化学』（数研出版）などの標準問題集を用いた演習が必要である。

全学統一・理系型3教科・薬学方式や学部個別配点方式を理科1科目で受ける場合は，80分で大問4題であり，分量的に相応したものだが，思考力を要する問題も多く，時間を気にしながら解く必要がある。学部個別配点方式を理科2科目で受ける場合は，60分ほどで大問4題を解くことになるので，手際よく処理できるように練習しておこう。

01 理　論

化学の基礎知識をしっかり固めて，計算をすばやく正確に行う練習をしておこう。気体の状態方程式や溶液の濃度，希薄溶液の性質，酸・塩基や酸化還元反応の量的関係や pH，ファラデーの法則などの計算問題に慣れておくことが必要である。法則名やその内容は必ず覚えておこう。特徴的な出題形式に慣れるためにも，方式を限定せずに多くの過去問を解いておくことが有効である。

02 無　機

物質を周期表や化学結合と関連づけ，単体や無機化合物の性質を体系的に整理した上で，理論の裏づけのあるしっかりした知識を身につけること。気体の製法とその性質，金属イオンの性質と沈殿生成などの基本的内容で失点をしないようにしたい。工業的製法や金属の精錬について，名称や反応式，触媒を書けるよう対策しておこう。記述式への対応として，代表的な化合物や錯イオンの化学式，化学反応式を正確に書ける力は絶対必要である。

03 有機・高分子

脂肪族と芳香族を中心に基礎的な化合物や反応に関しては確実に解答できる力をつけること。代表的な有機化合物の構造式や反応式を系統的に覚え，化合物の酸化による変化や，エステル化に関する標準的な問題を数多く解いて慣れることが対策となる。問題文が長いことが多く，解答の注意点が示されている場合もあるので，過去問を解いて出題形式に慣れておきたい。アミノ酸・タンパク質・糖類・合成高分子化合物などの分野からも例年出題されているので，この対策にも十分な時間をかける必要がある。また，有機・高分子の計算問題も出題されるため，問題集でくり返し演習しておこう。

04 計 算

中和や酸化還元反応，電離定数と pH などに関する多少煩雑な化学量論の計算も出題されている。記述式の解答欄には計算過程を書く欄がなく，答えの数値のみの記入である。文字式で答える問題もあり，戸惑うことも予想されるので，過去問で十分に演習して，解答方法に慣れておきたい。

生物

年度		番号	項目	内容
2024 ◑	全学統一・理系型3教科・薬学	〔1〕	細胞，遺伝情報	核の構造とはたらき，体細胞分裂と細胞周期，転写と遺伝子発現の調節（60字） ✓計算・論述
		〔2〕	動物の反応	神経系の構成，興奮の伝導と伝達，シナプス電位の加重と網膜の神経回路
		〔3〕	代謝，進化・系統	光合成のしくみ，光合成色素と藻類の進化，カルビン・ベンソン回路（35字） ✓論述
		〔4〕	生態，進化・系統	生存曲線，社会性昆虫の血縁度と包括適応度，菌根菌の共生 ✓計算
	学部個別	〔1〕	細胞，生殖・発生	減数分裂，染色体観察，キイロショウジョウバエの配偶子形成と受精（25字） ✓論述・計算
		〔2〕	代謝，進化・系統	真核生物の呼吸，3ドメイン説，乳酸発酵，アルコール発酵 ✓計算
		〔3〕	動物の反応	自律神経，神経の興奮と伝達，筋肉の構造と収縮（20字2問，25字2問） ✓論述・計算
		〔4〕	遺伝情報，進化・系統	RNAの転写，遺伝子多型とPCR，β-グロビン遺伝子，分子進化 ✓描図
2023 ◑	全学統一・理系型3教科・薬学	〔1〕	細胞，遺伝情報	タンパク質の立体構造と酵素，転写と翻訳，遺伝暗号表（20字） ✓論述
		〔2〕	動物の反応	眼の構造と暗順応，視覚の伝導路，ニューロン，興奮の伝導速度 ✓計算
		〔3〕	生殖・発生，動物の反応	ABCモデル，重複受精，有胚乳種子の発芽とジベレリン（25字） ✓論述
		〔4〕	生態	個体群の相互作用，アリー効果，生産構造図（15字） ✓計算・論述
	学部個別	〔1〕	総合	アミノ酸，ミオグロビン，ヒストン，酸素解離曲線
		〔2〕	体内環境，代謝	中枢神経系と自律神経系，血糖濃度の調節，アロステリック酵素（30字） ✓論述
		〔3〕	生殖・発生	減数分裂，連鎖と組換え，Hox遺伝子群 ✓描図・計算
		〔4〕	生態	バイオーム，マングローブの植生，暖かさの指数，生態系の物質生産（30字） ✓計算・論述

年度	方式	番号	項目	内容
2022 ◑	全学統一・理系型3教科・薬学	〔1〕	細胞，遺伝情報	DNA，選択的スプライシング，バイオテクノロジー（30・40字） ⊘論述・計算
		〔2〕	体内環境，代謝	肝臓の構造とはたらき，血糖濃度の調節，脂質の調節，脱アミノ反応 ⊘計算
		〔3〕	動物の反応	聴覚器の構造とはたらき，生得的行動と学習行動（25字） ⊘論述
		〔4〕	進化・系統	地質時代と生物の変遷，植物の生活環，人類の進化（25字） ⊘論述
	学部個別	〔1〕	遺伝情報，体内環境	PCR法，遺伝子組換え，予防接種と二次応答 ⊘計算
		〔2〕	総合	細胞の構造，タンパク質，ブルーホワイトセレクション ⊘計算・描図
		〔3〕	植物の反応	植物ホルモン，伸長成長のしくみ，重力屈性，頂芽優勢（30・50字） ⊘論述
		〔4〕	生態	生物農薬，標識再捕法，生態系の物質収支（50・60字） ⊘計算・論述

（注）●印は全問，◑印は一部マークシート方式採用であることを表す。

全分野からの幅広い出題 徹底的な問題の演習を！

01 出題形式は？

いずれの方式も大問4題の出題である。試験時間は，学部個別配点方式の理科2科目型は2科目120分，その他は1科目80分となっている。解答形式は，マークシート方式と記述式の併用であり，語句や数値などを選択・記述する問題や，文章の正誤判断，論述問題や計算問題のほか，グラフの描図や図の選択など，出題形式は多様である。例年大問1題につき計算・論述・描図のいずれかが含まれている場合が多く，総合的な力が試される。

02 出題内容はどうか？

出題範囲はいずれの方式も「生物基礎，生物」である。

生態，進化・系統，代謝，遺伝情報，動物の反応，細胞からよく出題されている。数年を通してみると全分野から出題されており，今後，出題頻度の低い分野から出題される可能性もあるので注意が必要である。

03 難易度は？

基本的な知識を問うものや標準的な計算問題が多く，論述問題も標準的なものが中心である。ただし，教科書だけでは心もとないので図説等の副教材にもしっかり目を通しておきたい。ときにやや難しい問題もみられるが，全体的な難易度に例年大きな差はない。いずれの方式も標準的な難度といえよう。

基本的・標準的な問題を取りこぼさないようにすることが大切である。過去問演習などを重ね，自分に合った時間配分をつかんでおこう。

対策

01 用語は正確に覚えよう

記述問題も出題されるので，教科書に記載された生物用語は，その意味も正確に理解しておきたい。断片的な知識は役に立たないので，各分野を自分なりにノートにまとめ，知識の整理をすると生物用語を覚えやすくなる。また，代謝経路や発生などの一連の流れに関しては，実際に図を描いて覚えたほうが記憶に定着しやすいだろう。

02 分野ごとに徹底演習を

過去問演習を行う前に，分野ごとに標準レベルの問題集を１冊仕上げておきたい。知識が深まり，定着しやすくなる。グラフや図がよく出題されるので，教科書に記載された図ならびに問題集のグラフやデータ解析問題を通して考察力を養いたい。また，計算問題もよく出題されるので，問題集で典型的な計算問題を解けるようにすること。計算が苦手であれば，新しい問題にチャレンジするのではなく，同じ問題を何度も反復し，解法を頭の中にたたきこんでおきたい。

03 論述の練習をしよう

標準的な論述問題が多いので，まずは問題集に出てくる論述問題を解いてみよう。答えられないときには，解答を見て答えを書き写すところから始めてもよい。そのとき，漠然と文字を書き写すのではなく，20 字程度ならば「キーワードになる語句は何か」を考え，50～60 字ならばキーワード以外にも正解のポイントとなる語句を 2，3 個チェックしよう。

04 過去問演習

2022 年度学部個別配点方式では，組換えタンパクワクチンをテーマとした問題が出題された。これまでも，ゲノム編集，iPS 細胞，オートファジーなど，その時々の最新の研究や新しい題材をテーマとした問題が出題されているので，話題のニュースなどにもアンテナを張っておきたい。また広い分野から出題されているので，過去問演習に力を入れておこう。苦手な分野は過去のノートや問題集をしっかりと復習し，全体像をつかむようにしたい。特に苦手な範囲は，再度ノートにまとめるなどして知識の定着を図ること。選択問題は，すべての選択肢の正誤判定ができるよう，〔解説〕を参考にしながら正確な知識を身につけておきたい。

2024年度

問題と解答

全学統一方式（理系）・理系型 3 教科方式・薬学方式

問 題 編

▶試験科目・配点

方式	学部		教科	科目	配点
全学統一（理系）	理工	物理科	外国語	コミュニケーション英語Ⅰ・Ⅱ・Ⅲ，英語表現Ⅰ・Ⅱ	100 点
			数 学	数学Ⅰ・Ⅱ・Ⅲ・A・B	100 点
			理 科	物理基礎，物理	100 点
		その他	外国語	コミュニケーション英語Ⅰ・Ⅱ・Ⅲ，英語表現Ⅰ・Ⅱ	100 点
			数 学	数学Ⅰ・Ⅱ・Ⅲ・A・B	100 点
			理 科	「物理基礎，物理」，「化学基礎，化学」から 1 科目選択	100 点
	情報理工・生命科		外国語	コミュニケーション英語Ⅰ・Ⅱ・Ⅲ，英語表現Ⅰ・Ⅱ	100 点
			数 学	数学Ⅰ・Ⅱ・Ⅲ・A・B	100 点
			理 科	「物理基礎，物理」，「化学基礎，化学」，「生物基礎，生物」から 1 科目選択	100 点
理系型3教科	総合心理・スポーツ健康科		外国語	コミュニケーション英語Ⅰ・Ⅱ・Ⅲ，英語表現Ⅰ・Ⅱ	150 点
			数 学	数学Ⅰ・Ⅱ・A・B	150 点
			理 科	「物理基礎，物理」，「化学基礎，化学」，「生物基礎，生物」から 1 科目選択	100 点
	食マネジメント		外国語	コミュニケーション英語Ⅰ・Ⅱ・Ⅲ，英語表現Ⅰ・Ⅱ	120 点
			数 学	数学Ⅰ・Ⅱ・A・B	100 点
			理 科	「物理基礎，物理」，「化学基礎，化学」，「生物基礎，生物」から 1 科目選択	100 点

薬学	薬	外国語	コミュニケーション英語Ⅰ・Ⅱ・Ⅲ，英語表現Ⅰ・Ⅱ	100点
		数　学	数学Ⅰ・Ⅱ・A・B	100点
		理　科	「物理基礎，物理」，「化学基礎，化学」，「生物基礎，生物」から1科目選択	100点

▶**備　考**

- 2月2日実施分を掲載。
- 「数学B」は「数列，ベクトル」から出題。

英語

（80分）

Ⅰ　次の文を読んで，問いに答えなさい。

The Southern Ocean is not somewhere most people choose to spend an hour, let alone a month. Circling the icy continent of Antarctica[1], it is the planet's wildest and most remote ocean. But in March, four sailing teams came through the area as part of a marathon race round the bottom of the Earth, from Cape Town in South Africa to Itajaí in Brazil. The Ocean Race is known as the toughest, and certainly the longest, professional sporting event in the world, attracting sailors of the highest level who form diverse crews. However, this year scientists have noticed an opportunity for their research to benefit as well.

Because the boats visit the most remote part of the ocean, which even scientific vessels struggle to access, this year the crews will put scientific instruments all around Antarctica. The aim is to measure 15 different types of environmental data, from ocean temperature to information about the atmosphere. Information from the devices will help scientists with everything from weather forecasting to the climate emergency. "The Southern Ocean is a very important driver[2] of climate on a global scale, but there is very little data," says German scientist Toste Tanhua. "Data from the sailing races in the Southern Ocean is very important for us to understand the uptake[3] of carbon dioxide (CO_2) by the ocean."

Each boat has weather sensors[4] on board that measure wind speed and direction in addition to air pressure and temperature. Each team will drop two kinds of buoys[5] which capture data. One type drifts[6] on the surface in order to provide data for scientists to study ocean currents and forecast extreme weather events, such as hurricanes and typhoons. A second type of buoy operates below the surface at depths of up to two kilometers, moving slowly with deep currents and sending information every ten days. The data is used for climate analysis as well as for long-range weather forecasts. Meanwhile, the crews will take regular water samples using other devices to measure the levels of carbon dioxide, oxygen, and salt, as well as temperature. This data is then analysed in Germany where the information can be seen while it is being collected out at sea.

Tanhua says this kind of data reveals new patterns. For example, it shows how carbon dioxide varies over a year — higher when the water warms up in summer and lower during a bloom, which is a sudden increase in the population of phytoplankton[7]. It also shows how the ocean takes carbon from the surface and transports it to the bottom. "In the Southern Ocean, you have three major systems where water is either going down vertically or coming up. Depending on the depth, the level of carbon differs. In addition, circular currents of water called eddies also transport carbon up and down," Tanhua says. Scientists will now be able to observe these systems and eddies up close, compare them with satellite data, and fill in the gaps.

The boats will also be taking samples of trace elements[8] which are essential for the growth of phytoplankton. Not only are phytoplankton the base of the food chain, but they are responsible for most of the transfer of CO_2 from the atmosphere to the ocean. "This data is extremely important," says Dr. Arne Bratkič, a scientist in Spain, who analyses the trace element results. "It is important to know how much food is available for animals that will feed on phytoplankton eventually, and how much CO_2 the phytoplankton are going to absorb from the atmosphere." Bratkič says that taking these kinds of samples normally requires special scientific voyages that are limited in number and are costly to operate. The Ocean Race is a way of testing investigations on non-scientific ships at sea. "We are paying attention to the design of the sampling devices — what works and what does not. It's really exciting."

To add to the phytoplankton study, the sailors have equipment that automatically records images and provides insights into the diversity of phytoplankton species. This helps scientists like Dr. Veronique Green, who are also studying oxygen. She says, "Boats sail through remote parts of the world ocean where observations are really scarce[9]. Getting more oxygen data is crucial[10] to get a better estimate of the amount of oxygen in the ocean and thus of the oceanic oxygen loss. The more data we have, the more accurately we can understand the ocean's capacity to cope with climate change and predict what will happen to the climate in future."

According to Dr. Katsiaryna Pabortsava, who helps with the analysis, "The Ocean Race will be delivering samples from places that otherwise we'd have difficulty getting data from. The other thing is the ease of collection of this information. You don't need trained staff, as you would have with research vessels." The hope is that this method for obtaining samples could eventually be used on other non-scientific ships, such as cruise or ferry boats. The sailors benefit, too. "It's a win-win situation, because six hours after dropping the buoys, the sailors will download a new weather forecast," using data from the buoys, says Martin Kramp, ship coordinator. "In areas where data is scarce, such as the Southern Ocean, that can make a significant difference — the forecast will be much better."

(Adapted from a work by Yvonne Gordon)

(注)

1．Antarctica　　南極大陸

2．driver　　影響を与える力（要因）

3. uptake 吸収
4. weather sensor 気温や湿度などを観測する機器
5. buoy 浮標（ブイ）
6. drift 漂う
7. phytoplankton 植物プランクトン
8. trace element 生物が生きていくために必要な微量元素
9. scarce 不十分な
10. crucial 極めて重要な

〔1〕本文の意味，内容にかかわる問い(A)〜(D)それぞれの答えとして，本文にしたがってもっとも適当なものを(1)〜(4)から一つ選び，その番号を解答欄にマークしなさい。

(A) What is the primary purpose of the journey from South Africa to Brazil?
(1) For experts to teach non-scientists about climate change
(2) For experienced sailors to compete in challenging ocean waters
(3) For professional crews to bring scientific vessels to remote parts of the ocean
(4) For scientists to take accurate measurements of the continent of Antarctica

(B) What is the difference between the two types of buoys?
(1) One operates on the surface of the water while the other operates below.
(2) One moves quickly with the ocean currents while the other moves slowly.
(3) One forecasts extreme weather while the other forecasts ocean temperature.
(4) One measures the uptake of carbon dioxide while the other

measures oxygen.

(C) According to the text, what is the connection between phytoplankton and climate change?

(1) Phytoplankton blooms are affected by eddies.

(2) Phytoplankton remove carbon dioxide from the air.

(3) Trace elements affect the food supply of phytoplankton.

(4) Pollution is removed naturally from the ocean by phytoplankton.

(D) According to the text, what is one reason that it has been challenging to conduct research in the Southern Ocean?

(1) There are too many ships sailing there.

(2) It is difficult and expensive to go there by boat.

(3) Scientists only have a chance to go there every few years.

(4) Not enough people are trained in the necessary data collection methods.

〔2〕次の(1)～(5)の文の中で，本文の内容と一致するものには1の番号を，一致しないものには2の番号を，また本文の内容からだけではどちらとも判断しかねるものには3の番号を解答欄にマークしなさい。

(1) Teams from Europe take part in the Ocean Race.

(2) Scientists will pay the sailors for their assistance.

(3) The water samples are used to measure the amount of phytoplankton in the water.

(4) Sailing teams have expressed an interest in collecting water samples from the ocean.

(5) Carbon is moved from the surface of the ocean to deeper below by eddies.

〔3〕本文の内容をもっともよく表しているものを(1)～(5)から一つ選び，その番号を解答欄にマークしなさい。

(1) Participants in a boat race help scientists collect data for their research.

(2) Sailing teams have improved their performance with the help of scientists.

(3) More scientific data about the ocean is needed to understand climate change.

(4) Sailors are using buoys to improve weather forecasting in the Southern Ocean.

(5) Scientists are taking measurements of carbon dioxide levels in the water near Antarctica.

Ⅱ 次の文を読んで，問いに答えなさい。

In 2013, Ethan Welty and Caleb Phillips launched Fallingfruit.org, a free online map that records edible[1] plants in cities around the globe to encourage foraging[2] within urban settings. They wanted a better tool to record locations and harvest schedules, recognizing the vast resource of food available [(A)] the sizable number of people interested in foraging. Welty and Phillips started by adding plant lists from governments and universities to the map. But they also designed the map to allow users to add locations and information about the plants to make it inclusive[3] and more valuable.

Since its inception[4], Falling Fruit — which currently features 1,533,034 locations around the world — has had over two million people visit the website. The site's diversity is evident in its available languages and its wide variety of plants around the globe. Foragers are finding oranges originally from China in Australia, berries native to Asia in South Africa, and rare tropical fruits in urban Brazil. Thanks to (あ)this knowledge gained, Welty says he now knows much more about which plants are edible and how to prepare them. [(B)], he's learned that the fruit of the cherry dogwood tree is popular in Iran, and can be preserved as jam, made into refreshing drinks, pickled in vinegar and mint, or simply lightly salted and eaten raw.

Welty sees great potential in Falling Fruit to reimagine cities as places [(C)] food for residents. "We share our cities with all kinds of food-bearing plants, almost accidentally," he says passionately. "There is a lot growing that we should be more aware and taking advantage of, and ideally building a sense of community around, so that in the future we can actually demand more and expect more from our city. Then we can imagine a more edible, urban future."

Welty views Falling Fruit as a sort of activism[5]. He notes that the project brings up questions of private property, who should have a voice in the future of cities, and how everyone can benefit. Foraging on private property can be [(D)]. Welty won't take a tree or plant off the map if an owner requests it because a user could easily put it back on. Instead, he asks that the description state that the plant is on private property, so foragers can ask owners if they can pick. Welty likes (い)this approach because it encourages people to talk to each other.

Welty believes that a new way of thinking is required to incorporate[6] foraging in planning cities, like creating areas to be harvested. He suggests reimagining spaces between buildings or tearing out roads, whatever will maximize the space's benefits to create opportunities to interact with plants in one's neighborhood. Billings, Montana, is one city that's experimenting with (う)this idea. As part of its waste reduction program, over 120 fruit trees were planted in parks near residents who do not have easy access to supermarkets. Then the trees were listed on

Falling Fruit. People pick fruit for themselves or to donate to food banks, reducing food waste and park maintenance. Churches and businesses with fruit trees on their property are encouraged (E) the map.

The complete Falling Fruit map includes over two thousand category tags, mostly for plants, but there are also some mushrooms and the occasional fishing or clam-digging spot. The tags cover a purposely wide range of foraging spots to expose people to foods outside of what's in a supermarket. These include dumpster[7] locations to bring attention to waste in the food system and also show a relatively fixed location (F) on some reliable schedule. Users like Lily Brown of Boston have added over fifty thousand locations to the map. Brown, who (G) her food through sustainable harvesting, has contributed approximately 20 locations around the city and says Falling Fruit "has been a wonderful way to keep track of the fruits and herbs I find." Her most unexpected find was wild mushrooms on a college campus. She also baked a tasty apple bread using some foraged apples and flour she made from acorns[8]. "It's the community input that really makes an app like this," says TJ Butler, who adds locations near him in Maryland. He's found apples, pears, and berries, and hopes the map will indicate harvest seasons in the future.

ⓔ Doing that is a goal of Welty's, who appreciates Falling Fruit's success, though like with many startups[9], he wishes he had time and money to develop it further. Falling Fruit is a non-profit with a volunteer staff, primarily Welty. He strongly believes (H) urban foragers to find food. He founded and is an advisory board[10] member of Community Fruit Rescue, an organization that harvests and saves excess urban fruit, and he hopes to bring about widespread change. "The kind of data analysis I'd really like to be doing," he adds, "is looking at where people are going, specifically what they're interacting with, what kind of species, and when they're harvesting from them, in order to influence the decisions being made about what to plant next and where. ⓞ That is the dream."

(Adapted from a work by Liz Susman Karp)

出典追記：This Website Reimagines Cities as Foraging Utopias, Atlas Obscura on April 5, 2023 by Liz Susman Karp

(注)

1. edible 食べられる
2. forage 食用として利用できる植物を探し求める
3. inclusive 誰もが参加できる
4. inception 始まり
5. activism 政治的な活動
6. incorporate 取り入れる
7. dumpster 大型ごみ収納器
8. acorn どんぐり
9. startup 新規事業の立ち上げ
10. advisory board 諮問委員会

〔1〕本文の (A) ～ (H) それぞれに入れるのにもっとも適当なものを(1)～(4)から一つ選び，その番号を解答欄にマークしなさい。

(A) (1) as well as (2) despite
(3) rather than (4) without

(B) (1) For example (2) However
(3) In spite of this (4) Without a doubt

(C) (1) that can provide (2) that distribute
(3) that sell (4) where everybody gives

(D) (1) accomplished by paying a fee
(2) considered a delicate issue
(3) impossible to do
(4) similar to foraging on public land

(E) (1) to add themselves to

(2) to ask for donations for

(3) to design a new version of

(4) to help pay for

(F) (1) of food industries

(2) of worldwide users

(3) where it is expensive to operate

(4) where there is food available

(G) (1) doesn't understand how to get

(2) enjoys having a close connection to

(3) hesitates to search for

(4) relies on Welty for

(H) (1) it should be easy for

(2) major companies must help

(3) neighborhoods often ask

(4) people ought to pay

〔2〕下線部㋐～㋔それぞれの意味または内容として，もっとも適当なものを(1)～(4)から一つ選び，その番号を解答欄にマークしなさい。

㋐ this knowledge gained

(1) learning how to create an online map

(2) discovering the different types of food on the map

(3) recognizing the large number of map users worldwide

(4) understanding the multiple languages that the map users speak

㋑ this approach

(1) being interested in activism

(2) removing trees from the online map

(3) not removing trees on private property

(4) letting people make their own decisions

㋒ this idea

(1) adding more parks near supermarkets

(2) designing places for people to collect food

(3) planting more vegetables in home gardens

(4) changing the appearance of downtown buildings

㋓ Doing that

(1) Discovering more plant locations

(2) Finding all his food with the map

(3) Adding new information to the map

(4) Making a new smartphone application

㋔ That

(1) Hiring more staff members

(2) Creating another startup company

(3) Eliminating private property in urban areas

(4) Using insights to guide community development

Ⅲ

〔1〕次の会話の㋐～㋓それぞれの空所に入れるのにもっとも適当な表現を(1)～(10)から一つ選び，その番号を解答欄にマークしなさい。

At a dentist's office

A：Good morning. Sorry to be a little late for my appointment.

B：Not at all. Please have a seat over here. When was the last time you had your teeth cleaned?

A：Oh, I don't recall. About two years ago, maybe? Is that important?

B：（ ㋐ ）It's better to have them cleaned every six months.

A：（ ㋑ ）I'm a little busy. I thought once a year would be enough.

B：Well, that's up to you. But as you get older, it's harder and harder to keep your teeth in good shape.

A：True. Although I have been trying to cut down on sweets.（ ㋒ ）

B：I'm glad to hear that. How many times a day do you brush your teeth?

A：Usually twice. Once in the morning and once after my evening bath. That's good, isn't it?

B：Three times would be better. But the most important thing is how you brush.

A：How to brush my teeth? Really? I learned how to do that when I was five!

B：（ ㋓ ）However, I can see now from a quick look that you missed a few spots. Here's a brush — time to practice!

(1) That often?

(2) I'm sure you did.

(3) I would certainly say so!

(4) They were cleaned last year.

(5) But I forgot to brush last night.

(6) How old were you at that time?

(7) All the appointments are booked.

(8) You must have had very strong teeth!

(9) And I don't eat anything late at night.

(10) I'm sure I cleaned them for you last year.

〔2〕次の会話の ㋕ ～ ㋘ それぞれの空所に入れるのにもっとも適当な表現を(1)～(10)から一つ選び，その番号を解答欄にマークしなさい。

At home

A：Hey, honey, I'm in the bathroom, and I think I hear the delivery truck on the street. Do you mind answering the door if the driver knocks? I'm still expecting a parcel to come.

B：Oh, really? Did you order another pair of shoes for the baby? I'm actually busy with her at the moment.

A：Don't worry, the baby'll be fine for a few seconds. (㋕) So, I'm a bit concerned.

B：Well, it might also be the neighbour and I really don't want to see him.

A：Oh, he already left really early this morning. Besides, you're much closer to the front door than I am, and I still have to take a shower and get dressed.

B：You know, it's already 8 a.m.! (㋖)

A：You're right, I do. Except for today because I didn't sleep very well last night. I think I'm really stressed about that parcel. I need it for my meeting today.

B：Yeah, I heard you around midnight watching TV.

A：Oh, did you? Sorry. (㋗) I thought TV might calm me down. Oh,

I just heard someone knock on the front door, and I really need that parcel before I leave the house this morning.

B：OK, let me check. ((け)) But you were right, it wasn't the neighbour. Fortunately, they left a delivery notice!

A：Oh, no! What am I going to do now?

(1) You're in luck.

(2) That wasn't me.

(3) I tried to be quiet.

(4) You're going to be late.

(5) I didn't hear a thing either.

(6) You're usually at work by now.

(7) That's the time you usually leave.

(8) It was supposed to arrive yesterday.

(9) Sorry, it seems they've already gone.

(10) The ones I ordered were the wrong size.

Ⅳ　次の(A)～(H)それぞれの文を完成させるのに，下線部の語法としてもっとも適当なものを(1)～(4)から一つ選び，その番号を解答欄にマークしなさい。

(A) The new smartphone can ______ applications faster than last year's model.

(1) download　(2) downloaded
(3) downloading　(4) downloads

(B) Neither my cats nor the dog ______ the food I provide for them.

(1) be liking　(2) like
(3) likes　(4) liking

(C) ______ the situation change, I will move to Tokyo.

(1) If　(2) Should
(3) Unless　(4) Would

(D) The students, ______ after class, met their friends in the hall.

(1) have waited patiently　(2) to wait patiently
(3) waited patiently　(4) waiting patiently

(E) The manager saw that the towels in the hotel room ______ by the guests.

(1) had been taken　(2) had taken
(3) to be taken　(4) was taken

(F) The couple had their bags ______ while they were travelling.

(1) being stolen　(2) stealing
(3) stolen　(4) to steal

(G) Given our budget, one hundred and fifty dollars ＿＿＿＿ too much to spend on our one-night hotel stay.

(1) are　(2) be
(3) is　(4) to be

(H) ＿＿＿＿ students who want to attend the conference should register by the end of the month.

(1) All　(2) Almost
(3) Each　(4) Every

V

〔1〕次の(A)～(E)それぞれの文を完成させるのに，下線部に入れる語としてもっとも適当なものを(1)～(4)から一つ選び，その番号を解答欄にマークしなさい。

(A) The weather was perfect, adding to the ＿＿＿＿ of the day.

(1) brass　(2) enjoyment
(3) sheriff　(4) vinegar

(B) That was the loudest ＿＿＿＿ I've ever heard!

(1) earache　(2) nail
(3) saucepan　(4) sneeze

(C) ＿＿＿＿ between the companies were complicated.

(1) Bracelets　(2) Encyclopedias
(3) Knickers　(4) Negotiations

(D) In the forest, some animals rely on ＿＿＿＿ trees to make their homes.

(1) economical　(2) hollow

(3) numerical　(4) witty

(E) I was just about to ______ the magazine rack.

(1) betray　(2) browse

(3) evacuate　(4) startle

〔2〕次の(A)～(E)の文において，下線部の語にもっとも近い意味になる語を(1)～(4)から一つ選び，その番号を解答欄にマークしなさい。

(A) They discovered several bird <u>species</u>.

(1) habits　(2) nests

(3) sanctuaries　(4) varieties

(B) The scientist had to <u>substitute</u> equipment parts to make the experiment work.

(1) blend　(2) eliminate

(3) harness　(4) switch

(C) We received some <u>worthwhile</u> feedback.

(1) honest　(2) vague

(3) valuable　(4) written

(D) They <u>yearn</u> for freedom.

(1) battle　(2) bid

(3) hunger　(4) scheme

(E) The show was quite <u>breathtaking</u>.

(1) entertaining　(2) exhausting

(3) satisfactory　(4) stunning

数学

◀全学統一方式（理系）▶

（100 分）

次のⅠ，Ⅱ，Ⅲ，Ⅳの設問について問題文の［　］にあてはまる適当なものを，解答用紙の所定の欄に記入しなさい。なお，分数を記入する際は，既約分数を記入しなさい。

Ⅰ　x を自然数，p を素数として，x を p で割った商を q，余りを $r\ (0 \leqq r < p)$ とする。

〔1〕 x^2 を r について整理された整式で表すと $x^2 =$ ［ア］ となる。また，n を自然数として，x^n について同様に考えると

$$x^n = \sum_{k=0}^{n} {}_n\mathrm{C}_k \boxed{\text{イ}}\, r^k$$

と与えられる。ただし，${}_n\mathrm{C}_k$ は n 個の事象から k 個を選び取るときの組合せの数であり，整数の0乗は1とする。これより，x^n を p で割った余りは ［ウ］ を p で割った余りと等しい。さらに，自然数 i，j に対して x^i を p で割った余りを s，x^j を p で割った余りを t とすれば，x^{i+j} を p で割った余りは s と t に関する整式である ［エ］ を p で割った余りに等しい。ただし，［ウ］ と ［エ］ は x，p を用いずに表せ。

〔2〕 31^2 を7で割った余りは ［オ］ であり，31^3 を7で割った余りは ［カ］ となる。同様に考えると，自然数 k について，31^k を7で割った余りが1となるのは，k が ［キ］ の倍数となるときである。一方，31^k を11で割った余りが1となるのは，k が ［ク］ の倍数となるときである。ただし，［キ］ >0，［ク］ >0 である。

以上より，31^k を 7 で割った余りと 11 で割った余りがともに 4 になる k を具体的に求めることができる。そのような自然数 k で最小のものは［ケ］であり，5 番目に小さなものは［コ］となる。

Ⅱ　図のように，同一直線上にない 3 点 O，A，B を平面上にとり，△OAB を考える。ただし，$|\overrightarrow{\mathrm{OB}}| = 1$，$|\overrightarrow{\mathrm{OA}}| = p$，$p < 1$ とする。$\overrightarrow{\mathrm{OA}} = \vec{a}$，$\overrightarrow{\mathrm{OB}} = \vec{b}$ とおく。線分 AB を $p^2 : (1 + p^2)$ に外分する点を $\mathrm{A_1}$ とする。さらに，点 $\mathrm{O_1}$ を $\overrightarrow{\mathrm{OO_1}} = \overrightarrow{\mathrm{OA_1}} - p^2\vec{a}$ を満たすようにとる。

〔1〕 $\overrightarrow{\mathrm{OA_1}}$ を $\vec{a}$，$\vec{b}$ を用いて表すと，［ア］となり，$\overrightarrow{\mathrm{O_1A}}$ を $\vec{a}$，$\vec{b}$ を用いて表すと，［イ］となる。ゆえに，△OAB と $\triangle \mathrm{O_1A_1A}$ は相似であり，$\triangle \mathrm{O_1A_1A}$ の面積は△OAB の面積の［ウ］倍である。

〔2〕 同様に $\triangle \mathrm{O_1A_1A}$ に対して線分 $\mathrm{A_1A}$ を $p^2 : (1 + p^2)$ に外分する点 $\mathrm{A_2}$ をとり，さらに点 $\mathrm{O_2}$ を $\overrightarrow{\mathrm{O_1O_2}} = \overrightarrow{\mathrm{O_1A_2}} - p^2\overrightarrow{\mathrm{O_1A_1}}$ を満たすようにとる。このとき，$\overrightarrow{\mathrm{OO_2}}$ を $\vec{a}$，$\vec{b}$ を用いて表すと，［エ］となることから，O，$\mathrm{O_1}$，$\mathrm{O_2}$ は同一直線上にあることがわかる。この操作を続けて，$n = 3,\ 4, \ldots$ について $\triangle \mathrm{O}_{n-1}\mathrm{A}_{n-1}\mathrm{A}_{n-2}$ から点 A_n，点 O_n を順に定める。直線 AB と直線 $\mathrm{OO_1}$ の交点を D とする。$\lim_{n\to\infty}|\overrightarrow{\mathrm{A}_n\mathrm{D}}| = \lim_{n\to\infty}|\overrightarrow{\mathrm{O}_n\mathrm{D}}| = 0$ を用いると $|\overrightarrow{\mathrm{BD}}| =$［オ］$|\overrightarrow{\mathrm{AB}}|$ かつ $|\overrightarrow{\mathrm{OD}}| =$［カ］$|\overrightarrow{\mathrm{OO_1}}|$ が成り立つことが分かる。

〔3〕 $\angle \mathrm{AOB} = 90^\circ$ とする。このとき，上で定めた D に対して，O を通る OD の垂線を引き，AB との交点を E とおく。このとき，$\overrightarrow{\mathrm{OE}}$ を $\vec{a}$，$\vec{b}$ を用いて表すと，［キ］となる。ゆえに，$\dfrac{|\overrightarrow{\mathrm{OD}}|}{|\overrightarrow{\mathrm{ED}}|}$ を p を用いて表すと，［ク］となる。

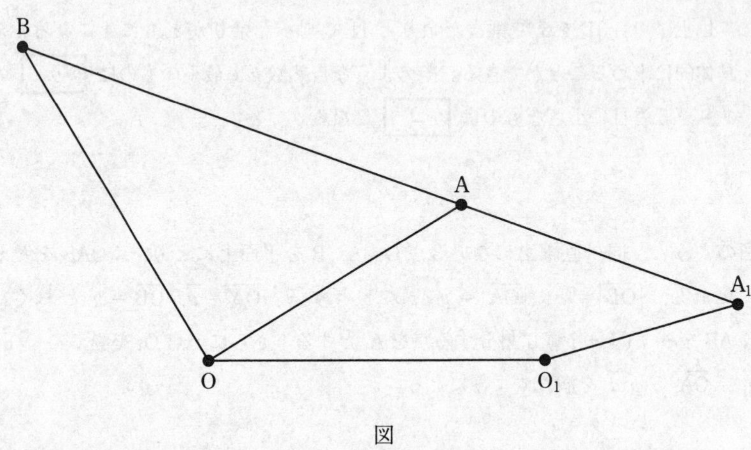

図

補足内容：図は参考であり，正確ではない。

Ⅲ　aを実数の定数として，関数$f(x)$を$f(x)=(x^2+a)e^{-x}$とおく。ただし，eは自然対数の底である。

〔1〕 $a=0$とする。このとき，$f(x)$は$x=$ ア のとき極小値，$x=$ イ のとき極大値をとり，$\displaystyle\int_{ア}^{イ} f'(x)\,dx=$ ウ である。

〔2〕 xについての方程式$f'(x)=0$が異なる2つの実数解をもつための必要十分条件をaで表すと， エ である。このとき，導関数$f'(x)$は$x=$ オ のとき最大値をとる。

〔3〕 関数$g(x)$は$f(x)$の原始関数で，かつ$g(x)e^x$はxの多項式であるとする。$\displaystyle g(x)=\int_0^x f(t)\,dt$が成立するのは，$a=$ カ のときである。また，xについての方程式$g(x)=0$が異なる2つの実数解をもつための必要十分条件をaで表すと， キ である。このとき，曲線$y=f'(x)$の$y\geqq 0$の部分

と x 軸で囲まれる部分の面積を S_1，曲線 $y=g(x)$ の $y \geqq 0$ の部分と x 軸で囲まれる部分の面積を S_2 とおくと，$\displaystyle\lim_{a \to -\infty} \frac{S_2}{S_1} =$ ［ク］ が成り立つ。

Ⅳ　実数値をとる数列 $\{X_n\}$ に対して，数列 $\{a_n\}$ を次の漸化式により定義する：

$$a_n = \begin{cases} X_1 & (n=1 \text{ のとき}) \\ a_{n-1} - \dfrac{1}{n}(a_{n-1} - X_n) & (n \geqq 2 \text{ のとき}) \end{cases}$$

〔1〕 a_2，a_3 を $\{X_n\}$ の項を用いて表すと，$a_2 =$ ［ア］，$a_3 =$ ［イ］ となる。以下，a_n の一般項を求める。そのため，$b_n = na_n$ により数列 $\{b_n\}$ を定めると，$\{b_n\}$ の漸化式 $b_{n+1} = pb_n + qX_{n+1}$ が，$(p, q) =$ ［ウ］ に対して成り立つ。これより，a_n の一般項は X_1，$\cdots$，X_n を用いて ［エ］ と表すことができる。

〔2〕 表と裏の出る確率が等しいコインを投げて表が出たら1点，裏が出たら0点であるゲームを考える。1回目の点数を X_1，2回目の点数を X_2，というように自然数 n に対して，n 回目の点数を X_n と表すことにする。

各 n について，$X_n = 1$ である確率は常に ［オ］ であることより，$a_2 = 1$ となる確率は ［カ］ であり，$a_3 = 0$ である確率は ［キ］ である。また，$a_8 \leqq \dfrac{1}{4}$ となる確率は ［ク］ である。n が奇数のとき，$a_n \leqq \dfrac{1}{2}$ である確率は ［ケ］ である。

〔3〕 表が出る確率が p であるコインを用いて，〔2〕と同様に $\{X_n\}$ を定める。ただし，$0 \leqq p \leqq 1$ とする。このとき，$a_n = 0$ である確率を p，n を用いて表すと，［コ］ である。また，2以上の自然数 n を1つ固定したとき，$na_n = 2$ となる確率が最も高くなるのは，$p =$ ［サ］ のときである。

◀理系型3教科・薬学方式▶

(100分)

次のⅠ，Ⅱ，Ⅲ，Ⅳの設問について問題文の □ にあてはまる適当なものを，解答用紙の所定の欄に記入しなさい。なお，分数を記入する際は，既約分数を記入しなさい。

Ⅰ

〔1〕 $0 \leqq x < 2\pi$ において，関数 $f(x) = 2\sin^2 x + 2\sqrt{3}\sin x\cos x + 4\cos^2 x$ を考える。$f(x)$ は $2x$ を用いて変形すると，

$$f(x) = \boxed{\text{ア}}\sin\left(2x + \boxed{\text{イ}}\right) + \boxed{\text{ウ}}$$

と表される。ただし，$0 \leqq \boxed{\text{イ}} < 2\pi$ とする。

このとき，$f(x)$ の最大値は $\boxed{\text{エ}}$ であり，最大値をとる x のなかで最も大きな値は $\boxed{\text{オ}}$ である。

また，a が実数であるとき，x についての方程式 $f(x) = a$ の異なる実数解が $0 \leqq x \leqq \dfrac{3}{2}\pi$ に3つあるような a の値の範囲は，$\boxed{\text{カ}}$ である。

〔2〕 x の方程式 $2^{x+1} - \left(\dfrac{1}{2}\right)^{x-4} = 8^a$（$a$ は定数）……① を考える。

$t = 2^x$ とすると，①は $t^2 - 2^{\boxed{\text{キ}}} \times t - \boxed{\text{ク}} = 0$ ……② と t の2次方程式に変形できる。

$a = \dfrac{2}{3}$ のとき，②の解は $t = \boxed{\text{ケ}}$ であり，したがって，①の解は $x = \boxed{\text{コ}}$ である。

また，$x = 3$ が①の解となるとき，$a = \boxed{\text{サ}}\left(1 + \log_2 \boxed{\text{シ}}\right)$ である。

〔3〕 次の表は生徒5人（番号 $i = 1 \sim 5$）の身長 x_i (cm) と体重 y_i (kg) を測定した結果をまとめたものである。$\bar{x}$, $\bar{y}$ はそれぞれ x_i, y_i の平均を表す。この表より，以下の数値を求めよ。ただし，解答が無理数の場合はそのままでよい。

表

i	x_i	y_i	$x_i - \bar{x}$	$y_i - \bar{y}$	$(x_i - \bar{x})^2$	$(y_i - \bar{y})^2$	$(x_i - \bar{x})(y_i - \bar{y})$
1	181	75	10	10	100	100	100
⋮	⋮	⋮	⋮	⋮	⋮	⋮	⋮
5	165	61	− 6	− 4	36	16	24
合計	ス	325	0	0	160	160	140

身長の合計は ス (cm) とわかる。また，身長の標準偏差は セ (cm) であり，身長と体重の相関係数は $\frac{\text{ソ}}{\text{タ}}$ である。

II　a を正の定数とし，座標平面上に曲線 $C : y = ax^3$ を考える。

曲線 C 上の点 P(1, a) における接線 ℓ_1 の方程式は $y =$ ア である。点Pを通り，接線 ℓ_1 と直交する直線 ℓ_2 の方程式は $y =$ イ である。

$x \geqq 0$ の表す領域で，接線 ℓ_1, y 軸，および曲線 C で囲まれる図形の面積 S_1 は ウ であり，$x \leqq 0$ の表す領域で，接線 ℓ_1, y 軸，および曲線 C で囲まれる図形の面積 S_2 は エ である。

また，直線 ℓ_2, 曲線 C, および y 軸で囲まれる図形の面積 S_3 は

$$S_3 = \boxed{\text{オ}}\ \frac{1}{a} + \boxed{\text{カ}}\ a$$

である。ただし， オ と カ には数値が入る。

ここで，相加平均と相乗平均の関係を使うと，$S_3 \geqq$ キ となり，等号が成り立つのは，$a =$ ク のときである。つまり，S_3 は $a =$ ク のとき，最小値 キ をとる。

また，$S_1 + S_3 = S_2$ が成り立つとき，$a =$ ケ である。

Ⅲ　座標空間に，下の図のような直方体 ABCD-EFGH がある。底面 ABCD は xy 平面に平行，辺 AD は y 軸に平行である。また，頂点 A，B の座標はそれぞれ A$(2,\ 2,\ p)$，B$(4,\ 2,\ p)$ である。ただし，$p>0$ とする。

〔1〕　線分 OA の長さが 4 のとき，$p=$ [ア] である。さらに，BC = 4，CG = 2 のとき，G の座標は ([イ] ， [ウ] ， [エ]) である。

〔2〕〔1〕の直方体を，z 軸の負の方向に $\dfrac{p}{2}$ だけ平行移動する。さらに，AD を軸にして，辺 BC が xy 平面に含まれるように，直方体を回転する。ただし，回転する角度 θ は $0^\circ \leqq \theta \leqq 90^\circ$ とする。このとき，

頂点 C は C' ([オ] ， [カ] ， [キ]) に移り，

頂点 G は G' ([ク] ， [ケ] ， [コ]) に移る。

　また，頂点 H は H' ([サ] ， [シ] ， [ス]) に移り，この頂点が H から H' まで動くときに描く軌跡の長さは [セ] となる。

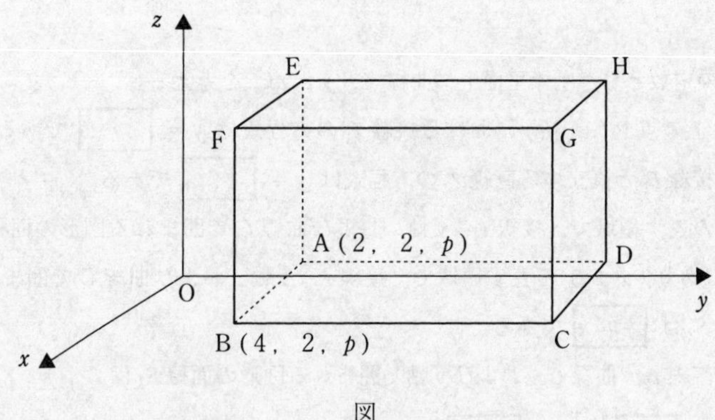

図

Ⅳ　2種類の微生物A，Bは，その生育の過程で互いに影響を受けることなく，1時間経つと，Aは1個が2個に，Bは1個が3個に増える。以下の ア ～ ケ は整数あるいは既約分数で，また， コ ～ シ は n を用いた式で答えよ。

〔1〕 A，Bそれぞれ1個を1つの容器の中で1時間培養（1回目培養）後，無作為に抽出した1個の個体がAである確率を $P_{A(1)}$ とすると，$P_{A(1)} =$ ア である。この1回目培養後に1個ではなく2個の個体を無作為に抽出した場合に，2個ともAである確率を $P_{AA(1)}$，AとBが1個ずつである確率を $P_{AB(1)}$，2個ともBである確率を $P_{BB(1)}$ とすると，$P_{AA(1)} =$ イ ，$P_{AB(1)} =$ ウ ，$P_{BB(1)} =$ エ である。

〔2〕〔1〕で行った1回目培養後に無作為に抽出した2個の個体を，種類を確認せずに先とは別の1つの容器の中で培養し，1時間経過（2回目培養）後に1個の個体を抽出したとき，それがAである確率を $P_{A(2)}$ とし，この2回目培養後に1個ではなく2個の個体を無作為に抽出した場合に，2個ともAである確率，AとBが1個ずつである確率，2個ともBである確率を，それぞれ $P_{AA(2)}$，$P_{AB(2)}$，$P_{BB(2)}$ とする。1回目培養後に無作為に抽出した2個の個体が2個ともAあるいは2個ともBであった場合，それ以降はAのみあるいはBのみしか培養されず抽出もされない。1回目培養後に無作為に抽出した2個の個体がAとBであった場合，2回目培養は1回目培養の繰り返しとなる。したがって，$P_{A(2)} =$ オ ，$P_{AA(2)} =$ カ ，$P_{AB(2)} =$ キ ，$P_{BB(2)} =$ ク となる。

〔3〕 以降も同様の抽出と培養を繰り返し，n 回目（n は2以上の自然数）培養後に抽出した2個の個体が2個ともA，AとBが1個ずつ，2個ともBである確率を，それぞれ $P_{AA(n)}$，$P_{AB(n)}$，$P_{BB(n)}$ とすると，

$P_{AA(n)} =$ ケ $\times P_{AA(n-1)} +$ イ $\times P_{AB(n-1)} =$ コ

$P_{AB(n)} =$ ウ $\times P_{AB(n-1)} =$ サ が成り立つから，n 回目培養後に無作為に抽出した1個の個体がAである確率を $P_{A(n)}$ とすると，$P_{A(n)} =$ シ で表される。

物　理

（80 分）

（注）　解答に字数制限がある場合には，句読点の１字分も１マスとすること。

I　次の文章を読み，［ア］～［カ］に適切な数式を解答欄に記入せよ。また，［い］～［と］には指定された選択肢からもっとも適切なものを一つ選び，解答欄にマークせよ。［い］，［ろ］には同じ選択肢をマークしてもよい。ただし，［ア］～［カ］**の解答欄に記入する数式は，文字定数として**h，M，m，g，θ，N，a**のうち必要なもののみを用いること**。また，［ほ］の選択肢を選ぶ際に必要であれば末尾の表を参考にしてもよい。

図のように，SOD が直角三角形であるような高さ h のすべり台が水平面に固定されている。小球がスタート地点Sを静かに離れて点Dを通過し，点Oから h だけ離れたゴール地点Gに到達する運動を考える。ただし，経路はなめらかにつながっていて，小球が点Dを通過するときは，速さを保ったまま，向きのみを変化させるものとする。すべり台と小球の質量をそれぞれ M，m，重力加速度の大きさを g，すべり台の斜面のなす角 ∠OSD を θ とする。さまざまな値をとる θ（$0° \leqq \theta \leqq 45°$）に対して，小球が点Gにできるだけ早く到達するような θ を見つけたい。ただし，小球は図の紙面を含む平面内のみを運動するものとし，小球にはたらく摩擦力や空気抵抗はすべて無視できるものとする。

〔1〕　一般に，ある物体がある地点にできるだけ早く到達するには，到達地点までの移動距離をできるだけ短くし，各時刻において速さをできるだけ速くすればよい。今の場合，点Sから点Gまでの総移動距離をできるだけ短くするには θ の値を［い］方がよく，各時刻の小球の速さをできるだけ速くするには θ の値を［ろ］方がよい。

以上のことを考慮に入れて，点Gに最短時間で到達するようなθの値を数式を用いて具体的に調べる。

〔2〕 小球がすべり台の斜面をすべっている間，小球は斜面から大きさ ア の垂直抗力を受けながら斜面方向に等加速度運動をする。その加速度の大きさは イ であり，点Sから点Dに到達するまでにかかる時間は $\sqrt{\dfrac{h}{2g}}\times$ は となる。点Dに到達したときの小球の速さは ウ であることから，点Dから点Gに到達するまでにかかる時間は $\sqrt{\dfrac{h}{2g}}\times$ に となる。したがって，θの取りうる値が$\theta = 5°$，$10°$，$20°$，$30°$，$40°$，$45°$であった場合，これらのθの値のうち，小球が点Sから最短時間で点Gに到達するのは，$\theta =$ ほ の場合である。

次に，すべり台の固定をはずし，すべり台が自由に動ける場合を考える。ただし，すべり台は図の紙面を含む平面内の水平方向のみを運動するものとし，すべり台にはたらく摩擦力や空気抵抗はすべて無視できるものとする。

〔3〕 小球がすべり台の斜面をすべっている間，小球は斜面から垂直抗力を受ける一方，すべり台はその反作用を受けて水平方向に等加速度運動をする。このとき，小球が斜面から受ける垂直抗力の大きさをN，すべり台の加速度の大きさをaとすると，すべり台の運動方程式は$Ma =$ エ と表せる。その一方，すべり台とともに運動する観測者から見た場合，小球には観測者の加速度の向きとは逆向きで大きさ オ の慣性力がはたらく。この慣性力を考慮することにより，すべり台の斜面に垂直な方向の小球にはたらく力はつりあう。この力のつりあいの式とすべり台の運動方程式を連立して解くことで，すべり台の加速度の大きさが$a = g \times$ へ と求まる。小球が点Dに到達した直後の，すべり台と小球の運動エネルギーの和は カ である。その後，小球が点Dから点Gに到達するまで，すべり台と小球はそれぞれ速度が変化することなく運動する。このように，力がはたらかない物体の速度は変化しない，という物理法則のことを と の法則と呼ぶ。

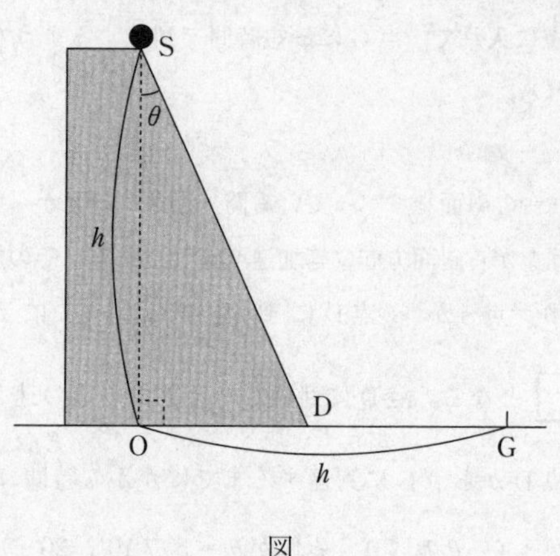

図

い , ろ に対する選択肢

① 0°に近づける　② 0°と45°の間にする　③ 45°に近づける

は , に に対する選択肢

① $\sin\theta$　② $\cos\theta$　③ $\tan\theta$　④ $\dfrac{2}{\sin\theta}$

⑤ $\dfrac{2}{\cos\theta}$　⑥ $\dfrac{2}{\tan\theta}$　⑦ $1-\sin\theta$　⑧ $1-\cos\theta$

⑨ $1-\tan\theta$　⑩ $1-\dfrac{1}{\tan\theta}$

ほ に対する選択肢

① 5°　② 10°　③ 20°　④ 30°　⑤ 40°　⑥ 45°

へ に対する選択肢

① $\dfrac{m}{M}\sin\theta\cos\theta$　② $\dfrac{M}{m}\sin\theta\cos\theta$　③ $\dfrac{m}{M}\sin^2\theta$

④ $\dfrac{M}{m}\cos^2\theta$　　⑤ $\dfrac{m\sin\theta\cos\theta}{m\cos^2\theta + M}$　　⑥ $\dfrac{M\sin\theta\cos\theta}{m\cos^2\theta + M}$

⑦ $\dfrac{m\sin^2\theta}{m\sin\theta\cos\theta + M}$　　⑧ $\dfrac{M\cos^2\theta}{m\sin\theta\cos\theta + M}$

と に対する選択肢

① エネルギー保存　　② 角運動量保存　　③ 作用反作用

④ 慣性　　⑤ 万有引力

表

θ	$\sin\theta$	$\cos\theta$	$\tan\theta$	$\dfrac{1}{\sin\theta}$	$\dfrac{1}{\cos\theta}$	$\dfrac{1}{\tan\theta}$
5°	0.09	1.00	0.09	11.47	1.00	11.43
10°	0.17	0.99	0.18	5.76	1.02	5.67
20°	0.34	0.94	0.36	2.92	1.06	2.75
30°	0.50	0.87	0.58	2.00	1.16	1.73
40°	0.64	0.77	0.84	1.56	1.31	1.19
45°	0.71	0.71	1.00	1.41	1.41	1.00

※小数第3位が四捨五入されている。

Ⅱ　次の文章を読み，［あ］～［か］に適切な数式を解答欄に記入せよ。また，［イ］～［ト］には指定された選択肢からもっとも適切なものを一つ選び，解答欄にマークせよ。［イ］～［ハ］には同じ選択肢をマークしてもよい。以下の実験は真空中において行い，真空中におけるクーロンの法則の比例定数を k，電気素量を e，透磁率を μ とする。なお，必要に応じて，絶対値が1より十分小さい数 x に対して成立する近似式 $(1+x)^{\alpha} \fallingdotseq 1+\alpha x$（$\alpha$ は実数）を用いても良い。

〔1〕 図1のように，互いに r だけ離れた点O，A，Bに，それぞれ電気量が $+Q$，$+2Q$，$-2Q$（$Q>0$）の点電荷を置いた。このとき，点Oの点電荷が受ける静電気力の大きさは［あ］であり，その向きは［イ］となる。

〔2〕 次に，図2のように，y 軸方向に平行で，無限に長い太さの無視できる針金を，点Oからの距離が r である位置に置き，単位長さあたりの電気量が $+Q$ となるように一様に電荷を与えた。このとき，針金から出る電気力線の本数は，単位長さあたり［い］である。したがって，点Oにおける電場の大きさは［う］であり，その向きは［ロ］であることがわかる。

〔3〕 図2の針金に一定の電流を流したところ，そのまわりに磁場が生じた。このとき，この針金の単位長さあたりの電子の数を n とし，電子が y 軸方向正の向きに一定の速さ v で運動しているならば，針金から r だけ離れた位置の磁場の大きさは［え］である。したがって，電気量 $+Q$ の点電荷が，針金と平行な点Oを通る直線上を電子と同じ向き，同じ速さ v で運動するとき，点電荷が点Oを通過する際に磁場から受ける力の大きさは［お］であり，その向きは［ハ］となる。

〔4〕 図3のように，長さ L の伸び縮みしない短い棒の両端C，Dにそれぞれ電気量が $+Q$，$-Q$ の点電荷を固定した物体を考える。この物体を，その中点Nと点Oとの間の距離が r，点Oから中点Nに引いた直線とCDのなす角が θ となるように設置した。棒が受ける静電気力は無視できるものとしたとき，点Oに置いた点電荷の静電気力による位置エネルギーを以下の手順で求めて

みよう。まず，点Cの点電荷について考える。$+Q$ の点電荷を点Oに置いたとき，点Oの点電荷の位置エネルギー U_{OC} を距離OCを用いて表すと，$\boxed{\text{ニ}}$ である。ただし，位置エネルギーは無限遠が基準であるものとする。L が r より十分に小さいとして $\left(\dfrac{L}{r}\right)^2$ の項を無視すると，OCは

$$\mathrm{OC} = \sqrt{\left(r + \boxed{\text{ホ}}\right)^2 + \left(\boxed{\text{ヘ}}\right)^2} \fallingdotseq r + \boxed{\text{ホ}}$$

と近似できる。点Dの点電荷についても同様にして点Oの点電荷の位置エネルギー U_{OD} を求めると，点Oに置いた点電荷の位置エネルギー $U = U_{\mathrm{OC}} + U_{\mathrm{OD}}$ は，

$$U = \boxed{\text{か}} \times \frac{1}{r^2 - \left(\boxed{\text{ホ}}\right)^2} \fallingdotseq \frac{\boxed{\text{か}}}{r^2}$$

と表すことができる。以上のことから，L と Q が一定であるものとして，物体CDのまわりの電位 V をいくつかの角度 θ の値に対してグラフに表すと，$\boxed{\text{ト}}$ のようになる。このように，帯電体のまわりの電場や電位は，帯電体の形状や電荷の分布によって，点電荷のそれとは大きく変化することがわかる。

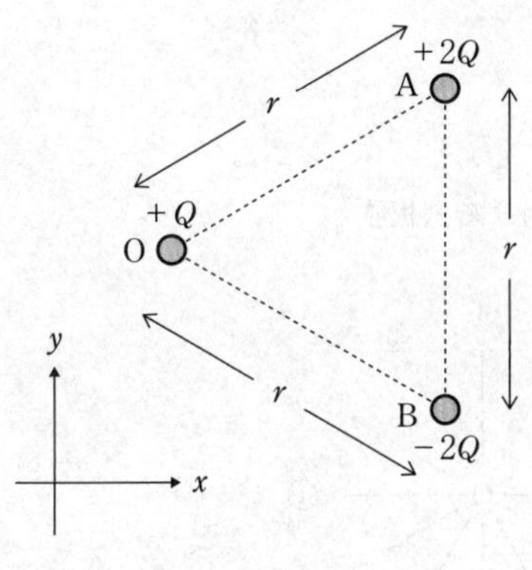

図1

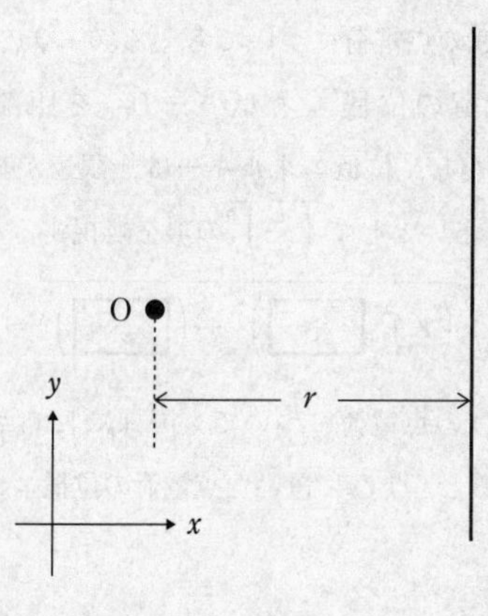

図2

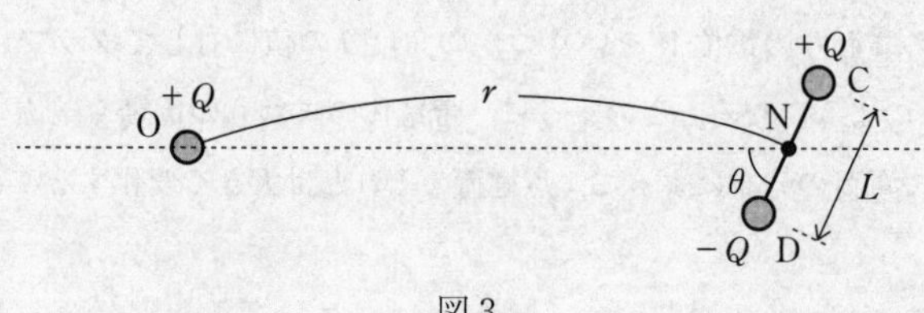

図3

イ ～ ハ に対する選択肢

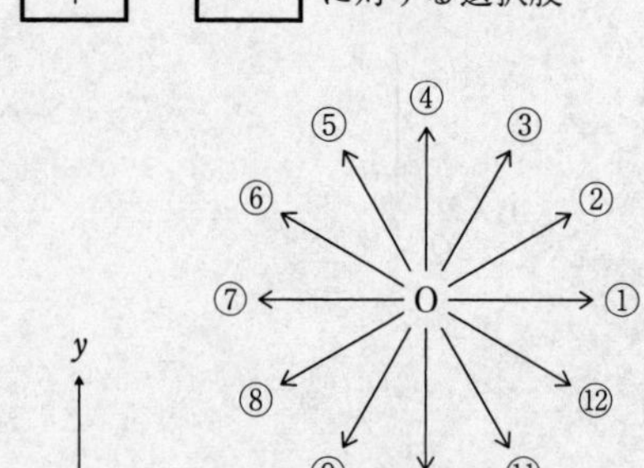

ニ　に対する選択肢

① $\dfrac{kQ}{\mathrm{OC}}$　② $-\dfrac{kQ}{\mathrm{OC}}$　③ $\dfrac{kQ^2}{\mathrm{OC}}$　④ $-\dfrac{kQ^2}{\mathrm{OC}}$

⑤ $\dfrac{kQ}{\mathrm{OC}^2}$　⑥ $-\dfrac{kQ}{\mathrm{OC}^2}$　⑦ $\dfrac{kQ^2}{\mathrm{OC}^2}$　⑧ $-\dfrac{kQ^2}{\mathrm{OC}^2}$

ホ，へ　に対する選択肢

① $\dfrac{L\sin\theta}{2}$　② $\dfrac{L\cos\theta}{2}$　③ $\dfrac{L\tan\theta}{2}$　④ $\dfrac{\sin\theta}{2L}$

⑤ $\dfrac{\cos\theta}{2L}$　⑥ $\dfrac{\tan\theta}{2L}$　⑦ $\dfrac{2L}{\sin\theta}$　⑧ $\dfrac{2L}{\cos\theta}$

⑨ $\dfrac{2L}{\tan\theta}$　⑩ $\dfrac{L}{2\sin\theta}$　⑪ $\dfrac{L}{2\cos\theta}$　⑫ $\dfrac{L}{2\tan\theta}$

ト　に対する選択肢

①
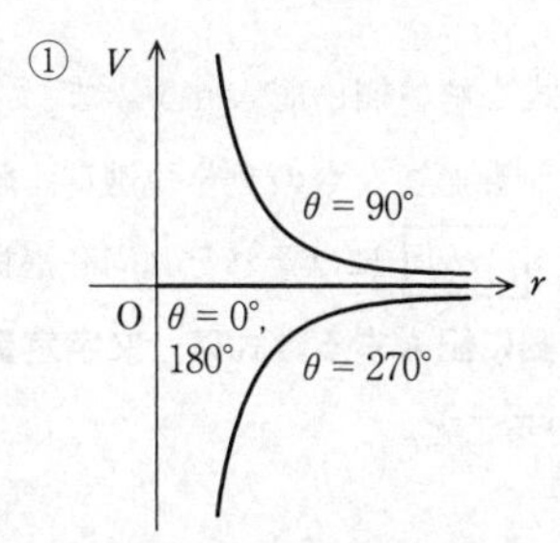

②
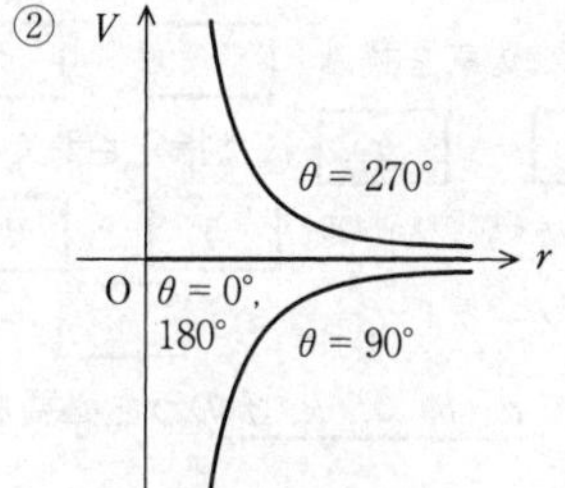

③
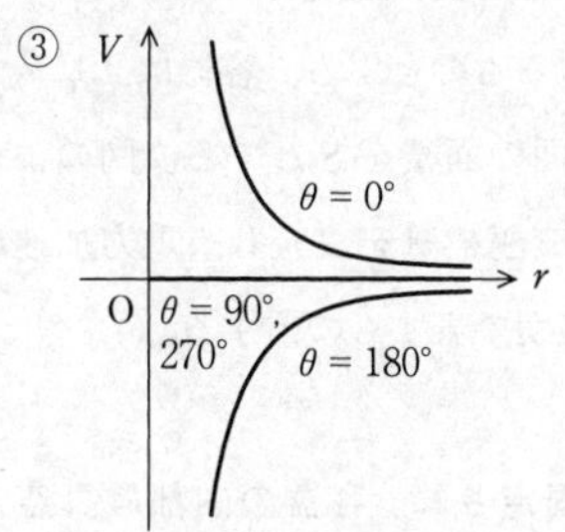

④
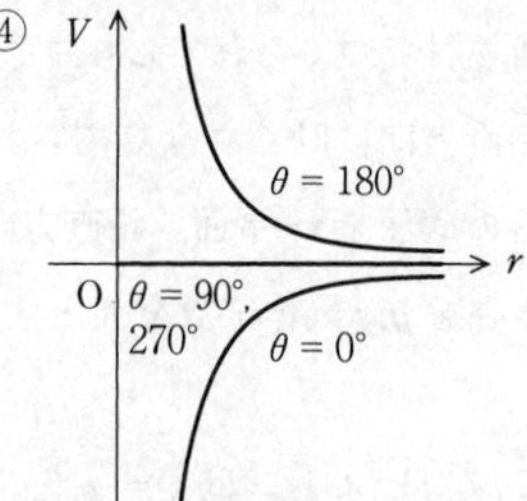

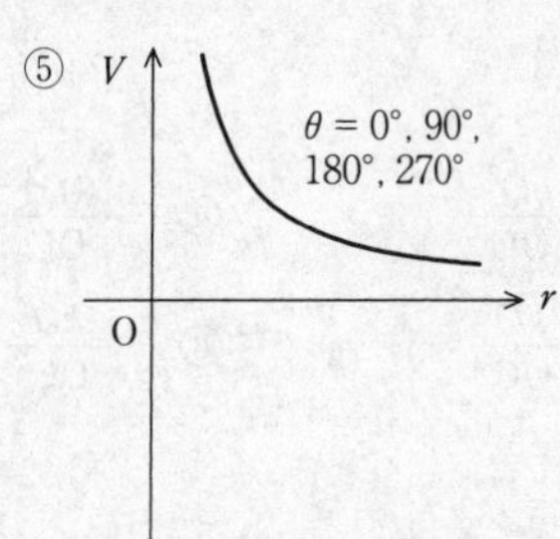

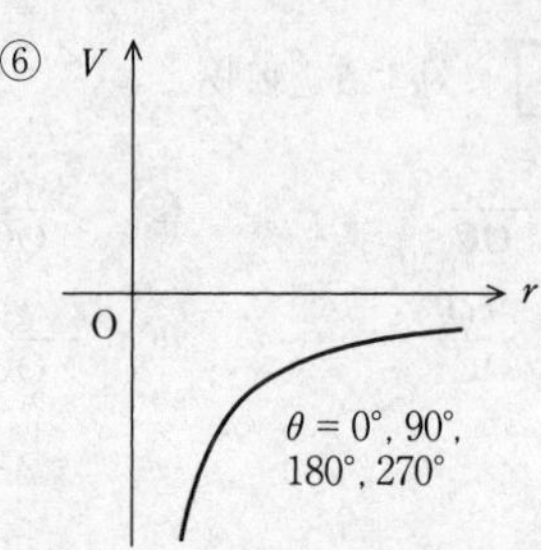

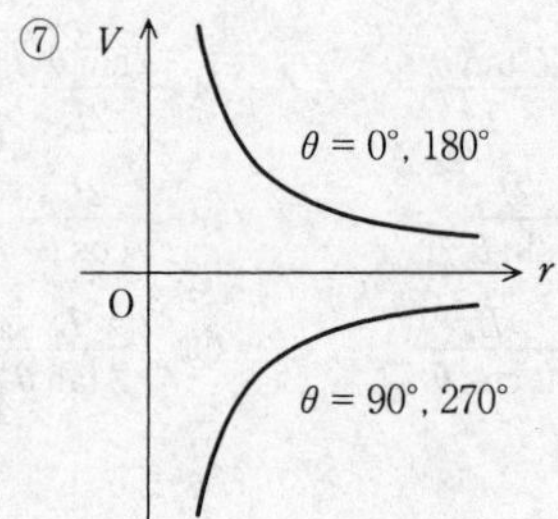

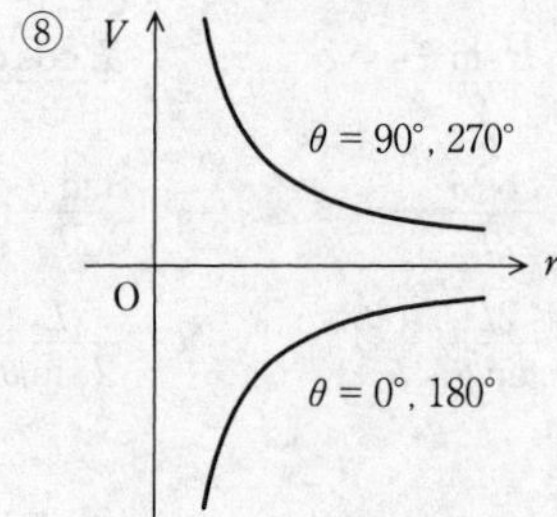

Ⅲ

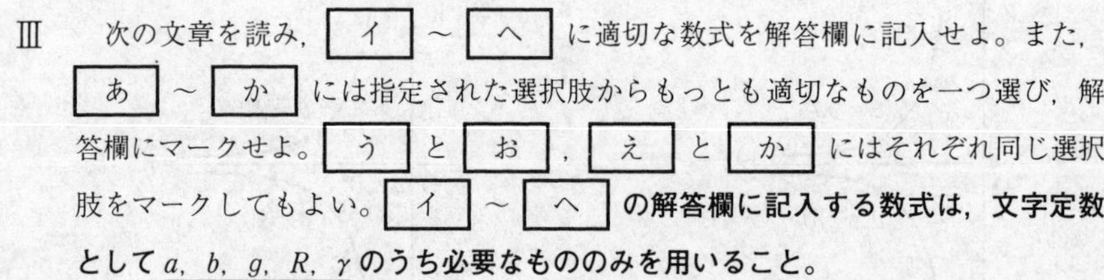

次の文章を読み，［イ］～［ヘ］に適切な数式を解答欄に記入せよ。また，［あ］～［か］には指定された選択肢からもっとも適切なものを一つ選び，解答欄にマークせよ。［う］と［お］，［え］と［か］にはそれぞれ同じ選択肢をマークしてもよい。［イ］～［ヘ］**の解答欄に記入する数式は，文字定数として**<u>a，b，g，R，γ</u>**のうち必要なもののみを用いること。**

なめらかに動くピストンのついた熱容量の無視できる円筒形容器がある。ピストンは断熱材でつくられており，その質量は無視できるものとする。容器は，ピストンが鉛直方向に動くよう立てられており，容器底面の面積を S とする。図のように容器の底面を xy 平面，鉛直方向を z 軸として直交座標軸を設定し，重力加速度の大きさを g，気体定数を R とする。温度は絶対温度で表すものとする。

〔1〕 最初ピストンは $z = z_0$（$z_0 > 0$）の位置に固定され，容器の内部は真空であった。単原子分子理想気体1モルを外部からゆっくりと容器内部に注入した。そののち，ピストンの固定を外すと，ピストンはゆっくり下がっていき，やが

て $z = a\,(0 < a < z_0)$ の位置で静止した。この間，気体の温度 T_0 は一定に保たれており，静止したときの容器内部の気体の圧力は p_0 であった。ピストンの固定を外す前の容器内部の気体の圧力は，p_0 を用いて表すと［　あ　］であり，ピストンが静止したときの気体の圧力 p_0 は，T_0 を用いて表すと $p_0 =$［　い　］である。

〔2〕 次に，外部から熱を加えて封入された気体を温めたところ，容器内部の気体の圧力は一定のままピストンはゆっくりと上がっていき，最終的に $z = b$（$b > a$）の位置で静止した。これは［　う　］であり，ピストンが静止したときの容器内部の気体の温度 T_1 は，$T_1 =$［　イ　］$\times T_0$ と表せる。［　う　］では，単原子分子理想気体のモル比熱が［　え　］$\times R$ であることを考えると，外部から加えた熱量は［　ロ　］$\times T_0$ と表すことができる。

〔3〕 さらに，容器側面と底面を断熱材で包み，ピストンの上におもりを少量ずつ静かに載せていくと，ピストンはゆっくりと少しずつ下がっていった。この操作を，ピストンが $z = a$ の位置で静止するまで繰り返した。このような状態変化は［　お　］と呼ばれる。［　お　］では，理想気体の圧力 p と体積 V には，$pV^{\gamma} =$ 一定という関係（ポアソンの法則）があることが知られている。ただし，γ は比熱比と呼ばれる定数である。ポアソンの法則を用いると，静止したときの容器内部の気体の圧力 p_2 は，$p_2 =$［　ハ　］$\times p_0$，温度 T_2 は，$T_2 =$［　ニ　］$\times T_0$ と表すことができ，さらに，載せたおもりの合計質量は［　ホ　］$\times T_0$ と表すことができる。また，おもりを載せてピストンが動き出してから静止するまでの間に，容器内部の気体がされた仕事は［　へ　］$\times T_0$ である。なお，γ の値は，単原子分子理想気体の場合は［　か　］である。

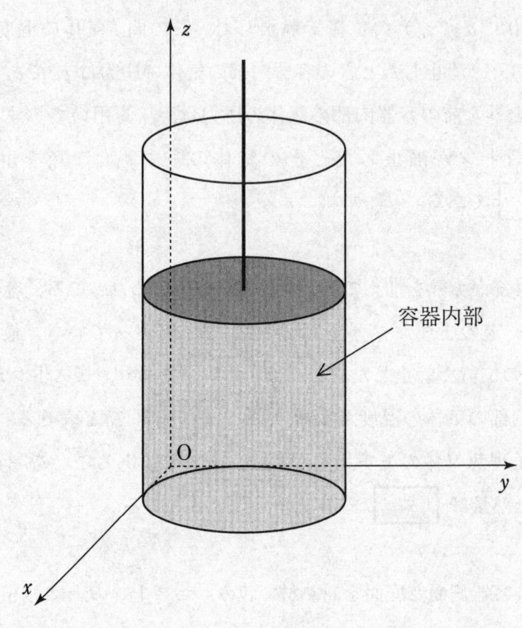

図

あ に対する選択肢

① p_0　② $\frac{a}{z_0}p_0$　③ $\frac{z_0}{a}p_0$　④ $\frac{z_0-a}{z_0}p_0$

⑤ $\frac{z_0}{z_0-a}p_0$　⑥ $\frac{z_0-a}{a}p_0$　⑦ $\frac{a}{z_0-a}p_0$

い に対する選択肢

① $\frac{Sa}{RT_0}$　② $\frac{RS}{T_0a}$　③ $\frac{RT_0}{Sa}$　④ $\frac{T_0a}{RS}$

⑤ $\frac{Ra}{T_0S}$　⑥ $\frac{T_0S}{Ra}$　⑦ $\frac{RSa}{T_0}$　⑧ $\frac{T_0Sa}{R}$

[う], [お] に対する選択肢

① 定積変化　② 定圧変化　③ 等温変化
④ 断熱変化　⑤ 熱膨張　⑥ 熱平衡

[え], [か] に対する選択肢

① $\frac{2}{5}$　② $\frac{1}{2}$　③ $\frac{3}{5}$　④ $\frac{2}{3}$　⑤ 1　⑥ $\frac{3}{2}$
⑦ $\frac{5}{3}$　⑧ 2　⑨ $\frac{5}{2}$　⑩ $\frac{8}{3}$　⑪ 3

化　学

（80分）

（注）　解答に字数制限がある場合には，句読点の1字分も1マスとすること。

I　次の文章を読み，〔1〕～〔4〕の問いに答えよ。ただし，必要に応じて，以下の値を用いよ。

気体定数：8.31×10^3 Pa·L/(K·mol)

二酸化炭素は，(a)化学式が CO_2 と表される分子である。地球上で最も代表的な炭素の酸化物であり，炭素の単体や(b)有機化合物を酸化・燃焼させることで生じる。例えば，炭素を含む石油，石炭，木材などの燃焼，動物の呼吸や微生物による有機物の分解などがある。実験室においては，(c)炭酸カルシウムを主成分とする石灰石に塩酸を加えて発生させる。また，工業的には石灰石を熱分解して得る。

二酸化炭素は常温常圧で気体であり，炭酸ガスともよばれる。炭酸ガスは水に溶け，清涼飲料水などにも利用されている。また，(d)その水溶液は炭酸水ともよばれ，弱酸性を示す。

〔1〕　文章中の下線部(a)について，（ i ）～（iv）の問いに答えよ。

（ i ）　分子にはさまざまな形状があり，二酸化炭素は直線形である。次の（ア）～（ウ）の分子について，それぞれ最も適当な形状を下の選択肢の中から選び，その番号を解答用紙にマークせよ。

（ア）アンモニア	（イ）硫化水素	（ウ）四塩化炭素

①　直線形　②　折れ線形　③　正三角形　④　三角錐形
⑤　正方形　⑥　正四面体形　⑦　正八面体形　⑧　立方体形

（ii）　二酸化炭素の固体はドライアイスとよばれ，その結晶は分子結晶に分類される。分子結晶に関する記述として，**誤っているもの**を下の選択肢の中から**すべて選び**，その番号を解答用紙にマークせよ。

①　イオン結晶や共有結合の結晶に比べて硬いものが多い。

②　結晶をつくる主要な力は，分子間力である。

③　昇華するものがある。

④　一般に，イオン結晶に比べて融点は低い。

⑤　無極性分子であるフッ素の融点は，極性分子であるフッ化水素の融点より高い。

⑥　一般に，電気伝導性を示さない。

（iii）　ドライアイスの結晶構造は，下図のように二酸化炭素分子が配列した単位格子をとる。この二酸化炭素分子の位置に金属原子が配置しているときの単位格子の名称を**漢字**で解答用紙の［　　］内に記入せよ。

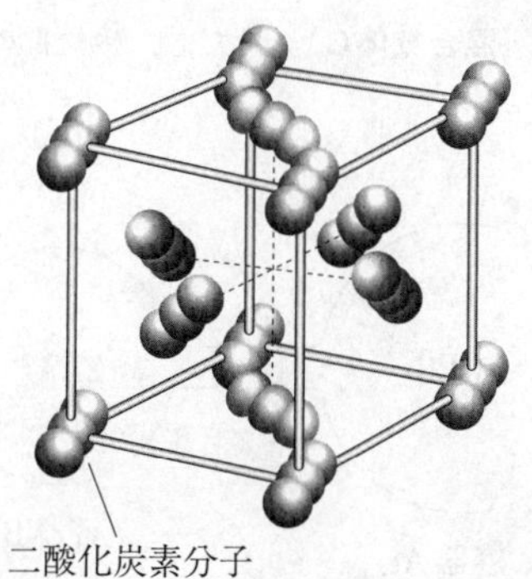

（iv）　ドライアイスの単位格子内に含まれる二酸化炭素分子の数として，最も適当なものを下の選択肢の中から選び，その番号を解答用紙にマークせよ。

①　1　　②　2　　③　3　　④　4

⑤　5　　⑥　6　　⑦　8　　⑧　14

〔2〕 文章中の下線部(b)について，（ i ）および（ ii ）の問いに答えよ。

（ i ） 下の選択肢に示す有機化合物 1 mol をそれぞれ完全燃焼させたとき，生じる二酸化炭素の物質量が最も大きな化合物を選び，その番号を解答用紙にマークせよ。

① CH_4　② C_2H_5OH　③ CH_3COCH_3
④ CH_3CHO　⑤ CH_3COOH

（ ii ） メタンの燃焼反応を用いて二酸化炭素を発生させる。以下の文章を読み，（ア）～（エ）の問いに答えよ。ただし，温度や圧力にかかわらず，容器の体積は一定とする。

下図のように，55.4 L の容器 A と 27.7 L の容器 B がコックで接続されている。容器 A には 127 ℃で 3.0×10^5 Pa の酸素が，容器 B には 127 ℃で 1.5×10^5 Pa のメタンが入っている。コックを開き，127 ℃において両気体を混合した（**混合気体C**）。ただし，接続部の内容積は無視できるものとする。

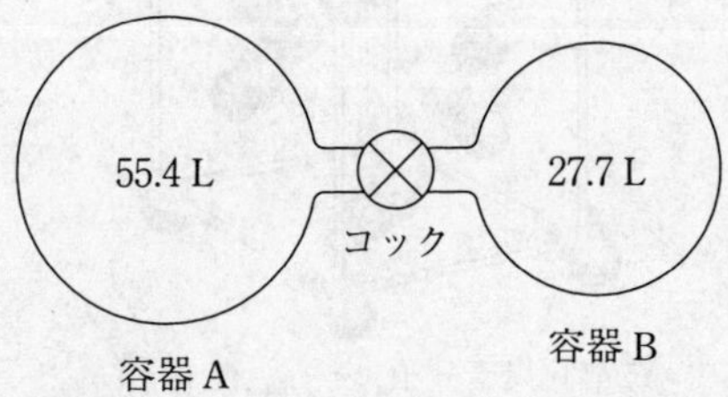

（ア） **混合気体C**中の酸素の分圧（Pa）として最も適当な値を下の選択肢の中から選び，その番号を解答用紙にマークせよ。

① 1.0×10^4　② 2.0×10^4　③ 5.0×10^4
④ 1.0×10^5　⑤ 1.5×10^5　⑥ 2.0×10^5
⑦ 2.5×10^5　⑧ 3.0×10^5　⑨ 4.5×10^5

（イ）**混合気体C**中のメタンの分圧（Pa）として最も適当な値を下の選択肢の中から選び，その番号を解答用紙にマークせよ。

① 1.0×10^4　② 1.5×10^4　③ 2.0×10^4
④ 3.0×10^4　⑤ 5.0×10^4　⑥ 1.0×10^5
⑦ 1.5×10^5　⑧ 2.0×10^5　⑨ 4.5×10^5

（ウ）**混合気体C**に点火してメタンを完全燃焼させた後，127℃に戻したときの容器内の混合気体の全圧（Pa）を，**有効数字2桁**で解答用紙の［　］内に記入せよ。ただし，燃焼によって生じた水はすべて気体になっているものとする。

（エ）（ウ）の容器内の二酸化炭素の分圧を $a \times 10^6$〔Pa〕とするとき，二酸化炭素の物質量は［ X ］a〔mol〕と表すことができる。**X**にあてはまる数値を**整数**で，解答用紙の［　］内に記入せよ。

〔3〕 文章中の下線部(c)の反応によって二酸化炭素を得るために，図に示すキップの装置を用いた。この操作について，（i）および（ii）の問いに答えよ。

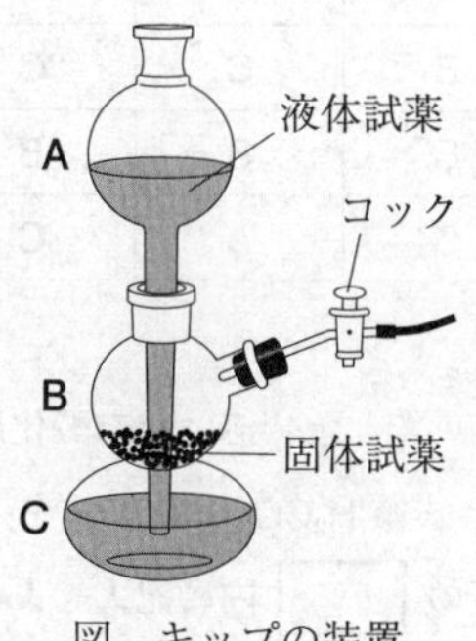

図　キップの装置

（i）炭酸カルシウムに塩酸を加えて二酸化炭素を発生させるときの化学反応式を解答用紙の［　］内に記入せよ。

(ii) キップの装置を用いた操作に関する以下の文章を読み，文章中の あ ～ え にあてはまる図の位置の組み合わせとして最も適当なものを下の選択肢の中から選び，その番号を解答用紙にマークせよ。

あらかじめ固体試薬をBに入れておき，Aから液体試薬を入れる。装置内のAとBの結合部は気密が保たれており，BとCは内部でつながっている。固体試薬と液体試薬の接触により発生する気体は，コックを通過して外部の装置によって捕集される。

気体を発生させるには，コックを開く。このとき あ にある液体試薬が い に達し，固体試薬と接触する。気体の発生を止めるには，コックを閉じる。このとき発生した気体によって う 内の気圧が上昇し，液面を え まで押し下げ，その結果，液体試薬と固体試薬の接触がなくなる。

選択肢	あ	い	う	え
①	A	B	A	C
②	A	C	B	A
③	B	A	B	A
④	B	C	C	B
⑤	C	B	B	C
⑥	C	A	C	A

〔4〕 文章中の下線部(d)について，水に溶けた二酸化炭素の一部は，水と反応して炭酸 H_2CO_3 を生成する。炭酸 H_2CO_3 の電子式を，解答例（二酸化炭素の電子式）にならって解答用紙の □ 内に記入せよ。

（解答例）

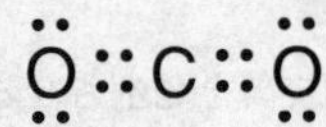

Ⅱ　次の文章を読み，〔1〕～〔9〕の問いに答えよ。ただし，必要に応じて，以下の値を用いよ。

原子量：H = 1.0，S = 32.1，Cu = 63.5，Zn = 65.0

ファラデー定数：9.65×10^4 C/mol

酸化還元反応によって，化学エネルギーを電気エネルギーに変換して取り出す装置を電池という。イオン化傾向が異なる2種類の金属を電解質水溶液に浸し，それらを導線でつなぐことによって電流が流れる。図のように，亜鉛板と銅板を電極とし，素焼き板で仕切った2つの槽にそれぞれ硫酸亜鉛水溶液と硫酸銅(Ⅱ)水溶液を入れた電池を考える。この時，**X槽**では［あ］が［い］となる反応，すなわち［う］反応が進行するため，亜鉛板は［え］極となる。一方，**Y槽**では［お］が［か］となる反応が進行する。

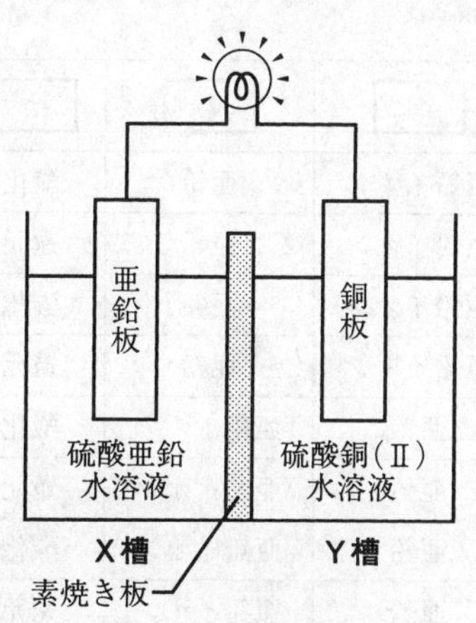

図　電池の概略図

亜鉛と銅は，酸や塩基の水溶液に対して異なる反応性を示す。例えば，銅は塩酸や希硫酸とは反応しないのに対して，亜鉛はこれらの酸と反応して水素を発生する。また，亜鉛は両性金属であることが知られており，(a)水酸化ナトリウム水溶液とも反応して水素を発生して溶解する。

亜鉛イオンを含む水溶液に，少量の水酸化ナトリウム水溶液やアンモニア水などの塩基を加えると(b)白色の沈殿が生成する。得られた沈殿に過剰のアンモニア水を加えると，沈殿が溶解して無色透明な水溶液となる。これは，アンモニア分子が有する［き］を亜鉛イオンに与えて配位結合することにより，(c)錯イオンが生成して溶解するためである。一方，銅(Ⅱ)イオンを含む水溶液も，少量の水酸化ナトリウム水溶液やアンモニア水を加えると青白色の沈殿を生じる。この沈殿に過剰のアンモニア水を加えると溶解し，深青色の水溶液となる。これも，亜鉛イオンの場合と同様に，(d)錯イオンが生成したことによる。これらの亜鉛イオンまたは銅(Ⅱ)イオンを含む錯イオンの水溶液に硫化水素を通じると，それぞれ難溶性の(e)白色の沈殿または(f)黒色の沈殿が生じる。

〔1〕 文章中の［あ］～［え］にあてはまる語句の組み合わせとして，最も適当なものを下の選択肢の中から選び，その番号を解答用紙にマークせよ。

選択肢	あ	い	う	え
①	亜鉛イオン	亜鉛	酸化	正
②	亜鉛イオン	亜鉛	還元	正
③	亜鉛イオン	亜鉛	酸化	負
④	亜鉛イオン	亜鉛	還元	負
⑤	亜鉛	亜鉛イオン	酸化	正
⑥	亜鉛	亜鉛イオン	還元	正
⑦	亜鉛	亜鉛イオン	酸化	負
⑧	亜鉛	亜鉛イオン	還元	負

〔2〕 文章中の［お］および［か］にあてはまる語句の組み合わせとして，最も適当なものを下の選択肢の中から選び，その番号を解答用紙にマークせよ。

選択肢	お	か
①	水素イオン	水素
②	水	水素イオン
③	銅(Ⅱ)イオン	銅
④	銅	銅(Ⅱ)イオン
⑤	亜鉛イオン	亜鉛
⑥	亜鉛	亜鉛イオン

〔3〕 文章中の図の電池で導線を流れる電流と電子の向きについて，正しい組み合わせを下の選択肢の中から選び，その番号を解答用紙にマークせよ。

選択肢	電流の流れる向き	電子の流れる向き
①	銅板→亜鉛板	亜鉛板→銅板
②	銅板→亜鉛板	銅板→亜鉛板
③	亜鉛板→銅板	亜鉛板→銅板
④	亜鉛板→銅板	銅板→亜鉛板

〔4〕 文章中の図の電池において，導線を 0.10 A の電流が 32 分 10 秒間流れた時の負極の質量変化（g）を，その増減がわかるように正負の符号をつけて**有効数字 2 桁**で解答用紙の □ 内に記入せよ。

〔5〕 文章中の下線部(a)について，このときの化学反応式を解答用紙の □ 内に記入せよ。

〔6〕 文章中の き にあてはまる最も適当な語句を**漢字**で解答用紙の □ 内に記入せよ。

〔7〕 文章中の下線部(b)および(e)について，生成した白色沈殿の化学式をそれぞれ解答用紙の □ 内に記入せよ。

〔8〕 文章中の下線部(c)および(d)について，それぞれの錯イオンの立体構造を下の選択肢の中から選び，その番号を解答用紙にマークせよ。

① 直線形　② 正三角形　③ 正方形
④ 正四面体形　⑤ 正八面体形　⑥ 立方体形

〔9〕 文章中の下線部(f)について，5.0×10^{-6} mol/L の銅(Ⅱ)イオンを含む水溶液 100 mL に，硫化水素を通じて徐々に硫化物イオン濃度を高くしていくと，黒色の沈殿が生じた。沈殿が生じ始める瞬間の硫化物イオンの濃度（mol/L）として最も適当なものを下の選択肢の中から選び，その番号を解答用紙にマークせよ。ただし，室温におけるこの沈殿の溶解度積は 6.5×10^{-30} (mol/L)^2 であり，硫化水素を通じても溶液の温度と体積は変化しないものとする。

① 1.3×10^{-25}　② 2.6×10^{-25}　③ 6.5×10^{-25}　④ 1.3×10^{-24}
⑤ 2.6×10^{-24}　⑥ 6.5×10^{-24}　⑦ 1.3×10^{-23}　⑧ 2.6×10^{-23}
⑨ 6.5×10^{-23}　⑩ 2.6×10^{-18}

Ⅲ

炭素，水素および酸素からなる化合物**A**～**F**に関する次の**(ア)**～**(カ)**の文章を読み，〔1〕～〔7〕の問いに答えよ。ただし，必要に応じて，以下の値を用いよ。

原子量：H = 1.0，C = 12.0，O = 16.0

(ア) 化合物**A**と化合物**B**はいずれもエステル結合を1つだけ含む飽和脂肪酸のエステルであり，互いに構造異性体の関係にある。

(イ) 化合物**A**を加水分解すると，1価のカルボン酸**C**と化合物**D**が生じる。

(ウ) 化合物**C**をアンモニア性硝酸銀水溶液に加えて穏やかに加熱すると，銀が析出する。

(エ) 化合物**D**は不飽和結合，環構造および不斉炭素原子をもたない炭素数5の1価のアルコールである。

(オ) 化合物**B**を加水分解すると，化合物**E**と化合物**F**が生じる。

(カ) 化合物**E**を酸化すると化合物**F**が生じる。

〔1〕 化合物Cの物質名を解答用紙の □ 内に記入せよ。

〔2〕 化合物Dの構造異性体のうち，ナトリウムと反応しないものの数として最も適当なものを下の選択肢の中から選び，その番号を解答用紙にマークせよ。ただし，鏡像異性体（光学異性体）は区別しないものとする。

① 1　② 2　③ 3　④ 4　⑤ 5
⑥ 6　⑦ 7　⑧ 8　⑨ 9　⑩ 0

〔3〕 23.2 mgの化合物Aを完全に燃焼させたときに生じる二酸化炭素の質量（mg）として最も適当な値を下の選択肢の中から選び，その番号を解答用紙にマークせよ。

① 41　② 46　③ 50　④ 53
⑤ 55　⑥ 57　⑦ 58　⑧ 59

〔4〕 化合物Bの構造を解答例にならって，解答用紙の □ 内に記入せよ。

（解答例）

$$\mathrm{HO-CH_2-\underset{}{\overset{CH_3}{\overset{|}{CH}}}-\underset{\underset{O}{\|}}{C}-O-CH_2-CH_3}$$

〔5〕 化合物Aの構造異性体のうち，炭酸水素ナトリウムの水溶液と反応して二酸化炭素を発生するものの数として最も適当なものを下の選択肢の中から選び，その番号を解答用紙にマークせよ。ただし，鏡像異性体（光学異性体）は区別しないものとする。

① 1　② 2　③ 3　④ 4　⑤ 5
⑥ 6　⑦ 7　⑧ 8　⑨ 9　⑩ 0

〔6〕 化合物Fに関する以下の文章を読み，（ i ）～（iv）の問いに答えよ。

化合物Fのような物質を一般に 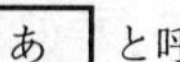

と呼ぶ。 あ は分子間で い

を形成し，液体あるいは固体状態では［う］として存在するため，同程度の分子量をもつアルカンよりも沸点や融点は［え］。また，化合物Fを適当な脱水剤と加熱すると化合物Gが得られる。

(i)　文章中の［あ］にあてはまる最も適当な語句を下の選択肢の中から選び，その番号を解答用紙にマークせよ。

①　アルケン　②　アルキン　③　アルコール
④　アルデヒド　⑤　ケトン　⑥　カルボン酸
⑦　エーテル　⑧　エステル　⑨　スルホン酸
⑩　アミド

(ii)　文章中の［い］にあてはまる最も適当な語句を下の選択肢の中から選び，その番号を解答用紙にマークせよ。

①　イオン結合　②　共有結合　③　金属結合
④　水素結合　⑤　配位結合

(iii)　文章中の［う］および［え］にあてはまる語句の組み合わせとして最も適当なものを下の選択肢の中から選び，その番号を解答用紙にマークせよ。

選択肢	う	え
①	二量体	高い
②	二量体	低い
③	無水物	高い
④	無水物	低い
⑤	不動態	高い
⑥	不動態	低い
⑦	コロイド状態	高い
⑧	コロイド状態	低い

(iv)　化合物Gの構造を解答例にならって，解答用紙の[　　]内に記入せよ。

（解答例）

$$HO-CH_2-\underset{\large CH_3}{\overset{}{CH}}-\underset{\underset{\large O}{\|}}{C}-O-CH_2-CH_3$$

（CH の上に CH_3 が結合）

〔7〕　化合物B～Gに関する下の選択肢の記述のうち正しいものを**すべて選び**，その番号を解答用紙にマークせよ。

①　化合物Bは不斉炭素原子を１つもつ。

②　化合物Cは飽和脂肪酸の中で最も分子量が小さい。

③　化合物Dの構造異性体のうち，不斉炭素原子をもつものは4種類である。

④　化合物Eは第二級アルコールである。

⑤　化合物Eと化合物Fは互いに構造異性体の関係にある。

⑥　化合物Gは塩基性を示す。

Ⅳ　次の文章は，高校の部活動である家庭科部に所属するAおよびBと化学部に所属するCおよびDとの会話のやりとりである。この文章を読み，〔1〕～〔6〕の問いに答えよ。ただし，必要に応じて，以下の値を用いよ。

原子量：H = 1.0，C = 12.0，N = 14.0，O = 16.0，Na = 23.0，S = 32.1

家庭科部A：最近つくづく思うのだけど，家庭科で扱っている内容は化学で学習している内容と深く関係していることが多いよね。

化学部C：　そうかなぁ。具体的にどんなことかな。

家庭科部A：例えば，シャンプーやコンディショナー（リンス）の主成分は，化学の授業で学習したセッケンみたいに，疎水基と親水基を適当なバランスで合わせもつ[あ]だよね。

化学部C：　確かにそう言われれば，化学の学習内容と関係があるね。先日も「シャンプーの主成分が毛髪の汚れを落とすのに効果を発揮するのは，セッケンと同様に，親水基の部分が[い]の[あ]だからである。それに対し，コンディショナーの主成分が電荷を中和して柔軟効果を発揮するのは，親水基の部分が［う］の［あ］だからである。」と化学部で調べたばかりだよ。

家庭科部A：そして，水溶液中でのセッケンは疎水基を内側に，親水基を外側にして多数集まって，コロイド粒子の［え］を形成していて，これが油汚れに触れると，油のまわりを取り囲んで微粒子になって水中に分散するのだよね。これを［お］と言って，セッケンの洗浄作用が主にこれによるということを化学の授業で学習したよね。

化学部C：確かに，学習したね。

家庭科部B：その他にも，衣料に使われている繊維とか，袋・容器などによく利用されている<u>合成樹脂</u>(a)など，日常生活に関わる多くの物質からも家庭科と化学は互いに深く関係していることがわかるよね。

化学部D：そう言えば，「繊維は天然繊維と化学繊維に分類され，天然繊維には［か］を主成分とする植物繊維と［き］を主成分とする動物繊維があり，化学繊維は主としてレーヨンとよばれる［く］繊維，アセテートに代表される［け］繊維，さまざまな重合反応で合成される<u>合成繊維</u>(b)に分類される。」ということを化学の授業で学習したよね。

家庭科部B：食に関しても化学との関連が深いね。食酢の主成分である酢酸や，多くの食品に含まれる炭水化物とか<u>タンパク質</u>(c)についても化学で学習したよね。

化学部D：こうしてみると，改めて，家庭科と化学が密接に関係していることがわかり，化学がいかに日常生活に深く関わっているかが再認識できたね。これからはこういう意識をもって，化学の授業に臨んだり，化学部の活動をしていこうと思ったよ。

〔1〕 文章中の［あ］は水の表面張力を低下させ，固体表面をぬれやすくするはたらきがある。［あ］にあてはまる最も適当な語句を**漢字5文字**で解答用紙の［　］内に記入せよ。

〔2〕 文章中の い ～ お にあてはまる語句の組み合わせとして，最も適当なものを下の選択肢の中から選び，その番号を解答用紙にマークせよ。

選択肢	い	う	え	お
①	陰イオン	陽イオン	キセロゲル	拡散
②	陰イオン	陽イオン	キセロゲル	乳化作用
③	陰イオン	陽イオン	ミセル	拡散
④	陰イオン	陽イオン	ミセル	乳化作用
⑤	陽イオン	陰イオン	キセロゲル	拡散
⑥	陽イオン	陰イオン	キセロゲル	乳化作用
⑦	陽イオン	陰イオン	ミセル	拡散
⑧	陽イオン	陰イオン	ミセル	乳化作用

〔3〕 文章中の か ～ け にあてはまる語句の組み合わせとして，最も適当なものを下の選択肢の中から選び，その番号を解答用紙にマークせよ。

選択肢	か	き	く	け
①	タンパク質	セルロース	再生	半合成
②	タンパク質	セルロース	半合成	再生
③	タンパク質	デンプン	再生	半合成
④	タンパク質	デンプン	半合成	再生
⑤	セルロース	タンパク質	再生	半合成
⑥	セルロース	タンパク質	半合成	再生
⑦	セルロース	デンプン	再生	半合成
⑧	セルロース	デンプン	半合成	再生
⑨	デンプン	セルロース	再生	半合成
⑩	デンプン	セルロース	半合成	再生
⑪	デンプン	タンパク質	再生	半合成
⑫	デンプン	タンパク質	半合成	再生

〔4〕 文章中の下線部(a)について，尿素樹脂，メラミン樹脂，フェノール樹脂の3種の合成樹脂は，いずれも2つの反応が繰り返し進む重合反応で合成される。このことに関して，（i）および（ii）の問いに答えよ。

（i） この重合反応の名称を**漢字4文字**で解答用紙の □ 内に記入せよ。

（ii） この3種の合成樹脂は，原料として共通する単量体を用いている。その単量体の示性式を解答用紙の □ 内に記入せよ。

〔5〕 文章中の下線部(b)について，（i）および（ii）の問いに答えよ。

（i） 原料となる単量体が付加重合して得られる合成繊維を下の選択肢の中から**2つ**選び，その番号を解答用紙にマークせよ

① ポリエチレンテレフタラート　　② ビニロン

③ ナイロン6　　④ ナイロン66

⑤ ポリアクリロニトリル

（ii） 芳香族ジアミドと芳香族ジクロリドが重合反応して生じる合成繊維はアラミドとよばれ，従来の合成繊維よりも強度や弾力性，耐熱性に優れている。p-フェニレンジアミンとテレフタル酸ジクロリドの重合反応によって，代表的なアラミド繊維であるポリ(p-フェニレンテレフタルアミド)が得られ，その構造式は次のように表される。このアラミド繊維について，（ア）および（イ）の問い答えよ。

$$\left[\mathrm{N(H)-C_6H_4-N(H)-C(=O)-C_6H_4-C(=O)} \right]_n$$

（n：重合度）

（ア） このアラミド繊維の原料である p-フェニレンジアミンおよびテレフタル酸ジクロリドの構造を，解答例にならってそれぞれ解答用紙の □ 内に記入せよ。

(解答例)

(構造式: ベンゼン環のオルト位に OH と C(=O)−CH₂−Cl)

OH, $-\mathrm{C}(=\mathrm{O})-\mathrm{CH_2}-\mathrm{Cl}$

(イ)　このアラミド繊維はある合成繊維に含まれる炭素数の異なる2種類のメチレン鎖（メチレン基 $-CH_2-$ のつながったもの）をそれぞれベンゼン環に置き換えた構造をしている。その合成繊維として最も適当なものを下の選択肢の中から選び，その番号を解答用紙にマークせよ。

①　ポリエチレンテレフタラート　　②　ビニロン
③　ナイロン6　　④　ナイロン66
⑤　ポリアクリロニトリル

〔6〕　文章中の下線部(c)に関する以下の文章を読み，（ i ）～（iii）の問いに答えよ。

タンパク質を含むある食品2.0gを濃硫酸で完全に分解し，そこに十分な量の濃い水酸化ナトリウム水溶液を加えて加熱すると気体が発生した。この気体をすべて0.10mol/Lの硫酸30mLに吸収させた。この水溶液はまだ酸性であったので，0.10mol/Lの水酸化ナトリウム水溶液で中和滴定したところ12mLを要した。なお，このタンパク質中の窒素含有率は質量百分率で16％であり，発生した気体はすべて食品中のタンパク質の分解によるものとする。

（ i ）　発生した気体の分子式を解答用紙の □ 内に記入せよ。

（ii）　発生した気体の物質量（mol）として最も適当な値を下の選択肢の中から選び，その番号を解答用紙にマークせよ。

①　1.8×10^{-3}　　②　4.2×10^{-3}　　③　4.8×10^{-3}
④　7.2×10^{-3}　　⑤　1.8×10^{-2}　　⑥　4.2×10^{-2}
⑦　4.8×10^{-2}　　⑧　7.2×10^{-2}

(iii)　この食品中のタンパク質の含有率（質量百分率）として最も適当な値を下の選択肢の中から選び，その番号を解答用紙にマークせよ。

①　6.0 %　②　9.0 %　③　12 %　④　15 %　⑤　18 %

⑥　21 %　⑦　24 %　⑧　27 %　⑨　30 %　⑩　33 %

生　物

(80分)

(注)　解答に字数制限がある場合には，句読点の1字分も1マスとすること。

I　次の（文1）～（文4）を読み，〔1〕～〔8〕の問いに答えよ。

（文1）

核は，真核生物にみられる細胞小器官のひとつであり，その主な機能は遺伝情報をになうDNAの保管や遺伝子の発現である。核は，核膜(a)におおわれており，その内部は［あ］と隔てられている。核内には，糸状のDNAがタンパク質と結合した複合体である［い］が散在しており，これらは［う］などで赤く染色することができる。［い］の高次構造は，その領域ごとに異なっており，高次構造が緩んでいる領域では遺伝子の転写が行われているのに対して，緩んでいない領域では転写は抑制されている。また，核内には，リボソームRNAなどが合成される1つもしくは複数の［え］が存在している。

〔1〕　文章中の［あ］～［え］にあてはまる語句を，解答用紙の［　］内に記入せよ。

〔2〕　下線部(a)に関して，核は二重膜構造をもつ細胞小器官である。次の細胞小器官の中で二重膜構造をもつのはどれか。下の選択肢の中からすべて選び，その番号を解答用紙にマークせよ。

①　ゴルジ体　　②　色素体　　③　小胞体
④　中心体　　⑤　ミトコンドリア　　⑥　リソソーム
⑦　リボソーム

〔3〕 下線部(a)に関して，核膜の構造と機能についての説明のうちで，正しいものを下の選択肢の中から1つ選び，その番号を解答用紙にマークせよ。

① 核膜は，細胞分裂時にもその構造を維持している。

② 核内のほとんどのDNAは核膜に結合して，核膜付近に偏在している。

③ 核膜には，核膜孔が存在し，核内で合成されたRNAや核外で合成されたタンパク質などが核膜孔を通って移動する。

④ 核は，核膜によって他の細胞小器官と融合することなく，独立してはたらいている。

（文2）

核に保管されたDNAは複製後，体細胞が分裂して生じる2つの娘細胞に均等に分配される。多細胞生物を構成する多くの体細胞は細胞分裂を行っていないが，一部の体細胞は細胞周期に沿って分裂をくり返している。細胞周期は，細胞分裂を行う［お］期（M期）と，それ以外の時期である［か］期からなる。［か］期は，さらに［き］期（G_1期），［く］期（S期）および［け］期（G_2期）の3段階に分けられる。一方，心筋細胞や神経細胞などは，細胞分化の後に成熟し，非分裂状態である［こ］期（G_0期）に移行して長期もしくは無制限にG_0期にとどまることがある。また，DNAの損傷などを修復できなくなった老化細胞もG_0期に移行して，細胞にそなわっている細胞死のしくみである［さ］が起こり除去される。

〔4〕 文章中の［お］～［さ］にあてはまる語句を，解答用紙の［　］内に記入せよ。

〔5〕 培養細胞を特定の試薬で処理することで，細胞集団を細胞周期の特定の時期に多く滞留させることができる。この操作を細胞同調と呼ぶ。細胞周期の長さが24時間の培養細胞にⒶとⒷそれぞれの細胞同調操作を行うことで，細胞集団はそれぞれどの時期にもっとも多く滞留するか。下の選択肢の中から1つずつ選び，その番号を解答用紙にマークせよ。

Ⓐ 培養中の細胞を，DNAの複製を阻害する試薬で24時間処理する。

Ⓑ 培養中の細胞を，紡錘糸の形成を阻害する試薬で24時間処理する。

① G_1期　　② G_2期　　③ M期　　④ S期

（文3）

培養細胞10,000個を染色して，細胞1個あたりの相対的なDNA量を測定し，図1のような結果を得た。また，これらについて詳細な解析を行ったところ，G_1期からG_2期，およびM期のそれぞれの時期の細胞数の相対割合（%）が表に示す結果となった。

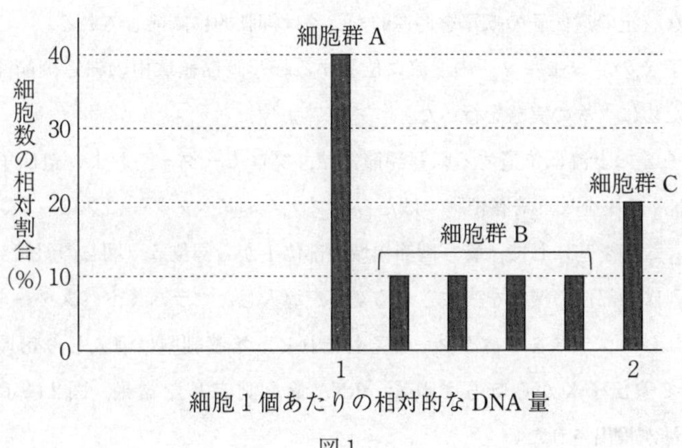

図1

表

細胞周期	G_1〜G_2期	M期
細胞数の相対割合（%）	96	4

〔6〕 図1中に示した細胞群A，B，Cは，それぞれどの時期の細胞に対応すると考えられるか。下の選択肢の中から最も適切なものを1つずつ選び，その番号を解答用紙にマークせよ。

① G_1期　　② G_1期とS期　　③ G_2期
④ G_2期とM期　　⑤ M期　　⑥ S期

〔7〕 図1と表に示した結果を用いて，この培養細胞のG_2期の長さ（時間）を，小数点以下2桁目を四捨五入して求め，解答用紙に記入せよ。ただし，実験に用いた培養細胞の細胞周期の長さは24時間とする。

（文4）

真核細胞の核内で行われる遺伝子の転写には，様々なDNA配列とタンパク質が関わっている。転写の開始には基本転写因子が必須である。その多くは，通常，遺伝子に近接する上流領域に位置するプロモーター，遺伝子のDNAを鋳型にして転写反応を進めるRNAポリメラーゼ，および主にプロモーターの上流に見出される転写調節配列に結合する調節タンパク質と，複合体を形成して転写に寄与している。調節タンパク質は細胞の種類ごとに異なり，それぞれの細胞の特性を発現するために必要な特定の遺伝子の転写を促進的もしくは抑制的に調節している。

遺伝子Xのプロモーターの上流に位置する転写調節領域中の転写調節配列を特定するために，次の実験を行った。

遺伝子Xの上流に位置する転写調節領域，プロモーター，および遺伝子XからなるDNA断片をヒト培養細胞ではたらくプラスミドベクターにクローニングした（図2）。これを基にして，転写調節領域の部位1から部位5（図2の斜線部分）の塩基配列に各部位の機能を喪失させる変異を導入したプラスミドベクターを作製した。これらのプラスミドベクターをそれぞれヒト培養細胞に導入し，48時間後に細胞内で遺伝子Xから転写されたmRNA量を測定した結果，図2に示す相対mRNA量が検出された。

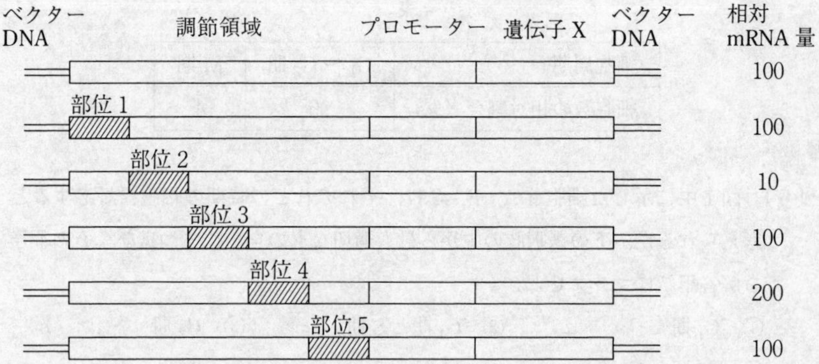

ベクターDNA	調節領域	プロモーター	遺伝子X	ベクターDNA	相対mRNA量
					100
	部位1				100
	部位2				10
	部位3				100
	部位4				200
	部位5				100

図2

〔8〕 この実験により得られた結果から，遺伝子Xの転写調節領域中の部位1から部位5のいずれの部位にどのようにはたらく転写調節配列が存在するのかを，60字以内で解答用紙の［　］内に記入せよ。ただし，解答の文章中に必ず「促進的」と「抑制的」という2つの語句を入れること。なお，数字は1字と数える。

Ⅱ　次の（文1），（文2）を読み，〔1〕～〔6〕の問いに答えよ。

（文1）

神経系は，神経細胞とグリア細胞などにより構成されている。神経細胞は，核のある細胞体と多くの神経繊維からなりたっている。神経繊維のうち，短い多数の突起は［あ］と呼ばれ，他の神経細胞からの情報を受け取る。(a)<u>神経繊維には他に軸索があり，これは近傍あるいは遠方の神経細胞や効果器に，軸索の末端にあるシナプスを介して情報を伝える</u>。末梢神経の多くの軸索にはシュワン細胞が何重にも巻き付いて［い］と呼ばれる構造を形成しており，連続する［い］間の間隙は［う］と呼ばれる。［い］と［う］があることによる興奮伝導を［え］と呼ぶ。

〔1〕 文章中の［あ］～［え］にあてはまる語句を，解答用紙の［　］内に記入せよ。

〔2〕 下線部(a)に関して，神経細胞の軸索の中間部一点を電流で刺激した場合の，軸索での情報の伝わり方とシナプスでの情報の伝わり方の違いについて，下の選択肢の中から適当なものを1つ選び，その番号を解答用紙にマークせよ。なお，その神経細胞は別の神経細胞にシナプスをつくっているとする。

① 軸索では電気信号により両方向に伝わり，シナプスでは化学物質により一方向に伝わる。

② 軸索では化学物質により両方向に伝わり，シナプスでは電気信号により両方向に伝わる。

③ 軸索でもシナプスでも電気信号により両方向に伝わる。

④　軸索でもシナプスでも化学物質により一方向に伝わる。

〔3〕 図1は，カエルの脊髄の断面と，それに連なる脊髄神経，下肢の筋肉である。腹根を通る神経Aと背根を通る神経Bをそれぞれはさみで切断し，①～⑤の各点を別々に電流で刺激した。この実験に関して，次の問いに答えよ。

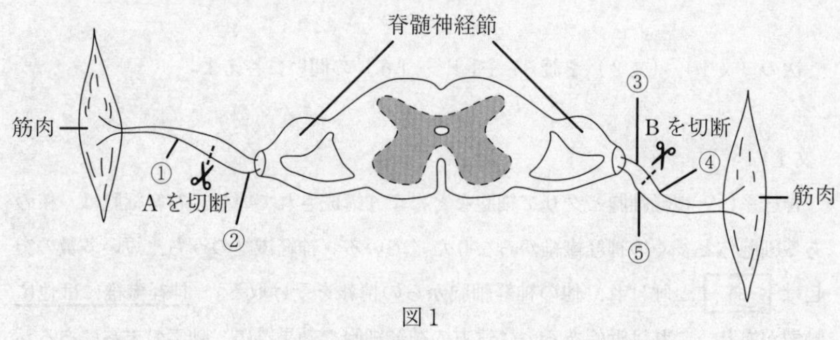

図1

(ア) 左右の筋肉のいずれかが収縮する刺激部位はどれか。図中の選択肢①～⑤の中から適当なものをすべて選び，その番号を解答用紙にマークせよ。

(イ) 刺激を与えてから筋肉が収縮するまでの時間が最も長い刺激部位を，図中の選択肢①～⑤の中から選び，その番号を解答用紙にマークせよ。

（文2）

神経細胞には興奮性のものと抑制性のものがあり，シナプスを介して接続する神経細胞に対して異なる作用を及ぼす。興奮性神経細胞は隣接する神経細胞のシナプス後膜を脱分極させる。このとき生じる電位を興奮性シナプス後電位という。逆に，抑制性神経細胞は隣接する神経細胞のシナプス後膜を過分極させる。このとき生じる電位を抑制性シナプス後電位という。(b)通常，1つの神経細胞には複数の神経細胞がシナプスをつくっている。多くの場合，1つの興奮性シナプス後電位のみにより活動電位が生じることはなく，複数の興奮性および抑制性シナプス後電位が加重されて，その総和が［　お　］を超えたときに活動電位が生じる。図2のAは，神経細胞a，cの活動電位のタイミングと，それに応じて発生する神経細胞b，dのシナプス後電位の大きさとタイミングを示している。a，cの神経細胞の1回の活動電位がb，dに示すタイミング，大きさのシナプス後電位を発生させるとする。aは興奮性神経細胞，cは抑制性神経細胞で，発生するシナプス後電位が異なる。図2のAの点線は神経細胞b，dに活動電位を起こすために必要な［　お　］のレベルを示している。$_{(c)}$<u>神経回路では，興奮性神経細胞と抑制性神経細胞が様々な結合関係をつくることにより，多様な機能が生みだされている</u>。なお，次に示すように，細胞体が白い神経細胞は興奮性神経細胞，細胞体が灰色の神経細胞は抑制性神経細胞とする。

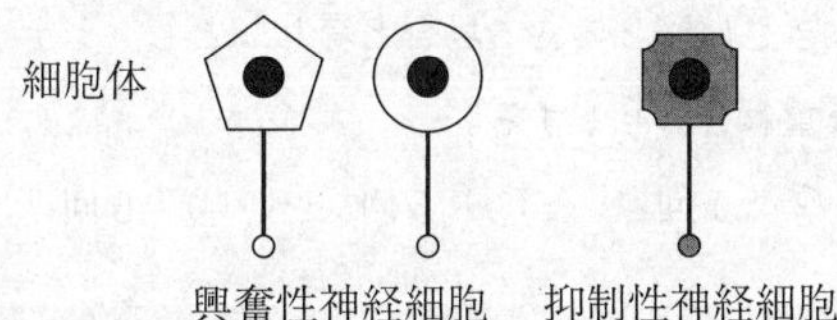

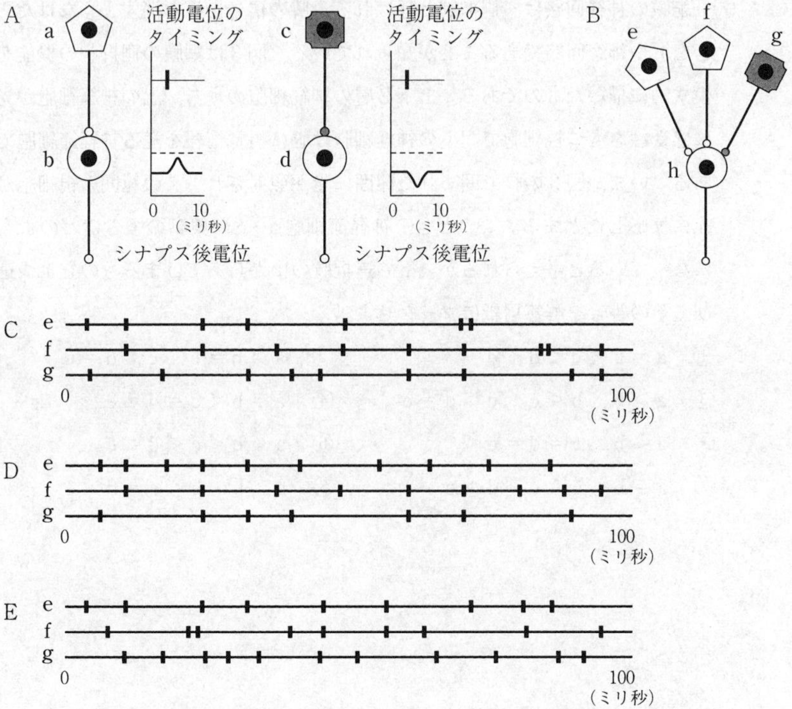

A　a　b　活動電位のタイミング　シナプス後電位　0　10（ミリ秒）
c　d　活動電位のタイミング　シナプス後電位　0　10（ミリ秒）
B　e　f　g　h

C　e　f　g　0　100（ミリ秒）

D　e　f　g　0　100（ミリ秒）

E　e　f　g　0　100（ミリ秒）

図2

〔4〕 文章中の お にあてはまる語句を，解答用紙の □ 内に記入せよ。

〔5〕 下線部(b)に関して，図2のBは4個の神経細胞からなる神経回路である。神経細胞e，f，gは神経細胞hにシナプスをつくっている。図2のC，D，Eのそれぞれの場合について，神経細胞e，f，gの活動のタイミングから神経細胞hの細胞内電位を推測し，神経細胞hがこの100ミリ秒間に活動電位を生じる回数を下の選択肢の中から選び，その番号をC，D，Eのそれぞれについて解答用紙にマークせよ。なお，興奮性シナプス後電位，抑制性シナプス後電位のタイミング，大きさは図2のAの場合と等しいとし，シナプス後電位の加重は各電位の単純な重ね合わせとする。

① 0回　② 1回　③ 3回　④ 5回　⑤ 10回

〔6〕 下線部(c)に関して，次の問いに答えよ。

(ア) 網膜の神経回路は，側抑制と呼ばれる，隣の信号を打ち消すようなはたらきをもつ神経回路であることが知られている。図3は網膜の側抑制の機能を模式的に描いたものである。上下2層の神経細胞のうち，上の神経細胞が光に感受性をもつ視細胞で，下の神経細胞は脳に視覚情報を送る神経節細胞である。いま，図3の枠で囲まれた範囲に光が照射され，この範囲の視細胞が光に反応したとする。このとき，神経節細胞a～eの興奮の強さはどのようになっていると考えられるか。下の選択肢の中からあてはまるものを1つ選び，その番号を解答用紙にマークせよ。

① $a = b < c < d < e$　② $a > b = c,\ c < d = e$
③ $a > b,\ b < c,\ c > d = e$　④ $a = b < c = d = e$
⑤ $a < b < c = d = e$　⑥ $a < b < c < d < e$
⑦ $a = b < c,\ c > d > e$　⑧ $a > b,\ b < c = d = e$

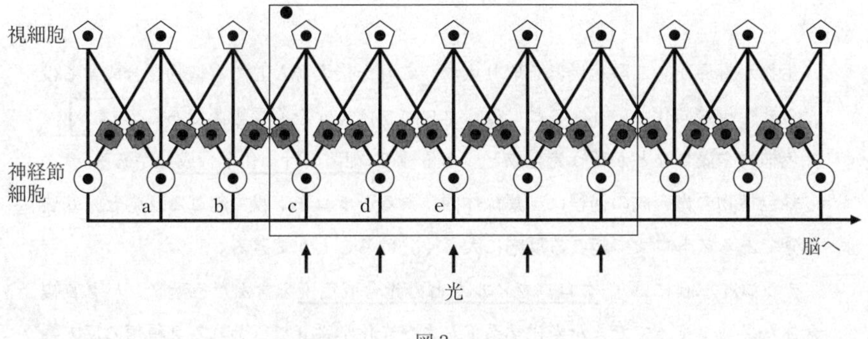

図3

(イ)　網膜の神経回路が機能的に側抑制を行っていることにより可能になる特徴として適当なものを下の選択肢の中から3つ選び，その番号を解答用紙にマークせよ。

① 輪郭がはっきり見える。

② 入力される光の量にかかわらず，常に全体的に明るく見える。

③ 背景の色の明るさにより，対象物がより明るく見えたり暗く見えたりする。

④ 光量が同じであれば，同じ明るさに見える。

⑤ 隣の視細胞から抑制されることにより，見えない部分がある。

⑥ 明るさの違いが強調される。

Ⅲ　次の文を読み，〔1〕～〔5〕の問いに答えよ。

生物が外界から二酸化炭素を取り入れ，これを炭素源として有機物を合成するはたらきを炭酸同化という。これには，クロロフィルaをもつ細菌である［あ］，緑色植物や藻類などが行う光合成と，ある種の(a)細菌の行う化学合成とがある。

緑色植物の光合成の過程は，葉緑体内にあるチラコイド膜で起こる反応と，基質部分であるストロマで起こる反応に大きく分けることができる。

チラコイド膜には，(b)クロロフィルなどの光合成色素を含んだ色素タンパク質複合体が多数集まってできた光化学系Ⅰおよび光化学系Ⅱで行われる2種類の反応系があり，光合成色素が光エネルギーを吸収することから光合成は開始される。

光合成色素に吸収された光エネルギーは，光化学系Ⅰ，Ⅱのいずれにおいても，クロロフィルaからなる反応中心のクロロフィルに集められ，エネルギーを受け取った反応中心のクロロフィルは，活性化されて電子を放出する。光化学系Ⅱでは，電子を失った反応中心のクロロフィルは，［い］の分解により生じた電子を受け取って，元の状態にもどる。一方，光化学系Ⅰでは，活性化により放出された電子は，電子受容体としてはたらく補酵素の一種である［う］に渡され，［え］を生じる。［い］の分解により生じた電子が光化学系Ⅱ，光化学系Ⅰを経て，最終的に［え］へと移動していく過程で，(c)［お］がチラコイド膜を隔てて輸送される。その結果，チラコイド膜をはさんで，チラコイドの内側とストロマとの間に［お］の濃度勾配が形成されることで，［お］は［か］を通って拡散し，このときATPが合成される。光エネルギーに依存してATPが合成されるこの反応は，［き］と呼ばれる。そして，光化学系Ⅰで合成された［え］とATPは，ストロマで起こる(d)カルビン・ベンソン回路と呼ばれる反応に利用される。

〔1〕 文章中の［あ］～［き］にあてはまる語句を，解答用紙の［　］内に記入せよ。

〔2〕 下線部(a)に関して，光エネルギーを利用できない細菌はどのようなしくみで炭酸同化に必要なエネルギーを利用しているのかを，35字以内で解答用紙の［　］内に記入せよ。

〔3〕 下線部(b)に関して，次の文は光合成色素の分離実験について説明したものである。文章を読んで下の問いに答えよ。

藻類のうち，褐藻類のヒジキ，紅藻類のアサクサノリ，緑藻類のアオノリをそれぞれ乳鉢で破砕した後，ジエチルエーテルを加えて色素を抽出し，その抽出液を薄層クロマトグラフィー（TLC）で展開・分離した。表は，各種色素の移動率（Rf 値）と吸収スペクトルのピーク（nm）のデータを示したものである。

表

色素	Rf 値	吸収スペクトルのピーク（nm）
クロロフィル a	0.5	429，661
クロロフィル b	0.45	452，642
クロロフィル c	0.4	446，629
カロテン	0.9	450，475
フコキサンチン	0.47	450

(ア) 図1は，それぞれの藻類の抽出液を展開した後の TLC シートを，横向きに並べたものである。

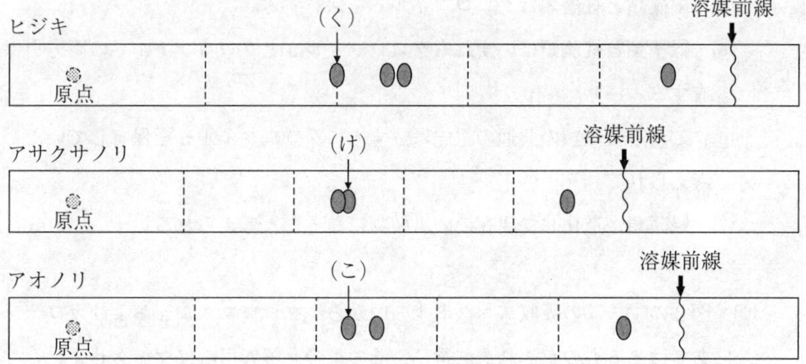

図1

図中の（く）～（こ）にあてはまる色素の正しい組み合わせを下の選択肢の中から選び，その番号を解答用紙にマークせよ。なお，展開時間は藻類ごとに違ったが，各色素のスポットは理論値通りの Rf 値の位置に移動したものとする。また，TLC シート上の点線は，各色素の移動率を測るために，原点と溶媒前線の間を５等分した位置に引いた線である。

選択肢	（く）	（け）	（こ）
①	クロロフィル a	クロロフィル b	フコキサンチン
②	クロロフィル a	フコキサンチン	クロロフィル b
③	クロロフィル b	クロロフィル a	フコキサンチン
④	クロロフィル b	クロロフィル a	クロロフィル c
⑤	クロロフィル c	クロロフィル b	クロロフィル a
⑥	クロロフィル c	クロロフィル a	クロロフィル b

(イ)　光合成色素の分離実験（TLC）の結果の解釈として，正しく説明されていないものを下の選択肢の中から２つ選び，その番号を解答用紙にマークせよ。

①　どの藻類もクロロフィル a は保有している。

②　どの藻類もカロテンは保有している。

③　褐藻類からはクロロフィル b は検出できなかったが，フコキサンチンは保有する。

④　褐藻類と紅藻類はクロロフィル c を保有する。

⑤　緑藻類と紅藻類はいずれもクロロフィル a とクロロフィル c の両方を保有する。

⑥　これらの藻類の共通の祖先は，すでにクロロフィル a を保有していたと考えられる。

⑦　緑藻類が進化して現在の陸上植物になったと考えられる。

(ウ)　図２の①～⑤の吸収スペクトルの中から，クロロフィル a およびカロテンにあてはまるものをそれぞれ選び，その番号を解答用紙にマークせよ。

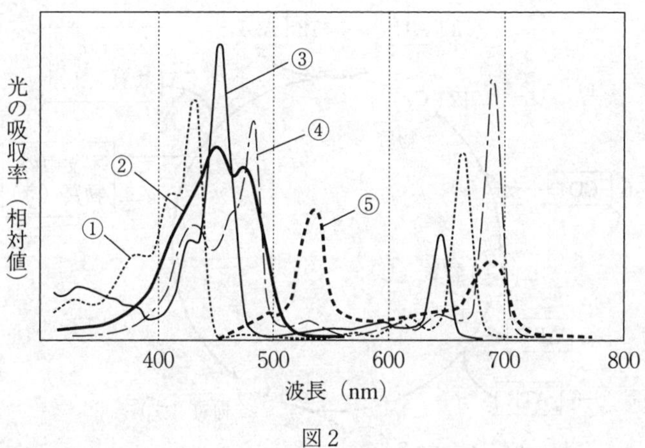

図2

〔4〕 下線部(c)に関して，文中の お は，図3に示したどの領域間をどの方向に輸送されるか。あてはまるものを下の選択肢の中から1つ選び，その番号を解答用紙にマークせよ。

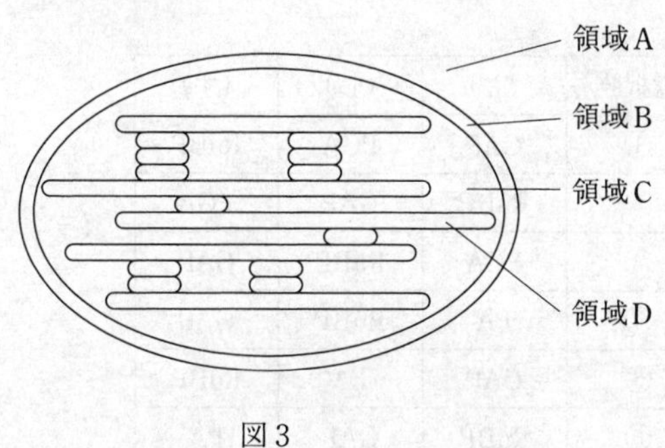

図3

① 領域A→領域B　② 領域B→領域A　③ 領域B→領域C

④ 領域C→領域B　⑤ 領域C→領域D　⑥ 領域D→領域C

〔5〕 下線部(d)に関して，カルビン・ベンソン回路の反応経路（図4）を見て下の問いに答えよ。

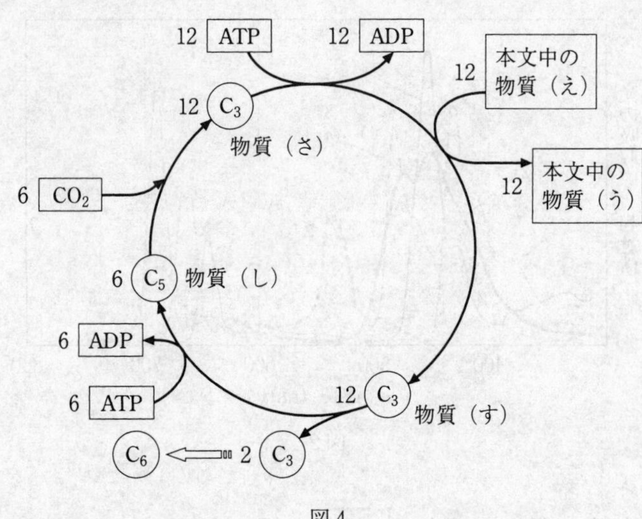

図4

(ア) 図中の物質（さ）～物質（す）にあてはまる物質名の正しい組み合わせを下の選択肢から選び，その番号を解答用紙にマークせよ。

選択肢	（さ）	（し）	（す）
①	GAP	PGA	RuBP
②	RuBP	GAP	PGA
③	PGA	RuBP	GAP
④	PA	RuBP	GAP
⑤	GAP	PA	RuBP
⑥	RuBP	GAP	PA

GAP …グリセルアルデヒドリン酸
PA …ピルビン酸
PGA …ホスホグリセリン酸
RuBP…リブロースビスリン酸（リブロース二リン酸）

(イ) 十分な光条件下で，緑藻に炭素の放射性同位体である ^{14}C からなる $^{14}CO_2$ を含む 1 % CO_2 濃度の空気を 10 分間供給して光合成をさせた後，CO_2 濃度を 0.003 %に下げた場合，^{14}C を含む図4の物質（さ）と物質（し）の量の経時的変化は，どのようになると予想されるか。下の選択肢の中からあてはまるものを選び，その番号を解答用紙にマークせよ。なお，$^{14}CO_2$ を含む1％ CO_2 濃度の空気を10分間供給して光合成をさせると，図4の物質（さ）～（す）のすべてに ^{14}C が一様に分布するものとし，また，全 CO_2 中の $^{14}CO_2$ の割合は変化しないものとする。

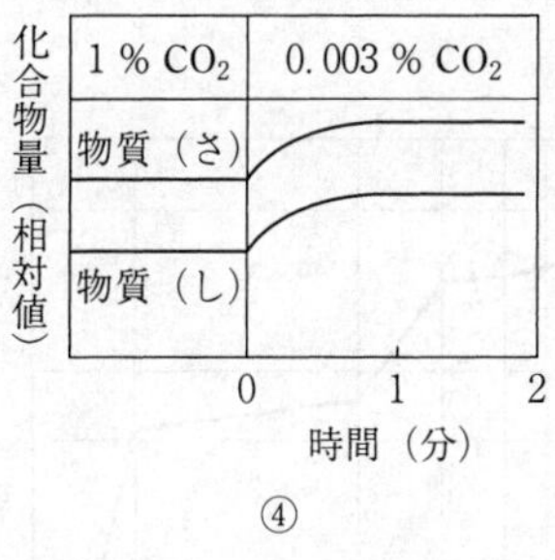

①

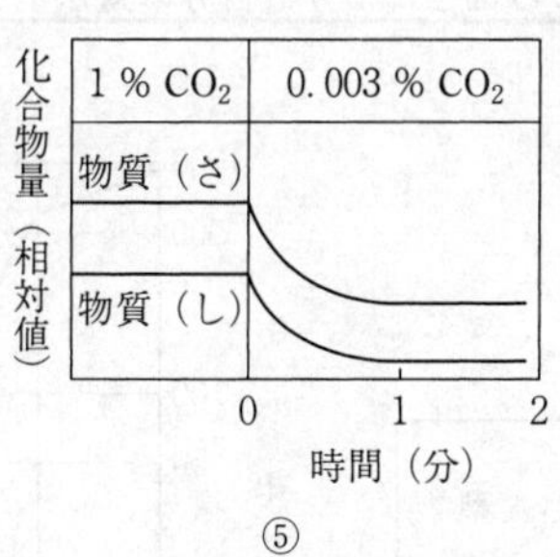

②

化合物量（相対値）
1％ CO2　0.003％ CO2
物質（さ）
物質（し）
0　1　2
時間（分）

③

化合物量（相対値）
1％ CO2　0.003％ CO2
物質（さ）
物質（し）
0　1　2
時間（分）

④

化合物量（相対値）
1％ CO2　0.003％ CO2
物質（さ）
物質（し）
0　1　2
時間（分）

⑤

Ⅳ　次の（文1），（文2）を読み，〔1〕～〔8〕の問いに答えよ。

（文1）

生まれた卵や子などが，どれだけ生き残れるかを示した表を［あ］という。これをグラフにしたのが生存曲線である。生存曲線には，図1のように，大きく分けて $\underset{(a)}{\underline{\text{3つのタイプ}}}$ があり，縦軸の生存個体数の目盛りを対数にし，横軸の相対年齢（日数）の目盛りを標準（線形目盛）にすると，グラフの［い］が死亡率に対応する。

(b)表はモンシロチョウの［あ］である。その生存曲線が図2で，各データを直線で結んである。Ⅰ～Ⅴは各齢を示す。

個体群の集団内で明確な分業が進み，形態的にも分化が見られる昆虫を［う］という。このような分業が進む要因として，(c)ミツバチの場合は雄が［え］であることが挙げられる。ミツバチのはたらきバチは，不妊ではあるが，(d)自分と血縁関係にある他個体を世話することにより，自分の遺伝子を増やすことができる。

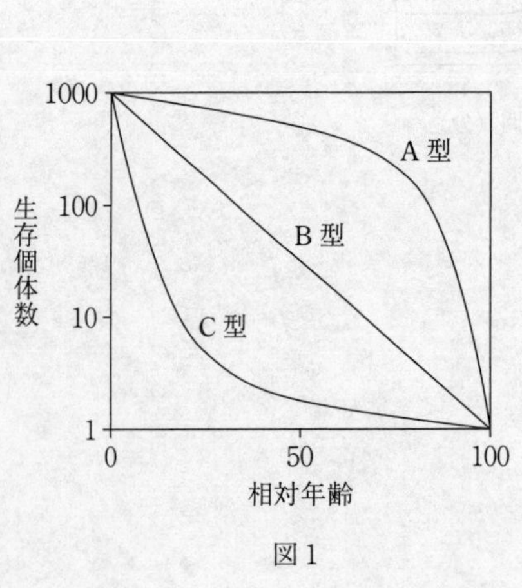

図1

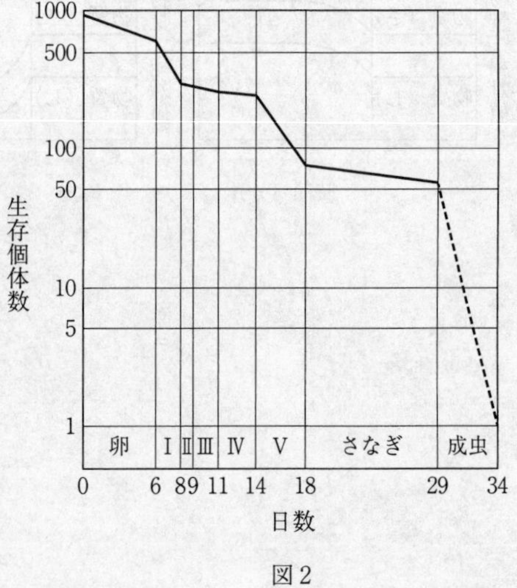

図2

表

発育段階	卵	Ⅰ齢	Ⅱ齢	Ⅲ齢	Ⅳ齢	Ⅴ齢	さなぎ	成虫
生存個体数	800	600	300	280	270	250	80	60
日数	6	2	1	2	3	4	11	5

〔1〕 文章中の［あ］～［え］にあてはまる語句を，解答用紙の［　］内に記入せよ。

〔2〕 下線部(a)に関して，図1のA型～C型にあてはまる生物を，下の選択肢の中からそれぞれ2つずつ選び，その番号を解答用紙にマークせよ。

① イワシ　② キツネ　③ サル
④ シジュウカラ　⑤ ハマグリ　⑥ ヒドラ

〔3〕 下線部(b)に関して，次の問いに答えよ。

(ア) 成虫になるまでの発育段階で，1日の死亡率が最も高いのは次のうちどれか。下の選択肢の中から1つ選び，その番号を解答用紙にマークせよ。

① 卵　② Ⅰ齢　③ Ⅱ齢　④ Ⅲ齢
⑤ Ⅳ齢　⑥ Ⅴ齢　⑦ さなぎ

(イ) 卵の時期の死亡率（％）はいくらか。解答用紙の［　］内に記入せよ。

(ウ) 卵の時期の死亡率が50％で，他の時期の日数および死亡率が表と同じであれば，成虫になる個体は何匹になると予想されるか。解答用紙の［　］内に記入せよ。

〔4〕 下線部(c)に関して，二倍体の両親をもつ子について，親からみた血縁度を0.5とした場合，次の問いに答えよ。

(ア) ミツバチの母親からみた子の血縁度はいくらか。解答用紙の［　］内に記入せよ。

(イ) ミツバチの父親からみた子の血縁度はいくらか。解答用紙の［　］内に記入せよ。

(ウ) 姉妹間の血縁度はいくらか。解答用紙の［　］内に記入せよ。

〔5〕 個体が自分の子をどれだけ残せたかを表す尺度に，適応度というものがある。下線部(d)に関して，次の問いに答えよ。

(ア) このような考え方の適応度を何というか。解答用紙の［　　］内に記入せよ。

(イ) 鳥類などで，ひなに食物を与えたりして子育てに協力する個体を何というか。解答用紙の［　　］内に記入せよ。

（文2）

(e)植物の根に共生する菌根菌には［ お ］が植物の根の内部に侵入するタイプのものや，［ お ］が根の外表面をおおうタイプなどがある。菌根菌は，共生した植物から光合成産物である有機物の供給を受け，植物へはリンなど土壌中に溶け出しにくく，植物が吸収しにくい養分を提供している。この関係を調べるため，(f)図3のような装置を使って実験を行った。

装置の左右の区画AとBを，穴が一か所開いているプラスティック板で仕切り，双方に土壌を入れ，左側の区画Aにタマネギの苗を植えた。リンの移動を追跡するために，放射性同位体 ^{32}P で印をつけたリン酸（以下 ^{32}P リン酸とする）を用いた。^{32}P リン酸の存在はガイガーカウンターで確認した。区画AとBの土壌からは，あらかじめリン酸や菌根菌は除いてある。

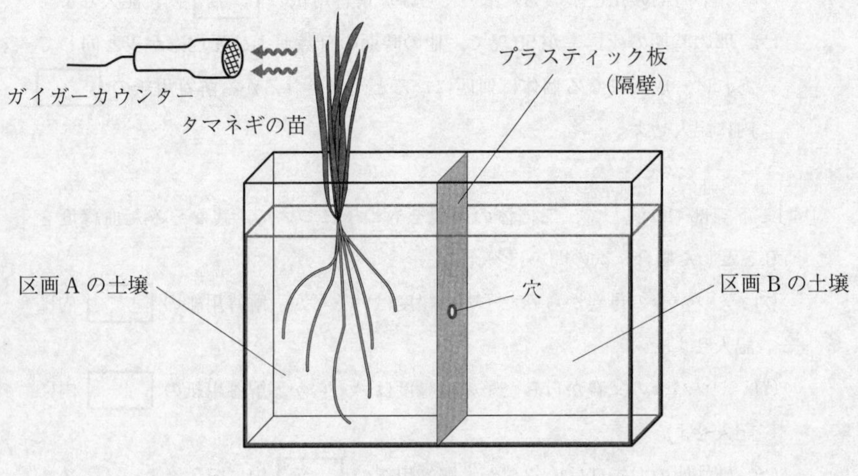

図3

〔6〕 文章中の［お］にあてはまる語句を，解答用紙の［　］内に記入せよ。

〔7〕 下線部(e)に関して，菌根菌の説明として適当なものを，下の選択肢の中から2つ選び，その番号を解答用紙にマークせよ。

① 菌根菌との共生は，草原ではみられるが森林ではみられない。
② 菌根菌との共生は，森林ではみられるが草原ではみられない。
③ 菌根菌との共生は，草原でも森林でも両方でみられる。
④ マツタケは菌根菌と同じドメインに属する。
⑤ マメ科植物と共生する根粒菌は菌根菌と同じドメインに属する。

〔8〕 下線部(f)に関して，次の問いに答えよ。

(ア) 菌根菌と植物との間で，リンがどのように移動しているのかを調べるために，選択肢①～⑦のように3つの条件を組み合わせて実験を行った。ただし，穴の大きさは，植物の根が通るものを「大」，根は通らず菌根菌だけを通すものを「小」とした。タマネギの苗の葉からの放射線でガイガーカウンターが反応するものを，下の選択肢の中からすべて選び，その番号を解答用紙にマークせよ。

	条件		
選択肢	穴の大きさ	菌根菌を入れた区画	^{32}P リン酸を注入した区画
①	大	区画A	区画A
②	小	区画A	区画A
③	小	区画A	区画B
④	大	区画B	区画A
⑤	大	区画B	区画B
⑥	小	区画B	区画A
⑦	穴なし	区画B	区画B

(イ) 菌根菌が植物にリンを提供していることを直接調べる実験として，適当なものはどれか。(ア)の選択肢の中から1つ選び，その番号を解答用紙にマークせよ。

解答編

英語

I　解答　〔1〕 (A)—(2)　(B)—(1)　(C)—(2)　(D)—(2)
〔2〕 (1)—3　(2)—3　(3)—2　(4)—3　(5)—1
〔3〕—(1)

全訳

《ジ・オーシャンレースが担う海洋科学への貢献》

1　ほとんどの人々にとって，南氷洋は，1時間，ましてや1カ月も過ごしたい場所ではない。氷に覆われた南極大陸を取りまく南氷洋は，地球上で最も荒々しく，最も遠い海だ。しかしこの3月，南アフリカのケープタウンからブラジルのイタジャイまで，地球の底を一周する長距離レースの一環として，4つのセーリングチームがこの海域を通過した。ジ・オーシャンレースは，多様なクルーで編成する最高レベルのセーラーたちを魅了する，世界で最も過酷で，確実に最も長期にわたるプロスポーツ・イベントとして知られている。しかし今年は，科学者たちは彼らの研究に貢献する機会もそこにあることに気づいた。

2　参加艇は，科学船でさえたどり着くのに困難な最も隔絶した海域を通るため，今年，クルーは南極大陸沿岸のあちこちに科学機器を設置することになる。海水温から大気に関する情報まで，15種類の異なるタイプの環境データを測定するのが目的だ。これらの機器から得られる情報は，天気予報から気候に関する緊急事態に至るまで，あらゆる面で科学者の助けとなるだろう。「南氷洋は地球規模の気候を左右する非常に重要な場所ですが，データがほとんどないのです」とドイツの科学者トステ=タンファは言う。「南氷洋でのセーリングレースのデータは，海洋による二酸化炭素（CO_2）の吸収を理解する上で非常に重要なのです」

③　各艇には気象センサーが搭載されており，気圧と気温に加えて風速と風向きを測定する。それぞれのチームは，データを取得する2種類のブイを投下する。1つは，科学者が海流を研究し，ハリケーンや台風などの異常気象を予測するためのデータを提供するために，海面を漂流するタイプ。もう1つのタイプのブイは，水深2kmの海底を深層流に乗ってゆっくりと移動しながら，10日ごとに情報を送信する。このデータは気候分析や長期天気予報に利用される。一方，クルーは他の装置を使って定期的に水のサンプルを採取し，二酸化炭素，酸素，塩分のレベルや温度を測定する。このデータはドイツで分析され，海上で情報を収集しながら見ることができる。

④　タンファは，このようなデータから新しいパターンが見えてくると言う。たとえば，二酸化炭素（濃度）が1年の間にどのように変化するかを示す――夏季，海水が温かくなると高くなり，植物プランクトンの個体数が急激に増加するブルーム時には低くなる。また，海洋がどのように海面から二酸化炭素を取り込み，海底に運ぶのかをも示す。「南氷洋では，水が垂直に下降したり上昇したりする，3つの主要なシステムがあります。深さによって，二酸化炭素のレベルは異なります。さらに渦と呼ばれる円形の水流も二酸化炭素を上下に運びます」とタンファは言う。科学者はこれらのシステムと渦を間近で観察し，衛星データと比較し，欠けている部分を補完することができるようになるだろう。

⑤　各艇は，植物プランクトンの成長に不可欠な微量元素のサンプルも採取する。植物プランクトンは食物連鎖の基盤であるだけでなく，大気から海洋へのCO_2移動の大半を担っている。「このデータは極めて重要なのです」と，微量元素の結果を分析するスペインの科学者アルネ=ブラツキッチ博士は言う。「最終的に植物プランクトンを餌とする動物がどれだけの餌を利用できるのか，そして植物プランクトンが大気からどれだけのCO_2を吸収しようとしているのかを知ることが重要なのです」　ブラツキッチによれば，この種のサンプルを採取するには，通常，特別な科学航海が必要で，その回数は限られており，実施には多額の費用が必要になるという。ジ・オーシャンレースは，科学とは無縁の船舶による海洋調査を実証する方法なのだ。「私たちはサンプリング装置の設計――何がうまくいって，何がうまくいかないか，に注目しています。実に興奮します」

6　植物プランクトン調査に加え，船員たちは自動的に画像を記録し，植物プランクトン種の多様性を考察する装置を持っている。これは，酸素の研究をしているヴェロニク=グリーン博士のような科学者にも役立つ。「参加艇は，観測のきわめて不十分な，世界でも隔絶された海域を航行します。より多くの酸素データを得ることは，海洋中の酸素量をより正確に推定し，海洋の酸素損失量を知るためにも極めて重要なのです。データが多ければ多いほど，気候変動に対応する海洋の能力をより正確に理解し，将来気候に何が起こるかを予測することができるのです」と彼女は言う。

7　分析に協力するカッツィア=パボーソヴァ博士によると，「ジ・オーシャンレースは，通常ならデータを得るのが難しい場所からサンプルを届けてくれます。もう1つ，この情報を簡単に収集できる方法をもたらします。調査船のように訓練を受けた乗組員は必要ありません」このサンプル採取方法が，いずれはクルーズ船やフェリーなど，科学船以外の船でも使われることが期待されている。参加セーラーたちにもメリットがある。ブイからのデータを使って「ブイを投下してから6時間後には，セーラーたちは新しい天気予報をダウンロードするので双方にとって好都合なのです」と船舶コーディネーターのマーティン=クランプは言う。「南氷洋のようなデータが乏しい海域では，このことが大きな違いを生みます――予報がこれまでよりも格段に良いのです」

解説

〔1〕(A)「南アフリカからブラジルまでの航海の主たる目的は何か」

第1段第3・4文（But in March, … who form diverse crews.）に「ジ・オーシャンレースは南アフリカからブラジルまでのレースで最高レベルのセーラーたちを魅了している」とある。選択肢はそれぞれ，

(1)「専門家が非科学者に気候変動について教えるため」

(2)「経験豊かな船乗りが，厳しい海域で競い合うため」

(3)「プロのクルーが科学船を遠洋に運ぶため」

(4)「科学者が南極大陸を正確に測定するため」

の意味だから，正解は(2)だとわかる。

(B)「2種類のブイの違いは何か」

「2種類のブイ」に関しては第3段第3・4文（One type drifts … every ten days.）に「1つは海面を漂流するタイプ，もう1つは，水深2

km の海底の深層流に乗ってゆっくりと移動する」とある。選択肢はそれぞれ，

(1)「一方は水面上で機能し，もう一方は水面下で機能する」
(2)「一方は海流に乗って素早く動き，もう一方はゆっくり動く」
(3)「一方は異常気象を予測し，もう一方は海水温を予測する」
(4)「一方は二酸化炭素の吸収を測定し，もう一方は酸素を測定する」

の意味だから，正解は(1)だとわかる。

(C)「本文によると，植物プランクトンと気候変動の関係はどのようなものか」

「植物プランクトンと気候変動」に関しては第５段第２文（Not only are …）に「植物プランクトンは大気から海洋への CO_2 移動を担っている」とある。選択肢はそれぞれ，

(1)「植物プランクトンの大量発生は渦の影響を受ける」
(2)「植物プランクトンは空気中の二酸化炭素を吸収する」
(3)「微量元素は植物プランクトンの食物供給に影響を与える」
(4)「汚染は植物プランクトンによって海洋から自然に除去される」

の意味だから，正解は(2)だとわかる。

(D)「本文によると，南氷洋での調査が困難である理由の１つは何か」

「調査の困難さ」に関しては第５段第５文（Bratkič says that …）に「サンプルを採取するには，通常，特別な科学航海が必要で，その回数は限られており，実施には多額の費用が必要になる」とある。選択肢はそれぞれ，

(1)「航行する船が多すぎる」
(2)「船で行くのは難しく，費用がかかる」
(3)「科学者が南氷洋に行く機会が数年に一度しかない」
(4)「必要なデータ収集方法の訓練を受けている人が少ない」

の意味だから，正解は(2)だとわかる。(3)は迷うところではあるが，本文では具体的な調査の頻度は明記されていないので不適切。

〔２〕 (1)「ヨーロッパのチームがジ・オーシャンレースに参加する」

第１段第４文（The Ocean Race …）に「多様なクルーで編成する最高レベルのセーラーたち」とはあるが，参加チームがどの国や地域に属しているかに関しては明確な言及がないため，判断しかねる。

(2) 「科学者たちは船員たちに報酬を支払う」

第7段第5・6文（The sailors benefit, … ship coordinator.）に，「船員はブイからのデータを使って新しい天気予報を得ることができるというメリットがある」とはあるが，本文中に報酬の有無に関する明確な言及がないため，不明と言わざるを得ない。

(3) 「水のサンプルは，水中の植物プランクトンの量を測定するために使われる」

第3段第6文（Meanwhile, the crews …）に，「採取されたサンプルは水中の二酸化炭素，酸素，塩分，水温を測定するために使用される」とあり，また，第5段第1文（The boats will …）に「各艇は，植物プランクトンの成長に不可欠な微量元素のサンプルも採取する」とはあるが，その中に植物プランクトンそのものは含まれていないため，不一致。

(4) 「セーリングチームは海洋からの水サンプル採取に興味を示してきた」

第3段第6文（Meanwhile, the crews …）に，参加チームが水サンプルの採取をしていることは記述されているが，それに対して興味を示してきたか否かには明確な言及がないため，判断しかねる。

(5) 「二酸化炭素は渦によって海面から海中深くに移動する」

第4段第6文（In addition, circular …）に「渦も二酸化炭素を上下に運ぶ役割を担っている」とあるので，一致。

〔3〕 本文は，「ジ・オーシャンレースが担う海洋科学への貢献」が話題であった。選択肢はそれぞれ，

(1)「ボートレースの参加チームは，科学者が研究のために使うデータを集めるのを助ける」

(2)「セーリングチームは科学者の助けを借りて成績を向上させてきた」

(3)「気候変動を理解するために，海洋に関するより多くの科学的データが必要である」

(4)「船員たちはブイを使って南氷洋の天気予報を改善している」

(5)「科学者たちは南極大陸付近の水中の二酸化炭素濃度を測定している」

の意味だから，本文の内容を最もよく表しているのは(1)だと判断できる。

〔1〕 (A)―(1)　(B)―(1)　(C)―(1)　(D)―(2)　(E)―(1)
(F)―(4)　(G)―(2)　(H)―(1)

〔2〕 あ―(2)　い―(4)　う―(2)　え―(3)　お―(4)

全訳

《都市部における持続可能な食生活を目指して》

1 2013年，イーサン=ウェルティとケイレブ=フィリップスはフォーリング・フルーツ機構を立ち上げた。フォーリング・フルーツ機構は，世界中の都市にある食用植物を記録した無料のオンラインマップであり，都市環境での採食を奨励している。彼らは，採食に興味を持つ多くの人々だけでなく，利用可能な食物の膨大な資源を認識し，場所と収穫スケジュールを記録するためのより良いツールを求めていた。ウェルティとフィリップスはまず，政府や大学が提供する植物リストをマップに加えることから始めた。しかし，彼らはまた，ユーザーが場所や植物に関する情報を追加できるようにマップを設計し，誰もが参加できてより価値のあるものにした。

2 立ち上げ以来，フォーリング・フルーツは現在，世界中の1,533,034の所在地を掲載し，200万人以上の人々がサイトを訪れている。このサイトの多様性は，利用可能な言語と世界中の多種多様な植物に表れている。オーストラリアで中国原産のオレンジを見つけたり，南アフリカでアジア原産のベリーを見つけたり，ブラジルの都市部で珍しいトロピカルフルーツを見つけたりする採集者たちがいる。こうして得た知識のおかげで，ウェルティはどの植物が食用になるのか，またどのように調理すればいいのか，かなり詳しくなったと言う。たとえば，イランではサクラハナミズキの果実が親しまれており，ジャムにして保存したり，さわやかな飲み物にしたり，酢やミントに漬けたり，単に軽く塩を振って生で食べたりできることを知った。

3 ウェルティはフォーリング・フルーツが，都市を住民に食料を供給できる場所として再構築する大きな可能性を見出している。「私たちは，ほとんど偶然に，多岐にわたる食用植物のある都市を共有しています。私たちがさらに意識し，利用し，理想的にはコミュニティ意識を高めれば，将来都市に実際に多くを求め，多くの還元を得ることができるのです。食料をさらに採取できる都会の未来を想像することができるのです」と彼は熱く語る。

4　ウェルティはフォーリング・フルーツを一種の政治的な活動としてとらえている。彼は，このプロジェクトが私有財産，都市の未来において誰が発言権を持つべきか，そして誰もが利益を得るにはどうすればいいかという問題を提起していると指摘する。私有地での採集は繊細な問題だ。ウェルティは，ユーザーが簡単に元に戻すことができるため，所有者から要求があったとしても，木や植物を地図から外すことはしない。その代わり，その植物が私有地にあることを明記し，採集者が所有者に採取の可否を尋ねられるようにすることを求めている。ウェルティがこの方法を気に入っているのは，人々が互いに話し合うことを促すからだ。

5　ウェルティは，採集可能な場所を生み出すなど，都市計画に採取を取り入れるには新しい考え方が必要だと考えている。彼は，建物と建物の間の隙間を再認識したり，道路どうしを引き離したりすることで，その空間の利点を最大限に生かし，近隣の植物と触れ合う機会を作ることを提言している。モンタナ州ビリングスは，この発想に基づいた試みを行っている都市のひとつだ。同市は廃棄物削減プログラムの一環として，スーパーに簡単に行けない住民の近くの公園に120本以上の果樹を植えた。そして，その木はフォーリング・フルーツに載せられた。人々が自分たちのために，あるいはフードバンクに寄付するために果実を摘むことで，食品廃棄物や公園の維持管理の手間も減少した。敷地内に果樹がある教会や企業は，マップに追加することが奨励されている。

6　フォーリング・フルーツの完全版マップには，2,000以上のカテゴリータグがあり，そのほとんどが植物だが，キノコや，時には釣りや貝掘りのスポットも含まれる。タグは，スーパーに並んでいるもの以外の食品を人々に知ってもらうために，意図的に幅広い採集スポットをカバーしている。その中には，食料システムにおける廃棄物に注意を向けさせるための大きなゴミ箱の場所を含み，予定通りに食料が手に入る比較的決まった場所も示している。ボストンのリリー=ブラウンのようなユーザーは，マップに5万以上の場所を追加した。持続可能な収穫を通じて，食べ物と密接なつながりを持つことを好むブラウンは，市内の約20箇所を追加しており，フォーリング・フルーツは「私が見つけた果物やハーブを記録する素晴らしい方法になっています」と語っている。彼女が最も思いがけず見つけたのは，大学のキャンパスで見つけた野生のキノコだった。彼女はまた，採集したリンゴとドングリから作った粉を使っておいしいリンゴパンを焼いた。「コミュニティの意見があってこそ，このようなアプリが生まれるのです」と TJ＝バトラーは言う。彼はメリーランド州の自宅近くの場所を追加している。彼はリンゴ，ナシ，ベリーを見つけたが，将来的には地図に収穫期が示されることを期待している。

7　そうすることがウェルティの目標であり，彼はフォーリング・フルーツの成功を高く評価しているが，多くの新規事業の立ち上げと同様，さらに発展させるための時間と資金があればと願っている。フォーリング・フルーツは，ウェルティを中心としたボランティアスタッフによる非営利団体である。彼は，都市部の採食者たちが簡単に食料を入手できるようにすべきだと強く信じている。彼は，都市部の余剰果実を収穫して保管する組織，コミュニティ・フルーツ・レスキューを設立し，諮問委員会員を務めており，広く変化をもたらすことを望んでいる。「私が本当にやりたいデータ分析は，次に何をどこに植えるかという決定に影響を与えるために，人々がどこに行っているのか，具体的には，彼らが何と交流しているのか，どんな種類の物を，いつ収穫しているのかを調べることで，それが夢なんです」と彼はつけ加えて言う。

解説

〔1〕 (A)　空所を含む部分は「利用可能な膨大な食物資源（　　）採食に関心を持つ多くの人々を認識すること」の意味。空所部分には「そして」といった意味の語句が入ると読み取れる。選択肢はそれぞれ，(1)「～と同様に」，(2)「～にもかかわらず」，(3)「～よりはむしろ」，(4)「～なしで」の意味であるから，それに最も近いのは(1)である。

(B)　空所を含む部分は「(　　)，イランではサクラハナミズキの果実が親しまれており，ジャムにして保存したり，さわやかな飲み物にしたり，酢やミントに漬けたり，単に軽く塩を振って生で食べたりできることを知った」の意。空所部分には前述の記述の具体例を導く意味の語句が入ると読み取れる。選択肢はそれぞれ，(1)「たとえば」，(2)「しかしながら」，(3)「これにもかかわらず」，(4)「疑いなく」の意味であるから，それに最も近いのは(1)である。

(C)　空所を含む部分は「ウェルティはフォーリング・フルーツが，都市を住民に食料を（　　）できる場所として再構築する大きな可能性を見出している」の意。空所部分には「与えること」といった意味の語が入ると読み取れる。選択肢はそれぞれ，(1)「供給できる」，(2)「配布する」，(3)「売る」，(4)「皆が与える」の意味であるが，対象者に前置詞 for を唯一とることができるのは(1)である。

(D)　空所を含む部分は「私有地での採集は（　　）だ」の意。空所部分には「微妙・繊細な」といった意味の語が入ると読み取れる。選択肢はそれぞれ，(1)「料金を払うことで成し遂げられる」，(2)「デリケートな問題だと考えられる」，(3)「不可能な」，(4)「公共の場での採取と似ている」の意味であるから，それに最も近いのは(2)である。

(E)　空所を含む部分は「敷地内に果樹がある教会や企業は，マップに（　　）ことが奨励されている」の意味。空所部分には「載せる」といった意味の語が入ると読み取れる。選択肢はそれぞれ，(1)「自分たち（の情報）を追加する」，(2)「寄付を求める」，(3)「新バージョンをデザインする」，(4)「支払いを支援する」の意味であるから，それに最も近いのは(1)である。

(F)　空所を含む部分は「予定通り（　　）比較的決まった場所を示している」の意味。空所部分には「食料が手に入る」といった意味の語が入ると読み取れる。選択肢はそれぞれ，(1)「食品産業のある」，(2)「世界中にユーザーがいる」，(3)「運営が高額な」，(4)「食料を得ることができる」の意味であるから，それに最も近いのは(4)である。

(G)　空所を含む部分は「持続可能な収穫を通じて食べ物（　　）ブラウンは，市内の約 20 箇所を追加している」の意。空所部分には「との関連性を好意的に見る」といった意味の語が入ると読み取れる。選択肢はそれぞれ，(1)「～の入手方法がわからない」，(2)「～と密接なつながりを持つことを好む」，(3)「～を見つけることに躊躇する」，(4)「～に関してウェルティに依存する」の意味であるから，それに最も近いのは(2)である。

(H)　空所を含む部分は「彼は，都市部の採食者たちが（　　）だと強く信じている」の意。空所部分には「容易に入手可能になるべき」といった意味の語が入ると読み取れる。選択肢はそれぞれ，(1)「簡単にできるようにすべき」，(2)「主要な企業が援助すべき」，(3)「近隣住民が頻繁に聞く」，(4)「人々が支払うべき」の意味であるから，それに最も近いのは(1)である。

〔2〕　㋐　該当部分は「こうして得た知識」という意味だから，下線部㋐の指示対象は第 2 段第 3 文（Foragers are finding …）に記述された「オ

ーストラリアで中国原産のオレンジを見つけたり，南アフリカでアジア原産のベリーを見つけたり，ブラジルの都市部で珍しいトロピカルフルーツを見つけたりした採集者たちからの知識」である。選択肢はそれぞれ，

(1)「オンラインマップの作り方を学ぶこと」

(2)「様々な種類の食べ物を地図上で発見すること」

(3)「世界中に多くのマップ利用者がいることを認識すること」

(4)「マップ利用者が使用する複数の言語を理解すること」

という意味。よって，これらの中で上記の内容に合致しているのは(2)だとわかる。

㋑　該当部分は「この方法」という意味だから，下線部㋑の指示対象は第4段第5文（Instead, he asks …）に記述された「その代わり，その植物が私有地にあることを明記し，採集者が所有者に採取の可否を尋ねられるようにすること」である。選択肢はそれぞれ，

(1)「社会運動に関心を持つこと」

(2)「オンラインマップから樹木を削除すること」

(3)「私有地の樹木を撤去しないこと」

(4)「人々に判断を委ねること」

という意味。よって，これらの中で上記の内容に合致しているのは(4)だとわかる。

㋒　該当部分は「この発想」という意味だから，下線部㋒の指示対象は第5段第2文（He suggests reimagining …）に記述された「建物と建物の間の隙間を再認識したり，道路どうしを引き離したりすることで，その空間の利点を最大限に生かし，近隣の植物と触れ合う機会を作ること」である。選択肢はそれぞれ，

(1)「スーパーの近くに公園を増やすこと」

(2)「人々が食料を調達できる場所を設計すること」

(3)「家庭菜園にもっと野菜を植えること」

(4)「都心の建物の外観を変えること」

という意味。よって，これらの中で上記の内容に合致しているのは(2)だとわかる。

㋓　該当部分は「そうすること」という意味だから，下線部㋓の指示対象は第6段最終文（He's found apples, …）に記述された「将来的には地図

上に収穫期も示されること」である。選択肢はそれぞれ，
(1)「より多くの植物の場所を発見すること」
(2)「その地図を使ってすべての食べ物を探すこと」
(3)「その地図に新しい情報を追加すること」
(4)「新しいスマートフォンアプリを作ること」
という意味。よって，これらの中で上記の内容に合致しているのは(3)だとわかる。

(お)　該当部分は「それ」という意味だから，下線部(お)の指示対象は最終段第5文（“The kind of data …）に記述された「人々がどこに行き，何と交流し，どんな種類の物を，いつ収穫しているのかを調べること」である。選択肢はそれぞれ，
(1)「もっとスタッフを雇うこと」
(2)「別のスタートアップ企業を作ること」
(3)「都市部の私有地をなくすこと」
(4)「洞察力を地域開発に役立てること」
という意味。よって，これらの中で上記の内容に合致しているのは(4)だとわかる。

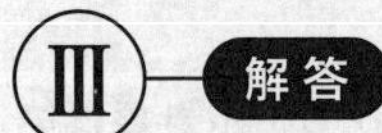

〔1〕　(あ)—(3)　(い)—(1)　(う)—(9)　(え)—(2)
〔2〕　(か)—(8)　(き)—(7)　(く)—(3)　(け)—(9)

全訳

〔1〕《歯科医院にて》

A：「おはようございます。すみません，予約の時間を少し過ぎてしまいました」

B：「大丈夫ですよ。ここに腰かけてもらえますか。前回歯のクリーニングを行ったのはいつですか？」

A：「えっ，覚えてないなあ。2年前ぐらいですかね，たぶん。重要ですか？」

B：「もちろんです！　半年ごとにはやっておくべきですよ」

A：「そんなに頻繁に？　ちょっと忙しくて。年に1回やれば十分だと思ってました」

B：「まあ，あなた次第ですけどね。でも年をとるごとに歯の健康を保つ

のはどんどん難しくなりますし」

A：「そうですよね。でもお菓子を食べる量は控えようとしてます。夜遅くには何も食べないですし」

B：「安心しました。1日何回歯を磨いていますか？」

A：「通常2回です。朝に1回と夜お風呂の後に1回。それでいいんですよね？」

B：「3回磨けばさらにいいですね。でも一番大切なことは磨き方なんです」

A：「歯の磨き方？　本当に？　5歳のときに学びましたよ！」

B：「もちろんそうでしょう。でも，今見たところ，何カ所か磨き残しがありますねえ。歯ブラシをどうぞ――練習の時間ですよ！」

〔2〕《自宅にて》

A：「ハニー，今バスルームなんだけど，通りから配達のトラックの音が聞こえた気がするんだ。ドライバーがノックしたら見に行ってくれない？　来るはずの小包がまだなんだ」

B：「あら，そうなの？　また赤ちゃんの靴を注文したの？　いま彼女の世話で忙しいんだけどなあ」

A：「心配しないで，ほんのちょっとなら赤ちゃんは大丈夫だよ。昨日届くはずだったんだ。だからちょっと気になってて」

B：「うーん，お隣さんかもしれないし，彼には会いたくないんだけど」

A：「ああ，彼なら今朝はとても早くに家を出たよ。それに僕より君のほうが玄関に近いし，僕，これからシャワーを浴びて着替えないといけないんだよ」

B：「ねえ，もう8時だよ！　いつもならあなた，家を出てる時間よ」

A：「そうなんだ，わかってる。でも今日だけは特別，昨日よく眠れなかったんだ。たぶん小包のことでストレスが溜まってるんだよ。今日の会議に必要なんだ」

B：「ふーん，12時ごろテレビ見てたの聞こえてたんだけど」

A：「あ，聞こえてた？　ごめん。静かにしようとしたんだけど。テレビを見たら落ち着くと思ったんだ。ああ，誰かが玄関のドアをノックしたみたい，今朝家を出る前にあの小包が本当に必要なんだ」

B：「OK，見てくるね。残念，もう行ってしまったみたい。でもあなたが正解，お隣さんじゃなかったわ。ラッキー，不在通知を置いてくれていたよ！」

A：「うそー！　どうすればいいんだ？」

解説

〔1〕 ⓐ　直前の「重要ですか？」に対する応答として最も自然なものは(3)「もちろんです！」である。ここでの so は think，suppose，believe など，話し手の気持ちを表す動詞とともに用いる様態の so。意味的には I would certainly say it is important. の意。

ⓘ　直前の「半年ごとにはやっておくべきですよ」という歯科医の意見に対する驚きを示す表現としてふさわしいのは(1)「そんなに頻繁に？」である。

ⓤ　直前にある「でもお菓子を食べる量は控えようとしてます」に加え直後にある歯科医の「安心しました」という表現から，空所内には歯のためにAが合わせて心がけていることが入ると予想される。したがって(9)「夜遅くには何も食べないですし」が適切。

ⓔ　直前にある「5歳のときに学びましたよ！」の learned を受ける代動詞 did を用いた，(2)「もちろんそうでしょう」が最も自然。

〔2〕 ⓚ　直後の「だからちょっと気になってて」の直前の発言としてふさわしいのは(8)「昨日届くはずだったんだ」である。会話後半に会議に必要な小包を待っている旨を繰り返し述べていることから，(10)「注文したもののサイズが間違ってたんだ」は不適切。

ⓚ　直前の「ねえ，もう8時だよ！」から本来家を出ている時間であることがわかる。また直後に You're right, I do. と直前の一般動詞を受ける代動詞 do が用いられているため，(4)・(6)は不可。(7)「いつもならあなた，家を出てる時間よ」が適切。

ⓚ　先行する「12時ごろテレビ見てたの聞こえてたんだけど」への謝罪に続くものとしては(3)「静かにしていたつもりだったんだけど」が最も自然。

ⓚ　最後の「不在通知を置いてくれていたよ」という発言から，(9)「残念，もう行ってしまったみたい」がふさわしい。

Ⅳ 解答

(A)—(1)　(B)—(3)　(C)—(2)　(D)—(4)　(E)—(1)　(F)—(3)
(G)—(3)　(H)—(1)

解説

(A)「その新しいスマートフォンは昨年のモデルよりも速くアプリケーションをダウンロードできる」

助動詞 can に続くため，動詞の原形(1)が適切。

(B)「私の猫たちも犬もいずれも私があげる餌を好まない」

neither *A* nor *B* は述語動詞に近い *B* に一致させる。ここでは the dog と三人称単数がそれに該当するため(3)が適切。

(C)「もし状況が変われば，私は東京に引っ越すでしょう」

仮定法未来の If の省略による倒置の形。よって(2)が適切。安易に(1)としないこと。条件を表す副詞節中は未来のことでも現在形を用いるが，その場合，副詞節の主語が the situation であるため，動詞は changes となる必要がある。

(D)「放課後辛抱強く待っていた生徒たちは，ホールで友人たちと会った」

分詞構文で主節の主語が文頭におかれたパターン。よって(4)が適切。

(E)「支配人は客室のタオルが客によって持ち去られたことに気づいた」

述語動詞 saw よりも古い過去は大過去（過去完了形）で表す。よって(1)が適切。(4)は were taken の形ならば可能。

(F)「そのカップルは旅行中にカバンを奪われた」

目的語と目的格補語との関係の問題。ここでは目的語 their bags が受動的立場になるので過去分詞(3)が適切。

(G)「予算を考慮すると一泊 150 ドルのホテルに泊まるのは高すぎる」

「金額」は 1 つのまとまりと見なし単数扱い。よって(3)が正解。

(H)「その会合に参加を希望するすべての学生は今月末までに登録してください」

下線部直後に students とある。ここで複数扱いできるのは(1)のみ。

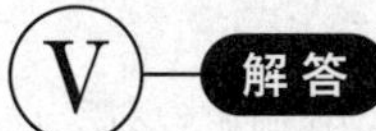

〔1〕(A)—(2)　(B)—(4)　(C)—(4)　(D)—(2)　(E)—(2)
〔2〕(A)—(4)　(B)—(4)　(C)—(3)　(D)—(3)　(E)—(4)

解説

〔1〕(A)「天気も申し分なく，一日の（　　　）を増やしてくれた」

選択肢はそれぞれ，(1)「真鍮」，(2)「楽しみ」，(3)「保安官」，(4)「酢」という意味。「天気も申し分なく」という表現から，最も正解にふさわしいのは(2)である。

(B)「それは私がこれまで聞いた最もうるさい（　　）だった！」

選択肢はそれぞれ，(1)「耳の痛み，小言」，(2)「爪」，(3)「鍋，ソースパン」，(4)「くしゃみ」という意味。「これまでに聞いた最もうるさい」という表現から，最も正解としてふさわしいものは(4)である。

(C)「その会社間の（　　）は複雑だった」

選択肢はそれぞれ，(1)「ブレスレット」，(2)「百科事典」，(3)「パンツ」，(4)「交渉」という意味。「会社間の」という表現から，最も正解としてふさわしいものは(4)である。

(D)「森の中では（　　）木々を住処にしている動物たちがいる」

選択肢はそれぞれ，(1)「経済的な」，(2)「空洞の」，(3)「数値の」，(4)「機知にとんだ」という意味。「木々の」という表現から，最も正解としてふさわしいものは(2)である。

(E)「私はちょうど雑誌棚を（　　）ところだった」

選択肢はそれぞれ，(1)「裏切る」，(2)「閲覧する，ざっと見る」，(3)「避難する」，(4)「あっと言わせる，おどかす」という意味。「雑誌棚」という表現から，最も正解としてふさわしいものは(2)である。

〔2〕(A)「彼らは数種の鳥類を発見した」

選択肢はそれぞれ，(1)「習慣」，(2)「巣」，(3)「保護区」，(4)「種類」という意味。これらの選択肢の中で「(生物の) 種」にふさわしいのは(4)である。

(B)「科学者たちは，実験を成功させるために装置の部品を代用しなければならなかった」

選択肢はそれぞれ，(1)「融合する」，(2)「削減する」，(3)「利用する」，(4)「交換する」という意味。これらの選択肢の中で「代用する」にふさわしいのは(4)である。

(C)「我々は有意義な感想をもらった」

選択肢はそれぞれ，(1)「正直な」，(2)「あいまいな」，(3)「価値のある」，(4)「記載された」という意味。これらの選択肢の中で「有意義な」にふさわしいのは(3)である。

(D) 「彼らは自由を切望している」

選択肢はそれぞれ，(1)「戦う」，(2)「入札する」，(3)「飢えている」，(4)「計画する」という意味。これらの選択肢の中で「切望している」にふさわしいのは(3)である。

(E) 「そのショーは息をのむほど素晴らしかった」

選択肢はそれぞれ，(1)「おもしろかった」，(2)「疲れるものだった」，(3)「満足のいくものだった」，(4)「見事だった」という意味。(1)・(3)は文脈上迷うところだが，これらの選択肢の中で唯一「息をのむほど素晴らしい」と言い換え可能な選択肢は(4)である。

講評

2024年度も出題傾向に変化はなく，長文読解問題２題，会話文１題，文法・語彙問題２題の出題であった。

Ⅰは「ジ・オーシャンレースが担う海洋科学への貢献」がテーマの英文である。設問数，難易度は例年並み。〔１〕の内容説明は本文の言い換えがポイントとなる。〔２〕の内容真偽は，まず，本文に明確に記載されている「１」か，明確に記載されていないといえる「２」を特定する。

Ⅱは「都市部における持続可能な食生活を目指して」がテーマの英文である。〔１〕では文脈からは判断できない細かな文法知識を問う問題も出題された。〔２〕は，指示代名詞や指示形容詞がどこを指しているかを正確に見極めることがカギとなる。下線部の後方にある場合もあるので注意が必要。

Ⅰ・Ⅱとも英文すべてを 読んで「理解する」ことよりも，問われている問題を時間内に効率よく「解く」という意識を持つこと。高等学校で学ぶ基礎的な知識や，文脈から類推する受験生の力を見たい，という出題者の意図を感じる。

Ⅲは「歯科医院にて」「自宅にて」がテーマの会話文。〔２〕「自宅にて」は空所の前後だけでは根拠を判断できない問題や，代動詞に着目して解答しないと間違えてしまう問題もあった。A，Bの２人しか登場人物がいないため，事前に選択肢を分類することで，時間の短縮と正答率アップにつながるであろう。

Ⅳ・**Ⅴ**の文法・語彙問題は例年並みの難易度。基本的な文法・語法を早い段階で定着させること，計画的に単語を暗記していくことが重要。brass や knickers など受験生にとってなじみのない単語も出題されているが，内容を類推し，落ち着いて消去法で対応しよう。特に単語に関しては同意表現を早期からマスターする必要がある。

数学

◀全学統一方式（理系）▶

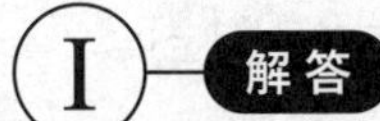

ア. $r^2+2pqr+p^2q^2$　**イ.** $p^{n-k}q^{n-k}$　**ウ.** r^n　**エ.** st
オ. 2　**カ.** 6　**キ.** 6　**ク.** 5　**ケ.** 22　**コ.** 142

解説

《除法の性質，二項定理，不定方程式》

〔1〕 x を p で割った商が q，余りが r であるから

$$x=pq+r$$

$$x^2=(pq+r)^2=r^2+2pqr+p^2q^2 \quad \to ア$$

$$x^n=(pq+r)^n=\sum_{k=0}^{n}{}_n\mathrm{C}_k(pq)^{n-k}r^k \quad \to イ$$

$$=p\sum_{k=0}^{n-1}{}_n\mathrm{C}_kp^{n-1-k}q^{n-k}r^k+r^n$$

よって，x^n を p で割った余りは，r^n を p で割った余りと等しい。　→ウ

x^i，x^j を p で割った商をそれぞれ A，B とおくと

$$x^i=pA+s,\ x^j=pB+t$$

であるから

$$x^{i+j}=x^i\cdot x^j=(pA+s)(pB+t)=p(pAB+At+Bs)+st$$

よって，x^{i+j} を p で割った余りは，st を p で割った余りと等しい。　→エ

〔2〕 31 を 7 で割った余りは 3 であるから，ウの結果から，31^n を 7 で割った余りは 3^n を 7 で割った余りと等しい。

自然数 l を 7 で割った余りを $R(l)$ とおくと，エの結果を用いて

$$R(3)=3,\ R(3^2)=R(9)=2,\ R(3^3)=R(2\cdot3)=6$$

$$R(3^4)=R(6\cdot3)=4,\ R(3^5)=R(4\cdot3)=5,\ R(3^6)=R(5\cdot3)=1$$

よって

31^2 を 7 で割った余りは 2　→オ

31^3 を 7 で割った余りは 6　→カ

m を 0 以上の整数とするとき

$$R(3^{6m+r})=R(3^{6m}\cdot 3^r)=R(1\cdot 3^r)=R(3^r)\quad (r=0,\ 1,\ 2,\ 3,\ 4,\ 5)$$

であり，31^k を 7 で割った余りが 1 になるのは，k が 6 の倍数のときである。 →キ

31 を 11 で割った余りは 9 だから，31^n を 11 で割った余りは，9^n を 11 で割った余りと等しい。自然数 l を 11 で割った余りを $R'(l)$ とおくと

$$R'(9)=9,\ R'(9^2)=R'(9\cdot 9)=R'(81)=4$$

$$R'(9^3)=R'(4\cdot 9)=R'(36)=3,\ R'(9^4)=R'(3\cdot 9)=R'(27)=5$$

$$R'(9^5)=R'(5\cdot 9)=R'(45)=1$$

m を 0 以上の整数とするとき

$$R'(9^{5m+r})=R'(9^r)\quad (r=0,\ 1,\ 2,\ 3,\ 4)$$

が成り立ち，31^k を 11 で割って余りが 1 になるのは，k が 5 の倍数のときである。 →ク

また，31^k を 7 で割った余りと，11 で割った余りがともに 4 になるのは

$$k=6m_1+4,\ k=5m_2+2$$

を満たす 0 以上の整数 m_1，m_2 が存在するときである。

k を消去して

$$5m_2-6m_1=2\quad \cdots\cdots ①$$

$$5\cdot 4-6\cdot 3=2\quad \cdots\cdots ②$$

①－② より　　$5(m_2-4)=6(m_1-3)$

5 と 6 は互いに素だから，整数 m を用いて

$$m_1-3=5m,\ m_2-4=6m$$

$$m_1=5m+3,\ m_2=6m+4$$

と表され

$$k=6(5m+3)+4=30m+22$$

k が自然数の条件から，$m\geqq 0$ であり

最小のものは $m=0$ のときで　　$30\cdot 0+22=22$　→ケ

5 番目に小さなものは $m=4$ のときで　　$30\cdot 4+22=142$　→コ

Ⅱ　解答　**ア．**$(1+p^2)\vec{a}-p^2\vec{b}$　**イ．**$p^2\vec{b}$　**ウ．**p^4

エ．$(1+p^2)\vec{a}-p^2(1+p^2)\vec{b}$　**オ．**$\dfrac{1}{1-p^2}$　**カ．**$\dfrac{1}{1-p^2}$　**キ．**$\dfrac{\vec{a}+\vec{b}}{2}$

ク. $\dfrac{2p}{1+p^2}$

解説

《位置ベクトル，無限等比級数》

〔1〕 点 A_1 は線分 AB を $p^2:(1+p^2)$ に外分するから

$$\overrightarrow{OA_1}=\frac{(1+p^2)\overrightarrow{OA}+(-p^2)\overrightarrow{OB}}{(-p^2)+(1+p^2)}=(1+p^2)\vec{a}-p^2\vec{b}\quad\to ア$$

$$\begin{aligned}\overrightarrow{O_1A}&=\overrightarrow{OA}-\overrightarrow{OO_1}=\vec{a}-(\overrightarrow{OA_1}-p^2\vec{a})\\&=\vec{a}-(\vec{a}-p^2\vec{b})\\&=p^2\vec{b}\quad\to イ\end{aligned}$$

よって　$OB /\!/ O_1A$

したがって　$BA:AA_1=1:p^2=BO:AO_1$

$\angle ABO=\angle A_1AO_1$

が成り立ち

$\triangle OAB\backsim\triangle O_1A_1A$　（相似比は $1:p^2$）

$\triangle O_1A_1A=\triangle OAB\times p^4$　→ウ

〔2〕 $\overrightarrow{O_1O_2}=\overrightarrow{O_1A_2}-p^2\overrightarrow{O_1A_1}$ より

$$\overrightarrow{OO_2}-\overrightarrow{OO_1}=\overrightarrow{OA_2}-\overrightarrow{OO_1}-p^2(\overrightarrow{OA_1}-\overrightarrow{OO_1})$$

$$\overrightarrow{OO_2}=\overrightarrow{OA_2}-p^2\overrightarrow{OA_1}+p^2\overrightarrow{OO_1}$$

$\overrightarrow{OA_1}$ と同様にして $\overrightarrow{OA_2}=(1+p^2)\overrightarrow{OA_1}-p^2\overrightarrow{OA}$ であるから

$$\begin{aligned}\overrightarrow{OO_2}&=(1+p^2)\overrightarrow{OA_1}-p^2\overrightarrow{OA}-p^2\overrightarrow{OA_1}+p^2(\overrightarrow{OA_1}-p^2\vec{a})\\&=(1+p^2)\overrightarrow{OA_1}-(p^2+p^4)\vec{a}\\&=(1+p^2)\{(1+p^2)\vec{a}-p^2\vec{b}\}-(p^2+p^4)\vec{a}\\&=(1+p^2)\vec{a}-p^2(1+p^2)\vec{b}\quad\to エ\end{aligned}$$

$\overrightarrow{OO_1}=\overrightarrow{OA_1}-p^2\vec{a}=\vec{a}-p^2\vec{b}$ より

$$\overrightarrow{OO_2}=(1+p^2)\overrightarrow{OO_1}\quad\cdots\cdots①$$

よって，O，O_1，O_2 は一直線上にあり，

この操作を続けると

$\triangle O_{n-1}A_{n-1}A_{n-2}\backsim\triangle O_nA_nA_{n-1}$　$(n\geqq 3)$

$\triangle O_{n-1}A_{n-1}O_n\backsim\triangle O_nA_nO_{n+1}$　$(n\geqq 1)$　$(O_0=O,\ A_0=A)$

相似比は $1:p^2$ より，$|\overrightarrow{AB}|=l$ とおくと，$0<p^2<1$ より

$$|\overrightarrow{BD}|=|\overrightarrow{BA}|+|\overrightarrow{AA_1}|+|\overrightarrow{A_1A_2}|+|\overrightarrow{A_2A_3}|+\cdots+|\overrightarrow{A_{n-1}A_n}|+|\overrightarrow{A_nD}|$$

$$=l+lp^2+l(p^2)^2+l(p^2)^3+\cdots+l(p^2)^n+|\overrightarrow{A_nD}|$$

$$=\frac{l\{1-(p^2)^{n+1}\}}{1-p^2}+|\overrightarrow{A_nD}| \ \rightarrow\ \frac{l}{1-p^2}\quad (n\rightarrow\infty)$$

$|\overrightarrow{OO_1}|=l'$ とおくと

$$|\overrightarrow{OD}|=|\overrightarrow{OO_1}|+|\overrightarrow{O_1O_2}|+|\overrightarrow{O_2O_3}|+\cdots+|\overrightarrow{O_{n-1}O_n}|+|\overrightarrow{O_nD}|$$

$$=l'+l'(p^2)+l'(p^2)^2+l'(p^2)^3+\cdots+l'(p^2)^{n-1}+|\overrightarrow{O_nD}|$$

$$=\frac{l'\{1-(p^2)^n\}}{1-p^2}+|\overrightarrow{O_nD}| \ \rightarrow\ \frac{l'}{1-p^2}\quad (n\rightarrow\infty)$$

よって

$$|\overrightarrow{BD}|=\frac{1}{1-p^2}|\overrightarrow{AB}| \quad \rightarrow \text{オ}$$

$$|\overrightarrow{OD}|=\frac{1}{1-p^2}|\overrightarrow{OO_1}| \quad \rightarrow \text{カ}$$

別解　Dは直線 AB，および直線 OO_1 上の点だから

$$\overrightarrow{OD}=(1-t)\vec{a}+t\vec{b}$$

$$\overrightarrow{OD}=k\overrightarrow{OO_1}=k(\vec{a}-p^2\vec{b})$$

と表され，$\vec{a}$ と $\vec{b}$ が1次独立だから

$$k=1-t,\quad -kp^2=t$$

よって　$k=\dfrac{1}{1-p^2}$

$$t=-\frac{p^2}{1-p^2}$$

$$\overrightarrow{OD}=\frac{1}{1-p^2}\overrightarrow{OO_1}$$

$$\overrightarrow{BD}=\overrightarrow{OD}-\overrightarrow{OB}=(1-t)\vec{a}+t\vec{b}-\vec{b}=(1-t)(\vec{a}-\vec{b})=\frac{1}{1-p^2}\overrightarrow{BA}$$

$1-p^2>0$ だから

$$|\overrightarrow{BD}|=\frac{1}{1-p^2}|\overrightarrow{AB}|$$

$$|\overrightarrow{OD}|=\frac{1}{1-p^2}|\overrightarrow{OO_1}|$$

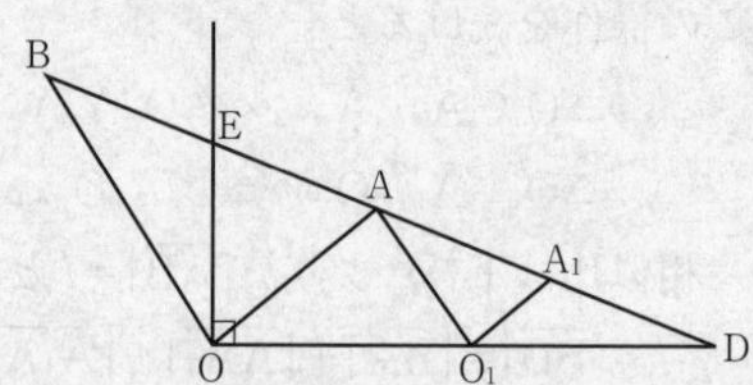

〔3〕　$\angle AOB=90°$ より

$$\vec{a}\cdot\vec{b}=0$$

また，$|\vec{a}|=p$，$|\vec{b}|=1$，$\overrightarrow{\mathrm{OO_1}}=\vec{a}-p^2\vec{b}$ であり，
$\overrightarrow{\mathrm{OE}}=(1-t)\vec{a}+t\vec{b}$ とおくと

$$\overrightarrow{\mathrm{OE}}\cdot\overrightarrow{\mathrm{OO_1}}=(1-t)|\vec{a}|^2-tp^2|\vec{b}|^2$$
$$=p^2(1-2t)=0$$

$p^2\neq 0$ より　　$t=\dfrac{1}{2}$

よって　　$\overrightarrow{\mathrm{OE}}=\dfrac{\vec{a}+\vec{b}}{2}$　→キ

Eが線分ABの中点だから，$|\overrightarrow{\mathrm{EB}}|=\dfrac{1}{2}|\overrightarrow{\mathrm{AB}}|$ より

$$|\overrightarrow{\mathrm{ED}}|=|\overrightarrow{\mathrm{BD}}|-|\overrightarrow{\mathrm{EB}}|=\frac{1}{1-p^2}|\overrightarrow{\mathrm{AB}}|-\frac{1}{2}|\overrightarrow{\mathrm{AB}}|$$
$$=\frac{1+p^2}{2(1-p^2)}|\overrightarrow{\mathrm{AB}}|$$
$$|\overrightarrow{\mathrm{OO_1}}|^2=|\vec{a}-p^2\vec{b}|^2=|\vec{a}|^2+p^4|\vec{b}|^2=p^2(1+p^2)$$
$$|\overrightarrow{\mathrm{OD}}|=\frac{1}{1-p^2}|\overrightarrow{\mathrm{OO_1}}|=\frac{p\sqrt{1+p^2}}{1-p^2}=\frac{p}{1-p^2}|\overrightarrow{\mathrm{AB}}|$$

よって

$$\frac{|\overrightarrow{\mathrm{OD}}|}{|\overrightarrow{\mathrm{ED}}|}=\frac{p|\overrightarrow{\mathrm{AB}}|}{1-p^2}\cdot\frac{2(1-p^2)}{(1+p^2)|\overrightarrow{\mathrm{AB}}|}=\frac{2p}{1+p^2}\quad\text{→ク}$$

ア．0　**イ**．2　**ウ**．$4e^{-2}$　**エ**．$a<1$
オ．$2-\sqrt{2-a}$　**カ**．-2　**キ**．$a<-1$　**ク**．e^2

解説

《関数の増減，積分計算，面積，関数の極限》

〔1〕　$a=0$ のとき

$$f(x)=x^2e^{-x},\ f'(x)=-x(x-2)e^{-x}$$

増減表は右のようになり，$f(x)$ は

$x=0$ のとき極小値　→ア

$x=2$ のとき極大値　→イ

をとり

x	$\cdots$	0	$\cdots$	2	$\cdots$
$f'(x)$	$-$	0	$+$	0	$-$
$f(x)$	↘	極小	↗	極大	↘

$$\int_0^2 f'(x)\,dx=\Big[f(x)\Big]_0^2=f(2)-f(0)=4e^{-2} \quad \to ウ$$

〔2〕 $f(x)=(x^2+a)e^{-x}$ より　　$f'(x)=-(x^2-2x+a)e^{-x}$

$e^{-x}>0$ より

$$f'(x)=0 \iff x^2-2x+a=0 \quad \cdots\cdots ①$$

よって，2次方程式①が異なる2つの実数解をもつことから，①の判別式を D_1 とおくと

$$\frac{D_1}{4}=1-a>0$$

よって　　$a<1$　→エ

$$f''(x)=(x^2-4x+a+2)e^{-x}$$

$f''(x)=0$ より　　$x=2\pm\sqrt{2-a}$

$x_1=2-\sqrt{2-a}$，$x_2=2+\sqrt{2-a}$ とおくと，$f'(x)$ の増減表は右のようになる。

x	$\cdots$	x_1	$\cdots$	x_2	$\cdots$
$f''(x)$	$+$	0	$-$	0	$+$
$f'(x)$	↗		↘		↗

$x_1{}^2=4x_1-a-2$ より

$$\begin{aligned} f'(x_1)&=-(x_1{}^2-2x_1+a)e^{-x_1}\\ &=2(1-x_1)e^{-x_1}\\ &=2(\sqrt{2-a}-1)e^{-x_1}\\ &=2\cdot\frac{1-a}{\sqrt{2-a}+1}e^{-x_1}>0 \end{aligned}$$

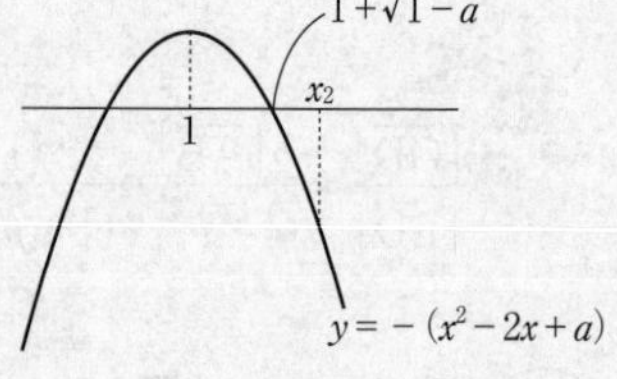

また，$x_2=2+\sqrt{2-a}>1+\sqrt{1-a}$ より，$x\geqq x_2$ のとき，$-(x^2-2x+a)<0$ より，常に $f'(x)<0$ であるから

$f'(x)$ は $x=2-\sqrt{2-a}$ のとき最大値をとる。→オ

〔3〕 $g(x)$ は $f(x)$ の原始関数であるから

$$\begin{aligned} g(x)&=\int(x^2+a)e^{-x}dx=\int(x^2+a)(-e^{-x})'dx\\ &=-(x^2+a)e^{-x}+2\int xe^{-x}dx\\ &=-(x^2+a)e^{-x}+2\int x(-e^{-x})'dx\\ &=-(x^2+a)e^{-x}-2xe^{-x}+2\int e^{-x}dx\\ &=-(x^2+2x+a)e^{-x}-2e^{-x}+C \end{aligned}$$

$$= -(x^2+2x+a+2)e^{-x}+C \quad (C\text{は積分定数})$$

$g(x)e^x$ が x の多項式であることから，$C=0$ であり

$$g(x) = -(x^2+2x+a+2)e^{-x}$$

$g(x)$ が $g(x)=\int_0^x f(t)\,dt$ を満たすとき，$g(0)=0$ より

$a=-2$ →カ

$e^{-x}>0$ より

$$g(x)=0 \iff x^2+2x+a+2=0 \quad \cdots\cdots②$$

よって，2次方程式②が異なる2つの実数解をもつことから，②の判別式を D_2 とおくと

$$\frac{D_2}{4}=1-(a+2)>0$$

よって　$a<-1$ →キ

$f'(x)=0$ の解を，α，β $(\alpha<\beta)$ とおくと

$$f'(x) = -(x-\alpha)(x-\beta)e^{-x}$$

よって，$\alpha \leqq x \leqq \beta$ において，$f'(x) \geqq 0$ が成り立ち

$$S_1=\int_\alpha^\beta f'(x)\,dx=\Big[f(x)\Big]_\alpha^\beta=f(\beta)-f(\alpha)$$

$f(x)=(x^2-2x+a)e^{-x}+2xe^{-x}=-f'(x)+2xe^{-x}$ より

$$S_1=2(\beta e^{-\beta}-\alpha e^{-\alpha})$$

$g(x)=0$ の解を，γ，δ $(\gamma<\delta)$ とおくと

$$g(x) = -(x-\gamma)(x-\delta)e^{-x}$$

よって，$\gamma \leqq x \leqq \delta$ において，$g(x) \geqq 0$ が成り立ち

$$S_2=\int_\gamma^\delta g(x)\,dx$$

$$g(x) = -(x^2+a)e^{-x}-2(x+1)e^{-x}$$

$$\int (x+1)e^{-x}dx = -(x+2)e^{-x}+C \quad (C\text{は積分定数})$$

より

$$G(x)=\int g(x)\,dx=(x^2+2x+a+2)e^{-x}+2(x+2)e^{-x}$$
$$= -g(x)+2(x+2)e^{-x}$$

とおくと

$$S_2=\Big[G(x)\Big]_\gamma^\delta=2(\delta+2)e^{-\delta}-2(\gamma+2)e^{-\gamma}$$

よって

$$\frac{S_2}{S_1}=\frac{(\delta+2)e^{-\delta}-(\gamma+2)e^{-\gamma}}{\beta e^{-\beta}-\alpha e^{-\alpha}}=\frac{e^{-\gamma}\{(\delta+2)e^{\gamma-\delta}-(\gamma+2)\}}{e^{-\alpha}(\beta e^{\alpha-\beta}-\alpha)}$$

$$=\frac{\dfrac{\delta+2}{\alpha}e^{\gamma-\delta}-\dfrac{\gamma+2}{\alpha}}{\dfrac{\beta}{\alpha}e^{\alpha-\beta}-1}\cdot e^{\alpha-\gamma}$$

$\alpha=1-\sqrt{1-a}$，$\beta=1+\sqrt{1-a}$，$\gamma=-1-\sqrt{-1-a}$，$\delta=-1+\sqrt{-1-a}$ より，$a\to-\infty$ のとき

$$\gamma-\delta=-2\sqrt{-1-a}\quad\to-\infty$$

$$\alpha-\beta=-2\sqrt{1-a}\quad\to-\infty$$

$$\alpha-\gamma=2+\sqrt{-1-a}-\sqrt{1-a}=2-\frac{2}{\sqrt{-1-a}+\sqrt{1-a}}\quad\to2$$

$$\frac{\beta}{\alpha}=\frac{1+\sqrt{1-a}}{1-\sqrt{1-a}}=\frac{\dfrac{1}{\sqrt{1-a}}+1}{\dfrac{1}{\sqrt{1-a}}-1}\quad\to-1$$

$$\frac{\gamma+2}{\alpha}=\frac{1-\sqrt{-1-a}}{1-\sqrt{1-a}}=\frac{\dfrac{1}{\sqrt{1-a}}-\sqrt{1+\dfrac{2}{a-1}}}{\dfrac{1}{\sqrt{1-a}}-1}\quad\to1$$

$$\frac{\delta+2}{\alpha}=\frac{1+\sqrt{-1-a}}{1-\sqrt{1-a}}=\frac{\dfrac{1}{\sqrt{1-a}}+\sqrt{1+\dfrac{2}{a-1}}}{\dfrac{1}{\sqrt{1-a}}-1}\quad\to-1$$

よって　$\displaystyle\lim_{a\to-\infty}\frac{S_2}{S_1}=\frac{0-1}{0-1}\cdot e^2=e^2$　→ク

Ⅳ 解答

ア. $\dfrac{X_1+X_2}{2}$　**イ.** $\dfrac{X_1+X_2+X_3}{3}$　**ウ.** (1, 1)

エ. $\dfrac{1}{n}\sum_{k=1}^{n}X_k$　**オ.** $\dfrac{1}{2}$　**カ.** $\dfrac{1}{4}$　**キ.** $\dfrac{1}{8}$　**ク.** $\dfrac{37}{256}$　**ケ.** $\dfrac{1}{2}$

コ. $(1-p)^n$　**サ.** $\dfrac{2}{n}$

解説

《漸化式，反復試行の確率，二項定理，関数の増減》

〔1〕 $a_1=X_1,\ a_n=a_{n-1}-\dfrac{1}{n}(a_{n-1}-X_n)\ (n\geqq 2)$ を用いて

$$a_2=a_1-\frac{1}{2}(a_1-X_2)=\frac{a_1+X_2}{2}=\frac{X_1+X_2}{2}\quad \to ア$$

$$a_3=a_2-\frac{1}{3}(a_2-X_3)=\frac{2a_2+X_3}{3}=\frac{X_1+X_2+X_3}{3}\quad \to イ$$

$$\begin{aligned}b_{n+1}&=(n+1)a_{n+1}\\&=(n+1)\left\{a_n-\frac{1}{n+1}(a_n-X_{n+1})\right\}\\&=(n+1)a_n-(a_n-X_{n+1})\\&=na_n+X_{n+1}\\&=b_n+X_{n+1}\quad (n\geqq 1)\end{aligned}$$

よって　$(p,\ q)=(1,\ 1)$　→ウ

$n\geqq 2$ のとき

$$b_n=b_1+\sum_{k=1}^{n-1}X_{k+1}=\sum_{k=1}^{n}X_k\quad (b_1=a_1=X_1)$$

$b_1=X_1$ であるから，この式は $n=1$ のときにも成り立つ。

したがって

$$a_n=\frac{b_n}{n}=\frac{1}{n}\sum_{k=1}^{n}X_k\quad \to エ$$

〔2〕 $X_n=1$ は，コインを投げて表が出る事象であるから

$$P(X_n=1)=\frac{1}{2}\quad \to オ$$

na_n は，コインを n 回投げたときに出る表の枚数である。

$a_2=1$ のとき，$2a_2=2$ より

$$P(a_2=1)=\left(\frac{1}{2}\right)^2=\frac{1}{4}\quad \to カ$$

$a_3=0$ のとき，$3a_3=0$ より

$$P(a_2=3)=\left(\frac{1}{2}\right)^3=\frac{1}{8}\quad \to キ$$

$a_8 \leqq \dfrac{1}{4}$ のとき，$8a_8 \leqq 2$ より

$$P\left(a_8 \leqq \frac{1}{4}\right) = {}_8C_0\left(\frac{1}{2}\right)^8 + {}_8C_1\left(\frac{1}{2}\right)^8 + {}_8C_2\left(\frac{1}{2}\right)^8 = \frac{1+8+28}{2^8}$$

$$= \frac{37}{256} \quad \to ク$$

n が奇数のとき，$n = 2m+1$（m：0以上の整数）とおくと

$a_{2m+1} \leqq \dfrac{1}{2}$ のとき，$(2m+1)a_{2m+1} \leqq m + \dfrac{1}{2}$ で $(2m+1)a_{2m+1}$ は整数であるから

$$(2m+1)a_{2m+1} \leqq m$$

よって

$$P\left(a_{2m+1} \leqq \frac{1}{2}\right) = \sum_{k=0}^{m} {}_{2m+1}C_k\left(\frac{1}{2}\right)^{2m+1} = \left(\frac{1}{2}\right)^{2m+1} \sum_{k=0}^{m} {}_{2m+1}C_k$$

ここで，$a = \displaystyle\sum_{k=0}^{m} {}_{2m+1}C_k$，$b = \displaystyle\sum_{k=m+1}^{2m+1} {}_{2m+1}C_k$ とおくと

$$b = \sum_{k=m+1}^{2m+1} {}_{2m+1}C_{2m+1-k}$$

$$= {}_{2m+1}C_m + {}_{2m+1}C_{m-1} + {}_{2m+1}C_{m-2} + \cdots + {}_{2m+1}C_1 + {}_{2m+1}C_0 = a$$

二項定理から

$$a + b = \sum_{k=0}^{2m+1} {}_{2m+1}C_k = (1+1)^{2m+1} = 2^{2m+1}$$

よって，$a = b = 2^{2m}$ より

$$P\left(a_{2m+1} \leqq \frac{1}{2}\right) = \frac{2^{2m}}{2^{2m+1}} = \frac{1}{2} \quad \to ケ$$

〔3〕 $a_n = 0$ はコインを n 回投げて，n 回とも裏である事象であるから

$$P(a_n = 0) = (1-p)^n \quad \to コ$$

また　$P(na_n = 2) = {}_nC_2 p^2 (1-p)^{n-2}$

$f(p) = p^2(1-p)^{n-2}$ とおくと，$n \geqq 3$ のとき

$$f'(p) = 2p(1-p)^{n-2} + p^2 \cdot (n-2)(1-p)^{n-3} \cdot (-1)$$

$$= p(1-p)^{n-3}\{2(1-p) - p(n-2)\}$$

$$= p(1-p)^{n-3}(2 - 2p - np + 2p)$$

$$= np\left(\frac{2}{n} - p\right)(1-p)^{n-3}$$

$f(p)$ の増減表は右のようになり，$f(p)$ は $p=\dfrac{2}{n}$ のとき最大値をとる。

p	0	…	$\dfrac{2}{n}$	…	1
$f'(p)$		+	0	−	
$f(p)$		↗		↘	

$n=2$ のとき，$f(p)=p^2$ より，$f(p)$ は $p=1$ のとき最大値をとる。

よって，$f(p)$ を最大にする p の値は

$$p=\frac{2}{n}\quad\rightarrow サ$$

講評

Ⅰ　標準的な整数問題。カまでは易しいので確実に得点しておきたい。ウとエは〔2〕のヒントである。キの結果から，31^n を7で割った余りが周期的に現れることに気づくことがポイント。ケとコは不定方程式の応用問題。合同式を理解している受験生にとっては易しい問題である。

Ⅱ　平面図形と無限等比級数の融合問題でやや難。〔1〕は易しい。エは問題文の設定にしたがって位置ベクトルの計算をする問題。計算にやや時間がかかるが，これに正解しないと以下の設問で得点できないので注意が必要。以下，無限等比級数を利用するよう設定されているが，挫折した受験生が多かったと思われる。オとカをベクトルを利用して考えれば，標準的な問題になる。

Ⅲ　微積分の融合問題。〔1〕と〔2〕は易しい。〔3〕は不定積分 $\displaystyle\int(x^2+a)e^{-x}dx$ が計算できれば，カとキは容易。クは計算量が多く，後回しにすることが望ましい。

Ⅳ　〔1〕は易しい漸化式の問題。〔2〕は na_n がコインを n 回投げたとき表の出る回数であることに気づけば時間短縮ができる。$a_n\leqq\dfrac{1}{n}$ である確率の立式は容易だが，やや計算が難。公式 ${}_n\mathrm{C}_r={}_n\mathrm{C}_{n-r}$ と二項定理を利用することがポイント。〔3〕は，$p^2(1-p)^{n-2}$ の微分計算が必要だが，積の微分公式を知らなければ，$1-p=u$ と置換して，$(1-u)^2u^{n-2}$ を考えればよい。

◀理系型3教科・薬学方式▶

Ⅰ **解答** **ア**. 2 **イ**. $\frac{\pi}{6}$ **ウ**. 3 **エ**. 5 **オ**. $\frac{7}{6}\pi$

カ. $2 \leqq a < 4$ **キ**. $3a-1$ **ク**. 8 **ケ**. 4 **コ**. 2 **サ**. $\frac{1}{3}$

シ. 7 **ス**. 855 **セ**. $4\sqrt{2}$ **ソ**. 7 **タ**. 8

解説

《小問3問》

〔1〕 $f(x) = 2\sin^2 x + 2\sqrt{3}\sin x\cos x + 4\cos^2 x$

$= \sqrt{3}\sin 2x + 2\cos^2 x + 2$

$= \sqrt{3}\sin 2x + \cos 2x + 3$

$= 2\sin\left(2x + \frac{\pi}{6}\right) + 3$　→ア～ウ

$0 \leqq x < 2\pi$ より　$\frac{\pi}{6} \leqq 2x + \frac{\pi}{6} < 4\pi + \frac{\pi}{6}$　……①

よって，$f(x)$ の最大値は　5　→エ

このとき　$\sin\left(2x + \frac{\pi}{6}\right) = 1$

①の範囲で，この方程式の最大の解は

$2x + \frac{\pi}{6} = 2\pi + \frac{\pi}{2}$　より　$x = \frac{7}{6}\pi$　→オ

$2x + \frac{\pi}{6} = t$ とおくと

$f(x) = a \iff \sin t = \frac{a-3}{2}$

$0 \leqq x \leqq \frac{3}{2}\pi$ のとき　$\frac{\pi}{6} \leqq t \leqq \frac{19}{6}\pi$　……②

よって，方程式 $f(x) = a$ の異なる実数解が $0 \leqq x \leqq \frac{3}{2}\pi$ に3つある条件は，曲線 $y = \sin t$ と直線 $y = \frac{a-3}{2}$ が②の範囲に異なる3つの交点をもつことから

$$-\frac{1}{2} \leqq \frac{a-3}{2} < \frac{1}{2} \iff 2 \leqq a < 4 \quad \to カ$$

〔2〕 $2^{x+1}-\left(\frac{1}{2}\right)^{x-4}=8^a$ ……③

$t=2^x$ より

$$③ \iff 2^x-2^3\cdot 2^{-x}=2^{3a-1} \iff t-\frac{8}{t}=2^{3a-1}$$

$$\iff t^2-2^{3a-1}\times t-8=0 \quad ……④ \quad \to キ，ク$$

$a=\frac{2}{3}$ のとき　④ $\iff t^2-2t-8=0 \iff (t-4)(t+2)=0$

$t>0$ より　$t=4$ →ケ

$x=\log_2 t=\log_2 4=2$ →コ

また，$x=3$ のとき　$2^{3a-1}=7$，$3a-1=\log_2 7$

よって　$a=\frac{1}{3}(1+\log_2 7)$ →サ，シ

〔3〕 $x_1=181$，$x_1-\bar{x}=10$ より　$\bar{x}=171$

よって，身長の合計は　$5\bar{x}=855$ →ス

$$身長の標準偏差=\sqrt{\frac{1}{5}\sum_{i=1}^{5}(x_i-\bar{x})^2}=\sqrt{\frac{160}{5}}=4\sqrt{2} \quad \to セ$$

$$体重の標準偏差=\sqrt{\frac{1}{5}\sum_{i=1}^{5}(y_i-\bar{y})^2}=\sqrt{\frac{160}{5}}=4\sqrt{2}$$

$$共分散=\frac{1}{5}\sum_{i=1}^{5}(x_i-\bar{x})(y_i-\bar{y})=\frac{140}{5}=28$$

よって，相関係数は

$$\frac{共分散}{身長の標準偏差\cdot体重の標準偏差}=\frac{28}{4\sqrt{2}\cdot 4\sqrt{2}}=\frac{7}{8} \quad \to ソ，タ$$

Ⅱ　解答

ア. $3ax-2a$　**イ.** $-\dfrac{1}{3a}x+a+\dfrac{1}{3a}$　**ウ.** $\dfrac{3}{4}a$

エ. $6a$　**オ.** $\dfrac{1}{6}$　**カ.** $\dfrac{3}{4}$　**キ.** $\dfrac{\sqrt{2}}{2}$　**ク.** $\dfrac{\sqrt{2}}{3}$　**ケ.** $\dfrac{\sqrt{3}}{9}$

解説

《接線，面積，相加平均と相乗平均の関係》

$f(x)=ax^3$ とおくと　　$f'(x)=3ax^2$

$f'(1)=3a$ より，接線 l_1 の方程式は

$$y-a=3a(x-1)\qquad\therefore\ y=3ax-2a\quad\text{→ア}$$

直線 l_2 の方程式は

$$y-a=-\frac{1}{3a}(x-1)\qquad\therefore\ y=-\frac{1}{3a}x+a+\frac{1}{3a}\quad\text{→イ}$$

また

$$S_1=\int_0^1\{f(x)-(3ax-2a)\}dx$$

$$=a\int_0^1(x^3-3x+2)\,dx$$

$$=a\left[\frac{1}{4}x^4-\frac{3}{2}x^2+2x\right]_0^1=\frac{3}{4}a\quad\text{→ウ}$$

$$f(x)=3ax-2a\iff x^3-3x+2=0\iff(x+2)(x-1)^2=0$$

よって，曲線 C と l_1 との交点のうち，点Pと異なる交点の x 座標は，$x=-2$ であり

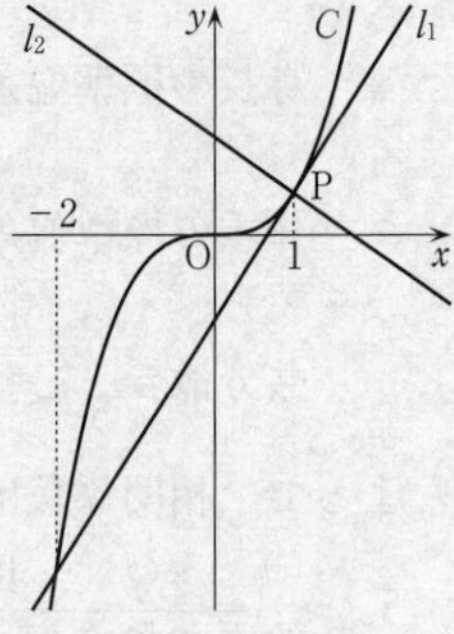

$$S_2=\int_{-2}^0\{f(x)-(3ax-2)\}dx$$

$$=a\left[\frac{1}{4}x^4-\frac{3}{2}x^2+2x\right]_{-2}^0=6a\quad\text{→エ}$$

$$S_3=\int_0^1\left\{-\frac{1}{3a}x+\left(a+\frac{1}{3a}\right)-ax^3\right\}dx$$

$$=\left[-\frac{1}{6a}x^2+\left(a+\frac{1}{3a}\right)x-\frac{a}{4}x^4\right]_0^1$$

$$=\frac{1}{6a}+\frac{3}{4}a\quad\text{→オ，カ}$$

$a>0$ であるから，相加平均と相乗平均の関係から

$$S_3=\frac{1}{6a}+\frac{3a}{4}\geqq2\sqrt{\frac{1}{6a}\cdot\frac{3a}{4}}=\frac{\sqrt{2}}{2}\quad\text{→キ}$$

等号が成り立つのは

$$\frac{1}{6a}=\frac{3a}{4} \iff a=\frac{\sqrt{2}}{3} \quad \to ク$$

よって，S_3 は $a=\frac{\sqrt{2}}{3}$ のとき最小値 $\frac{\sqrt{2}}{2}$ をとる。

また

$$S_1+S_3=S_2 \iff \frac{3}{4}a+\left(\frac{1}{6a}+\frac{3}{4}a\right)=6a \iff a^2=\frac{1}{27}$$

よって　$a=\frac{\sqrt{3}}{9}$　→ケ

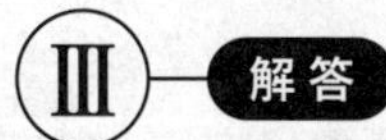

ア． $2\sqrt{2}$　**イ．** 4　**ウ．** 6　**エ．** $2+2\sqrt{2}$
オ． $2+\sqrt{2}$　**カ．** 6　**キ．** 0　**ク．** $2+2\sqrt{2}$
ケ． 6　**コ．** $\sqrt{2}$　**サ．** $2+\sqrt{2}$　**シ．** 6　**ス．** $2\sqrt{2}$　**セ．** $\frac{\pi}{2}+\sqrt{2}$

解説

《直方体の回転》

〔1〕 $OA^2=p^2+8=16$ より　$p^2=8$

$p>0$ より　$p=2\sqrt{2}$　→ア

空間上の任意の点Pの x 座標，y 座標，z 座標をそれぞれ，P_x，P_y，P_z で表すことにすると，BC＝4，CG＝2 より

$$G_x=C_x=B_x=4$$
$$G_y=C_y=B_y+4=6$$
$$G_z=C_z+2=p+2=2+2\sqrt{2}$$

よって　$G(4,\ 6,\ 2+2\sqrt{2})$　→イ～エ

〔2〕 正方形CDHGを含む平面上の点Pに対して，$P_y=6$ であり，Pから xz 平面に下ろした垂線の足をQとすると

$$P_x=Q_x,\ P_z=Q_z$$

が成り立つので，正方形CDHGを y 軸方向に平行移動し，xz 平面に移動した正方形で考える。ただし，頂点の名称は変えないものとする。

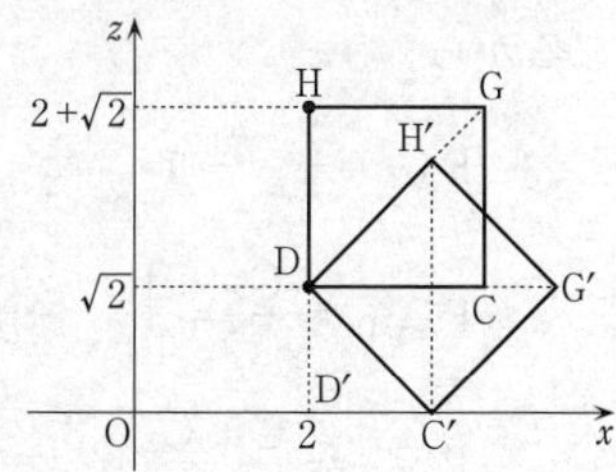

Dから x 軸に下ろした垂線の足をD′とおく。

$$D_z=p-\frac{p}{2}=\frac{p}{2}=\sqrt{2}$$

C′はDを中心にCを回転した点であるから

$$DC'=DC=2,\ \ DD'=\sqrt{2}$$

よって，$D'C'=\sqrt{2}$ であり　　$C'_x=2+\sqrt{2}$

∴　$C'(2+\sqrt{2},\ 6,\ 0)$　→オ～キ

また，$\theta=\angle CDC'=45^\circ$ であるから

$$\angle HDH'=\angle H'DC=45^\circ$$

よって

$$G'_x=D_x+2\sqrt{2}=2+2\sqrt{2},\ \ G'_z=\sqrt{2}$$

∴　$G'(2+2\sqrt{2},\ 6,\ \sqrt{2})$　→ク～コ

$$H'_x=D_x+DH'\cos 45^\circ=2+\sqrt{2},\ \ H'_z=D_z+DH'\sin 45^\circ=2\sqrt{2}$$

∴　$H'(2+\sqrt{2},\ 6,\ 2\sqrt{2})$　→サ～ス

頂点HがHからH′まで動く軌跡の長さは

$$\frac{p}{2}+2\pi\cdot 2\cdot\frac{1}{8}=\frac{\pi}{2}+\sqrt{2}$$　→セ

Ⅳ　解答

ア. $\frac{2}{5}$　**イ.** $\frac{1}{10}$　**ウ.** $\frac{3}{5}$　**エ.** $\frac{3}{10}$　**オ.** $\frac{17}{50}$　**カ.** $\frac{4}{25}$

キ. $\frac{9}{25}$　**ク.** $\frac{12}{25}$　**ケ.** 1　**コ.** $\frac{1}{4}\left\{1-\left(\frac{3}{5}\right)^n\right\}$　**サ.** $\left(\frac{3}{5}\right)^n$　**シ.** $\frac{1}{4}\left\{1+\left(\frac{3}{5}\right)^n\right\}$

解説

《確率と連立漸化式，階差形の漸化式》

〔1〕　1回目の培養後，容器の中には微生物Aが2個，微生物Bが3個になるから

$$P_{A(1)}=\frac{2}{5}$$　→ア

$$P_{AA(1)}=\frac{{}_2C_2}{{}_5C_2}=\frac{1}{10}$$　→イ

$$P_{AB(1)}=\frac{{}_2C_1\cdot{}_3C_1}{{}_5C_2}=\frac{3}{5}$$　→ウ

$$P_{BB(1)}=\frac{{}_3C_2}{{}_5C_2}=\frac{3}{10}\quad \to エ$$

〔2〕 $$P_{A(2)}=P_{AA(1)}\cdot 1+P_{AB(1)}\cdot\frac{2}{5}=\frac{1}{10}+\frac{3}{5}\cdot\frac{2}{5}=\frac{17}{50}\quad \to オ$$

$$P_{AA(2)}=P_{AA(1)}\cdot 1+P_{AB(1)}\cdot P_{AA(1)}$$

$$=\frac{1}{10}+\frac{3}{5}\cdot\frac{1}{10}=\frac{4}{25}\quad \to カ$$

$$P_{AB(2)}=P_{AB(1)}\cdot P_{AB(1)}=\left(\frac{3}{5}\right)^2$$

$$=\frac{9}{25}\quad \to キ$$

$$P_{BB(2)}=P_{AB(1)}\cdot P_{BB(1)}+P_{BB(1)}\cdot 1$$

$$=\frac{3}{5}\cdot\frac{3}{10}+\frac{3}{10}=\frac{12}{25}\quad \to ク$$

培養する個体	培養後の個体
AA	AAAA
AB	AABBB
BB	BBBBBB

〔3〕 $$P_{AA(n)}=1\cdot P_{AA(n-1)}+\frac{1}{10}P_{AB(n-1)}\quad \cdots\cdots①\quad \to ケ$$

$$P_{AB(n)}=\frac{3}{5}P_{AB(n-1)}\quad \cdots\cdots②$$

②より　$P_{AB(n)}=P_{AB(1)}\cdot\left(\frac{3}{5}\right)^{n-1}=\left(\frac{3}{5}\right)^n$ →サ

$P_{AA(n)}=a_n$ とおくと，①より

$$a_{n+1}=a_n+\frac{1}{10}\left(\frac{3}{5}\right)^n\ (n\geqq 1),\quad a_1=P_{AA(1)}=\frac{1}{10}$$

したがって，$n\geqq 2$ のとき

$$a_n=a_1+\sum_{k=1}^{n-1}\frac{1}{10}\left(\frac{3}{5}\right)^k=\sum_{k=0}^{n-1}\frac{1}{10}\left(\frac{3}{5}\right)^k=\sum_{k=1}^{n}\frac{1}{10}\left(\frac{3}{5}\right)^{k-1}$$

$$=\frac{\frac{1}{10}\left\{1-\left(\frac{3}{5}\right)^n\right\}}{1-\frac{3}{5}}$$

$$=\frac{1}{4}\left\{1-\left(\frac{3}{5}\right)^n\right\}\quad \to コ$$

$a_1=\frac{1}{10}$ であるから，この式は $n=1$ のときも成り立ち

$$P_{A(n)}=P_{AA(n-1)}\cdot 1+P_{AB(n-1)}\times\frac{2}{5}$$
$$=\frac{1}{4}\left\{1-\left(\frac{3}{5}\right)^{n-1}\right\}+\frac{2}{5}\left(\frac{3}{5}\right)^{n-1}$$
$$=\frac{1}{4}\left\{1+\left(\frac{3}{5}\right)^{n}\right\}\quad\rightarrow シ$$

講評

Ⅰ　〔1〕は合成公式を題材にした三角関数の頻出問題。オはグラフを利用する。$y=2\sin\left(2x+\frac{\pi}{6}\right)+3$ のグラフが描けなければ，変数の置換などの工夫が必要。〔2〕は指数方程式の問題，〔3〕は相関係数の問題，いずれも基本的である。

Ⅱ　3次関数のグラフと直線によって囲まれた図形の面積，相加平均と相乗平均の関係を題材にした問題。計算量が少なく完答可能である。計算ミスをせず，確実に得点しておくことが大事である。

Ⅲ　空間図形の新傾向の問題。〔1〕は易しい。〔2〕は，C′，G′，H′ の y 座標が6であることは容易にわかる。x 座標，z 座標については，正方形CDHGを xz 平面に平行移動した図形を考えればよい。回転角が45°になるように問題が設定されているので，図形が描ければ容易に正解できる。セは z 軸に平行移動していることにも注意が必要である。

Ⅳ　〔1〕は易しい。〔2〕は $P_{A(2)}$，$P_{AA(2)}$，$P_{AB(2)}$，$P_{BB(2)}$ の意味を正確に理解することが大事。ケが1であることは容易にわかるので，〔1〕の結果から，〔3〕の $\{P_{AA(n)}\}$，$\{P_{AB(n)}\}$ の漸化式が容易に得られ，これを利用して，$P_{AA(2)}$，$P_{AB(2)}$ を求めてもよい。$P_{AA(2)}$，$P_{AB(2)}$，$P_{BB(2)}$ の和が1であることも利用できる。〔3〕はサを求めて，漸化式を利用してコを求めればよい。〔2〕・〔3〕がやや難。

物 理

I 解答

ア．$mg\sin\theta$　イ．$g\cos\theta$　ウ．$\sqrt{2gh}$　エ．$N\cos\theta$
オ．ma　カ．mgh

い―③　ろ―①　は―⑤　に―⑨　ほ―④　へ―⑤　と―④

解説

《すべり台の斜面をすべりおりる小球の運動》

〔1〕い． SG 間の最短距離は点 S と点 G を直線で結んだものであり，このときの θ は $45°$ である。

ろ． θ の角度が小さく，自由落下に近いほど速さは大きくなる。

〔2〕ア． 小球の受ける重力を斜面に平行な成分と垂直な成分に分解すると斜面に垂直な成分は，$mg\sin\theta$ であり，これの反作用が斜面から受ける垂直抗力である。

イ． 小球にはたらく重力の斜面に平行な成分は，$mg\cos\theta$ であるから，運動方程式から斜面方向の加速度の大きさは $g\cos\theta$ である。

は． 斜面の SD の距離は $\dfrac{h}{\cos\theta}$ である。SD 間の移動にかかる時間を t_1 とする。等加速度運動の公式から

$$\frac{h}{\cos\theta}=\frac{1}{2}g\cos\theta\times t_1{}^2$$

$$t_1=\frac{1}{\cos\theta}\sqrt{\frac{2h}{g}}$$

$$t_1=\sqrt{\frac{h}{2g}}\times\frac{2}{\cos\theta}$$

ウ． 点 D での小球の速さを v_{D} とする。等加速度運動の公式から

$$\begin{aligned}v_{\mathrm{D}}&=g\cos\theta\times t_1\\&=g\cos\theta\times\sqrt{\frac{h}{2g}}\frac{2}{\cos\theta}\\&=\sqrt{2gh}\end{aligned}$$

に． 点 D から点 G までは等速度運動であり，DG 間の距離が $h(1-\tan\theta)$ であることから，DG 間の移動にかかる時間を t_2 とすると

$$t_2=\frac{h(1-\tan\theta)}{\sqrt{2gh}}$$

$$=\sqrt{\frac{h}{2g}}\,(1-\tan\theta)$$

ほ. 点Sから点Gまでの所要時間は

$$t_1+t_2=\sqrt{\frac{h}{2g}}\left(\frac{2}{\cos\theta}+1-\tan\theta\right)$$

これに末尾の表から値を代入し計算すると，$\theta=30°$ のとき

$$\frac{2}{\cos\theta}+1-\tan\theta=2\times1.16+1-0.58=2.74$$

となり，最小値を示す。

〔3〕エ. 小球にはたらく垂直抗力の反作用をすべり台が受ける。すべり台は水平方向に運動するので，すべり台にかかる力の水平方向の成分は右図のようになり，運動方程式は

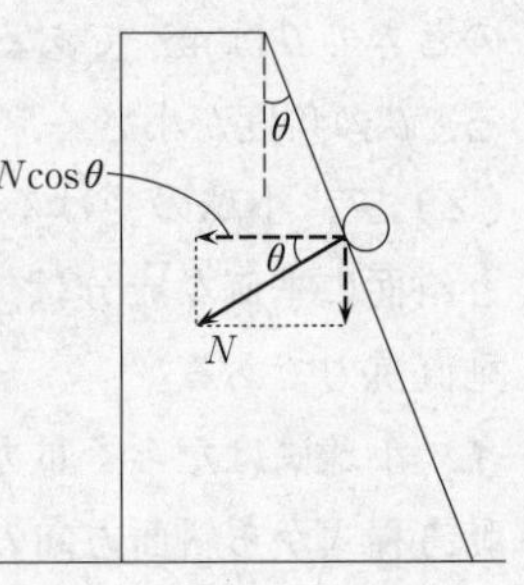

$$Ma=N\cos\theta$$

オ. 観測者の加速度の大きさは a なので，質量 m の物体に作用して見える慣性力の大きさは ma である。

へ. すべり台とともに運動する観測者からみた小球に作用する力は右図のようになり，斜面上を移動するようにみえる。斜面に垂直な方向の力のつり合いは

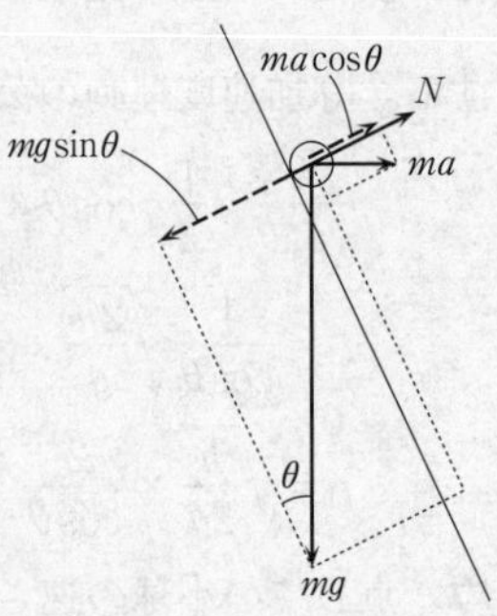

$$N+ma\cos\theta=mg\sin\theta$$

この式にすべり台の運動方程式から得た

$$N=\frac{Ma}{\cos\theta}$$

を代入すると

$$\frac{Ma}{\cos\theta}+ma\cos\theta=mg\sin\theta$$

$$\frac{M+m\cos^2\theta}{\cos\theta}a=mg\sin\theta$$

$$a=\frac{m\sin\theta\cos\theta}{m\cos^2\theta+M}g$$

カ. 全体の力学的エネルギーの変化を考えると，小球の位置エネルギーが減少し，全体の運動エネルギーが増加している。したがって運動エネルギーの和は mgh である。

と. 物体に力がはたらいていないか，はたらいていても力がつりあっている場合は等速度運動を続ける。これを慣性の法則という。

Ⅱ 解答 **あ.** $\frac{2kQ^2}{r^2}$　**い.** $4\pi kQ$　**う.** $\frac{2kQ}{r}$　**え.** $\frac{env}{2\pi r}$

お. $\frac{\mu neQv^2}{2\pi r}$　**か.** $-kQ^2L\cos\theta$

イ―⑩　**ロ**―⑦　**ハ**―⑦　**ニ**―③　**ホ**―②　**ヘ**―①　**ト**―④

解説

《電荷がつくる電場・電位，直線電流がつくる磁場によるローレンツ力》

〔1〕あ・イ. 点Aの電荷が点Oにつくる電場を E_A とする。このとき電場の大きさは

$$E_A=\frac{2kQ}{r^2}$$

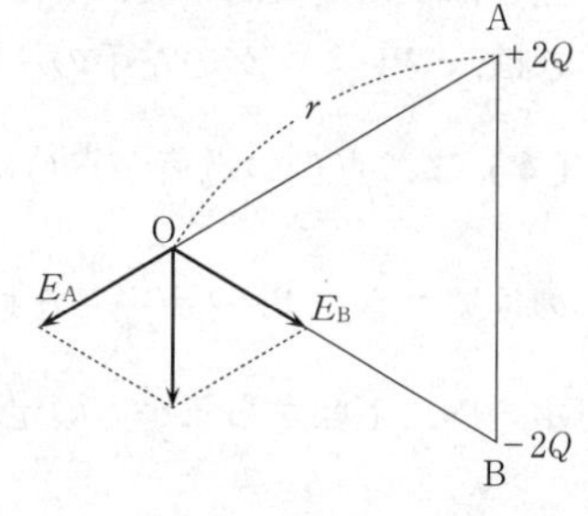

であり，向きは右図のようになる。点Bにある電荷が点Oにつくる電場 E_B も大きさは E_A と同じで向きは右図のようになるので，合成電場の向きは $-y$ 方向で大きさは $\frac{2kQ}{r^2}$ である。したがって受ける静電気力の大きさは $\frac{2kQ^2}{r^2}$ となる。

〔2〕い. 針金の単位長さの電気量は Q なので，ガウスの法則よりこれから出る電気力線の本数は単位長さあたり $4\pi kQ$ である。

う. 針金を中心とする半径 r の円筒面を考えると，単位長さあたりの面積は $2\pi r$ であり，その面を（い）の $4\pi kQ$ 本の電気力線が貫くので，単位面積あたりの電気力線の本数は

$$\frac{4\pi kQ}{2\pi r}=\frac{2kQ}{r}$$

これが，電場の強さとなる。

ロ. 電気力線は針金から出ているので，その向きは $-x$ 方向である。

〔3〕え. 針金に流れる電流は単位時間あたりに通過する電気量なので，env であり，これを用いると，直線電流がつくる磁場は

$$\frac{env}{2\pi r}$$

お. 点Oの位置に直線電流がつくる磁束密度は（え）の結果から

$$\frac{\mu env}{2\pi r}$$

よって，この磁場から電荷が受けるローレンツ力の大きさは

$$Qv\frac{\mu env}{2\pi r}=\frac{\mu eQnv^2}{2\pi r}$$

ハ. 針金を流れる電流の向きが，$-y$ 方向なので点Oにできる磁束密度の向きは紙面の表から裏になる。したがって電荷が受けるローレンツ力の向きは，フレミングの左手の法則より $-x$ 方向である。

〔4〕ニ. 点Cの電荷が点Oにつくる電位は $\dfrac{kQ}{\mathrm{OC}}$ であるから，点Oの電荷の位置エネルギーは $\dfrac{kQ^2}{\mathrm{OC}}$ である。

ホ・ヘ. 下図から三平方の定理を使いOCを求めると

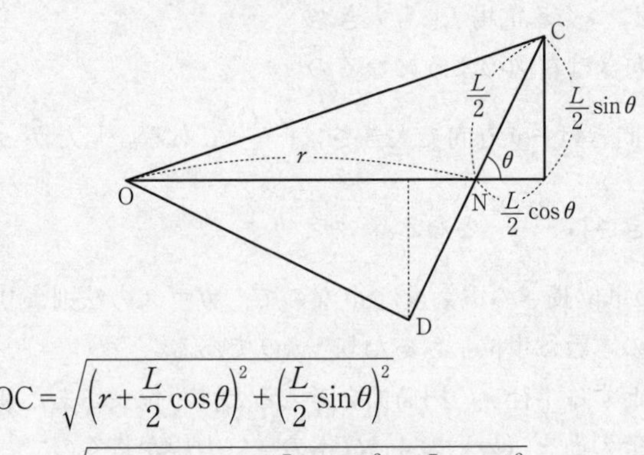

$$\mathrm{OC}=\sqrt{\left(r+\frac{L}{2}\cos\theta\right)^2+\left(\frac{L}{2}\sin\theta\right)^2}$$

$$=\sqrt{r^2+rL\cos\theta+\left(\frac{L}{2}\cos\theta\right)^2+\left(\frac{L}{2}\sin\theta\right)^2}$$

$$=\sqrt{r^2+rL\cos\theta+\left(\frac{L}{2}\right)^2}$$

$$=r\sqrt{1+\frac{L\cos\theta}{r}+\left(\frac{L}{2r}\right)^2}$$

$\left(\frac{L}{r}\right)^2$ の項は無視できるので

$$\mathrm{OC}=r\left(1+\frac{L\cos\theta}{r}\right)^{\frac{1}{2}}$$

$$\fallingdotseq r\left(1+\frac{L\cos\theta}{2r}\right)$$

$$=r+\frac{L\cos\theta}{2}$$

か. 同様に点Dから点Oまでの距離は

$$\mathrm{OD}=\sqrt{\left(r-\frac{L}{2}\cos\theta\right)^2+\left(\frac{L}{2}\sin\theta\right)^2}$$

となるので

$$\mathrm{OD}\fallingdotseq r-\frac{L\cos\theta}{2}$$

と近似できる。よって

$$U=\frac{kQ^2}{\mathrm{OC}}-\frac{kQ^2}{\mathrm{OD}}$$

$$=\frac{kQ^2}{r+\dfrac{L\cos\theta}{2}}-\frac{kQ^2}{r-\dfrac{L\cos\theta}{2}}$$

$$=kQ^2\frac{r-\dfrac{L\cos\theta}{2}-\left(r+\dfrac{L\cos\theta}{2}\right)}{r^2-\left(\dfrac{L\cos\theta}{2}\right)^2}$$

$$=kQ^2\frac{-L\cos\theta}{r^2-\left(\dfrac{L\cos\theta}{2}\right)^2}$$

$$=\frac{-kQ^2L\cos\theta}{r^2\left\{1-\left(\dfrac{L\cos\theta}{2r}\right)^2\right\}}$$

$\left(\frac{L}{r}\right)^2$ の項は無視できるので

$$U \fallingdotseq \frac{-kQ^2L\cos\theta}{r^2}$$

ト. 電位 V を示す式は（か）から

$$V = -\frac{kQL}{r^2}\cos\theta$$

となるので，$\theta=90°$，$270°$ のとき $V=0$，$\theta=0°$ のとき $V=-\frac{kQL}{r^2}$，

$\theta=180°$ のとき $V=\frac{kQL}{r^2}$ であるから，グラフは④のようになる。

Ⅲ 解答 **イ.** $\frac{b}{a}$ **ロ.** $\frac{5R(b-a)}{2a}$ **ハ.** $\left(\frac{b}{a}\right)^{\gamma}$ **ニ.** $\left(\frac{b}{a}\right)^{\gamma}$

ホ. $\frac{R}{ag}\left\{\left(\frac{b}{a}\right)^{\gamma}-1\right\}$ **ヘ.** $\frac{3}{2}R\left\{\left(\frac{b}{a}\right)^{\gamma}-\frac{b}{a}\right\}$

あ—② **い**—③ **う**—② **え**—⑨ **お**—④ **か**—⑦

解説

《ピストンで仕切られた容器内の気体の状態変化》

〔1〕あ. ピストンの固定を外す前の気体の圧力を p' とすると，この間は温度一定の状態変化なのでボイルの法則から

$$p_0aS = p'z_0S$$

$$p' = \frac{a}{z_0}p_0$$

い. ピストンが静止したときの気体の状態方程式から

$$p_0aS = RT_0$$

$$p_0 = \frac{RT_0}{Sa}$$

〔2〕う. 圧力一定の状態変化なので，定圧変化である。

イ. 定圧変化なのでシャルルの法則から

$$\frac{aS}{T_0} = \frac{bS}{T_1}$$

$$T_1 = \frac{b}{a}T_0$$

え. 単原子分子気体の定圧モル比熱は $\frac{5}{2}R$ である。

ロ. 定圧モル比熱 $\frac{5}{2}R$ を使うと，外部から加えた熱量は

$$\frac{5}{2}R(T_1-T_0)=\frac{5}{2}R\left(\frac{b}{a}T_0-T_0\right)$$

$$=\frac{5R(b-a)}{2a}T_0$$

〔3〕お. 断熱材で包んでいるので，外部と熱の出入りがない。したがって，この間の変化は断熱変化である。

ハ. ポアソンの法則から

$$p_0(bS)^\gamma=p_2(aS)^\gamma$$

$$p_2=\left(\frac{b}{a}\right)^\gamma p_0$$

ニ. 温度と体積のポアソンの法則から

$$T_1(bS)^{\gamma-1}=T_2(aS)^{\gamma-1}$$

$$T_2=\left(\frac{b}{a}\right)^{\gamma-1}T_1$$

$$T_2=\left(\frac{b}{a}\right)^{\gamma-1}\frac{b}{a}T_0$$

$$T_2=\left(\frac{b}{a}\right)^\gamma T_0$$

ホ. ピストンにはたらく力のつり合いから

$$p_0S+mg=p_2S$$

$$mg=p_0S\left\{\left(\frac{b}{a}\right)^\gamma-1\right\}$$

$$mg=\frac{RT_0}{a}\left\{\left(\frac{b}{a}\right)^\gamma-1\right\}$$

$$m=\frac{RT_0}{ag}\left\{\left(\frac{b}{a}\right)^\gamma-1\right\}$$

ヘ. 断熱変化なので熱力学第一法則より，気体がされた仕事は内部エネルギーの増加に等しい。

$$\frac{3}{2}R(T_2-T_1)=\frac{3}{2}R\left\{\left(\frac{b}{a}\right)^\gamma T_0-\frac{b}{a}T_0\right\}$$

$$=\frac{3}{2}RT_0\left\{\left(\frac{b}{a}\right)^\gamma-\frac{b}{a}\right\}$$

か. 単原子分子気体の定積モル比熱は $\frac{3}{2}R$，定圧モル比熱は $\frac{5}{2}R$ なので，

それらの比である比熱比は $\gamma=\frac{\frac{5}{2}R}{\frac{3}{2}R}=\frac{5}{3}$ である。

講評

大問3題の出題で試験時間80分。力学,電磁気,熱力学から1題ずつ出題された。問題文中の空所に，選択肢から選んでマークする問題と，数式の結果を記入する問題の組み合わせである。

Ⅰ　斜面から水平面上を移動する小球の最速到達時間に関する問題と，移動する斜面上をすべりおりる小球の運動を慣性力を使って解く問題。最速の時間を求める問題は最短距離をとっても速度が大きくならないので，最も短い時間は最短距離とはならない。具体的な角度は与えられた表を使って数値計算をし，解答を選ぶ。

Ⅱ　2つの点電荷がつくった電場や電位を求める他に，連続的に分布した電荷がつくる電場をガウスの法則を使って求める。また，直線電流がつくる磁場やその磁場から受けるローレンツ力の問題も含まれる。〔4〕は遠方にある同量の正負の電荷が対になっている，いわゆる電気双極子の問題。静電気力による位置エネルギーを求めてから，対になる電荷がつくる電位のグラフを選ぶ。

Ⅲ　ピストンで仕切られた容器内の単原子分子気体の状態変化を考える問題である。等温変化，定圧変化，断熱変化の過程において諸量を求める。ポアソンの法則の圧力と体積の関係 $pV^{\gamma}=$一定 は与えられているが，温度と体積の関係も求められているので，$TV^{\gamma-1}=$一定 の関係式も知っておくほうがよい。

化　学

I　解答

〔1〕(i)(ア)―④　(イ)―②　(ウ)―⑥　(ii)―①・⑤
(iii)面心立方格子　(iv)―④

〔2〕(i)―③　(ii)(ア)―⑥　(イ)―⑤　(ウ)2.5×10^5Pa　(エ)25

〔3〕(i)$CaCO_3+2HCl \longrightarrow CaCl_2+H_2O+CO_2$　(ii)―⑤

〔4〕
```
    ‥   ‥
 H:O:C:O:H
    ‥ ‥ ‥
      ‥
     :O:
```

解説

《二酸化炭素の性質と構造，混合気体の圧力》

〔1〕(i)　電子対は互いに反発し，この反発が最小となる構造となる。

(ア)　Nに着目すると，3対の共有電子対と1対の非共有電子対が反発し，電子対は正四面体形の配置をとる。非共有電子対は形状に含めないため，アンモニア分子は三角錐形である。

(イ)　Sに着目すると，2対の共有電子対と2対の非共有電子対が反発し，電子対は正四面体形の配置をとる。非共有電子対は形状に含めないため，硫化水素分子は折れ線形である。

(ウ)　Cに着目すると，4対の共有電子対が反発して電子対は正四面体形の配置になり，四塩化炭素は正四面体形である。

(ii)　①誤り。分子結晶はやわらかくてもろい。

⑤誤り。一般的に，極性分子では分子間のクーロン力により分子間力が強く，融点は無極性分子よりも極性分子で高い。

(iii)　問題中の図について，二酸化炭素分子の中心位置だけを見ると，右図のように面心立方格子の配置になっている。

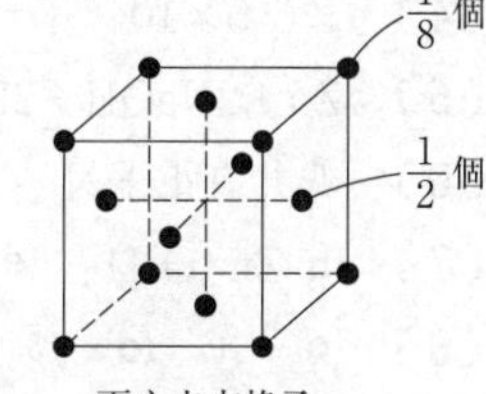

面心立方格子

(iv)　(iii)の図より

$$二酸化炭素分子の数=\frac{1}{8}\times8+\frac{1}{2}\times6=4\,個$$

〔2〕(i)　1分子に含まれる炭素原子の数が多いほど，生じる二酸化炭素の物質量も大きくなる。炭素数は①1個，②2個，

③3個，④2個，⑤2個より，③が答えとなる。

(ii) **(ア)** 温度一定なので，混合気体**C**中の酸素分圧 P_{O_2}〔Pa〕をボイルの法則を用いて求めると

$$3.0\times10^5\times55.4=P_{O_2}\times(55.4+27.7)$$

$$P_{O_2}=2.0\times10^5\text{〔Pa〕}$$

(イ) (ア)と同様に混合気体**C**中のメタン分圧 P_{CH_4}〔Pa〕を求めると

$$1.5\times10^5\times27.7=P_{CH_4}\times(55.4+27.7)$$

$$P_{CH_4}=5.0\times10^4\text{〔Pa〕}$$

(ウ) 分圧と物質量は比例するため，分圧の変化量の比は係数比と等しい。反応前後の分圧をまとめると次のようになる。

	CH_4	+ $2O_2$ ⟶	CO_2	+ $2H_2O$	
反応前	5.0×10^4	2.0×10^5	0	0	〔Pa〕
変化量	-5.0×10^4	-1.0×10^5	$+5.0\times10^4$	$+1.0\times10^5$	〔Pa〕
反応後	0	1.0×10^5	5.0×10^4	1.0×10^5	〔Pa〕

$$\text{全圧}=(1.0\times10^5)+(5.0\times10^4)+(1.0\times10^5)=2.5\times10^5\text{〔Pa〕}$$

(エ) 二酸化炭素の物質量 n〔mol〕とする。二酸化炭素について気体の状態方程式を用いて

$$a\times10^6\times(55.4+27.7)=n\times8.31\times10^3\times(127+273)$$

$$n=25a\text{〔mol〕}$$

〔4〕 炭酸はオキソ酸なので，HはOに結合している。最も原子価の大きいCを中心に置いて原子を並べると考えやすい。

〔1〕 ⑦

〔2〕 ③

〔3〕 ①

〔4〕 -6.5×10^{-2} g

〔5〕 $Zn+2NaOH+2H_2O \longrightarrow Na_2[Zn(OH)_4]+H_2$

〔6〕 非共有電子対

〔7〕 (b) $Zn(OH)_2$ (e) ZnS

〔8〕 (c)―④ (d)―③

〔9〕 ④

解説

《ダニエル電池，銅と亜鉛の反応性》

〔1〕 電池ではイオン化傾向の大きい金属が負極となり，電極が酸化されて陽イオンとなり溶ける。ダニエル電池では亜鉛版が負極となる。

〔2〕 水素よりも銅のイオン化傾向が小さいため，正極では銅(Ⅱ)イオンが還元されて単体に変化する。

〔3〕 電子は負極から正極に向かって流れ，電流は逆に正極から負極に向かって流れる。

〔4〕 負極では亜鉛が溶けるため質量は減少する。

ファラデーの法則より

$$\text{流れた電子の物質量}=\frac{0.10\times(32\times60+10)}{9.65\times10^4}=2.0\times10^{-3}\text{〔mol〕}$$

負極では次のような反応が起こるため，負極の質量変化は

$$Zn \longrightarrow Zn^{2+}+2e^-$$

$$\text{負極の質量変化}=-2.0\times10^{-3}\times\frac{1}{2}\times65.0=-6.5\times10^{-2}\text{〔g〕}$$

〔5〕 両性元素の単体が強塩基の水溶液と反応すると，錯イオンとなって溶け，水素が発生する。

〔7〕 (b) 亜鉛イオンを含む水溶液に少量の塩基性水溶液を加えると，水酸化亜鉛の白色沈殿を生じる。

(e) 亜鉛イオンの水溶液に塩基性条件下で硫化水素を通じると，硫化亜鉛の白色沈殿を生じる。

〔9〕 求める硫化物イオンの濃度を $[S^{2-}]$〔mol/L〕とする。沈殿が生じるとき，イオン濃度の積は溶解度積と等しいため

$$[Cu^{2+}][S^{2-}]=6.5\times10^{-30}$$

$$5.0\times10^{-6}\times[S^{2-}]=6.5\times10^{-30}$$

$$[S^{2-}]=1.3\times10^{-24}\text{〔mol/L〕}$$

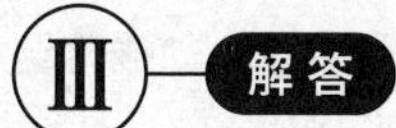

〔1〕 ギ酸

〔2〕 ⑥

〔3〕 ④

〔4〕 $CH_3-CH_2-C(=O)-O-CH_2-CH_2-CH_3$

〔5〕 ⑧

〔6〕 (i)―⑥　(ii)―④　(iii)―①

(iv) $CH_3-CH_2-C(=O)-O-C(=O)-CH_2-CH_3$

〔7〕 ②・③

解説

《エステルの構造決定，異性体の数》

〔1〕 化合物**C**は銀鏡反応を示すことからアルデヒド（ホルミル）基をもつことがわかり，また，カルボン酸であることからギ酸と判断できる。

〔2〕 化合物**D**は不飽和結合や環構造をもたないアルコールなので，分子式は $C_5H_{12}O$ と考えられる。また，ナトリウムと反応しないため，エーテルである構造異性体を数える。構造異性体を数える場合は，炭素骨格を考えた後にOが結合できる位置（下図の ↑）を考えればよい。構造異性体は次の6種類である。

$C-C-C-C-C \longrightarrow$ $CH_3-O-CH_2-CH_2-CH_2-CH_3$
$CH_3-CH_2-O-CH_2-CH_2-CH_3$

$C-C(-C)-C-C \longrightarrow$ $CH_3-O-CH(CH_3)-CH_2-CH_3$　$CH_3-CH(CH_3)-O-CH_2-CH_3$
$CH_3-CH(CH_3)-CH_2-O-CH_3$

$C-C(-C)(-C)-C \longrightarrow CH_3-O-C(CH_3)_2-CH_3$

〔3〕 化合物**A**は化合物**C**（ギ酸 CH_2O_2）と化合物**D**（$C_5H_{12}O$）が縮合した構造をもつため

Aの分子式 $= CH_2O_2 + C_5H_{12}O - H_2O = C_6H_{12}O_2$（分子量116.0）

化合物**A**の完全燃焼は次の化学反応式で表されるため，生じる二酸化炭素（分子量44.0）の質量を求めると

$$C_6H_{12}O_2 + 8O_2 \longrightarrow 6CO_2 + 6H_2O$$

$$二酸化炭素の質量=\frac{23.2}{116.0\times1000}\times6\times44.0\times1000=52.8\fallingdotseq53〔\mathrm{mg}〕$$

〔4〕 化合物**B**の構造を調べるため，まず，化合物**E**と化合物**F**の構造を決定する。エステルを加水分解するとアルコールとカルボン酸が生じること，第一級アルコールを酸化するカルボン酸になることから，化合物**E**は第一級アルコール，化合物**F**はカルボン酸と考えられる。また，酸化しても炭素数が変化しないため，化合物**E**と化合物**F**の炭素数は等しい。〔3〕より化合物**B**の炭素数は6なので，化合物**E**と化合物**F**の炭素数はその半分の3となる。炭素数3の一級アルコール，カルボン酸は1種類の異性体しか考えられず，化合物**E**と化合物**F**の構造が決定できる。それらを縮合したものが化合物**B**となる。

```
HO−CH2−CH2−CH3        CH3−CH2−C−OH
    化合物E                    ‖
                               O
                            化合物F
```

〔5〕 炭酸水素ナトリウムの水溶液と反応して二酸化炭素が発生する化合物としてカルボン酸が考えられる。炭素6個のうち，1つはカルボキシ基となっているため，炭素5個の骨格を考えてカルボキシ基の結合できる位置（下図の↑）を数えればよい。構造異性体は次の8種類である。

```
C−C−C−C−C
↑ ↑ ↑

     ⟶ CH2−CH2−CH2−CH2−CH3      CH3−CH−CH2−CH2−CH3
        |                              |
        COOH                           COOH
        CH3−CH2−CH−CH2−CH3
                |
                COOH

      ↓
C−C−C−C ⟶ CH2−CH2−CH−CH3      CH3−CH────CH−CH3
↑ ↑ | ↑    |        |              |       |
    C      COOH     CH3            COOH    CH3
                    COOH
                    |
           CH3−CH2−C−CH3      CH3−CH2−CH−CH2
                    |                  |   |
                    CH3                CH3 COOH

   C                   CH3
   |                   |
C−C−C ⟶ CH2────C−CH3
↑  |       |           |
   C       COOH        CH3
```

〔6〕 (ii)・(iii)　カルボン酸は，次のようにカルボキシ基で水素結合（下図の破線）を形成し，二量体となる。見かけの分子量が大きくなるため，融点や沸点は同程度の分子量の化合物に比べて高くなる。

$$CH_3-CH_2-C\begin{matrix}\overset{\delta -}{\diagup\!\!\!\!\!=O} \cdots\cdots \overset{\delta +}{HO}\diagdown \\ \diagdown OH \cdots\cdots O\!\!=\!\!\diagup \\ \delta + \quad\quad \delta -\end{matrix}C-CH_2-CH_3$$

(iv)　カルボン酸に適当な脱水剤を加えて加熱すると，カルボン酸2分子から水1分子がとれて結合した酸無水物が生じる。

〔7〕 ①誤り。〔4〕より化合物**B**は不斉炭素原子をもたない。

②正しい。

③正しい。次の4種類がある。

$CH_3-\overset{*}{C}H(OH)-CH_2-CH_2-CH_3$　　$CH_3-\overset{*}{C}H(OH)-CH(CH_3)-CH_3$

$CH_3-CH_2-\overset{*}{C}H(CH_3)-CH_2-OH$　　$CH_3-CH_2-\overset{*}{C}H(CH_3)-O-CH_3$

④誤り。〔4〕より化合物**E**は第一級アルコールである。

⑤誤り。〔4〕より化合物**E**と**F**は分子式が異なる。

⑥誤り。酸無水物は中性である。

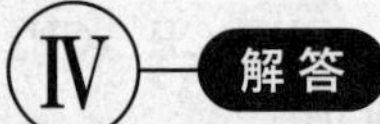

〔1〕 界面活性剤

〔2〕 ④

〔3〕 ⑤

〔4〕 (i)付加縮合　(ii) HCHO

〔5〕 (i)―②・⑤

(ii)(ア) *p*-フェニレンジアミン：$H_2N-C_6H_4-NH_2$

テレフタル酸ジクロリド：$Cl-\underset{\underset{O}{\|}}{C}-C_6H_4-\underset{\underset{O}{\|}}{C}-Cl$

(イ)―④

〔6〕 (i) NH_3　(ii)―③　(iii)―⑥

解説

《合成高分子化合物，タンパク質の窒素含有量》

〔1〕 セッケンのように疎水性と親水性の両方の部分をもち，水の表面張力を低下させる物質を界面活性剤という。

〔2〕 セッケンとは異なり，コンディショナーは主成分が水中で電離して生じる陽イオンが界面活性剤となる。セッケン分子は疎水性部分を内側に，親水性部分を外側にして集まったミセルとよばれるコロイド粒子となる。セッケン分子が油汚れに触れると，油のまわりを取り囲んで水中に分散し乳濁液となる。これを乳化作用という。

〔4〕 それぞれの単量体は次の通りで，3つとも付加縮合で合成される。

尿素樹脂：尿素とホルムアルデヒド

メラミン樹脂：メラミンとホルムアルデヒド

フェノール樹脂：フェノールとホルムアルデヒド

〔5〕 (i) ①，④は縮合重合，②，⑤は付加重合，③は開環重合で得られる（ビニロンは，酢酸ビニルを付加重合した後にけん化，アセタール化することで得られる）。

(ii) (イ) ナイロン66のメチレン基をベンゼン環に置き換えるとアラミド繊維の構造になる。

$$\text{ナイロン66：}\left[\underset{\text{H}}{\text{N}}-\boxed{(\text{CH}_2)_6}-\underset{\text{H}}{\text{N}}-\underset{\text{O}}{\overset{}{\text{C}}}-\boxed{(\text{CH}_2)_4}-\underset{\text{O}}{\text{C}}\right]_n$$

メチレン基

〔6〕 (i) タンパク質に水酸化ナトリウムを加えて加熱するとアンモニアが発生する。

(ii) 発生したアンモニアの物質量を n〔mol〕とする。中和滴定において，最終的な H^+ の物質量と OH^- の物質量は等しいため

$$2\times0.10\times\frac{30}{1000}=1\times n+1\times0.10\times\frac{12}{1000}$$

$$n=4.8\times10^{-3}\text{〔mol〕}$$

(iii) 発生したアンモニアの物質量とタンパク質中の窒素の物質量は等しく，4.8×10^{-3} mol である。そのため

$$\text{タンパク質の質量}=4.8\times10^{-3}\times14.0\times\frac{100}{16}=0.420\text{〔g〕}$$

タンパク質の含有率は　$\frac{0.420}{2.0}\times 100=21$〔%〕

講評

大問4題で構成され，すべての大問に計算問題が出題されたが，論述問題や描図問題の出題はなかった。

I　物質の状態と無機物質から出題され，化学基礎からの出題も多く見られた。基本的な知識や計算を問うものが多いものの，キップの装置の仕組みや炭酸の構造式などの細かい知識や思考力を要する問題が見られた。

II　電池と金属元素に関する問題が出題された。電池や金属イオンについての基本的な知識や計算力を問う問題が多かった。金属イオンについては，錯イオンの形まで覚えるように勉強しておきたい。

III　有機化合物について，特に異性体の数に関する問題が出題された。構造異性体をすべて書き出すためには，まず炭素原子の並び方を考え，その後，官能基の位置を考えるとよい。

IV　高分子化合物に関して，会話文形式で出題された。天然高分子と合成高分子の両方についての知識が求められ，両方の対策が不可欠である。〔6〕ではタンパク質の知識に加えて逆滴定の知識が求められ，高い思考力が求められた。アンモニアの分子量と窒素の原子量を間違えないよう心がける必要もあった。

全体を通して，基本的な問題が多いものの，思考力を要する問題も少なからず出題され，計算や構造式を書く問題もあるため，時間を気にしながら解答する必要がある。

生　物

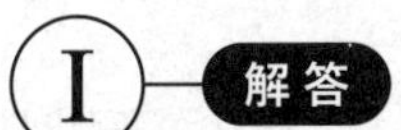

〔1〕 **あ.** 細胞質（細胞質基質） **い.** 染色体
う. 酢酸オルセイン（酢酸カーミン）溶液
え. 核小体

〔2〕 ②・⑤

〔3〕 ③

〔4〕 **お.** 分裂 **か.** 間 **き.** DNA 合成準備 **く.** DNA 合成
け. 分裂準備 **こ.** 静止（休止） **さ.** アポトーシス

〔5〕 Ⓐ—① Ⓑ—③

〔6〕 **A**—① **B**—⑥ **C**—④

〔7〕 3.8時間

〔8〕 転写調節領域の部位2には，遺伝子Xの転写を促進的に調節する配列が，部位4には抑制的に調節する配列が，それぞれ存在する。(60字以内)

解説

《核の構造とはたらき，体細胞分裂と細胞周期，転写と遺伝子発現の調節》

〔1〕 **う.** 本問では染色体（DNA）を赤色に染色する染色液が問われたが，青色に染色するメチレンブルー溶液や，青緑色に染色するメチルグリーン染色液（ピロリン・メチルグリーン染色液）など，赤色以外に染色する染色液もあることに注意すること。

え. 核小体は仁（じん）ともよばれ，リボソーム RNA（rRNA）の転写とリボソームの組み立てを行っている。1つの核に1〜複数個存在する。

〔2〕 生体膜の観点から細胞小器官を分類すると，下表のようになる。

二重膜構造	核膜，②色素体（葉緑体など），⑤ミトコンドリア
一重膜構造	細胞膜，液胞，①ゴルジ体，③小胞体，⑥リソソーム
生体膜をもたない構造体	④中心体　　…一対の中心小体（中心粒）からなる粒状の構造体 ⑦リボソーム…リボソーム RNA（rRNA）とタンパク質からなる構造体 細胞壁，細胞骨格

〔3〕 ①誤文。核膜や核小体は，細胞分裂の分裂期前期で消失し，分裂期終期で再形成され，2個の娘核ができる。

②誤文。染色体（DNA）は核の中で分散している。

④誤文。たとえば小胞体は，核膜の外側の膜と直接つながっている細胞小器官である。

〔4〕 **こ.** 細胞周期にはいくつかチェックポイントがあり，異常があれば進行を止めて修復するしくみがある。修復が不可能な場合はアポトーシスを誘導して細胞死を導く。

さ. アポトーシスとは，様々な細胞小器官は正常なまま，核が崩壊し，やがて細胞全体が断片化する細胞死であり，DNA の断片化が起こる点が特徴的である。

〔5〕 Ⓐ　DNA の複製が阻害されると S 期に入れなくなるため，① G_1 期に多く滞留するようになる。

Ⓑ　分裂期の前期に入ると，核膜や核小体が消失して，染色体が見えるようになるが，紡錘糸の形成が阻害されると，そこから先（前期から中期）へ移行できなくなる。したがって，③M期（分裂期）の前期に多く滞留することになる。

〔6〕 細胞1個あたりの相対的な DNA 量の変化の様子を細胞周期の推移に合わせてグラフで表すと，右図のようになる。

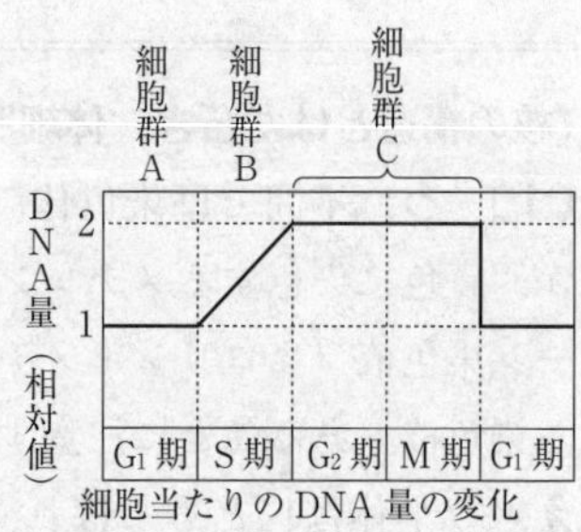

細胞当たりの DNA 量の変化

よって，各細胞群は下記の通り。

細胞群 A（DNA 量 1）：G_1 期

細胞群 B（DNA 量 1～2の間）：S 期

細胞群 C（DNA 量 2）：G_2 期，M期

〔7〕 〔6〕より，各細胞周期の細胞数の相対割合は

細胞群 A＝G_1 期＝40％　……①

細胞群 B＝S 期＝10％×4＝40％　……②

細胞群 C＝G_2 期＋M 期＝20％　……③

（①〜③）合計 100％

表より　M 期＝4〔％〕　……④

③－④ より　G_2 期＝20－4＝16〔％〕

本問の細胞周期は 24 時間なので

$$24\text{時間}\times16〔\%〕=24\text{時間}\times\frac{16}{100}=3.84\fallingdotseq3.8\text{時間}$$

〔8〕 図2より，部位2の機能を喪失させると，検出される相対 mRNA 量が大幅に低下したことから，部位2には遺伝子Xの転写を促進させる機能があったと考えられる。反対に，部位4の機能を喪失させると，検出される相対 mRNA 量が2倍に増加したことから，部位4には遺伝子Xの転写を抑制させる機能があったと考えられる。

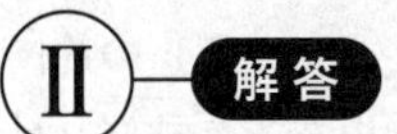

〔1〕 **あ.** 樹状突起　**い.** 髄鞘　**う.** ランビエ絞輪
え. 跳躍伝導

〔2〕 ①

〔3〕 (ア)—①・③・⑤　(イ)—③

〔4〕 閾値

〔5〕 **C**—④　**D**—②　**E**—③

〔6〕 (ア)—③　(イ)—①・③・⑥

解説

《神経系の構成，興奮の伝導と伝達，シナプス電位の加重と網膜の神経回路》

〔1〕 **い.** 髄鞘がみられる神経繊維を有髄神経繊維，髄鞘のみられない神経繊維を無髄神経繊維という。脊椎動物の神経は多くが有髄神経繊維で，無髄神経繊維は少ない。一方，無脊椎動物の神経は無髄神経繊維のみからなる。

う・え. 髄鞘は，脂質とタンパク質からなり，電気的な絶縁体である。そのため，髄鞘がある有髄神経繊維では，興奮が髄鞘の切れ目であるランビエ絞輪をとびとびに跳躍するように伝導する。これを跳躍伝導という。

〔2〕 刺激を受けていない軸索の部位を測定すると，細胞膜の外側は正（+）に，内側は負（−）に帯電しており，細胞の内外で電位差が生じている。この電位差を静止電位という。軸索の一部に刺激を与えると，一連の電位変化が生じる。これを活動電位といい，活動電位が発生することを興奮という。刺激を受けて興奮すると，軸索の興奮部と静止部との間で活動電流が流れ，この電流が刺激となって隣接部が興奮し，さらに次の隣接部が興奮するというようにして，興奮が軸索を伝わっていく。これを興奮

の伝導といい，電気信号が刺激部位から両方向に伝わっていく。興奮が軸索の末端に到達すると，シナプス小胞から神経伝達物質と呼ばれる化学物質が放出され，隣接する神経細胞に興奮が伝えられる。これを興奮の伝達という。神経伝達物質を含むシナプス小胞は神経終末にのみ存在するため，興奮は下流の神経細胞にのみ一方向へ伝達される。

〔3〕　感覚神経は背根を通って脊髄に入り，運動神経（と自律神経）は腹根を通って脊髄から出ていく。よって，腹根を通る神経Aは運動神経であり，点①・②は図1の左側（カエルにとって右側）の筋肉を収縮させる運動神経上にあることがわかり，点⑤は右側（カエルにとって左側）の筋肉を収縮させる運動神経上にあることがわかる。一方，背根を通る神経Bは興奮を中枢に伝える感覚神経であり，点③・④は感覚神経上にあることがわかる。刺激（興奮）は，感覚神経→中枢（反射中枢）→運動神経→筋肉（収縮）と伝わるので，運動神経上にある点①・⑤を刺激すると，それぞれの対応する側の筋肉を収縮させる。ただし，点②は運動神経である神経Aの切断箇所より上流にあるため，興奮を筋肉に伝えることができない。一方，感覚神経上にある点③を刺激すると，興奮は中枢（反射中枢）を経て運動神経に伝わり，筋肉を収縮させる。ただし，点①・⑤のように直接筋肉に興奮を伝えていないため，点①・⑤よりは筋肉の収縮までに時間がかかる。また，点④は感覚神経である神経Bの切断箇所より上流にあるため，興奮は中枢に伝わらず，筋肉の収縮が起こらない。

〔4〕　神経細胞は加えられる刺激の強さがある一定以上でないと興奮しない。興奮が起こる最小限の刺激の強さを閾値といい，それ以上刺激を強くしても反応の大きさは変わらない。この性質を全か無かの法則という。

〔5〕　問題文に「加重は各電位の単純な重ね合わせ」とあるので，複数の興奮性神経細胞からの入力（空間的加重）や，単一の興奮性神経細胞からの連続した入力（時間的加重）のときに，閾値を超えると考えられる。また，興奮性神経細胞と抑制性神経細胞の入力が加算されたときには互いに打ち消し合うと考えられる。よって，次図の○で囲んだタイミングのときに活動電位が生じると推測できる。

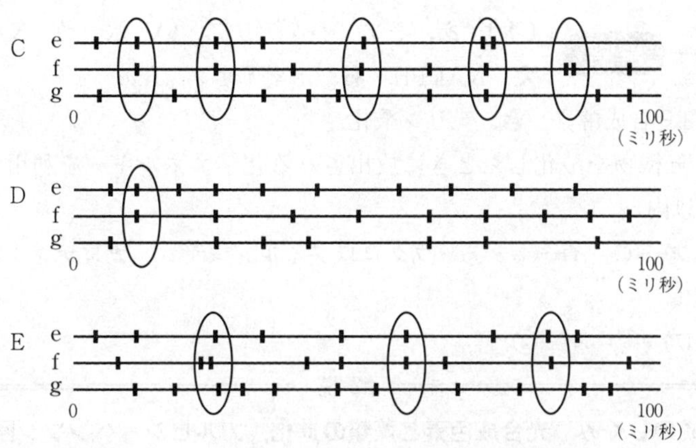

〔6〕 (ア)　次の(A)～(D)の４段階に分けて，神経節細胞の興奮の強さを考える。

(A)光が当たっている範囲の神経節細胞ｄ・ｅは，興奮性細胞からの作用とともに，両隣の抑制性細胞からの作用も受けるため，中程度の興奮が生じる。

(B)境に近く，光が当たっている範囲の神経節細胞ｃは，抑制性細胞の作用が半分ないため，(A)よりも強い興奮が生じる。

よって　ｃ＞ｄ＝ｅ

(C)境に近く，光が当たっていない範囲の神経節細胞ｂは，抑制性細胞からの作用のみを受ける。

よって　ｂ＜ｃ

(D)光が当たっていない範囲の神経節細胞ａは，興奮性細胞からも抑制性細胞からも作用を受けない。

よって　ａ＞ｂ

(イ)　上記のことから，明暗の境では，明るいところはより明るく，暗いところはより暗くなるよう，明るさの違いが強調され，網膜に写った像の輪郭がはっきり見えるようになる。したがって，①・③・⑥が正文。②・④は誤文。また，隣の視細胞からの抑制のみを受けるのは，境に近く，元々光の当たっていない範囲の神経節細胞ｂなので，⑤も誤文である。

III　解答　〔1〕 **あ.** シアノバクテリア　**い.** 水　**う.** $NADP^+$
え. NADPH　**お.** 水素イオン（H^+）
か. ATP 合成酵素　**き.** 光リン酸化
〔2〕 無機物を酸化したときに放出される化学エネルギーを利用する。(35 字以内)
〔3〕 (ア)―⑥　(イ)―④・⑤　(ウ)クロロフィルａ：①　　カロテン：②
〔4〕 ⑤
〔5〕 (ア)―③　(イ)―②

解説

《光合成のしくみ，光合成色素と藻類の進化，カルビン・ベンソン回路》

〔1〕 **い.** 光化学系Ⅱでは，水が分解されて，H^+，O_2，e^- が生じる。

う・え. NADP は，NAD（呼吸や発酵ではたらく補酵素）にリン酸が 1 分子付加したものである。役割は NAD と似るが，NAD とは脱水素酵素の種類が異なる。光化学系Ⅰから放出された e^- は $NADP^+$ に渡り，H^+ とともに $NADP^+$ を還元して NADPH が生じる。NADPH は還元力をもち，カルビン・ベンソン回路（カルビン回路）への水素供与体としてはたらく。

〔2〕 亜硝酸菌や硝酸菌，硫黄細菌や鉄細菌などの化学合成細菌は，無機物を酸化したときに放出される化学エネルギーを用いて ATP や NADPH を合成し，二酸化炭素をカルビン・ベンソン回路で還元して有機物をつくる。たとえば亜硝酸菌は，生物の遺体や排出物が分解されて生じるアンモニウムイオンを酸素によって酸化して亜硝酸イオンに変えるが，このときに放出される化学エネルギーを利用して化学合成を行う。

〔3〕 (ア) Rf 値 (移動率) $= \dfrac{\text{色素の移動距離}}{\text{溶媒前線までの距離}}$ であり，Rf 値は展開溶媒，温度，TLC シートの条件が同じならば色素の種類によって一定である。溶媒前線までの距離を 1.0 とすると，図 1 は次図のように読み取ることができる。

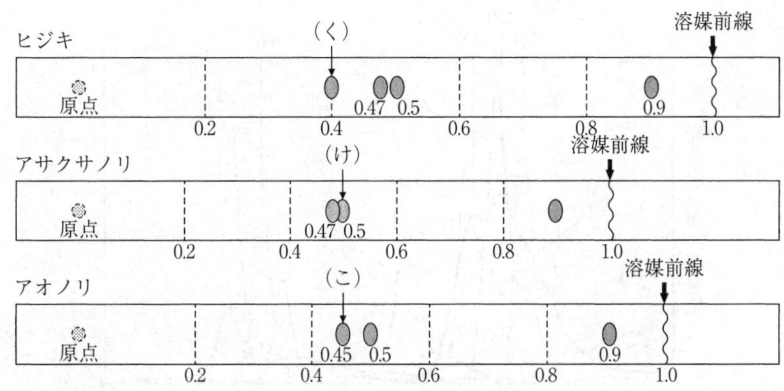

したがって，それぞれのRf値から各色素は次のように考えられる。

(く)　Rf値＝0.4　したがって　クロロフィルc

(け)　Rf値＝0.5　したがって　クロロフィルa

(こ)　Rf値＝0.45　したがって　クロロフィルb

(イ)　上図より，各藻類の保有する色素をまとめると，下表のようになる。

藻類	保有する色素
褐藻類（ヒジキ）	クロロフィルc，フコキサンチン，クロロフィルa，カロテン
紅藻類（アサクサノリ）	フコキサンチン，クロロフィルa，カロテン
緑藻類（アオノリ）	クロロフィルb，クロロフィルa，カロテン

したがって，①・②・③正文。

④・⑤誤文。紅藻類はクロロフィルcを保有しない。

⑥正文。どの藻類もクロロフィルaを保有していることから，これらの共通の祖先はクロロフィルaを保有していたと解釈できる。

⑦正文。現在の陸上植物はクロロフィルa，クロロフィルb，カロテンを保有する。これは，緑藻類の保有する色素と一致するため，緑藻類から進化したと解釈できる。

(ウ)　次表より，クロロフィルaは429nmと661nmが吸収スペクトルのピークとなるため，図2の①が該当する。また，カロテンは450nmと475nmが吸収スペクトルのピークとなるため，図2の②が該当する。

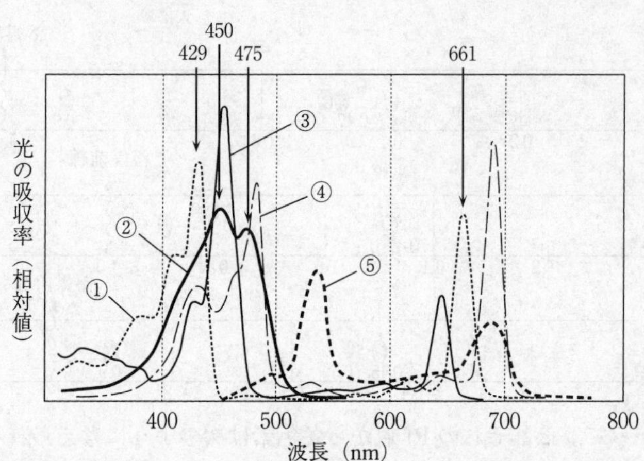

〔4〕　水の分解によって生じたe^-が光化学系Ⅱ，光化学系Ⅰを通って$NADP^+$まで伝達される反応系を，光合成の電子伝達系という。e^-が電子伝達系を通るとH^+がストロマ側（領域C）からチラコイドの内側（領域D）へと輸送される。下線部(c)はその内容を指しており，その後に記述されているATP合成酵素（か）を通るH^+（お）の移動ではないことに注意すること。

〔5〕　(ア)　カルビン・ベンソン回路は大きく次の3つの過程を繰り返している。

第1の過程：CO_2の固定…CO_2が取り込まれ，C_5化合物のRuBP（物質(し)）と結合し，C_3化合物のPGA（物質(さ)）が生じる。この反応はルビスコという酵素が触媒する。

第2の過程：PGAの還元…PGAが，チラコイドでつくられたATPによるリン酸化とNADPHによる還元（H^+の供与）を受けて，GAP（物質(す)）となる。

第3の過程：RuBPの再生…チラコイドでつくられたATPを用いて，GAPからRuBPを再生する。この間にスクロースやデンプンなどの糖を生じる。

PA（ピルビン酸）は，細胞呼吸の解糖系や，窒素代謝などに関係する中間生成物であるので，④～⑥は先に除外できるだろう。

(イ)　緑藻に，光とCO_2を十分に与えた後に，CO_2濃度が著しく低い条件にすると，CO_2の固定ができなくなってRuBPからPGAへの反応が起こらなくなり，RuBP は増加して，PGA が減少する。その直後，RuBP が光呼吸や他の代謝等で消費され減少する。

Ⅳ 解答 **〔1〕 あ.** 生命表 **い.** 傾き **う.** 社会性昆虫
え. 半数体（一倍体）

〔2〕 A型：②・③ **B型：**④・⑥ **C型：**①・⑤

〔3〕 (ア)―② (イ)25％ (ウ)40匹

〔4〕 (ア)0.5 (イ)1.0 (ウ)0.75

〔5〕 (ア)包括適応度 (イ)ヘルパー

〔6〕 菌糸

〔7〕 ③・④

〔8〕 (ア)―①・②・③・④・⑤・⑥ (イ)―③

解説

《生存曲線，社会性昆虫の血縁度と包括適応度，菌根菌の共生》

〔1〕 い. 生存曲線の縦軸は対数目盛りを用いることが多い。算術目盛り（普通の目盛り）での直線のグラフ（傾き）は死亡数一定を示すが，対数目盛りでの直線のグラフ（傾き）は死亡率一定を示す。

う. ミツバチやシロアリなどの社会性昆虫は，生殖，労働，防衛など個体の分業（カースト）が決まっており，集団で1つのまとまった機能をもっている。また，それぞれの個体は集団から離れて生活できない。

え. ミツバチの雄は，受精を経ずに発生（単為発生）するため，一倍体（半数体）となる。

〔2〕 生存曲線は各生物の生活のしかた，特に発生初期（幼齢期）の親の保護の程度と関係が深く，一般的に図1の3つの型に大別される。

A型：晩死型。発生初期（幼齢時）の死亡率が低く，死亡率が老齢時に集中する。1回の産子数が少なく，親が子どもを手厚く保護するため，ほとんどの個体が生殖年齢に達するまで生存できる。②キツネや③サルのような大型の哺乳類や社会性昆虫に多い。

B型：平均型。生涯にわたって，死亡率がほぼ一定である。④シジュウカラなどの小型の鳥類，爬虫類，小型の哺乳類などに多い。また，⑥ヒドラも平均型に該当する。ヒドラは水生無脊椎動物ではあるが，大きい個体から小さい個体が生えるようにして増える出芽という生殖をするため，親が子をしばらく保護しているような状態になる。

C型：早死型。発生初期の死亡率が非常に高く，ごく一部の個体が平均寿命よりはるかに長く生存し多数の子（卵）を産む。①イワシなどの魚類や⑤ハマグリなどの水生無脊椎動物などの，水中で浮遊生活する幼生期をもつ生物に多くみられる。

これらの3つの型は模式的なものであり，その中間的な型の生存曲線を示す例も多い。

〔3〕 たとえば，卵開始時の生存個体数が800，Ⅰ齢開始時の生存個体数が600なので，卵の時期（＝卵開始時からⅠ齢開始までの期間）には800－600＝200個体（匹）が死亡していることになる。

このように，各発育段階の死亡数，死亡率（%），1日の死亡率（%）を下記のように計算すると，表は次表のように補足できる。

死亡数：(その発育段階の）生存個体数－次齢の生存個体数

$$死亡率（\%）：\frac{死亡数}{生存個体数}\times 100$$

1日の死亡率（%）：死亡率÷(その発育段階の）日数

発育段階	卵	Ⅰ齢	Ⅱ齢	Ⅲ齢	Ⅳ齢	Ⅴ齢	さなぎ	成虫
生存個体数	800	600	300	280	270	250	80	60
死亡数	200	300	20	10	20	170	20	60
死亡率(%)	25	50	6.7	3.6	7.4	68	25	100
日数	6	2	1	2	3	4	11	5
1日の死亡率(%)	4.2	25	6.7	1.8	2.5	17	2.3	20

(ア) 成虫になるまでの発育段階で，1日の死亡率が最も高いのは25%のⅠ齢，次いで17%のⅤ齢である。死亡率は図2のグラフの傾きでも読み取れるので，ダブルチェックしておきたい。

(ウ) 卵の時期の死亡率が50%であれば，生存率は50%となる。

また，他の時期の日数および死亡率が同じであれば，その期間の生存率も同じである。したがって，Ⅰ齢から成虫までの生存率は

$$生存率：\frac{成虫の生存個体数}{Ⅰ齢の生存個体数}\times 100=\frac{60}{600}\times 100=10\%$$

となるので，成虫になる個体は

$$800\times 50\%\times 10\%=800\times 0.5\times 0.1=40匹$$

と予想できる。

〔4〕 ある個体に対して，他の個体が遺伝的にどの程度近縁であるかを示す尺度を血縁度という。親のある遺伝子を子がもつ確率は0.5なので，親子間の血縁度は0.5である。しかし，ミツバチなど，雄が半数体（一倍体）の種では，母親と子の血縁度（母親からみた子の血縁度(ア)，および，子からみた母親の血縁度）は二倍体と同じで0.5であるが，父親のもつ遺伝子は減数分裂を経ずにすべて子に伝わるので，子がもつ確率（父親からみた子の血縁度(イ)）は1.0である。一方，子のもつある遺伝子を父親ももつ確率（子からみた父親の血縁度）は0.5である。

次に，姉妹間の血縁度について考える。

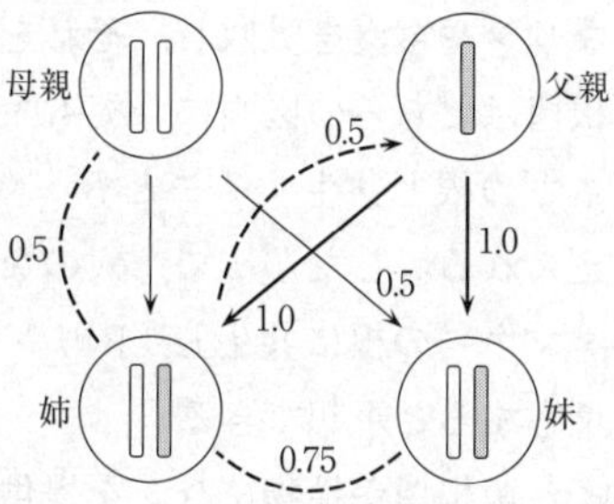

母親経由の場合：姉のある遺伝子を母親がもつ確率は0.5，その遺伝子を妹ももつ確率は0.5×0.5＝0.25である。

父親経由の場合：姉のある遺伝子を父親がもつ確率は0.5，その遺伝子を妹ももつ確率は0.5×1.0＝0.5である。

よって，姉妹間の血縁度(ウ)は母親経由と父親経由を合わせて0.25＋0.5＝0.75である。

〔5〕 (ア) 適応度の概念を拡大し，自らが残す子の数だけでなく，間接的に関わることで自分と共通の遺伝子をもつ個体を一生のうちにどれだけ残せるかを考えたものを，包括適応度という。たとえば〔4〕において，ミツバチは自分の子（血縁度0.5）を残すよりも，同数の妹（血縁度0.75）を育てたほうが，包括適応度は大きくなる。

(イ) 鳥類などの二倍体生物では，親子間と兄弟姉妹間の血縁度はどちらも0.5と等しい。包括適応度を考慮すると，自分の子を増やすことと，両親の繁殖を助けて兄弟姉妹の数を増やすことは，ほぼ同等の価値を持つと考えられる。ヘルパーの存在は，鳥類以外にジャッカルなどの哺乳類でもみられる。

〔6〕・〔7〕 陸上植物のおよそ9割は根において菌根菌といわれる菌類と共生しており，菌根菌が共生した根は菌根と呼ばれる。菌糸が根の内部に進入し，細胞内に樹枝状体という構造を形成するものを内生菌根菌とよぶ。アーバスキュラー菌根菌がその代表例であり，陸上植物の約8割に共生が

みられるといわれ，特に草原などで多い。一方，菌糸が根の外表面をおおい，子実体としてキノコを形成するものを外生菌根菌という。担子菌類が多く，マツ科やブナ科などの樹木に多くみられるため，森林に多い。代表例としてマツタケやホンシメジ，セイヨウショウロ（トリュフ）等が挙げられる。したがって，①・②は誤文，③・④は正文である。また，マメ科植物と共生する根粒菌は細菌類（バアクテリア）に分類されるため，真核生物（ユーカリア）に分類される菌根菌（菌類）とは異なるドメインに属する。よって⑤は誤文である。

〔8〕 (ア)　菌根菌は，土壌中に張り巡らした菌糸から植物の光合成に必要なリンや窒素を吸収し，それを共生した植物に提供している。つまり，菌根菌はどちらの区画にいても，穴「小」さえあれば菌糸を巡らせて，タマネギの根と共生することも，^{32}Pリン酸を吸収することも可能であると考えられる。したがって，穴のない⑦以外の実験区（①～⑥）では菌根菌がタマネギの根に共生し^{32}Pリンを提供できるため，ガイガーカウンターが反応すると予想できる。

(イ)　菌根菌が植物にリンを提供していることを直接調べる実験としては，次の3つの条件を満たす必要がある。

1．菌根菌がタマネギの根と確実に共生していること。すなわち，タマネギの苗と菌根菌が同じ区画A内にいること。

2．タマネギの根が直接^{32}Pリン酸と触れないこと。すなわち，^{32}Pリン酸は区画Bに注入し，仕切りの穴の大きさもタマネギの根が通れない「小」以下にすること。

3．菌根菌は^{32}Pリン酸に直接触れることができること。すなわち，仕切りに穴が開いていること。

以上の条件から，菌根菌をタマネギの苗と同じ区画Aに入れ，^{32}Pリン酸を区画Bに注入し，仕切りの穴を「小」にすることになるので，③が適当となる。

講評

Ⅰ　細胞，遺伝情報の分野からの総合的な問題である。前半〔1〕～〔4〕までの空所補充や選択問題は標準的である。後半〔5〕以下は計算，論述，実験考察問題が続くが，まだまだ標準的なので，ペースを落とさず要領よく解いていきたい。

Ⅱ　神経系に関する問題である。〔1〕・〔2〕・〔4〕は基礎的な問題であるが，それ以外は考察問題であり，1問あたりの情報量も多くなってくる。特に〔6〕は図説でもあまり見かけない網膜の神経回路からの出題であり，より発展的な考察が必要である。ただし，前問〔5〕がリードしてくれているので，焦らず落ち着いて問題に取り組みたい。

Ⅲ　光合成のしくみや，光合成色素から考察する進化・系統に関する問題である。〔1〕は標準的な空所補充問題である。〔2〕は論述問題であるが，字数が多くないので簡潔に文章を構成したい。〔3〕は表・図・グラフを読み取る実験考察問題である。難度は高くはないが，情報の行き来が多いため，数値を図中に書き込むなど情報を整理しながら取り組みたい。〔4〕は，珍しい内容が問われている問題である。下線部(c)が指す内容を正しく読み取ろう。〔5〕はカルビン・ベンソン回路と外的条件に関する問題である。教科書だけでなく，図説等もしっかり活用して学習しておきたい。

Ⅳ　生態に関する問題である。〔2〕・〔3〕は生存曲線の問題である。図2と表の関係を正しく読み取って計算すること。また，ヒドラの生存曲線なども出題されている。〔4〕・〔5〕は社会性昆虫の血縁度と包括適応度に関する問題である。前問に続き計算が必要だが，標準的な問題であるので，親子姉妹の血縁度の図を自分で描いて確認しながらミスなく計算していきたい。〔6〕～〔8〕は菌根菌の共生に関する問題である。菌根菌は教科書によっては載っていないこともあるため，図説等で確認しておきたい。また，リード文の内容からその特徴が根粒菌と似ているように感じるが，根粒菌は細菌類であるが菌根菌は菌類であることに気をつけたい。［お］が「菌糸」であることに気付けば，問題の難度は下がるだろう。実験考察問題では，条件が多い上に，正解となる選択肢がかなりの数該当する場合もあるが，自信をもって解答すること。

2023年度と同様に標準的な内容の問題で，総合的な学力が問われている。ただし，教科書だけでは心もとないので図説等の副教材にもしっかり目を通しておきたい。実験考察問題や記述，計算問題も多くみられる。中には情報量が多い問題もあるが，急がば回れで，表や図に情報を書き込んだり，自分で図を描いてまとめてみたりと，少し情報を整理するだけで一気に正解に近付けることがある。様々な問題を解き，自分なりの整理術を身につけておきたい。

学部個別配点方式（理系）

問題編

▶試験科目

【理工学部】

	学系・学科	教　科	科　　目
理科1科目型	数理科学科・都市システム系	外国語	コミュニケーション英語Ⅰ・Ⅱ・Ⅲ，英語表現Ⅰ・Ⅱ
		数　学	数学Ⅰ・Ⅱ・Ⅲ・A・B
		理　科	「物理基礎，物理」，「化学基礎，化学」から1科目選択
	物理科学科・電子システム系・機械システム系	外国語	コミュニケーション英語Ⅰ・Ⅱ・Ⅲ，英語表現Ⅰ・Ⅱ
		数　学	数学Ⅰ・Ⅱ・Ⅲ・A・B
		理　科	物理基礎，物理
理科2科目型	数理科学科	外国語	コミュニケーション英語Ⅰ・Ⅱ・Ⅲ，英語表現Ⅰ・Ⅱ
		数　学	数学Ⅰ・Ⅱ・Ⅲ・A・B
		理　科	「物理基礎，物理」，「化学基礎，化学」，「生物基礎，生物」から2科目選択
	物理科学科・電子システム系・機械システム系	外国語	コミュニケーション英語Ⅰ・Ⅱ・Ⅲ，英語表現Ⅰ・Ⅱ
		数　学	数学Ⅰ・Ⅱ・Ⅲ・A・B
		理　科	「物理基礎，物理」，「化学基礎，化学」
	都市システム系	外国語	コミュニケーション英語Ⅰ・Ⅱ・Ⅲ，英語表現Ⅰ・Ⅱ
		数　学	数学Ⅰ・Ⅱ・Ⅲ・A・B
		理　科	「物理基礎，物理」必須，「化学基礎，化学」，「生物基礎，生物」から1科目選択

【映像・情報理工学部】

教科		科目
理科1科目型	外国語	コミュニケーション英語Ⅰ・Ⅱ・Ⅲ，英語表現Ⅰ・Ⅱ
	数　学	数学Ⅰ・Ⅱ・Ⅲ・A・B
	理　科	「物理基礎，物理」，「化学基礎，化学」，「生物基礎，生物」から1科目選択

【生命科・薬学部】

教科		科目
理科1科目型	外国語	コミュニケーション英語Ⅰ・Ⅱ・Ⅲ，英語表現Ⅰ・Ⅱ
	数　学	数学Ⅰ・Ⅱ・Ⅲ・A・B
	理　科	「物理基礎，物理」，「化学基礎，化学」，「生物基礎，生物」から1科目選択
理科2科目型	外国語	コミュニケーション英語Ⅰ・Ⅱ・Ⅲ，英語表現Ⅰ・Ⅱ
	数　学	数学Ⅰ・Ⅱ・Ⅲ・A・B
	理　科	「物理基礎，物理」，「化学基礎，化学」，「生物基礎，生物」から2科目選択

▶配　点

学部			外国語	数　学	理　科
理科1科目型	理工	数理科学科	100	200	100
		物理科学科	100	100	200
		電子システム系・機械システム系・都市システム系	100	150	150
	映像・情報理工		150	150	100
	生命科・薬		100	100	150
理科2科目型	理工		100	150	200 (100×2)
	生命科・薬		100	100	200 (100×2)

▶**備　考**

- 「数学B」は「数列，ベクトル」から出題。
- 理工・生命科・薬学部は理科1科目型と理科2科目型で実施するが，2つの型の併願はできない。

英 語

(80 分)

I 次の文を読んで，問いに答えなさい。

People like to know where their food comes from, but even experts are unsure about the origins of the modern banana. A genetic analysis in a new study of more than 100 varieties of wild and cultivated bananas demonstrates the fruit's complicated history of domestication[1] and confirms the existence of three previously unknown, and possibly still living, ancestors. Banana experts want to track down those mysterious ancestors to see whether their genes might help keep modern banana crops healthy. "Banana domestication is much more complicated than I had realized previously," says Loren Rieseberg, a biologist who did not take part in the study.

About 7,000 years ago, bananas were not the seedless fruits we know today but were full of black seeds and almost impossible to eat. Instead, people ate the banana tree's flowers and roots and also made rope and clothes from other parts of the tree. Banana trees back then were "very different to those we see in people's fields today," says Julie Sardos, a genetic resources scientist who collects banana varieties for research purposes. Scientists do know that the banana's main wild ancestor is a species named *Musa acuminata*, which can be found from India to Australia. Today, there are more than 1,000 banana varieties. Over the course of their domestication, the modern bananas now available in supermarkets lost their seeds and became sweeter. Most researchers agree where domesticated bananas as we know them first appeared, but it's been hard to establish exactly how and when that domestication occurred. Complicating matters, some bananas have the usual two sets of chromosomes[2], whereas others have three sets or more. This suggests that at least some modern bananas are hybrids[3] that resulted from the interbreeding[4] of two or more varieties, or even different species.

There's good reason to try to make use of the modern banana's deep historical gene pool: The $8 billion banana industry, which produces 100 billion bananas annually, is threatened by diseases such as Panama disease. Banana breeders are trying to find ways to fight such diseases, particularly the ones that attack the Cavendish banana, which accounts for more than half of all the bananas exported to the United States and Europe. Some breeders are collecting wild relatives and rare varieties that are more resistant[5] to disease. Others are researching how the introduction of genes from distant ancestors could also help strengthen modern-day bananas. Genetic analyses can help put together the history of domestication and find living samples of those ancestral[6] fruits. Scientist Nabila Yahiaoui and colleagues previously compared DNA from 24 collected samples of wild and domesticated bananas. In a few of them, they found something unusual: DNA which did not match that from any of the other samples. Based on this, in 2020 they proposed that, in addition to *Musa acuminata* and other known wild relatives, two unknown species contributed DNA to the modern banana.

In the new study, Sardos and her colleagues expanded on that work, focusing on banana varieties with two sets of chromosomes, as they are likely to be more closely related to the first domesticated bananas, unlike the Cavendish, which has three sets. They sampled the DNA of 68 samples of wild relatives and of 154 types of cultivated bananas, including 25 varieties that Sardos's team collected in New Guinea. That's an impressive number of cultivated varieties, some of which can be hard to obtain, says Tim Denham, a scientist at Australian National University who was not involved with the work. The comparison provided evidence that bananas were originally cultivated on New Guinea and suggested a *Musa acuminata* subspecies[7] named *Banksia* was the first to be domesticated. The same subspecies later contributed to more widespread cultivated varieties, Sardos and colleagues reported in *Frontiers in Plant Science*. "This conclusion is significant," Denham says. "It confirms the results of previous studies in many fields." The samples also pointed to the existence of a third unknown source of banana genetic material, the team reported. Scientists have yet to identify the three species; their data suggest one came from New Guinea, one from Thailand, and the third from somewhere between northern Borneo and the Philippines.

In addition, Denham was surprised to learn that the modern banana varieties on New Guinea are more genetically diverse than their wild ancestor. "In contrast, most arguments within genetics suggest that initial domestication results in a bottleneck[8]," he says. He suspects that even as banana growers worked to improve their crop, there was interbreeding with wild varieties, leading to bunches of bananas with different genetic ancestries. "This work further confirms the importance of hybridization in the evolution of certain crops," says Rieseberg, whose work with sunflowers has demonstrated that interbreeding can be important for evolution. The field of banana research has many possibilities: Sardos and other banana experts are hoping to visit small farms and other sites in the ancestral bananas' homelands to see whether they can find other modern relatives. They, too, may produce a banana resistant to diseases that can be interbred with commercial bananas.

(Adapted from a work by Elizabeth Pennisi)

(注)

1. domestication 栽培（品種）化

2. chromosome 染色体

3．hybrid　雑種

4．interbreeding　異種交配

5．resistant　抵抗力のある

6．ancestral　祖先の

7．subspecies　亜種（生物分類上の種の下の階級）

8．bottleneck　瓶首効果（遺伝的多様性が低くなること）

〔1〕本文の意味，内容にかかわる問い(A)～(D)それぞれの答えとして，本文にしたがってもっとも適当なものを(1)～(4)から一つ選び，その番号を解答欄にマークしなさい。

(A) Why are researchers looking for the ancestors of modern bananas?

(1) To determine the source of Panama disease

(2) To find the location where bananas were first domesticated

(3) To find genetic material to safeguard the health of present-day bananas

(4) To determine the number of wild and domesticated banana varieties

(B) According to the article, which of the following did people in ancient times use as a food source?

(1) Banana seeds

(2) Flowers and roots

(3) The fruit of *Musa acuminata*

(4) Sweet bananas without seeds

(C) What did the study by Julie Sardos and her colleagues suggest about the first domesticated bananas?

(1) They had three sets of chromosomes.

(2) They had DNA from 68 different sources.

(3) They were from northern Borneo and the Philippines.

(4) They were likely a variety of banana from New Guinea.

(D) What result of Sardos's study did Tim Denham feel was unexpected?

(1) That hybridization of bananas is important

(2) That some bananas today have high genetic variety

(3) That *Banksia* was cultivated earlier than other bananas

(4) That local scientists have not identified all the species of bananas

〔2〕次の(1)～(5)の文の中で，本文の内容と一致するものには1の番号を，一致しないものには2の番号を，また本文の内容からだけではどちらとも判断しかねるものには3の番号を解答欄にマークしなさい。

(1) Modern bananas have thinner skins and are easier to peel than ancestral varieties.

(2) Three previously unknown banana ancestors have been located and identified.

(3) The domestication of modern bananas occurred over 1,000 years ago.

(4) Research into banana origins is important for economic reasons.

(5) More than 50% of bananas eaten in the world are of the Cavendish variety.

〔3〕本文の内容をもっともよく表しているものを(1)～(5)から一つ選び，その番号を解答欄にマークしなさい。

(1) Protecting the modern banana by researching the past

(2) How the banana tree does more than just produce fruit

(3) Studying modern-day bananas to develop a new super fruit

(4) How interbreeding has damaged the Cavendish banana population

(5) The importance of the banana industry to the United States and Europe

Ⅱ 次の文を読んで，問いに答えなさい。

Vancouver, British Columbia, is [(A)] a seafood paradise. Located at the mouth of the formerly salmon-rich Fraser River, the city overlooks Vancouver Island to the west, and beyond that, the Pacific Ocean. Long before it became a city, this was a rich fishing ground for various indigenous peoples[1] who still depend on its waters for cultural and spiritual sustenance[2] as much as for food. Today, tourists come from all over the world to taste local favorites like salmon and halibut[3] fresh from the water. But in the water, things are changing.

Climate change [(B)] the marine species that live near Vancouver and the people who depend on them. In a new study, a team from the University of British Columbia (UBC) shows one unexpected way that the effects of climate change are already appearing in people's daily lives. To find it, they looked at restaurant menus, rather than thermometers[4] or ice cores[5]. William Cheung, a scientist at UBC who studies fisheries[6], and one of the study's authors, explains that they chose these(あ) because they provide a record that indicates changes over time. Cheung has spent his career studying climate change and its negative effects on the world's oceans. He has previously contributed to several of the major reports of the United Nations Panel on Climate Change, but along with John-Paul Ng, a student at UBC, he wanted to find a different way to both study and communicate those changes(い). "Many people, especially in Vancouver, go out to restaurants and enjoy seafood, so we wanted to see whether climate change has affected the seafood that the restaurants serve," Cheung says.

Cheung and Ng gathered menus from hundreds of restaurants around the city, as well as from ones farther away in Anchorage, Alaska to the north and Los Angeles, California to the south. Current menus were easy to find, but researching the [(C)] of Vancouver's seafood proved a bit more difficult. It took help from local museums, historical societies, and even city hall — which the scientists were surprised to learn has records of restaurant menus going back over a century — to create the unusual data set. In all, they managed to discover menus dating back to the 1880s. Using the data they had collected, they(う) created an index called the Mean Temperature of Restaurant Seafood (MTRS), which reflects the average water temperature at which the species on the menu like to live. As expected, they found that the MTRS of Los Angeles was higher than that of Anchorage, with Vancouver falling in the middle. But by analyzing how the MTRS for Vancouver had changed, they found a significant trend of warmer-water species becoming [(D)] on restaurant menus. In the 1880s, the MTRS for Vancouver was roughly 10.7°C. Now, it is 13.8°C.

The researchers used modern and historical restaurant menus to track how the species we eat have changed [(E)]. One restaurant that became an important source of data in the study was the historic Hotel Vancouver, a 10-minute walk from the harbor's edge in the city's financial district. Cheung and Ng were able to find examples of the hotel's menus from the 1950s up to the present day. David Baarschers is Hotel Vancouver's head chef and grew up surrounded by the rich variety of British Columbia seafood. [(F)], he has a passion for cooking with the local produce. While a chef does consider peoples' preferences, a menu is also a reflection of what's swimming nearby. Baarschers says that when he and the restaurant staff are deciding what seafood to order, they have to achieve a balance between customer taste and what is possible(え). "We usually have conversations with nearby suppliers," Baarschers explains. "Okay, what's coming into season? What are you going to be able to supply us in the amount that allows us to put this on our menu?"

As [(G)] increases, the species in high enough abundance to make it to menus are continuing to change. As Cheung and Ng's work predicts, local cool-water species like sockeye salmon may continue to decline on Vancouver menus. In 2019, British Columbia saw its lowest salmon catch in over 70 years. In their place, southern species are moving in. One of the most interesting of these new arrivals isn't a fish, but Humboldt squid[7], which have begun appearing both in fishers' nets and in restaurants across the city. From a chef's perspective, Baarschers sees the changes as a mixed bag[8]. New kinds of seafood are exciting to work with, but they come at the cost of beloved favorites. "You get to know and love certain species, and when they decline and you no longer see [(H)], it is a bit sad because you just have such fond memories," he says. The changes could also damage Vancouver's tourist industry, as customers have come to expect certain items (お) on their plates. "Everyone waits for halibut season to come," Baarschers says. "And if you don't have halibut on the menu, people are asking why."

(Adapted from a work by Ian Rose)

(注)

1. indigenous people　先住民族
2. sustenance　拠り所
3. halibut　オヒョウ（カレイ科の魚類）
4. thermometer　温度計
5. ice core　氷床コア（氷河などから取り出された氷のサンプル）
6. fishery　漁業
7. Humboldt squid　アメリカオオアカイカ
8. a mixed bag　良い点もあれば悪い点もある状況

〔1〕本文の [(A)] ～ [(H)] それぞれに入れるのにもっとも適当なものを(1)～(4)から一つ選び，その番号を解答欄にマークしなさい。

出典追記：130-Year-Old Menus Show How Climate Change Is Already Affecting What We Eat, Hakai Magazine on June 27, 2022 by Ian Rose

(A) (1) anything but (2) known as
(3) no longer (4) planning to become

(B) (1) has created surprising benefits for
(2) has not yet influenced
(3) is a serious issue for
(4) will soon begin to affect

(C) (1) economics (2) flavors
(3) history (4) popularity

(D) (1) less popular (2) more common
(3) more expensive (4) quite rare

(E) (1) due to culture (2) for the better
(3) our health (4) over time

(F) (1) As a result (2) For instance
(3) However (4) In contrast

(G) (1) cost (2) demand
(3) discussion (4) warming

(H) (1) fish moving in from the south
(2) fish that are easy to cook
(3) new types of fish on the menu
(4) the same fish around

〔2〕下線部ⓐ～ⓞそれぞれの意味または内容として，もっとも適当なものを(1)～(4)から一つ選び，その番号を解答欄にマークしなさい。

㋐ these

(1) fisheries

(2) marine species

(3) restaurant menus

(4) thermometers and ice cores

㋑ those changes

(1) changes affecting profits in the fishing industry

(2) changes in the ocean caused by global warming

(3) changes in the research methods used in biology

(4) changes affecting the types of seafood that tourists want to eat

㋒ they

(1) the UBC research team

(2) scientists from Anchorage and Los Angeles

(3) the staff from local museums and city hall

(4) researchers working for the United Nations

㋓ what is possible

(1) what types of seafood can be bought locally

(2) what types of seafood the staff know how to cook

(3) what types of seafood the restaurant can afford to order

(4) what types of seafood are permitted in traditional cuisine

㋔ certain items

(1) original dishes the chef created

(2) species such as Humboldt squid

(3) food that is unique to Hotel Vancouver

(4) seafood traditionally eaten in Vancouver

Ⅲ

〔1〕次の会話の㋐～㋓それぞれの空所に入れるのにもっとも適当な表現を(1)～(10)から一つ選び，その番号を解答欄にマークしなさい。

Talking about the weekend

A：What are you going to do this weekend?

B：Nothing decided yet. It depends on the weather. I'm supposed to meet someone.

A：Sounds good, but I heard there's a 90% chance it will be stormy and rainy during the day on Saturday.（ あ ）

B：Hmm. I was hoping to go sailing with my friend on Saturday. Maybe I should call her and see if we can switch it to Sunday afternoon. That is, if it's not too windy after the storm is over.

A：Too windy?（ い ）

B：A steady wind is great. But if the winds keep changing, it can be dangerous.

A：I hope it'll be OK for you on Sunday. Since Saturday will be too stormy, do you want to go to a movie in the afternoon?

B：Sure. But let me check with my friend first. Is it OK if I invite her as well?

A：（ う ）The more, the merrier.

B：OK, great. Let me send her a message and see what she says.

A：If she comes, see if she's interested in getting something to eat afterwards.

B：That's an excellent idea. Well, assuming the weather isn't too bad.

A：I guess we'll have to wait until Saturday.（ え ）

B：That's probably a good idea.

(1) Absolutely!

(2) I'm not so sure it is.

(3) Let me check with her.

(4) I thought a good breeze was perfect for sailing.

(5) But I love going out for breakfast on weekends.

(6) How can you go sailing if there is no wind at all?

(7) But it's supposed to be nice by around noon on Sunday.

(8) Maybe I should just plan on calling you in the morning.

(9) I'll understand if you think we should cancel our sailing plans.

(10) It won't clear up until Sunday evening according to the forecast.

〔2〕次の会話の㋕～㋘それぞれの空所に入れるのにもっとも適当な表現を(1)～(10)から一つ選び，その番号を解答欄にマークしなさい。

At home

A：Oh, there you are. (㋕) I might go for a walk before we eat.

B：Why are you asking me? I thought it was your turn to cook today.

A：I don't think it is. Don't you remember? We agreed that you would cook on Wednesdays.

B：Well, you're right about that. But as today is Thursday, that means it's your turn.

A：Surely it can't be Thursday already? This week seems to have gone really quickly.

B：(㋖) I can't believe you've forgotten that.

A：Of course it was. Now I remember. I had online meetings from 9 to 5 on Saturday, so it didn't feel like a three-day weekend.

B：Really? I thought you spent Saturday watching the tennis.

A：(㋗) I was planning to, but I'd forgotten that my boss had scheduled all those meetings.

B：So that's why you were asleep on the sofa when I got home. I thought it must've been a boring match.

A：Maybe it was, but I didn't get the chance to find out. Anyway, I guess it's my turn to cook dinner after all. What do you feel like?

B：Anything is fine. ((け))

A：Good point. I'll leave right now.

(1) I wish I could have.
(2) No, I don't even really like it.
(3) That was only in the morning.
(4) What are your plans this afternoon?
(5) It's hard to believe it's Friday tomorrow.
(6) What time are we having dinner tonight?
(7) That's because Monday was a national holiday.
(8) Or we could order pizza if you're too tired to cook.
(9) Time always passes quickly when you're enjoying yourself.
(10) But you'd better go to the supermarket now — it's 6 o'clock already.

Ⅳ　次の(A)～(H)それぞれの文を完成させるのに，下線部の語法としてもっとも適当なものを(1)～(4)から一つ選び，その番号を解答欄にマークしなさい。

(A) You can play outside ＿＿＿＿ you finish your homework first.

(1) as long as　　(2) before

(3) even though　　(4) until

(B) They kept a guest ＿＿＿＿ a long time at the reception.

(1) wait　　(2) waited

(3) waiting　　(4) waits

(C) It is surprising that people still use the shop, ＿＿＿＿ that it raised prices so much.

(1) being given　　(2) gave

(3) given　　(4) giving

(D) I ＿＿＿＿ the same book over and over when my friend finally suggested a new one.

(1) had been reading　　(2) have been reading

(3) have read　　(4) will have read

(E) ＿＿＿＿ obstacles may appear, your determination will guide you to success.

(1) What　　(2) Whatever

(3) Whether　　(4) Which

(F) I don't know which of the two cameras to choose; ＿＿＿＿ of them have good features.

(1) both　　(2) each

(3) either　　(4) every

(G) My parents travel ______ than they used to.

(1) far more often (2) far often

(3) most often (4) often

(H) If it hadn't rained, the plants ______.

(1) could die (2) had died

(3) will die (4) would have died

V

〔1〕次の(A)～(E)それぞれの文を完成させるのに，下線部に入れる語としてもっとも適当なものを(1)～(4)から一つ選び，その番号を解答欄にマークしなさい。

(A) Car accidents have decreased in ______ over recent years.

(1) frequency (2) glory

(3) oppression (4) radiation

(B) When you come to the ______, you need to call me.

(1) crossroad (2) currency

(3) fortnight (4) friendliness

(C) There was ______ evidence to say who stole the money.

(1) frugal (2) insufficient

(3) leisurely (4) oversized

(D) Some people thought he was a ______ for not taking the risk.

(1) cellist (2) coward

(3) rafter (4) ram

(E) Don't forget to cover your mouth when you cough so you won't spread

______.

(1) germs (2) guidelines
(3) leaks (4) limbs

〔2〕次の(A)～(E)の文において，下線部の語にもっとも近い意味になる語を(1)～(4)から一つ選び，その番号を解答欄にマークしなさい。

(A) It is <u>fortunate</u> that you have such kind parents.
(1) curious (2) incredible
(3) lucky (4) unusual

(B) I think that could be <u>a rational</u> conclusion.
(1) a formal (2) a lasting
(3) a logical (4) an indirect

(C) Our proposals are <u>faithful</u> to the ideals of the party.
(1) contributing (2) loyal
(3) opposed (4) unrelated

(D) Professor Singh has been researching how mental <u>faculties</u> develop over time.
(1) calculations (2) functions
(3) impairments (4) institutions

(E) However hard I tried, I couldn't hide my <u>irritation</u>.
(1) contempt (2) frustration
(3) loneliness (4) uncertainty

数学

（100分）

次のⅠ，Ⅱ，Ⅲ，Ⅳの設問について問題文の［　　］にあてはまる適当なものを，解答用紙の所定の欄に記入しなさい。なお，分数を記入する際は，既約分数を記入しなさい。

Ⅰ　座標平面上にある2つの放物線 $P: y = -x^2$，$Q: y = (x-1)^2 + 1$ を考える。P 上の点 $(t,\ -t^2)$ における接線の方程式は $y =$ ［ア］ で与えられる。

P，Q には2本の共通接線が存在する。そのうち正の傾きのものを l_1，負の傾きのものを l_2 とおく。l_1 と P の接点を A_1，l_1 と Q の接点を B_1 とおくと，A_1，B_1 の座標はそれぞれ ［イ］，［ウ］ である。l_2 と P の接点を A_2，l_2 と Q の接点を B_2 とおくと，A_2，B_2 の座標はそれぞれ ［エ］，［オ］ である。また，l_1 と l_2 の交点の座標は ［カ］ である。

四角形 $\mathrm{A}_1\mathrm{A}_2\mathrm{B}_1\mathrm{B}_2$ の面積は ［キ］ であり，l_1，l_2 および P で囲まれた部分の面積は ［ク］ である。また，l_1，l_2 および Q で囲まれた部分の面積は，四角形 $\mathrm{A}_1\mathrm{A}_2\mathrm{B}_1\mathrm{B}_2$ の面積の ［ケ］ 倍である。

Ⅱ　空間上に図のような平行六面体OADB-CLMNがある。4点O，A，B，Cに関するベクトルの内積は次を満たしているとする：

$$\overrightarrow{OA}\cdot\overrightarrow{OB}=4,\ \overrightarrow{OB}\cdot\overrightarrow{OC}=1,\ \overrightarrow{OC}\cdot\overrightarrow{OA}=3,$$
$$\overrightarrow{OA}\cdot\overrightarrow{OA}=10,\ \overrightarrow{OB}\cdot\overrightarrow{OB}=2,\ \overrightarrow{OC}\cdot\overrightarrow{OC}=5$$

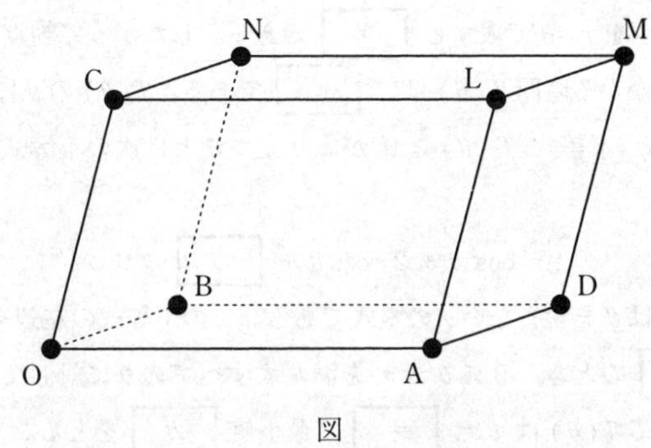

図

〔1〕　△OABを含む平面に点Cから垂線を下ろす。この平面と垂線の交点をHとすると，

$$\overrightarrow{HC}=\boxed{\text{ア}}\ \overrightarrow{OA}+\boxed{\text{イ}}\ \overrightarrow{OB}+\boxed{\text{ウ}}\ \overrightarrow{OC}$$

で表される。よって $|\overrightarrow{HC}|=\boxed{\text{エ}}$ である。また，$\overrightarrow{OA}$ と $\overrightarrow{OB}$ のなす角を θ とすると，$\sin\theta=\boxed{\text{オ}}$ であることから，平行四辺形OADBの面積は $\boxed{\text{カ}}$ であり，平行六面体OADB-CLMNの体積は $\boxed{\text{キ}}$ であることがわかる。

〔2〕　p，q をそれぞれ1未満の正の実数とする。線分OAを $p:1-p$ に内分する点をP，線分OBを $q:1-q$ に内分する点をQとする。△OPQがOP = OQ の二等辺三角形であるとき，$q=\boxed{\text{ク}}\ p$ が成り立ち，さらに四面体OPQCの体積が四面体OABCの体積の $\dfrac{1}{4\sqrt{5}}$ 倍になるとき，$(p,\ q)=\boxed{\text{ケ}}$ である。このとき，平行六面体の対角線OMと△PQCを含む平面との交点をKとすると，$\overrightarrow{OK}=\boxed{\text{コ}}\ \overrightarrow{OM}$ が成り立つ。

Ⅲ　座標平面上を動く点がある。点A$(1,\ 0)$から出発し，単位円周上を正の向きに点P$(\cos\theta,\ \sin\theta)$まで速さ1で動いた後，Pから点B$(-r,\ 0)$まで線分PB上を速さ$\frac{1}{3}$で動く。ただし$0 \leqq r \leqq 1$，$0 \leqq \theta \leqq \pi$とする。各$r$に対し，動点がAからBに到着するまでにかかる時間$T(\theta)$について考える。

線分PBの長さをr，θで表すと［ア］である。したがって動点がAからBに到着するまでにかかる時間$T(\theta)$は，［イ］である。$T(\theta)$のθに関する導関数を$T'(\theta)$とする。不等式$T'(\theta) \geqq 0$が成り立つことは次の不等式が成り立つことと同値である。

$$9r^2\cos^2\theta + 2r\cos\theta + \boxed{\text{ウ}} \geqq 0$$

ただし［ウ］はθを含まないrの整式である。この不等式の左辺を$f(\theta)$とする。$0 \leqq r \leqq$［エ］のとき，$0 \leqq \theta \leqq \pi$を満たすすべてのθに対して$f(\theta) \geqq 0$が成り立つ。よって$T(\theta)$は$\theta =$［オ］で最小値［カ］をとる。

［エ］$< r < 1$のとき，方程式$f(\theta) = 0$は$0 \leqq \theta \leqq \pi$に異なる2つの実数解を持つ。特に$r = \frac{2}{3}$のとき，$T(\theta)$を最小にする点Pのx座標は［キ］である。また，$r = 1$のとき，$T(\theta)$を最小にするθは［ク］であり，$T(\theta)$を最大にする点Pのx座標は［ケ］である。

Ⅳ　2以上の自然数nを1つ固定する。0または1を重複を許して合計n個選んで横一列に順に並べる。この並びを二進法表記として得られる数をmとおき，逆順に並べたものを二進法表記として得られる数をm'とおく。ただし，二進法表記において，先頭に0が並んでいる場合，その0は除外して考える。例えば，$n=2$のときに数を0，1と選んだ場合，$m=1_{(2)}=1$，$m'=10_{(2)}=2$である。また，$n=3$のときに数を0，1，0と選んだ場合，$m=m'=10_{(2)}=2$である。

〔1〕$n=2$とする。このとき，$m=m'$となるような0，1の選び方は［ア］通りある。また，$m-m'$は$m=$［イ］のとき最小値［ウ］をとる。

〔2〕$n=3$とする。このとき，$m=m'$となるような0，1の選び方は［エ］通りある。また，m'が偶数となるような0，1の選び方は［オ］通りあり，特にm'がその中で最大の偶数となるのは$m=$［カ］のときである。

〔3〕nを4以上の自然数とする。$m-m'$が4の倍数となるmの個数をnを用いて表すと［キ］である。また，mが4の倍数となるすべての並びに対するm'の総和をnを用いて表すと［ク］となる。

物　理

（理科1科目型：80分
理科2科目型：2科目 120分）

（注）

- 理科1科目型はⅠ，Ⅱ，Ⅲを解答すること（全問解答すること）。
- 理科2科目型はⅠ，Ⅱを解答すること（Ⅲは解答しないこと）。
- 解答に字数制限がある場合には，句読点の1字分も1マスとすること。

Ⅰ　次の文章を読み，［あ］～［か］に適切な数式を解答欄に記入せよ。また，［A］～［E］には指定された選択肢からもっとも適切なものを一つ選び，解答欄にマークせよ。以下，重力加速度の大きさは g とする。

図のように，水平な床の上に2枚の鉛直な壁が $2L + R$ の距離を隔てて固定され，左右方向の幅 R の剛体のおもりが，自然長 L のばねによって両側の壁につながれている。ここで，おもりの質量は m，それぞれのばねのばね定数は k であり，ばねの質量は無視できるものとする。以下では，ばねは常に水平に保たれ，おもりを傾けるような力のモーメントは無視できるものとし，紙面内の左右方向の運動のみを考える。おもりの変位 x（ただし，$|x| < L$）は，つり合いの位置，すなわち，<u>両方のばねが自然長の状態をゼロ</u>とし，右方向を正の向きとする。

〔1〕　まず，床に摩擦がない場合を考える。

おもりをつり合いの位置から距離 d だけ右に動かして（つまり，おもりの変位が d の状態で），静かに手を放したところ，おもりは振幅 d の単振動を始めた。

おもりの加速度を a とすると，この単振動の運動方程式は，

$$ma = \boxed{\text{A}}$$

と表される。この運動において，単振動の周期は [あ] であり，おもりの速さの最大値は [い] である。

〔2〕 次に，床に摩擦がある場合を考える。おもりと床の間の静止摩擦係数を μ，動摩擦係数を μ' とし，$0 < \mu' < \dfrac{\mu}{2}$ とする。

おもりをつり合いの位置から距離 d だけ右に動かして（つまり，おもりの変位が d の状態で），静かに手を放したところ，おもりは左に動き出し，その後，速度が初めてゼロになった直後にそのまま動かなくなった。

手を放したときにおもりが動き出す条件は，そのときのばねの弾性力の合力の大きさがおもりと床の間の [B] ことであるから，

$$d > \boxed{\text{う}}$$

が成り立つことである。

このとき，おもりの加速度を a とすると，おもりから手を放してから速度が初めてゼロになるまでの間に成り立つ運動方程式は，

$$ma = \boxed{\text{え}}$$

と表される。$x =$ [お] のときに加速度がゼロになることに注意すると，この運動方程式は，$x =$ [お] を中心とする単振動の運動方程式と同じ形であることが分かる。したがって，おもりが動き出してから速度が初めてゼロになるのは，$x =$ [か] のときである。その地点でおもりが動かなくなる条件は，そのときのばねの弾性力の合力の大きさがおもりと床の間の [C] ことなので，[か] の符号が負であることに注意すると，

$$d \leqq \boxed{\text{D}}$$

が成り立つことである。また，手を放してからおもりの速度が初めてゼロになるまでの間に失われた力学的エネルギーは [E] である。

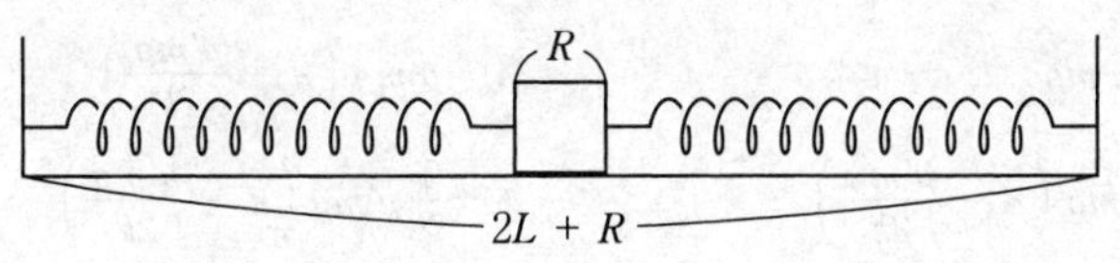

図

[A] に対する選択肢

① kx ② $2kx$ ③ $\frac{1}{2}kx$

④ $-kx$ ⑤ $-2kx$ ⑥ $-\frac{1}{2}kx$

[B] に対する選択肢

① 動摩擦力より大きい ② 最大摩擦力より大きい

③ 動摩擦力より小さい ④ 最大摩擦力より小さい

[C] に対する選択肢

① 動摩擦力以上である ② 最大摩擦力以上である

③ 動摩擦力以下である ④ 最大摩擦力以下である

[D] に対する選択肢

① $\frac{\mu' mg}{k}$ ② $\frac{\mu mg}{k}$ ③ $\frac{\mu' mg}{2k}$

④ $\frac{\mu mg}{2k}$ ⑤ $\frac{2\mu' mg}{k}$ ⑥ $\frac{2\mu mg}{k}$

⑦ $(\mu + \mu')\frac{mg}{k}$ ⑧ $(\mu - \mu')\frac{mg}{k}$ ⑨ $\left(\frac{\mu}{2} + \mu'\right)\frac{mg}{k}$

⑩ $\left(\mu + \frac{\mu'}{2}\right)\frac{mg}{k}$ ⑪ $(2\mu + \mu')\frac{mg}{k}$ ⑫ $(\mu + 2\mu')\frac{mg}{k}$

[E] に対する選択肢

① $\mu' mgd$ ② $2\mu' mgd$

③ $\frac{1}{2}\mu' mgd$ ④ $\mu' mg\left(d - \frac{\mu' mg}{2k}\right)$

⑤ $2\mu' mg\left(d - \frac{\mu' mg}{2k}\right)$ ⑥ $\frac{1}{2}\mu' mg\left(d - \frac{\mu' mg}{2k}\right)$

⑦ $\mu' mg\left(d-\dfrac{\mu' mg}{k}\right)$　　⑧ $2\mu' mg\left(d-\dfrac{\mu' mg}{k}\right)$

⑨ $\dfrac{1}{2}\mu' mg\left(d-\dfrac{\mu' mg}{k}\right)$　　⑩ $\mu' mg\left(d-\dfrac{2\mu' mg}{k}\right)$

⑪ $2\mu' mg\left(d-\dfrac{2\mu' mg}{k}\right)$　　⑫ $\dfrac{1}{2}\mu' mg\left(d-\dfrac{2\mu' mg}{k}\right)$

Ⅱ　次の文章を読み，[あ]～[か]に適切な数式あるいは数値を解答欄に記入せよ。また，[A]～[F]には指定された選択肢からもっとも適切なものを一つ選び，解答欄にマークせよ。異なる設問では同じ選択肢を選んでもよい。以下の実験は真空中で行い，重力や地磁気の影響は無視するものとする。また，円周率はπとする。各図に示されているように，xy面を紙面に選び，z軸は紙面に垂直で裏から表の向きを正とする。

〔1〕 一様で時間的に変化しない外部磁場中での電子の運動を考えよう。電子の質量をm，電気量を$-e$（ただし，$e>0$）とし，電子の速さは光速より十分に小さいとする。図1に示すように，狭い隙間にある加速装置（図2も参照）を隔てて一様な磁束密度Bの磁場があり，電子は1回転するごとに隙間部分の極板にかけられた高周波電圧によって加速される。電子は極板の点Oの電子源（図2）から初速度ゼロで打ち出され，xy平面上のみを運動したのち，最終的に点Pで放出される。以下では，加速装置の隙間は非常に狭いので，加速装置での運動の時間は無視できるものとする。

図1に示すxy平面上の軌道で矢印の方向に電子が運動するとき，一様な磁束密度の向きは図1において[A]である。図2は電子の加速中の様子の拡大図である。電子の通過時間は非常に短く，極板間に磁場はないので，加速装置を通過する電子は一定の電圧Vで加速されると考えられる。このとき，電場の向きは[B]であり，1回の加速で増加する電子の運動エネルギーは[あ]となる。

図1のように，磁場中を速さvで運動する電子は，大きさ[い]の[C]を受け，円運動によって点Oに戻る。この円運動を半径rの等速円運動と考えると，電子は運動方程式

$$\boxed{\text{D}} = \boxed{\text{い}}$$

にしたがって運動する。この円運動の周期は，文字定数として<u>m, e, B, π</u>のみを用いて，[う]となる。この周期に対応する高周波電圧を加えることで，電子を加速し続けることが可能となる。

電子がN回目の円運動の途中で点Pに到達したとき，運動エネルギーは$N\times$[あ]となっているので，点Pにおける電子の運動量の大きさは[E]となる。また，このとき点Oから点Pまでの円運動の半径は，文字定数として<u>e, m, B, V, N</u>を用いて，[え]となる。このように電子のエネルギーを増加させる装置がマイクロトロン加速器である。

〔2〕 つぎに，〔1〕と同様の装置で，円運動の半径を一定に保ちながら電子を運動させることを考えよう。高周波電圧によって電子を加速した後，円運動の半径を一定に保つためには，加速後に磁束密度の大きさを[F]必要がある。

n回加速された後の電子の運動量の大きさをp_nとし，磁束密度の大きさB_n中で円運動したとする。この電子が加速装置に到達し，加速された後の運動量の大きさをp_{n+1}とし，この電子もn回目と同じ半径で円運動した時の磁束密度の大きさをB_{n+1}とすると

$$\frac{B_{n+1}}{B_n}=\left(\frac{p_{n+1}}{p_n}\right)^{\alpha}$$

の関係が成り立つ。ここで，$\alpha=$[お]である。このように高周波電圧と磁束密度の大きさを制御することでシンクロトロン加速が可能となる。

ここでは，電子の速さは光速cより十分に小さいと考えたが，実際には光速程度まで加速される。質量とエネルギーの等価性から静止状態にある電子はエネルギー[か]を持つと考えられるが，光速程度で運動する電子の運動エネルギーはこのエネルギーよりも十分に大きくなる。このとき，上で求めた電子の運動量は運動エネルギーの$\dfrac{1}{c}$倍に修正する必要があるが，マイクロトロン加速器やシンクロトロン加速器の装置を構築する基本的な方針は同じであり，必要とする電子のエネルギーを得るための装置の大きさ，高周波電圧，磁束密度の大きさについて考える必要がある。

[A], [B] に対する選択肢

① x 軸正方向　② x 軸負方向　③ y 軸正方向
④ y 軸負方向　⑤ z 軸正方向　⑥ z 軸負方向

[C] に対する選択肢

① 核力　② 起電力　③ クーロン力
④ 原子間力　⑤ 張力　⑥ 万有引力
⑦ ファンデルワールス力　⑧ ローレンツ力

[D] に対する選択肢

① mrv^2　② $\frac{1}{mrv^2}$　③ mr^2v　④ $\frac{1}{mr^2v}$
⑤ $\frac{mv^2}{r}$　⑥ $\frac{r}{mv^2}$　⑦ mrv　⑧ $\frac{1}{mrv}$

[E] に対する選択肢

① NV　② NmV　③ $2mNeV$　④ $\frac{2NeV}{m}$
⑤ $\sqrt{NV}$　⑥ $\sqrt{NmV}$　⑦ $\sqrt{2mNeV}$　⑧ $\sqrt{\frac{2NeV}{m}}$

[F] に対する選択肢

① 減らす　② 増やす　③ 変化させない

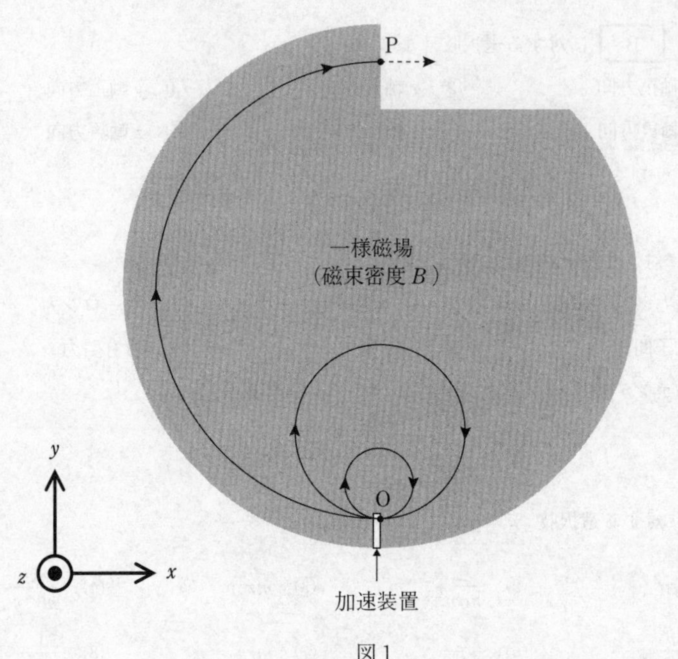
P
一様磁場
（磁束密度 B）
O
y
x
z
加速装置

図 1

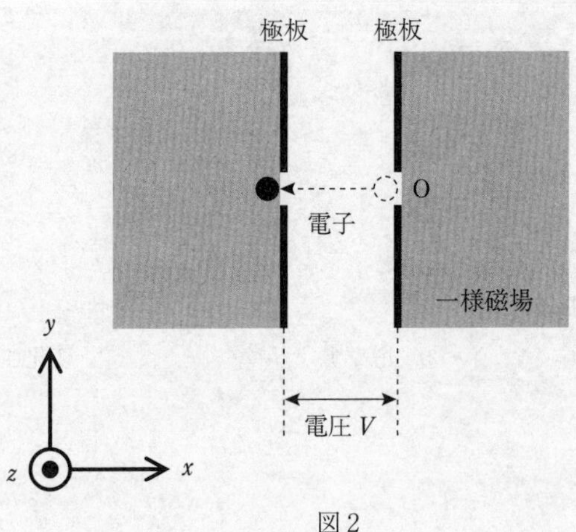
加速装置の拡大図（加速中の電子の様子）
極板
極板
O
電子
一様磁場
電圧 V
y
x
z

図 2

Ⅲ 次の文章を読み，[あ] ～ [お] に適切な数式あるいは数値を解答欄に記入せよ。また，[A] ～ [F] には指定された選択肢からもっとも適切なものを一つ選び，解答欄にマークせよ。異なる設問では同じ選択肢を選んでもよい。

光は，電場と磁場が時間的に変動しながら横波として空間を伝わる電磁波の一種である。眼や写真フィルム，検出器などは主に電場との相互作用によって光を検出する。そこで，ここでは光を振動する電場として表現する。電場は向きと強さをもつ量であり，3次元空間において電場ベクトル$\vec{E}=(E_x,\ E_y,\ E_z)$と表すことができる。

太陽や白熱電球の光は，さまざまな方向に振動する光の集まりである。光が偏光板と呼ばれる特別なフィルターを通過すると，電場ベクトル$\vec{E}$は偏光板の軸と呼ばれる特定の方向と平行になる。このような光を偏光という。真空中での光の速さをc，空気の屈折率を1とする。

〔1〕 図1のように，偏光板Sをxy平面と平行で，かつ，その軸がx軸と平行になるように置く。空気中をz軸正方向に進む単色光がこの偏光板Sを通過するとき，通過後の偏光を表す電場ベクトル$\vec{E}$はx軸に平行となる。これを振幅E_0，波長λの平面波であるとすると，時刻tにおける$\vec{E}$のx成分E_xは次のように表される。

$$E_x(z,\ t)=E_0\cos\left(\omega t-\frac{2\pi z}{\lambda}\right)$$

このとき，$\vec{E}$のy成分は$E_y=0$であり，また，この偏光がz方向に進行する横波であることから，$E_z=$ [あ] である。この電場ベクトルにおいて，角振動数ωと波長λは [A] という関係式を満たす。

偏光板Sを通過した光は，偏光板Sと平行に置かれた偏光板Tを通過する(図1)。偏光板Tの軸はx軸正方向とθの角度をなすものとする（ただし，$0^\circ \leqq \theta \leqq 90^\circ$）。このとき，偏光板Tを通過したあとの電場ベクトル$\vec{E}$の振幅は$E_0\cos\theta$となる。いま，偏光板Tをその面内で回転させながら，通過してきた光を観測したとき，光がもっとも明るくなるのは$\theta=$ [B] のときであり，もっとも暗くなるのは$\theta=$ [C] のときである。

〔2〕 つぎに，偏光板Tの軸が y 軸に平行になるように偏光板Tをその面内で回転させ，この配置で偏光板Tを固定する。偏光板Sと偏光板Tの間にそれらと平行に偏光板Uを挿入した（図2）。偏光板Uの軸ははじめ，偏光板Sの軸と平行（すなわち x 軸に平行）であるとする。この配置から，偏光板Uをその面内で回転させながら，偏光板Tを通過してくる光の明るさを観測した。偏光板Uの軸が x 軸正方向と角度 θ（ただし，$0° \leqq \theta \leqq 90°$）をなすとき，偏光板Tを通過したあとの電場ベクトル $\vec{E}$ の振幅を E_0 と θ を用いて表すと，［い］である。したがって $\theta =$［D］のとき，観測される光はもっとも明るい。

〔3〕 空気中を z 軸正方向に進行する，振幅 E_0，波長 λ の二つの電場ベクトル $\vec{E_1}$ および $\vec{E_2}$ の重ね合わせについて考える。図3に示すように，$\vec{E_1}$ は x 軸に平行に振動する偏光を，$\vec{E_2}$ は y 軸に平行に振動する偏光を表すものとする。$\vec{E_1}$ と $\vec{E_2}$ が同位相（位相差ゼロ）で振動するとき，電場の重ね合わせの原理により，観測される電場ベクトル $\vec{E}_{\text{in}} = \vec{E_1} + \vec{E_2}$ は，振幅［う］$\times E_0$ をもち，x 軸正方向と角度［E］をなす方向と平行に振動する偏光を表す。一方，$\vec{E_1}$ と $\vec{E_2}$ が互いに逆位相（位相差 π）で振動するとき，観測される電場ベクトル $\vec{E}_{\text{anti}} = \vec{E_1} + \vec{E_2}$ は，振幅［う］$\times E_0$ をもち，$\vec{E}_{\text{in}}$ と角度［F］をなす方向に振動する偏光を表す。

〔4〕 いま，〔3〕で考えた電場ベクトル $\vec{E}_{\text{in}}$ の偏光が，複屈折板を通過するときに何が起こるかについて考える。ここで，複屈折板とは，入射する光の振動方向に応じて屈折率が異なる物質からなるフィルターである。

図4のように，厚さ d の複屈折板Pを xy 平面に平行に配置する。このとき，z 軸正方向に進行する平面波は複屈折板Pに垂直に入射する。複屈折板Pの中を x 軸に平行に振動する偏光が進むときの屈折率を n_1，複屈折板Pの中を y 軸に平行に振動する偏光が進むときの屈折率を n_2 とする。ただし，$n_1 > n_2 > 1$ とする。

〔3〕より，$\vec{E}_{\text{in}}$ が複屈折板に入射する現象は，$\vec{E_1}$ および $\vec{E_2}$ が，それぞれ屈折率 n_1 および n_2 の薄膜（厚さ d）に垂直に入射したときの重ね合わせと考えることができる。このとき，屈折率が異なるため，$\vec{E_1}$ および $\vec{E_2}$ で表される

二つの光には光路差が生じる。その光路差を<u>d, n_1, n_2</u>を用いて表すと，

［え］となる。その結果，$\vec{E_1}$と$\vec{E_2}$の間には，

$$\frac{2\pi}{\lambda} \times \boxed{\text{え}}$$

だけ位相の差が生じる。複屈折板Pの厚さdがある特定の値のとき，複屈折板Pを通過した光は〔3〕で考えた$\vec{E}_{\text{anti}}$になる。これは，光路差のために$\vec{E_1}$と$\vec{E_2}$が逆位相で振動するようになったことを意味する。この条件をみたす厚さdのうち最小のものは，<u>n_1, n_2およびλ</u>を用いて［お］と表される。

以上のように，直線偏光の偏光方向を回転させる働きをするフィルターは$\frac{1}{2}$波長板として知られている。

［A］に対する選択肢

① $\lambda c = 2\pi\omega$　② $\lambda c = \frac{\omega}{2\pi}$　③ $\lambda c = \omega$

④ $\omega c = 2\pi\lambda$　⑤ $\omega c = \frac{\lambda}{2\pi}$　⑥ $\omega c = \lambda$

⑦ $\omega\lambda = 2\pi c$　⑧ $\omega\lambda = \frac{c}{2\pi}$　⑨ $\omega\lambda = c$

［B］～［F］に対する選択肢

① 0°　② 30°　③ 45°　④ 60°　⑤ 90°

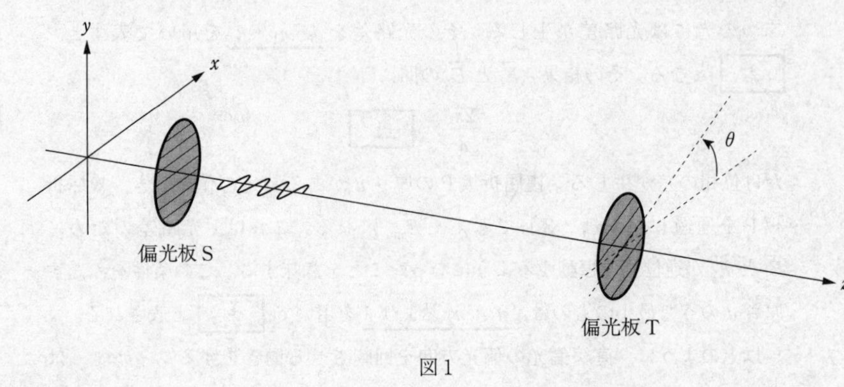

図 1

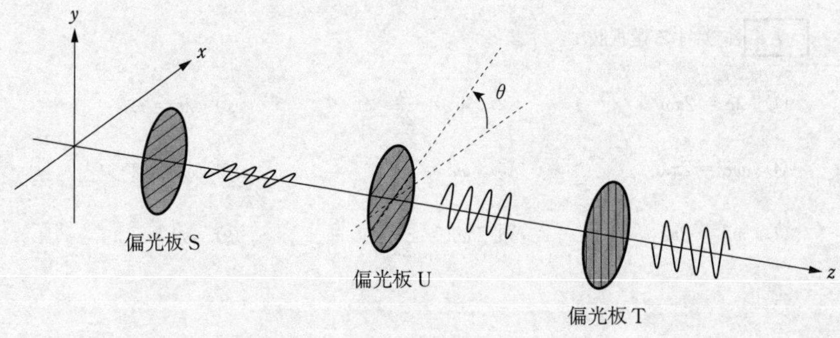

図 2

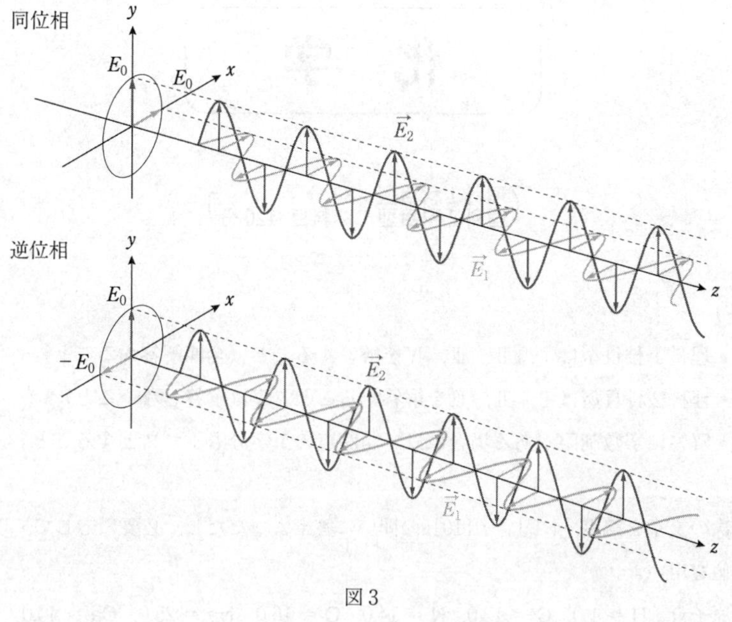

図 3

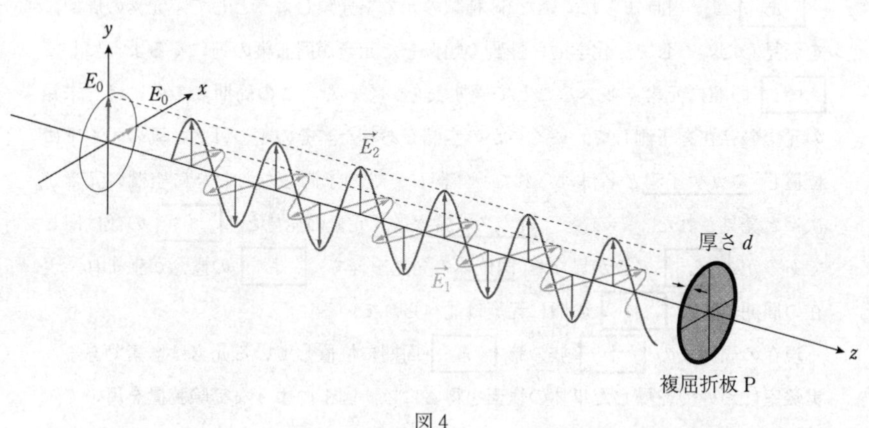

図 4

編集部注：実際の問題はカラー印刷

化　学

（理科1科目型：80分
理科2科目型：2科目 120分）

(注)

- 理科1科目型はⅠ，Ⅱ，Ⅲ，Ⅳを解答すること（全問解答すること）。
- 理科2科目型はⅠ，Ⅱ，Ⅲを解答すること（Ⅳは解答しないこと）。
- 解答に字数制限がある場合には，句読点の1字分も1マスとすること。

Ⅰ　次の文章を読み，〔1〕～〔10〕の問いに答えよ。ただし，必要に応じて，以下の値を用いよ。

原子量：H = 1.0，C = 12.0，N = 14.0，O = 16.0，Na = 23.0，Ca = 40.0

［あ］は，当時知られていた63種類の元素を分類しようとして，元素の周期律を発見した。そして，化学的に性質の類似した元素が同じ縦の列にくるようにして，［い］の順に元素を並べることで周期表をつくった。この周期表の中には，未知の元素の存在を予測して，いくつかの空欄があった。その1つはケイ素のすぐ下に位置し エカケイ素(a)と名付けられた。実際に，彼の予測したとおりに空欄の元素が次々と発見された。その後，貴ガス（希ガス）(b)元素の発見と，［う］の数は同じであるが［え］の数が異なる同位体(c)の発見を経て，［お］の概念が生まれ，現在の周期表では［お］の順に元素は並べられている。

現在の周期表の［か］族の第［き］周期に位置している元素は塩素である。実験室において乾燥した単体の塩素を得るには，図1のような実験装置を用いて，酸化マンガン(Ⅳ)に濃塩酸を加えて加熱する(d)。加熱を要しない方法としては，高度さらし粉 $Ca(ClO)_2 \cdot 2H_2O$ に希塩酸を加えることが考えられる(e)。単体の塩素およびを塩素化合物は化学薬品としても重要な物質である(f)。特に，塩酸は化学実験の試薬として広く用いられている(g)。

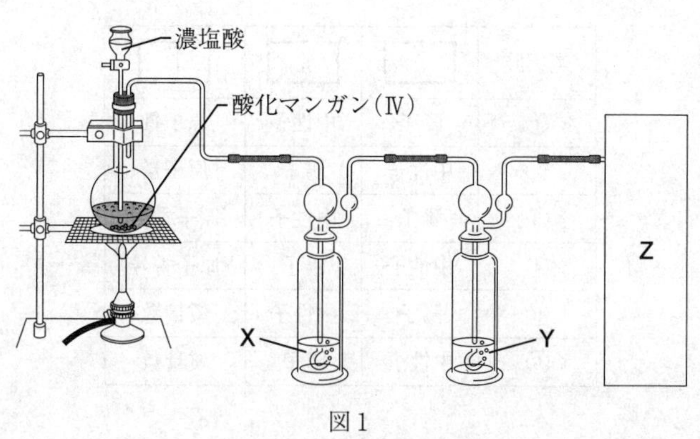

図1

〔1〕 文章中の あ と い にあてはまる人名や語句の組み合わせとして，最も適当なものを下の選択肢の中から選び，その番号を解答用紙にマークせよ。

選択肢	あ	い
①	メンデレーエフ	原子番号
②	メンデレーエフ	原子量
③	ドルトン	原子番号
④	ドルトン	原子量
⑤	アボガドロ	原子番号
⑥	アボガドロ	原子量

〔2〕 文章中の う ～ お にあてはまる語句の組み合わせとして，最も適当なものを下の選択肢の中から選び，その番号を解答用紙にマークせよ。

選択肢	う	え	お
①	陽子	中性子	原子量
②	中性子	陽子	原子量
③	陽子	中性子	原子番号
④	中性子	陽子	原子番号
⑤	陽子	中性子	質量数
⑥	中性子	陽子	質量数

〔3〕 文章中の か と き にあてはまる最も適当な数値をそれぞれ下の選択肢の中から選び，その番号を解答用紙にマークせよ。

① 1　② 2　③ 3　④ 4　⑤ 5
⑥ 6　⑦ 7　⑧ 8　⑨ 9　⑩ 10
⑪ 11　⑫ 12　⑬ 13　⑭ 14　⑮ 15
⑯ 16　⑰ 17　⑱ 18

〔4〕 文章中の下線部(a)について，この元素に関する記述として**正しいもの**を下の選択肢の中から**1つ選び**，その番号を解答用紙にマークせよ。

① この元素は非金属元素に分類されている。
② この元素は遷移元素に分類されている。
③ この元素の単体の結晶は半導体の性質をもっている。
④ この元素の単体と炭素の単体とは互いに同素体である。
⑤ この元素は地殻中に最も多く含まれる。
⑥ この元素は地殻中で2番目に多く含まれる。

〔5〕 文章中の下線部(b)について，次の文中の A ～ D にあてはまる数値の組み合わせとして，最も適当なものを下の選択肢の中から選び，その番号を解答用紙にマークせよ。

貴ガスは，現在の周期表における [A] 族の元素群のことである。貴ガス原子の最外殻電子の数は，ある1つの原子では [B] 個，他の原子ではすべて [C] 個であるが，価電子の数はいずれも [D] 個としている。

選択肢	A	B	C	D
①	8	2	8	18
②	8	2	8	0
③	8	8	2	18
④	8	8	2	0
⑤	18	2	8	8
⑥	18	2	8	0
⑦	18	8	2	8
⑧	18	8	2	0

〔6〕 文章中の下線部(c)について，塩素には ^{35}Cl と ^{37}Cl の2種類の同位体が存在する。それぞれの相対質量は順に 34.97 と 36.97 であり，塩素の原子量は 35.45 である。このときの ^{35}Cl の存在率（%）を求め，**有効数字2桁**で解答用紙の [　　] 内に記入せよ。

〔7〕 文章中の下線部(d)および図1について，次の（ i ）および（ ii ）の問いに答えよ。

（ i ） 下線部(d)の化学反応式は次のように表される。

$$MnO_2 + 4HCl \longrightarrow MnCl_2 + 2H_2O + Cl_2$$

この反応の前後で，酸化数が最も大きく変化している原子の元素記号と，その原子の反応前および反応後の酸化数の変化を解答用紙の [　　] 内に記入せよ。

（ii） 図1の**X**と**Y**に入れる物質および捕集装置**Z**の組み合わせとして，最も適当なものを下の選択肢の中から選び，その番号を解答用紙にマークせよ。ただし，**Z**は図2に示した**a**～**c**のいずれかとする。

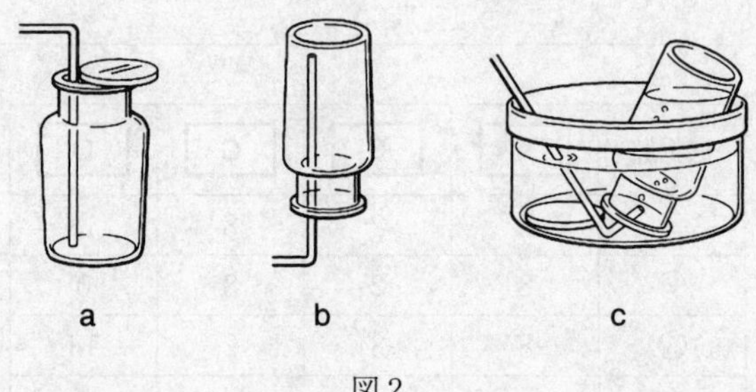

図2

選択肢	X	Y	Z
①	濃硫酸	水	a
②	濃硫酸	水	b
③	濃硫酸	水	c
④	水	濃硫酸	a
⑤	水	濃硫酸	b
⑥	水	濃硫酸	c

〔8〕 文章中の下線部(e)について，このときの化学反応式を解答用紙の［　　］内に記入せよ。

〔9〕 文章中の下線部(f)について，捕集した塩素の中に水で湿らせた［ア］色リトマス紙を入れると，リトマス紙が［イ］色になったのち［ウ］色となる。このことについて（i）および（ii）の問いに答えよ。

（i） ［ア］～［ウ］の色の組み合わせとして，最も適当なものを下の選択肢の中から選び，その番号を解答用紙にマークせよ。

選択肢	ア	イ	ウ
①	青	赤	白
②	青	白	赤
③	青	赤	黄緑
④	赤	青	白
⑤	赤	白	青
⑥	赤	青	黄緑

(ii) リトマス紙が最終的に［ウ］色になったのは，塩素が水と反応して生じたある弱酸の化合物による。その弱酸の物質名を**漢字**で解答用紙の［　］内に記入せよ。

〔10〕 文章中の下線部(g)について，次の問いに答えよ。

濃度不明の塩酸 30 mL に石灰石 2.0 g を完全に溶解させた。この溶液を中和するのに 1.0 mol/L の水酸化ナトリウム水溶液が 20 mL 必要であった。使用した塩酸のモル濃度（mol/L）を求め，**有効数字2桁**で解答用紙の［　］内に記入せよ。ただし，石灰石は純度 100 %の炭酸カルシウムであり，発生した気体はこの溶液に溶けないものとする。

Ⅱ　次の文章を読み，〔1〕～〔8〕の問いに答えよ。ただし，必要に応じて，以下の値を用いよ。

原子量：H = 1.0，C = 12.0，O = 16.0，Na = 23.0，S = 32.1

酢酸の電離定数：$K_a = 2.5 \times 10^{-5}$ mol/L

水のイオン積：$K_w = 1.0 \times 10^{-14}$ $(\text{mol/L})^2$

常用対数の値：$\log_{10}2.0 = 0.30$，$\log_{10}3.0 = 0.48$，$\log_{10}5.0 = 0.70$

酢酸は水溶液中で一部が電離し，残りの大部分は分子のままで存在する。このとき，(a)式(1)の電離平衡が成立している。

$$CH_3COOH \rightleftarrows CH_3COO^- + H^+ \quad (1)$$

0.36 mol/L の酢酸水溶液 10 mL に対して，同濃度の水酸化ナトリウム水溶液を滴下して中和滴定を行ったときの滴定曲線を以下の図に示す。

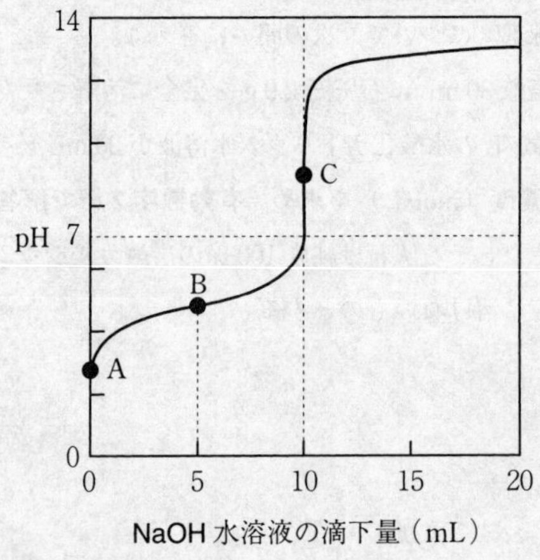

図　酢酸水溶液を水酸化ナトリウム水溶液で滴定したときの滴定曲線

図の A 点から滴定操作を開始した。図の B 点付近では，酢酸の一部が水酸化ナトリウムによって中和され，酢酸と酢酸ナトリウムの混合水溶液となる。このような弱酸とその塩との混合水溶液は，少量の酸や塩基の水溶液を加えても，pH の変化を抑える作用を有している。このようなはたらきを(b)緩衝作用という。さらに水酸化ナトリウム水溶液を滴下すると，図の C 点において，酢酸と水酸化ナトリウムが過不足なく中和して酢酸ナトリウムの水溶液となる。この $\underset{(c)}{\underline{\text{酢酸ナトリウム}}}$は水溶液中で完全に電離し，$\underset{(d)}{\underline{\text{生じた酢酸イオンの一部が加水分解する}}}$ため中和点では塩基性を示す。

〔1〕 酢酸の電子式を，解答例にならって解答用紙の □ 内に記入せよ。

（解答例）

H:Ö:H (Oの上下に非共有電子対)

〔2〕 一般に，弱酸の塩にそれよりも強い酸を加えると，弱酸が遊離し，強い方の酸の塩が生じる。酢酸に関しては，以下の式(2)および式(3)の反応が進行する。酸の強さの順序として最も適当なものを下の選択肢の中から選び，その番号を解答用紙にマークせよ。

$$CH_3COONa \quad + \quad HCl \longrightarrow CH_3COOH \quad + \quad NaCl \qquad (2)$$

$$CH_3COOH \quad + \quad NaHCO_3 \longrightarrow CH_3COONa \quad + \quad CO_2 \quad + \quad H_2O \qquad (3)$$

① 塩酸 ＞ 酢酸 ＞ 炭酸　　② 塩酸 ＞ 炭酸 ＞ 酢酸

③ 酢酸 ＞ 塩酸 ＞ 炭酸　　④ 酢酸 ＞ 炭酸 ＞ 塩酸

⑤ 炭酸 ＞ 塩酸 ＞ 酢酸　　⑥ 炭酸 ＞ 酢酸 ＞ 塩酸

〔3〕 文章中の下線部(a)について，以下の文章を読み，（ i ）および（ ii ）の問いに答えよ。

酢酸水溶液のモル濃度を c〔mol/L〕，電離度を α とすると，電離定数 K_a は式(4)で表される。

$$K_a = \frac{[CH_3COO^-][H^+]}{[CH_3COOH]} = \frac{c\alpha \times c\alpha}{c(1-\alpha)} = \frac{c\alpha^2}{1-\alpha} \qquad (4)$$

α は1に比べてきわめて小さいので，$K_a = c\alpha^2$ と近似できる。$\alpha > 0$ より，式(4)から式(5)および式(6)が得られる。

$$\alpha = \sqrt{\frac{K_a}{c}} \qquad (5)$$

$$[H^+] = \boxed{\text{X}} \tag{6}$$

なお，$[H^+] = a \times 10^{-n}$〔mol/L〕のとき，水溶液の pH は式(7)で表される。

$$\text{pH} = -\log_{10}(a \times 10^{-n}) = n - \log_{10} a \tag{7}$$

（i） 式(6)中の X として，最も適当なものを下の選択肢の中から選び，その番号を解答用紙にマークせよ。

① $2\sqrt{\dfrac{K_a}{c}}$　② $2\sqrt{\dfrac{c}{K_a}}$　③ $2c\sqrt{K_a}$　④ $c\sqrt{K_a}$

⑤ $\sqrt{cK_a}$　⑥ $\sqrt{2cK_a}$　⑦ $\sqrt{\dfrac{cK_a}{2}}$

（ii） 図の A 点の pH を**小数第1位**まで求め，解答用紙の □ 内に記入せよ。

〔4〕 文章中の下線部(b)について，以下の文章を読み，ア および イ のイオン反応式を，それぞれ解答用紙の □ 内に記入せよ。

> 酢酸と酢酸イオンが存在する水溶液に H^+ を加えた場合，ア の反応が進行する。一方，OH^- を加えた場合は，イ の反応が進行する。したがって，このような水溶液は緩衝作用を示す。

〔5〕 文章中の下線部(c)について，酢酸ナトリウムの水溶液は塩基性を示す。下の選択肢の中で，その水溶液が塩基性を示すものを**すべて選び**，その番号を解答用紙にマークせよ。

① $(CH_3COO)_2Ca$　② $CaCl_2$　③ Na_2SO_4

④ Na_2CO_3　⑤ NH_4NO_3　⑥ $NaHSO_4$

⑦ $NaHCO_3$

〔6〕 文章中の下線部(d)について，以下の文章を読み，（i）～（iii）の問いに答えよ。

酢酸ナトリウムは，酢酸イオンとナトリウムイオンに完全に電離し，酢酸イオンの一部は式(8)のように水分子と反応して加水分解する。

$$CH_3COO^- + H_2O \rightleftarrows CH_3COOH + OH^- \qquad (8)$$

水の濃度［H_2O］は一定と考えてよいので，この加水分解反応の平衡定数 K_h は式(9)で与えられる。

$$K_h = \frac{[CH_3COOH][OH^-]}{[CH_3COO^-]} \qquad (9)$$

ここで，平衡定数 K_h は，水のイオン積 K_w および酢酸の電離定数 K_a を用いて，式(10)のように表すことができる。

$$K_h = \boxed{\ Y\ } \qquad (10)$$

酢酸ナトリウムの濃度を c' とすると，そのときの［H^+］は式(11)のように表される。

$$[H^+] = \sqrt{\frac{K_a K_w}{c'}} \qquad (11)$$

（i） 文章中の［Y］を，K_w および K_a を用いた最も簡単な式で表し，解答用紙の［　］内に記入せよ。

（ii） 図の中和点Cにおける酢酸ナトリウムの濃度（mol/L）を**有効数字2桁**で解答用紙の［　］内に記入せよ。ただし，溶液の混合にともなう体積変化はないものとする。

（iii） 図の中和点CのpHとして，最も適当なものを下の選択肢の中から選び，その番号を解答用紙にマークせよ。

① 8.7　② 8.8　③ 8.9　④ 9.0
⑤ 9.1　⑥ 9.2　⑦ 9.3

〔7〕 この中和滴定のpH指示薬として最も適当なものを下の選択肢の中から選び，その番号を解答用紙にマークせよ。

① メチルオレンジ

② フェノールフタレイン

③ メチルオレンジとフェノールフタレインのどちらでもよい

〔8〕 文章中の酢酸と同濃度の1価の弱酸10 mLを，同濃度のアンモニア水で滴定した。このときの滴定曲線として，最も適当なものを下の選択肢の中から選び，その番号を解答用紙にマークせよ。ただし，この弱酸の電離定数は 1.0×10^{-4} mol/Lとする。なお，各グラフの点線で示した曲線は，文章中の酢酸水溶液を水酸化ナトリウム水溶液で滴定したときの滴定曲線を示す。

①
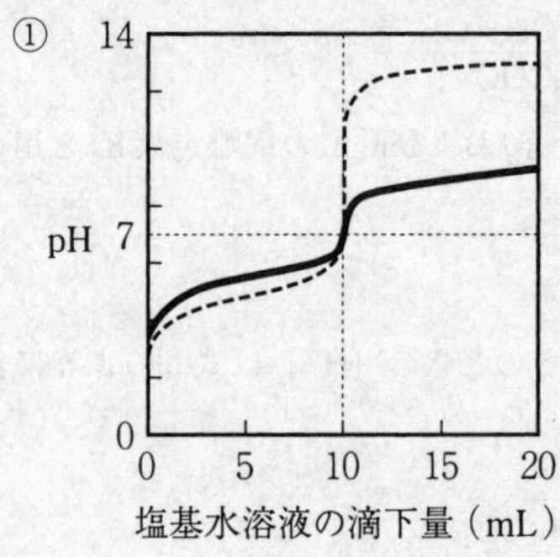

②
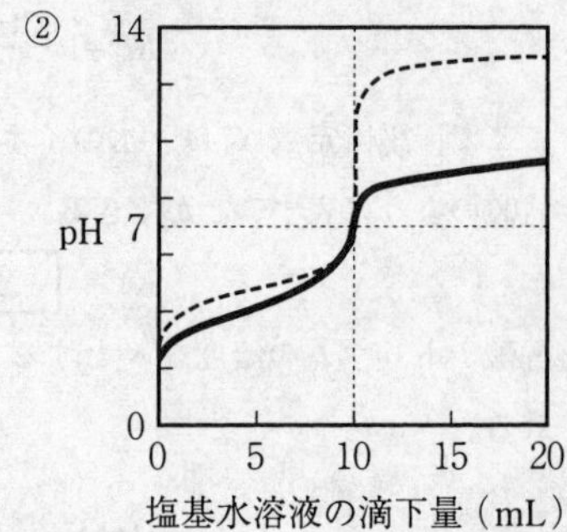

③
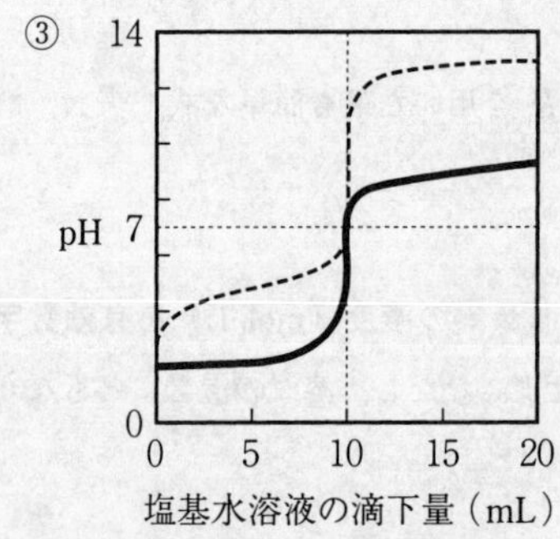

④
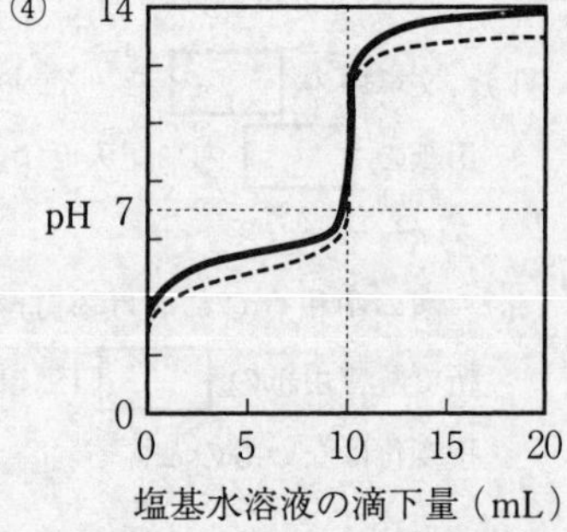

⑤
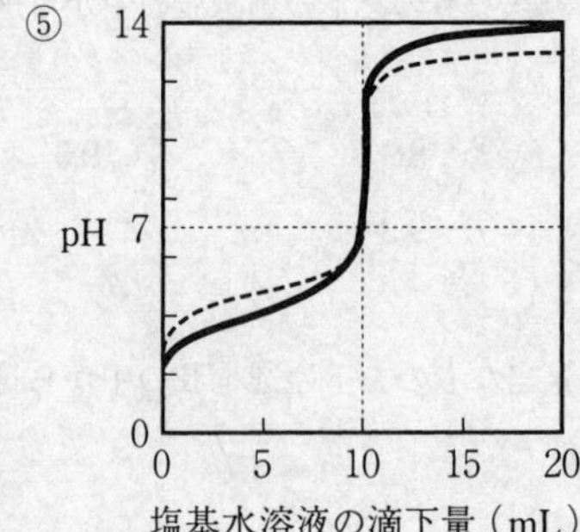

Ⅲ　次の文章を読み，〔1〕～〔7〕の問いに答えよ。ただし，必要に応じて，以下の値を用いよ。

原子量：H = 1.0，C = 12.0，O = 16.0

サリチル酸は，医薬品，染料，化粧品などの原料として有用な物質である。以前は，ヤナギの樹皮に含まれる物質から合成していたが，現代では，ベンゼンの誘導体である(a)フェノールから合成される。

サリチル酸は常温では針状結晶の固体である。ベンゼンの2個の水素が，酸性を示す2個の官能基（ あ 基および い 基）で置換された構造をもつ。これらの官能基は互いにオルト位の位置関係にあるため，分子内で う 結合を形成する。また，サリチル酸には，官能基の位置関係が異なる え 個（サリチル酸は含まない）の異性体が他に存在するが，これらの異性体は分子間で う 結合を形成するため，サリチル酸よりも融点が お い。したがって，融点の差によって容易に区別することができる。

工業的に，サリチル酸は(b)コルベ・シュミット反応により合成される。この反応ではまず，フェノールに水酸化ナトリウムを反応させることで，ナトリウムフェノキシドに変換する。これに，高温高圧下（125 ℃，0.4 ～ 0.7 MPa）で二酸化炭素を反応させたのち，希硫酸で処理すると， い 基のオルト位に あ 基が導入されたサリチル酸が生成する。

サリチル酸の あ 基や い 基の反応性を利用して，有用な医薬品が合成されている。(c)サリチル酸に無水酢酸を作用させると， い 基部分が反応して解熱鎮痛剤である か を得る。このとき同時に き が生成する。また，(d)サリチル酸に酸触媒存在下でメタノールを加熱しながら作用させると， あ 基部分が反応して鎮痛消炎剤である く を得る。このとき同時に水が生成する。

〔1〕 文章中の下線部(a)について，フェノールを合成するための工程図を下に示した。これら3つの工程では，ベンゼンから，中間体（Ⅰ）～（Ⅵ）のいずれかを経由して，フェノールが合成される。これらの工程の中のA～Cにあてはまる試薬等として，それぞれ最も適当なものを下の選択肢の中から選び，その番

号を解答用紙にマークせよ。

ベンゼン —A→ (Ⅰ) —NaOH 水溶液／高温・高圧→ (Ⅳ) —酸→ フェノール

ベンゼン —B→ (Ⅱ) —NaOH 水溶液／中和→ (Ⅴ) —NaOH／融解→ (Ⅳ) —酸→ フェノール

ベンゼン —C→ (Ⅲ) —O_2／酸化→ (Ⅵ) —H_2SO_4／分解→ フェノール＋アセトン

① 塩素，紫外線　② 塩素，鉄粉
③ 過マンガン酸カリウム　④ 臭素
⑤ 水素，白金　⑥ 濃硝酸，濃硫酸
⑦ 濃硫酸　⑧ プロパン，濃硫酸
⑨ プロペン，濃硫酸　⑩ プロピン，濃硫酸
⑪ 無水酢酸

〔2〕 文章中の あ ～ う にあてはまる語句の組み合わせとして，最も適当なものを下の選択肢の中から選び，その番号を解答用紙にマークせよ。

選択肢	あ	い	う
①	カルボキシ	スルホ	水素
②	カルボキシ	スルホ	配位
③	カルボキシ	ヒドロキシ	水素
④	カルボキシ	ヒドロキシ	配位
⑤	ヒドロキシ	スルホ	水素
⑥	ヒドロキシ	スルホ	配位
⑦	ヒドロキシ	カルボキシ	水素
⑧	ヒドロキシ	カルボキシ	配位

〔3〕 文章中の え および お にあてはまる数と語句の組み合わせとして，

最も適当なものを下の選択肢の中から選び，その番号を解答用紙にマークせよ。

選択肢	え	お
①	1	高
②	1	低
③	2	高
④	2	低
⑤	3	高
⑥	3	低
⑦	4	高
⑧	4	低

〔4〕 文章中の［か］〜［く］にあてはまる物質名を，解答用紙の［　］内に記入せよ。

〔5〕 文章中の下線部(b)のコルベ・シュミット反応は，ほかのフェノール類についても適用される。例えば，*m*-アミノフェノールから分子式 $C_7H_7NO_3$ で表される物質**X**が合成される。*m*-アミノフェノールは，フェノールのメタ位の水素原子1個がアミノ基に置換した構造をもつ。また，物質**X**は，図に示すピロガロールとは異なり，ベンゼン環の水素原子に置換する3個の官能基が連続して隣同士に位置する構造をもたない。物質**X**の構造式を解答例にならって，解答用紙の［　］内に記入せよ。なお，ベンゼン環以外は原子をすべて省略せずに表記し，原子間の結合はすべて線（価標）を用いて表せ。

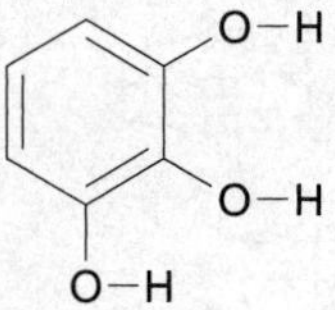

図　ピロガロール

（解答例）

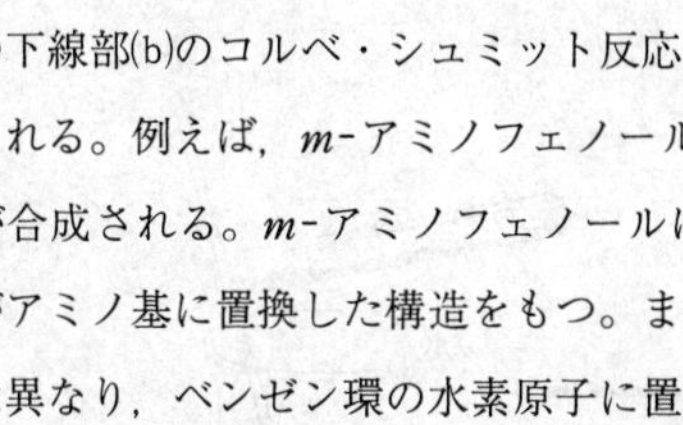

〔6〕 文章中の下線部(c)について，23.0 g のサリチル酸（分子量 138）を無水酢酸とともに加熱すると，22.5 g の［か］（分子量 180）が生成した。生成した［か］の量の収率（理論値に対するパーセント）を**整数**で，解答用紙の［　］内に記入せよ。

〔7〕 文章中の下線部(d)の反応は，「サリチル酸＋メタノール ⇄ ［く］＋水」で示される平衡反応である。［く］を得るための次の実験操作について，（i）および（ii）の問いに答えよ。

【操作1】 乾いた試験管にサリチル酸をとり，メタノールを加えて溶かす。

【操作2】 濃硫酸を2～3滴加え，さらに沸騰石を入れる。

【操作3】 15 cm 程度のガラス管をゴム栓につけたものを試験管の口にはめる。

【操作4】 試験管をよく振り混ぜながら，穏やかに数分間加熱する。

【操作5】 試験管を十分に冷却した後，水を入れたビーカーの中に，試験管内の反応液を注ぐ。

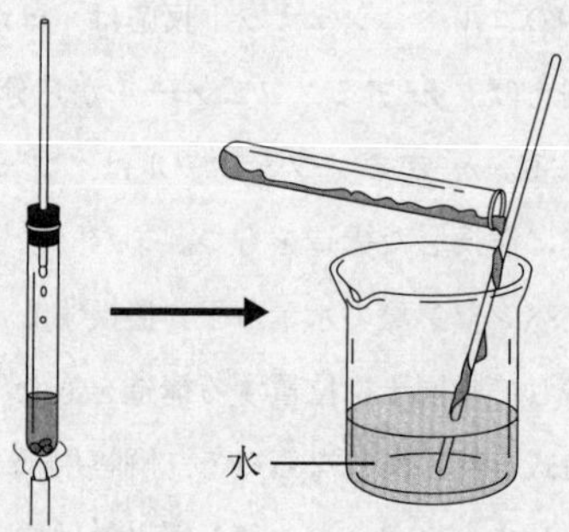

【操作6】 ジエチルエーテルを用いて，ビーカー内の混合物から［く］を抽出する。

【操作7】 ジエチルエーテルを蒸発させて［く］を得る。

（i） 操作に関する記述として**誤っているもの**を下の選択肢の中から選び，その番号を解答用紙にマークせよ。

① **【操作1】**で乾いた試験管を使う理由は，水が存在すると逆反応の向きに平衡が移動し，[く]の生成量が低下することを防ぐためである。

② **【操作2】**の濃硫酸は活性化エネルギーを大きくするための触媒である。

③ **【操作2】**の濃硫酸は脱水剤の役割もあり，正反応を促進させる。

④ **【操作3】**でガラス管を使う理由は，内容物が蒸発して失われないように，空気で冷やして再び試験管内に戻すためである。

(ii) **【操作6】**の具体的な方法として最も適当なものを下の選択肢の中から選び，その番号を解答用紙にマークせよ。

① 混合物を**酸性のまま**ジエチルエーテルとともに分液ろうとに入れて振り混ぜる。

② 混合物に**水酸化ナトリウム水溶液を十分にアルカリ性になるまで加え**，ジエチルエーテルとともに分液ろうとに入れて振り混ぜる。

③ ②の操作を行った後，さらに，水層を取りだして**塩酸で酸性にし**，ジエチルエーテルとともに別の分液ろうとに入れて振り混ぜる。

④ 混合物に**炭酸水素ナトリウム水溶液を気体が発生しなくなるまで加え**，ジエチルエーテルとともに分液ろうとに入れて振り混ぜる。

⑤ ④の操作を行った後，さらに，水層を取りだして**塩酸で酸性にし**，ジエチルエーテルとともに別の分液ろうとに入れて振り混ぜる。

Ⅳ　次の文章を読み，〔1〕～〔8〕の問いに答えよ。ただし，必要に応じて，以下の値を用いよ。

原子量：H = 1.0, C = 12.0, O = 16.0, Na = 23.0

生物に含まれる有機化合物には油脂，α-アミノ酸，核酸などさまざまな種類がある。植物や動物に含まれる油脂は［ あ ］と高級脂肪酸からなる［ い ］である。(a)油脂に水酸化ナトリウム水溶液を加えて加熱すると(b)脂肪酸のナトリウム塩と［ あ ］が生成する。また，［ う ］を加水分解して得られる(c)α-アミノ酸はカルボキシ基をもつ有機化合物である。一方，(d)核酸は［ え ］の合成や［ お ］の伝達に関与する天然高分子化合物である。

〔1〕 文章中の［ あ ］にあてはまる物質名を解答用紙の［　］内に記入せよ。

〔2〕 文章中の［ あ ］についての下の選択肢の記述のうち，**正しいものをすべて選び**，その番号を解答用紙にマークせよ。

① ナトリウムと反応して水素を発生する。
② 不斉炭素原子をもつ。
③ 不飽和結合をもつ。
④ 水に溶けやすい。
⑤ アルコール発酵によって得られる。
⑥ ヨードホルム反応を示す。

〔3〕 文章中の下線部(a)の反応名として最も適当な語句を解答用紙の［　］内に記入せよ。

〔4〕 文章中の下線部(b)の名称として最も適当な語句を解答用紙の［　］内に記入せよ。

〔5〕 文章中の［ い ］～［ お ］にあてはまる最も適当な語句を下の選択肢の中から選び，その番号を解答用紙にマークせよ。**同じ番号を2回以上選んでもよ**

い。

① エーテル ② エステル ③ アミド

④ 炭水化物 ⑤ タンパク質 ⑥ 脂肪

⑦ 糖類 ⑧ 遺伝情報 ⑨ エネルギー

〔6〕 油脂**X**は，脂肪酸**A**および脂肪酸**B**を構成成分として2：1の比で含む。4.39 g の油脂**X**に対して文章中の下線部(a)の反応をおこなうと，水酸化ナトリウム 0.600 g が消費された。また，脂肪酸**A**に含まれる**C=C**結合に完全に水素付加させると脂肪酸**B**が生じた。このとき，（ i ）～（iii）の問いに答えよ。

（ i ） 油脂**X**の分子量を**整数**で求め，解答用紙の □ 内に記入せよ。

（ii） 脂肪酸**A**および脂肪酸**B**は下の選択肢のいずれかである。それぞれにあてはまるものを選び，その番号を解答用紙にマークせよ。

① $C_{15}H_{31}COOH$（分子量 256） ② $C_{17}H_{29}COOH$（分子量 278）

③ $C_{17}H_{31}COOH$（分子量 280） ④ $C_{17}H_{33}COOH$（分子量 282）

⑤ $C_{17}H_{35}COOH$（分子量 284）

（iii） 2分子の**A**と1分子の**B**の組み合わせからできる油脂の異性体は，**X**を含めて何種類あるか。最も適当なものを下の選択肢の中から選び，その番号を解答用紙にマークせよ。ただし，鏡像異性体（光学異性体）は区別するものとする。

① 1 ② 2 ③ 3 ④ 4 ⑤ 5

⑥ 6 ⑦ 7 ⑧ 8 ⑨ 9 ⑩ 10

〔7〕 文章中の下線部(c)について，（ i ）～（iii）にあてはまるものを下のα-アミノ酸群から**それぞれ1つ選び**，その番号を解答用紙にマークせよ。

α-アミノ酸群

①　アラニン	②　アスパラギン酸
③　グリシン	④　グルタミン酸
⑤　システイン	⑥　チロシン

(ⅰ)　不斉炭素原子をもたない。

(ⅱ)　濃硝酸を加えて加熱すると黄色になり，冷却後にアンモニア水を加えて塩基性にすると橙黄色になる。

(ⅲ)　水酸化ナトリウム水溶液を加えて加熱し，酢酸鉛(Ⅱ)水溶液を加えると黒色沈殿を生じる。

〔8〕　文章中の下線部(d)について，下の選択肢の記述のうち**誤っているものをすべて選び**，その番号を解答用紙にマークせよ。

①　核酸は塩基，糖，リン酸が共有結合によって結びついた天然高分子である。

②　グアニンは2本の水素結合によって相補的な塩基と塩基対を形成する。

③　RNAを構成する糖よりもDNAを構成する糖のほうが，酸素原子が1個少ない。

④　RNAでは，DNAに含まれる4種類の塩基のうちチミンがウラシルにかわっている。

⑤　あるDNAは二重らせん構造をしており，そこに含まれるすべての塩基数に対するアデニンの数の割合が30％であった。このとき，シトシンの割合は必ず20％である。

生　物

（理科１科目型：80分
理科２科目型：２科目 120分）

（注）

- 理科１科目型はⅠ，Ⅱ，Ⅲ，Ⅳを解答すること（全問解答すること）。
- 理科２科目型はⅠ，Ⅱ，Ⅲを解答すること（Ⅳは解答しないこと）。
- 解答に字数制限がある場合には，句読点の１字分も１マスとすること。

Ⅰ　次の（文１），（文２）を読み，〔１〕～〔９〕の問いに答えよ。

（文１）

図１の（あ）～（こ）はムラサキツユクサ（$2n = 24$）の茎の先にある若い花の蕾塊（らいかい）（つぼみの塊）である。蕾塊のそれぞれのつぼみは，上部のものほど成熟しており，これらのおしべの やく(a) を用いて，花粉母細胞から花粉形成にいたる，減数分裂の各段階の細胞を観察することができる。また，つぼみごとに減数分裂の進行はほぼ同調するのが特徴である。

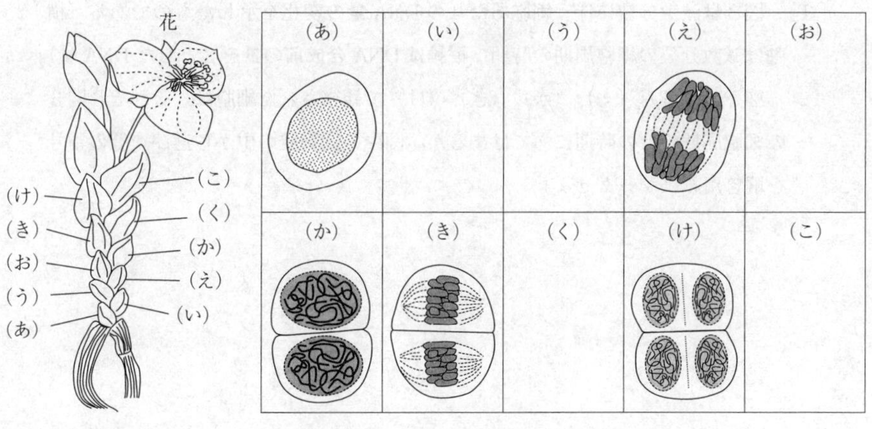

図１　　図２

プレパラートは，スライドガラス上に柄付き針を用いて，つぼみから取り出した数個のやくとその中の細胞を，固定・染色したあと，カバーガラスをかぶせ，親指で押しつぶして作成した（押しつぶし法）(b)。スケッチの際に用いた顕微鏡の接眼レンズと対物レンズの倍率は，それぞれ8倍と60倍で，細胞や染色体の大きさは，接眼ミクロメーターを用いて測定した(c)。

図2の核または染色体を入れた細胞は，成熟度に応じた（あ）～（こ）までの10個のつぼみのうち，（あ），（え），（か），（き），（け）の5つのつぼみからとったやくで観察された細胞を描いたものである。

〔1〕 相同染色体が対合した二価染色体が観察できる可能性のある細胞は，どのつぼみのやくに入っているか。あてはまるつぼみを下の選択肢の中から<u>すべて</u>選び，その番号を解答用紙にマークせよ。

① （い）　② （う）　③ （お）　④ （く）　⑤ （こ）

〔2〕 減数分裂を行っている細胞のうち，細胞1個当たりのDNA量が，生殖細胞核内のDNA量の4倍含まれている可能性のある細胞は，どのつぼみのやくに入っているか。あてはまるつぼみを下の選択肢の中から<u>すべて</u>選び，その番号を解答用紙にマークせよ。

① （う）　② （え）　③ （お）　④ （か）　⑤ （き）　⑥ （く）

〔3〕 図3は減数分裂に伴う細胞あたりのDNA量の変化を示したものである（横軸は減数分裂の細胞周期の時期，縦軸はDNA合成前の量を2としたDNA量）。

図1のつぼみ（え），（か），（き），（け）で観察された細胞は，それぞれ図3の細胞周期のどの時期にあてはまるか。図中の選択肢の中から選び，その番号を解答用紙にマークせよ。

図3

〔4〕 下線部(a)に関して，おしべの先につくやくは，その中で減数分裂によって「胞子」に相当する花粉四分子を形成する。したがって，植物の生活環のなかでは，雄性の胞子のうとみることができる。この考えを参考に，雌性の胞子のうに相当する部位の名称を，解答用紙の ☐ 内に記入せよ。

〔5〕 下線部(b)に関して，押しつぶし法は根端分裂組織で体細胞分裂を観察するときにも用いる方法である。この場合，固定と染色の間に，ある処理を施さないと実用的な標本とならない。処理の内容を具体的に25字以内で解答用紙の ☐ 内に記入せよ。

〔6〕 下線部(c)に関して，観察に用いた接眼ミクロメーター1目盛の長さを知る目的で，あらかじめ同じ顕微鏡で10倍の対物レンズを用いて，1mmを100等分に刻んだ対物ミクロメーターを観察した時の画像を保存しておいた（図4）。接眼レンズは8倍のままである。

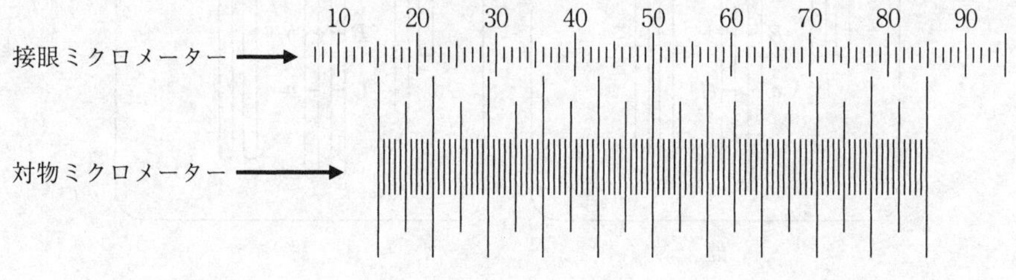

図4

(ア)　この図から，10倍の対物レンズを用いた時の接眼ミクロメーター1目盛の長さ（μm）を計算し，小数点以下第2位を四捨五入した数値を解答用紙の［　　］内に記入せよ。

(イ)　(ア)で求めた数値をXとした場合，60倍の対物レンズを用いた時の接眼ミクロメーター1目盛の長さ（μm）は，10倍の対物レンズを用いた時にくらべてどのように表せるか。Xを用いて，解答用紙の［　　］内に記入せよ。ただし，対物レンズの倍率の精度は正確とする。

（文2）

キイロショウジョウバエ（$2n = 8$）の性決定の様式はヒトと同じ，雄［ さ ］のXY型である。図5はキイロショウジョウバエのある雌と雄の4対の対立する遺伝子Aとa，Bとb，Cとc，Dとdについての染色体地図である。染色体上の遺伝子の占める位置，すなわち［ し ］は遺伝子によりそれぞれ決まっている。

図中のアルファベットの大文字表記は優性遺伝子を，小文字表記はそれに対立する劣性遺伝子を表している。

卵や精子などの配偶子が減数分裂で生じる時，連鎖した遺伝子間で相同染色体の乗換えが起こると，遺伝子の組換えが生じる。しかし，キイロショウジョウバエの(d)雄には乗換えが起きないことも知られている。なお，図中の4対の遺伝子のうち連鎖したものについては雌での組換え価は20％であった。

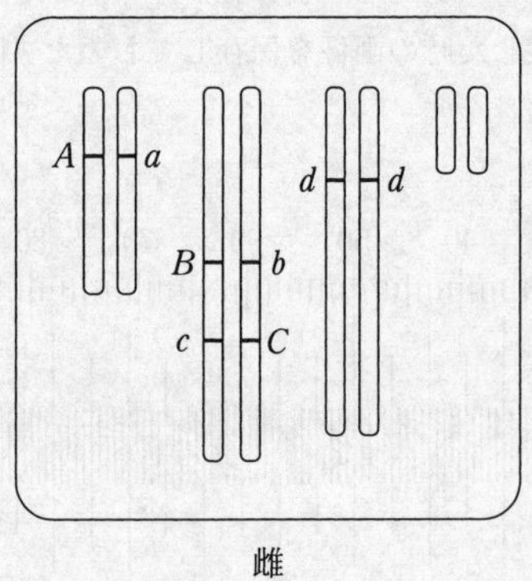

雌

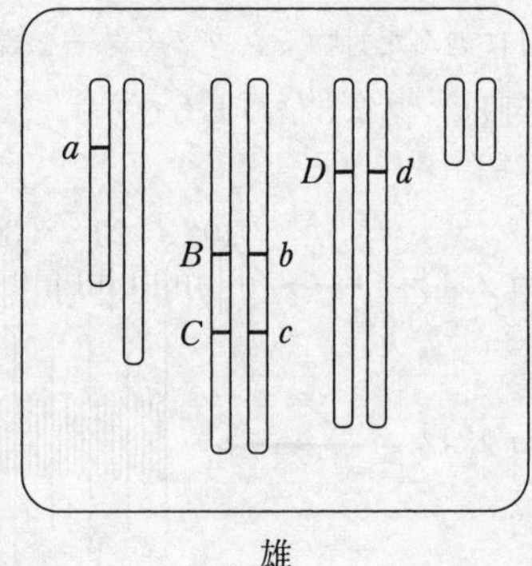

雄

図5

〔7〕 上の文章中の [さ], [し] にあてはまる語句を，それぞれ解答用紙の [　] 内に記入せよ。

〔8〕 図の雌と雄がつくる配偶子のうち，*abcd* の遺伝子型を持つものの割合はそれぞれ何%か。下線部(d)に配慮して計算し，解答用紙の [　] 内にあてはまる数値を記入せよ。

〔9〕 いま，この雌雄を交配した時，生じる子（F_1）の，下の(ア)〜(ウ)の表現型の分離比はどうなるか。下線部(d)に配慮して計算し，解答用紙の [　] の（ ）内にあてはまる数値を記入せよ。なお，表現型は遺伝子型 *AA*，*Aa* の場合はいずれも［*A*］，*aa* の場合は［*a*］のように表記するものとする。

(ア)　［*A*］:［*a*］

(イ)　［*AB*］:［*Ab*］:［*aB*］:［*ab*］

(ウ)　［*BC*］:［*Bc*］:［*bC*］:［*bc*］

Ⅱ　次の（文1），（文2）を読み，〔1〕〜〔8〕の問いに答えよ。

（文1）

真核生物(a)の細胞は，その内部に複雑な膜系を発達させている。ミトコンドリア（図1）はそのような構造のうちの1つで，細胞が呼吸によってエネルギーをATPとして取り出す過程において中心的な役割を果たしている。呼吸によってグルコースからATPを得る過程は，大きく分けて3つの段階からなる。

グルコース1分子が呼吸に用いられた場合，最初の段階は，図2に示したように1分子のグルコースから2分子の [あ] が生成される反応経路であり，解糖系とよばれる。この過程では，ATPは，最初2分子が分解され，その後 [い] 分子が合成される。1か所で生成された2($NADH + H^+$) は電子伝達系へと移動する。

次に図3に示したように解糖系によって生成された [あ] は，[う] という物質を経てクエン酸回路へと入る。最初，[う] は [え] と結合し，[お] が生成される。この後，反応が進行し，再び [え] が生成される。この過程において，CO_2が6分子放出され，ATPは［か］分子合成される。さらに，4か所で生成された合計8(NADH＋H^+）や1か所で生成された2$FADH_2$は，電子伝達系へと移動する。

電子伝達系は，ミトコンドリアの内膜に存在する複数のタンパク質や補酵素で構成されている。図4に示したように解糖系やクエン酸回路から移動してきた10(NADH＋H^+）や2$FADH_2$から電子伝達系に受け渡された［き］e^-は，それらの物質の間を次々に移動しながら徐々にエネルギーを放出する。最後には穏和な条件で［く］O_2に受け渡され，さらに［け］H^+と結合して，［こ］H_2Oが生じる。この電子移動に伴ってH^+が一定方向に輸送されるので，ミトコンドリア内膜を挟んでH^+の濃度勾配が形成される。その結果，H^+は濃度勾配に従ってATP合成酵素を通る。ATP合成酵素は，このときのH^+の移動のエネルギーを利用して，最大で［さ］分子のATPを合成している。

（下線部：H^+が一定方向に輸送される (b)）

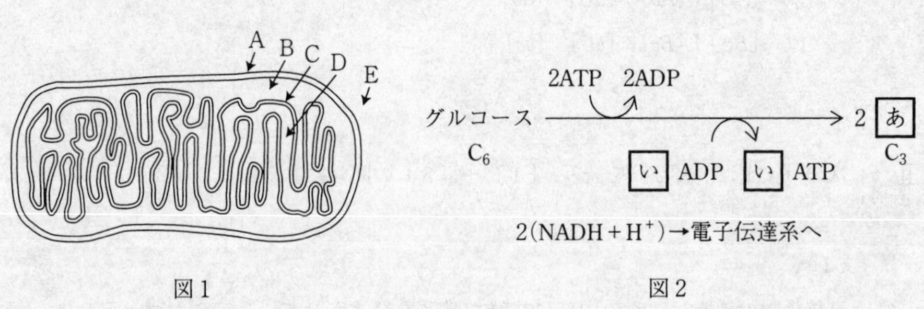

図1　　　図2

C_6　2［お］ —G→ 2α-ケトグルタル酸 C_5

2［あ］(C_3) —F→ 2［う］(C_2)

K　この反応回路で$6H_2O$が反応　H　［か］ADP　［か］ATP

2［え］(C_4) ←J— 2フマル酸(C_4) ←I— 2コハク酸(C_4)

8(NADH＋H^+)
2$FADH_2$　→電子伝達系へ

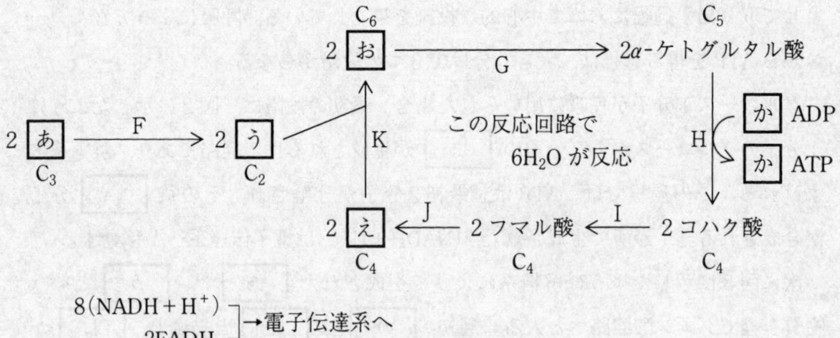

図3

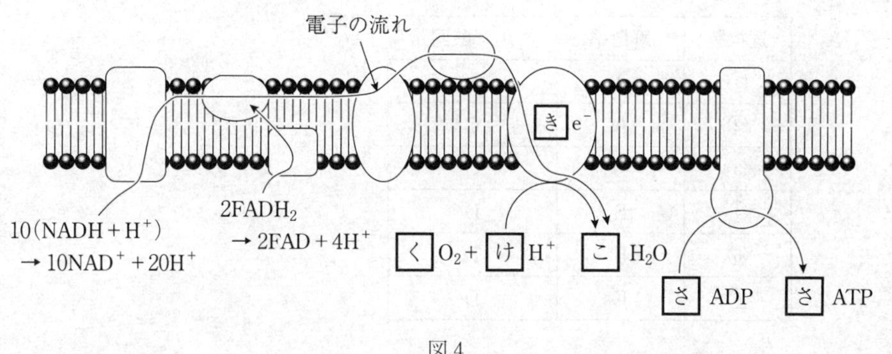

図4

〔1〕 文章中および図中の [あ] [う] [え] [お] にあてはまる語句，[い] および [か] ～ [さ] にあてはまる数値を，解答用紙の [　] 内に記入せよ。

〔2〕 下線部(a)に関して，真核生物は3ドメイン説の1つの分類群である。次の①～⑥で正しい組み合わせを下の選択肢から1つ選び，その番号を解答用紙にマークせよ。

選択肢	生物	分類群
①	ゾウリムシ	細菌
②	メタン菌	細菌
③	アオミドロ	古細菌
④	シアノバクテリア	古細菌
⑤	ネンジュモ	真核生物
⑥	アメーバ	真核生物

〔3〕 解糖系，クエン酸回路は図1のA～Eのどこで行われているか。正しい組み合わせを下の選択肢の中から1つ選び，その番号を解答用紙にマークせよ。

選択肢	解糖系	クエン酸回路
①	A	B
②	A	C
③	B	C
④	B	D
⑤	E	B
⑥	E	D

〔4〕 図3のクエン酸回路に関して，下の問いに答えよ。

(ア) 図3で，CO_2が放出される反応過程はF～Kのどこか。正しい反応過程を下の選択肢の中から1つ選び，その番号を解答用紙にマークせよ。

① F　② J　③ G，H

④ H，I　⑤ F，G，H　⑥ I，J，K

(イ) クエン酸回路でATPが合成される反応は何というか。解答用紙の［　］内に記入せよ。

〔5〕 図4の電子伝達系に関して，下の問いに答えよ。

(ア) 下線部(b)に関して，H^+ の輸送される方向は図1ではどの方向か。正しい方向を下の選択肢の中から1つ選び，その番号を解答用紙にマークせよ。

① B→A→E　② B→C→D

③ D→C→B　④ E→A→B

(イ) 電子伝達系でATPが合成される反応は何というか。解答用紙の［　］内に記入せよ。

（文2）

酵母は真核生物で，ミトコンドリアをもっている。酸素が不足すると，ミトコンドリアが機能しない状態でグルコースが分解される。このように，酸素を用いずに有機物を分解し，ATPを合成することを発酵という。酵母はアルコール発酵を，乳酸菌は乳酸発酵を行う。

酵母は酸素が存在すると呼吸も行うことができる。酵母を，グルコースを含む培地で培養し，酸素を十分に与えると，エタノールの生成量が［し］し，ミトコンドリアでのATPの合成量が［す］する。発酵はおもに微生物が行う反応であるが，乳酸発酵と同じ反応がヒトの体内でも起こることがある。これを［L］といい，激しい運動をしたときの骨格筋などで見られる。呼吸とアルコール発酵や乳酸発酵にみられる共通の反応は［せ］である。

〔6〕 文章中の［し］～［せ］にあてはまる語句を下の選択肢の中から選び，その番号を解答用紙にマークせよ。

① 増加　② 減少　③ 消失
④ 解糖系　⑤ クエン酸回路　⑥ 解糖系とクエン酸回路
⑦ 電子伝達系

〔7〕 文章中の［L］は何というか。解答用紙の［　］内に記入せよ。

〔8〕 ある酵母をグルコース溶液中で培養した結果，1時間に酸素を33.6 mg吸収し，二酸化炭素を77.0 mg放出した。アルコール発酵によって放出された二酸化炭素は何mgか。小数点第2位を四捨五入して求め，解答用紙の［　］内に記入せよ。ただし，C，H，Oの原子量はそれぞれ12，1，16とし，消費されたグルコースはすべて反応に使われたものとする。

Ⅲ　次の（文1），（文2）を読み，〔1〕～〔7〕の問いに答えよ。

（文1）

神経系には，脳・脊髄からなる中枢神経系と，中枢と皮膚・内臓・骨格筋などをつなぐ末梢神経系がある。中枢神経系のうち脳は部分ごとに決まった役割を担っている。また，末梢神経系は，体性神経系と自律神経系の2つに分けられる。体性神経系は，受容器で受け取った情報を中枢へ伝える感覚神経と，中枢からの指令を骨格筋などの効果器へ伝える運動神経からなる。自律神経系は内臓などを支配して体内環境を調節しており，(a)交感神経と副交感神経からなる。多くの場合，内臓などの器官は交感神経と副交感神経の双方の支配を受けており，両者のはたらきは拮抗（きっこう）的である。

脊椎動物の神経系は，神経細胞（ニューロン）と，ニューロンの機能制御や栄養補給などを行っているグリア細胞から構成されている。ニューロンは，細胞体，樹状突起および軸索からなり，(b)電気的な信号を発生し，情報として伝える。

軸索末端が他の神経組織，あるいは筋肉のような効果器と接する部分はシナプスと呼ばれ，興奮の伝達が行われる。活動電位は発生から消失まで，1ミリ秒以内の短い時間で起こるが，シナプスでの伝達は，一般に神経終末に興奮が到着してから約4ミリ秒の時間を要する。(c)この時間の遅れをシナプス遅延という。

〔1〕　下線部(a)に関して，下の問いに答えよ。

(ア)　図1は自律神経系の模式図である。下の選択肢の中から，正しいものを2つ選び，その番号を解答用紙にマークせよ。ただし，図中の神経系A，神経系B，神経系Cは交感神経系あるいは副交感神経系のいずれかを示す。

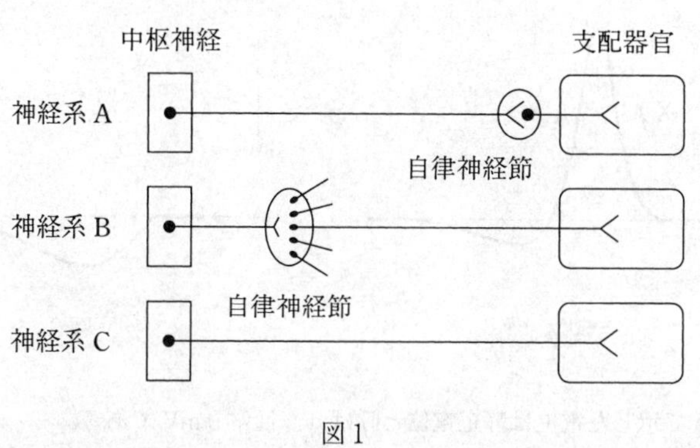

図1

① 神経系Aは，副交感神経系である。

② 神経系Aの興奮により，大部分の血管が収縮する。

③ 神経系Bの節前繊維（最初のニューロン）は，主に胸髄および腰髄から発する。

④ 神経系Bの興奮時には，瞳孔括約筋が収縮して，瞳孔が収縮する。

⑤ 神経系Cの神経終末からノルアドレナリンが放出される。

(イ) 交感神経によってヒトの身体に起こる反応について，下の選択肢の中からあてはまるものをすべて選び，その番号を解答用紙にマークせよ。

① 心臓の拍動が激しくなる。

② 気管支が収縮する。

③ 腸のぜん動運動が活発になる。

④ 立毛筋が収縮する。

⑤ すい液の分泌が抑制される。

〔2〕 下線部(b)に関して，ニューロンでは，さまざまな刺激によって膜電位の変化が生じる。図2および図3は，異なる刺激に伴う神経細胞の膜電位の経時変化を示している。下の選択肢の中から，正しいものを2つ選び，その番号を解答用紙にマークせよ。ただし，図の横軸は時間，縦軸は膜電位を示す。

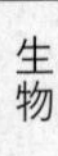

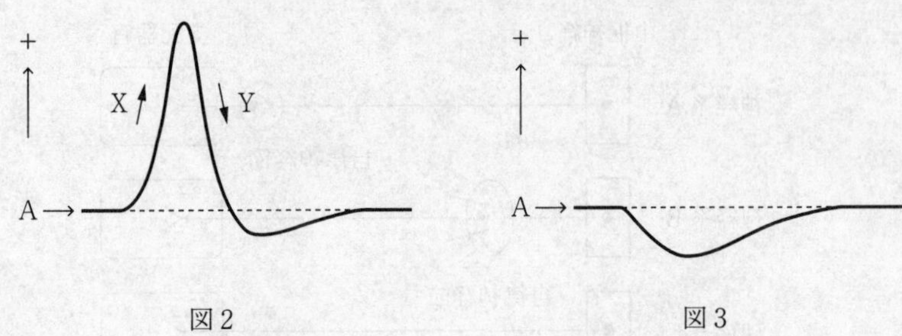

図2　　　　　　　　図3

① Aで示した電位は静止電位と呼ばれ，通常 0 mV である。

② 静止電位は，主にカルシウムチャネルによって形成される。

③ ナトリウムイオンが細胞内へ流入すると，図2のXのように膜電位が変化する。

④ カリウムイオンが細胞内へ流入すると，図2のYのように膜電位が変化する。

⑤ 塩化物イオンが細胞外へ流出すると，図3のように膜電位が変化する。

⑥ 図3のように，膜電位変化を生じさせる神経伝達物質として，γ-アミノ酪酸（GABA）がある。

〔3〕 下線部(c)に関して，シナプス遅延が起こる原因を，下の(ア)，(イ)に分けて，それぞれ説明せよ。

(ア) 「シナプス小胞」の用語を用いて，解答用紙の［　］内に，25 字以内で記入せよ。

(イ) 「シナプス間隙」の用語を用いて，解答用紙の［　］内に，25 字以内で記入せよ。

（文2）

骨格筋は，筋繊維が束状に集まったものである。筋繊維の中には，多数の細長い［あ］が存在する。［あ］を光学顕微鏡で観察すると，明帯と暗帯が交互に配列しており，規則的に並んだ縞模様がみられることから，［い］とも呼ばれている。また，明帯の中央は［う］で仕切られている。(d)サルコメアは［あ］の構造上の単位であるとともに，筋収縮の単位でもある。

[あ] は，アクチンフィラメントとミオシンフィラメントが規則正しく重なり合った構造をしており，それぞれアクチンとミオシンが連結して構成された繊維である。

ミオシンフィラメントの上に並んでいる突起（ミオシン頭部）がアクチンフィラメントと相互作用し，フィラメントの間の滑り運動が引き起こされることで，筋収縮が起こる。これを滑り説という。アクチンフィラメントは [え] や [お] でおおわれており，静止時にはこれらがアクチンとミオシンの結合を阻害している。これらはカルシウムイオン濃度で調整されている。

(e)運動神経末端からシナプスを介して筋繊維へ興奮が伝わると，細胞膜が陥入して伸びているT管を伝わり，[か] からカルシウムイオンが放出される。

カルシウムイオンが [お] に結合すると，それに伴ってアクチンフィラメント上の [え] の立体構造が変化し抑制がはずれ，ミオシン頭部がアクチンフィラメントと結合できるようになる。その後，ミオシン頭部がアクチンフィラメントを引き寄せ，サルコメアの距離が短くなって(f)筋収縮が起こる。

神経からの興奮がなくなると，カルシウムイオンは能動輸送により [か] に再取り込みされ，カルシウム濃度が低下すると，ミオシンフィラメントはアクチンフィラメントと結合できなくなり，筋肉は弛緩（しかん）する。

〔4〕 文章中の [あ] ～ [か] にあてはまる語句を，解答用紙の [　] 内に記入せよ。

〔5〕 下線部(d)に関して，下の問いに答えよ。なお，図4は骨格筋の [あ] の構造を模式的に表したものであり，図5のグラフは，サルコメアの長さと張力の関係を示している。

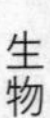

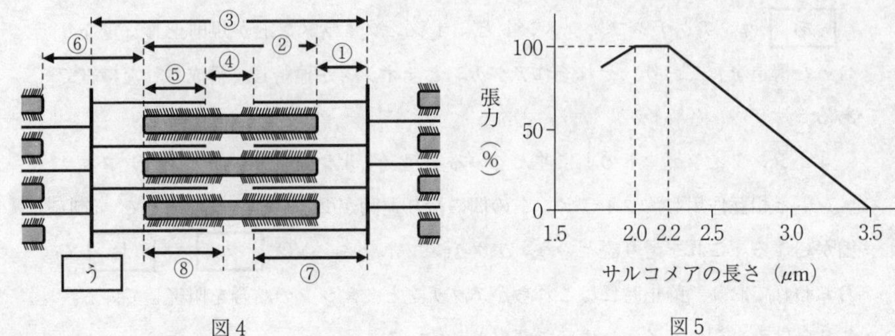

図4　　図5

(ア) 図4の選択肢の中から，サルコメア，明帯を示す部分を，それぞれ1つずつ選び，その番号を解答用紙にマークせよ。

(イ) 図5から，ミオシンフィラメントの長さを求め，その数値を解答用紙の［　　］内に記入せよ。

〔6〕 下線部(e)に関して，運動神経末端から放出される，筋肉の収縮を促す神経伝達物質の名称を，解答用紙の［　　］に記入せよ。

〔7〕 下線部(f)に関して，心筋と骨格筋の収縮に必要なカルシウムの供給源を調べる実験を行った。カエルの心筋および骨格筋繊維標本を作製しリンガー液に浸し，筋繊維が活動電位を発生する条件で電気刺激を与えて筋収縮の大きさを測定した。リンガー液中で一定の間隔で与えた刺激により，ほぼ同じ大きさの筋収縮が繰り返し起こることを確認した。その後，同じ間隔で刺激を与えながら，リンガー液の組成からカルシウムのみを除去した溶液に置き換えたところ，図6のような結果が得られた。なお，図中の縦棒は1回の筋収縮を表している。

心筋および骨格筋それぞれにおいて，収縮に必要なカルシウムは主にどのような経路で供給されていると考えられるか。実験結果をもとにして，それぞれ解答用紙の［　　］内に20字以内で記入せよ。

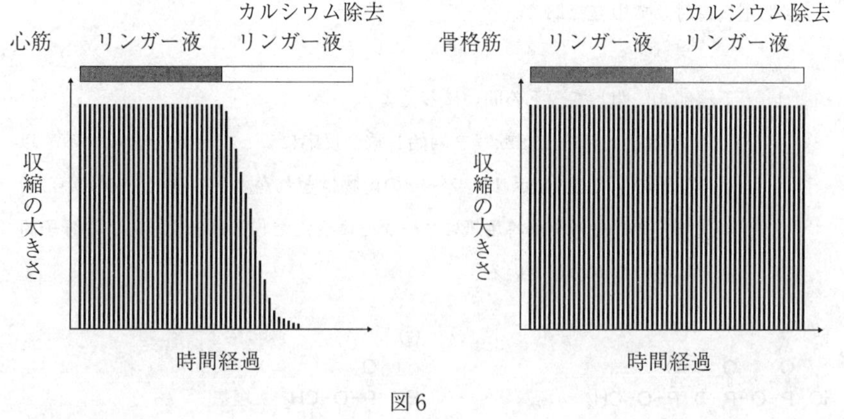

図6

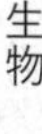

Ⅳ　次の文章を読み，〔1〕～〔4〕の問いに答えよ。

遺伝子が発現する過程は，DNAの塩基配列の一部がRNAに写し取られる転写，転写されたRNAの塩基配列がアミノ酸の配列に読みかえられる翻訳の2段階からなる。転写では，RNAポリメラーゼ(a)のはたらきによって隣どうしのヌクレオチドが順に結合されて，DNAの塩基配列を写しとった1本鎖のRNAができる。

DNAは化学的に安定な物質で，通常，細胞内で安定に保たれる。しかし，放射線やある種の化学物質によって損傷を受けたり，複製時の誤りによって，DNAの塩基配列が変化することがある。これを突然変異といい，形質にさまざまな影響をおよぼす。変異には置換，挿入，欠失などがある。塩基が変化してもアミノ酸が変化しない場合や，変化してもタンパク質の機能にほとんど影響せず，生存にとって大きな不都合を与えない場合がある。このため，同じ種の中でも異なった塩基配列の遺伝子をもつ個体が多数存在している。個体間で見られる塩基配列の違い(b)には，一塩基多型や特定の塩基配列が繰り返し連なっている反復多型などがあり，ゲノムの多様性につながっている。DNAの遺伝情報について調べるときに利用される技術としてPCR法(c)がある。わずかなDNAをもとに同じDNAを多量に複製させる方法で，DNAの分離や塩基配列の解析を行うために欠かせない技術である。

生物が世代を経るにしたがって，DNAの塩基配列やタンパク質のアミノ酸配列は変化する。このような分子に生じる変化を分子進化(d)という。分子進化の多くは，自然選択に対して中立である。

〔1〕 下線部(a)に関して，下の問いに答えよ。

(ア) RNA ポリメラーゼは転写を開始し重合反応によって産物を合成する。以下の分子の中で RNA ポリメラーゼの産物はどれか。下の選択肢の中から1つ選び，その番号を解答用紙にマークせよ。ただし，重合反応による分子間結合は1つのみ示している。

①

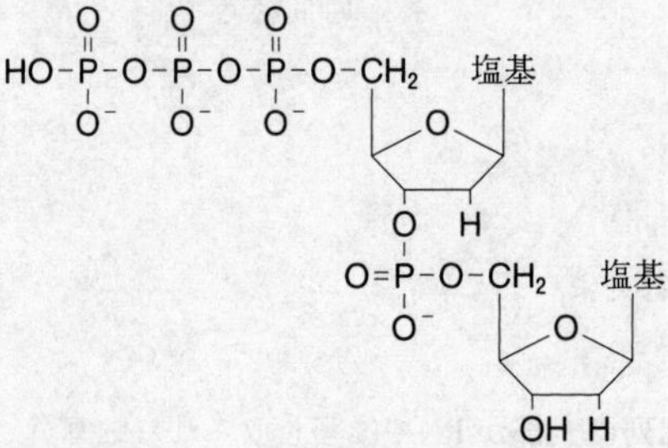

②

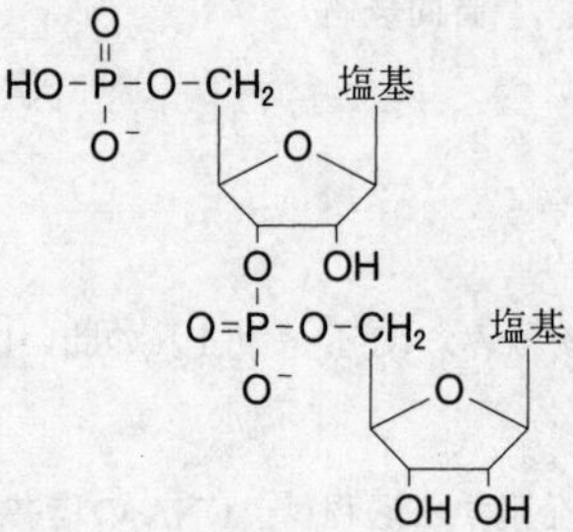

③

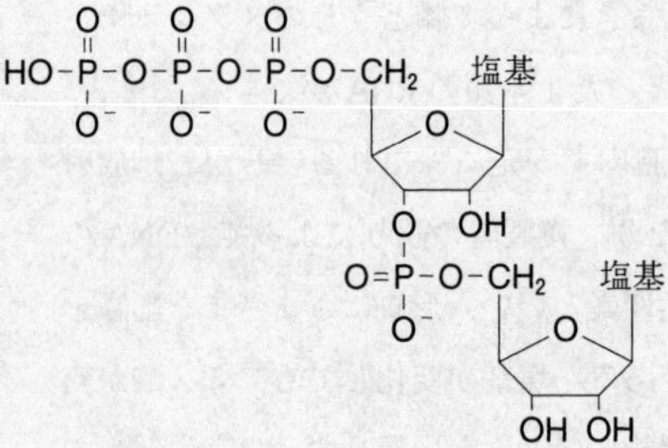

④

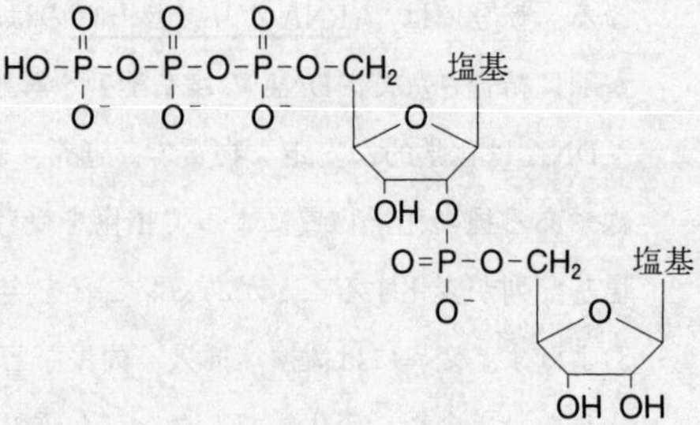

⑤

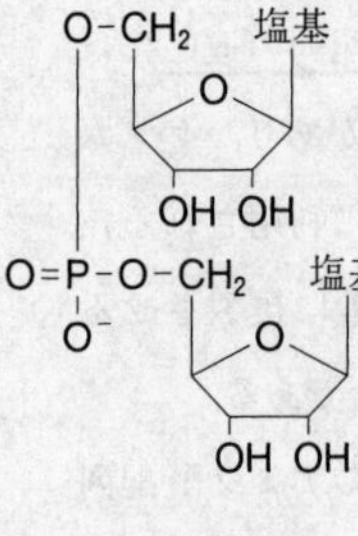

(イ) 図1のような塩基配列のゲノムDNA上で，RNAポリメラーゼが右の方向あるいは左の方向に転写した場合に合成されるRNA配列はどうなるか。解答用紙の □ 内に記入せよ。

〔解答欄〕 右：5'- □ -3'

左：5'- □ -3'

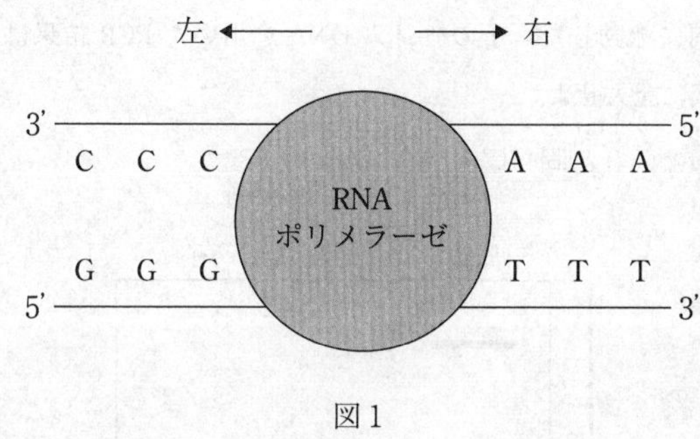

図1

〔2〕 下線部(b)に関して，下の問いに答えよ。

(ア) 次の記述のうち，正しいのはどれか。下の選択肢の中から2つ選び，その番号を解答用紙にマークせよ。

① アミノ酸に翻訳されない部分の塩基配列の違いは，遺伝子多型とみなされない。

② 酵素をコードする遺伝子の多型は，その酵素活性に影響を与えることがある。

③ 塩基配列の短いDNA塩基配列の反復回数が個体間で異なることをSNPという。

④ それぞれのSNPは集団の中で10％以上に認められる変異である。

⑤ 塩基配列の違いは疾患のかかりやすさや薬物の反応性などの体質に影響を与える可能性がある。

(イ) 図2に示す既知遺伝子と反復多型を含むゲノムDNA領域を，矢印の箇所のプライマーを用いてPCRで増幅した。

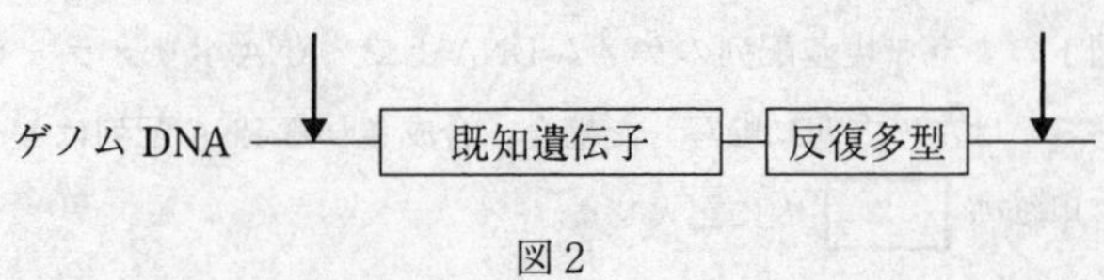

図2

ある母親のゲノムDNAと父親のゲノムDNAを用いてPCRを行い，そのPCR産物をアガロースゲル電気泳動した結果が図3である。電気泳動は矢印の方向に泳動した。子のゲノムDNAを用いたPCR結果はどうなるか。解答用紙に記入せよ。

〔解答欄〕 図3と同じ図。

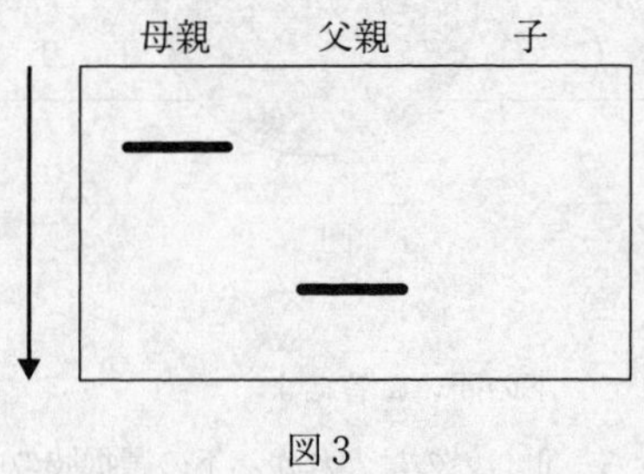

図3

(ウ) 塩基配列の多型を調べる方法に制限酵素断片長多型というのがある。これは特定の短い塩基配列を認識してDNAを切断する制限酵素によってDNA断片長が示す多型を検出する手法（RFLPという）である。ある疾患は，父親由来の染色体と母親由来の染色体で発現が異なる領域に由来している。この疾患の原因領域遺伝子は15番染色体上にあり，父親由来染色体のみから発現している。図4は，この疾患が疑わしい子の家族の，15番染色体の原因領域周辺のRFLPの結果を示しており，4つの番号で示した異なる断片が認められた。この子の染色体の由来はどのように考えられるか。解答用紙の□内に記入せよ。

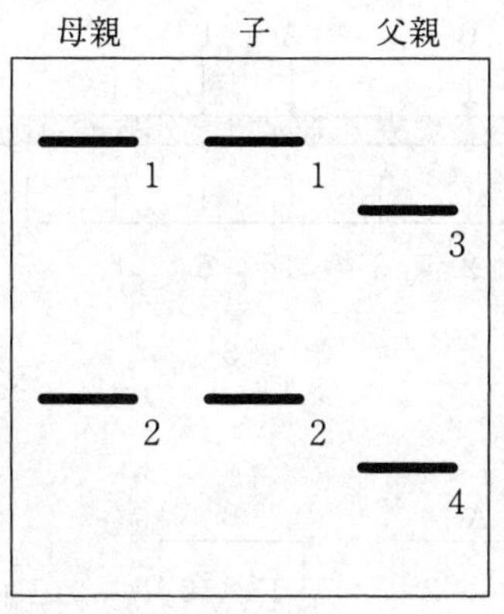

図 4

〔3〕 下線部(c)に関して，下の問いに答えよ。

(ア) DNA の性質と PCR に関する記述のうち誤っているものを下の選択肢の中から 1 つ選び，その番号を解答用紙にマークせよ。

① DNA は電気泳動で陰極に向かって移動する。

② DNA 水溶液（pH 7.0）は 260 nm で吸収極大を示す。

③ PCR では，DNA を合成するのに DNA ポリメラーゼを用いる。

④ PCR では，短い 1 本鎖 DNA プライマーを用いる。

⑤ PCR では，相補鎖とのペアリングを変性させるため加熱する過程がある。

(イ) 被験者 1 と被験者 2 の血液からゲノム DNA を抽出し，PCR 法によって 10 kbp の DNA 断片を増幅した。図 5 はこの DNA 断片の制限酵素 A と B による切断部位を示している。だが，被験者 2 では A* と B* 部位に SNP による変異で切断できなくなっている。被験者 1 と被験者 2 から増幅した DNA 断片を制限酵素 A と B で切断したときの電気泳動はどのようになると考えられるか。図 6 に示す A1（被験者 1 の DNA を制限酵素 A で切断）の結果にならって A2，B1，B2 の結果を解答用紙に記入せよ。

〔解答欄〕 図 6 と同じ図。

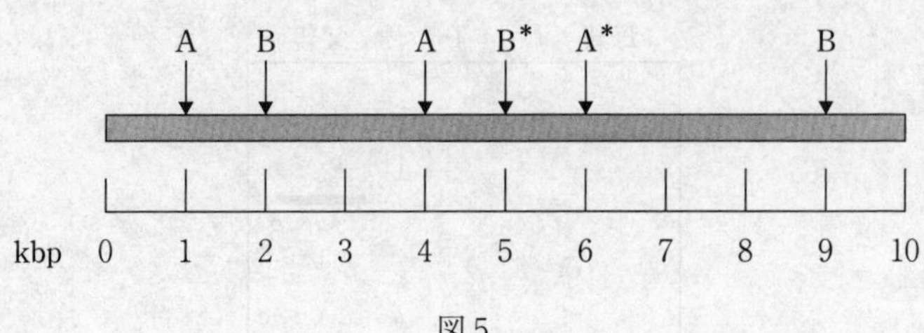

図5

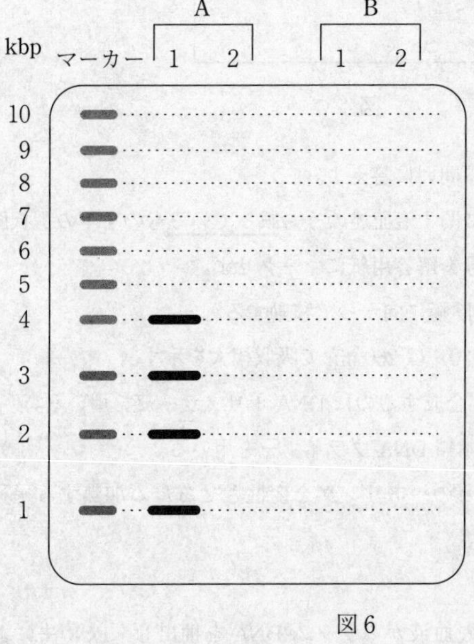

1と2はそれぞれ被験者1と被験者2をあらわす。

図6

〔4〕 下線部(d)に関して，下の問いに答えよ。

(ア) 図7はヒトβ-グロビン遺伝子とヒトβ-グロビン cDNA の塩基配列を比較したものである。cDNA は mRNA をもとに相補的な塩基配列をもつ DNA である。11ヌクレオチドのうち9以上一致した場合にドットがプロットされている。この図から cDNA 上にドットの多い3つの領域Aがあることがわかる。図8はヒトβ-グロビン遺伝子とマウスβ-グロビン遺伝子の塩基配列を比較したものである。ヒトβ-グロビン遺伝子上の領域Aは cDNA 上の領域Aと一致している。領域Aと領域Bは，それぞれ遺伝子上のなんという領域か。解答用紙の [ ] 内に記入せよ。

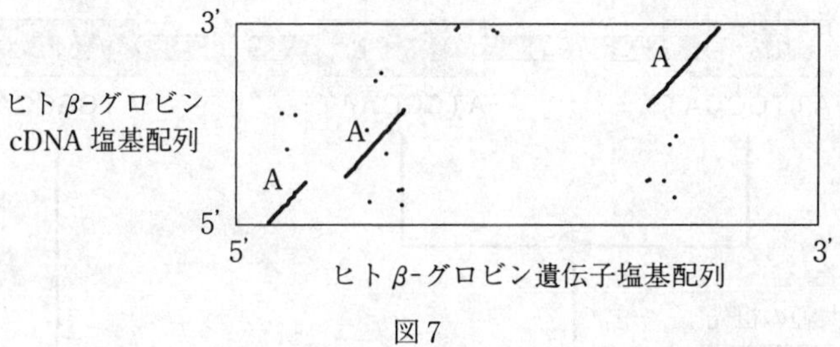

図7

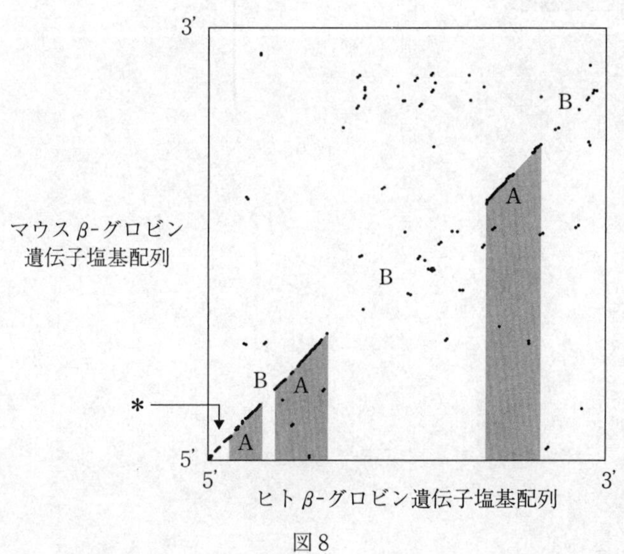

図8

(イ) 図8に示した領域＊は，ヒトβ-グロビン cDNA 上にはない領域である。しかし，マウスβ-グロビン遺伝子とは高い相同性があることがわかる。領域＊はどのような領域と考えられるか。解答用紙の [ ] 内に記入せよ。

(ウ) 図9は現生類人猿であるチンパンジー，ゴリラとヒトの系統樹を示している。共通する祖先からチンパンジーとヒトに分岐したのはおよそ700万年前とされている。図ではある遺伝子Xの部分的な塩基配列を示している。塩基配列上の異なる塩基を太字で示した。ヒトとチンパンジーの共通する祖先の最も考えられる塩基配列を解答用紙の［　］内に記入せよ。

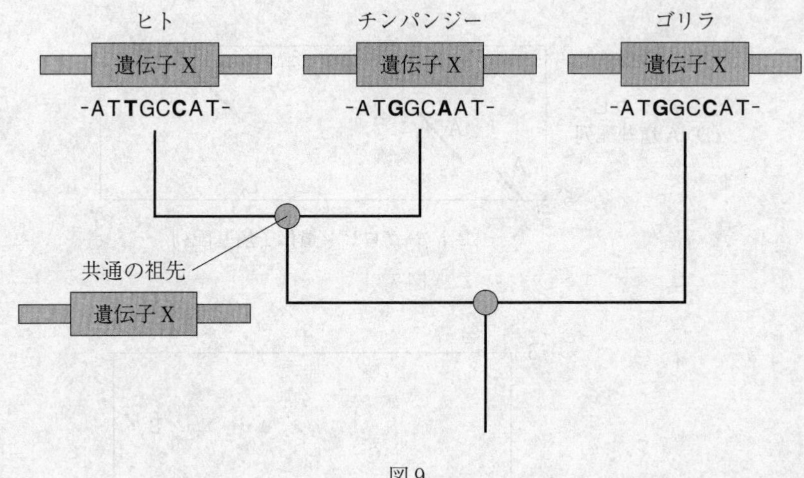

図9

解答編

英語

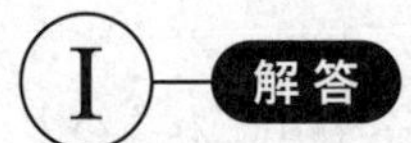

〔1〕 (A)―(3)　(B)―(2)　(C)―(4)　(D)―(2)
〔2〕 (1)―3　(2)―2　(3)―3　(4)―1　(5)―3
〔3〕―(1)

全訳

《バナナを守れ：歴史的に奥深い遺伝子群を活用する》

1　人は自分の食物の由来を知りたがるものだが，現代のバナナの起源については，専門家でさえよくわかっていない。100種類以上の野生バナナと栽培バナナの新たな研究における遺伝子解析から，バナナの複雑な栽培史が明らかになり，これまで知られていなかった現存しているかもしれない3つの祖先の存在が確認された。バナナの専門家たちは，それらの遺伝子が現代のバナナ作物の保全に役立っているかどうかを確かめるため，謎に包まれた祖先を追跡したいと考えている。「バナナの栽培は，私がこれまで思っていたよりもずっと複雑です」と，この研究には参加していない生物学者，ローレン=リーセバーグは言う。

2　約7,000年前のバナナは，今日，私たちが知っているような種のない果物ではなく，黒い種だらけでほとんど食べることができなかった。そのかわり，人々はバナナの木の花や根を食べ，木の他の部分からロープや衣服も作っていた。研究目的でバナナの品種を収集している遺伝資源科学者のジュリー=サルドスは，当時のバナナの木は，「今日私たちが農園で目にするものとはまったく違っていました」と言う。科学者たちは，バナナの主な野生の祖先がインドからオーストラリアにかけて分布するムサ・アクミナータという種であることを特定している。現在，バナナの品種は1,000以上ある。スーパーで売られている現代のバナナは，長い栽培の過程で種を失い，より甘くなった。私たちが知っているような農作物化されたバナナが最初に出現した場所については，ほとんどの研究者が同意しているが，その栽培方法と時期を正確に確定するのは難しい。問題をさらに複雑にしているのは，染色体が通常の２組のバナナもあれば，３組以上あるバナナもあるということだ。このことから，少なくとも現代のバナナの一部は，２つ以上の品種，あるいは異なる種の異種交配によって生まれた雑種であることが示唆される。

3　今日のバナナの歴史的に奥深い遺伝子群を活用しようとするのには，それなりの理由がある：年間1,000億本のバナナを生産する80億ドル規模のバナナ産業は，パナマ病などの病気によって脅かされている。バナナ育種家たちはこのような病気，特にアメリカやヨーロッパに輸出されるバナナの半分以上を占めるキャベンディッシュ・バナナを襲う病気に対抗する方法を見つけようとしている。育種家の中には，病気に強い野生種や希少品種を集めている者もいる。また，遠い祖先からの遺伝子の導入が，現代のバナナの強化に役立つ可能性を研究している者もいる。遺伝子解析は，栽培の歴史をまとめ，先祖代々の果実の生きた標本を見つけるのに役立つ。科学者のナビラ=ヤヒアウイと同僚たちは，以前，野生バナナと農作物化されたバナナの24の標本から採取したDNAを比較した。そのうちの数本で，彼らは特異なものを発見した：他のどのサンプルにもDNAが一致しなかったのだ。これに基づき，2020年，彼らはムサ・アクミナータと他の既存の野生近縁種に加え，２つの未知の種が現代のバナナにDNAをもたらしたと報告した。

4　新しい研究で，サルドスとその同僚はこの研究をさらに発展させ，染色体が３組あるキャベンディッシュ種とは違い，最初に栽培されたバナナにより近いと思われる２組の染色体を持つバナナ品種に焦点を当てた。彼らは，野生の近縁種68種と，サルドスのチームがニューギニアで収集した25種を含む154種の栽培バナナのDNAを採取した。オーストラリア国立大学の科学者で，この研究には参加していないティム=デナムによれば，これは注目に値する栽培品種数であり，中には入手困難な品種もあったという。この比較から，バナナがもともとニューギニアで栽培されていたことが証明され，バンクシアと名付けられたムサ・アクミナータ亜種が最初に栽培されたことが明らかになった。この亜種が後に，より広く栽培されるようになった品種につながった，とサルドスらは『Frontiers in Plant Science』誌で報告している。「この結果は極めて重大なもので，多くの分野におけるこれまでの研究結果を裏付けるものです」とデナムは言う。このサンプルから，バナナの遺伝物質の３つ目の未知の供給源の存在も指摘されたと，研究チームは報告している。科学者たちはこの３種をまだ特定できていないが，彼らのデータから，１種はニューギニア，１種はタイ，３種目はボルネオ島北部からフィリピンにかけてのどこかが起源であることが推測されている。

5　加えて，ニューギニアの現代バナナの品種が，野生の祖先よりも遺伝的に多様であることを知り，デナムは驚いた。「これとは対照的に，遺伝学のほとんどの論証は，初期品種改良がボトルネックになることを示唆しています」と彼は言う。彼は，バナナ生産者が作物の改良に取り組んでいる間でさえ，野生品種との異種交配は行われ続け，異なる遺伝的祖先を持つバナナの房が生まれたのではないかと考えている。「この研究によって，ある作物種の進化における交雑の重要性がさらに確認されました」と，ヒマワリの研究で，異種交配が進化にとって重要である可能性を実証してきたリーセバーグは言う。バナナ研究の分野は多くの可能性を秘めている：サルドスや他のバナナの専門家たちは，バナナの祖先の故郷にある小さな農園やその他の場所に行き，他の現代的な近縁種を見つけられるかどうかを確認したいと考えている。そして，それらもまた，商業用バナナと交雑可能な病気に強いバナナを作り出すかもしれない。

出典追記：Researchers have gone bananas over this fruit's complex ancestry, Science on October 14, 2022 by Elizabeth Pennisi, American Association for the Advancement of Science (AAAS)

解説

〔1〕 (A)「研究者が現代のバナナの祖先を探しているのはなぜか」

「バナナの祖先を探している理由」に関しては第１段第３文（Banana experts want …）に「バナナの専門家たちは，それらの遺伝子が現代のバナナ作物の保全に役立っているかどうかを確かめるため，謎に包まれた祖先を追跡したいと考えている」とある。選択肢はそれぞれ，

(1)「パナマ病の原因を特定するため」

(2)「バナナが最初に栽培された場所を見つけるため」

(3)「現代のバナナの健康を守るための遺伝子材料を見つけるため」

(4)「野生と栽培されたバナナの種類の数を特定するため」
の意味だから，正解は(3)だとわかる。

(B)「本文によると，古代人が食料として利用していたのは次のうちどれか」

「バナナのどの部分を古代人が食べていたか」に関しては第2段第2文（Instead, people ate …）に「人々はバナナの木の花や根を食べ，木の他の部分からロープや衣服も作っていた」とある。選択肢はそれぞれ，
(1)「バナナの種」
(2)「花と根」
(3)「ムサ・アクミナータの果実」
(4)「種のない甘いバナナ」
の意味だから，正解は(2)だとわかる。

(C)「ジュリー=サルドスとその同僚らによる研究は，はじめて栽培されたバナナについて何を示唆しているか」

「はじめて栽培されたバナナ」に関しては第4段第4文（The comparison provided …）に「バナナがもともとニューギニアで栽培されていたことが証明され，バンクシアと名付けられたムサ・アクミナータ亜種が最初に栽培されたことが明らかになった」とある。選択肢はそれぞれ，
(1)「3組の染色体を持っていた」
(2)「68の異なる起源からのDNAを持っていた」
(3)「原産地はボルネオ島北部とフィリピンである」
(4)「ニューギニアを起源とするバナナの一種である可能性が高い」
の意味だから，正解は(4)だとわかる。

(D)「ティム=デナムはサルドスの研究のどのような結果が予想外だったと感じたか」

「サルドスらの研究結果に対するデナムの驚き」に関しては最終段第1文（In addition, Denham …）に「ニューギニアの現代バナナの品種が，野生の祖先よりも遺伝的に多様であることを知り，デナムは驚いた」とある。選択肢はそれぞれ，
(1)「バナナの異種交配が重要であること」
(2)「今日のバナナの中には遺伝的多様性が高いものがあること」
(3)「バンクシアは他のバナナよりも早くから栽培されていたこと」

(4)「現地の科学者がバナナの全種を特定しているわけではないこと」の意味だから，正解は(2)だとわかる。

〔2〕 (1)「現代のバナナは祖先の品種よりも皮が薄く，むきやすい」

第2段第1文（About 7,000 years ago, …）に「約7,000年前のバナナは，今日，私たちが知っているような種のない果物ではなく，黒い種だらけでほとんど食べることができなかった」，また第2段第6文（Over the course of …）に「長い栽培の過程で種を失い，より甘くなった」とはあるが，皮の「厚さ」や「むきやすさ」に関する言及は本文にはない。よって不明と言わざるを得ない。

(2)「これまで知られていなかった3種類のバナナの祖先が突き止められ，特定された」

第4段最終文（Scientists have yet …）に「科学者たちはこの3種をまだ特定できていない」と明確にあるので，不一致。

(3)「現代バナナの栽培は1,000年以上前に行われた」

第2段第1・2文（About 7,000 years ago, … of the tree.）にはその「花と根」を食用としていたとあるが，「今日のバナナの栽培がいつからはじまったのか」に関する明確な言及はない。よって不明と言わざるを得ない。

(4)「バナナの起源に関する研究は経済的な理由から重要である」

第3段第1～3文（There's good reason to … resistant to disease.）に「現代バナナの歴史的に奥深い遺伝子群を活用しようとするのには，それなりの理由がある」と明確に書かれており，また「80億ドル規模のバナナ産業は，パナマ病などの病気によって脅かされており，特にアメリカやヨーロッパに輸出されるキャベンディッシュ・バナナを襲う病気に対抗する方法を見つけようとしている」とその言い換えを具体的に記述している。よって，一致。

(5)「世界で食べられているバナナの50％以上がキャベンディッシュ種である」

第3段第2文（Banana breeders are …）に「アメリカやヨーロッパに輸出されるバナナの半分以上を占めるキャベンディッシュ・バナナ」とはあるが，世界中で食べられているバナナの50％以上が同種であるという明確な言及は本文にはない。よって，不明としか言いようがない。

〔3〕 本文は，「バナナの品質を守るために歴史的に奥深い遺伝子群を活用すること」が話題であった。選択肢はそれぞれ，
(1)「過去を研究して現代のバナナを守る」
(2)「いかにバナナの木は実をつける以上のことをなすのか」
(3)「現代のバナナを研究して新しいスーパーフルーツを開発する」
(4)「異種交配がキャベンディッシュ・バナナの個体群に与えたダメージ」
(5)「アメリカとヨーロッパにおけるバナナ産業の重要性」
の意味だから，正解は(1)だと判断できる。

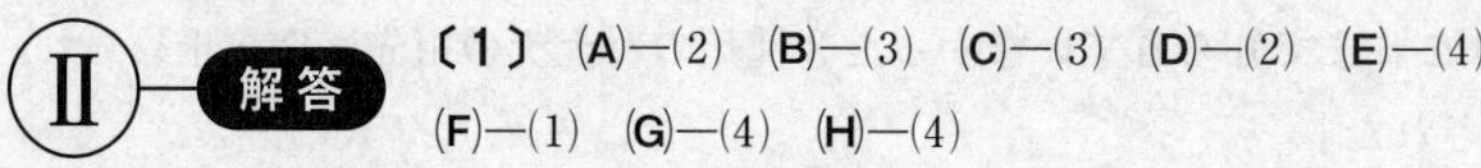

Ⅱ 解答 〔1〕 (A)―(2)　(B)―(3)　(C)―(3)　(D)―(2)　(E)―(4)　(F)―(1)　(G)―(4)　(H)―(4)

〔2〕 あ―(3)　い―(2)　う―(1)　え―(1)　お―(4)

全訳

《シーフードの変遷：メニューから見た気候変動》

1 ブリティッシュ・コロンビア州バンクーバーは，シーフード天国として知られている。かつて鮭が豊富だったフレーザー川の河口に位置し，西にはバンクーバー島，その向こうには太平洋が広がる。都市になるずっと以前から，ここは様々な先住民族にとって豊かな漁場であり，彼らは今でも食料と同様に文化的，精神的な拠り所としてその水に依存している。今日では，新鮮な鮭やオヒョウといった地元の名物を味わうために，世界中から観光客がやってくる。その一方で，水中の様相は変わりつつある。

2 気候変動は，バンクーバー近海に生息する海洋生物とそれに依存する人々にとって深刻な問題となっている。ブリティッシュ・コロンビア大学（UBC）の研究チームは新たな研究で，気候変動の影響がすでに人々の日常生活に現れていることを，ある意外な方法で示している。それを見つけるために，彼らは温度計や氷床コアではなく，レストランのメニューを調査した。UBC で漁業を研究する科学者であり，この研究の著者の一人であるウィリアム=チャンは，時とともに移り変わる状況を示す記録として，レストランのメニューを選んだのだと説明する。チャンは，気候変動とそれが世界の海に及ぼす悪影響の研究に自らのキャリアを費やしてきた。彼は以前，国連気候変動パネルの主要な報告書のいくつかに貢献しているが，UBC の学生であるジョン-ポール=ンとともに，それらの変化を研究し伝

える別の方法を見つけたいと考えていた。「特にバンクーバーでは，多くの人がレストランに出かけてシーフードを楽しみます。ですから，気候変動がレストランで提供されるシーフードに影響を及ぼしているかどうかを確かめたかったのです」とチャンは言う。

③　チャンとンは，バンクーバー市内の何百というレストランから，さらに北はアラスカ州アンカレッジから南はカリフォルニア州ロサンゼルスまで広範囲に及ぶレストランからメニューを集めた。現在のメニューは簡単に見つけることができたが，バンクーバーのシーフードの歴史を調べるのは少し難航した。地元の博物館や歴史協会，さらには市役所（市役所には100年以上前のレストランメニューの記録があることを研究者たちは知って驚いた）の協力を得て，一風変わったデータセットを作り上げた。その結果，1880年代までさかのぼるメニューを発見することができた。収集したデータを使って，彼らは「レストラン・シーフードの平均水温（MTRS）」と呼ばれる指標を作成した。それは，メニューにある種が，好んで生息する場所の平均水温を反映している。彼らの予想通り，ロサンゼルスのMTRSはアンカレッジよりも高く，バンクーバーはその中間だった。しかし，バンクーバーのMTRSがどのように変化したかを分析した結果，レストランのメニューには生息海水温度のより高い種が多くなってきているという有意な傾向が見られた。1880年代，バンクーバーのMTRSはおよそ10.7℃だった。現在は13.8℃である。

④　研究者たちは，現代と過去のレストランのメニューを使って，私たちが食べる種が時代とともにどのように変化してきたかを追跡した。この研究で重要なデータ源となったレストランのひとつが，港から徒歩10分の金融街にある歴史あるホテル・バンクーバーである。チャンとンは，1950年代から現在に至るまでの，このホテルのメニューの実例を見つけることができた。ホテル・バンクーバーの料理長を務めるデビッド=バーシャーは，ブリティッシュ・コロンビア州の豊富な海産物に囲まれて育った。結果，彼は地元の食材を使った料理に情熱を注ぐようになった。シェフというものは，人々の好みを考慮するものだが，メニューはその近海で泳いでいるものを反映するものでもある。バーシャーによれば，彼とレストランのスタッフが発注する海産物を決める際には，顧客の好みと入手可能なものとのバランスを取る必要があるという。「私たちは普通，近隣の卸業者

と話します」とバーシャーは説明する。「じゃあ，これから旬を迎えるものは？　メニューに載せられるような十分な量を我々に卸せるものは？」

5 温暖化が進むにつれ，メニューに載るほど豊富な種は変化し続けている。チャンとンの研究が予測するように，紅鮭のような地元産の冷水魚種はバンクーバーのメニューから減り続けるのかもしれない。2019年，ブリティッシュ・コロンビア州の鮭の漁獲量は過去70年間で最低となった。それに代わって，南方系の種が増えつつある。これらの新入荷の中で最も注目すべきもののひとつは魚ではなく，アメリカオオアカイカで，漁師の網だけでなく街中のレストランにも登場し始めている。シェフの立場から，バーシャーはこの変化を良い点もあれば悪い点もある状況として受け止めている。新しい種類の魚介類は調理する上では刺激的だが，その代償として親しまれてきた魚介類がなくなってしまう。「ある魚を知り，愛するようになり，その魚が少なくなり，同じ魚を見かけなくなると，いい思い出なだけに少し悲しくなるんです」と彼は言う。顧客はお目当ての品が皿にのることを期待して来るので，この変化はバンクーバーの観光産業にもダメージを与える可能性がある。「誰もがオヒョウのシーズンが来るのを待っているんですよ」とバーシャーは言う。「そしてもしメニューにオヒョウがなければ，『なぜ？』と尋ねるでしょうね」

解説

〔1〕 (A) 空所を含む部分は「ブリティッシュ・コロンビア州バンクーバーは，シーフード天国（　　）」の意。選択肢はそれぞれ，(1)「～では決してない」，(2)「～として知られている」，(3)「～ではもはやない」，(4)「～になろうと画策している」の意味である。第1段は最終文を除き，同地域は歴史的に海産物が豊富であることを示しているので，(2)が正解。

(B) 空所を含む部分は「気候変動は，バンクーバー近海に生息する海洋生物とそれに依存する人々にとって（　　）」の意。空所部分には「大問題になっている」といった意味の語が入ると読み取れる。選択肢はそれぞれ，(1)「驚くべき恩恵をもたらしてきた」，(2)「いまだ影響を与えていない」，(3)「深刻な問題である」，(4)「間もなく影響を与えはじめる」の意味であるので正解は(3)である。(4)は後述からもわかるように，すでに影響は出ているので不適切。

(C) 空所を含む部分は「現在のメニューは簡単に見つけることができたが，

バンクーバーのシーフードの（　　）を調べるのは少し難航した」の意。空所部分には「現在のメニュー」の対比となる「過去のメニュー」といった意味の語が入ると読み取れる。選択肢はそれぞれ，(1)「経済学」，(2)「味」，(3)「歴史」，(4)「人気」の意味であるから，それに最も近いのは(3)である。

(D)　空所を含む部分は「しかし，バンクーバーのMTRSがどのように変化したかを分析した結果，レストランのメニューには生息海水温度のより高い種が（　　）という有意な傾向が見られた」の意。空所部分には温暖化傾向の結果，海水温の高い地域の種が「増えている」といった意味の語が入ると読み取れる。選択肢はそれぞれ，(1)「人気をなくす」，(2)「多くなっている」，(3)「高額になっている」，(4)「極めて珍しい」の意味であるから，それに最も近いのは(2)である。

(E)　空所を含む部分は「研究者たちは，現代と過去のレストランのメニューを使って，私たちが食べる種が（　　）どのように変化してきたかを追跡した」の意。空所部分には「歴史的に」といった意味の語が入ると読み取れる。選択肢はそれぞれ，(1)「文化に起因して」，(2)「より良くするために」，(3)「我々の健康」，(4)「時間の経過とともに」の意味であるから，それに最も近いのは(4)である。

(F)　空所を含む部分は「（　　），彼は地元の食材を使った料理に情熱を注ぐようになった」の意。空所部分には前文にある，バーシャーの豊かな海産物に囲まれて育ってきた成育歴の「おかげで」といった意味の語が入ると読み取れる。選択肢はそれぞれ，(1)「その結果」，(2)「たとえば」，(3)「しかしながら」，(4)「対照的に」の意味であるから，それに最も近いのは(1)である。

(G)　空所を含む部分は「（　　）が進むにつれ，メニューに載るほど豊富な種は変化し続けている」の意。空所部分には前述の展開から「水温上昇」といった意味の語が入ると読み取れる。選択肢はそれぞれ，(1)「価格」，(2)「需要」，(3)「議論」，(4)「温暖化」の意味であるから，それに最も近いのは(4)である。

(H)　空所を含む部分は「『特定の魚種を知り，愛するようになり，その魚種が減少し，（　　）を見かけなくなると，いい思い出なだけに少し悲しくなります』と彼は言う」の意。空所部分には「慣れ親しんだ魚」といった意味の語が入ると読み取れる。選択肢はそれぞれ，(1)「南方から移動してきた魚」，(2)「簡単に調理できる魚」，(3)「メニューに載る新しい魚」，(4)「同じ魚」の意味であるから，それに最も近いのは(4)である。

〔2〕 **あ**　下線部あ「これら」の指示対象は第2段第3文（To find it, …）に記述された「レストランのメニュー」である。選択肢はそれぞれ，

(1)「漁業」

(2)「海洋生物」

(3)「レストランのメニュー」

(4)「温度計と氷床コア」

という意味。よって，これらの中で上記の内容に合致しているのは(3)だとわかる。

い　下線部い「それらの変化」の指示対象は第2段第4・5文（William Cheung, a … the world's oceans.）に記述された「温暖化により時間とともに移り変わる海洋の状況」である。選択肢はそれぞれ，

(1)「漁業の収益に影響を与える変化」

(2)「地球温暖化による海洋の変化」

(3)「生物学の研究方法の変化」

(4)「観光客が食べたいと思う魚介類の種類に影響する変化」

という意味。よって，これらの中で上記の内容に合致しているのは(2)だとわかる。

う　該当部分の「彼ら」とは，この調査を実施しMTRSを作成したUBCのチェンとンである。選択肢はそれぞれ，

(1)「UBCの研究チーム」

(2)「アンカレッジとロサンゼルスの科学者たち」

(3)「地元の博物館や市役所の職員」

(4)「国連のために働く研究者」

という意味。よって，これらの中で上記の内容に合致しているのは(1)だとわかる。

え　該当部分は「可能なこと」という意味で，下線部えの指示対象はその直後～第4段最終文（"We usually have … on our menu?"）に記述された「どの魚が旬になっているのか，またどの魚がメニューに載せられるほどの量を仕入れられるのか」との近隣の卸業者とのやり取りから推測でき

る。選択肢はそれぞれ,

(1)「どのような種類の魚介類が地元で購入できるか」

(2)「どのような種類の魚介類が，スタッフがその調理法を知っているか」

(3)「どのような種類の魚介類をレストランが注文することができるか」

(4)「どのような種類の魚介類が，伝統的な料理で認められているか」

という意味。よって，これらの中で上記の内容に合致しているのは(1)だとわかる。(3)は afford が「経済的，時間的余裕があることによって可能になる」という意味なのでここでは不適。

㋔　該当部分は観光客がそれを求めてバンクーバーを訪れる「とある一品」という意味。具体的には第1段第4文（Today, tourists come from …）さらには最終段最終2文（“Everyone waits for … are asking why.”）に記述された地元で愛されている「オヒョウ」を一例としている。選択肢はそれぞれ,

(1)「シェフが考案したオリジナル料理」

(2)「アメリカオオアカイカなどの魚種」

(3)「ホテル・バンクーバーならではの料理」

(4)「バンクーバーで伝統的に食べられているシーフード」

という意味。よって，これらの中で上記の内容に合致しているのは(4)だとわかる。

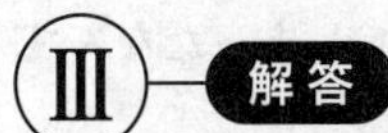

〔1〕　㋐—(7)　㋑—(4)　㋒—(1)　㋓—(8)

〔2〕　㋕—(6)　㋖—(7)　㋗—(1)　㋘—(10)

全訳

〔1〕《週末の話》

A：「今週末，何する予定？」

B：「まだ決まっていないんだ。天気次第。人と会う予定はあるよ」

A：「いいね，でも土曜日の昼間は嵐で雨が降る可能性が90％あるって聞いたよ。でも日曜日の正午頃にはよくなるみたい」

B：「うーん。土曜日に友達とセーリングに行く予定だったんだ。嵐が過ぎて風が強くなりすぎなければ，彼女に電話して日曜日の午後に変更することも考えてみるかなあ」

A：「風が強すぎる？　風はセーリングには最適だと思ってた」

B：「安定した風ならいいんだけど，風向きが変わり続けると危ないんだ」

A：「日曜日，大丈夫だといいね。土曜日は嵐で無理だったら，午後に映画に行かない？」

B：「もちろん。でもまず友達に確認させて。一緒に誘ってもいい？」

A：「もちろんだよ！ 人が多いほうが楽しいもの」

B：「いいね。じゃあメッセージを送って返事を待ってみるよ」

A：「もし来るなら，後で何か食べる気があるか聞いてみて」

B：「それは素晴らしいアイデアだね。まあ，天気があまり悪くなければの話だけど」

A：「土曜日まで待つしかないね。もしかしたら土曜日の朝に電話するべきかもしれない」

B：「それは良い考えだね」

〔2〕《自宅にて》

A：「あ，ここにいたんだ。何時に夕食を食べる予定？ 食べる前に散歩に行くかもしれない」

B：「なんで私に聞くの？ 今日はあなたが料理をする番だと思ったけど」

A：「そうじゃないと思うけど。覚えてないの？ 水曜日は君が料理することになったって」

B：「そうだね，そう決めたけど，今日は木曜日だから，あなたの番よ」

A：「まさかもう木曜日なの？ 今週は本当に早く過ぎたみたい」

B：「それは月曜日が祝日だったからだよ。それを忘れてしまったなんて信じられない」

A：「本当だ。そうだった。土曜日は午前９時から午後５時までオンラインミーティングがあったから，週末３連休の感じがしなかった」

B：「そうだったの？ 私は土曜日にテニスを見ていると思っていた」

A：「できれば見たかったんだけど。その予定だったんだけど，上司がミーティングを詰め込んでいたことを忘れてたんだ」

B：「だから私が帰宅したとき，ソファーで寝ていたのね。よほどつまらない試合だったんだろうと思っていたよ」

A：「そうだったかもしれないけど，それを確認することもできなかった。とにかく，結局私が今夜の夕食を作る番みたい。何が食べたい？」

B：「何でもいいよ。でも，もう６時だから，今すぐスーパーに行ったほうがいいよ」

A：「そうだね。今すぐ行くよ」

解説

〔1〕 ㋐ 空所の直前のAの発言で，土曜日の昼間は高確率で嵐と降雨が予想されているとある。逆接の接続詞 But を用い，日曜日の正午には晴天になるという，(7)「でも日曜日の正午頃にはよくなるみたい」が最も自然。

㋑ Aは風さえあればセーリングには問題ないと考えており，「風が強すぎる？」と驚いた様子。空所直後のBの「安定した風がいい」という説明からも(4)「風はセーリングには最適だと思ってた」が適切。

㋒ 空所直前のBの発言「一緒に誘ってもいい？」に対してAは空所の直後に「人が多いほうが楽しいもの」と表現している。つまり，Bが友人を誘うことに同意しており，(1)「もちろんだよ！」が最も自然。

㋓ 空所があるAの発言，またその前のBの発言からも，土曜日の天候がどれほど悪くなるのか二人とも予想できていない様子。空所直後のAの「それは良い考えだね」からも，(8)「もしかしたら土曜日の朝に電話するべきかもしれない」が最適。

〔2〕 ㋕ 話の流れから，木曜日であるにもかかわらず，Aはその日が水曜日だと勘違いしており，その日の食事当番をBだと思い込んでいることがわかる。空所直後の「食べる前に散歩に行くかもしれない」という発言から，食事時間をBに問う(6)「何時に夕食を食べる予定？」が最も自然。

㋖ 空所直前のAの「まさかもう木曜日なの？」という発言，また空所の次の発言より，土曜日に仕事をしていたせいでAが曜日感覚をなくし月曜日を日曜日と勘違いしていたことが読み取れるため，(7)「それは月曜日が祝日だったからだよ」が最も自然。

㋗ 空所の前のBの「テニスを見ていたと思った」主旨の発言に対して，仕事が入ったため見れなかったことを，仮定法過去完了を用いて伝えている(1)「できれば見たかったんだけど」が最も自然。

㋘ 空所直後のAの「そうだね。今すぐ行くよ」との発言から，スーパーの閉店時間が迫っているため，早く行くようにAを促す(10)「でも，もう6時だから，今すぐスーパーに行ったほうがいいよ」が適切。

Ⅳ 解答

(A)—(1) (B)—(3) (C)—(3) (D)—(1) (E)—(2) (F)—(1) (G)—(1) (H)—(4)

解説

(A)「宿題を先に終わらせていれば外で遊んでもいいよ」

接続詞 as long as 〜の後には「条件」がきて，「〜しさえすれば」の意味となる。したがって(1)が正解。

(B)「彼らは受付でゲストを長い間待たせた」

keep＋目的語＋現在分詞のパターン。目的語と目的格補語の関係が能動関係にあるため目的格補語は現在分詞を用いる。よって(3)が正解。

(C)「あれだけ値上げしたのに，未だにこの店を利用する人がいるのは驚きだ」

given（the fact）that 〜は「〜を考えると」という慣用的分詞構文。considering that 〜と同意。よって(3)が正解。

(D)「私は同じ本を何度も読んでいたが，ついに友人が新しい本を勧めてくれた」

過去のある一点（when my friend finally suggested a new one）までの動作の継続は過去完了進行形で表す。よって(1)が正解。

(E)「たとえどんな障害が現れても，あなたの決意があなたを成功に導く」

選択肢の中で副詞節を導けるのは(2)か(3)のみで，(3)は譲歩を表す接続詞として副詞節を導く場合，通常 Whether obstacles may appear or not, となる必要がある。本問のように or not がなくても用いられることはあるが，そうすると「障害が現れても，現れなくても」という意味になり後半とのつながりが不自然になる。よって複合関係形容詞の接続詞的用法 whatever を用いることが最も自然であり(2)が正解。

(F)「2台のカメラのうちどちらを選択すればよいのかわからない。どちらも良い特徴を持っている」

セミコロンの後の動詞に注目する。have となっているため，複数扱いとなる(1)以外は不可。よって(1)が正解。

(G)「私の両親は以前よりもはるかに頻繁に旅行する」

than に着目することで比較級を用いることがわかる。よって(1)が正解。比較級を強調する far が用いられていることにも注意。

(H)「雨が降らなかったら，植物は枯れていただろう」

仮定法過去完了の帰結節を埋める問題。条件節が，仮定法過去完了であり，かつ帰結節に現在を表す印（now など）がないため，帰結節も仮定法過去完了の形となる。よって，(4)が正解。

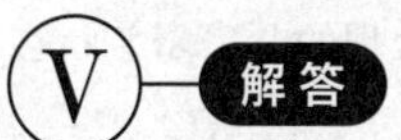

〔1〕 (A)―(1)　(B)―(1)　(C)―(2)　(D)―(2)　(E)―(1)
〔2〕 (A)―(3)　(B)―(3)　(C)―(2)　(D)―(2)　(E)―(2)

解説

〔1〕 (A) 「近年，交通事故の（　　　）は減っている」

選択肢はそれぞれ，(1)「頻度」，(2)「栄光」，(3)「抑圧」，(4)「放射（能）（線）」という意味。「交通事故」と関連性がある，(1)が最も自然。

(B) 「（　　　）に立ったら，必ず連絡してほしい」

選択肢はそれぞれ，(1)「岐路，分岐点」，(2)「通貨」，(3)「２週間」，(4)「親しみやすさ」という意味。空所の後の「必ず連絡してほしい」という表現からも，選択肢の中で(1)が最も自然。crossroad には文字通り，「交差点，分岐点」という意味もあれば，人生や重大な事柄に対する「岐路」という意味もある。

(C) 「誰がお金を盗んだかを示す証拠は（　　　）だった」

選択肢はそれぞれ，(1)「質素な」，(2)「不十分な」，(3)「悠長な」，(4)「特大の」という意味。「証拠」という表現から，選択肢の中で(2)が最も自然。

(D) 「リスクを冒さない彼を（　　　）だと思う人もいた」

選択肢はそれぞれ，(1)「チェロ奏者」，(2)「臆病者」，(3)「いかだ乗り」，(4)「雄羊」という意味。「リスクを起こさない彼」という表現から，選択肢の中で(2)が最も自然。

(E) 「咳をするときは（　　　）を広げないように口を覆うことを忘れないで」

選択肢はそれぞれ，(1)「ばい菌」，(2)「ガイドライン」，(3)「雨漏り」，(4)「（体の）四肢」という意味。「咳をするときには口を覆う」という表現から，選択肢の中で(1)が最も自然。

〔2〕 (A) 「あなたがそのような親切な両親を持っているのは幸せなことだ」

選択肢はそれぞれ，(1)「不思議な」，(2)「信じられない」，(3)「幸運な」，

(4)「珍しい」という意味。これらの選択肢の中で「幸せな」にふさわしいのは(3)である。

(B)「合理的な結論だと思う」

選択肢はそれぞれ，(1)「形式的な」，(2)「長続きする」，(3)「論理的な」，(4)「間接的な」という意味。これらの選択肢の中で「合理的」にふさわしいのは(3)である。

(C)「我々の提案は党の理想に忠実である」

選択肢はそれぞれ，(1)「貢献的な」，(2)「忠誠的な」，(3)「反対の」，(4)「無関係な」という意味。これらの選択肢の中で「忠実」にふさわしいのは(2)である。

(D)「シン教授は，精神機能が時間とともにどのように発達するかを研究している」

選択肢はそれぞれ，(1)「計算」，(2)「機能，能力」，(3)「障害」，(4)「機関」という意味。これらの選択肢の中で「機能」にふさわしいのは(2)である。

(E)「どんなに頑張っても，私は苛立ちを隠せなかった」

選択肢はそれぞれ，(1)「軽蔑」，(2)「苛立ち，挫折」，(3)「孤独」，(4)「不安」という意味。これらの選択肢の中で「苛立ち」にふさわしいのは(2)である。

講評

2024年度も出題傾向に変化はなく，長文読解問題2題，会話文1題，文法・語彙問題2題の出題であった。

Ⅰは「バナナを守れ：歴史的に奥深い遺伝子群を活用する」がテーマの英文である。設問数，難易度は例年並み。〔1〕の内容説明は本文の言い換えがポイントとなる。設問文を先に読んで，答えを探すつもりで本文を読んでいくとよい。〔2〕の内容真偽は，まず，本文に明確に記載されている「1」か，明確に記載されていないといえる「2」を特定する。

Ⅱは「シーフードの変遷：メニューから見た気候変動」がテーマの英文で，比較的読みやすかったのではないだろうか。〔1〕は適切な論理マーカーを入れる問題や単語，文法的な問題で，いずれも文脈から判断できる。〔2〕は指示代名詞，指示形容詞などをはじめとする下線部がどこを指しているか，明確に見極めること。㋓のように，下線部の後方に該当箇所がある場合もある。

Ⅰ・Ⅱとも英文すべてを読んで「理解する」ことよりも，問われている問題を時間内に効率よく「解く」という意識を持つこと。高等学校で学ぶ基礎的な知識や，文脈から類推する受験生の力を見たい，という出題者の意図を感じる。

Ⅲは「週末の話」「自宅にて」がテーマの会話文。難易度は例年並み。A，Bの２人しか登場人物がいないため，事前に選択肢がどちらの発言かを分類することで，時間の短縮と正答率アップにつながるであろう。

Ⅳ・**Ⅴ**の文法・語彙問題は例年並みの難易度。語彙問題では fortnight や frugal，rafter や ram など受験生にとってはなじみのないような単語も出題されているが，内容を読みとり，焦らずに消去法で対応すること。基本的な文法・語法を早い段階で定着させること，計画的に単語を暗記していくことが重要。特に単語に関しては同意表現をマスターする必要がある。

数 学

I 解答

ア．$-2tx+t^2$ イ．$\left(\dfrac{1-\sqrt{3}}{2},\ -\dfrac{2-\sqrt{3}}{2}\right)$

ウ．$\left(\dfrac{1+\sqrt{3}}{2},\ \dfrac{4-\sqrt{3}}{2}\right)$ エ．$\left(\dfrac{1+\sqrt{3}}{2},\ -\dfrac{2+\sqrt{3}}{2}\right)$

オ．$\left(\dfrac{1-\sqrt{3}}{2},\ \dfrac{4+\sqrt{3}}{2}\right)$ カ．$\left(\dfrac{1}{2},\ \dfrac{1}{2}\right)$ キ．$3\sqrt{3}$ ク．$\dfrac{\sqrt{3}}{4}$ ケ．$\dfrac{1}{12}$

解説

《放物線の共通接線，面積》

$f(x)=(x-1)^2+1$ とおくと $P:y=-x^2$, $Q:y=f(x)$

$(-x^2)'=-2x$ より，P 上の点 $(t,\ -t^2)$ における接線を l とおくと

$$l:y=-2tx+t^2 \quad →ア$$

l と Q が接する条件は

$$f(x)=-2tx+t^2 \Longleftrightarrow x^2+2(t-1)x+2-t^2=0 \quad ……①$$

が重解をもつことから，①の判別式を D とおくと

$$\frac{D}{4}=(t-1)^2-(2-t^2)=0$$

$$2t^2-2t-1=0 \quad ……②$$

このとき，l と Q の接点の x 座標を x' とおくと，x' は①の重解であるから，解と係数の関係から

$$x'+x'=-2(t-1),\ x'=1-t$$

②の2つの解を，$t_1=\dfrac{1-\sqrt{3}}{2}$, $t_2=\dfrac{1+\sqrt{3}}{2}$ とおくと，

$-2t_1>0>-2t_2$ であるから

$$A_1(t_1,\ -t_1{}^2),\ B_1(1-t_1,\ t_1{}^2+1)$$

$$A_2(t_2,\ -t_2{}^2),\ B_2(1-t_2,\ t_2{}^2+1)$$

$t_1{}^2=\dfrac{2-\sqrt{3}}{2}$, $t_2{}^2=\dfrac{2+\sqrt{3}}{2}$ であるから

$$A_1\left(\frac{1-\sqrt{3}}{2},\ -\frac{2-\sqrt{3}}{2}\right)\ \rightarrow イ \qquad B_1\left(\frac{1+\sqrt{3}}{2},\ \frac{4-\sqrt{3}}{2}\right)\ \rightarrow ウ$$

$$A_2\left(\frac{1+\sqrt{3}}{2},\ -\frac{2+\sqrt{3}}{2}\right)\ \rightarrow エ \qquad B_2\left(\frac{1-\sqrt{3}}{2},\ \frac{4+\sqrt{3}}{2}\right)\ \rightarrow オ$$

線分 A_1B_1 および線分 A_2B_2 の中点はいずれも $\left(\frac{1}{2},\ \frac{1}{2}\right)$ だから，l_1，l_2 の交点の座標は

$$\left(\frac{1}{2},\ \frac{1}{2}\right)\ \rightarrow カ$$

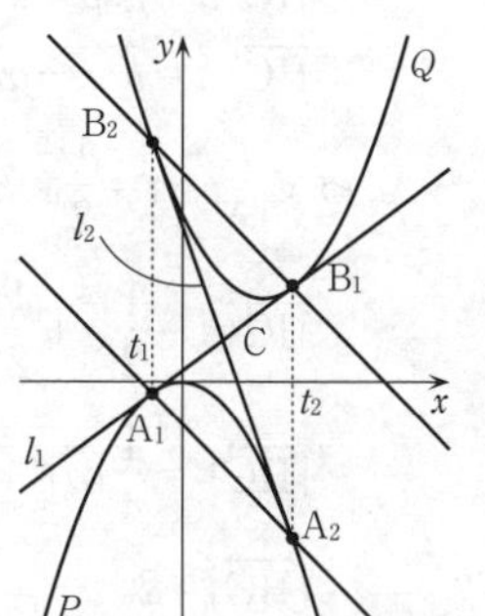

$\overrightarrow{A_1B_2}=\overrightarrow{A_2B_1}=(0,\ 3)$ より，四角形 $A_1A_2B_1B_2$ は平行四辺形だから，面積を S とおくと

$$S=3\cdot(t_2-t_1)=3\sqrt{3}\quad \rightarrow キ$$

l_1，l_2 の交点をC，直線 A_1A_2 と P で囲まれた部分の面積を S' とおくと

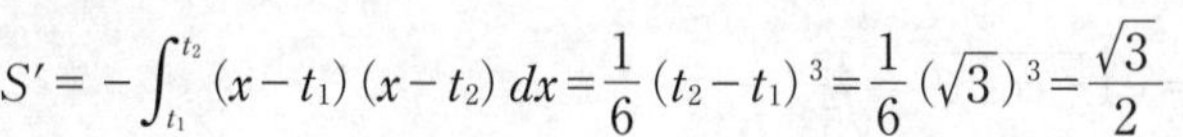

$$S'=-\int_{t_1}^{t_2}(x-t_1)(x-t_2)\,dx=\frac{1}{6}(t_2-t_1)^3=\frac{1}{6}(\sqrt{3})^3=\frac{\sqrt{3}}{2}$$

よって，l_1，l_2 および P で囲まれた部分の面積を S_1 とおくと

$$S_1=\triangle CA_1A_2-S'=S\times\frac{1}{4}-S'=\frac{\sqrt{3}}{4}\quad \rightarrow ク$$

2曲線 P，Q は点 $C\left(\frac{1}{2},\ \frac{1}{2}\right)$ に関して対称だから，l_1，l_2 および Q で囲まれた部分の面積を S_2 とおくと，$S_1=S_2$ であり

$$\frac{S_2}{S}=\frac{S_1}{S}=\frac{\sqrt{3}}{4}\cdot\frac{1}{3\sqrt{3}}=\frac{1}{12}\ \rightarrow ケ$$

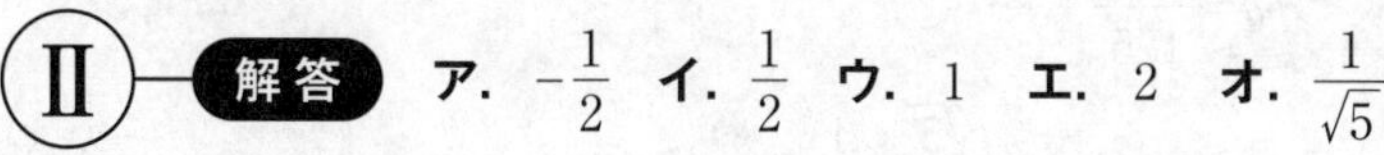

Ⅱ　解答

ア. $-\frac{1}{2}$　**イ.** $\frac{1}{2}$　**ウ.** 1　**エ.** 2　**オ.** $\frac{1}{\sqrt{5}}$

カ. 2　**キ.** 4　**ク.** $\sqrt{5}$　**ケ.** $\left(\frac{\sqrt{5}}{10},\ \frac{1}{2}\right)$　**コ.** $\frac{2\sqrt{5}-3}{11}$

解説

《平行六面体，体積》

〔1〕 $\overrightarrow{OA}=\vec{a}$，$\overrightarrow{OB}=\vec{b}$，$\overrightarrow{OC}=\vec{c}$ とおくと

$$\vec{a}\cdot\vec{b}=4,\ \vec{b}\cdot\vec{c}=1,\ \vec{c}\cdot\vec{a}=3,\ |\vec{a}|=\sqrt{10},\ |\vec{b}|=\sqrt{2},\ |\vec{c}|=\sqrt{5}$$

$\overrightarrow{OH}=\alpha\vec{a}+\beta\vec{b}$ とおくと

$$\overrightarrow{HC}=\overrightarrow{OC}-\overrightarrow{OH}=\vec{c}-\alpha\vec{a}-\beta\vec{b}$$

$\overrightarrow{HC}$ は $\vec{a}$, $\vec{b}$ と垂直であるから

$$\overrightarrow{HC}\cdot\vec{a}=\vec{c}\cdot\vec{a}-\alpha|\vec{a}|^2-\beta\vec{a}\cdot\vec{b}=3-10\alpha-4\beta=0$$

$$\overrightarrow{HC}\cdot\vec{b}=\vec{b}\cdot\vec{c}-\alpha\vec{a}\cdot\vec{b}-\beta|\vec{b}|^2=1-4\alpha-2\beta=0$$

よって　　$\alpha=\dfrac{1}{2},\ \beta=-\dfrac{1}{2}$

$$\overrightarrow{HC}=-\frac{1}{2}\vec{a}+\frac{1}{2}\vec{b}+\vec{c}\quad \to ア〜ウ$$

$$|\overrightarrow{HC}|^2=\frac{1}{4}|\vec{a}|^2+\frac{1}{4}|\vec{b}|^2+|\vec{c}|^2-\frac{1}{2}\vec{a}\cdot\vec{b}+\vec{b}\cdot\vec{c}-\vec{c}\cdot\vec{a}=4$$

$$|\overrightarrow{HC}|=2\quad \to エ$$

また　　$\cos\theta=\dfrac{\vec{a}\cdot\vec{b}}{|\vec{a}||\vec{b}|}=\dfrac{4}{\sqrt{10}\cdot\sqrt{2}}=\dfrac{2}{\sqrt{5}}$

$$\sin\theta=\sqrt{1-\cos^2\theta}=\frac{1}{\sqrt{5}}\quad \to オ$$

$$▱\mathrm{OADB}の面積=|\vec{a}||\vec{b}|\sin\theta=\sqrt{10}\cdot\sqrt{2}\cdot\frac{1}{\sqrt{5}}=2\quad \to カ$$

平行六面体 OADB-CLMN の体積 $=▱\mathrm{OADB}\cdot|\overrightarrow{HC}|=4$　→キ

〔2〕 $\overrightarrow{OP}=p\vec{a}$, $\overrightarrow{OQ}=q\vec{b}$ であるから，OP＝OQ より

$p|\vec{a}|=q|\vec{b}|,\ \sqrt{10}\,p=\sqrt{2}\,q$

$q=\sqrt{5}\,p$　……①　→ク

$$\frac{四面体\mathrm{OPQC}の体積}{四面体\mathrm{OABC}の体積}=\frac{\triangle\mathrm{OPQ}の面積}{\triangle\mathrm{OAB}の面積}=pq$$

よって　　$pq=\dfrac{1}{4\sqrt{5}}$　……②

①，②より　　$(p,\ q)=\left(\dfrac{\sqrt{5}}{10},\ \dfrac{1}{2}\right)$　→ケ

$$\overrightarrow{OM}=\overrightarrow{OA}+\overrightarrow{AD}+\overrightarrow{DM}=\vec{a}+\vec{b}+\vec{c}$$

であるから，$\overrightarrow{OK}=k\overrightarrow{OM}$ とおくと

$$\overrightarrow{OK}=k(\vec{a}+\vec{b}+\vec{c})=k\left(\frac{1}{p}\overrightarrow{OP}+\frac{1}{q}\overrightarrow{OQ}+\overrightarrow{OC}\right)$$

$$=\frac{k}{p}\overrightarrow{OP}+\frac{k}{q}\overrightarrow{OQ}+k\overrightarrow{OC}$$

Kは△PQCを含む平面上の点だから

$$\frac{k}{p}+\frac{k}{q}+k=1,\ (3+2\sqrt{5})k=1$$

よって　$k=\dfrac{1}{3+2\sqrt{5}}=\dfrac{2\sqrt{5}-3}{11}$　→コ

Ⅲ 解答

ア. $\sqrt{r^2+2r\cos\theta+1}$　**イ.** $\theta+3\sqrt{r^2+2r\cos\theta+1}$

ウ. $1-8r^2$　**エ.** $\dfrac{1}{3}$　**オ.** 0　**カ.** $3(r+1)$　**キ.** $-\dfrac{1+2\sqrt{6}}{6}$

ク. π　**ケ.** $\dfrac{7}{9}$

解説

《関数の増減，最大値・最小値》

$$\mathrm{PB}=\sqrt{(\cos\theta+r)^2+\sin^2\theta}=\sqrt{r^2+2r\cos\theta+1}\quad\to ア$$

よって

$$T(\theta)=\theta+3\sqrt{r^2+2r\cos\theta+1}\quad\to イ$$

$$T'(\theta)=1-\frac{3r\sin\theta}{\sqrt{r^2+2r\cos\theta+1}}\geqq 0 \Longleftrightarrow \sqrt{r^2+2r\cos\theta+1}\geqq 3r\sin\theta$$

$0\leqq\theta\leqq\pi$ のとき，$\sin\theta\geqq 0$ だから，この不等式は

$$r^2+2r\cos\theta+1\geqq 9r^2\sin^2\theta$$

$$9r^2\cos^2\theta+2r\cos\theta+1-8r^2\geqq 0\quad\to ウ$$

と同値である。

$$f(\theta)=9r^2\cos^2\theta+2r\cos\theta+1-8r^2$$

$r=0$ のとき　$f(\theta)=1\geqq 0$

よって，$r=0$ のとき $f(\theta)\geqq 0$ が成り立つ。 ……①

$0<r\leqq 1$ のとき

$$f(\theta)=9r^2\left(\cos\theta+\frac{1}{9r}\right)^2+\frac{8}{9}(1-9r^2)$$

$0\leqq\theta\leqq\pi$ より　$-1\leqq\cos\theta\leqq 1$

(i)　$-\dfrac{1}{9r}<-1$ つまり $0<r<\dfrac{1}{9}$ のとき

$f(\theta)$ の最小値は $\cos\theta=-1$ のときで

$$9r^2-2r+1-8r^2=r^2-2r+1=(r-1)^2\geqq 0$$

よって，$0<r<\dfrac{1}{9}$ のとき $f(\theta)\geqq 0$ が成り立つ。……②

(ii)　$-1\leqq -\dfrac{1}{9r}$ つまり $\dfrac{1}{9}\leqq r\leqq 1$ のとき

$f(\theta)$ の最小値は　$\dfrac{8}{9}(1-9r^2)$

$$\frac{8}{9}(1-9r^2)\geqq 0,\quad -\frac{1}{3}\leqq r\leqq \frac{1}{3}$$

よって，$\dfrac{1}{9}\leqq r\leqq \dfrac{1}{3}$ のとき $f(\theta)\geqq 0$ が成り立つ。……③

①，②，③より　$0\leqq r\leqq \dfrac{1}{3}$　→エ

このとき，$0\leqq\theta\leqq\pi$ において，$f(\theta)\geqq 0$，$T'(\theta)\geqq 0$ が成り立つ。$T(\theta)$ は単調増加であり $\theta=0$ のとき最小値 $3(r+1)$ をとる。→オ，カ

$\dfrac{1}{3}<r<1$ のとき，方程式 $f(\theta)=0$ は $0\leqq\theta\leqq\pi$ に異なる 2 つの実数解を持つ。

特に，$r=\dfrac{2}{3}$ のとき

$$\begin{aligned} f(\theta)&=4\left(\cos\theta+\frac{1}{6}\right)^2-\frac{8}{3}\\ &=4\left\{\left(\cos\theta+\frac{1}{6}\right)^2-\frac{2}{3}\right\}\\ &=4\left(\cos\theta+\frac{1}{6}+\sqrt{\frac{2}{3}}\right)\left(\cos\theta+\frac{1}{6}-\sqrt{\frac{2}{3}}\right) \end{aligned}$$

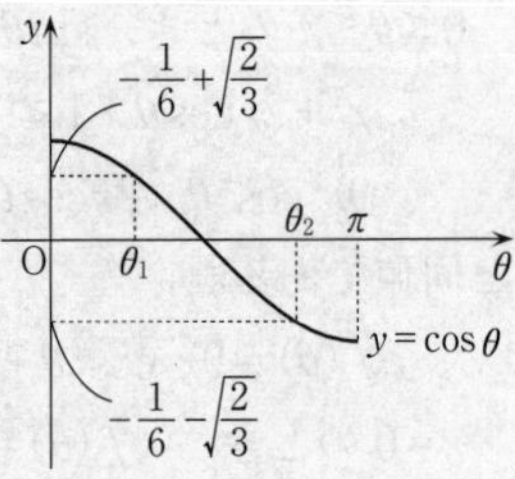

右図のように θ_1，θ_2 をとれば

$$\begin{aligned} f(\theta)<0 &\iff -\frac{1}{6}-\sqrt{\frac{2}{3}}<\cos\theta<-\frac{1}{6}+\sqrt{\frac{2}{3}}\\ &\iff \theta_1<\theta<\theta_2 \end{aligned}$$

$T'(\theta)$ の符号と $f(\theta)$ の符号は一致するので，$T(\theta)$ の増減表は次のようになる。

θ	0	$\cdots$	θ_1	$\cdots$	θ_2	$\cdots$	π
$T'(\theta)$		$+$	0	$-$	0	$+$	
$T(\theta)$	5	↗		↘		↗	$\pi+1$

$$T(\theta_2)<T(\pi)<T(0)$$

であるから，$T(\theta)$ を最小にする点Pの x 座標は

$$\cos\theta_2=-\frac{1}{6}-\sqrt{\frac{2}{3}}=-\frac{1+2\sqrt{6}}{6}\quad\to キ$$

また，$r=1$ のとき

$$f(\theta)=9\cos^2\theta+2\cos\theta-7=(\cos\theta+1)(9\cos\theta-7)$$

右図のように θ_0 をとれば

$$f(\theta)>0\iff\cos\theta>\frac{7}{9}\iff 0\leqq\theta<\theta_0$$

$T(\theta)$ の増減表は次のようになる。

θ	0	$\cdots$	θ_0	$\cdots$	π
$T'(\theta)$		$+$	0	$-$	
$T(\theta)$	6	↗		↘	π

よって，$T(\theta)$ を最小にする θ は　π　→ク

$T(\theta)$ を最大にする点Pの x 座標は　$\cos\theta_0=\dfrac{7}{9}$　→ケ

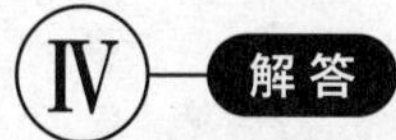

ア. 2　**イ.** 1　**ウ.** -1　**エ.** 4　**オ.** 4　**カ.** 3
キ. 2^{n-2}　**ク.** $2^{n-3}(2^{n-2}-1)$

解説

《二進法で表された整数，重複順列，数列の和》

〔1〕　順列 ab に対して　$m=m'\iff a=b$

よって，$m=m'$ となるような0，1の選び方は

2通り　→ア

また，01のとき，$m=1$，$m'=2$ より　$m-m'=-1$

10のとき，$m=2$，$m'=1$ より　$m-m'=1$

よって，$m-m'$ は

$m=1$ のとき最小値 -1 をとる。→イ，ウ

〔2〕　順列 abc に対して　$m=m'\iff a=c$

よって，$m=m'$ となるような 0，1 の選び方は

$2\times 2=4$ 通り　→エ

また　m' が偶数 $\Longleftrightarrow a=0$

よって，m' が偶数となるような 0，1 の選び方は

$2\times 2=4$ 通り　→オ

m' が最大の偶数になるのは，$a=0$，$b=c=1$ のときであり

$m=2+1=3$　→カ

〔3〕 順列を $a_1a_2a_3\cdots a_n$ とおくと

$$m-m'=(a_1-a_n)\cdot 2^{n-1}+(a_2-a_{n-1})\cdot 2^{n-2}+\cdots+(a_{n-1}-a_2)\cdot 2+(a_n-a_1)\cdot 1$$

よって

$m-m'$ が 4 の倍数 $\Longleftrightarrow a_1=a_n$，$a_2=a_{n-1}$

であるから，$m-m'$ が 4 の倍数となる m の個数は，順列 $a_1a_2a_3\cdots a_{n-2}$ の個数と一致し

2^{n-2} 個　→キ

また，m が 4 の倍数になる条件は，$a_n=a_{n-1}=0$ であるから，m' の総和は二進法で $(n-2)$ 桁以下の自然数の総和と一致する。

二進法で $(n-2)$ 桁の最大の自然数は

$2^{n-2}-1$

よって，求める m' の総和は

$$1+2+3+\cdots+(2^{n-2}-1)=\frac{1}{2}(2^{n-2}-1)(2^{n-2})$$

$$=2^{n-3}(2^{n-2}-1)\quad →ク$$

講評

Ⅰ　数学Ⅱの微・積分法の標準的な問題。誘導にしたがって計算すればよいが，やや計算量が多く，工夫が必要。放物線 C 上の 2 点 A，B における接線と C で囲まれた図形の面積を S_1，C と直線 AB で囲まれた図形の面積を S_2 とするとき，$S_1\times 2=S_2$ が成り立つことを用いれば，計算量が激減する。

Ⅱ　平行六面体の体積を題材とした，空間ベクトルの問題。難しい設

問は出題されておらず，完答が期待できる。計算ミスをせず，確実に得点しておくことが大事である。

Ⅲ　関数の増減を調べる問題。カまでは得点しておきたい。キ～ケはやや難。$T'(\theta)$ と $f(\theta)$ の符号が一致することを利用するように誘導されている。$r=\dfrac{2}{3}$，$r=1$ のときは，$f(\theta)$ を積の形に変形して符号を調べることがポイントである。

Ⅳ　二進法と重複順列の融合問題。〔1〕と〔2〕は実験すれば答えは容易にわかり易しい。〔3〕は『二進法で表された整数が4の倍数になるための条件は，下2けたが0である』ことを題材にした問題。やや思考力が必要と思われる。クは，1から111111⋯1（$n-2$ 桁）までの和を求めればよい。

物理

I **解答** **あ.** $\pi\sqrt{\dfrac{2m}{k}}$ **い.** $d\sqrt{\dfrac{2k}{m}}$ **う.** $\dfrac{\mu mg}{2k}$

え. $-2kx+\mu' mg$ **お.** $\dfrac{\mu' mg}{2k}$ **か.** $-\left(d-\dfrac{\mu' mg}{k}\right)$

A—⑤ **B**—② **C**—④ **D**—⑨ **E**—⑤

解説

《摩擦のある面上での2つのばねによる単振動》

〔1〕A. 変位 x の位置では左のばねから $-kx$ の力を受け，右のばねからも $-kx$ の力を受けるため，おもりが受ける力は $-2kx$ である。したがって運動方程式は

$$ma=-2kx$$

あ. 運動方程式から単振動の角振動数を ω とすると，$a=-\omega^2 x$ より

$$\omega=\sqrt{\frac{2k}{m}}$$

したがって周期は

$$\frac{2\pi}{\omega}=2\pi\sqrt{\frac{m}{2k}}=\pi\sqrt{\frac{2m}{k}}$$

い. 速さの最大値はつり合いの位置での速さであり，角振動数 ω と振幅 d を用いると

$$d\omega=d\sqrt{\frac{2k}{m}}$$

〔2〕B. おもりが動き出す条件は，最大摩擦力より大きい力がおもりにはたらくことである。

う. 変位 d でおもりがばねから受ける力の大きさは $2kd$ なので，これを最大摩擦力と比較して

$$2kd>\mu mg$$

$$d>\frac{\mu mg}{2k}$$

え. 変位 x においておもりが受ける水平方向の力は，ばねの弾性力 $-2kx$

と動摩擦力なので，運動方程式は

$$ma = -2kx + \mu' mg$$

お. 運動方程式から $a=0$ となるときの変位は

$$0 = -2kx + \mu' mg$$

$$x = \frac{\mu' mg}{2k}$$

か. （お）から，この振動の中心は $x=\frac{\mu' mg}{2k}$ の点である。おもりが動き出す位置が $x=d$ なので，単振動の振幅は

$$d - \frac{\mu' mg}{2k}$$

である。速度がゼロになる位置は，変位が単振動の振幅に等しい位置なので，動き出してから速度が初めてゼロになるのは，振動の中心からさらに左側に振幅 $d-\frac{\mu' mg}{2k}$ だけ離れた位置である。

$$\frac{\mu' mg}{2k} - \left(d - \frac{\mu' mg}{2k}\right) = -\left(d - \frac{\mu' mg}{k}\right)$$

C. いったん静止したおもりが動かなくなる条件は，おもりにはたらく力の大きさが最大摩擦力を超えないことである。

D. 条件より $\frac{\mu}{2} > \mu'$ なので $\frac{\mu mg}{2k} > \frac{\mu' mg}{k}$ であり，また（う）より $d > \frac{\mu mg}{2k}$ なので

$$d > \frac{\mu' mg}{k}$$

よって $d-\frac{\mu' mg}{k} > 0$ となり，停止した位置 $-\left(d-\frac{\mu' mg}{k}\right)$ の変位は負であったことがわかる。

停止した位置の弾性力の大きさと最大摩擦力の大きさを比較すると，再び動かなくなる条件は

$$2k\left(d - \frac{\mu' mg}{k}\right) \leqq \mu mg$$

$$d \leqq \frac{\mu mg}{2k} + \frac{\mu' mg}{k}$$

$$d \leqq \left(\frac{\mu}{2}+\mu'\right)\frac{mg}{k}$$

E. 手を離してから再び静止するまでの間に移動した距離は振幅 $\left(d-\frac{\mu' mg}{2k}\right)$ の2倍であり，この間に受ける動摩擦力により力学的エネルギーが失われるので

$$\mu' mg \times 2\left(d-\frac{\mu' mg}{2k}\right)=2\mu' mg\left(d-\frac{\mu' mg}{2k}\right)$$

Ⅱ 解答 **あ.** eV **い.** evB **う.** $\frac{2\pi m}{eB}$ **え.** $\frac{1}{B}\sqrt{\frac{2NmV}{e}}$

お. 1 **か.** mc^2

A—⑥ **B**—① **C**—⑧ **D**—⑤ **E**—⑦ **F**—②

解説

《円形加速器の原理》

〔1〕A. 電子が持つ電気量は負であることに注意して，円運動の向心力をつくっている電子が受けるローレンツ力の向きを考えると，磁場の向きは紙面の表から裏の向き，つまり $-z$ 方向になる。

B. 電子は負の電荷をもつために電場の向きとは反対側に力を受ける。したがって，電子を $-x$ 方向に加速する電場の向きは $+x$ 方向である。

あ. 電子が極板間を1回通過するときに電場から受ける仕事は eV なので，N 回通過したときの運動エネルギーは　NeV

い・C. 磁場を横切って移動する荷電粒子はローレンツ力を受ける。磁束密度 B の磁場中を垂直に速さ v で電子が運動するとき，電子が受けるローレンツ力の大きさは evB である。

D. ローレンツ力を向心力として円運動をするので，等速円運動の加速度 $\frac{v^2}{r}$ を用いると，運動方程式は

$$m\frac{v^2}{r}=evB$$

う. （D）で求めた運動方程式から円運動の半径を求めると

$$r=\frac{mv}{eB} \quad \cdots\cdots(1)$$

これから円運動の周期は

$$\frac{2\pi r}{v}=\frac{2\pi m}{eB}$$

E. N 回通過したときの運動エネルギー NeV から，このときの速さを v_n とすると

$$\frac{1}{2}mv_n{}^2=NeV$$

$$v_n=\sqrt{\frac{2NeV}{m}}$$

したがって運動量の大きさは

$$mv_n=\sqrt{2NmeV}$$

え. 円運動の速さと半径の関係は(1)式より $r=\dfrac{mv}{eB}$ なので，（E）の結果を代入し

$$r=\frac{\sqrt{2NmeV}}{eB}=\frac{1}{B}\sqrt{\frac{2NmV}{e}}$$

〔2〕F. (1)式より，r を一定に保つためには速度の増加に対応して磁束密度も増加させる必要がある。

お. (1)式より　　$r=\dfrac{p_n}{eB_n}$

n 回目と（$n+1$）回目との半径が同じなら

$$\frac{p_n}{eB_n}=\frac{p_{n+1}}{eB_{n+1}}$$

$$\frac{B_{n+1}}{B_n}=\frac{p_{n+1}}{p_n}$$

となるので　　$\alpha=1$

か. 質量 m の物体が持つエネルギーは　　mc^2

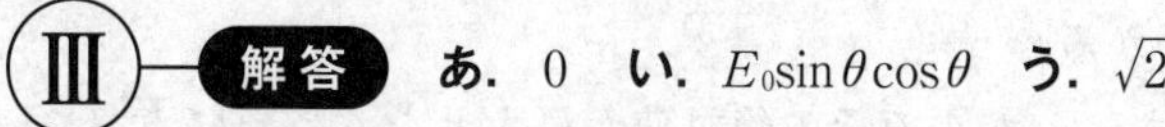

III 解答　**あ.** 0　**い.** $E_0\sin\theta\cos\theta$　**う.** $\sqrt{2}$

え. $(n_1-n_2)d$　**お.** $\dfrac{\lambda}{2(n_1-n_2)}$

A―⑦　**B**―①　**C**―⑤　**D**―③　**E**―③　**F**―⑤

解説

《偏光板を通過する光の強度，屈折率の差による光路差》

〔1〕あ. 横波なので，進行方向の z 方向には振動しない。

A. 角振動数 ω と振動数 f の間には $\omega=2\pi f$ の関係があり，振動数と波長の関係は，$c=f\lambda$ であることから

$$\omega=\frac{2\pi c}{\lambda}$$

$$\omega\lambda=2\pi c$$

B・C. 偏光板Sを通過した光は x 方向の成分しか持たない。偏光板Tを通過した後の成分が $E_0\cos\theta$ になることから，もっとも明るくなるのは $\cos\theta=1$ のとき，つまり $\theta=0°$ のときである。このとき偏光板Tの軸は偏光板Sの軸と同じ向きになっている。またもっとも暗くなるのは $\cos\theta=0$ のとき，つまり $\theta=90°$ のときである。

〔2〕い. 偏光板Uを通過した光の振幅は $E_0\cos\theta$ である。偏光板Uと偏光板Tは $90°-\theta$ だけずれているので，偏光板Tを通過した後の振幅は

$$E_0\cos\theta\cos(90°-\theta)=E_0\cos\theta\sin\theta$$

D. (い) の結果から

$$E_0\cos\theta\sin\theta=E_0\frac{\sin 2\theta}{2}$$

となり $\theta=45°$ のときに振幅が最大となりもっとも明るくなる。

〔3〕う・E. $\overrightarrow{E_2}$ が正でその絶対値が最大となる時刻を例として考える。同位相の場合，この時刻に $\overrightarrow{E_1}$ も正でその絶対値が最大となるので，$\overrightarrow{E_1}$ と $\overrightarrow{E_2}$ のベクトル和は右図の $\overrightarrow{E}_{\text{in}}$ のようになる。したがってほかの時刻のベクトル和も同様に考えると，振幅は $\sqrt{2}E_0$ であり，振動面は x 軸と $45°$ の角度をなすことがわかる。

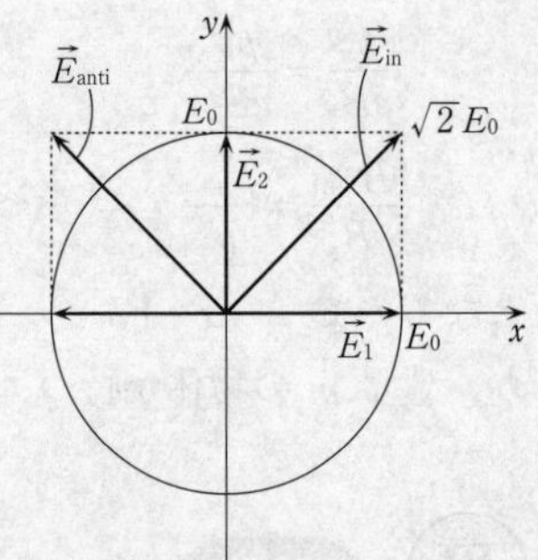

F. 逆位相の場合は，$\overrightarrow{E_2}$ が正でその絶対値が最大となる時刻に $\overrightarrow{E_1}$ は負でその絶対値が最大となるので，上図の $\overrightarrow{E}_{\text{anti}}$ のようになる。したがって $\overrightarrow{E}_{\text{in}}$ と $\overrightarrow{E}_{\text{anti}}$ は $90°$ の角度をなす。

〔4〕え. それぞれの光の薄膜中の光学距離は n_1d，n_2d なので，その差

は

$$n_1d-n_2d=(n_1-n_2)\,d$$

お. （え）の光路差を位相の差にすると

$$\frac{2\pi(n_1-n_2)\,d}{\lambda}$$

逆位相になる最小の場合は位相差が π になるときなので

$$\frac{2\pi(n_1-n_2)\,d}{\lambda}=\pi$$

$$d=\frac{\lambda}{2(n_1-n_2)}$$

講評

大問３題の出題。それぞれ力学，電磁気，波動の分野にわたる出題である。問題文中の空所に，選択肢から選んでマークする問題と，数式の結果を記入する問題の組み合わせである。初めて見るような題材も含まれているが，誘導に従えばそれらの専門的知識はなくても解ける。

Ⅰ　摩擦がある面上でのばね振り子による単振動の問題。摩擦力が作用するために振動の中心がばねのつり合いの位置と異なる位置になる。

Ⅱ　加速器の原理を題材にローレンツ力による円運動について周期や半径を求める。高校の学習教材としては加速器としてサイクロトロンを取り扱うことが多いが，本問ではマイクロトロンやシンクロトロンを使い半径の制御などについての原理を解説している。

Ⅲ　偏光板の軸を90°ずらして２枚重ねると光は透過しなくなる。しかしその２枚の間にどちらの軸ともずれた方向に偏光板を挟むと透過する光が明るくなる。この現象について，光を振動する電場の波のふるまいとして説明している問題。〔４〕は複屈折板を使って偏光の方向を回転させる現象を題材に，屈折率の違う媒質中での位相差を求める問題となっている。

化学

I 解答

〔1〕 ②

〔2〕 ③

〔3〕 か―⑰　き―③

〔4〕 ③

〔5〕 ⑥

〔6〕 76％

〔7〕 (i)元素記号：Mn　酸化数の変化：＋4→＋2　(ii)―④

〔8〕 $Ca(ClO)_2 \cdot 2H_2O + 4HCl \longrightarrow CaCl_2 + 4H_2O + 2Cl_2$

〔9〕 (i)―①　(ii)次亜塩素酸

〔10〕 2.0mol/L

解説

《周期表，塩素の性質と発生法》

〔1〕 ロシアのメンデレーエフは，元素を原子量の順に並べることで元素の周期律を発見し，周期表を作った。現在の周期表は，元素を原子番号の順に並べている。

〔3〕 塩素は17族の第3周期に位置する。

〔4〕 エカケイ素とは，現在のゲルマニウムである。

①・②誤り。ゲルマニウムは典型金属元素である。

④誤り。同じ元素からなる単体で，性質が異なる物質どうしを互いに同素体という。炭素の単体とは元素が異なるので，同素体の関係ではない。

⑤・⑥誤り。地殻中に最も多く含まれる元素は酸素，2番目はケイ素である。

〔5〕 貴ガスは，周期表の18族の元素群のことである。貴ガス原子の最外殻電子の数は，ヘリウムは2個，他の原子は8個であるが，価電子の数は0個としている。

〔6〕 ^{35}Clの存在率をx〔％〕とすると

$$34.97\times\frac{x}{100}+36.97\times\frac{100-x}{100}=35.45$$

$x=76$〔%〕

〔7〕 (i)　Mn の酸化数は $+4\rightarrow+2$，Cl の酸化数は $-1\rightarrow0$ と変化している。

(ii)　反応直後の気体には塩素とともに塩化水素が含まれる。まず，洗気びんの水で塩化水素を除去し，次に濃硫酸で水蒸気を除去する。洗気びんをつなぐ順序を逆にすると，水蒸気を含む塩素が捕集される。また，塩素は水に溶けやすく，空気よりも重いため，下方置換で捕集する。

〔9〕 (i)　塩素の水溶液は酸性を示すため，青色リトマス紙を赤色に変える。その後，塩素の漂白作用によりリトマス紙の赤色は脱色される。

(ii)　塩素と水は次のように反応する。HClO は弱酸で漂白作用をもつ。

$$H_2O+Cl_2 \rightleftarrows HCl+HClO$$

〔10〕 塩酸の濃度を c〔mol/L〕とすると，各物質の物質量は

炭酸カルシウム（式量 100.0）：$\dfrac{2.0}{100.0}=0.0200$〔mol〕

塩化水素：$c\times\dfrac{30}{1000}=0.030c$〔mol/L〕

塩酸と石灰石の反応前後の物質量をまとめると

	$CaCO_3$ +	$2HCl$ ⟶	$CaCl_2$ +	H_2O +	CO_2	
反応前	0.0200	$0.030c$	0	0	0	〔mol〕
変化量	−0.0200	−0.0400	+0.0200	+0.0200	+0.0200	〔mol〕
反応後	0	$0.030c-0.0400$	0.0200	0.0200	0.0200	〔mol〕

反応で残った HCl は，水酸化ナトリウム水溶液と反応する。中和反応では反応する H^+ と OH^- の物質量が等しいため

$$1\times(0.030c-0.0400)=1\times1.0\times\frac{20}{1000}$$

$c=2.0$〔mol/L〕

Ⅱ 解答

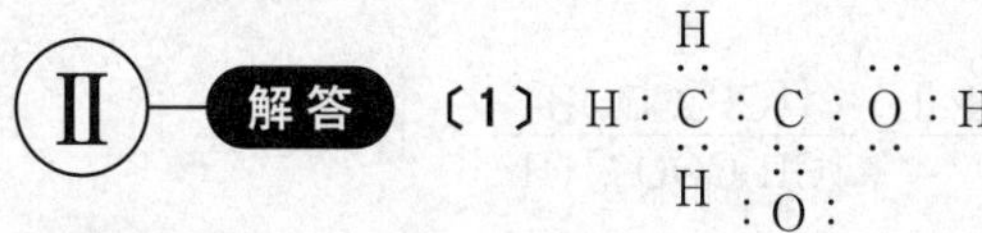

〔2〕 ①

〔3〕 (i)—⑤　(ii) 2.5

〔4〕 **ア.** $CH_3COO^-+H^+\longrightarrow CH_3COOH$

イ. $CH_3COOH + OH^- \longrightarrow CH_3COO^- + H_2O$

〔5〕 ①・④・⑦

〔6〕 (i) $\dfrac{K_w}{K_a}$　(ii) 0.18 mol/L　(iii)―③

〔7〕 ②

〔8〕 ②

解説

《中和滴定，緩衝液，塩の pH》

〔2〕 式(2)の反応では，酢酸の塩に塩酸を加えて酢酸が遊離しており，酸の強さは塩酸＞酢酸となる。

式(3)の反応では，炭酸の塩に酢酸を加えて炭酸（二酸化炭素）が遊離しており，酸の強さは酢酸＞炭酸となる。

よって，塩酸＞酢酸＞炭酸となる。

〔3〕 (i) 式(4)で $[H^+] = c\alpha$ とあるため，式(5)の $\alpha = \sqrt{\dfrac{K_a}{c}}$ を用いて

$$[H^+] = c\alpha = c\sqrt{\frac{K_a}{c}} = \sqrt{cK_a}$$

(ii) A点は滴定前で 0.36 mol/L の酢酸水溶液なので，(i)の結果より

$$[H^+] = \sqrt{0.36 \times 2.5 \times 10^{-5}} = \sqrt{6^2 \times 5^2 \times 10^{-8}} = 3.0 \times 10^{-3}\,[\mathrm{mol/L}]$$

式(7)より

$$\mathrm{pH} = -\log_{10}(3.0 \times 10^{-3}) = 3 - \log_{10}3.0 = 3 - 0.48 = 2.52 \fallingdotseq 2.5$$

〔4〕 酢酸は H^+ を与えることができるため酸として，酢酸イオンは H^+ を受け取ることができるため塩基としてはたらく。酸を加えた場合は酢酸イオンが，塩基を加えた場合は酢酸が反応する。

〔5〕 各選択肢の液性は次のようになる。

①塩基性　②中性　③中性　④塩基性　⑤酸性　⑥酸性　⑦塩基性

〔6〕 (i) 式(9)より

$$K_h = \frac{[CH_3COOH][OH^-]}{[CH_3COO^-]} = \frac{[CH_3COOH]}{[CH_3COO^-][H^+]} \times [H^+][OH^-]$$

$$= \frac{K_w}{K_a}$$

(ii) 点Cでは，以下の反応が起こり過不足なく中和している。

$$CH_3COOH + NaOH \longrightarrow CH_3COONa + H_2O$$

生じた酢酸ナトリウムの物質量$=0.36\times\frac{10}{1000}\times\frac{1}{1}=3.6\times10^{-3}$〔mol〕

水溶液の全量は20mLとなっているため

酢酸ナトリウム濃度$=3.6\times10^{-3}\times\frac{1000}{20}=0.18$〔mol/L〕

(iii) 式(11)より

$$[H^+]=\sqrt{\frac{2.5\times10^{-5}\times1.0\times10^{-14}}{0.18}}=\sqrt{\frac{1.0\times10^{-16}}{2\times36}}$$

$$=\frac{1}{6\sqrt{2}}\times10^{-8}\text{〔mol/L〕}$$

式(7)より

$$\begin{aligned}pH&=-\log_{10}\left(\frac{1}{6\sqrt{2}}\times10^{-8}\right)\\&=8-\log_{10}\left(\frac{1}{6\sqrt{2}}\right)\\&=8+\left(\log_{10}2+\log_{10}3+\frac{1}{2}\log_{10}2\right)\\&=8+0.30+0.48+\frac{1}{2}\times0.30\\&=8.93\\&\fallingdotseq 8.9\end{aligned}$$

〔7〕 中和点が塩基性側にあるため，塩基性側に変色域をもつフェノールフタレインが適している。

〔8〕 $[H^+]=\sqrt{cK_a}$ より，電離定数が大きいほど $[H^+]$ も大きくなりpHは小さくなる。ここで用いた酸の電離定数は酢酸よりも大きいため，滴定開始時のpHは酢酸水溶液よりも小さい。また，弱酸を用いた滴定のごく初期のpHの変化は，強酸の場合に比べて大きい。

アンモニアは弱塩基のため，過剰に加えても水酸化ナトリウム水溶液ほどpHは大きくならない。

これらの条件を満たす滴定曲線は②となる。

Ⅲ　解答

〔1〕 **A**―②　**B**―⑦　**C**―⑨

〔2〕 ③

〔3〕 ③

〔4〕 **か.** アセチルサリチル酸　**き.** 酢酸　**く.** サリチル酸メチル

〔5〕

〔6〕 75％

〔7〕 (i)―②　(ii)―④

解説

《サリチル酸の合成と反応》

〔1〕 フェノールは次の方法で生成される。

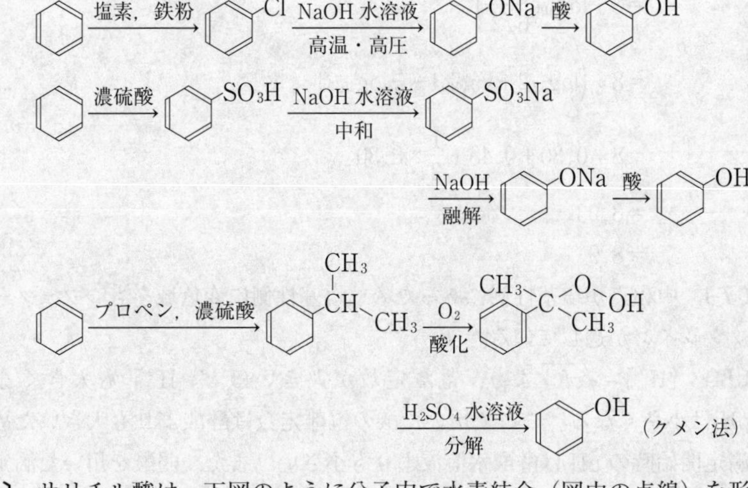

〔2〕 サリチル酸は，下図のように分子内で水素結合（図中の点線）を形成する。

水素結合

〔3〕 サリチル酸の官能基の位置が異なる異性体として，次の2種類が考えられる。これらは分子間で水素結合を形成するため，サリチル酸よりも分子間力が強く，融点が高い。

m-ヒドロキシ安息香酸　　*p*-ヒドロキシ安息香酸

〔4〕 サリチル酸に無水酢酸を作用させると，次のような反応が起こる。

$$\text{C}_6\text{H}_4(\text{OH})\text{COOH} + (\text{CH}_3\text{CO})_2\text{O} \longrightarrow \text{C}_6\text{H}_4(\text{OCOCH}_3)\text{COOH} + \text{CH}_3\text{COOH}$$

サリチル酸にメタノールを加熱しながら作用させると，次のような反応が起こる。

$$\text{C}_6\text{H}_4(\text{OH})\text{COOH} + \text{CH}_3\text{–OH} \longrightarrow \text{C}_6\text{H}_4(\text{OH})\text{COOCH}_3 + \text{H}_2\text{O}$$

〔5〕 コルベ・シュミット反応では，ヒドロキシ基のオルト位にカルボキシ基が導入される。そのため，*m*-アミノフェノールが反応して生じる物質として次の2種類の構造が考えられる。その中で3個の官能基が連続して隣同士に位置する構造をもたない右を選ぶ。

〔6〕 サリチル酸23.0gから得られる理論的なアセチルサリチル酸の質量は，〔4〕の化学反応式を利用して

$$\frac{23.0}{138}\times\frac{1}{1}\times 180 = 30.0〔\text{g}〕$$

したがって，収率は

$$\frac{22.5}{30.0}\times 100 = 75〔\%〕$$

〔7〕 (i) ②誤り。濃硫酸は活性化エネルギーを小さくするための触媒で

ある。

(ii) ①誤り。エーテル層にサリチル酸メチルと未反応のサリチル酸が混ざり分離できない。

②誤り。サリチル酸メチルは塩となり水層に含まれる。

③誤り。エーテル層にサリチル酸メチルとサリチル酸が混ざり分離できない。

④正しい。サリチル酸メチルは炭酸水素ナトリウムと反応しないためエーテル層に含まれる。一方，サリチル酸は炭酸水素ナトリウムと反応して塩となり水層に含まれ分離できる。

⑤誤り。取り出した水層にサリチル酸メチルは含まれていない。

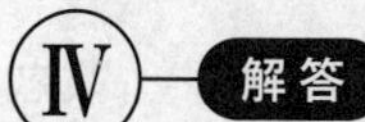

〔1〕 グリセリン

〔2〕 ①・④

〔3〕 けん化

〔4〕 セッケン

〔5〕 **い**―② **う**―⑤ **え**―⑤ **お**―⑧

〔6〕 (i) 878 (ii) **A**―② **B**―⑤ (iii)―③

〔7〕 (i)―③ (ii)―⑥ (iii)―⑤

〔8〕 ②

解説

《天然高分子化合物，油脂》

〔2〕 ②誤り。グリセリンは不斉炭素原子をもたない。

$$\begin{array}{l} CH_2-OH \\ | \\ CH-OH \\ | \\ CH_2-OH \end{array}$$

グリセリン

③誤り。グリセリンは不飽和結合をもたない。

⑤誤り。アルコール発酵で得られるのはエタノールである。

⑥誤り。グリセリンはヨードホルム反応を示す構造をもっていない。

〔3〕 塩基によるエステルの加水分解反応をけん化という。

〔4〕 高級脂肪酸のナトリウム塩をセッケンという。

〔6〕 (i) 脂肪酸**A**（R_A—COOH）と脂肪酸**B**（R_B—COOH）からなる

油脂**X**のけん化は次の反応式で表される。

$$\text{油脂}\,\mathbf{X} + 3NaOH \longrightarrow \begin{array}{l} CH_2-OH \\ | \\ CH-OH \\ | \\ CH_2-OH \end{array} + 2\mathbf{R_A}-COOH + \mathbf{R_B}-COOH$$

油脂**X**の分子量をM_Xとおくと，NaOH（式量 40.0）との量的関係より

$$\frac{4.39}{M_X} = \frac{0.600}{40.0} \times \frac{1}{3} \qquad M_X = 878$$

(ii)　脂肪酸の分子量の合計は，グリセリンの分子量 92.0，水の分子量 18.0 より

$$878 - 92.0 + 18.0 \times 3 = 840$$

「脂肪酸**A**に含まれる C=C 結合に完全に水素付加させると脂肪酸**B**が生じた」とあるため，脂肪酸**A**と**B**の炭素数は等しく，脂肪酸**B**は飽和脂肪酸である。また，分子量は脂肪酸**B**＞脂肪酸**A**となり，脂肪酸**B**の分子量は脂肪酸の分子量の平均値である 280 より大きい。

これらの条件を満たす⑤が脂肪酸**B**の示性式である。脂肪酸**A**の分子量は

$$\frac{840 - 284}{2} = 278$$

となり，②が脂肪酸**A**の示性式である。

(iii)　次の 2 種類の構造異性体が考えられるが，右は不斉炭素原子をもつため 1 対の鏡像異性体をもつ。よって，異性体は合わせて 3 種類となる。

$$\begin{array}{l} CH_2-O-\underset{\underset{O}{\|}}{C}-\mathbf{R_A} \\ | \\ CH-O-\underset{\underset{O}{\|}}{C}-\mathbf{R_B} \\ | \\ CH_2-O-\underset{\underset{O}{\|}}{C}-\mathbf{R_A} \end{array} \qquad \begin{array}{l} CH_2-O-\underset{\underset{O}{\|}}{C}-\mathbf{R_A} \\ | \\ \overset{*}{C}H-O-\underset{\underset{O}{\|}}{C}-\mathbf{R_A} \\ | \\ CH_2-O-\underset{\underset{O}{\|}}{C}-\mathbf{R_B} \end{array}$$

〔7〕　(i)　タンパク質を構成するα-アミノ酸のうち，グリシンのみ不斉炭素原子をもたない。

(ii)　チロシンはベンゼン環をもつためキサントプロテイン反応を起こす。

(iii)　システインには硫黄原子が含まれており，PbS の黒色沈殿が生じる。

〔8〕　②誤り。グアニンとシトシンの間に 3 本の水素結合が形成される。

①・③・④正しい。

⑤正しい。DNA 中のアデニンとチミンの数の割合は等しく，30％である。シトシンとグアニンの数の割合が等しく，それぞれ x〔%〕とすると

$$2\times30+2x=100 \qquad x=20〔\%〕$$

講評

大問４題から構成されており，すべての大問で計算問題が出題されたが，論述問題や描図問題は出題されなかった。

Ⅰ　無機物質から塩素に関する問題が出題され，化学基礎の内容の出題も多く見られた。初期の周期表が原子量順に並べられていたという歴史的背景やゲルマニウムの性質など，周期表に関する深い知識が求められた。ただし，文章をしっかりと読み論理的に考えることで解答が可能な設問も多かった。

Ⅱ　酸と塩基に関して滴定曲線や緩衝溶液，塩の加水分解などが出題された。解答に必要な式はほとんどが問題文中に与えられており，内容も一般的な問題集で扱われるものが中心だった。一方で，弱酸と弱塩基の滴定曲線を扱う問題は珍しく，弱酸と強酸の場合の曲線の違いを形で見分けられるかがポイントであった。

Ⅲ　有機化合物よりサリチル酸の合成とその誘導体に関する問題が出題された。コルベ・シュミット反応や分子内水素結合など，深い知識を要する語句が登場したが，問題文を丁寧に読み解くことで，解答を導き出すことが可能であった。

Ⅳ　油脂と天然高分子に関する問題が出題された。計算問題を含め，基本的な知識を問う問題が中心だった。〔６〕の(ii)では，飽和脂肪酸の一般式 $C_nH_{2n+1}COOH$ を利用することがポイントとなる。

全体的に基本知識に加えて，読解力や論理的思考力を要する問題も多く出題された。計算量も多いため，時間を気にしながら解く必要がある。

生　物

I　解答

〔1〕　①・②

〔2〕　①・②・③

〔3〕　(え)―⑥　(か)―⑧　(き)―⑧　(け)―⑧

〔4〕　胚珠（珠心，珠皮）

〔5〕　試料を酢酸や希塩酸に短時間浸して解離する。(25字以内)

〔6〕　(ア) 14.3μm　(イ) $\frac{1}{6}X$〔μm〕

〔7〕　**さ.** ヘテロ　**し.** 遺伝子座

〔8〕　雌：5.0％　雄：12.5％

〔9〕　(ア) $[A]:[a]=1:1$

(イ) $[AB]:[Ab]:[aB]:[ab]=3:1:3:1$

(ウ) $[BC]:[Bc]:[bC]:[bc]=11:4:4:1$

解説

《減数分裂，染色体観察，キイロショウジョウバエの配偶子形成と受精》

〔1〕　図2の(あ)・(え)・(か)・(き)・(け)の細胞の図から減数分裂の過程を判断して，(い)・(う)・(お)・(く)・(こ)の時期を決めることになる。したがって各時期は，(あ)間期，(い)減数第一分裂前期，(う)減数第一分裂中期，(え)減数第一分裂後期，(お)減数第一分裂終期，(か)減数第二分裂前期，(き)減数第二分裂中期，(く)減数第二分裂後期，(け)減数第二分裂終期，(こ)花粉四分子となる。この中で二価染色体が見られるのは(い)と(う)である。

〔2〕・〔3〕　問題を解くにあたっては図3を参考にすればわかりやすい。図3の①～③は間期であるから，図2の(あ)に相当する。次に，④～⑦は第一分裂であり，④は図2の(い)減数第一分裂前期，⑤は(う)減数第一分裂中期，⑥は(え)減数第一分裂後期，⑦は(お)減数第一分裂終期に相当する。さらに次の減数第二分裂では，⑧は(か)減数第二分裂前期，(き)減数第二分裂中期，(く)減数第二分裂後期，(け)減数第二分裂終期であり，⑨は(こ)花粉四分子となる。

また，図3では⑨の状態が生殖細胞の核内のDNA量が1であることを示しているから，その4倍となるのは③～⑦である。それを選択肢から選べば，(う)減数第一分裂中期，(え)減数第一分裂後期，(お)減数第一分裂終期となる。

〔4〕 コケ植物やシダ植物は胞子が散布されるが，種子植物の場合は胞子が散布されず胞子体の中にとどまる。また，胞子に雄，雌の違いが生じ，雄性胞子，雌性胞子と呼ばれる。図2では(け)減数第二分裂終期の終了後に(こ)花粉四分子となるが，その一つ一つが雄性胞子である。花粉は雄性胞子が分裂して複数の細胞（精細胞，花粉管細胞）になった状態なので，雄性配偶体となる。一方，雌性胞子は雌しべの胚珠の中にできる。胚珠の中心部である珠心のうちひとつの細胞が特に大きくなって減数分裂をして4細胞となり，その中の1個だけが生き残って，他は退化消失する。これが胚嚢細胞であり，雌性胞子である。胚嚢細胞が核分裂を3回続けて行って8核となり，胚嚢（卵細胞，助細胞，反足細胞，極核）を形成する。

〔5〕 試料は細胞と細胞が重なっているので，細胞間の接着をはずす必要がある。その処理を「解離」という。この後，カバーガラスをかけて親指で押しつぶすと細胞壁が破壊され，スライドガラス上で染色体等が「展開」され，観察が可能となる。解答には「解離」という語を使用したい。

〔6〕 (ア) 対物ミクロメーターの1目盛りは $10\mu\mathrm{m}$ である。図4では対物ミクロメーターの50目盛りと接眼ミクロメーターの35目盛りが一致している。10倍の対物レンズを用いたときの接眼ミクロメーターの1目盛りを x〔μm〕とおくと

$$10\times50=x\times35$$

となることから

$$x=\frac{10\times50}{35}=14.28\fallingdotseq14.3\,〔\mu\mathrm{m}〕$$

(イ) 対物レンズが10倍から60倍に変わると試料は拡大され，対物ミクロメーターも6倍に拡大されて観察される。しかし同じ視野内での接眼ミクロメーターの見え方には変化がないので，接眼ミクロメーターの1目盛りは反比例して $\frac{1}{6}$ になる。

〔8〕 雌の遺伝子型は $AaBbCcdd$ であるが，減数分裂の際の遺伝子の動きを分けて考えてみる。$Aadd$ のみ着目すると，その配偶子は $Ad:ad=1:1$ となり，ad となる確率は $\frac{1}{2}$ である。

一方，$BbCc$ は Bc ／ bC と連鎖している。組換え率が20％であるから，配偶子の分離比は

$BC : Bc : bC : bc = 1 : 4 : 4 : 1$

となる。

したがって，bc となる確率は $\frac{1}{10}$ である。

以上のことから配偶子が $abcd$ となる確率は

$\frac{1}{2} \times \frac{1}{10} \times 100 = 5.0$〔％〕

雄の遺伝子型は $aBbCcDd$ である。aDd のみ着目すると，その配偶子は $aD : ad : D : d = 1 : 1 : 1 : 1$ となり，ad となる確率は $\frac{1}{4}$ である。

一方，$BbCc$ は BC／bc と連鎖している。組換え率は0％であるから，配偶子の分離比は

$BC : bc = 1 : 1$

となる。

したがって，bc となる確率は $\frac{1}{2}$ である。

以上のことから配偶子が $abcd$ となる確率は

$\frac{1}{4} \times \frac{1}{2} \times 100 = 12.5$〔％〕

〔9〕 ㋐ 〔8〕の配偶子の分離比から，$A(a)$ に関する雌の配偶子比は $A : a = 1 : 1$ であり，雄の配偶子には a が含まれているか A も a も含まれていないかのどちらかである。したがって交配すると

$[A] : [a] = 1 : 1$

㋑ 同様にして，$A(a)B(b)$ に関する雌の配偶子比は独立であるから，$AB : Ab : aB : ab = 1 : 1 : 1 : 1$ であり，$A : a = 1 : 1$，$B : b = 1 : 1$ である。

雄の配偶子比は，$aB : ab : B : b = 1 : 1 : 1 : 1$ となり，遺伝子 A をもたない。$B(b)$ の遺伝子比は，$B : b = 1 : 1$ である。

したがって交配するとその子は，$[A] : [a] = 1 : 1$ かつ $B(b)$ についてはヘテロ×ヘテロであるから，$[B] : [b] = 3 : 1$ となるので

$[AB] : [Ab] : [aB] : [ab] = 3 : 1 : 3 : 1$

別解 表の利用も可。

	AB	Ab	aB	ab
aB	[AB]	[AB]	[aB]	[aB]
ab	[AB]	[Ab]	[aB]	[ab]
B	[AB]	[AB]	[aB]	[aB]
b	[AB]	[Ab]	[aB]	[ab]

(ウ) 同様にして，$B(b)C(c)$ に関する雌の配偶子比は

$$BC : Bc : bC : bc = 1 : 4 : 4 : 1$$

雄の配偶子比は，$BC : bc = 1 : 1$ であるから

$$(BC + 4Bc + 4bC + bc)(BC + bc)$$
$$= 10[BC] + [BC] + 4[Bc] + 4[bC] + [bc]$$

したがって

$$[BC] : [Bc] : [bC] : [bc] = 11 : 4 : 4 : 1$$

Ⅱ 解答 **〔1〕 あ.** ピルビン酸 **い.** 4 **う.** アセチル CoA **え.** オキサロ酢酸 **お.** クエン酸 **か.** 2 **き.** 24 **く.** 6 **け.** 24 **こ.** 12 **さ.** 34

〔2〕 ⑥

〔3〕 ⑥

〔4〕 (ア)—⑤ (イ)基質レベルのリン酸化

〔5〕 (ア)—③ (イ)酸化的リン酸化反応

〔6〕 **し**—② **す**—① **せ**—④

〔7〕 解糖

〔8〕 30.8mg

解説

《真核生物の呼吸，3ドメイン説，乳酸発酵，アルコール発酵》

〔1〕 図2は解糖系を示す図であるが，グルコースからフルクトース二リン酸ができる過程で2分子のATPが使われ，その後の反応で[あ]ピルビン酸が生成されるまでに[い]4分子のATPが生成される。これは基質レベルのリン酸化と呼ばれ，ATPは差し引き2分子生産されることになり，反応式は次のようになる。

$$C_6H_{12}O_6 + 2NAD^+ \longrightarrow 2C_3H_4O_3 + 2NADH + 2H^+ + 2CO_2 + 2ATP$$

図3のFの過程では，[あ]ピルビン酸はコエンザイムA（CoA-SH）と結合して，[う]アセチルCoA（CH_3CO-S-CoA）が生成される。

Kの過程では，アセチルCoAが，[え]オキサロ酢酸（$C_4H_4O_5$）と結合して，[お]クエン酸（$C_6H_8O_7$）となる。

$$2(CH_3CO-S\text{-}CoA)+2C_4H_4O_5+2H_2O \longrightarrow 2C_6H_8O_7+2CoA-SH$$

その後，G，H，I，Jの過程を経てオキサロ酢酸が生成される過程では脱水素反応と脱炭酸反応が起こる。

$$2C_6H_8O_7+4H_2O+6NAD^++2FAD$$
$$\longrightarrow 2C_4H_4O_5+6NADH+6H^++2FADH_2+4CO_2+\text{[か]}\,2ATP$$

この際，Hの過程で起こるATP産生は基質レベルのリン酸化である。また，脱炭酸反応は各中間産物の炭素数の変化から，GとHの過程で行われていることがわかる。

図4においての電子の放出については，以下のようになる。

$$10(NADH+H^+) \longrightarrow 10NAD^++20H^++20e^-$$
$$2FADH_2 \longrightarrow 2FAD+4H^++4e^-$$

したがって，[き]は　$20+4=24$

電子伝達系では，電子が4個たまると次のような酸化反応が起こる。

$$O_2+4H^++4e^- \longrightarrow 2H_2O$$

酸化反応が1回起こるごとにH^+が4つマトリックスから膜間腔へと汲み出される。また電子が酸素と反応して水になることで電子伝達が終了する。ここでは24個の電子があるから，まとめると

$$\text{[く]}\,6O_2+\text{[け]}\,24H^++\text{[き]}\,24e^- \longrightarrow \text{[こ]}\,12H_2O$$

[さ]についてであるが，3個のH^+が膜間腔からマトリックス側に移動するとき，浸透圧的エネルギーが化学的エネルギーに変換され，ATPとリン酸から1分子のATPが合成されるが，最大では，[さ]34分子のATPが産生されると考えられている。このように，$NADH+H^+$や$FADH_2$の酸化と共役したATP合成の仕組みを酸化的リン酸化という。

〔2〕　3ドメイン説によると，細菌（バクテリア）はペプチドグリカンを成分とする細胞壁をもつ原核生物で，シアノバクテリア・ネンジュモ，大腸菌・根粒菌・乳酸菌・硫黄細菌・ユレモなどが該当する。古細菌（アーキア）はエーテル脂質を細胞膜成分とする原核生物で，メタン菌・超好熱菌・高度好塩菌などが該当する。真核生物（ユーカリア）は古細菌に近縁

と考えられており，ここではゾウリムシ・アオミドロ・アメーバが該当する。

〔3〕 図1のAはミトコンドリアの外膜，Bは膜間腔，Cは内膜（クリステ），Dはマトリックス，Eは細胞質基質（サイトゾル）である。解糖系はEの細胞質基質で起こり，クエン酸回路はDのマトリックスで起こる。

〔4〕 (ア) 脱炭酸反応は各中間産物の炭素数の変化から，FとGとHの過程で行われていることがわかる。

(イ) 基質レベルのリン酸化反応とは，高エネルギー化合物からADPへリン酸基を転移させてATPを作る酵素反応を指す。

〔5〕 図4においては，図の上側が膜間腔で，下側がマトリックスである。ミトコンドリア内膜に埋め込まれている構造は，右端からATP合成酵素，シトクロム酸化酵素複合体と思われる。シトクロム複合体やユビキノンをはさんで左端がNADH脱水素酵素複合体である。NADH脱水素酵素複合体などを電子が通過するときのエネルギーによって，H^+がマトリックス側から膜間腔（D→C→B）へくみ出される。このように膜間腔側のH^+が高くなると，H^+はその濃度勾配によってATP合成酵素を通ってマトリックス側に流れ込み（B→C→D），ATPが産生される。これを酸化的リン酸化反応という。

〔6〕 酵母をグルコースを含む培地で培養する際，酸素を十分に与えるとアルコール発酵（$C_6H_{12}O_6 \longrightarrow 2C_2H_5OH + 2CO_2 + 2ATP$）よりも呼吸（$C_6H_{12}O_6 + 6O_2 + 6H_2O \longrightarrow 6CO_2 + 12H_2O + 38ATP$）を行うので，エタノールの生産は減少し，ATP合成量は増加する。また，呼吸もアルコール発酵の過程も解糖系をもつ。アルコール発酵ではピルビン酸は以下のように代謝される。

$$2C_3H_4O_3 + 2NADH + 2H^+ \longrightarrow 2C_2H_5OH + 2CO_2 + 2NAD$$

〔8〕 アルコール発酵で放出されたCO_2をx〔mg〕，呼吸で放出されたCO_2をy〔mg〕とおくと，この反応の量的関係は以下のようになる。

$$C_6H_{12}O_6 \longrightarrow 2C_2H_5OH + \underset{\substack{2\times 44\,\mathrm{mg} \\ x\,\mathrm{mg}}}{2CO_2} \quad \cdots\cdots①$$

$$C_6H_{12}O_6 + 6O_2 + 6H_2O \longrightarrow 6CO_2 + 12H_2O \quad \cdots\cdots ②$$

$$\begin{matrix} & 6\times 32\,\text{mg} & & 6\times 44\,\text{mg} \\ & 33.6\,\text{mg} & & y\,\text{mg} \end{matrix}$$

②の反応式の量的関係から　$y=\dfrac{6\times 44\times 33.6}{6\times 32}=46.2$〔mg〕

したがって　$x=77.0-46.2=30.8$〔mg〕

Ⅲ　解答

〔1〕 (ア)―①・③　(イ)―①・④・⑤

〔2〕 ③・⑥

〔3〕 (ア)シナプス小胞のエキソサイトーシスに時間がかかる。(25字以内)

(イ)　神経伝達物質がシナプス間隙で拡散する時間がかかる。(25字以内)

〔4〕 **あ.** 筋原線維　**い.** 横紋筋　**う.** Z膜　**え.** トロポミオシン　**お.** トロポニン　**か.** 筋小胞体

〔5〕 (ア)サルコメア：③　明帯：⑥　(イ)1.5μm

〔6〕 アセチルコリン

〔7〕 心筋：細胞外から流入するカルシウムイオン（20字以内）

骨格筋：筋小胞体内から放出されるカルシウムイオン（20字以内）

解説

《自律神経，神経の興奮と伝達，筋肉の構造と収縮》

〔1〕 (ア)　自律神経系は支配臓器に至るまでの間にニューロン交代の場である神経節をもつ。神経節より中枢側を節前繊維，末梢側を節後繊維という。交感神経は胸髄や腰髄から節前繊維が出て，脊髄近くにある交感神経管や腹腔神経節および腸間膜神経節等でニューロン交代をするため，節後繊維が長い。一方，副交感神経は中脳，延髄，仙髄から出た節前繊維が支配臓器の直前でニューロン交代をするため，節前繊維が長いという特徴がある。よって，神経系Aは副交感神経，神経系Bは交感神経を示している。また，副腎は交感神経節前繊維によって直接支配される例外的な臓器であり，神経系Cは交感神経である。

以上のことから①と③が正しい。また，交感神経節前繊維，副交感神経節前繊維，副交感神経節後繊維および汗腺を支配する交感神経節後繊維の末端からは，アセチルコリンが神経伝達物質として用いられる。それ以外の交感神経節後繊維末端からは，ノルアドレナリンが神経伝達物質として分泌される。したがって，②については，アセチルコリンの分泌によって血管が収縮するので誤りである。また④についてはノルアドレナリンの分泌によって，瞳孔は拡大するので誤りである。

また，⑤は交感神経節前繊維からアセチルコリンが分泌されるため誤りである。

(イ)　交感神経は，主としてエネルギーを消費する方向にはたらき，活発な行動や興奮および緊張した状態をもたらす。

〔2〕 ①誤文。静止電位は約 $-60\,\mathrm{mV}$ である。

②誤文。静止電位は主にカリウムチャネルによって形成される。

③正文。ナトリウムイオンは正のイオンであるから，細胞内に流入するとグラフはプラス方向に変化する。

④誤文。カリウムイオンは正のイオンであるから，細胞内へ流入するとグラフはプラス方向に変化することになる。

⑤誤文。塩化物イオンは負のイオンであるから，細胞外へ流出するとグラフはプラス方向に変化することになる。

⑥正文。ニューロンが γ-アミノ酪酸を受容すると，塩化物イオンが流入し，図3のような抑制性シナプス後電位が発生する。

〔3〕 シナプスでは，伝達物質の放出やその拡散，受容体との結合，シナプス後膜の構造変化などの複雑な過程を含むため，時間の遅れが生じる。これをシナプス遅延という。

〔4〕 アクチンフィラメントについては，重合したアクチンの二重らせんに沿ってトロポミオシンが取り巻き，そのところどころにトロポニンが付いている。ミオシン結合部はトロポミオシンによって隠れている。筋小胞体から放出されたカルシウムイオンがトロポニンに結合するとトロポミオシンの構造が変化して，アクチンの頭に覆い被さっていたトロポミオシンが側方にずれ，アクチンの頭部が表出する。その結果，アクチンとミオシンの滑走が生じて筋収縮が起こる。

〔5〕 (ア)　図4の②は暗帯，④はH帯を示す。

(イ)　ミオシンフィラメントの長さは②暗帯の長さであり，収縮や弛緩によっての変化はない。

次図は，図4の模式図の一部を使って筋が弛緩・収縮した際のサルコメアの状態を示したものである。図 a は図 5 のサルコメア 2.0μm，図 b はサルコメア 2.2μm，図 c はサルコメア 3.5μm の時を示す。

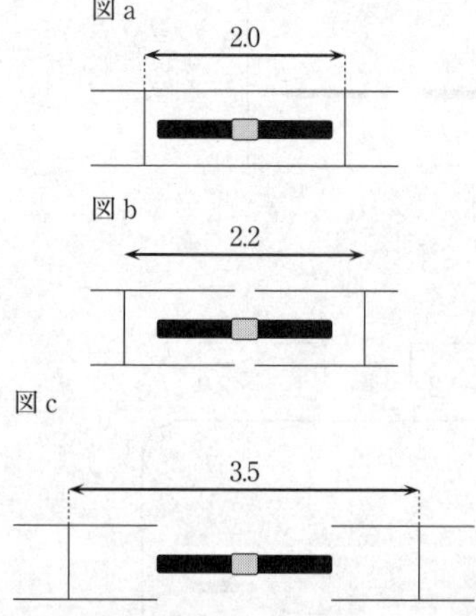

ミオシンフィラメントの長さを x，サルコメア内のアクチンフィラメントの長さを y とすると，図 a より

$y=2.0$

図 c より　$x+y=3.5$

したがって　$x=1.5$〔μm〕

〔6〕 運動神経末端のシナプス小胞からアセチルコリンが放出されると，筋繊維のアセチルコリン受容体がこれを受容し，活動電位が生じる。

〔7〕 図 6 が示す実験結果から，心筋はリンガー液のカルシウムイオンを除去すると収縮が見られなくなる。したがって外液にあるカルシウムイオンが収縮に関わることがわかる。一方，骨格筋はリンガー液のカルシウムイオンは必要ないことがわかる。骨格筋では，筋繊維に生じた活動電位がT管を通って筋小胞体に達すると筋小胞体からカルシウムイオンが放出される。しかし，心筋は筋繊維に活動電位が生じると，細胞外からカルシウムイオンを取り込み，そのカルシウムイオンが筋小胞体を刺激してカルシウムイオンを細胞質に放出することがわかっている。

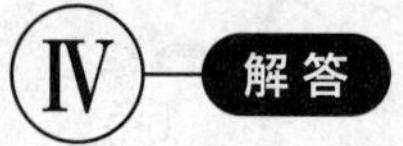

〔1〕 (ア)―③

(イ) 右：5’-U-U-U-3’　左：5’-C-C-C-3’

〔2〕 (ア)―②・⑤

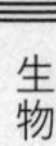

(イ)

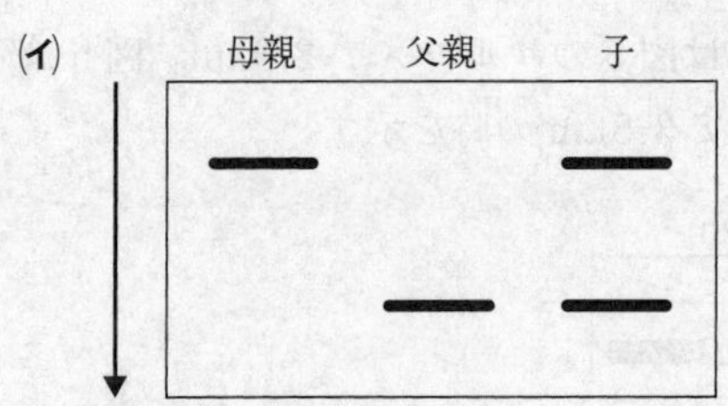

(ウ) 母親由来の染色体

〔3〕 (ア)—①

(イ)

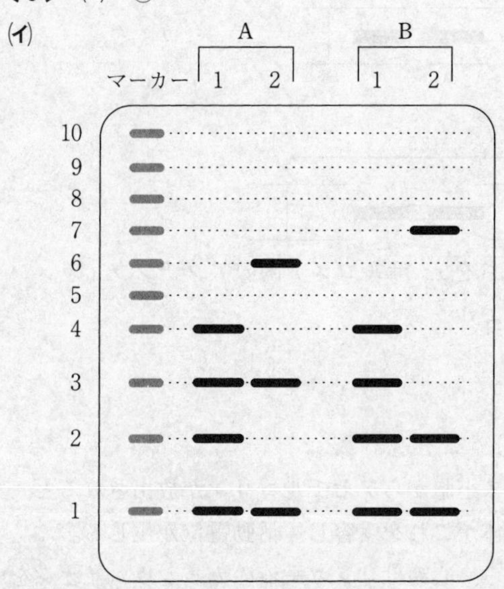

〔4〕 (ア)領域A：エキソン　領域B：イントロン

(イ) 転写調節領域（プロモーター）

(ウ) -ATGGCCAT-

解説

《RNA の転写，遺伝子多型と PCR，β-グロビン遺伝子，分子進化》

〔1〕 (ア) RNA ポリメラーゼは，転写により産物である RNA を作る。RNA は，右図に示したように，塩基-リボース-リン酸の順に結合したヌクレオチドをもち，リボースの 3′ の炭素と他方のヌクレオチドのリン酸が結合する（右図は RNA 鎖の途

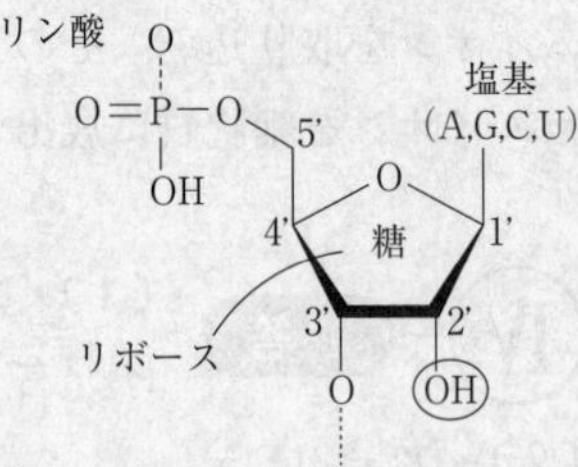

中を表し，点線がヌクレオチド間の結合を表す)。したがって④・⑤は誤りである。

また，糖については，図の○印で囲んだ部分がHである①はデオキシリボースを示すので誤りである。

RNA ポリメラーゼは，鋳型 DNA の塩基と相補的な塩基をもつヌクレオチドを取り込む酵素であるが，RNA 合成の基質としてまずはヌクレオシド三リン酸のかたちで取り込む。そして，ピロリン酸（二リン酸）を切り取って RNA 鎖に付加するため，付加されるヌクレオチドのリン酸は1つになる（ヌクレオシド一リン酸)。5' 末端のヌクレオシドは，スプライシング後に RNA 鎖に 5' キャップが付加されるまでは三リン酸が結合している形であるので，②は誤りである。

※ヌクレオシド…塩基と糖が結合した物質

ヌクレオチド…ヌクレオシドの糖部分にリン酸が結合した物質

(イ) RNA ポリメラーゼは転写の際には，DNA のアンチセンス鎖を 3' から 5' の方向に移動しながら mRNA を 5' から 3' 方向に合成していく。図1で RNA ポリメラーゼが右側に移動する場合は，図1の上側の DNA 鎖（A—A—A）を左から右へ読み取り，mRNA を 5' から 3' 方向に（U—U—U）と合成する。

反対に RNA ポリメラーゼが左側に移動する場合は，図1の下側の DNA 鎖（G—G—G）を右から左へ読み取り，mRNA を 5' から 3' 方向に（C—C—C）と合成する。

〔2〕 (ア) ①誤文。遺伝子多型とは，遺伝子の表現型に致命的な影響を与えない範囲の遺伝子の個体差のことである。

③・④誤文。DNA の塩基配列のうち1つの塩基が変異したものを一塩基多型（Single Nucleotide Polymorphism : SNP）という。一般的に人口の1％以上の頻度で存在するものを指す。また，反復配列は SNP とは言わない。個体の DNA 鑑定に用いられる。

(イ) ヒトの遺伝子座に見られる反復単位の「反復数」には違いがあり，子はこの反復数を母親と父親から受け継ぐことになる。

(ウ) 母親と子の RFLP が一致しており，母親から染色体を引き継いでいる。しかし，父親からは疾患の遺伝子がある染色体を引き継いでいないと考えられる。

〔3〕 (ア) ①誤文。DNA は核酸であり，リン酸が電離して負電荷を帯びている。したがって，電気を流すと正極のほうに移動する。
②正文。物質がどの波長の光をどのくらい吸収するかをグラフに表したとき，その頂点の部分を極大吸収波長という。純粋な DNA の場合は 260 nm である。
(イ) 被験者1の DNA 断片を制限酵素Aで切断すると，その断片の長さは，便宜的に図5の左から判断すると，1，3，2，4となる。同様に制限酵素Bで切断すると，その断片の長さは，2，3，4，1となる。

一方，被験者2の DNA 断片を制限酵素Aで切断すると A* の部分は切断できないから，その断片の長さは，1，3，6となり，制限酵素Bで切断すると B* の部分は切断できないから，その断片の長さは，2，7，1となる。

〔4〕 (ア) 図7の横軸が長く縦軸が短いことから，ヒト β-グロビン遺伝子の塩基配列は長く，cDNA の塩基配列は短いことがわかる。DNA から転写された後，スプライシングを受けた mRNA から cDNA が作られたからである。両者の共通部分が領域Aとなるから，領域Aはエキソンである。図8では，ヒト β-グロビン遺伝子の塩基配列における領域A部分は図7と重なり，一直線上にある領域A以外の領域Bはイントロンと考えられる。
(イ) 領域＊は5'側で見られて，cDNA 上には現れない領域であるため，転写調節領域と考えられる。
(ウ) ヒトとゴリラ，チンパンジーとゴリラでは1個の塩基が異なるだけである。ヒトとチンパンジーの共通祖先から，塩基配列が1個変化してヒトとチンパンジーに進化したと考えると，その共通祖先の塩基配列は

①-AT[T]GC[A]AT- または ②-AT[G]GC[C]AT-

である。

また同様の理由で，ゴリラとチンパンジーの共通祖先から塩基配列が1個変化して，ゴリラとチンパンジーに進化したと考えると，①とゴリラの塩基配列の間には塩基2個分の相違があるため，チンパンジーの祖先としては①は適切ではない。

よって最も考えられる塩基配列は②である。

講評

Ⅰ　細胞，生殖，遺伝の分野からの総合的な問題である。内容は標準的なものが多い。〔6〕・〔8〕の計算問題は基本的であるが，〔9〕の遺伝の計算は要領よく解き，時間配分には気をつけたい。

Ⅱ　代謝に関する問題である。代謝経路の物質量に関する問題もあるが，文中の図をよく見て考察したい。図にもヒントが隠されている。〔8〕の計算問題も標準的であるから落ち着いて解答したい。

Ⅲ　動物の反応に関する問題である。〔1〕の図1の神経系Cや，〔7〕の心筋についての問題はやや難しい。しかし，それ以外の空所補充問題や，〔5〕の計算問題は取りこぼしのないように努めたい。

Ⅳ　遺伝情報を中心とした問題である。〔1〕(ア)のヌクレオチドの分子構造はやや戸惑うが，図表等で確認しておきたい。〔2〕や〔3〕の電気泳動の描図もあきらめずに考察したい。〔4〕はやや難しいがわかる範囲で解答したい。

2023年度と同様に標準的な内容の問題で，総合的な学力が問われている。実験やグラフなどからの考察問題も多いので，多くの問題を解いて準備しておきたい。また，時間配分も意識して，難度の高い問題に落ち着いて取り組める状況を作り出せるよう心がけたい。

////////////////////// · memo · //////////////////////

//////////////////// · memo · ////////////////////

////////////////////// · memo · //////////////////////

2023年度

問題と解答

■全学統一方式（理系）・理系型 3 教科方式・薬学方式

問題編

▶試験科目・配点

方式	学部		教科	科目	配点
全学統一（理系）	理工	物理科	外国語	コミュニケーション英語Ⅰ・Ⅱ・Ⅲ，英語表現Ⅰ・Ⅱ	100 点
			数学	数学Ⅰ・Ⅱ・Ⅲ・A・B	100 点
			理科	物理基礎，物理	100 点
		その他	外国語	コミュニケーション英語Ⅰ・Ⅱ・Ⅲ，英語表現Ⅰ・Ⅱ	100 点
			数学	数学Ⅰ・Ⅱ・Ⅲ・A・B	100 点
			理科	「物理基礎，物理」，「化学基礎，化学」から 1 科目選択	100 点
	情報理工・生命科		外国語	コミュニケーション英語Ⅰ・Ⅱ・Ⅲ，英語表現Ⅰ・Ⅱ	100 点
			数学	数学Ⅰ・Ⅱ・Ⅲ・A・B	100 点
			理科	「物理基礎，物理」，「化学基礎，化学」，「生物基礎，生物」から 1 科目選択	100 点
理系型3教科	総合心理・スポーツ健康科		外国語	コミュニケーション英語Ⅰ・Ⅱ・Ⅲ，英語表現Ⅰ・Ⅱ	150 点
			数学	数学Ⅰ・Ⅱ・A・B	150 点
			理科	「物理基礎，物理」，「化学基礎，化学」，「生物基礎，生物」から 1 科目選択	100 点
	食マネジメント		外国語	コミュニケーション英語Ⅰ・Ⅱ・Ⅲ，英語表現Ⅰ・Ⅱ	120 点
			数学	数学Ⅰ・Ⅱ・A・B	100 点
			理科	「物理基礎，物理」，「化学基礎，化学」，「生物基礎，生物」から 1 科目選択	100 点

薬学	薬	外国語	コミュニケーション英語Ⅰ・Ⅱ・Ⅲ，英語表現Ⅰ・Ⅱ	100点
		数　学	数学Ⅰ・Ⅱ・A・B	100点
		理　科	「物理基礎，物理」，「化学基礎，化学」，「生物基礎，生物」から1科目選択	100点

▶備　考

- 2月2日実施分を掲載。
- 「数学B」は「数列，ベクトル」から出題。

英語

(80分)

I　次の文を読んで，問いに答えなさい。

When Neha Arora launched an inclusive[1] tour company almost five years ago, she was possibly the world's least-traveled owner of a travel agency. Besides a few weekend trips in her native India, she had never traveled far from home. As a child, Arora watched as her classmates went on family vacations and came home with stories of their adventures. Her outings were limited to school picnics or trips to see her grandparents. Family vacations never seemed like a real option because Arora's father is blind, and her mother uses a wheelchair.

After finishing her engineering degree, Arora moved to the capital city of New Delhi and began working at a telecommunications company. Eventually, she saved enough money for her family to take a 10-day trip through South India in 2009. Money, she hoped, might overcome the travel barriers her parents faced. She was wrong. "You travel over 3,000 kilometers only to realize that the place is not accessible or does not give you the kind of experience you would look forward to," Arora said.

After a particularly difficult incident on that South India trip, her parents gave up on travel and Arora started searching for solutions. There were travel companies that specialized in serving people with disabilities, but most of them focused on a single disability. Arora couldn't find anything that would allow her to travel comfortably and safely with both of her parents. "I started talking to more and more people, and either they were not traveling at all, or they were facing similar challenges," she said. "I had to start a travel company to travel."

According to the World Health Organization, over one billion people — about 15% of the world's population — live with some form of disability, from mobility[2] and cognitive[3] issues to being visually or hearing impaired[4]. In addition, more than two billion people, including partners, children, and caregivers[5], are directly affected by someone's disability. Despite this, accessible tourism, where everyone can take full advantage of travel facilities and services regardless of their physical limitations, disabilities, or age, isn't standard. Travel remains difficult for many people with disabilities due to a lack of information on accessible services, discrimination, or trouble finding hotels that meet their needs. One recent study found that even in countries with the highest level of adaptation[6] — generally countries with the highest levels of wealth — wheelchair accessibility[7] is provided in only 30% of the hotels analyzed and adaptations such as tactile[8] posters or audio guides are offered in 5% or less of cases.

Although Arora saw this gap early on, it wasn't until 2016 that she felt ready to leave her job to start her own company, with the goal of making travel more accessible for people of all disabilities. Initially, the company provided day trips in New Delhi, but it has since expanded to offer accessible group tours and specially designed trips to over 40 destinations across Europe and Asia. What makes Arora's travel company unique is that the experiences they provide are inclusive. "We mix people with various disabilities and nondisabled people to travel together," Arora said. "So, disability is just a human feature — it's not something that decides how you travel or where you travel."

It can be tricky to consider adaptations for different disabilities, but Arora says her approach leads to some unexpected surprises. On one trip, a blind man created software to communicate with a deaf woman instead of relying on another person to help. On another tour, a nondisabled tourist told Arora that even though they'd been to that place four times before, they now saw it in a whole new light. This isn't uncommon, Arora says. Planning a route with wheelchair access or focusing on the tactile experience because of a blind traveler in the group, for instance, can help travelers notice details they might otherwise miss.

People in the company's groups have also stayed friends after the trips. "You realize, oh, this person is just like me, and they just happen to have a disability," Arora said, adding that sometimes nondisabled travelers will approach the company after their trips with questions about how to make their workplaces more accessible or how to hire a person with a disability. She has also expanded her company's scope, consulting with governments, tourism boards, hotels, NGOs, and others, to provide advice on how to make travel more inclusive and accessible.

In fact, a 2020 study found that the disability travel market is growing. During 2018 and 2019, more than 27 million travelers with disabilities took 81 million trips. To serve these customers, Arora's company has built a website to make its information about accessibility more widely available. As a result, people can plan their own trips and don't need to rely on travel companies, which can be expensive. In the end, Arora says the aim is to have every travel company and destination be accessible, which would actually make her work unnecessary. "Ultimately, you don't need a separate travel company for disabled people," Arora said. "You want the whole industry to become inclusive for everyone to travel."

(Adapted from a work by Juhie Bhatia)

(注)

1．inclusive 誰をも受け入れる

2．mobility 可動性

3．cognitive 認知の

4. impaired 障害のある
5. caregiver 世話をする人
6. adaptation (障害者向けの) 居住環境の整備
7. accessibility (障害者にとっての) 利用のしやすさ
8. tactile 触ってわかる

〔1〕本文の意味, 内容にかかわる問い(A)〜(D)それぞれの答えとして, 本文にしたがってもっとも適当なものを(1)〜(4)から一つ選び, その番号を解答欄にマークしなさい。

(A) Why was Neha Arora an unlikely person to start a travel company?
(1) She had never been to South India.
(2) She was earning a high salary at her job.
(3) Her parents did not support her business idea.
(4) She had visited few places outside her local area.

(B) According to the article, what is one reason that travel is inconvenient for disabled people?
(1) They need to travel with a companion.
(2) It is too expensive to travel internationally.
(3) There are not enough accessible places to visit.
(4) It takes a long time to move from place to place.

(C) How is Arora's company different from other travel agencies?
(1) They serve and welcome everyone.
(2) They employ people with disabilities.
(3) They provide audio guides for their travelers.
(4) They provide a variety of trips specifically for people who use wheelchairs.

(D) After taking a trip with Arora's travel company, what have some people done?

(1) They have encouraged elderly family members to travel more.

(2) They have reserved a tour to the same destination several times.

(3) They have become more interested in diversity at their workplaces.

(4) They have started volunteering to work with disabled people in their local areas.

〔2〕次の(1)～(5)の文の中で，本文の内容と一致するものには1の番号を，一致しないものには2の番号を，また本文の内容からだけではどちらとも判断しかねるものには3の番号を解答欄にマークしなさい。

(1) Existing travel companies did not meet Neha Arora's parents' needs, so she started her own company.

(2) When Arora started her company, it offered overnight trips to local destinations.

(3) After starting her company, Arora made many friends around the world.

(4) Governments and tourism centers recommend her company on their websites.

(5) Arora hopes that there will be future changes to the industry that will make inclusive travel the standard.

〔3〕本文の内容をもっともよく表しているものを(1)～(5)から一つ選び，その番号を解答欄にマークしなさい。

(1) A new company exclusively for travelers with disabilities

(2) A business owner who is making tourism more accessible

(3) The many people around the world who are affected by disabilities

(4) The increasing number of disabled travelers needing accessible

tours

(5) A travel company using technology to create positive changes in India

Ⅱ 次の文を読んで，問いに答えなさい。

Technology breakthroughs have enabled machines to recognize and respond to our voices, identify our faces, and even translate text written in another language. However, despite all the research funding that has been poured into these advances, artificial intelligence is still unable to deal easily with new situations and remains limited in its understanding of natural language. Psychologist Linda B. Smith believes machine learning could overcome some of these weaknesses by [(A)] the learning processes of babies and young children.

So what does a child have that a computer lacks? Smith described how the complex nature of human visual learning enables babies to grasp the names and categories of objects in ways that have thus far not been achieved in the world of artificial intelligence. [(B)], she used the example of a 2-year-old child seeing a tractor operating in a field for the first time. "If the child watches that tractor work and is repeatedly told 'It's a tractor,' it's highly likely that, from that time on, this 2-year-old will [(C)] all varieties of tractors but will not consider a tank or a crane to be a tractor," she said. In child psychology, this phenomenon is known as the shape bias[1] — the tendency to generalize[2] information about objects by their shapes rather than by their colors, sizes, or other physical characteristics. In the machine-learning literature[3], this is called one-shot category learning — the ability to take information about a single instance of a category and extrapolate[4] it to the whole category, although machines have not mastered this yet. Children are not born with <u>this skill</u>(あ); they learn it within their first 30 months of life. Smith is among researchers who have studied training exercises that can encourage the shape bias to [(D)] 6 to 10 months earlier than normally expected.

The exploration of early language development, Smith explained, centers on the two parts of the learning process: the training data and the mechanisms that do the learning. One of her best-known approaches to studying linguistic[5] development and object learning is the use of video cameras attached to the baby's head that follow the child's eye movements with motion sensors to record live images of what the child is actually looking at. [(E)], the training images for machine learning are photographs taken by adults rather than the scenes that naturally happened. "The experience on which visual category learning occurs in babies is basically different from the experiences that are used in machine learning to train computer vision," Smith said. <u>Those differences</u>(い), she said, may help explain why the human visual system is so advanced, and why babies "can learn object names in one attempt."

The data collected until now by Smith's project show that babies learn a massive amount of information based on just a few faces, objects, and categories, with that learning changing at different points in time. They [(F)] their own data for learning based on how they move and position their bodies. In the first few months of life, when they possess little control of the head and body, they're mainly seeing the faces of their caregivers[6]. But as they approach their first birthday, they shift more of their attention on hands and objects.

The researchers focused their observation on hours of mealtime scenes, Smith explained. "We counted as mealtime any event that had food or dishes in it." For example, mealtimes included dogs eating food and cereal on the floor. Although most scenes were cluttered[7], a few objects, such as chairs, spoons, and bottles, were the most frequent items in the child's visual experience. And <u>with this approach</u>(う), the researchers could identify when the children learned names for object categories and individual objects. Results showed that the first nouns the children learned centered on the objects they saw most frequently. "<u>This</u>(え) suggests to us that visual pervasiveness[8] itself — day in, day out, hours upon hours, from many different viewpoints — may be critical to visual learning about objects, to finding things in cluttered rooms, and to building strong visual memories so that you can eventually get a word attached to them," Smith said.

Her experiments also examine how babies' visual experiences change over time, and how engaging objects with their hands influences their object-name learning. By the time babies reach their first birthday, they're beginning to control what they see by [(G)] objects, not just looking at them. "By holding an object, looking at it, and parents naming it for them, young children create specific images of single objects that stand out in the scene," Smith said. "When parents name objects at those specific moments, the child is much more likely to learn the object name." Smith's research is now examining the roles that culture and socioeconomics[9] play in <u>these processes</u>(お).

The research has left Smith [(H)] machines may indeed become one-shot category learners if they're simply fed baby's visual images. Understanding the roles of environment and visual experiences also could lead to new interventions[10] for children with conditions such as learning challenges, which are associated with language and visual learning difficulties.

(Adapted from a work by Barbara Tversky)

(注)

1. bias　バイアス（思考や判断に特定の傾向をもたらす要因）

2. generalize　一般化する

3. literature　研究領域

4. extrapolate　推定して当てはめる

出典追記：What Do Babies Have That Computers Don't?, APS : Observer, Volume 32, Issue 4, April 2019

5. linguistic　言語の
6. caregiver　世話をする人
7. cluttered　雑然とした
8. pervasiveness　浸透度
9. socioeconomics　社会経済学
10. intervention　教育的介入策

〔1〕本文の (A) ～ (H) それぞれに入れるのにもっとも適当なものを(1)～(4)から一つ選び，その番号を解答欄にマークしなさい。

(A) (1) changing　(2) controlling
(3) imitating　(4) rejecting

(B) (1) On hearing the result　(2) Once again
(3) Similarly　(4) To explain

(C) (1) confuse　(2) forget
(3) recognize　(4) request

(D) (1) come to rest　(2) emerge
(3) fade away　(4) return

(E) (1) In addition　(2) In contrast
(3) In exchange　(4) In fact

(F) (1) compromise　(2) doubt
(3) generate　(4) ignore

(G) (1) eating　(2) handling
(3) imagining　(4) wanting

(H) (1) confident that

(2) confused by the possibility that

(3) devastated at the thought that

(4) uncertain whether

〔2〕下線部㋐～㋔それぞれの意味または内容として，もっとも適当なものを(1)～(4)から一つ選び，その番号を解答欄にマークしなさい。

㋐ this skill

(1) the skill to recognize faces

(2) the skill to repeat the name of an object

(3) the skill to classify objects based on their physical form

(4) the skill to categorize objects by taking into account their colors and sizes

㋑ Those differences

(1) Different aspects of training data and learning mechanisms

(2) Different ways in which young children process what they see

(3) The differences in the learning mechanisms of young children and machines

(4) The differences between the human visual systems used by young children and adults

㋒ with this approach

(1) by observing when dogs ate on the floor

(2) by observing which food-related items appeared regularly

(3) by identifying how much mess young children made at mealtimes

(4) by identifying what kinds of foods and drinks the young children enjoyed most

㊇ This

(1) The children hearing nouns first

(2) The children learning what they see most often

(3) The children being confused by the cluttered room

(4) The children understanding the frequency of mealtimes

㊉ these processes

(1) the development of machine learning

(2) choosing which specific moments to focus on

(3) how children learn names by interacting with objects

(4) progressing from “one-shot” category to visual category learning

Ⅲ

〔1〕次の会話の㋐～㊇それぞれの空所に入れるのにもっとも適当な表現を(1)～(10)から一つ選び，その番号を解答欄にマークしなさい。

At the hospital

A：Hello, I’m interested in applying for the hospital’s summer volunteer program.

B：That’s great. We’re always looking for new volunteers. For the summer program, our volunteers are usually older teens. (㋐) Just checking…

A：I’m in my last year of high school now, so that’s no problem. Could you tell me about the application process?

B：Sure. Applications are being accepted until the 25th of this month. You need to fill out the form online and submit one recommendation letter from a teacher.

A：I see. (㋑)

B：You need to be available three days per week, from 9 a.m. to 5 p.m. During that time, most of our volunteers greet patients and give them directions.

A：That sounds interesting. I do have another question. (㋒) Would I be able to request time off?

B：I'm sorry. Volunteers must be available for the entire summer. (㋓)

A：OK, I understand. I'll think about it. Thank you for your time.

(1) Are you about that age?
(2) When do volunteers usually work?
(3) Is any previous experience required?
(4) Why are you interested in volunteering?
(5) I have good grades in my science classes.
(6) I'm going to take a first aid course in the evenings.
(7) The hospital is usually really busy on the weekends.
(8) Maybe you should consider applying next year instead.
(9) I recommend that you take more science courses to prepare.
(10) My family is planning to take a vacation for two weeks in August.

〔2〕次の会話の㋕～㋘それぞれの空所に入れるのにもっとも適当な表現を(1)～(10)から一つ選び，その番号を解答欄にマークしなさい。

At a bank

A：Wow, look at how long the line for the ATM is!

B：How about we come back later? Are you sure you really need to take out money today?

A：Actually, I really need to update my bank book.

B：Well, it may be easy to use the ATM, but there's no need to wait in line. (㋕) You've got a computer at home, don't you?

A：You mean, I can see how much is in my account on the internet?

B：Yeah. I do online banking all the time from home. (㋖) Back near the entrance there was some information on how to do it, so I got this for you.

A：Thanks! So, do I have to register online to get an ID?

B：Don't worry, I'll help you figure it out. You'll need to choose a personal password by yourself, though.

A：OK. Sounds simple enough. Wait! According to this information, the password is only four numbers long. (㋗)

B：No, that's the PIN. You know, the number you use for the ATM? The online password has to be at least eight numbers and symbols. Then you have to reply to an email to get access. It's all very safe.

A：Well, you might like it, but this sounds too complicated to me. (㋘)

B：Oh, well. In that case, I'll go get us some coffee.

(1) Also, you forgot it.
(2) Isn't that a little risky?
(3) I'll stick to waiting in lines.
(4) You can't remember that many.
(5) It's not as difficult as it sounds.
(6) How long have you waited in line?
(7) I don't understand these directions.
(8) Why don't you just check it online?
(9) Unfortunately, the bank will be closing soon.
(10) I wish I had a computer I could use for this.

Ⅳ　次の(A)～(H)それぞれの文を完成させるのに，下線部の語法としてもっとも適当なものを(1)～(4)から一つ選び，その番号を解答欄にマークしなさい。

(A)　I have never seen ______ building than this.

(1)　a more tall　　(2)　a taller

(3)　such as tall　　(4)　taller

(B)　One of the best ways to learn a language is ______ a little every day.

(1)　by speaking　　(2)　in speaking

(3)　speak　　(4)　spoken

(C)　The boss wants the dishes ______ washed before the end of our shift.

(1)　been　　(2)　being

(3)　to be　　(4)　to being

(D)　That was a very ______ game!

(1)　bore　　(2)　bored

(3)　boredom　　(4)　boring

(E)　I have enjoyed science ______ I was a child.

(1)　because　　(2)　for

(3)　since　　(4)　while

(F)　This is the very book ______ I have been looking for.

(1)　as　　(2)　that

(3)　what　　(4)　whose

(G)　The artist ______ the flowers in the display as we walked into the shop.

(1) had rearranged　(2) is rearranging

(3) was rearranging　(4) will rearrange

(H) Not only my parents but also I ______ invited.

(1) am　(2) are

(3) had　(4) have

V

〔1〕次の(A)～(E)それぞれの文を完成させるのに，下線部に入れる語としてもっとも適当なものを(1)～(4)から一つ選び，その番号を解答欄にマークしなさい。

(A) ______ is advised when entering the cave.

(1) Caution　(2) Chaos

(3) Citizenship　(4) Currency

(B) Buses run at an ______ of 20 minutes.

(1) inspection　(2) insurance

(3) interval　(4) isolation

(C) I love the smell of a freshly baked ______ of bread.

(1) lamb　(2) loaf

(3) log　(4) lung

(D) This trip is going to be extremely ______.

(1) corresponding　(2) figurative

(3) intravenous　(4) luxurious

(E) This is by far my favorite ______ of film.

(1) folly (2) genre

(3) linen (4) oath

〔2〕次の(A)～(E)の文において，下線部の語にもっとも近い意味になる語を(1)～(4)から一つ選び，その番号を解答欄にマークしなさい。

(A) It's best if you use <u>raw</u> tomatoes in this recipe.

(1) firm (2) fresh

(3) overseas (4) regular

(B) The <u>reflection</u> was extremely easy to see.

(1) idol (2) image

(3) invasion (4) irritation

(C) I was <u>occupied with</u> doing my duties at the time.

(1) concerned with (2) fond of

(3) forbidden from (4) overwhelmed with

(D) Although this is <u>an obligation</u>, I am happy to help.

(1) a catalog (2) a commission

(3) a guideline (4) a requirement

(E) I'm not sure that was <u>an impartial</u> decision.

(1) a caring (2) a contemporary

(3) a fair (4) an outrageous

数学

◀全学統一方式(理系)▶

(100分)

次のⅠ，Ⅱ，Ⅲ，Ⅳの設問について問題文の ☐ にあてはまる適当なものを，解答用紙の所定の欄に記入しなさい。

Ⅰ　θを $\dfrac{\pi}{4} \leqq \theta \leqq \dfrac{5}{4}\pi$ をみたす実数とする。

〔1〕　2次関数

$$f(x) = x^2 - (\sin\theta + \cos\theta)x + \sin\theta\cos\theta$$

を考える。2次方程式 $f(x) = 0$ の解をα，β ($\alpha \leqq \beta$) とすると，

$\alpha =$ [ア]，$\beta =$ [イ] である。

この$f(x)$は $x =$ [ウ] において最小値 [エ] をとる。

さらにθが $\dfrac{\pi}{4} \leqq \theta \leqq \dfrac{5}{4}\pi$ の範囲で変化するとき，[エ] は $\theta =$ [オ] において最小値 [カ] をとる。

また，x軸と $y = f(x)$ のグラフで囲まれた図形の面積Sをθを用いて表すと $S =$ [キ] となる。

〔2〕　次に3次関数

$$g(x) = x^3 - 2(\sin\theta + \cos\theta)x^2 + (1 + 3\sin\theta\cos\theta)x - \sin\theta\cos\theta(\sin\theta + \cos\theta)$$

を考える。$\gamma =$ [ク] とおくと，〔1〕の$f(x)$を用いて

$$g(x) = f(x)(x - \gamma)$$

が成り立つ。〔1〕のα，βを用いて

$$g(x)=(x-\alpha)(x-\beta)(x-\gamma)$$

と x に関する1次式の積に因数分解できるので，3次方程式 $g(x)=0$ は解 α, β, γ をもつ。

$\gamma \leqq \alpha \leqq \beta$ となるのは，

$$\boxed{ケ} \leqq \theta \leqq \boxed{コ}$$

のときである。$\alpha \leqq \beta \leqq \gamma$ となるのは，

$$\boxed{サ} \leqq \theta \leqq \boxed{シ}$$

のときである。そして $\alpha \leqq \gamma \leqq \beta$ となるのは，

$$\boxed{ス} \leqq \theta \leqq \boxed{セ}$$

のときである。

Ⅱ　座標空間内に3点O(0, 0, 0), A(1, 0, 0), B(1, 1, 1)をとる。k を正の実数とする。2点G(1, k, 0), H(1 − k, 1, 0)について，直線OGと直線AHの共有点をJとするとき，点Jの座標は $\left(\boxed{ア}, \boxed{イ}, 0\right)$ である。三角形OAJの面積は $\boxed{ウ}$ であり，四面体OAJBの体積は $\boxed{エ}$ である。k が正の実数全体を動くときの $\boxed{エ}$ の最大値は $\boxed{オ}$ である。

点 $\left(\frac{1}{2}, \frac{1}{2}, \frac{1}{2}\right)$ に関して点Hと対称な点をKとするとき，点Kの座標は $\left(\boxed{カ}, \boxed{キ}, \boxed{ク}\right)$ である。また，平面 $z=\frac{1}{2}$ に関して点Kと対称な点をLとすると，点Lの座標は $\left(\boxed{ケ}, \boxed{コ}, \boxed{サ}\right)$ である。

次に点C(0, 1, 0)をとると，三角形CKLの面積は $\boxed{シ}$ である。また，平面CKLに垂直なベクトルの1つに $\left(1, \boxed{ス}, \boxed{セ}\right)$ がある。点Bから平面CKLまでの距離は $\boxed{ソ}$ であり，四面体BCKLの体積は $\boxed{タ}$ である。

Ⅲ

〔1〕 関数 $f(t) = \log(t + \sqrt{t^2+1})$ の導関数は $f'(t) = \boxed{\text{ア}}$ である。また，関数 $g(t) = t\sqrt{t^2+1} + \log(t + \sqrt{t^2+1})$ の導関数は $g'(t) = \boxed{\text{イ}}$ である。

〔2〕 媒介変数 θ を用いて定義される曲線

$$C: \begin{cases} x = \cos^4\theta \\ y = \sin^4\theta \end{cases} \quad \left(0 \leqq \theta \leqq \frac{\pi}{2}\right)$$

を考える。曲線 C 上の点で最も原点に近い点の座標は $\left(\boxed{\text{ウ}},\ \boxed{\text{エ}}\right)$ である。次に，曲線 C の長さ L を求める。$\dfrac{dx}{d\theta}$，$\dfrac{dy}{d\theta}$ を $\cos\theta$，$\sin\theta$ を用いて表すと

$$\frac{dx}{d\theta} = \boxed{\text{オ}},\quad \frac{dy}{d\theta} = \boxed{\text{カ}}$$

であるから，L は

$$L = 4\int_0^{\frac{\pi}{2}} \cos\theta\sin\theta\sqrt{\cos^4\theta + \sin^4\theta}\,d\theta$$

である。$s = \sin^2\theta$ とおいて置換積分法を用いると

$$L = 2\int_0^1 \sqrt{\boxed{\text{キ}}}\,ds$$

となる。さらに〔1〕を利用して

$$L = \boxed{\text{ク}}$$

が得られる。

Ⅳ　n，kを自然数とする。和がnとなるk以下の自然数の並べ方の総数を$F_k(n)$で表す。例えば，$k=2$，$n=3$のときには

$$2,1 \qquad 1,2 \qquad 1,1,1$$

の3つの並べ方があるので，$F_2(3)=3$である。

〔1〕 引き続き$k=2$の場合を考える。$n=4$のときには

2,2　　2,1,1　　1,2,1　　[ア]　　[イ]

の5つの並べ方があるので，$F_2(4)=5$である。また，$n=5$のときには

2,1,2　　1,2,2　　1,1,1,2

2,2,1　　2,1,1,1　　1,2,1,1　　[ア],1　　[イ],1

の8つの並べ方があるので，$F_2(5)=8$である。さらに，$F_2(7)=$ [ウ] である。

〔2〕 $k=3$の場合を考えると，$F_3(5)=$ [エ]，$F_3(6)=$ [オ]，$F_3(10)=274$，$F_3(11)=504$，$F_3(12)=927$，$F_3(13)=$ [カ] である。

〔3〕 $k=2$の場合に次の関係式

$$\begin{cases} F_2(n+2)-\boxed{キ}\,F_2(n+1)=\boxed{ク}\left\{F_2(n+1)-\boxed{キ}\,F_2(n)\right\} \\ F_2(n+2)-\boxed{ク}\,F_2(n+1)=\boxed{キ}\left\{F_2(n+1)-\boxed{ク}\,F_2(n)\right\} \end{cases}$$

が成り立つ。(ただし [キ] ＞ [ク] とする。)

$$\lim_{n\to\infty}\frac{F_2(n+1)}{F_2(n)}=\boxed{ケ}$$

である。

〔4〕 $F_n(n)=$ [コ] である。

◀理系型3教科・薬学方式▶

(100分)

次のⅠ，Ⅱ，Ⅲ，Ⅳの設問について問題文の ［　］ にあてはまる適当なものを，解答用紙の所定の欄に記入しなさい。なお，分数を記入する際は，既約分数を記入しなさい。

Ⅰ

〔1〕 常用対数（底が10の対数）は身近なところで用いられている。ただし，$\log_{10}2 = 0.3010$，$\log_{10}3 = 0.4771$ とする。

（a） 水溶液の酸性，塩基性（アルカリ性）の程度を表すために用いられるpHは，水溶液の水素イオン濃度が m [mol/L] のとき，

$$\mathrm{pH} = -\log_{10}m$$

で定められる。したがって，pHが7の水溶液の水素イオン濃度は ［ア］ mol/Lである。

（b） 地震の大きさを表すのに用いられるマグニチュード M と，その地震のもつエネルギー E との関係は，次の式で表される。

$$\log_{10}E = 4.8 + 1.5M$$

したがって，マグニチュードが2大きくなると，エネルギーは ［イ］ 倍になる。

（c） ある細菌は1分間で6倍に増殖する。この細菌1個は1分後には6個，2分後には36個，3分後には216個となり，n 分後（n は整数）には初めて1億 (10^8) 個以上に増殖した。このときの n の値を N とすると，$N =$ ［ウ］ である。また，N 分後の細菌の個数は ［エ］ $\times 10^8$ 個以上である。［エ］ は適する数値の中で最も大きい整数で答えよ。

〔2〕 関数 $y = \sin 2x + \sqrt{3}\cos 2x$ のグラフを考える。

このグラフは，$y = \sin x$ のグラフを（x 軸を基準に）y 軸方向に ［オ］ 倍に拡大し，（y 軸を基準に）x 軸方向に ［カ］ 倍に縮小し，x 軸方向に

[キ] だけ平行移動したグラフであり，周期は [ク] である。ただし，$-\pi \leqq$ [キ] $< \pi$ とする。

したがって，$0 \leqq x < \pi$ のとき，最小値は $x =$ [ケ] のとき，$y =$ [コ] である。

〔3〕

（a）n 個のデータ x_1，x_2，x_3，…，x_{n-1}，x_n について

データの平均値を m とすると，分散 s^2 は記号 $\sum$ を用いて，次のように定義される。

$$s^2 = \frac{1}{\boxed{\text{サ}}} \sum_{k=1}^{n} \left(\boxed{\text{シ}} - \boxed{\text{ス}} \right)^2 \quad \cdots\cdots ①$$

ただし，[ス] は定数とする。

①式を変形すると

$$s^2 = \frac{1}{\boxed{\text{サ}}} \sum_{k=1}^{n} \boxed{\text{シ}}^2 - \boxed{\text{セ}}$$

となる。[セ] は記号 $\sum$ を用いずに答えよ。

（b）あるクラスで10点満点の数学の試験をしたところ，10人の得点 x は次の通りだった。

7，4，10，1，7，3，10，6，4，8

他の教科の得点と合わせるために，得点 x を $y = 3x + 20$ の式で50点満点の得点 y に変換した。このとき，x と y の分散はそれぞれ [ソ]，[タ] となる。ただし，[ソ]，[タ] は数値で答えよ。

Ⅱ　$a>0$ とする。座標平面上に放物線 $y=-ax^2-1$ があり，x 軸上の任意の点 $\mathrm{P}(p,\ 0)$ からこの放物線に引いた接線について考える。

接点の x 座標を s とすると，その接点における接線の傾きは a と s を用いて [ア] と表すことができる。この接線は点Pを通ることより，2つの s の値は p と a を用いて $s=$ [イ] $\pm$ [ウ] となる。

s の2つの値をそれぞれ $m,\ n$（ただし，$m<n$）とすると，$s=m$ のとき，接点の座標は a と m を用いて $\left(m,\ \text{[エ]}\right)$ と表される。したがって，この点を通る接線の方程式は，

$$y=-2amx+\text{[オ]}$$ となる。

このとき，放物線と2つの接線で囲まれた部分の面積 S は次のようになる。

$$S=\frac{1}{3}a\left\{\left(\text{[カ]}\right)^3+\left(\text{[キ]}\right)^3\right\}$$

ただし，[カ] は p と m，[キ] は p と n を用いて表せ。

さらに，S を a と p を用いて表すと [ク] となる。したがって，S の最小値は $p=$ [ケ] のとき，[コ] となる。

Ⅲ　座標空間において，3点A(4，2，5)，B(3，−1，1)，C(3，2，7)を通る平面をαとし，2点D(1，6，11)，E(2，1，3)を通る直線と平面αの交点をPとする。

〔1〕　点Pの座標を考える。

点Pは平面α上の点であり，直線DE上の点でもある。これらの関係から $\overrightarrow{\mathrm{CP}}=\left(\boxed{\text{ア}},\ \boxed{\text{イ}},\ \boxed{\text{ウ}}\right)$と求められる。よって，点Pの座標は$\left(\boxed{\text{エ}},\ \boxed{\text{オ}},\ \boxed{\text{カ}}\right)$となる。

〔2〕　2つのベクトル$\overrightarrow{\mathrm{CA}}$，$\overrightarrow{\mathrm{CB}}$の両方に垂直なベクトルを考える。

このうち，x成分が−2のベクトルを$\vec{v}$とすると，

$\vec{v}=\left(-2,\ \boxed{\text{キ}},\ \boxed{\text{ク}}\right)$となる。

〔3〕　四面体DABCの体積Vを考える。

△ABCの面積Sは，$\angle\mathrm{ACB}=\theta$とすると，$\cos\theta=\boxed{\text{ケ}}$であるから，

$S=\boxed{\text{コ}}$である。

次に，点Dから平面αに下ろした垂線の長さを次のように考える。

垂線と平面αとの交点をH$(x,\ y,\ z)$とすると，$\overrightarrow{\mathrm{AH}}$と$\vec{v}$は垂直であることから，$x$，$y$，$z$は$\boxed{\text{サ}}=0$を満たす。また，$\overrightarrow{\mathrm{DH}}$は$\vec{v}$と平行であることから，$\overrightarrow{\mathrm{DH}}=\boxed{\text{シ}}\,\vec{v}$と表せる。ただし，$\boxed{\text{シ}}$は実数で答えよ。よって，

$\left|\overrightarrow{\mathrm{DH}}\right|=\boxed{\text{ス}}$となり，したがって，$V=\boxed{\text{セ}}$である。

Ⅳ　起点が０の半直線を考える。１メートル毎にポイントが記され，各ポイントには１から順に数字が付けられている。スタート地点（起点０）で硬貨を投げ，表が出たら２メートル進み，１と２の２つのポイントに［表］の文字を書き，裏が出たら１メートル進み，１のポイントに［裏］の文字を書くという操作を行う。次に，到達した地点（１または２のポイント）で硬貨を投げ，同じ操作を行う。以下，同様の操作を繰り返す。

例えば，硬貨を５回投げ，表裏裏表表の順に出たとする。そのときは，８メートル進み，１から８のポイントに，順に［表］，［表］，［裏］，［裏］，［表］，［表］，［表］，［表］の文字が書かれている。

なお，硬貨の表裏の出方は同様に確からしいものとし，進む方向もすべて同じとする。

〔1〕 n 回 $(n \geqq 1)$ の操作を終えたとき，書かれている［表］と［裏］を合わせた文字の合計数を p 個とすると， ア $\leqq p \leqq$ イ である。

（a） ８回の操作を終えたとき，［表］と［裏］の文字が合わせて10個書かれ，10のポイントに書かれている文字が［表］である確率は ウ である。

（b） ３回の操作を終えたとき，３のポイントに［表］の文字が書かれている確率は エ である。

（c） ４回の操作を終えたとき，３のポイントに［表］の文字が書かれている確率は オ である。

〔2〕 n 回 $(n \geqq 1)$ の操作を終えたとき，n のポイントに［表］の文字が書かれている確率を P_n とする。P_{n+2} を，P_{n+1} と P_n を用いて表すことを考える。

このとき，$P_1 =$ カ ，$P_2 =$ キ である。

１回目に硬貨を投げて表が出たとき，$(n+2)$ のポイントにある文字は２のポイントを起点と考えると ク 番目である。

１回目に硬貨を投げて裏が出たとき，$(n+2)$ のポイントにある文字は１のポイントを起点と考えると ケ 番目である。

よって，$P_{n+2} =$ コ $P_{n+1} +$ サ P_n と表される。

したがって，P_n を n を用いて表すと $P_n =$ シ である。

物理

(80分)

(注)　解答に字数制限がある場合には，句読点の1字分も1マスとすること。

I　次の文章を読み，［あ］～［か］に適切な**数値**を解答欄に記入せよ。また，［イ］～［ホ］には指定された選択肢からもっとも適切なものを一つ選び，解答欄にマークせよ。

図1のように，小物体A（質量m）と小物体B（質量$2m$）が，質量が無視できるばね（ばね定数k，自然長l）でつながれており，水平な床の上のx軸上に置かれている。床はなめらかであり，空気抵抗は無視できるとする。また，小物体A，B，小球1，2はすべてx軸上のみを運動するものとする。速度はx軸正方向を正とする。

〔1〕　図2において，小物体Bは床に固定されているとする。x軸負方向から質量$\frac{1}{2}m$の小球1を静止した小物体Aに速度v（$v>0$）で衝突させたところ，小球1は跳ね返り，x軸負方向に運動した。一方，小物体Aは動き始めてからx軸上で単振動を行い，再び小球1と衝突することはなかった。小球1と小物体Aの間の反発係数を0.8とすると，衝突直後の小物体Aの速度は$V=$［あ］$\times v$である。

ばねが最も縮んでいるとき，ばねの長さを$l-\Delta l_0$と表すと，力学的エネルギー保存則から$\Delta l_0=$［イ］となることがわかる。また，小物体Aが動き始めてから，ばねが最初に自然長にもどるまでに要する時間は，$T_0=$［ロ］に等しい。

〔2〕　再び，図2において，質量$\frac{1}{2}m$の小球2を静止した小物体Aに速度vで衝

突させたところ，小物体Aと小球2は一体となってx軸上で単振動を始めた。衝突直後の小物体Aと小球2の速度は［い］$\times v$であり，小物体Aが動き始めてから，ばねが最初に自然長にもどるまでに要する時間は，［う］$\times T_0$である。

ばねが自然長にもどった直後，小球2は小物体Aから離れ，速さ［い］$\times |v|$でx軸負方向に動いた。小球2と小物体Aが一体となって運動しているときのばねの最小の長さを$l - \Delta l_1$，小球2が小物体Aから離れた後のばねの最大の長さを$l + \Delta l_2$とするとき，Δl_0，Δl_1，Δl_2の大小関係は［ハ］と表される。

〔3〕 今度は，図3において，小物体Bは床に固定されていないとし，最初，小物体A，Bは静止しているとする。再び，〔1〕と同じ小球1を速度vで小物体Aに衝突させたところ，小物体Aはx軸正方向に速度Vで動き始めた。

動き始める前の小物体Aのx座標を0とし，動き始めた後の小物体A，Bのx座標をそれぞれx_A，x_Bと表す。さらに，小物体A，Bのx軸正の向きの加速度をそれぞれa_A，a_Bとすると，動き始めた後の小物体A，Bの運動方程式は，次のように書かれる。

$$ma_A = \boxed{\text{ニ}},\quad 2ma_B = -\boxed{\text{ニ}}$$

このことより，動き始めた後，［ホ］が一定であることがわかる。ばねが最も縮んでいるとき，小物体A，Bは同じ速度で運動しており，その速度は［え］$\times V$に等しい。

また，上記の運動方程式より，小物体A，Bについて，加速度$a_B - a_A$と座標$x_B - x_A$とは，単振動の関係式を満たしていることがわかる。したがって，小物体Aが動き始めてからばねが最初に自然長にもどるまでに要する時間は，［お］$\times T_0$に等しく，最初に自然長にもどったときの小物体Aの速度は［か］$\times V$である。なお，速度はx軸正方向を正とする。

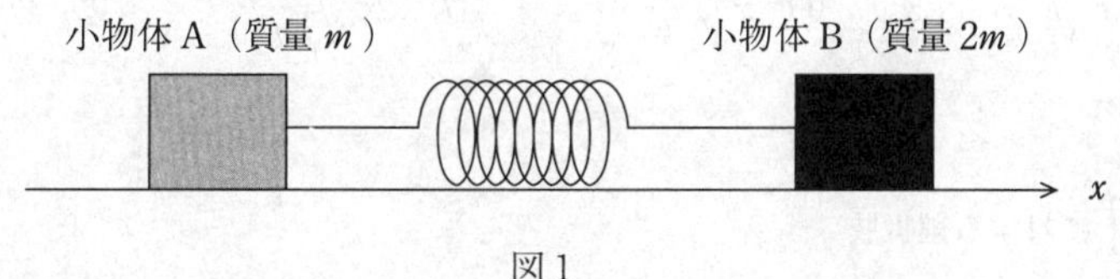

図1

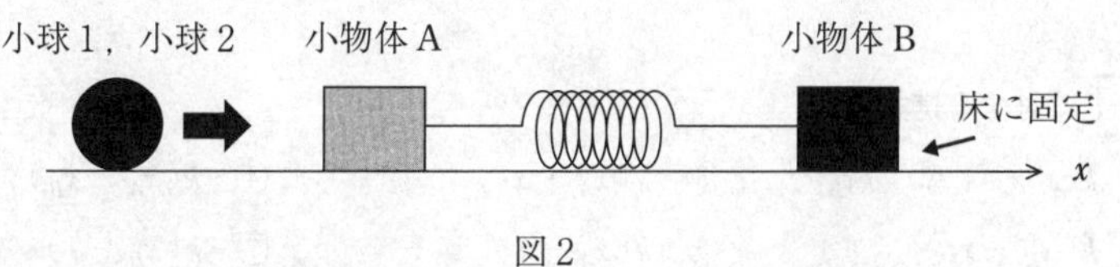

図2

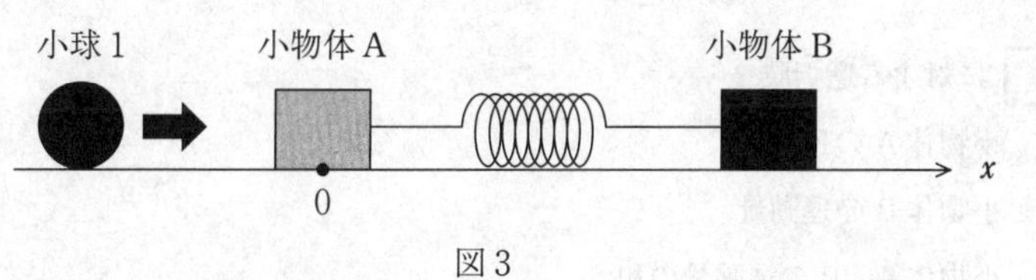

図3

| イ | に対する選択肢

① $\frac{1}{2}l$　② $\frac{k}{m}l$　③ $\frac{m}{k}l$　④ $\sqrt{\frac{k}{m}}\,l$　⑤ $\sqrt{\frac{m}{k}}\,l$

⑥ $\frac{k}{m}V$　⑦ $\frac{m}{k}V$　⑧ $\sqrt{\frac{k}{m}}\,V$　⑨ $\sqrt{\frac{m}{k}}\,V$

| ロ | に対する選択肢

① $\pi\frac{k}{m}$　② $\pi\frac{m}{k}$　③ $2\pi\frac{k}{m}$　④ $2\pi\frac{m}{k}$

⑤ $\pi\sqrt{\dfrac{k}{m}}$　⑥ $\pi\sqrt{\dfrac{m}{k}}$　⑦ $2\pi\sqrt{\dfrac{k}{m}}$　⑧ $2\pi\sqrt{\dfrac{m}{k}}$

ハ に対する選択肢

① $\Delta l_0 < \Delta l_1 < \Delta l_2$　② $\Delta l_1 < \Delta l_2 < \Delta l_0$　③ $\Delta l_2 < \Delta l_0 < \Delta l_1$

④ $\Delta l_2 < \Delta l_1 < \Delta l_0$　⑤ $\Delta l_1 < \Delta l_0 < \Delta l_2$　⑥ $\Delta l_0 < \Delta l_2 < \Delta l_1$

ニ に対する選択肢

① kx_A　② kx_B　③ $k(x_A + x_B)$　④ $k(x_A - x_B)$

⑤ $k(x_B - x_A)$　⑥ $k(x_A - l)$　⑦ $k(x_B - l)$

⑧ $k(x_A + x_B - l)$　⑨ $k(x_A - x_B - l)$　⑩ $k(x_B - x_A - l)$

ホ に対する選択肢

① 小物体Aの運動量

② 小物体Bの運動量

③ 小物体A, Bの運動量の和

④ 小物体A, Bの運動量の差

⑤ 小物体Aの運動エネルギー

⑥ 小物体Bの運動エネルギー

⑦ 小物体A, Bの運動エネルギーの和

⑧ 小物体A, Bの運動エネルギーの差

Ⅱ　次の文章を読み，［あ］～［か］に適切な数式を解答欄に記入せよ。また，［イ］～［ヘ］には指定された選択肢からもっとも適切なものを一つ選び，解答欄にマークせよ。［イ］，［ハ］～［ヘ］には同じ選択肢をマークしてもよい。ただし，クーロンの法則の比例定数をkとし，［あ］，［い］，［え］～［か］の解答欄に記入する数式は文字定数として<u>Q, d, k, r, ρ, ω, π</u>のうち必要なもののみを，［う］には<u>V_1, d</u>のみを用いること。

〔1〕　図1のように，半径がrで，厚さと電気抵抗が無視できる円形の導体板がある。この導体板に$+Q$（$Q>0$）の電気量を与えた。このとき，ガウスの法則より，導体板から発生する電気力線の本数は［あ］となる。次に，図2のように，上で用いたものと同じ導体板2枚を距離d（dはrより十分に小さいとする）だけ離して平行に置き，それぞれ$+Q$，$-Q$の電気量を与えた。ここで，導体板の間には均一な電場が生じており，導体板の端の影響は無視できるものとすると，導体板間の電場の強さは，$E_1=$［い］となる。一方で，導体板間の電位差をV_1とすると，導体板間の電場の強さE_1は，<u>V_1, d</u>を用いて［う］と表すことができる。以上のことから，導体板の電気量と電位差の間には$Q=C_1V_1$のように比例関係が成立することがわかる。このときの比例定数は電気容量と呼ばれており，$C_1=$［え］となる。

〔2〕　導体板の電気量を保ったまま，導体板を垂直方向にゆっくりと動かし，その間の距離を$3d$としたところ，導体板間の電位差は［イ］$\times V_1$となった。この過程における導体板間に働く力の大きさと導体板間の距離の関係を図に表すと［ロ］のような形となる。この力に対して導体板を動かすのに必要な仕事の分だけ，導体板に蓄えられた静電エネルギーが変化することになる。したがって，導体板間の距離がdのときに蓄えられた静電エネルギーをU_1とすると，導体板間の距離をdから$3d$にするために必要な仕事は［ハ］$\times U_1$となる。

〔3〕　導体板の電気量を保ったまま，再びゆっくりと導体板の距離をdに戻す。中心に，半径$\dfrac{r}{2}$の穴の空いた，半径r，厚さdの誘電体（図3）を導体板と

重なるように挟みこんだ。この誘電体の比誘電率が$\frac{5}{3}$であるとすると，このときの電気容量は［ニ］$\times C_1$となる。したがって，このときの導体板間の電位差は［ホ］$\times V_1$であり，誘電体中の電場の強さは［ヘ］$\times E_1$となる。

〔4〕 次にこの誘電体を，図3と同じ形状を持つ抵抗率ρの導体と交換し，導体板と重なるように挟みこんだ。このとき，円形の導体板の間の電気抵抗は［お］となる。導体に交換して十分時間がたった後，導体板間に角周波数ωの交流電圧$V_0 \sin \omega t$を加えた。導体の自己インダクタンスと電磁波の放出によるエネルギーの損失は無視できるものとする。また，角周波数ωが十分に小さい場合には，交流回路の考え方を用いることができる。導体板間に流れる電流は，導体部分から構成される抵抗に流れる電流I_Rと，中心の穴の空いた部分から構成されるコンデンサーに流れる電流I_Cを合成したもの$I_R + I_C$となる。したがって，導体板間に流れる電流を$I_0 \sin(\omega t + \alpha)$とすると，加えた電圧に対する電流の位相のずれ$\alpha$は，$\tan \alpha =$［か］の条件を満たす。

なお，必要に応じて，三角関数の合成の公式

$$a \sin \theta + b \cos \theta = \sqrt{a^2 + b^2} \sin(\theta + \alpha) \qquad \tan \alpha = \frac{b}{a}$$

を用いてもよい。

［イ］，［ハ］～［ヘ］に対する選択肢

①　0　②　$\frac{1}{4}$　③　$\frac{1}{3}$　④　$\frac{1}{2}$　⑤　$\frac{3}{5}$　⑥　$\frac{2}{3}$

⑦　1　⑧　$\frac{3}{2}$　⑨　$\frac{5}{3}$　⑩　2　⑪　3　⑫　4

ロ に対する選択肢

①
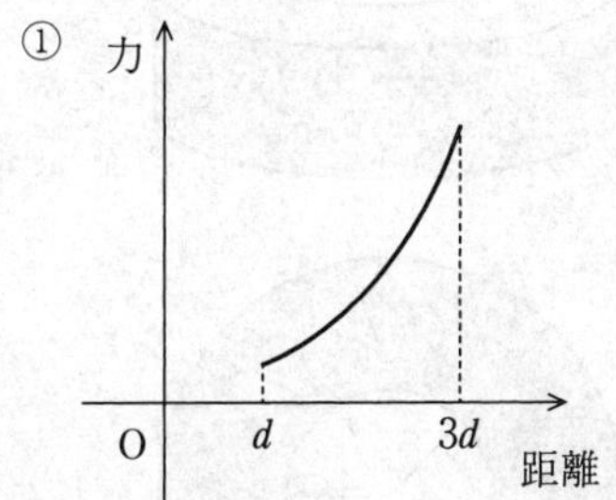

②
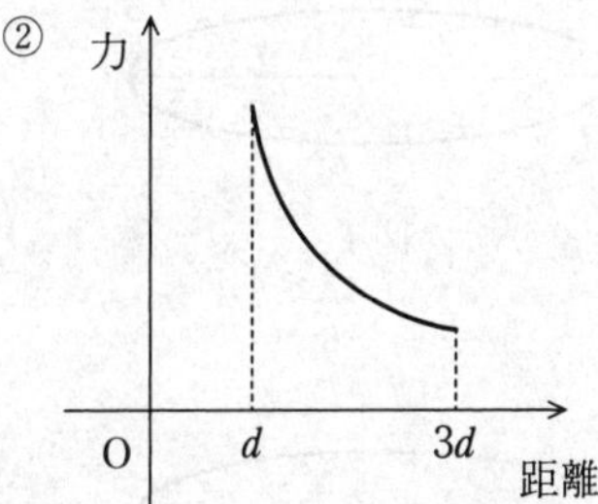

③
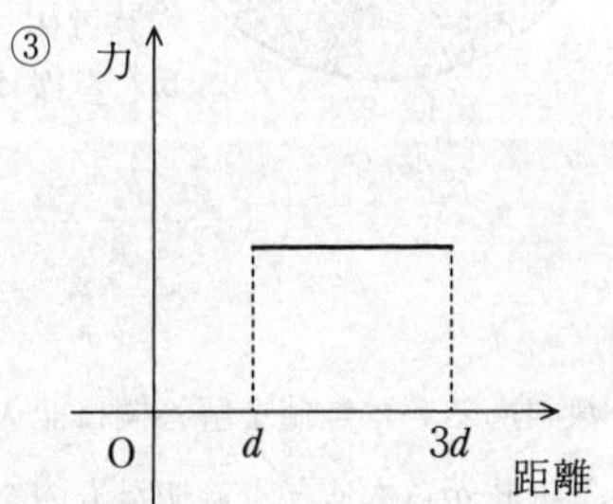

④
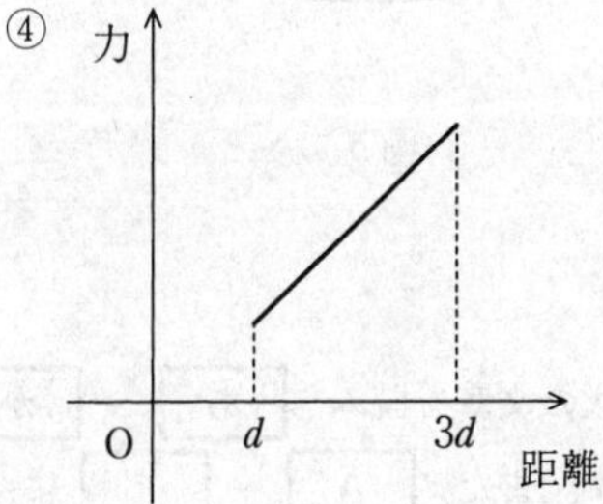

⑤
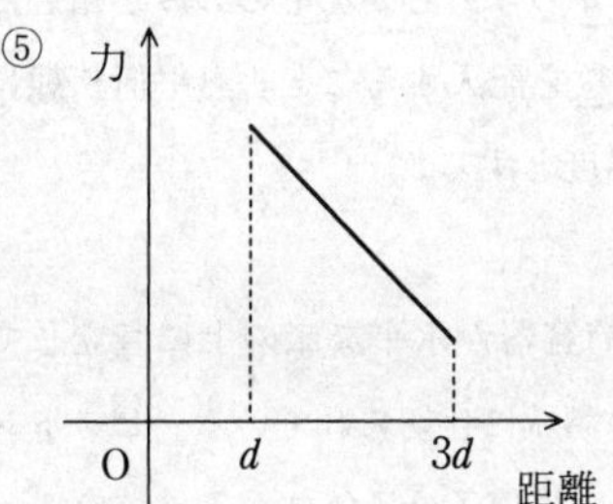

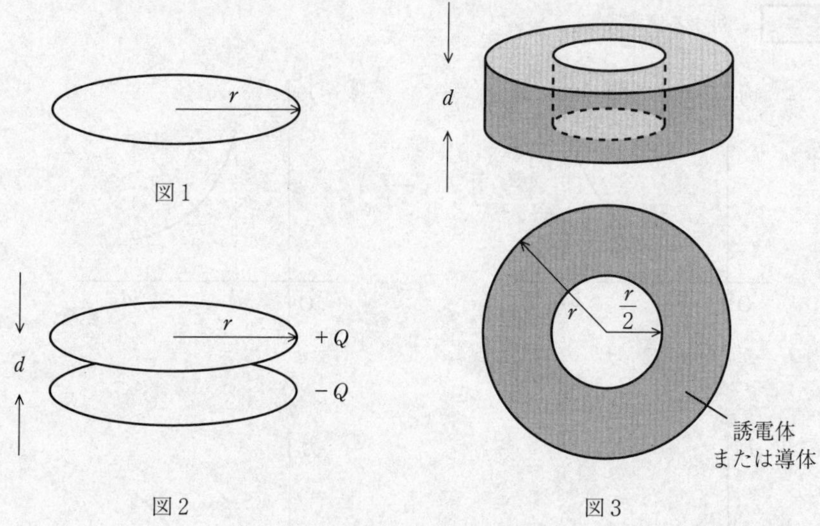

図1

図2

図3

Ⅲ 次の文章を読み，[あ]～[か]に適切な数式あるいは数値を解答欄に記入せよ。また，[A]～[E]には指定された選択肢からもっとも適切なものを一つ選び解答欄にマークせよ。異なる設問では同じ選択肢をマークしてもよい。[あ]～[え]には文字定数としては p, A, h のうち必要なもののみを用いること。[お]および[か]には整数または分数を記入すること。熱平衡状態において気体は理想気体とみなせる。温度は絶対温度とする。

図1のように，断面積 A を持つ十分に長い円筒容器が水平な床の上に直立している。容器内部は重たいピストンによって上下の領域に仕切られている。ピストンの上側は真空であり，ピストンの下側には1 molの単原子分子気体が入っている。円筒容器とピストンはどちらも断熱性の材料からなるため，気体は周囲と熱のやりとりを一切行わない。ただし，容器底面には温度調整器が取り付けられており，これを使って気体を加熱したり冷却したりできる。容器壁，ピストン，温度調整器の熱容量は無視できる。ピストンは水平配置を保ちながら鉛直方向になめらかに動くことができる。以下の過程において，ピストンは円筒容器の上面あるいは底面に接触することはないものとする。

〔1〕 はじめ，気体は圧力 p，温度 T の熱平衡状態にあった（図1左）。ピストンに作用する重力の大きさは [あ] である。

〔2〕 ピストンの下面は容器底面から高さ h のところにあった（図1左）。留め具を用いてピストンをこの位置に固定する。次に，温度調整器のスイッチを入れて，気体の圧力が $2p$ になるまで気体をゆっくりと加熱した。その後，温度調整器のスイッチを切った。この気体の状態を「状態Ⅰ」と記す（図1右）。状態Ⅰにおける気体の温度 T_1 は [A] $\times T$ である。また，気体の温度が T から T_1 に変化した過程において，温度調整器から気体に移動した熱量 Q は [い] である。

〔3〕 留め具の固定を外すと，ピストンは勢いよく上昇し，振動したのち，最終的に容器底面から高さ x の位置で静止した。この結果，気体は温度 T_2 の熱平衡状態に達した（図2左）。ピストンの重力による位置エネルギーの変化分 ΔU は [う] $\times (x-h)$ である。また，気体の内部エネルギーの変化分 ΔE は [え] $\times (x-2h)$ である。この過程の前後いずれにおいてもピストンは静止している。ピストンに対する仕事と運動エネルギーの関係から，気体がピストンにした仕事 W はピストンの重力による位置エネルギーの変化分 ΔU に等しい。この事実と熱力学第一法則により，$x=$ [B] $\times h$ であることがわかる。

〔4〕 今度は，ピストンに下向きの力を加えながらピストンを元の位置（円筒底面から h のところ）まで十分にゆっくり押し下げると，気体は圧力 p_3，温度 T_3 の熱平衡状態に達した（図2中央）。この断熱圧縮の間，気体の圧力と体積の間にはポアソンの法則

$$(\text{圧力}) \times (\text{体積})^{\frac{5}{3}} = \text{一定}$$

が成立する。気体の圧力は，$p_3 = p\left(\frac{x}{h}\right)^{\alpha}$，ただし $\alpha=$ [お]，と表される。また，ボイル・シャルルの法則を考えると気体の温度は，$T_3 = T_2\left(\frac{x}{h}\right)^{\beta}$，ただし $\beta=$ [か]，と表される。したがって，気体の圧力 p_3 は $2p$ [C] 。

また，気体の温度 T_3 は T_1 [D]。必要があれば，$5^{\frac{2}{3}} \fallingdotseq 2.9$ を用いてよい。

〔5〕 最後に，留め具を用いてピストンを円筒底面から高さ h の位置に固定したのち，温度調整器のスイッチを入れ，気体の状態をゆっくりと変化させた。その後，温度調整器のスイッチを切った。その結果，気体は圧力 $2p$，温度 T_1 の状態Ⅰに戻った（図2右）。気体の温度が T_3 から T_1 に変化した過程において，気体と温度調整器の間を移動した熱量の大きさは [E] $\times Q$ である。

[A]，[B] に対する選択肢

① $\frac{1}{2}$　② 1　③ $\frac{6}{5}$　④ $\frac{7}{5}$　⑤ $\frac{3}{2}$
⑥ $\frac{8}{5}$　⑦ $\frac{5}{3}$　⑧ 2　⑨ $\frac{8}{3}$

[C]，[D] に対する選択肢

① よりも大きい　② よりも小さい　③ に等しい

[E] に対する選択肢

① $\left(\frac{3}{2}\right)^{\frac{5}{3}}-1$　② $\left(\frac{3}{2}\right)^{\frac{2}{3}}-1$　③ $\left(\frac{5}{3}\right)^{\frac{5}{3}}-1$
④ $\left(\frac{5}{3}\right)^{\frac{2}{3}}-1$　⑤ $\left(\frac{8}{5}\right)^{\frac{5}{3}}-1$　⑥ $\left(\frac{8}{5}\right)^{\frac{2}{3}}-1$
⑦ $\left(\frac{8}{3}\right)^{\frac{5}{3}}-1$　⑧ $\left(\frac{8}{3}\right)^{\frac{2}{3}}-1$　⑨ $\left(\frac{3}{2}\right)^{\frac{5}{3}}-2$
⑩ $\left(\frac{3}{2}\right)^{\frac{2}{3}}-2$　⑪ $\left(\frac{5}{3}\right)^{\frac{5}{3}}-2$　⑫ $\left(\frac{5}{3}\right)^{\frac{2}{3}}-2$
⑬ $\left(\frac{8}{5}\right)^{\frac{5}{3}}-2$　⑭ $\left(\frac{8}{5}\right)^{\frac{2}{3}}-2$　⑮ $\left(\frac{8}{3}\right)^{\frac{5}{3}}-2$
⑯ $\left(\frac{8}{3}\right)^{\frac{2}{3}}-2$　⑰ 0

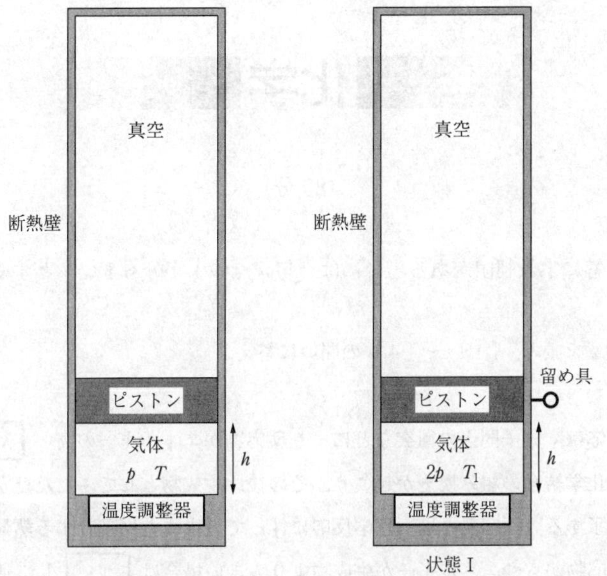
真空
断熱壁
ピストン
気体
p　T
h
温度調整器
真空
断熱壁
留め具
ピストン
気体
2p　T_1
h
温度調整器
状態Ⅰ

図1

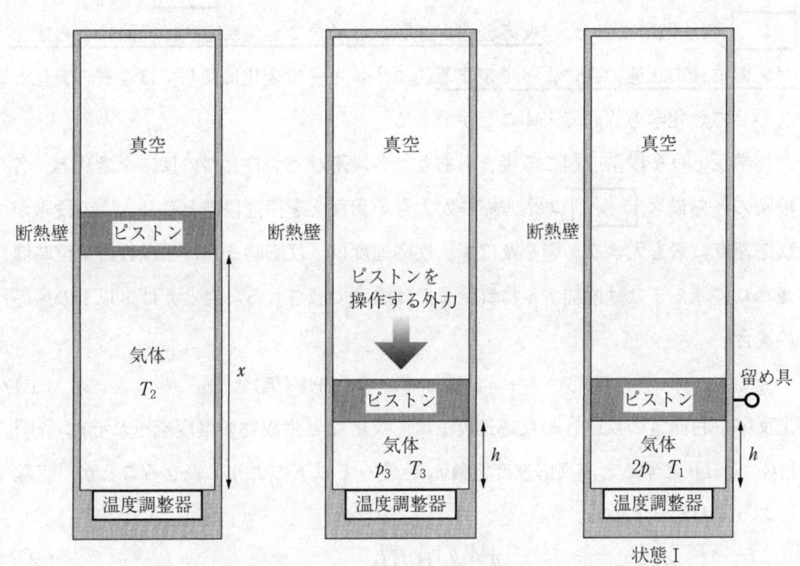
真空
断熱壁
ピストン
気体
T_2
x
温度調整器
真空
断熱壁
ピストンを
操作する外力
ピストン
気体
p_3　T_3
h
温度調整器
真空
断熱壁
留め具
ピストン
気体
2p　T_1
h
温度調整器
状態Ⅰ

図2

化学

(80分)

(注)　解答に字数制限がある場合には，句読点の1字分も1マスとすること。

I　次の文章を読み，〔1〕～〔4〕の問いに答えよ。

化学反応は，分子同士の衝突などにより反応物がエネルギーの高い［ あ ］状態となって化学結合の組み換えが起こり，その後，生成物としてふたたび安定化することで終了する。反応熱とは，化学反応に伴って発生または吸収する熱量のことであり，反応物がもつエネルギーが生成物より大きい場合は［ い ］し，逆に小さい場合は［ う ］する。結合エネルギーとは，共有結合を切断してばらばらの原子にするのに必要なエネルギーのことであり，結合の切断は［ え ］過程である。［ お ］の法則によると，(a)反応経路が複数ある場合でも，反応熱は経路によらず，反応の前後の状態のみによって定まる。エネルギーの変化に関しては物質の変化と合わせて熱化学方程式で表すことができる。

化学反応は多段階で起こる場合もあり，各段階ひとつひとつの反応を素反応，各段階のうち最も［ か ］エネルギーが大きい素反応を律速段階と呼び，この段階が反応速度に最も大きな影響を及ぼす。反応速度は，反応物または生成物の単位時間当たりに減少または増加する物質量または濃度で表される。たとえば，以下の反応の場合，

$$H_2(\text{気}) + I_2(\text{気}) \rightleftarrows 2HI(\text{気}) \qquad (1)$$

正反応（右向きの反応）の反応速度 v は，反応物と生成物の濃度をそれぞれ $[H_2]$, $[I_2]$，$[HI]$ とすると，反応速度定数 k_1 を使って以下のように表せることが，実験によってわかっている。

$$v = k_1[H_2][I_2] \qquad (2)$$

化学反応は正反応ばかりではなく，逆反応（左向きの反応）も起こる可能性があり，どちらの反応も起こりうる反応は［ き ］反応と呼ばれる。正反応と逆反応の

反応速度が一致すると，見かけ上，反応が停止している状態となり，これを平衡状態と呼ぶ。反応が平衡状態にあるとき，濃度，圧力，温度などの条件を変化させると，その影響を緩和する方向に平衡が移動する。これを［く］の原理とよぶ。また，［け］を加えると，正反応と逆反応の反応速度が両方ともに変化するが，平衡は移動しない。

〔1〕 文章中の［あ］～［け］にあてはまる最も適当な語句を下の選択肢の中から選び，その番号を解答用紙にマークせよ。ただし，**同じ語句を2回以上使ってもよい。**

① ヘス	② ルシャトリエ	③ 発熱
④ ヘンリー	⑤ 触媒	⑥ 付加
⑦ 縮合	⑧ ボイル・シャルル	⑨ 可逆
⑩ 飽和	⑪ 極性	⑫ 吸熱
⑬ アレニウス	⑭ 活性化	⑮ 不可逆
⑯ 酸化還元	⑰ ファラデー	⑱ 失活
⑲ イオン化	⑳ 過飽和	

〔2〕 式（1）の正反応が進み，HIの物質量が多くなると，式（1）の逆反応も起こるようになり，やがて平衡状態に達する。ある温度において容積一定の容器内でH_2とI_2をそれぞれ1.00 molずつ混合すると，平衡状態に達したときのHIの物質量は1.50 molであった。（i）および（ii）の問いに答えよ。

（i） 残ったH_2の物質量（mol）を求め，**有効数字2桁**で解答用紙の［　］内に記入せよ。

（ii） 平衡定数を求め，**有効数字2桁**で解答用紙の［　］内に記入せよ。

〔3〕 式（1）の正反応が600～700℃程度の高温で進行するとき，実際は次のように2段階の反応で起こると考えられている。以下の文章を読み，（i）および（ii）の問いに答えよ。

最初にヨウ素分子 I_2 の共有結合が切断されてヨウ素原子 I が生じ，その後，ヨウ素原子 I が水素分子 H_2 と衝突し，HI が生じる。

$$I_2(気) \rightleftarrows 2I(気) \qquad (3)$$

$$H_2(気) + 2I(気) \longrightarrow 2HI(気) \qquad (4)$$

式（4）の反応をもとに考えると，反応速度 v は次の式（5）のように表され，式（2）と矛盾してしまう。ただし，この場合の速度定数は k_2 とする。

$$v = k_2[H_2][I]^2 \qquad (5)$$

（i） 式（3）の反応は，正反応と逆反応のどちらも起こりうる。この反応が平衡状態にあるとき，温度一定で圧力を下げるとどうなるか。最も適当なものを下の選択肢の中から選び，その番号を解答用紙にマークせよ。

① 平衡は右に移動する。

② 平衡は左に移動する。

③ 平衡は移動しない。

（ii） 式（2）と式（5）の矛盾に関しては，式（3）の正反応と逆反応が，式（4）の反応に比べて圧倒的に速く，常に平衡状態が成立していると考えると解消される。式（3）の反応の平衡定数 K_c を以下のように表す。

$$K_c = \frac{[I]^2}{[I_2]} \qquad (6)$$

式（6）を変形して式（5）に代入すると，

$$v = \boxed{\quad こ \quad}[H_2][I_2] \qquad (7)$$

したがって $k_1 = \boxed{\quad こ \quad}$ となり，式（2）と同じ形の式になる。$\boxed{\quad こ \quad}$ の部分を解答用紙の $\boxed{\qquad}$ 内に記入し，式（7）を完成せよ。

〔4〕 文章中の下線部(a)に書かれた法則を用いて，（i）および（ii）の問いに答えよ。ただし，エタン，アセチレンと黒鉛の燃焼，水の生成に関する熱化学方程式は以下のように表される。

$$C_2H_6(気) + \frac{7}{2}O_2(気) = 2CO_2(気) + 3H_2O(液) + 1561\ kJ$$

$$C_2H_2(気) + \frac{5}{2}O_2(気) = 2CO_2(気) + H_2O(液) + 1301\ kJ$$

$$C(黒鉛) + O_2(気) = CO_2(気) + 394\ kJ$$

$$H_2(気) + \frac{1}{2}O_2(気) = H_2O(液) + 286\ kJ$$

（i） 以下のエタンとアセチレンの生成に関する熱化学方程式について，［さ］と［し］に入る反応熱の値の組み合わせとして，最も適当なものを下の選択肢の中から選び，その番号を解答用紙にマークせよ。

$$2C(黒鉛) + 3H_2(気) = C_2H_6(気) + \boxed{さ}\ kJ$$

$$2C(黒鉛) + H_2(気) = C_2H_2(気) + \boxed{し}\ kJ$$

	さ	し
①	85	227
②	−85	227
③	85	−227
④	−85	−227
⑤	65	247
⑥	−65	247
⑦	65	−247
⑧	−65	−247

（ii） アセチレン1.00 molが水素2.00 molと反応してエタンとなるときの反応熱（kJ）を求め，**有効数字3桁**で解答用紙の［　］内に記入せよ。

Ⅱ 次の文章を読み，〔1〕～〔7〕の問いに答えよ。ただし，必要に応じて，以下の値を用いよ。

原子量：H = 1.0，C = 12，N = 14，O = 16，Na = 23，S = 32，Cl = 35.5，
K = 39，Cr = 52，Mn = 55，Fe = 56，Cu = 64，Zn = 65，
Ag = 108，I = 127，Ba = 137，Pb = 207

以下は，8種類の未知の物質**A**～**H**を用いた**実験1～13**に関する記述である。なお，**A**～**H**は，次の①～⑮のいずれかである。

① 硫酸亜鉛　② 酢酸亜鉛
③ 硫酸アンモニウム　④ 硝酸鉛(Ⅱ)
⑤ 硫酸銅(Ⅱ)五水和物　⑥ 塩化バリウム
⑦ 塩化鉄(Ⅲ)　⑧ 塩化カリウム
⑨ 過マンガン酸カリウム　⑩ クロム酸カリウム
⑪ ヨウ化ナトリウム　⑫ チオ硫酸ナトリウム
⑬ 酢酸鉛(Ⅱ)　⑭ 炭酸水素ナトリウム
⑮ 硝酸銀

実験1 物質**A**，**B**，**C**，**D**，**E**，**F**とその水溶液は，いずれも無色であった。

実験2 物質**G**，**H**とその水溶液は，それぞれ特有の色を示した。

実験3 物質**A**の水溶液に十分な量の硫酸ナトリウム水溶液を加えて生成した白色沈殿を図1のようにろ過して除いた。(a)ろ液に適量の濃硫酸を滴下しのち，エタノールを加えて熱すると，果実のような芳香が確認された。

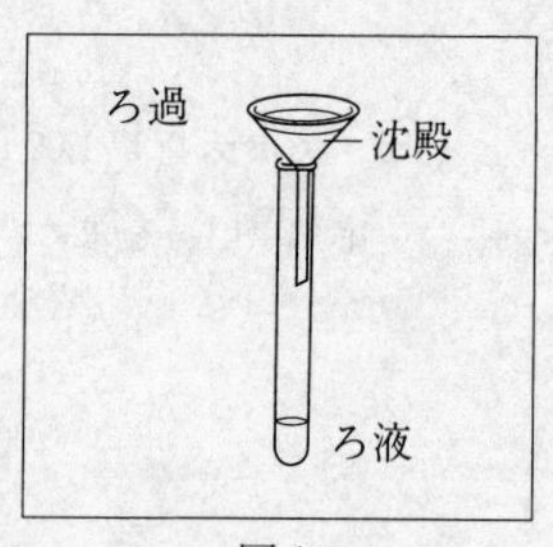

図1

実験4　物質BとGの水溶液について図2のように炎色反応を行うと，物質Bの水溶液では黄緑色，物質Gの水溶液では赤紫色の炎が観察された。

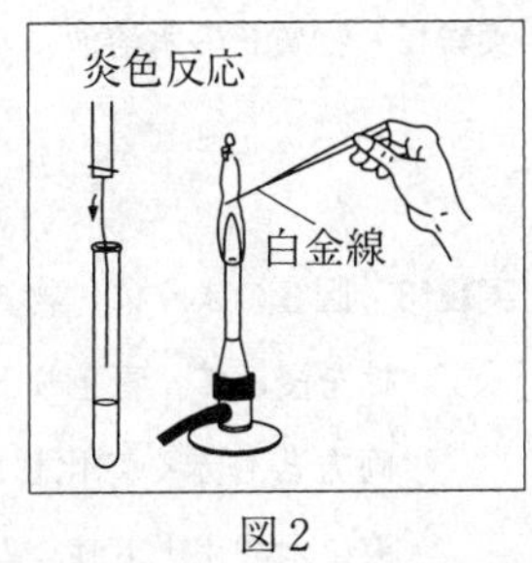

図2

実験5　物質AとBの水溶液にそれぞれ物質Gの水溶液を加えると，いずれも黄色沈殿を生じた。

実験6　物質Gの水溶液に $\underline{\text{希硫酸を加えて酸性にすると，溶液は橙赤色になった。}}_{(b)}$ これに，水酸化ナトリウム水溶液を多量に加えて塩基性にすると，溶液はもとの色に戻った。

実験7　物質Cの水溶液に $\underline{\text{アンモニア水を加えて塩基性にし，硫化水素を通じる}}_{(c)}$ と白色の沈殿を生じた。また，物質A，DおよびHの水溶液を酸性にして硫化水素を通じると，それぞれ黒色の沈殿ができた。

実験8　物質Cの水溶液に物質Bの水溶液を加えると，酸に溶けにくい白色沈殿を生じた。

実験9　物質Dの水溶液に物質Bの水溶液を加えると，白色沈殿が生じた。この沈殿はアンモニア水によく溶けた。また，$\underline{\text{この沈殿に太陽光を当てると，色が黒くなった。}}_{(d)}$

実験10　物質Dの水溶液に物質Eの水溶液を加えると，黄色の沈殿が生じた。

実験11　物質Eの水溶液に，酸性条件下で次亜塩素酸ナトリウム水溶液を加えると，液の色は褐色になった。

実験12 物質**F**の水溶液に水酸化ナトリウム水溶液を加えて温めると，気体が発生した。

実験13 図3のように，物質**F**と**H**の水溶液にガラス棒を浸けて，青色リトマス試験紙につけると，両方とも赤く変化した。次に，物質**H**の水溶液に水酸化ナトリウム水溶液を加えると，青白色の沈殿を生じた。(e)

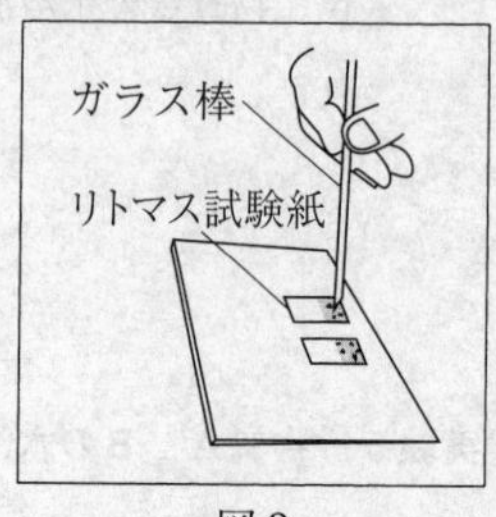

図3

〔1〕 文章中の**実験1〜13**の記述から，8種類の物質**A**〜**H**に該当する物質として，最も適当なものを先に示した①〜⑮の中から選び，その番号を解答用紙にマークせよ。

〔2〕 文章中の下線部(a)について，この反応の名称として，最も適当なものを下の選択肢の中から選び，その番号を解答用紙にマークせよ。

① ニトロ化　② スルホン化　③ ジアゾ化
④ けん化　⑤ 転化　⑥ 酸化
⑦ ハロゲン化　⑧ アルキル化　⑨ エステル化

〔3〕 文章中の下線部(b)について，この溶液中の橙赤色のイオンをイオン式で解答用紙の □ 内に記入せよ。

〔4〕 文章中の下線部(c)について，物質**C**の水溶液中のイオンの他に，酸性ではなく中性および塩基性の条件で，硫化水素と反応し硫化物の沈殿を生成するイオンとして，最も適当なものを下の選択肢の中から選び，その番号を解答用紙にマークせよ。

① Ca^{2+}　② K^{+}　③ Li^{+}　④ Mn^{2+}
⑤ Ba^{2+}　⑥ Al^{3+}　⑦ Mg^{2+}　⑧ Na^{+}

〔5〕 文章中の下線部(d)について，このときの変化を表す化学反応式を解答用紙の □ 内に記入せよ。ただし，係数は最も簡単な整数で表せ。

〔6〕 **実験11**の反応を表すイオン反応式として，最も適当なものを下の選択肢の中から選び，その番号を解答用紙にマークせよ。

番号	イオン反応式
①	$2I^- + Cl_2 \longrightarrow I_2 + 2Cl^-$
②	$6I^- + ClO_3^- + 6H^+ \longrightarrow 3I_2 + Cl^- + 3H_2O$
③	$10I^- + 2MnO_4^- + 16H^+ \longrightarrow 5I_2 + 2Mn^{2+} + 8H_2O$
④	$6I^- + 2MnO_4^- + 4H_2O \longrightarrow 3I_2 + 2MnO_2 + 8OH^-$
⑤	$2S_2O_3^{2-} + ClO^- + 2H^+ \longrightarrow S_4O_6^{2-} + Cl^- + H_2O$
⑥	$I_2 + 2S_2O_3^{2-} \longrightarrow 2I^- + S_4O_6^{2-}$
⑦	$2I^- + ClO^- + 2H^+ \longrightarrow I_2 + Cl^- + H_2O$
⑧	$2I^- + 2H^+ + H_2O_2 \longrightarrow I_2 + 2H_2O$
⑨	$4I^- + ClO_2^- + 4H^+ \longrightarrow 2I_2 + Cl^- + 2H_2O$

〔7〕 文章中の下線部(e)について，試験管に 2.5×10^{-2} mol/L の物質**H**の水溶液が 8.0 mL 入っていて，ここに十分な量の水酸化ナトリウム水溶液を加えたときに生成する青白色の沈殿の質量（g）を求め，**有効数字2桁**で解答用紙の □ 内に記入せよ。

Ⅲ　次の文章を読み，〔1〕～〔8〕の問いに答えよ。

炭化水素基が特定の原子や原子団と結びつくと，その原子や原子団に特有の性質をもつ化合物となる。このように，有機化合物の性質を決めるはたらきをもつ原子や原子団を［あ］といい，これによって有機化合物を分類することができる。

脂肪族炭化水素の水素原子を，ヒドロキシ基で置換した化合物をアルコールという。ヒドロキシ基を一つもつ飽和アルコールは，(a)R-OH（R は飽和炭化水素基）で表される。

アルコールのヒドロキシ基は［い］であるから，エタノールのような低級アルコールは水に溶解する。しかし，高級アルコールでは，炭化水素基の影響が大きくなるため，水に溶けにくくなる。また，アルコールは，［う］異性体の関係にあるエーテルに比べて融点や沸点が［え］。これは，アルコールはヒドロキシ基をもつので，分子間で［お］を生じたからである。

アルコールの代表的な反応として，脱水反応，酸化反応があげられる。脱水反応は濃硫酸と加熱すると起こる。エタノールを，比較的高温の 160 ～ 170 ℃で加熱すると(b)分子内脱水反応が起こりアルケンを生成し，比較的低温の 130 ～ 140 ℃で加熱すると分子間脱水反応が起こり［か］を生成する。

また，アルコールを硫酸酸性の二クロム酸カリウム水溶液のような酸化剤とともに加熱すると，第一級アルコールでは，アルデヒドを経て［き］を生じ，第二級アルコールでは，［く］を生じる。第三級アルコールは酸化されにくい。

一方，ベンゼンの水素原子を，ヒドロキシ基で置換した構造をもつ化合物をフェノールという。フェノールは，アルコールとは異なり，酸性を示し，その強さは炭酸より［け］。このため，水酸化ナトリウムとの中和反応で得られる塩である［こ］の水溶液に二酸化炭素を通じると，フェノールが遊離する。

〔1〕 文章中の［あ］および［い］にあてはまる最も適当な語句を**漢字 3 文字**で解答用紙の［　］内に記入せよ。

〔2〕 文章中の［う］および［お］～［く］にあてはまる最も適当な語句を下の選択肢の中から選び，その番号を解答用紙にマークせよ。

① アルカン　② アルキン　③ アミン　④ イオン結合
⑤ エーテル　⑥ カルボン酸　⑦ 幾何　⑧ 鏡像
⑨ 共有結合　⑩ ケトン　⑪ 構造　⑫ 水素結合
⑬ 配位結合　⑭ 配座　⑮ 立体

〔3〕 文章中の［え］および［け］にあてはまる語句の組み合わせとして最も適当なものを下の選択肢の中から選び，その番号を解答用紙にマークせよ。

	え	け
①	高い	強い
②	高い	弱い
③	低い	強い
④	低い	弱い

〔4〕 文章中の［こ］にあてはまる最も適当な化合物名を解答用紙の［　］内に記入せよ。

〔5〕 文章中の下線部(a)について，以下の文章中の［A］および［B］にあてはまる最も適当な数値を下の選択肢の中から選び，その番号を解答用紙にマークせよ。

Rの炭素数が３以上になると，アルコール R-OH には異性体が生じる。アルコールとしての異性体の数は，炭素数が３のときは［A］個，４のときは［B］個である。ただし，鏡像異性体（光学異性体）も区別するものとする。

① 1　② 2　③ 3　④ 4
⑤ 5　⑥ 6　⑦ 7

〔6〕 アルケン，アルデヒドはともに二重結合をもっている。ここで，アルケンとしてプロペン（プロピレン）を，アルデヒドとしてプロピオンアルデヒド C_2H_5CHO を考える。以下の（ⅰ）～（ⅲ）の記述は，プロペンにあてはまる

のか，プロピオンアルデヒドにあてはまるのかを答えよ。**プロペンにあてはまる場合は①を，プロピオンアルデヒドにあてはまる場合は**②を解答用紙にマークせよ。**どちらにもあてはまる場合は①②の両方を，どちらにもあてはまらない場合は**③をマークせよ。

(i) 臭素水を加えると，室温で速やかに臭素の色が消える。

(ii) 硫酸酸性の過マンガン酸カリウム水溶液とともに加熱すると，容易に酸化される。

(iii) アンモニア性硝酸銀水溶液に加えて穏やかに加熱すると，銀が析出する。

〔7〕 フェノールに関する記述として，**誤っているもの**を下の選択肢の中から**すべて**選び，その番号を解答用紙にマークせよ。

① 水に溶けにくい。

② 臭素水を加えると，臭素の色が消える。

③ 金属ナトリウムと反応し，水素ガスが発生する。

④ 硫酸酸性の二クロム酸カリウム水溶液とともに加熱すると，アルデヒドとなる。

⑤ 塩化鉄(Ⅲ)水溶液を加えると，紫色に呈色する。

⑥ 無水酢酸と反応し，酢酸エステルが生成する。

〔8〕 文章中の下線部(b)について，以下の問いに答えよ。

第一級アルコールの分子内脱水反応では，考えられる生成物は一つである。第二級または第三級アルコールの分子内脱水反応では，二つ以上の生成物が考えられる場合がある。このとき，ヒドロキシ基が結合している炭素原子の隣の炭素原子のうち，結合している水素原子の数が少ないほうから水素原子がとれた生成物が，主に得られる。これをザイツェフ則という。

あるアルコール（i）および（ii）の分子内脱水反応により，それぞれ以下のアルケン（i'）および（ii'）が主に得られた。

（i’）

```
    H   H   H   H   H
    |   |   |   |   |
H—C==C—C—C—C—H
            |   |   |
            H   H   H
```

（ii’）

```
                  H   H
    H   H          \ /
    |   |           C—H
H—C—C==C
    |               C—H
    H              / \
                  H   H
```

（i）および（ii）の構造を，解答例にならって解答用紙の □ 内にそれぞれ記入せよ。考えられるアルコールが一つの場合はその構造を記入し，二つ以上のアルコールが考えられる場合は，不斉炭素をもつ構造を一つ記入せよ。その際，＊を不斉炭素の元素記号の右肩に付記せよ。ただし，原子はすべて省略せずに表記し，原子間の結合はすべて線（価標）を用いて表せ。

(解答例)

```
    H   Cl   H   H   H
    |   |    |   |   |
H—C—C*—C—C—C—H
    |   |    |   |   |
    H   H    H   H   H
```

Ⅳ 次の文章を読み，〔1〕～〔8〕の問いに答えよ。ただし，必要に応じて，以下の値を用いよ。

原子量：H = 1.0，C = 12，N = 14，O = 16

アメリカの研究者である［ あ ］は世界で最初の合成ゴムであるクロロプレンゴムと世界で最初の合成繊維であるナイロンを開発した。この2つの発明は，その後の私たちの生活に欠くことのできない化学産業の発展に大きく寄与している。

合成ゴムの構造を理解するためには，天然ゴムの構造が参考になる。ゴムノキに傷をつけると，粘性の高い白色の樹液である［ い ］が採取できる。これに酸を加えて凝固させ，乾燥したものを天然ゴム（生ゴム）という。天然ゴムはイソプレンが［ A ］重合した［ う ］形ポリイソプレンであるが，アカテツ科の樹木から採れる［ え ］形ポリイソプレンはグタペルカ（グッタペルカ）とよばれ，かたくて弾性がない物質である。天然ゴムに似たゴム弾性をもつ合成高分子化合物を合成ゴムというが，［ あ ］が開発したクロロプレンゴムもイソプレンに似た構造をもつ単量体のクロロプレンの重合によって合成された。また，最も多量に生産されている合成ゴムである<u>スチレン－ブタジエンゴム（SBR）</u>(a)は［ B ］重合によって合成されている。

世界で最初の合成繊維であるナイロンは，ヘキサメチレンジアミンとアジピン酸との［ C ］重合により開発された。このナイロンは原料のジアミンの炭素数とジカルボン酸の炭素数を順に並べてナイロン66とよばれている。*n* molのヘキサメチレンジアミンと*n* molのアジピン酸の重合反応により得られるナイロン66の化学式は次のように表される。

$$\text{-}\!\!\left[NH-(CH_2)_6-NH-CO-(CH_2)_4-CO \right]\!\!\text{-}_n$$

ナイロン66

ナイロン66は，アジピン酸の代わりにアジピン酸ジクロリド $ClCO(CH_2)_4COCl$ を用いると，加圧や加熱の必要がなく重合反応を速やかに進行させることができ，右図のように実験室でも合成することができる。アジピン酸を用いると，重合反応によりナイロン66以外に［ X ］を生じるが，アジピン酸ジクロリドを用いると，ナイロン66以外に［Y］を生じる。

これと同様に，ヘキサメチレンジアミンとセバシン酸ジクロリド $ClCO(CH_2)_8COCl$ との重合反応でもナイロンが合成されるが，このナイロンはナイロン66の名称にならってナイロン［ⓐ］［ⓑ］とよばれている。

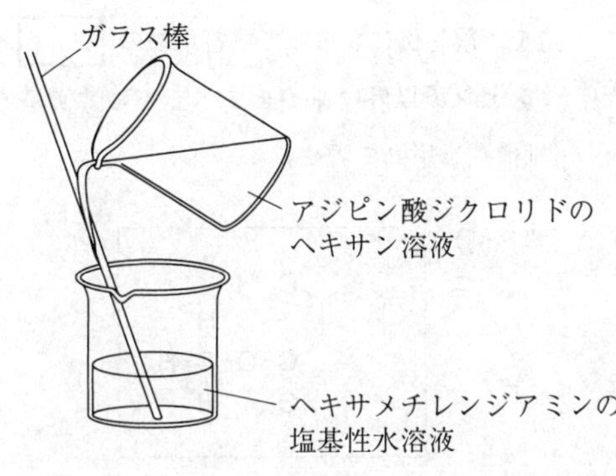

日本で開発された合成繊維であるナイロン6は単量体［お］の［D］重合で合成されるが，いずれのナイロンも天然の［か］のような感触と光沢をもち，ともに［き］結合をもっている。また，ナイロンは［か］に比べ吸湿性は小さいが，分子間に多くの［く］結合が形成されているので，強度や耐久性に優れている。

〔1〕 文章中の［あ］～［え］にあてはまる人名や語句の組み合わせとして，最も適当なものを下の選択肢の中から選び，その番号を解答用紙にマークせよ。

選択肢	あ	い	う	え
①	ベークランド	ラテックス	シス	トランス
②	ベークランド	アミロペクチン	トランス	シス
③	ベークランド	ラテックス	トランス	シス
④	ベークランド	アミロペクチン	シス	トランス
⑤	カロザース	ラテックス	シス	トランス
⑥	カロザース	アミロペクチン	トランス	シス
⑦	カロザース	ラテックス	トランス	シス
⑧	カロザース	アミロペクチン	シス	トランス

〔2〕 文章中の下線部(a)について，この合成ゴムの原料である2種類の単量体の構造を，解答例にならって解答用紙の［　　］内にそれぞれ記入せよ。ただし，ベンゼン環以外は原子をすべて省略せずに表記し，原子間の結合はすべて線（価標）を用いて表せ。

（解答例）

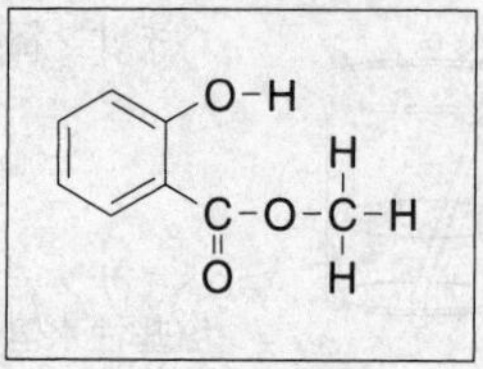

〔3〕 文章中の［X］と［Y］にあてはまる化学式の組み合わせとして，最も適当なものを下の選択肢の中から選び，その番号を解答用紙にマークせよ。

選択肢	X	Y
①	NH_3	H_2O
②	NH_3	NH_4Cl
③	CO_2	H_2O
④	CO_2	HCl
⑤	H_2O	NH_4Cl
⑥	H_2O	HCl

〔4〕 文章中の［ⓐ］［ⓑ］にあてはまる数字を，解答用紙の［　　］に算用数字で記入せよ。

〔5〕 文章中の［お］～［く］にあてはまる語句の組み合わせとして，最も適当なものを下の選択肢の中から選び，その番号を解答用紙にマークせよ。

選択肢	お	か	き	く
①	ε-カプロラクタム	綿	エステル	水素
②	ε-カプロラクタム	綿	エステル	アミド
③	ε-カプロラクタム	絹	アミド	水素
④	ε-カプロラクタム	絹	アミド	エステル
⑤	アクリロニトリル	綿	エステル	水素
⑥	アクリロニトリル	綿	エステル	アミド
⑦	アクリロニトリル	絹	アミド	水素
⑧	アクリロニトリル	絹	アミド	エステル

〔6〕 文章中の A ～ D にあてはまる語句の組み合わせとして，最も適当なものを下の選択肢の中から選び，その番号を解答用紙にマークせよ。

選択肢	A	B	C	D
①	開環	共	縮合	付加
②	共	開環	縮合	付加
③	共	付加	縮合	開環
④	付加	共	開環	縮合
⑤	付加	縮合	開環	共
⑥	付加	開環	共	縮合
⑦	付加	共	縮合	開環
⑧	付加	縮合	共	開環
⑨	付加	開環	縮合	共

〔7〕 文章中のナイロン66の化学式にならって，ナイロン6の化学式を解答用紙の ＿＿ に記入せよ。ただし，重合度は n とする。

〔8〕 あるナイロン66の平均分子量は 4.1×10^4 であった。次の（i）および（ii）の問いに答えよ。

(ⅰ) このナイロン66の1分子中には，ヘキサメチレンジアミンが何分子結合しているかを求め，**有効数字2桁**で解答用紙の □ 内に記入せよ。

(ⅱ) このナイロン66の1分子中に，[き] 結合は何個含まれているか。最も適当な値を下の選択肢の中から選び，その番号を解答用紙にマークせよ。

① 1.8×10^2　② 2.7×10^2　③ 3.6×10^2　④ 5.4×10^2
⑤ 7.2×10^2　⑥ 1.8×10^3　⑦ 2.7×10^3　⑧ 3.6×10^3
⑨ 5.4×10^3　⑩ 7.2×10^3

生物

(80分)

(注)　解答に字数制限がある場合には，句読点の1字分も1マスとすること。

I　次の（文1），（文2）を読み，〔1〕～〔8〕の問いに答えよ。

（文1）

生体内で触媒としてはたらく酵素はタンパク質であり，生命活動の維持に不可欠である。酵素タンパク質は，酵素遺伝子をコードするDNAからmRNAを介し合成される。この遺伝情報の流れに関する原則を(a)セントラルドグマという（図1）。合成されたタンパク質は，アミノ酸がペプチド結合により連なったもので，約100個以上のアミノ酸から構成されている。

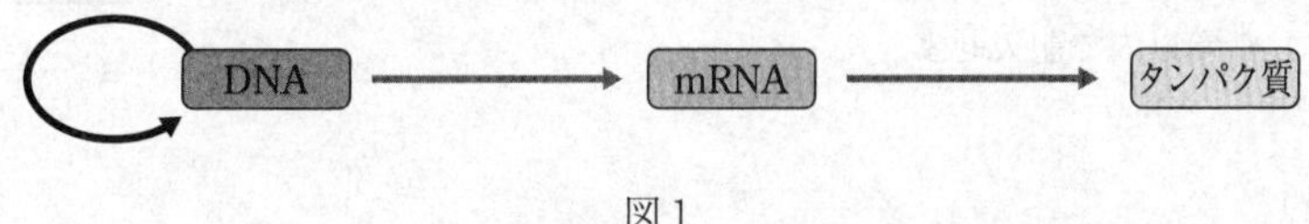

図1

タンパク質が機能を有するためには，成熟化が必要である。タンパク質は，アミノ酸配列を示す一次構造から，部分的な立体構造を示す二次構造，そして機能を有する三次構造や四次構造を形成していく。立体構造を形成する過程を［あ］という。これら立体構造は，水素結合，静電結合，疎水性結合，および［い］が関与するジスルフィド結合などにより形成される。

酵素は基質と結合し，酵素機能を発揮する。酵素と基質は鍵と鍵穴に例えられ，酵素には［う］がある。また，酵素には最適温度や最適pHがあり，これらはタンパク質の立体構造と密接に関連している。タンパク質の立体構造は，環境要因により影響を受ける。大幅な温度変化やpH変化は，(b)タンパク質の立体構造を形成する結合に影響を及ぼし，酵素本来のはたらきを失わせる。

〔1〕 文章中の あ にあてはまる語句を解答用紙の　　内に記入せよ。

〔2〕 文章中の い にあてはまるもっとも適当な語句を下の選択肢の中から選び，その番号を解答用紙にマークせよ。

① システイン　　② トリプトファン

③ メチオニン　　④ リシン

〔3〕 下線部(a)に関して，図1に示すDNAから全く同じDNAがつくられる過程を何というか。解答用紙の　　内に記入せよ。

〔4〕 文章中の う にあてはまるもっとも適当な語句を下の選択肢の中から選び，その番号を解答用紙にマークせよ。

① イオンチャネル型受容体　　② 活性部位

③ 基質特異性　　④ 競争的阻害

〔5〕 下線部(b)に関して，どのような変化が生じているか。解答用紙の　　内に20字以内で記入せよ。

(文2)

タンパク質のアミノ酸配列において，アミノ基がフリーなアミノ酸をN末端アミノ酸といい，カルボキシ基がフリーなアミノ酸をC末端アミノ酸という。タンパク質のアミノ酸の位置を把握するため，便宜的にN末端アミノ酸から順に番号がつけられる。

酵素を解析するため，N末端から順にアミノ酸配列を分析する実験を行ったところ，次のような4つのアミノ酸が順に決定された（図2）。

1番目		2番目		3番目		4番目
メチオニン	—	トリプトファン	—	リシン	—	システイン

図2

〔6〕 上記のアミノ酸配列に対応するmRNA配列を表から調べると次の（Ⅰ）～

(Ⅳ)の塩基配列が示唆された。(Ⅰ)と(Ⅱ)，また(Ⅲ)と(Ⅳ)は，順にGとCが多くなっている。(え)〜(つ)にあてはまる塩基を選択肢の中から選び，その番号を解答用紙にマークせよ。

表

1番目の塩基	2番目の塩基 U	2番目の塩基 C	2番目の塩基 A	2番目の塩基 G	3番目の塩基
U	UUU フェニルアラニン(Phe)	UCU セリン(Ser)	UAU チロシン(Tyr)	UGU システイン(Cys)	U
	UUC	UCC	UAC	UGC	C
	UUA ロイシン(Leu)	UCA	UAA (終止コドン)	UGA (終止コドン)	A
	UUG	UCG	UAG	UGG トリプトファン(Trp)	G
C	CUU ロイシン(Leu)	CCU プロリン(Pro)	CAU ヒスチジン(His)	CGU アルギニン(Arg)	U
	CUC	CCC	CAC	CGC	C
	CUA	CCA	CAA グルタミン(Gln)	CGA	A
	CUG	CCG	CAG	CGG	G
A	AUU イソロイシン(Ile)	ACU トレオニン(Thr)	AAU アスパラギン(Asn)	AGU セリン(Ser)	U
	AUC	ACC	AAC	AGC	C
	AUA	ACA	AAA リシン(リジン)(Lys)	AGA アルギニン(Arg)	A
	AUG メチオニン(Met)(開始コドン)	ACG	AAG	AGG	G
G	GUU バリン(Val)	GCU アラニン(Ala)	GAU アスパラギン酸(Asp)	GGU グリシン(Gly)	U
	GUC	GCC	GAC	GGC	C
	GUA	GCA	GAA グルタミン酸(Glu)	GGA	A
	GUG	GCG	GAG	GGG	G

(Ⅰ)　5'-AUG UGG AAA UGU-3'

(Ⅱ)　5'-AUG UGG AAA (え)(お)(か)-3'

(Ⅲ)　5'-AUG UGG (き)(く)(け) (こ)(さ)(し)-3'

(Ⅳ)　5'-AUG UGG (す)(せ)(そ) (た)(ち)(つ)-3'

	選択肢
㋓	① A ② C ③ G ④ U
㋔	① A ② C ③ G ④ U
㋕	① A ② C ③ G ④ U
㋖	① A ② C ③ G ④ U
㋗	① A ② C ③ G ④ U
㋘	① A ② C ③ G ④ U
㋙	① A ② C ③ G ④ U
㋚	① A ② C ③ G ④ U
㋛	① A ② C ③ G ④ U
㋜	① A ② C ③ G ④ U
㋝	① A ② C ③ G ④ U
㋞	① A ② C ③ G ④ U
㋟	① A ② C ③ G ④ U
㋠	① A ② C ③ G ④ U
㋡	① A ② C ③ G ④ U

〔7〕（Ⅰ）～（Ⅳ）のmRNAの配列の中で，GとCの割合がもっとも高いものは（Ⅳ）であり，それに対応するDNAのGC含量（塩基配列のなかのGとCの割合）は50%である。下記に示す（Ⅳ）に対応するDNA塩基配列において，㋢～㋭にあてはまる塩基を下の選択肢の中から選び，その番号を解答用紙にマークせよ。

（Ⅳ）に対応するDNA塩基配列

5'-●●● ●●● ㋢㋣㋤ ㋥㋦㋧-3'

3'-●●● ●●● ㋨㋩㋪ ㋫㋬㋭-5'

	選択肢
㋢	① A　② C　③ G　④ T
㋣	① A　② C　③ G　④ T
㋤	① A　② C　③ G　④ T
㋥	① A　② C　③ G　④ T
㋦	① A　② C　③ G　④ T
㋧	① A　② C　③ G　④ T
㋨	① A　② C　③ G　④ T
㋩	① A　② C　③ G　④ T
㋪	① A　② C　③ G　④ T
㋫	① A　② C　③ G　④ T
㋬	① A　② C　③ G　④ T
㋭	① A　② C　③ G　④ T

〔8〕 DNAは相補鎖と対を作り，二重らせん構造を形成する。相補鎖との対は水素結合により形成される（図3）。GC含量が高い（Ⅳ）に対応するDNAの方が（Ⅰ）に対応するDNAより，多くの水素結合を形成する。（Ⅳ）に対応するDNAと（Ⅰ）に対応するDNAの水素結合数の差はいくつか。その数値を解答用紙の □ 内に記入せよ。

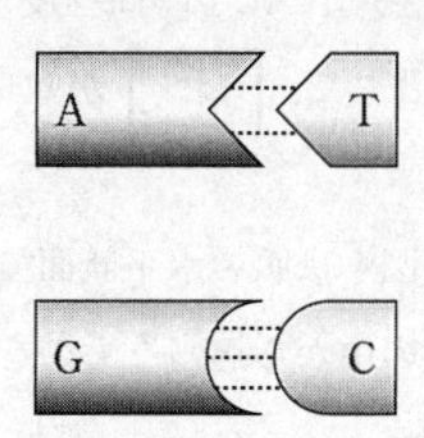

図3

Ⅱ 次の（文1）～（文3）を読み，〔1〕～〔5〕の問いに答えよ。

（文1）

動物は環境から得た情報に応じてからだを動かして反応する。情報を集める器官としては，眼・耳・鼻などがあり，これらは受容器と呼ばれる。

眼は可視光線の受容器であるが，(a)眼球前部に位置する角膜と水晶体によって外界の光が屈折し，像が網膜上で結ばれる。網膜には感覚細胞としての視細胞が存在する。視細胞には光を吸収する物質があり，これらの物質の構造の変化が電気的な変化を生じさせ，それが視神経を通じて大脳にある視覚の中枢へ伝えられることによって視覚が生じる。

視細胞には錐体細胞とかん体細胞の2種類がある。そのうち(b)錐体細胞には，赤錐体細胞，青錐体細胞，緑錐体細胞の3種類があり，それぞれ異なる波長域の光をもっともよく吸収する視物質を含んでいて，色が認識される。

一方，(c)かん体細胞は，錐体細胞とは異なり色の識別には関与しないが，弱い光でも反応する。かん体細胞には［あ］と呼ばれる視物質があり，500 nmの波長の光をもっともよく吸収する。［あ］は，タンパク質である［い］に，ビタミンAから作られる［う］と呼ばれる物質が結合したものである。明所から暗所に急に入ると見えにくく感じる。それまで明所ではたらいていた錐体細胞が暗所に徐々に順応し始めるが，それには10分程度かかる。その後，明所でほとんど分解されていた，かん体細胞内の［あ］が暗所で再合成されるため，感度が上昇して暗所でもよく見えるようになる。これらの一連の過程を［え］順応とよぶ。［え］順応は最高の感度に達するまでに1時間程度かかる。ビタミンAが欠乏することが原因でおこる眼の病気として，［お］が知られている。

〔1〕 下線部(a)に関して，下の図1は眼の水平断面である。A～Eの部位の名称はそれぞれ何か。下の選択肢の中から適当なものをそれぞれ1つ選び，その番号を解答用紙にマークせよ。

① 黄斑　② 角膜　③ 結膜　④ 虹彩　⑤ ガラス体
⑥ 水晶体　⑦ 前眼房　⑧ 瞳孔　⑨ 盲斑　⑩ 網膜

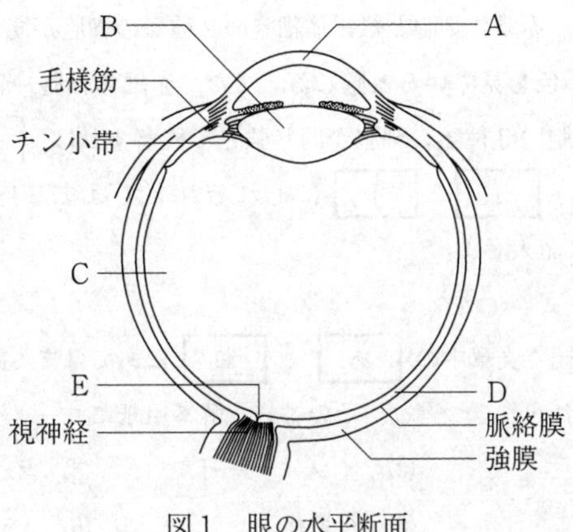

図1　眼の水平断面

〔2〕 下線部(b)に関して，次の問いに答えよ。

(ア) 下の図2は，錐体細胞における光の波長と光の吸収量の関係を示すグラフである。図2のF，G，Hはそれぞれ何錐体細胞か。正しい組み合わせを下の選択肢の中から選び，その番号を解答用紙にマークせよ。

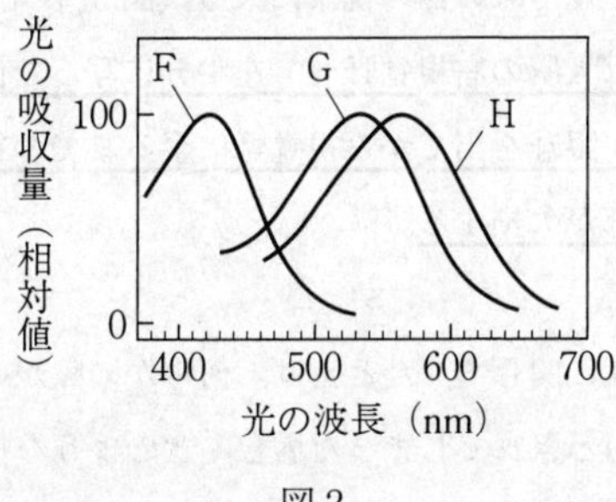

図2

選択肢	F	G	H
①	赤錐体細胞	青錐体細胞	緑錐体細胞
②	赤錐体細胞	緑錐体細胞	青錐体細胞
③	青錐体細胞	緑錐体細胞	赤錐体細胞
④	青錐体細胞	赤錐体細胞	緑錐体細胞
⑤	緑錐体細胞	赤錐体細胞	青錐体細胞
⑥	緑錐体細胞	青錐体細胞	赤錐体細胞

(イ)　ヒトでは，赤錐体細胞と緑錐体細胞の2種類の細胞が同じ強さで興奮すれば，［ I ］色を見ていると感じる。また，赤錐体細胞，青錐体細胞，および緑錐体細胞の3種類の細胞が同じ強さで興奮すれば，［ J ］色を見ていると感じる。［ I ］，［ J ］にそれぞれあてはまる色を，解答用紙の［　　］内に記入せよ。

〔3〕 下線部(c)に続く文章中の［ あ ］～［ お ］にあてはまる語句を，下の選択肢の中からそれぞれ1つ選び，その番号を解答用紙にマークせよ。

① 暗　　② イソメラーゼ　　③ オプシン

④ 明　　⑤ 夜盲症　　⑥ レチナール

⑦ ロドプシン　　⑧ 緑内障

(文2)

ヒトの場合，両眼の内側の網膜から出た視神経は，交さして反対側の視索に入る。この視神経が交さする部分を，視交さ，という。一方，両眼の外側の網膜から出た視神経は，交させずにそれぞれの側の視索に入る（図3）。したがって，(d)両眼の網膜の右半分に写った像は大脳の右視覚野へ，左半分に写った像は大脳の左視覚野へと伝えられる。視神経が眼球を出てから視覚野に至るまでの経路のどこかに障がいが生じると，視野の一部が欠損する。

〔4〕 文章中の下線部(d)に関して，たとえば，何らかの障がいにより，図3のK，L，Mで神経伝達がとぎれてしまった場合，どのような視野欠損になるか。選択肢の中から適当なものをそれぞれ選び，その番号を解答用紙にマークせよ。

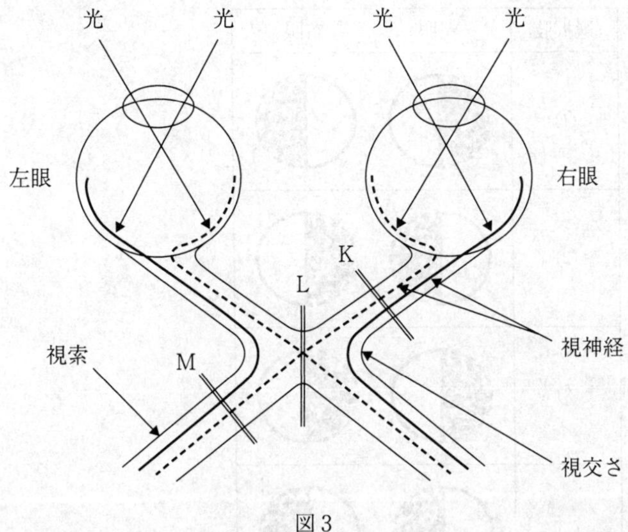

図 3

選択肢	左眼	右眼
①		
②		
③		
④		
⑤		

欠損した視野

（文3）

神経系は，神経細胞（ニューロン）と，それを取り囲むグリア細胞などによって構成されている器官系であり，受容器で受容した刺激の処理と，効果器への連絡の役割を担っている。ニューロンは，興奮していない状態では，外側に対して内側では［か］の膜電位が生じている。刺激を与えると，その部分で細胞膜の［き］イオンに対する透過性が一時的に高まり，細胞内外の電位が逆転する。しかしその後すぐに元に戻る。

〔5〕 上の文章に関して，次の問いに答えよ。

(ア) ［か］，［き］にあてはまる語句をそれぞれ解答用紙の［　］内に記入せよ。

(イ)　カエルの神経繊維の内側と外側に微小電極を当て，その電位差を測定した。下の図4は，電極部から同じ方向に，2 cm と 3.2 cm 離れた点をそれぞれ刺激したときのオシロスコープの記録を重ね合わせたものである。NとOをそれぞれ何電位というか。解答用紙の ☐ 内に記入せよ。

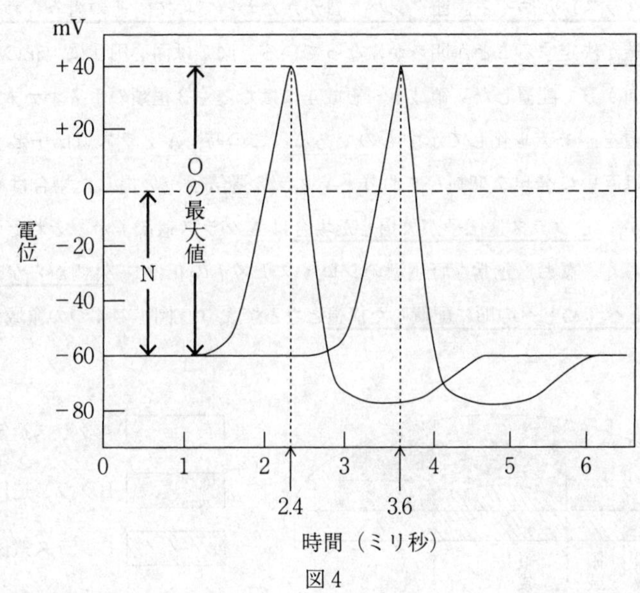

図4

(ウ)　この実験における興奮の伝導速度（m/秒）を求め，解答用紙の ☐ 内に記入せよ。

(エ)　図4のOの大きさは，閾値以上の刺激であれば，刺激を強くしても大きくならず，一定である。この法則を何とよぶか。解答用紙の ☐ 内に記入せよ。

Ⅲ　次の（文1），（文2）を読み，〔1〕～〔9〕の問いに答えよ。

（文1）

一般に，被子植物では，アブラナ科のシロイヌナズナの突然変異体を用いた研究などから，花の形成過程には，(a)3種類のホメオティック遺伝子（Aクラス，Bクラス，Cクラス）がつくる調節タンパク質がかかわっていて，その組み合わせにより花の構造が決定することが明らかになっている。図1は同心円状に，花の外側から内側に向かって配置した，領域1～領域4にはたらく3種類のホメオティック遺伝子の位置を，モデル化して示すものである。この時，Aクラス遺伝子とCクラス遺伝子は互いに発現を抑制しており，Aクラス遺伝子が欠損した場合はCクラス遺伝子が，(b)Cクラス遺伝子が欠損した場合はAクラス遺伝子が，それぞれ花全体ではたらく。なお，正常な野生型のシロイヌナズナの花は，(c)外側からがく片，花弁，おしべ，めしべの順に配置した構造となっており，図1の4つの領域に対応している。

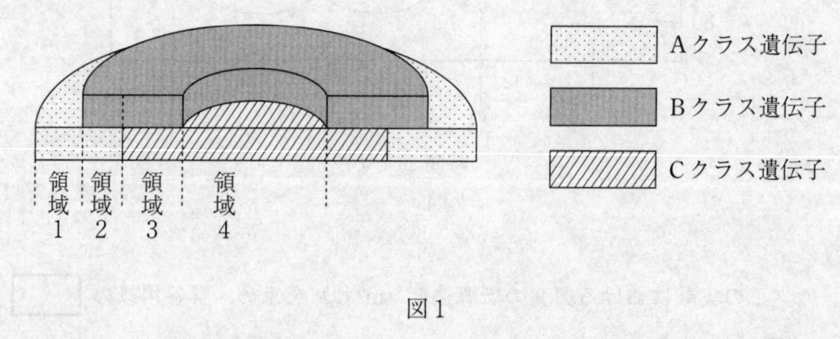

図1

また，花の中央部に形成されるめしべでは，受粉後，子房内の胚珠での(d)重複受精により受精卵と胚乳細胞が生じ，それぞれが発生することにより，種子が形成される。

図2は，シロイヌナズナをモデルに，胚珠内の胚のう母細胞から胚のう細胞を経て，胚のうが形成される過程，および受精後の胚発生による種子の形成までを，模式的に描いたものである。図中の細胞サイズの比率は一定していない。また途中の分裂の過程は省略してある。

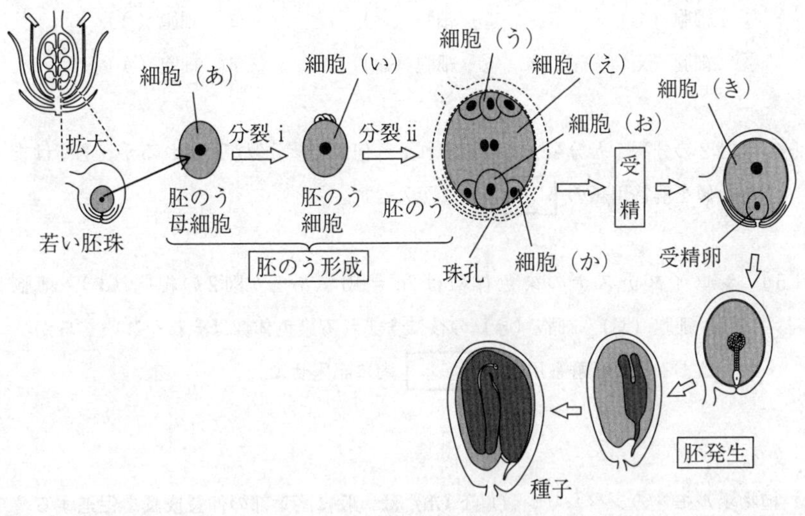

図2

〔1〕 下線部(a)に関して，めしべ，おしべの形成に必要な遺伝子の組み合わせとして適当なものを，それぞれ下の選択肢の中から選び，その番号を解答用紙にマークせよ。

① Aクラスのみ　　② Bクラスのみ
③ Cクラスのみ　　④ AクラスとBクラス
⑤ AクラスとCクラス　　⑥ BクラスとCクラス

〔2〕 下線部(b)に関して，Cクラス遺伝子が欠損したホメオティック突然変異体では，どのような構造の花が生じるか。下線部(c)を参考に，花の外側からの4つの領域に対応する形態を，「外側から」に続く25字以内の文章にして，解答用紙の□内に記入せよ。

〔解答欄〕 外側から

〔3〕 下線部(d)に関して，花粉管を下降してきた2つの精細胞の核は，図2の細胞（あ）～ 細胞（か）のどの細胞の核と合体するか。適当なものを下の選択肢の中から2つ選び，その番号を解答用紙にマークせよ。

① 細胞(あ) ② 細胞(い) ③ 細胞(う)
④ 細胞(え) ⑤ 細胞(お) ⑥ 細胞(か)

〔4〕 図2の分裂ⅰと分裂ⅱでは，それぞれ何回の核分裂が行われるか。あてはまる数値を解答用紙の □ 内に記入せよ。

〔5〕 シロイヌナズナの染色体数は2n = 10である。図2の細胞(あ)，細胞(い)，細胞(お)，細胞(き)の核に含まれる染色体数はそれぞれいくらか。あてはまる数値を解答用紙の □ 内に記入せよ。

(文2)

植物ホルモンのジベレリン(以下Gb)は一般に茎葉部の伸長成長を促進する。下の表はイネの野生型および3種の変異体A～CのGb合成能，Gbに対する反応性，Gb合成阻害剤に対する影響および草丈についてまとめたものである。なお，変異体Cの特徴は外部からGbを与え続けた場合と類似しており，Gb合成阻害剤を与えても草丈は高いままであった。Gb含有量も野生型とほぼ同じであった。

表

	Gb合成能	Gbに対する反応性	Gb合成阻害剤に対する影響	草丈
野生型	+	+	+	正常
変異体A	−	+	+	*わい性
変異体B	+	−	+	*わい性
変異体C	+	+	−	**徒長性

表中の+は「あり」，−は「なし」を表す。

*草丈が低い性質 **草丈が高い性質

また，種子の発芽にもGbが重要で，発芽時の生理作用については，イネ科の種子で詳しく研究されている。イネ科の種子は典型的な有胚乳種子(e)で，デンプンを入れた胚乳(f)は糊粉層という組織でおおわれている。

種子が吸水すると，まず糊粉層で胚から供給されるGbに反応してアミラーゼが合成される。次いでそのアミラーゼが胚乳に送られ，デンプンが分解されて生じた，より低分子の糖が胚の発芽に利用される（図3）。なお，上の3種の変異体A～Cにみられた変異の影響は，種子を含むあらゆる器官において認められるものとする。

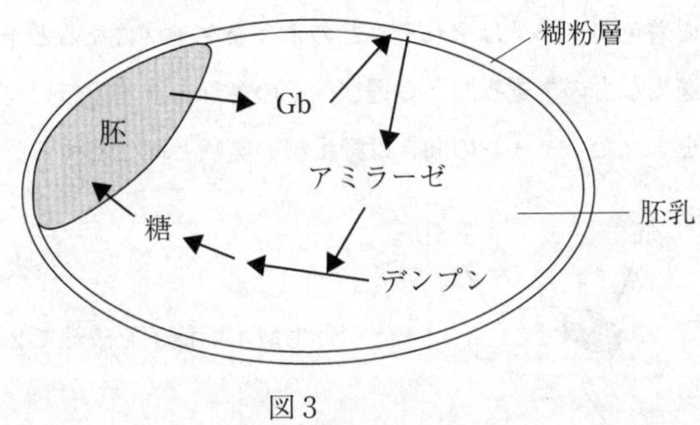

図3

〔6〕 下線部(e)に関して，有胚乳種子である植物を下の選択肢の中から2つ選び，その番号を解答用紙にマークせよ。

① アサガオ　② カキ　③ クリ
④ ダイズ　⑤ トウモロコシ

〔7〕 変異体A～Cに各種濃度のGbを投与すると，草丈はそれぞれどのように変化すると予想されるか。下の選択肢（実線）の中からあてはまるものを選び，その番号を解答用紙にマークせよ。なお，点線の曲線は野生型のものである。

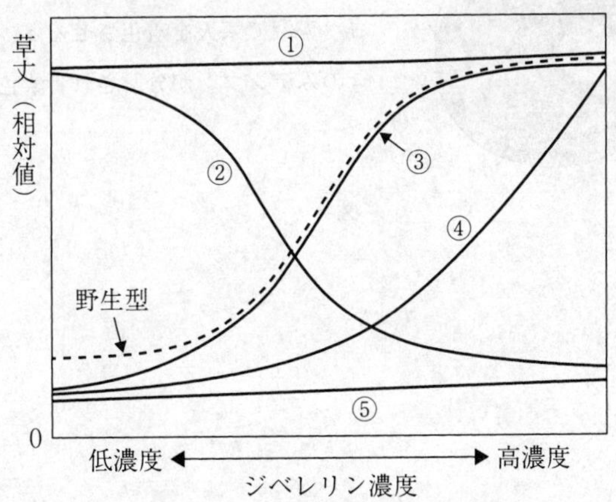

〔8〕 乾燥した野生型のイネ種子を，胚のついた側とついていない側に2分割し，図4のようにそれぞれの分割種子の切り口を下にして，デンプンを溶かした寒天上に左右に分けて一定期間のせたあと，ヨウ素液で着色させると，胚のついた分割種子のまわりのみ，デンプンが分解されて青紫色が薄くなることが分かった（図では白抜きで示す）。変異体A～Cでこれと同じ実験をした場合，寒天の着色パターンはそれぞれどのようなタイプになると予想されるか。もっとも適当なものを選択肢から選び，その番号を解答用紙にマークせよ。なお，寒天を入れたシャーレの向きは野生型の実験と同じとする。

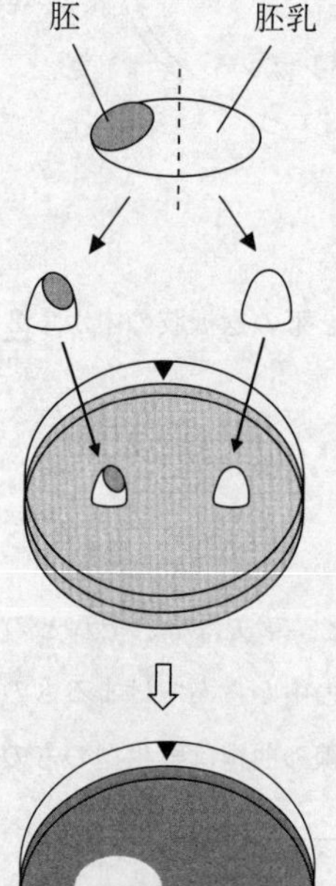

野生型イネ種子を破線で2分割する。

デンプンを溶かした寒天の左側に胚付き，右側に胚なしの分割種子を，切り口を下にして，一定期間のせておく。

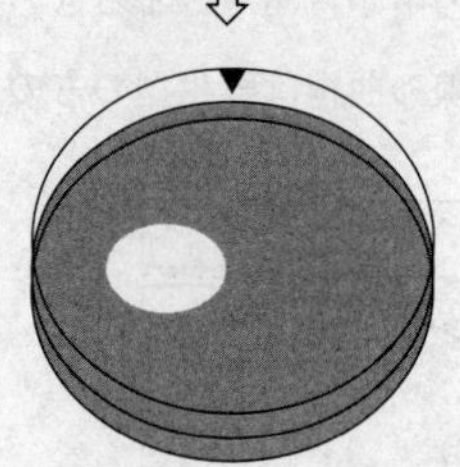

ヨウ素液で寒天を着色させると，左側の胚付きのみデンプンが分解され青紫色が薄くなる。

図4

選択肢

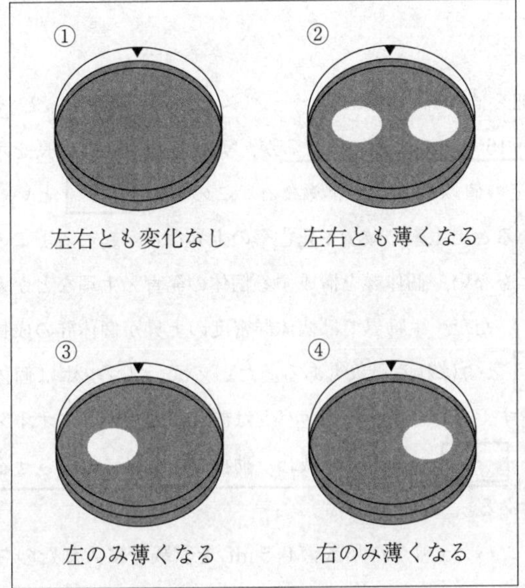

〔9〕 図4の野生型のイネ種子を用いた実験で，寒天中に適当な濃度のジベレリンを加えると，胚のない分割種子をおいた側も寒天の青紫色が薄くなった。

これと同じジベレリン濃度を加えた寒天を用いて変異体A～Cで問〔8〕と同じ実験をした場合，寒天の着色パターンはそれぞれどのようなタイプになると予想されるか。もっとも適当なものを上の選択肢から選び，その番号を解答用紙にマークせよ。

Ⅳ　次の（文1）～（文3）を読み，〔1〕～〔12〕の問いに答えよ。

（文1）

個体群での個体数の増加を個体群の成長という。バクテリアを培養すると (a)その個体数は1→2→4→8→16→‥のように増えるが，実際の個体群の成長を示す曲線はS字型となり，一定の値以上は増えなくなる。この値を［あ］という。また，個体群密度が高くなると出生率の減少や死亡率の上昇などが起こる。このように個体群密度の変化にともない，個体群を構成する個体の発育・生理などが変化することを［い］という。ただ，生物界では個体群密度の上昇が個体群の成長に促進的にはたらく，［う］とよばれる現象もある。たとえば，フジツボは個体群密度が高くなると繁殖しやすくなり，ジュズカケバトは群れが大きいほどオオタカに捕食され［え］なる。(b)［う］は野外で絶滅した動物を自然界に復帰させる際に注意すべき条件の一つである。

ガウゼは多量に増殖させたバクテリアの培養液0.5mLを試験管に入れたのち，バクテリアを餌とするゾウリムシを5匹入れ，26℃に保ち，一定時間ごとにゾウリムシの個体数を数えた。その結果は図1の○印で示される。なお，図1中のKは［あ］を示し，曲線は次の理論式から求めている。また，表1は同じ理論式から得た計算値を示している。

［単位時間あたりの個体数の増加率］＝

［内的自然増加率］×［その時点での個体数］×［増殖に対する残されている可能性の割合］

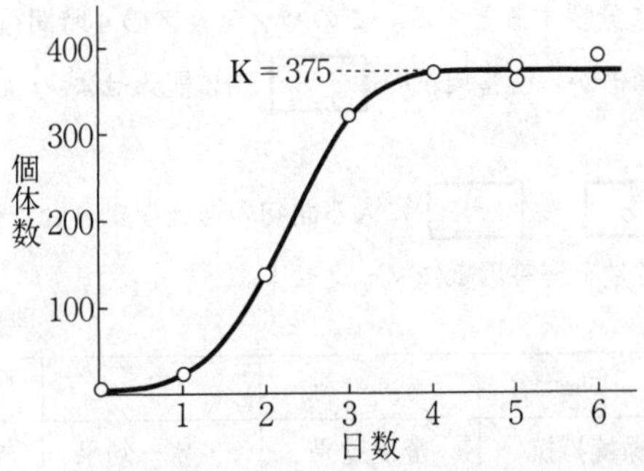

図1　実験室でのゾウリムシ個体群の成長曲線と観察値

表1

日数	1	2	3	4	5
その時点における個体数	20.4	137.2	319.0	369.0	375.0
増殖に対する残されている可能性の割合	0.945	0.633	0.149	0.016	A
単位時間あたりの個体数の増加率	44.34	*	*	*	*

*の欄は未計算である

この理論式での［内的自然増加率］とは瞬間増加率ともいい，生物によって異なる定数である。この実験では実測値から2.30であった。結果として，図1のガウゼの観察値は表1の値に近似した。

一方，上記の実験以前に，パールは寒天で固めた一定量の果汁に酵母を振りかけたものを餌にして，ビンに1つがいのキイロショウジョウバエを入れ，1ヶ月以上にわたりビンの中で飛ぶハエの数をかぞえた。その結果，S字型の個体群の成長曲線を得た。ただ，この実験にはいくつかの問題があった。一つめは餌である酵母の量が［　お　］こと，二つめは，キイロショウジョウバエは受精卵から羽化するまで約［　か　］という生活史を考慮せず，成虫の数だけで結果を出していること，三つめは個体群密度の増加によって起こる成虫と幼虫，幼虫相互間の［　き　］を対象とした相互作用を無視していることであった。しかし，結果的には，パールの実験は個体群の動態を解析するうえで画期的な実験であったといえる。

〔1〕　理想的な実験室環境下でバクテリアが1個体あり，20分ごとに文章中の下

線部(a)のように分裂するとする。このバクテリアの4時間後の個体数は20分後の個体数の何倍か，解答用紙の［　　］内に記入せよ。

〔2〕 文章中の［あ］～［え］に入る語句の適当な組み合わせを次の選択肢から選び，その番号を解答用紙にマークせよ。

選択肢	あ	い	う	え
①	環境抵抗	密度効果	アリー効果	やすく
②	環境抵抗	アリー効果	密度効果	にくく
③	環境抵抗	アリー効果	密度効果	やすく
④	環境収容力	密度効果	間接効果	にくく
⑤	環境収容力	密度効果	アリー効果	にくく
⑥	環境収容力	アリー効果	間接効果	やすく

〔3〕 下線部(b)に関して，この文から具体的に考えられるもっとも適当な事項を次から選び，その番号を解答用紙にマークせよ。

① 復帰させる動物の個体数をできるだけ少なくする。
② 復帰させる動物についてある程度まとまった数の個体を放す。
③ 復帰させる動物集団の雌雄比を等しくする。
④ 復帰させる動物集団の天敵をなくしてから復帰させる。
⑤ 復帰させる動物集団の年齢構成を均等にする。

〔4〕 表1の［A］に入る正しい値を解答用紙の［　　］内に記入せよ。

〔5〕 図1について，［単位時間あたりの個体数の増加率（Y）］を縦軸にして変換するとどのグラフになるか。次の選択肢から正しいものを選び，その番号を解答用紙にマークせよ。

選択肢

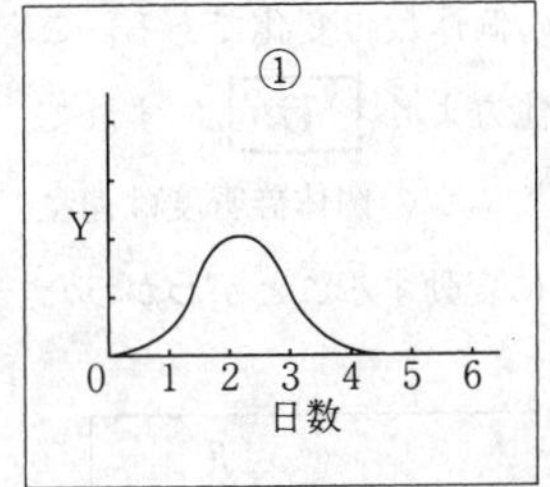

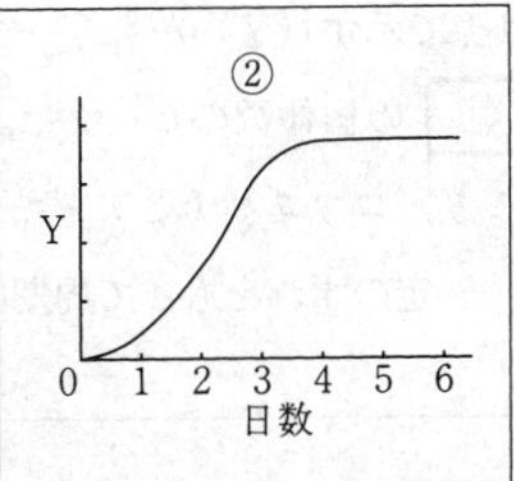

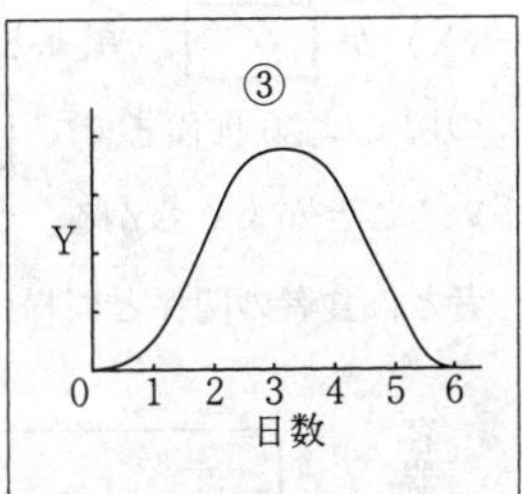

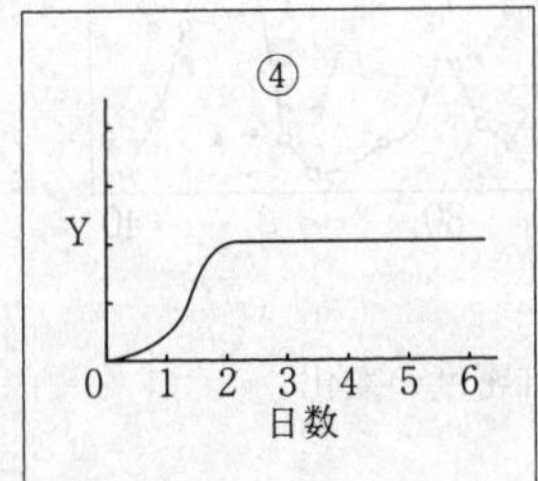

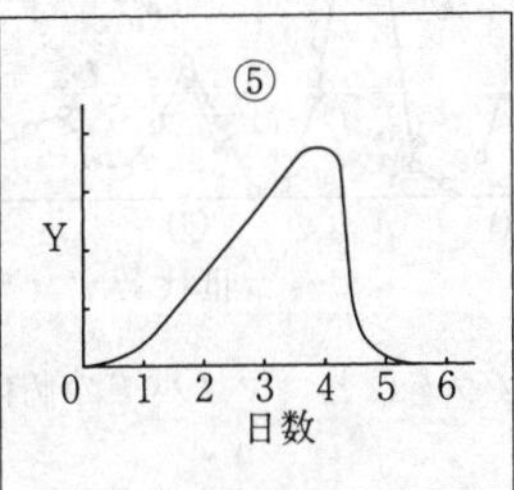

〔6〕 文章中の［お］～［き］に入る語句として正しい組み合わせはどれか。次の選択肢から選び，その番号を解答用紙にマークせよ。

選択肢	お	か	き
①	一定である	10日	生活空間
②	一定である	25日	生活空間
③	一定である	25日	餌
④	一定ではない	25日	生活空間
⑤	一定ではない	10日	餌

(文2)

生物界の種間関係の中では，(c)ある生物が他の特定の生物から栄養分などを一方的に奪って，その生物に不利益を与える場合がある。コマユバチのある仲間は他の昆虫の幼虫の体内に産卵し，ふ化したハチの幼虫が産卵された幼虫の体を食べて成長する。内田はアズキゾウムシとコマユバチの1種を使い，この2種の相互関係における個体群密度の変化を調べた。結果は図2のようになった。白丸と実線で示す（X）が［く］，黒丸と点線で示す（Y）がもう一方の個体数の変化である。この図では20世代までで［く］の個体数のピークは，他方より［け］にずれていることがよくわかる。つまり，コマユバチとアズキゾウムシの個体群密度は捕食者と被食者の関係と同様に，一定のずれをもって周期的に変動することがわかった。

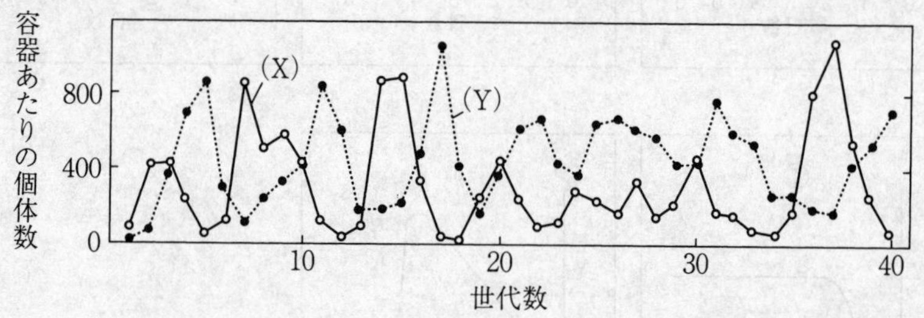

図2　アズキゾウムシとコマユバチの個体群密度の変化

〔7〕 文章中の［く］，［け］に入る正しい語句の組み合わせを次の選択肢から選び，あてはまる番号を解答用紙にマークせよ。

選択肢	く	け
①	アズキゾウムシ	一代ごと
②	コマユバチ	一代ごと
③	アズキゾウムシ	前
④	コマユバチ	前
⑤	アズキゾウムシ	後
⑥	コマユバチ	後

〔8〕 文章中の下線部(c)のような種間関係において，この実験の［く］の立場にあるような生物を何とよぶか，解答用紙の［　］内に記入せよ。

〔9〕 何を食べ，何に食べられるか，生活空間，活動時間などにおいて各生物が生物群集の中に占める位置を何というか。解答用紙の［　］内に記入せよ。

(文3)

図3はタデ科のソバと，マメ科のヤエナリについての播種50日後のそれぞれの［こ］図である。この2種は単独で栽培するとよく育つが，混植するとヤエナリはやがて衰退していく。その理由を考えると，図3から，ヤエナリが生産物の分配において［さ］の再生産に重点があるのに対して，ソバは単独の生育に関わる生産効率の面では［し］な投資である［す］の成長に多くの生産物を分配していることがわかる。［こ］図を比較してみて，これらのことがヤエナリの衰退につながったと考えられる。

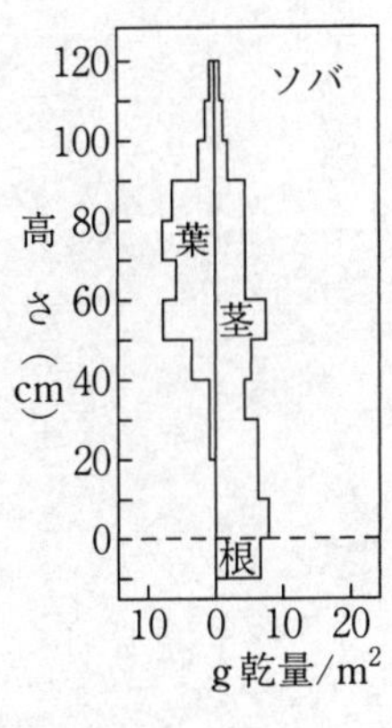

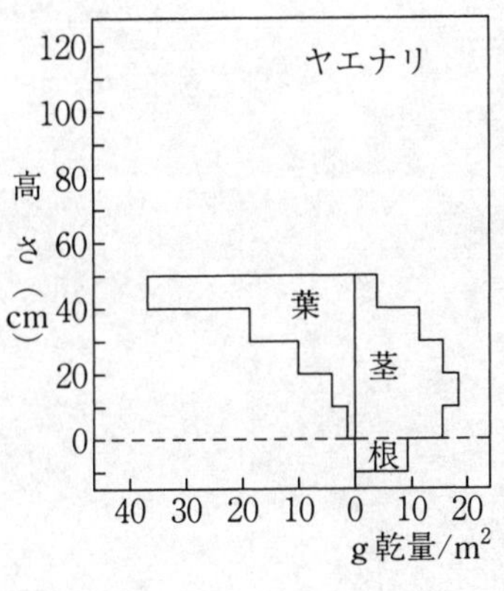

図3

〔10〕 文章中の［こ］に入る適当な語句を解答用紙の［　］内に記入せよ。

〔11〕 文章中の［さ］～［す］に入る正しい語句の組み合わせを次の選択肢から選び，その番号を解答用紙にマークせよ。

選択肢	さ	し	す
①	葉	不利	根
②	茎	有利	葉
③	葉	不利	茎
④	茎	不利	葉
⑤	葉	有利	茎
⑥	葉	有利	根

〔12〕 上の文章をもとに，ヤエナリが衰退した最大と考えられる理由を15字以内で解答用紙の □ 内に記入せよ。

解答編

英語

I　**解答**　〔1〕　(A)―(4)　(B)―(3)　(C)―(1)　(D)―(3)
〔2〕　(1)―1　(2)―2　(3)―3　(4)―3　(5)―1
〔3〕―(2)

◆全　訳◆

≪アロラは開放型旅行会社の社長さん≫

5年ほど前に，誰をも受け入れる旅行会社を立ち上げたとき，ネハ=アロラ氏はことによると，世界で一番旅行したことのない旅行会社社主だったかもしれない。生まれ育ったインドで週末に数回旅をした以外，氏は家から遠いところに旅行したことはなかった。子どもの頃，アロラ氏は級友たちが家族で休暇に出かけ，帰宅して土産話をするのをじっと見つめていた。氏の外出は学校のピクニックか祖父母のところに遊びに行くかに限られていた。家族の休暇は現実的な選択肢だとは思えなかった。アロラ氏の父は目が不自由で，母は車椅子を使っているからである。

工学の学位課程を終えたあと，アロラ氏は首都ニューデリーに移り，電気通信会社に就職した。ついに2009年，家族で10日間のインド南部の旅をするのに十分な貯金ができた。お金で，両親が直面する旅行障壁を突破できたらいいと，氏は願った。それは間違っていた。「3,000キロ以上旅をしても，そこには立ち入れないとか，期待していたような経験ができないということになってしまうのです」と，アロラ氏は語った。

そのインド南部の旅でとりわけ厄介な事件を経た後，両親は旅に見切りをつけてしまったので，アロラ氏は解決策を模索し始めた。障碍をもつ人々の役に立つのを専門にする旅行会社はあったけれど，その大半は一つだけの障碍に的を絞っていた。アロラ氏には，両親を連れて快適，安全に旅ができるようにしてくれるものは何も見つからなかった。「話をする人はますます増えていったのですが，その人たちは全く旅行しないか，同じ

解答編

ような難題に直面しているかのどちらかでした」と，氏は語った。「自分で旅行会社を始めるしかなかったのです，旅をしようとすれば」

世界保健機関によれば，10億を超える人々，ということは世界の人口の約15％が，何らかの形の障碍とともに暮らしており，可動性や認知の問題から，視覚，聴覚に障碍があることにまで及ぶ。加えて，20億を超える人々が，連れ合い，子どもたち，世話をする人を含めて，誰かが障碍のあることで直接影響を受けている。にもかかわらず，誰もが，身体的な制約や，障碍，年齢にかかわらず，旅行施設やサービスをすべて利用することができる開放式観光は，一般的ではない。多くの障碍者にとって旅行は，難しいままである。利用しやすいサービスに関する情報がなく，差別があったり，必要を満たすホテルを見つけるのに手間がかかるためである。最近，一つの研究が明らかにしたのは，最高水準の居住環境整備がなされている国々，それは概ね最高水準の富裕度にある諸国であるが，そこでさえ，車椅子での利用のしやすさは，調査分析されたホテルの30％でしか得られず，触ってわかる掲示や音声ガイドといった居住環境整備がなされているのは，5％かそれに満たない事例だということだった。

アロラ氏はこの格差を早くから知っていたけれども，2016年になってはじめて，仕事を辞めて自分の会社を始める覚悟を決めたのであり，旅行をどんな障碍をもつ人にでも，もっと利用しやすくすることが目的であった。当初会社が提供したのは，ニューデリーでの日帰り旅行だったが，それ以降拡大を続け，欧州とアジア各地の40を超える目的地へ向けた開放型の団体旅行や特別仕様の旅を提供するまでになった。アロラ氏の旅行会社がどうして独特なのかといえば，それは，誰をも受け入れるかたちの経験が提供されるからである。「私たちは，様々な障碍をもつ人々と障碍のない人々を混ぜ合わせて，ともに旅してもらうのです」と，アロラ氏は語った。「だから，障碍はただの人間の特徴になるわけです。そんなものが，どのように旅をし，どこへ旅するかを決めたりはしないのですよ」

様々な障碍に対する居住環境整備を考慮することは，厄介なことになりかねないけれど，アロラ氏は自分のやり方が思いがけない驚きを生むと語る。ある旅行では，目の不自由な男の人がソフトウェアを作って，耳の不自由な女の人と交流し，他の人の手を借りたりはしなかった。別の旅行では，障碍のない観光客がアロラ氏に，自分は以前4回そこに来たことがあったけれど，今回は全く違って見えたと告げた。珍しいことではないのです，とアロラ氏は語る。たとえば，車椅子で行けるルートを計画したり，目の不自由な旅行者が団体にいるために触れて知るという経験を中心にしたりすることは，旅行者がそうなっていなければ見逃してしまいかねない細部を知る助けとなりうる。

同社の団体にいた人々は，旅行後も友人のままでいた。「ああ，この人も自分と同じなのだ，たまたま障碍があるだけなのだとわかるのです」と，アロラ氏は語り，ときには障碍のない旅行者が旅行後に，自分の職場をもっと障碍者に利用しやすくするにはどうすればいいかとか，障碍のある人を雇用するにはどうすればいいかといった問題を抱えて当社にやってくることもあると，言葉を継いだ。アロラ氏はまた，旅行をより包括的でアクセスしやすいものにする方法についてアドバイスを提供するために，政府，観光局，ホテル，NGO などと相談して会社の範囲を拡大した。

実は，2020 年の調査でわかったのだが，障碍者旅行市場は成長している。2018 年から 19 年の間に，2,700 万を超える障碍のある旅行者が，8,100 万回旅行したのである。この顧客に応えるため，アロラ氏の会社はウェブサイトを作って，障碍者の利用しやすさにかかわる同社の情報が，より幅広く利用できるようにした。その結果，人々は独自の旅行計画を作ることができ，旅行会社に依存しなくなって，高くつくこともなくなりそうだ。お終いに，アロラ氏は，目的はあらゆる旅行会社と目的地が開放されることであり，そうなれば，自分の仕事は本当に不要になるだろうと語る。「最終的に，障碍者のための別の旅行会社は不要になります」と，アロラ氏は語った。「業界全体が誰をも受け入れるようになり，あらゆる人が旅行できるようにならないとね」

◀解　説▶

〔1〕 (A) 「なぜネハ=アロラ氏は旅行会社を始めそうにない人物だったのか」「会社を立ち上げそうにない理由」に関しては第１段第１文（When Neha Arora …）に「世界で一番旅行したことのない旅行会社社主」とある。選択肢はそれぞれ，

(1)「氏は南インドに行ったことがなかった」
(2)「氏は仕事でたっぷり稼いでいた」
(3)「氏の両親は氏の仕事の着想に賛成でなかった」
(4)「氏は地元外に，ほとんど行ったことがなかった」
の意味だから，正解は(4)だとわかる。

(B)「本文によれば，旅行が障碍者にとって不便である一つの理由とは何か」「不便な理由」に関しては第2段最終文（"You travel over …）に「そこには立ち入れないとか，期待していたような経験ができないということになってしまう」とある。選択肢はそれぞれ，
(1)「障碍者は付き添いする人とともに旅行しなければならない」
(2)「海外旅行をするのは，費用が高すぎる」
(3)「利用しやすい場所が十分にないので旅ができない」
(4)「場所を移動するごとに長時間かかる」
の意味だから，正解は(3)だとわかる。

(C)「アロラ氏の会社は他の旅行代理店とどう違うのか」「会社の違い」に関しては，第5段第3文（What makes Arora's …）に「アロラ氏の旅行会社がどうして独特なのかは，誰をも受け入れるかたちの経験が提供されるから」とある。第5段第1文（Although Arora saw …）末尾にも「旅行をどんな障碍をもつ人にでも，もっと利用しやすくする」とある。選択肢はそれぞれ，
(1)「その会社は，あらゆる人に役立ち，あらゆる人を歓迎する」
(2)「その会社は，障碍者を雇用する」
(3)「その会社は，旅行者に音声ガイドを提供する」
(4)「その会社は，とりわけ車椅子を利用する人に様々な旅行を提供する」
の意味だから，正解は(1)だとわかる。

(D)「アロラ氏の旅行会社の旅をした後，一部の人々は何をしてきたか」「旅行後の行動」に関しては終わりから2つ目の第7段第2文（"You realize, oh, …）に「自分の職場をもっと障碍者に利用しやすくするにはどうすればいいか…」などとある。選択肢はそれぞれ，
(1)「その人たちは，家族の高齢者にもっと旅するように奨励した」
(2)「その人たちは，同じ場所への旅を数回予約した」
(3)「その人たちは，自分の職場の多様性に関心をもつようになった」

⑷「その人たちは，地元で障碍者とともに進んで働くようになった」の意味だから，正解は⑶だと判断できる。

〔２〕 ⑴ 「既存の旅行会社はネハ=アロラ氏の両親の必要を満たしてくれなかったので，氏は自分で会社を立ち上げた」 第３段最終文（“I had to …）に「旅行会社を始めるしかなかったのです，旅をしようとすれば」とあるので，一致。

⑵ 「アロラ氏が自分の会社を立ち上げたとき，近場の目的地までの一泊旅行を提供した」 第５段第２文（Initially, the company …）に「当初，会社が提供したのは，ニューデリーでの日帰り旅行だった」とあるので，不一致。

⑶ 「会社を立ち上げた後で，アロラ氏は世界中に友人ができた」 第７段第１文（People in the …）に，同社のグループ旅行に参加した人々は，旅行後も友人のままでいた，とあるが，アロラ氏に世界中で友人ができたかについては，不明と言うしかない。

⑷ 「政府や観光センターはそのウェブサイトで氏の会社を推薦している」 最終段第３文（To serve these …）には「アロラ氏の会社はウェブサイトを作って，障碍者の利用しやすさにかかわる同社の情報が，より幅広く利用できるようにした」とあるだけで「政府などの活動」については，不明と言うしかない。

⑸ 「アロラ氏は将来，業界に変化が起きて，誰をも受け入れる旅行が一般的になればいいと望む」 最終段最終文（“You want the …）に「業界全体が誰をも受け入れるようになり，あらゆる人が旅行できるようにならないと」とあるので，一致。

〔３〕 本文は，「開放型旅行会社を立ち上げた人物の，障碍者と旅行業への貢献」が話題であった。選択肢はそれぞれ，

⑴「障碍をもつ旅行者専用の新会社」

⑵「観光を障碍者に利用しやすくしようとしている事業主」

⑶「障碍によって影響を受けている世界中の多数の人々」

⑷「利用可能な旅を必要とする障碍をもつ旅行者の増加」

⑸「テクノロジーを使ってインドにプラスの変化を生み出す旅行会社」

の意味だから，正解は⑵だと判断できる。

II 解答 〔1〕 (A)―(3) (B)―(4) (C)―(3) (D)―(2) (E)―(2) (F)―(3) (G)―(2) (H)―(1)

〔2〕 ㋐―(3) ㋑―(3) ㋒―(2) ㋓―(2) ㋔―(3)

◆全 訳◆

≪赤ん坊にはあるがコンピュータにはないもの≫

科学技術の躍進によって，機械が私たちの声を識別して反応したり，顔を確認したり，違う言語で書かれた文を翻訳することさえ可能となった。しかし，こうした前進に注がれた研究資金すべてをもってしても，人工知能はいまだに新しい状況にすぐに対処することはできないし，自然言語を理解することも制限があるままである。心理学者のリンダ=B.スミス先生は，機械学習がこうした弱点を克服するには，赤ん坊と幼児の学習過程を模倣すればよいだろうと考えている。

では，子どもにあって，コンピュータにはないものは何だろう？ スミス先生は，人間の視覚学習の複雑な性質のおかげで，赤ん坊が物の名前や分類を，これまで人工知能の世界では達成できなかったやり方で，理解できるようになる様子を説明した。説明のために，先生は2歳児が初めて畑でトラクターが動いているのを目にする例を使った。「子どもがそのトラクターが動くのを見て，『トラクターだ』と繰り返し言われれば，おそらくは，それ以後，この2歳児はすべての種類のトラクターを識別できるようになるけれど，戦車やクレーンがトラクターだとは思わなくなるでしょう」と，先生は語った。児童心理学では，この現象は，形バイアスとして知られており，物に関する情報を，その色，大きさ，その他の物理的な特徴ではなく，形によって一般化する傾向をいう。機械学習の研究領域では，これはワンショットカテゴリー学習と呼ばれ，あるカテゴリーのただ一つの例についての情報を取り入れ，それをカテゴリー全体に推定して当てはめる能力のことである。もっとも，機械はまだそれができないでいるのだけれど。子どもは，この能力を生まれつきもっているわけではない。子どもはそれを生後30カ月以内に学習する。スミス先生は，形バイアスが通常の予想より6～10カ月早めに出現するように促す研修を調査する研究者の一人である。

初期の言語発達の探査は，スミス先生の説明では，学習過程の2つの部分を中心にする。それは，訓練データと学習を行う仕組みである。言語発達と物体学習を調べる著名な手法の一つは，赤ん坊の頭に装着したビデオカメラを使って，運動センサーを用いてその子の目の動きを追尾し，その子が実際に何を見ているかの生映像を記録する手法である。反対に，機械学習に使う訓練映像は，自然に生じた場面ではなく大人が撮影した写真である。「視覚的なカテゴリー学習が赤ん坊に生じる場合の経験は，コンピュータの視力を鍛えるために機械学習で使われている経験とは根本的に違っているのです」と，スミス先生は語った。そうした差異は，先生の言うことには，人間の視覚システムがなぜそれほどに高度なのか，赤ん坊がなぜ「一つの試行で物体の名称を学習できる」のかを説明するのに役立つかもしれない。

スミス先生の企画により，これまでに収集されたデータは，赤ん坊が大量の情報をほんのいくつかの顔，物体，カテゴリーに基づいて学習し，その学習は，様々な時点で変化することを示している。赤ん坊は，どのように自分の身体を動かしたり，配置したりするかに基づいて，学習用の独自のデータを生み出す。生後わずか数カ月間，自分の頭や体をほとんど操れないとき，赤ん坊は主に，自分の保護者の顔を見ている。しかし，一歳の誕生日が近づくにつれ，赤ん坊は手や物体のほうに関心を多く寄せるようになる。

研究者は食事の場面の時間に観察の中心を置いたと，スミス先生は説明した。「私たちは，食物や料理が含まれていれば，どんな出来事も食事時間とみなしたのです」 たとえば，食事時間には，犬が食物やシリアルを床で食べている場合も入っていた。大半の場面は雑然としていたとはいえ，いくつかの物体，たとえば，椅子やスプーン，ビンといった物は，子どもの視覚経験の最もありふれた品目であった。また，こうした手法によって，研究者はいつ子どもが物体のカテゴリーや個々の物体の名前を学習するかを確認することができた。結果は，子どもたちが最初に学習する名詞は，最も頻繁に目にした物体が中心だということだった。「このことが私たちに示唆しているのは，視覚的な浸透度は，来る日も来る日も，毎時間毎時間，幾多の多様な観点から生じるわけですが，それ自体が物体に関する視覚学習や，雑然とした部屋の中で物を見つけること，強力な視覚的な記憶を構築して，ついにはそれらと結びつく単語を獲得することにとって，決定的に重要であるかもしれないということなのです」と，スミス先生は語った。

先生の実験は，どのように赤ん坊の視覚経験が，時が経つにつれ変化していくのかや，物体を手の動きに従わせることが物体名の学習にどう影響するのかをも検証する。赤ん坊が一歳の誕生日に近づく頃までには，自分が目にしている物を手で触れることによって操り始め，ただ見ているだけではなくなる。「物を手で持ったり，目を向けたり，親がそれに名前をつけることによって，幼児はその場面で目につく一つ一つの物の具体的な映像を作り出すのです」と，スミス先生は語った。「親がそうした具体的な時点で物体に名付けると，その子は物体名を学習する可能性がはるかに大きくなるのです」 スミス先生の研究は今，文化や社会経済学が，こうした過程に果たす役割を検証している。

その研究によってスミス先生は，機械に赤ん坊の視覚映像を与えさえすれば，ワンショットカテゴリー学習を実際にするようになるかもしれないと確信するようになった。環境と視覚経験の役割を理解することは，新たな教育的介入に結びつき，学習に問題のある事態を抱える子どものためになる。そうした事態は言語と視覚学習に困難があることと関連しているからである。

◀解　説▶

〔1〕 (A)　空所を含む部分は「機械学習がこうした弱点を克服するには，赤ん坊と幼児の学習過程を（　　）すればよいだろう」の意。空所部分には「取り入れる」といった意味の語が入ると読み取れる。選択肢はそれぞれ，(1)「変える」，(2)「支配する」，(3)「模倣する」，(4)「却下する」の意であるから，それに最も近いのは(3)である。

(B)　空所を含む部分は「（　　），先生は2歳児が初めて畑でトラクターが動いているのを目にする例を使った」の意。「例を挙げる」のは，例を挙げて論旨をわかりやすく説明するためであることが普通。選択肢はそれぞれ，(1)「結果を聞くやいなや」，(2)「再び」，(3)「同じく」，(4)「説明するために」の意であるから，そのような意味になっているのは(4)である。

(C)　空所を含む部分は「(子どもがそのトラクターが動くのを見て，『トラクターだ』と繰り返し言われれば，) それ以後，この2歳児はすべての種類のトラクターを（　　）できるようになる」の意だから，空所には「認識できる」といった語が入るとわかる。選択肢はそれぞれ，(1)「混同する」，(2)「忘れる」，(3)「識別する」，(4)「要求する」の意であるから，正解は(3)に決まる。

(D)　空所を含む部分は「形バイアスが通常の予想より6～10カ月早めに（　　）するように促す」の意。スミス先生は，学習がどう形成されるかの研究をしているのだから，空所には「生じる」といった意味の語が入ると判断できる。選択肢はそれぞれ，(1)「休止する」，(2)「出現する」，(3)「消え失せる」，(4)「回帰する」の意であるから，正解は(2)だとわかる。

(E)　空所は，その前後の2文がどのような関係でつながっているかを示す語句が入る。前方には「子の目の動きを追尾し，その子が実際に何を見ているかの生映像を記録する」という赤ん坊の学習を調べる手法が記述され，後方には「自然に生じた場面ではなく大人が撮影した写真」を用いる機械学習の手法が提示されている。それらの関係は，「対照」である。選択肢はそれぞれ，(1)「加えて」，(2)「反対に」，(3)「代わりに」，(4)「実は」の意であるから，「対照」を示す(2)が正解。

(F)　空所を含む部分は「赤ん坊は，どのように自分の身体を動かしたり，配置したりするかに基づいて，学習用の独自のデータを（　　）する」の意。空所には「作成する」といった意味の語が入ると読み取れる。選択肢はそれぞれ，(1)「妥協する」，(2)「疑う」，(3)「生み出す」，(4)「無視する」の意であるから，正解は(3)だとわかる。

(G)　空所を含む部分は「赤ん坊が目にしている物を，物体を（　　）することによって操り始め，ただ見ているだけではなくなる」の意。空所には「いじる」といった意味の語を入れれば文意が通る。選択肢はそれぞれ，(1)「食べる」，(2)「手で触れる」，(3)「空想する」，(4)「欲する」の意であるから，正解は(2)に決まる。

(H)　空所を含む部分は「スミス先生は，機械に赤ん坊の視覚映像を与えさえすれば，ワンショットカテゴリー学習を実際にするようになるかもしれないと（　　）する」の意。よって，空所には「考える」といった意味の語が入ると読み取れる。選択肢はそれぞれ，(1)「確信する」，(2)「という可能性で混乱している」，(3)「という考えで打ちひしがれている」，(4)「かどうか確信がない」の意であるから，正解は(1)に決まる。

〔2〕　㋐　該当部分は「この能力」という意味だから，下線部㋐の指示対象は直前の第2段第5・6文（In child psychology, … mastered this yet.）に述べられた子どもに関する「形バイアス」，すなわち「物に関する情報を，その色，大きさ，その他の物理的な特徴ではなく，形によって一般化する能力」であるとわかる。選択肢はそれぞれ，

(1)「顔を識別する技能」

(2)「物の名前を連呼する技能」

(3)「物理的形態に基づいて物を分類する技能」

(4)「色彩や大きさを考慮に入れて物を分類する技能」

という意味。よって，これらの中で上記の内容に最もふさわしいものは(3)だとわかる。

㋑　該当部分は「そうした差異」という意味だから，下線部㋑の指示対象は直前の第3段第4文（"The experience on …）に記述された「赤ん坊と機械の間の学習経験の差異」だと読める。選択肢はそれぞれ，

(1)「訓練データと学習メカニズムの異なる側面」

(2)「幼児が目にしている物を処理する様々な手法」

(3)「幼児と機械の学習メカニズムの差異」

(4)「幼児と大人が用いる人間の視覚システムの間の差異」

という意味。よって，これらの中で上記の内容に最もふさわしいものは(3)だとわかる。

㋒　該当部分は「こうした手法によって」という意味。よって，下線部㋒の指示対象は第5段第1～4文（The researchers focused … child's visual experience.）の「食事関連の時間を観察の中心とする手法」であるとわかる。選択肢はそれぞれ，

(1)「いつ犬が床で食事をするかを観察することによって」

(2)「どの食事関連品目が規則的に出現するかを観察することによって」

(3)「どれだけの混乱を幼児が食事時に引き起こすかを確認することによって」

(4)「どんな種類の食品や飲料を幼児が一番喜ぶかを確認することによって」

という意味。これらの中で上記の理解に最もふさわしいのは(2)である。

㋓　下線部㋓の指示対象は，直前の第5段第6文（Results showed that …）に記述された「子どもたちが最初に学習する名詞は，最も頻繁に目にした物体が中心だということ」である。選択肢はそれぞれ，

(1)「子どもたちが名詞を最初に耳にすること」
(2)「子どもたちが最もよく目にした物を学習すること」
(3)「子どもたちが雑然とした部屋で混乱していること」
(4)「子どもたちが食事時間の頻度を理解すること」
という意味。よって，これらの中で上記の内容に合致しているのは(2)だとわかる。

㋔　該当部分の指示対象は，直前の第6段第1～4文（Her experiments also … the object name.”）に述べられた「幼児が物体名を学習する過程」であると読み取れる。選択肢はそれぞれ，
(1)「機械学習の開発」
(2)「どの具体的時点に集中すればよいかを決めること」
(3)「どのように子どもたちが物と触れ合うことによって名称を学習するかということ」
(4)「『ワンショット』カテゴリーから視覚的なカテゴリー学習へと進歩すること」
という意味。よって，これらの中で上記の内容に最もふさわしいのは(3)である。

III　解答

〔1〕　㋐―(1)　㋑―(2)　㋒―(10)　㋓―(8)
〔2〕　㋕―(8)　㋖―(5)　㋗―(2)　㋘―(3)

◆全　訳◆

〔1〕　≪病院で≫

A：「こんにちは，この病院の夏期ボランティア事業に応募しようかと思っているんですが」
B：「ありがたいです。新たなボランティアの方をいつも募集していますから。夏期事業では，ボランティアの方はたいがい10代後半なんです。年齢はそれくらいでしょうか？　ちょっと一応ね…」
A：「私，高校の最終学年ですから，問題ないです。応募の仕方を教えていただけませんか？」
B：「はい。応募は今月の25日まで受け付けています。ネット上で必要事項を記入していただき，先生からの推薦状を一通提出する必要があります」

A：「わかりました。ボランティアの勤務時間はどうなっていますか？」

B：「週に3日，午前9時から午後5時まで空けていただかないといけません。その間，ボランティアの方たちの大半は，患者さんを出迎えて，案内をすることになります」

A：「なるほど。実はもう一つ質問があります。8月に2週間家族で休暇を取る計画なんです。休暇をお願いすることはできるでしょうか？」

B：「すみません。ボランティアの方には夏中，予定を空けていただかないといけません。来年応募していただくほうがいいかもしれないですね」

A：「はい，わかりました。考えてみます。お時間を割いていただいて，ありがとうございました」

〔2〕 ≪銀行で≫

A：「わあ，見てよ。ATM に長〜い列！」

B：「また後で来ることにしたら？ 本当に今日お金を引き出す必要があるの？」

A：「実は，通帳を更新しないといけなくて」

B：「うーん，ATM を使うのは楽かもしれないけど，列に並ばなくちゃいけないわけじゃないよ？ ネットで調べちゃえばいいんじゃない？ 家にコンピュータ，あるよね」

A：「それって，口座にいくらあるのかネットでわかるってことかな？」

B：「そう。私はいつも家からインターネットバンキングしてる。言うほど難しくないよ。後ろの入り口近くにやり方のお知らせがあったから，これ，取っておいたよ」

A：「ありがとう！ ネットで登録して ID 取らなくちゃいけないのかな？」

B：「ご心配なく，私，解決するお手伝いするから。でも，自分のパスワードは自分で決めないといけないからね」

A：「わかった。すごく簡単そう。待った！ このお知らせによると，パスワードって，4文字しかないよ。それって，ちょっと危ないんじゃない？」

B：「違うよ。それ PIN。それって，ATM に使う数字でしょ？ ネットのパスワードは少なくとも数字と記号が8つ必要なんだから。それから，Ｅメールに返事しないとアクセスできないよ。まるっきり安全だね」

Ａ：「うーん，君にはいいだろうけど，私としては複雑すぎるような。列に並んで待つことにしようかなあ」

Ｂ：「そうですかあ。それなら，コーヒー，持ってくるよ」

◀解　説▶

〔１〕 ㋐ 「高校の最終学年」という返答にふさわしいのは，⑴「年齢はそれくらいでしょうか？」である。

㋑ 「週に３日，午前９時から午後５時まで空けて」という返答にふさわしい質問は，⑵「ボランティアの勤務時間はどうなっていますか？」である。

㋒ 「休暇をお願いすることはできるでしょうか？」という質問の前置きにふさわしいのは，⑽「８月に２週間家族で休暇を取る計画なんです」である。

㋓ 「休みは取れない」という情報を伝えた後に続く発言としては，⑻「来年応募していただくほうがいいかもしれないですね」がふさわしい。

残りの選択肢は，⑶「以前に経験がないといけませんか？」，⑷「どうしてボランティアに興味をお持ちになったのですか？」，⑸「理科の成績はいいです」，⑹「夕方に応急手当の講座を取るつもりです」，⑺「病院って，週末はたいてい本当に忙しいんですよ」，⑼「もっと科学の講座をいっぱい取って準備するといいですよ」の意。

〔２〕 ㋕ 「並ばなくてよい」に続くのは，⑻「ネットで調べちゃえばいいんじゃない？」であり，次の「コンピュータ，あるよね」にもうまくつながる。

㋖ 処理が難しそうな「インターネットバンキング」を勧めるにあたって続けるには，⑸「言うほど難しくないよ」がふさわしい。

㋗ 「パスワードがたった４文字」に続けるのにふさわしいのは，⑵「それって，ちょっと危ないんじゃない？」である。

㋘ 「複雑すぎる」に続くのは，インターネットバンキングはあきらめて，⑶「列に並んで待つことにしようかなあ」がふさわしい。

残りの選択肢は，⑴「それに，君はそれを忘れちゃった」，⑷「君はそんなにたくさん覚えられないよ」，⑹「どれだけ並んで待ったの？」，⑺「こんな指示書きわからないよ」，(9)「残念ながら，銀行はもうすぐ閉まります」，(10)「これに使えるコンピュータを持っていればなあ」の意。

Ⅳ 解答

(A)―(2) (B)―(1) (C)―(3) (D)―(4) (E)―(3) (F)―(2)
(G)―(3) (H)―(1)

◀解 説▶

(A)「こんなに高いビルは見たことがない」 than は比較級とともに用いる。tall の比較級は taller。ビルは単数形なので taller の前に冠詞 a がつく。よって，正解は(2)である。

(B)「言葉を学ぶ最善の方法の一つは，毎日少し話してみることである」主語が ways なので，述部には by … を用いる。よって，正解は(1)である。

(C)「上司はシフトの終わりまでに皿を洗ってほしいと思っている」 want は目的語の後に不定詞が続く。よって，正解は(3)である。

(D)「その試合はとても退屈だった！」 game は bore の意味上の主語になるから，現在分詞になる。よって，正解は(4)である。

(E)「私は幼時から理科が楽しかった」 現在完了なので，起点を示す接続詞になる。よって，正解は(3)である。

(F)「これは私が探していた，まさにその本である」 for の目的語になる関係詞が入る。よって，正解は(2)である。

(G)「アーティストが展示されている花を活け直しているときに，私たちは店に入った」 全体の時制は過去。よって，正解は(3)である。

(H)「私の両親だけでなく，私も招待されている」 意味の中心は I なので，be 動詞は I に一致する。よって，正解は(1)である。

Ⅴ 解答

〔1〕(A)―(1) (B)―(3) (C)―(2) (D)―(4) (E)―(2)
〔2〕(A)―(2) (B)―(2) (C)―(1) (D)―(4) (E)―(3)

◀解 説▶

〔1〕(A)「洞窟に入るときは（　　）が望ましい」 選択肢はそれぞれ，(1)「注意」，(2)「混沌」，(3)「公民権」，(4)「通貨」という意味。これらの中で「洞窟の中の行動」にふさわしいものは(1)である。

(B)「バスは20分（　　）で出る」 選択肢はそれぞれ，(1)「検査」，(2)「保険」，(3)「間隔」，(4)「孤立」という意味。これらの中で「バスの出発」にふさわしいのは(3)である。

(C)「私は焼きたての（　　）のパンの匂いが好きだ」 選択肢はそれぞれ，(1)「子羊」，(2)「一斤」，(3)「丸太」，(4)「肺」という意味。これらの中で「パン」にふさわしいのは(2)である。

(D)「この旅は極端に（　　）になるだろう」 選択肢はそれぞれ，(1)「一致する」，(2)「比喩的な」，(3)「静脈内の」，(4)「贅沢な」という意味。これらの中で「旅」にふさわしい形容詞は(4)である。

(E)「この映画は私のとびきりお気に入りの（　　）だ」 選択肢はそれぞれ，(1)「愚行」，(2)「ジャンル」，(3)「リンネル，リネン」，(4)「誓い」という意味。これらの中で「映画」に結びつくものは(2)である。

〔2〕(A)「このレシピでは生のトマトを使うのがベストです」 選択肢はそれぞれ，(1)「固い」，(2)「新鮮な」，(3)「海外の」，(4)「通常の」という意味。これらの中で「生の」に近いのは(2)である。

(B)「映像はきわめて見やすかった」 選択肢はそれぞれ，(1)「偶像」，(2)「画像」，(3)「侵略」，(4)「立腹」という意味。これらの中で「映像，写像」に近いのは(2)である。

(C)「私は当時自分の務めを果たすことで頭がいっぱいだった」 選択肢はそれぞれ，(1)「関心がある」，(2)「好みである」，(3)「禁じられている」，(4)「圧倒されている」という意味。これらの中で「心を占める」に近いのは(1)である。

(D)「これは義務だとはいえ，私は喜んで手を貸す」 選択肢はそれぞれ，(1)「目録」，(2)「用件，手数料」，(3)「指針」，(4)「必要条件」という意味。これらの中で「やらなければいけないこと」という意味をもつのは(4)である。

(E)「その決断が公平だったかどうか，確信がない」 選択肢はそれぞれ，(1)「思いやりのある」，(2)「現代的な」，(3)「公正な」，(4)「ひどい」という意味。これらの中で「公平」に近いのは(3)である。

❖講　評

2023年度は，長文2題による「読解力」を中心に，「コミュニケーション」「文法」「語彙」の各分野が試された。一方，「英作文」分野に関しては，出題されていない。

Ⅰの読解問題は，論説文による内容理解を試す出題。障碍者の旅行を容易にする「開放型旅行を運営する会社」が論じられ，「すべての人に開かれた社会」の実現という現代的な課題を見据えた文章が用いられた。〔1〕は，素直な出題で，実力が反映される設問だった。〔2〕も設問形式の複雑さはさておき，取り組みやすかったであろう。〔3〕では，誤って(4)を選んだ受験生が多かったかもしれない。単なる英語力ではなく，論旨を把握する力が試されている。

Ⅱの読解問題は，やはり論説文が使われ，「幼児の発達と同じ仕組みを機械学習に応用」するという，社会にAIが組み込まれていくことを前提とする文章であり，まさに21世紀的な話題であった。〔1〕の空所補充問題では(G)に手こずった受験生が多かったであろう。実は直前のengaging objects with their handsの理解が問われていたのである。〔2〕では，㋐が指示対象をかいつまんで理解する必要があったので，迷いやすかったかもしれない。

Ⅲは，特定の状況を設定した会話文が素材。〔1〕は「病院ボランティア」の話題だった。後半の空所補充は会話というより形容詞availableの理解が中心の出題であり，ややハイレベル。〔2〕は「インターネットバンキング」の話題であり，受験生にとってほぼ未知の領分だったので，力量が試されたことだろう。㋘を正解するには，発想の転換が必要だった。

Ⅳは，基本的な文法・語法の力を試す出題である。(B)は，これが正しい英文だと理解するには相当の学力を要する問題。(H)は，主語と動詞の一致という受験生の盲点を突く出題であった。

Ⅴは，語彙力を試す問題であるが，とりわけ〔1〕(D)(3) intravenous [intra＋vein＋ous] は，高難度の語彙。(E)の(2) genreも，「ジャンル」という語を知っていても，それがフランス語由来だと知らないと，発音できない厳しい語彙。〔2〕(C)は，選択肢が紛らわしいので，受験生は迷っただろう。(D)も，上級問題で，受験生には厳しかったと思われる。

全体として，まず語学の基礎である文法・語彙の力をもとに，必要な情報を収集し，論旨をしっかり理解する読解力，場面に応じたコミュニケーション力を養成することが求められる出題であった。大学で学ぶための基礎になる総合的な英語力を身につけるように，という強いメッセージである。しっかり受け止めて，努力を重ねていこう。

数学

◀全学統一方式(理系)▶

I **解答**　ア．$\cos\theta$　イ．$\sin\theta$　ウ．$\dfrac{\sin\theta+\cos\theta}{2}$

エ．$\dfrac{\sin 2\theta-1}{4}$ または $\dfrac{2\sin\theta\cos\theta-1}{4}$　オ．$\dfrac{3}{4}\pi$　カ．$-\dfrac{1}{2}$

キ．$\dfrac{1}{6}(\sin\theta-\cos\theta)^3$　ク．$\sin\theta+\cos\theta$　ケ．π　コ．$\dfrac{5}{4}\pi$

サ．$\dfrac{\pi}{4}$　シ．$\dfrac{\pi}{2}$　ス．$\dfrac{\pi}{2}$　セ．π

◀解　説▶

≪2次関数の最小値，面積，三角不等式≫

〔1〕 $f(x)=x^2-(\sin\theta+\cos\theta)x+\sin\theta\cos\theta$

$=(x-\sin\theta)(x-\cos\theta)$

$\dfrac{\pi}{4}\leqq\theta\leqq\dfrac{5}{4}\pi$ ……① より，$0\leqq\theta-\dfrac{\pi}{4}\leqq\pi$ であるから

$$\sin\theta-\cos\theta=\sqrt{2}\sin\left(\theta-\frac{\pi}{4}\right)\geqq 0$$

よって，$\cos\theta\leqq\sin\theta$ より

$\alpha=\cos\theta,\ \beta=\sin\theta$　→ア・イ

$$f(x)=\left(x-\frac{\sin\theta+\cos\theta}{2}\right)^2+\sin\theta\cos\theta-\left(\frac{\sin\theta+\cos\theta}{2}\right)^2$$

$$=\left(x-\frac{\sin\theta+\cos\theta}{2}\right)^2+\frac{2\sin\theta\cos\theta-1}{4}$$

$$=\left(x-\frac{\sin\theta+\cos\theta}{2}\right)^2+\frac{\sin 2\theta-1}{4}$$

よって，$f(x)$ は

$x=\dfrac{\sin\theta+\cos\theta}{2}$ において最小値 $\dfrac{\sin 2\theta-1}{4}$ をとる。　→ウ・エ

さらに，$\frac{\pi}{2} \leqq 2\theta \leqq \frac{5}{2}\pi$ より $-1 \leqq \sin 2\theta \leqq 1$ だから，$\frac{\sin 2\theta - 1}{4}$ は

$2\theta = \frac{3}{2}\pi$ すなわち $\theta = \frac{3}{4}\pi$ のとき最小値 $-\frac{1}{2}$ をとる。 →オ・カ

また

$$S = -\int_{\cos\theta}^{\sin\theta} (x - \cos\theta)(x - \sin\theta)\,dx$$

$$= \frac{1}{6}(\sin\theta - \cos\theta)^3 \quad \to キ$$

〔2〕 $g(x) = f(x)(x - \gamma)$ の両辺の定数項を比較して

$$-\sin\theta\cos\theta(\sin\theta + \cos\theta) = -\gamma\sin\theta\cos\theta$$

よって　　$\gamma = \sin\theta + \cos\theta$ →ク

①のとき，$\alpha \leqq \beta$ であるから

$\gamma \leqq \alpha \leqq \beta$ となるのは，$\gamma \leqq \alpha \Longleftrightarrow \sin\theta \leqq 0$ より

$\pi \leqq \theta \leqq \frac{5}{4}\pi$ →ケ・コ

$\alpha \leqq \beta \leqq \gamma$ となるのは，$\beta \leqq \gamma \Longleftrightarrow \cos\theta \geqq 0$ より

$\frac{\pi}{4} \leqq \theta \leqq \frac{\pi}{2}$ →サ・シ

$\alpha \leqq \gamma \leqq \beta$ となるのは，$\cos\theta \leqq \sin\theta + \cos\theta \leqq \sin\theta \Longleftrightarrow \sin\theta \geqq 0,\ \cos\theta \leqq 0$ より

$\frac{\pi}{2} \leqq \theta \leqq \pi$ →ス・セ

II　解答

ア．$\frac{1}{k^2+1}$　イ．$\frac{k}{k^2+1}$　ウ．$\frac{k}{2(k^2+1)}$

エ．$\frac{k}{6(k^2+1)}$　オ．$\frac{1}{12}$　カ．k　キ．0　ク．1　ケ．k　コ．0

サ．0　シ．$\frac{\sqrt{k^2+1}}{2}$　ス．k　セ．0　ソ．$\frac{1}{\sqrt{k^2+1}}$　タ．$\frac{1}{6}$

◀解　説▶

≪四面体の体積≫

Jは直線OGと直線AHの共有点だから，実数α，βを用いて

$$\overrightarrow{OJ}=\alpha\overrightarrow{OG}=\alpha(1,\ k,\ 0)=(\alpha,\ \alpha k,\ 0)$$

$$\overrightarrow{OJ}=\beta\overrightarrow{OH}+(1-\beta)\overrightarrow{OA}=\beta(1-k,\ 1,\ 0)+(1-\beta)(1,\ 0,\ 0)$$
$$=(1-\beta k,\ \beta,\ 0)$$

と表され

$$\alpha=1-\beta k,\ \alpha k=\beta$$

よって，$\alpha=\dfrac{1}{k^2+1}$，$\beta=\dfrac{k}{k^2+1}$より

$$J\left(\frac{1}{k^2+1},\ \frac{k}{k^2+1},\ 0\right)$$ →ア・イ

△OAJはxy平面上，OAはx軸上にあるので，$\dfrac{k}{k^2+1}>0$より

$$\triangle OAJ=\frac{1}{2}\cdot OA\cdot|J\text{の}y\text{座標}|=\frac{k}{2(k^2+1)}$$ →ウ

四面体OAJBの体積をVとおくと，△OAJはxy平面上にあるから

$$V=\frac{1}{3}\cdot\triangle OAJ\cdot|B\text{の}z\text{座標}|=\frac{k}{6(k^2+1)}$$ →エ

$k>0$のとき，相加平均と相乗平均の関係より

$$k+\frac{1}{k}\geqq2\sqrt{k\cdot\frac{1}{k}}=2$$

$$V=\frac{1}{6}\cdot\frac{1}{k+\frac{1}{k}}\leqq\frac{1}{12}$$

$k>0$であり，等号は$k=\dfrac{1}{k}$すなわち$k=1$のとき成り立つから

Vの最大値は　$\dfrac{1}{12}$　→オ

点Kは点$\left(\dfrac{1}{2},\ \dfrac{1}{2},\ \dfrac{1}{2}\right)$に関して点Hと対称だから

$$\frac{1}{2}(\overrightarrow{OK}+\overrightarrow{OH})=\left(\frac{1}{2},\ \frac{1}{2},\ \frac{1}{2}\right)$$

$$\overrightarrow{OK}=(1,\ 1,\ 1)-\overrightarrow{OH}=(k,\ 0,\ 1)$$

より　K$(k,\ 0,\ 1)$ →カ～ク

また，点 L は平面 $z=\dfrac{1}{2}$ に関して点 K と対称な点だから

$$\frac{1}{2}(\overrightarrow{\mathrm{OL}}+\overrightarrow{\mathrm{OK}})=\left(k,\ 0,\ \frac{1}{2}\right)$$

$$\overrightarrow{\mathrm{OL}}=(2k,\ 0,\ 1)-(k,\ 0,\ 1)=(k,\ 0,\ 0)$$

より　L$(k,\ 0,\ 0)$ →ケ～サ

C$(0,\ 1,\ 0)$ より　$\overrightarrow{\mathrm{CL}}=(k,\ -1,\ 0)$，$\overrightarrow{\mathrm{CK}}=(k,\ -1,\ 1)$

$$|\overrightarrow{\mathrm{CL}}|=\sqrt{k^2+1},\ |\overrightarrow{\mathrm{CK}}|=\sqrt{k^2+2},\ \overrightarrow{\mathrm{CL}}\cdot\overrightarrow{\mathrm{CK}}=k^2+1$$

よって

$$\begin{aligned}\triangle\mathrm{CKL}&=\frac{1}{2}\sqrt{|\overrightarrow{\mathrm{CL}}|^2|\overrightarrow{\mathrm{CK}}|^2-(\overrightarrow{\mathrm{CL}}\cdot\overrightarrow{\mathrm{CK}})^2}\\&=\frac{1}{2}\sqrt{(k^2+1)(k^2+2)-(k^2+1)^2}\\&=\frac{\sqrt{k^2+1}}{2}\quad\text{→シ}\end{aligned}$$

平面 CKL に垂直なベクトルの 1 つを $\vec{n}=(1,\ p,\ q)$ とおく（$p,\ q$ は実数)。

$\vec{n}$ は $\overrightarrow{\mathrm{CL}}$，$\overrightarrow{\mathrm{CK}}$ と垂直であるから

$$\overrightarrow{\mathrm{CL}}\cdot\vec{n}=k-p=0,\ \overrightarrow{\mathrm{CK}}\cdot\vec{n}=k-p+q=0$$

よって，$p=k$，$q=0$ より　$\vec{n}=(1,\ k,\ 0)$ →ス・セ

点 B から平面 CKL に下ろした垂線と平面の交点を M とすると，$\overrightarrow{\mathrm{BM}}/\!/\vec{n}$ より，$\overrightarrow{\mathrm{BM}}=t\vec{n}$（$t$ は実数）とおけるので

$$\begin{aligned}\overrightarrow{\mathrm{CM}}&=\overrightarrow{\mathrm{CB}}+\overrightarrow{\mathrm{BM}}\\&=\overrightarrow{\mathrm{CB}}+t\vec{n}\\&=(1,\ 0,\ 1)+t(1,\ k,\ 0)\\&=(t+1,\ kt,\ 1)\end{aligned}$$

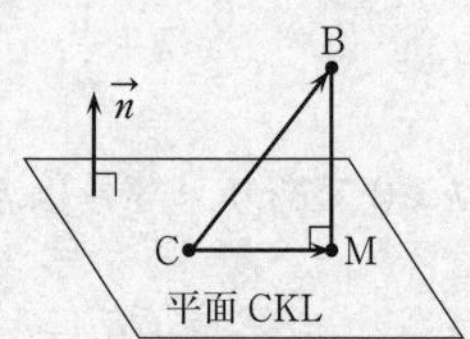

$\overrightarrow{\mathrm{CM}}\perp\vec{n}$ であるから

$$\overrightarrow{\mathrm{CM}}\cdot\vec{n}=1\cdot(t+1)+k\cdot kt=(k^2+1)t+1=0$$

よって　$t=-\dfrac{1}{k^2+1}$

点 B から平面 CKL までの距離は

$$\mathrm{BM}=|t\vec{n}|=|t||\vec{n}|=\frac{1}{k^2+1}\cdot\sqrt{1+k^2}=\frac{1}{\sqrt{k^2+1}}\quad\text{→ソ}$$

四面体BCKLの体積は

$$\frac{1}{3}\cdot\triangle \mathrm{CKL}\cdot \mathrm{BM}=\frac{1}{3}\cdot\frac{\sqrt{k^2+1}}{2}\cdot\frac{1}{\sqrt{k^2+1}}=\frac{1}{6}\quad\to タ$$

III

解答　ア．$\frac{1}{\sqrt{t^2+1}}$　イ．$2\sqrt{t^2+1}$　ウ．$\frac{1}{4}$　エ．$\frac{1}{4}$

オ．$-4\sin\theta\cos^3\theta$　カ．$4\sin^3\theta\cos\theta$　キ．$2s^2-2s+1$

ク．$1+\frac{\sqrt{2}}{2}\log(1+\sqrt{2})$

◀解　説▶

≪媒介変数で表示された曲線の長さ≫

〔1〕　$(\sqrt{t^2+1})'=\frac{2t}{2\sqrt{t^2+1}}=\frac{t}{\sqrt{t^2+1}}$ だから

$$f'(t)=\frac{1}{t+\sqrt{t^2+1}}\left(1+\frac{t}{\sqrt{t^2+1}}\right)=\frac{1}{\sqrt{t^2+1}}\quad\to ア$$

$g(t)=t\sqrt{t^2+1}+f(t)$ より

$$g'(t)=\sqrt{t^2+1}+t\cdot\frac{t}{\sqrt{t^2+1}}+\frac{1}{\sqrt{t^2+1}}$$

$$=\sqrt{t^2+1}+\frac{t^2+1}{\sqrt{t^2+1}}$$

$$=2\sqrt{t^2+1}\quad\to イ$$

〔2〕　Oを原点とする。C 上の点を $\mathrm{P}(\cos^4\theta,\ \sin^4\theta)$ とおき，$\mathrm{OP}^2=k(\theta)$ とおくと

$$k(\theta)=\cos^8\theta+\sin^8\theta$$

$$k'(\theta)=8\cos^7\theta(-\sin\theta)+8\sin^7\theta\cos\theta$$

$$=8\sin\theta\cos\theta(\sin^6\theta-\cos^6\theta)$$

$0<\theta<\frac{\pi}{2}$ のとき　　$\sin\theta\cos\theta>0$

$0<\theta<\frac{\pi}{4}$ のとき，$\cos\theta>\sin\theta>0$ より　　$\cos^6\theta>\sin^6\theta$

$\frac{\pi}{4}<\theta<\frac{\pi}{2}$ のとき，$\sin\theta>\cos\theta>0$ より　　$\sin^6\theta>\cos^6\theta$

よって，$k(\theta)$ の増減表は次のようになり，$k(\theta)$ は $\theta=\frac{\pi}{4}$ のとき最小値

θ	0	$\cdots$	$\frac{\pi}{4}$	$\cdots$	$\frac{\pi}{2}$
$k'(\theta)$	0	−	0	+	0
$k(\theta)$	1	↘	$\frac{1}{8}$	↗	1

$\frac{1}{8}$ をとり，このとき $\mathrm{OP}=\sqrt{k(\theta)}$ も最小値をとる。

よって，求める点の座標は

$$\left(\frac{1}{4},\ \frac{1}{4}\right)\quad \rightarrow ウ・エ$$

$$\frac{dx}{d\theta}=4\cos^3\theta(-\sin\theta)=-4\sin\theta\cos^3\theta\quad \rightarrow オ$$

$$\frac{dy}{d\theta}=4\sin^3\theta\cos\theta\quad \rightarrow カ$$

$$\left(\frac{dx}{d\theta}\right)^2+\left(\frac{dy}{d\theta}\right)^2=16\sin^2\theta\cos^2\theta(\cos^4\theta+\sin^4\theta)$$

であるから

$$L=\int_0^{\frac{\pi}{2}}\sqrt{\left(\frac{dx}{d\theta}\right)^2+\left(\frac{dy}{d\theta}\right)^2}\,d\theta$$

$$=4\int_0^{\frac{\pi}{2}}\cos\theta\sin\theta\sqrt{\cos^4\theta+\sin^4\theta}\,d\theta$$

$s=\sin^2\theta$ とおくと，$\frac{ds}{d\theta}=2\sin\theta\cos\theta$ より

$$2\sin\theta\cos\theta d\theta=ds$$

$$\cos^4\theta+\sin^4\theta=(1-\sin^2\theta)^2+(\sin^2\theta)^2$$
$$=(1-s)^2+s^2$$
$$=2s^2-2s+1$$

また，θ と s の対応は右のようになるから

θ	$0\rightarrow\frac{\pi}{2}$
s	$0\rightarrow 1$

$$L=2\int_0^1\sqrt{2s^2-2s+1}\,ds\quad \rightarrow キ$$

$$2s^2-2s+1=2\left(s-\frac{1}{2}\right)^2+\frac{1}{2}=\frac{1}{2}\{(2s-1)^2+1\}$$

より

$$L=\frac{2}{\sqrt{2}}\int_0^1\sqrt{(2s-1)^2+1}\,ds$$

$2s-1=t$ とおくと，$\frac{dt}{ds}=2$ より

$$2ds=dt$$

s と t の対応は右のようになるから

s	$0 \to 1$
t	$-1 \to 1$

$$L=\frac{1}{\sqrt{2}}\int_{-1}^{1}\sqrt{t^2+1}\,dt$$

$\sqrt{t^2+1}$ は偶関数だから

$$L=\frac{1}{\sqrt{2}}\int_{0}^{1}2\sqrt{t^2+1}\,dt$$

よって，〔１〕の結果より

$$L=\frac{1}{\sqrt{2}}\Big[g(t)\Big]_0^1=\frac{1}{\sqrt{2}}\{g(1)-g(0)\}$$

$$=\frac{1}{\sqrt{2}}\{\sqrt{2}+\log(1+\sqrt{2})-0\}$$

$$=1+\frac{\sqrt{2}}{2}\log(1+\sqrt{2}) \quad \to ク$$

Ⅳ　解答

ア．1，1，2　イ．1，1，1，1　（ア・イは順不同）
ウ．21　エ．13　オ．24　カ．1705
キ．$\dfrac{1+\sqrt{5}}{2}$　ク．$\dfrac{1-\sqrt{5}}{2}$　ケ．$\dfrac{1+\sqrt{5}}{2}$　コ．2^{n-1}

◀解　説▶

≪場合の数と漸化式，数列の極限≫

〔１〕　$k=2$，$n=4$ のときは

2，2　2，1，1　1，2，1　1，1，2　1，1，1，1　→ア・イ

和が $n+2$ となる２以下の自然数の並べ方を，右端が１，２の場合に分けて考えると，右端が１のときの並べ方は $F_2(n+1)$ 通り，右端が２のときの並べ方は $F_2(n)$ 通りあるので

$$F_2(n+2)=F_2(n+1)+F_2(n) \quad (n\geqq 1) \quad \cdots\cdots ①$$

$F_2(4)=5$，$F_2(5)=8$ より

$$F_2(6)=F_2(5)+F_2(4)=8+5=13$$

$$F_2(7)=F_2(6)+F_2(5)=13+8=21 \quad \to ウ$$

〔２〕　〔１〕と同様にして，右端が１，２，３の場合に分けて考えると，それぞれ並べ方は，$F_3(n+2)$ 通り，$F_3(n+1)$ 通り，$F_3(n)$ 通りあるので

$$F_3(n+3)=F_3(n+2)+F_3(n+1)+F_3(n)$$

$$F_3(1)=1,\ F_3(2)=2,\ F_3(3)=4$$

より

$$F_3(4)=F_3(3)+F_3(2)+F_3(1)=4+2+1=7$$

$$F_3(5)=F_3(4)+F_3(3)+F_3(2)=7+4+2=13 \quad \to エ$$

$$F_3(6)=F_3(5)+F_3(4)+F_3(3)=13+7+4=24 \quad \to オ$$

$$F_3(13)=F_3(12)+F_3(11)+F_3(10)$$

$$=927+504+274=1705 \quad \to カ$$

〔3〕 $F_2(n)=a_n$ とおくと，①より

$$a_{n+2}=a_{n+1}+a_n \quad \cdots\cdots②,\ a_1=1,\ a_2=2$$

が成り立つ。実数 α，β に対して

$$a_{n+2}-\beta a_{n+1}=\alpha(a_{n+1}-\beta a_n) \quad \cdots\cdots③$$

とおくと

$$a_{n+2}=(\alpha+\beta)a_{n+1}-\alpha\beta a_n \quad \cdots\cdots④$$

②，④が一致するから

$$\alpha+\beta=1,\ \alpha\beta=-1$$

よって，α，β は2次方程式 $t^2-t-1=0$ の実数解と等しく，$\beta>\alpha$ とすると

$$\beta=\frac{1+\sqrt{5}}{2} \quad \to キ \qquad \alpha=\frac{1-\sqrt{5}}{2} \quad \to ク$$

③と $a_2-\beta a_1=2-\beta=1+\alpha=\alpha^2$ より，$\{a_{n+1}-\beta a_n\}$ は初項 α^2，公比 α の等比数列だから

$$a_{n+1}-\beta a_n=\alpha^2\cdot\alpha^{n-1}=\alpha^{n+1}$$

$$\frac{a_{n+1}}{a_n}=\beta+\frac{\alpha^{n+1}}{a_n}$$

$\{a_n\}$ は自然数の数列だから，$a_n\geqq 1$ が成り立ち

$$\left|\frac{\alpha^{n+1}}{a_n}\right|\leqq|\alpha|^{n+1}$$

$|\alpha|<1$ より，$\lim_{n\to\infty}|\alpha|^{n+1}=0$ なので，はさみうちの原理から

$$\lim_{n\to\infty}\frac{\alpha^{n+1}}{a_n}=0$$

したがって　$\displaystyle\lim_{n\to\infty}\frac{a_{n+1}}{a_n}=\beta=\frac{1+\sqrt{5}}{2} \quad \to ケ$

参考　$F_2(n)=a_n$ の一般項を求めてもよい。

(〔解説〕の $F_2(n)=a_n$, α, β に対して $a_{n+1}-\beta a_n=\alpha^{n+1}$ ……⑤までは同じ)

③の α, β を入れかえて

$$a_{n+2}-\alpha a_{n+1}=\beta(a_{n+1}-\alpha a_n)$$

$$a_2-\alpha a_1=2-\alpha=1+\beta=\beta^2$$

より，$\{a_{n+1}-\alpha a_n\}$ は初項 β^2，公比 β の等比数列だから

$$a_{n+1}-\alpha a_n=\beta^2\cdot\beta^{n-1}=\beta^{n+1}\quad\text{……⑥}$$

⑥－⑤より　$(\beta-\alpha)a_n=\beta^{n+1}-\alpha^{n+1}$

$$\therefore\quad a_n=\frac{\beta^{n+1}-\alpha^{n+1}}{\beta-\alpha}$$

また　$a_{n+1}=\dfrac{\beta^{n+2}-\alpha^{n+2}}{\beta-\alpha}$

ゆえに　$\dfrac{a_{n+1}}{a_n}=\dfrac{\beta^{n+2}-\alpha^{n+2}}{\beta^{n+1}-\alpha^{n+1}}=\dfrac{\beta-\alpha\left(\dfrac{\alpha}{\beta}\right)^{n+1}}{1-\left(\dfrac{\alpha}{\beta}\right)^{n+1}}$

ここで，$\left|\dfrac{\alpha}{\beta}\right|=\left|\dfrac{1-\sqrt{5}}{1+\sqrt{5}}\right|=\dfrac{3-\sqrt{5}}{2}<1$ より

$$\lim_{n\to\infty}\left(\frac{\alpha}{\beta}\right)^{n+1}=0$$

よって　$\displaystyle\lim_{n\to\infty}\frac{a_{n+1}}{a_n}=\frac{\beta}{1}=\beta=\frac{1+\sqrt{5}}{2}$

〔4〕　和が n となる n 以下の自然数の並べ方のうち，右端が k $(1\leqq k\leqq n-1)$ となる並べ方は $F_{n-k}(n-k)$ 通り，右端が n である並べ方が1通りあるから

$$\begin{aligned}F_n(n)&=\sum_{k=1}^{n-1}F_{n-k}(n-k)+1\\&=F_{n-1}(n-1)+F_{n-2}(n-2)+\cdots+F_1(1)+1\\&=\sum_{k=1}^{n-1}F_k(k)+1\quad(n\geqq 2)\end{aligned}$$

したがって，$n\geqq 2$ のとき

$$F_{n+1}(n+1)=\sum_{k=1}^{n}F_k(k)+1=\sum_{k=1}^{n-1}F_k(k)+1+F_n(n)=2F_n(n)$$

また，$F_1(1)=1$，$F_2(2)=2$ であるから

$$F_{n+1}(n+1)=2F_n(n)\quad (n\geqq 1)$$

が成り立ち，$\{F_n(n)\}$ は初項1，公比2の等比数列だから

$$F_n(n)=1\cdot 2^{n-1}=2^{n-1}\quad \to コ$$

別解　n 個の1を並べて1と1の間に「+」か「,」を入れた順列に対して，「+」の部分を計算したものを対応させれば，和が n となる n 以下の自然数の並べ方全体と，上の順列全体が1対1に対応する。

たとえば，$n=5$ のとき

　　1，1，1+1+1とすると　　1，1，3

　　1，1+1，1，1とすると　　1，2，1，1

に対応する。

ゆえに，$F_n(n)$ は「+」か「，」を1と1の間に1つずつ，計 $(n-1)$ 個並べる重複順列の総数だから

$$F_n(n)=2^{n-1}$$

❖講　評

2022年度よりやや易化。標準的な問題が中心の出題である。

Ⅰ．2次関数の最小値，3次方程式の解の大小関係を題材にした三角関数の基本的な問題。〔2〕の γ は $g(x)=f(x)(x-\gamma)$ の両辺の定数項に着目すればよい。後半は，$\alpha\leqq\beta$ が成り立っていることを利用して不等式を整理し，$\dfrac{\pi}{4}\leqq\theta\leqq\dfrac{5}{4}\pi$ の範囲で不等式を解けばよい。易しいので確実に得点しておきたい。

Ⅱ．O，A，G，Hが，xy 平面上の点であることに気づくことがポイント。四面体OAJBの体積の最大値は $\dfrac{1}{6}\cdot\dfrac{1}{k+\dfrac{1}{k}}$ と変形して相加平均と相乗平均の関係が利用できる。カ～セは易しい。ソは平面CKLに垂直なベクトルを用いれば容易に答えは求まるが，慣れていないと難しく，得点差のつく問題である。

Ⅲ．曲線の長さを題材にした問題だが，内容的には微分計算，置換積分の理解が問われている。クは〔1〕の $g'(t)=2\sqrt{t^2+1}$ のヒントに気づ

くことがポイント。$2s^2-2s+1=2\left(s-\frac{1}{2}\right)^2+\frac{1}{2}$ を利用して考えればよい。

Ⅳ．場合の数に数列を絡めた問題で，〔１〕は易しい。〔２〕のエは３以下の自然数で和が５となる組を求めて考えればそれほど難しくはないが，カ以降は通用しない。問題文で漸化式の利用が誘導されており，右端の数字に注目し漸化式を導いて考えることがポイント。コはやや難。

◀理系型3教科・薬学方式▶

I

解答 ア．10^{-7}　イ．1000　ウ．11　エ．3　オ．2　カ．$\frac{1}{2}$

キ．$-\frac{\pi}{6}$　ク．π　ケ．$\frac{7}{12}\pi$　コ．-2　サ．n　シ．x_k　ス．m

セ．m^2　ソ．8　タ．72

◀解　説▶

≪小問集合≫

〔1〕(a)　$\log_{10}m=-7$ より　　$m=10^{-7}$〔mol/L〕　→ア

(b)　$\log_{10}E=4.8+1.5M$　……①

マグニチュードが $M+2$ のときの地震のもつエネルギーを E' とおくと

$$\log_{10}E'=4.8+1.5(M+2)\quad \cdots\cdots②$$

①，②より

$$\log_{10}E'-\log_{10}E=3$$

$$\log_{10}\frac{E'}{E}=3$$

$$\frac{E'}{E}=10^3=1000$$

よって，エネルギーは　　1000倍　→イ

(c)　n 分後の細菌の個数が1億個以上になる条件は

$$6^n\geqq 10^8 \iff n\log_{10}6\geqq 8 \iff n\geqq\frac{8}{\log_{10}6}\quad (\because\ \log_{10}6>0)$$

$\log_{10}6=\log_{10}2+\log_{10}3=0.3010+0.4771=0.7781$ より

$$\frac{8}{\log_{10}6}=\frac{8}{0.7781}=10.2\cdots$$

よって，n は自然数だから，$n\geqq 11$ であり　　$N=11$　→ウ

また，11分後の細菌の個数は 6^{11} 個であり

$$\log_{10}6^{11}=11\times 0.7781=8.5591$$

$$\log_{10}\frac{6^{11}}{10^8}=\log_{10}6^{11}-8=0.5591$$

$\log_{10}3=0.4771$，$\log_{10}4=2\log_{10}2=0.6020$ であるから

$$\log_{10}3 < \log_{10}\frac{6^{11}}{10^8} < \log_{10}4 \iff 3 < \frac{6^{11}}{10^8} < 4$$

したがって，$3\times10^8<6^{11}<4\times10^8$ が成り立ち，11 分後の細菌の個数は 3×10^8 個以上である。　→エ

〔２〕　$y=\sin 2x+\sqrt{3}\cos 2x=2\sin\left(2x+\frac{\pi}{3}\right)=2\sin 2\left(x+\frac{\pi}{6}\right)$

したがって，$y=\sin 2x+\sqrt{3}\cos 2x$ のグラフは，$y=\sin x$ のグラフを

y 軸方向に２倍に拡大　→オ

x 軸方向に $\frac{1}{2}$ 倍に縮小　→カ

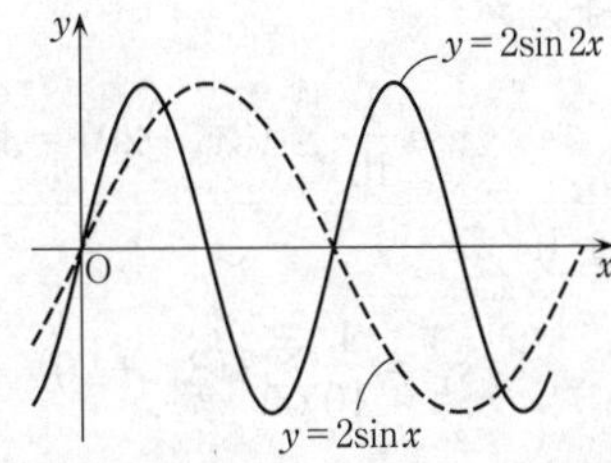

して得られる $y=2\sin 2x$（周期 π）のグラフを

x 軸方向に $-\frac{\pi}{6}$ だけ平行移動　→キ

したグラフであり，周期は　　π　→ク

$0\leqq x<\pi$ のとき，$\frac{\pi}{3}\leqq 2x+\frac{\pi}{3}<\frac{7}{3}\pi$ より，$-1\leqq\sin\left(2x+\frac{\pi}{3}\right)\leqq1$ だから

最小値は　　-2　→コ

最小値を与える x の値は，$2x+\frac{\pi}{3}=\frac{3}{2}\pi$ より

$x=\frac{7}{12}\pi$　→ケ

〔３〕 (a)　分散の定義より

$$s^2=\frac{1}{n}\sum_{k=1}^{n}(x_k-m)^2 \quad \text{→サ〜ス}$$

$$=\frac{1}{n}\sum_{k=1}^{n}(x_k{}^2-2mx_k+m^2)$$

$$=\frac{1}{n}\sum_{k=1}^{n}x_k{}^2-2m\cdot\frac{1}{n}\sum_{k=1}^{n}x_k+m^2$$

$$=\frac{1}{n}\sum_{k=1}^{n}x_k{}^2-m^2 \quad \left(\because\quad m=\frac{1}{n}\sum_{k=1}^{n}x_k\right) \quad \text{→セ}$$

(b)　x の平均値，分散をそれぞれ $\overline{x}$，$s_x{}^2$ とおくと

$$\overline{x}=\frac{1}{10}(7+4+10+1+7+3+10+6+4+8)=6$$

だから

$$s_x{}^2=\frac{1}{10}(1^2+2^2+4^2+5^2+1^2+3^2+4^2+0^2+2^2+2^2)=8 \quad \to ソ$$

10人の得点を x_1, x_2, …, x_{10} とおくと

$$\overline{x}=\frac{1}{10}\sum_{k=1}^{10}x_k=6,\ s_x{}^2=\frac{1}{10}\sum_{k=1}^{10}(x_k-6)^2=8$$

と表せるので，$y=3x+20$ で変換するとき，y の平均値を $\overline{y}$，分散を $s_y{}^2$ とすると

$$\overline{y}=\frac{1}{10}\sum_{k=1}^{10}(3x_k+20)=3\cdot\frac{1}{10}\sum_{k=1}^{10}x_k+20=3\overline{x}+20=38$$

より

$$s_y{}^2=\frac{1}{10}\sum_{k=1}^{10}\{(3x_k+20)-38\}^2=\frac{1}{10}\sum_{k=1}^{10}\{3(x_k-6)\}^2$$

$$=9\cdot\frac{1}{10}\sum_{k=1}^{10}(x_k-6)^2=9s_x{}^2=72 \quad \to タ$$

参考　一般に変量 x の平均値が $\overline{x}$，分散が $s_x{}^2$ であるとき
$y=ax+b$ （a, b は実数）で変換した変量 y の平均値を $\overline{y}$，分散を $s_y{}^2$ とすると

$$\overline{y}=a\overline{x}+b,\ s_y{}^2=a^2s_x{}^2$$

が成り立つ。

II　解答

ア．$-2as$　イ．p　ウ．$\sqrt{p^2+\frac{1}{a}}$　エ．$-am^2-1$

オ．am^2-1　カ．$p-m$　キ．$n-p$　ク．$\frac{2}{3}a\left(p^2+\frac{1}{a}\right)^{\frac{3}{2}}$　ケ．0

コ．$\frac{2}{3}a^{-\frac{1}{2}}$

◀解　説▶

≪放物線と２本の接線で囲まれた図形の面積≫

$f(x)=-ax^2-1$ とおくと

$$f'(x)=-2ax$$

点 $(s,\ f(s))$ における接線の傾きは

$$f'(s)=-2as \quad \to ア$$

接線の方程式は

$$y+as^2+1=-2as(x-s)$$
$$y=-2asx+as^2-1$$

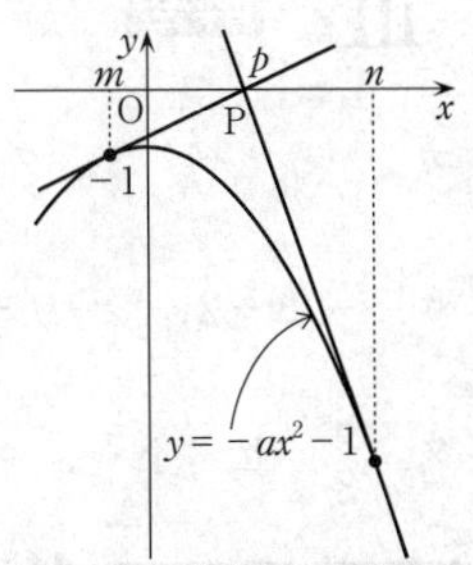

この接線が点 P$(p,\ 0)$ を通る条件より

$$0=-2aps+as^2-1 \Longleftrightarrow as^2-2aps-1=0$$

$a>0$ だから　　$s=p\pm\sqrt{p^2+\frac{1}{a}}$　→イ・ウ

$m<n$ より

$$m=p-\sqrt{p^2+\frac{1}{a}},\ \ n=p+\sqrt{p^2+\frac{1}{a}}$$

$s=m$ のときの接点の座標は　　$(m,\ -am^2-1)$　→エ

この点を通る接線の方程式は

$$y=-2amx+am^2-1 \quad \to オ$$

同様に点 $(n,\ -an^2-1)$ を通る接線の方程式は

$$y=-2anx+an^2-1$$

であるから

$$S=\int_m^p\{-2amx+am^2-1-(-ax^2-1)\}dx$$
$$+\int_p^n\{-2anx+an^2-1-(-ax^2-1)\}dx$$
$$=\int_m^p a(x-m)^2dx+\int_p^n a(x-n)^2dx$$
$$=\left[\frac{a}{3}(x-m)^3\right]_m^p+\left[\frac{a}{3}(x-n)^3\right]_p^n$$
$$=\frac{1}{3}a\{(p-m)^3+(n-p)^3\} \quad \to カ・キ$$

$m=p-\sqrt{p^2+\frac{1}{a}},\ \ n=p+\sqrt{p^2+\frac{1}{a}}$ より

$$p-m=n-p=\sqrt{p^2+\frac{1}{a}}$$

よって　　$S=\frac{2}{3}a\left(p^2+\frac{1}{a}\right)^{\frac{3}{2}}$　→ク

S の最小値は　　$p=0$ のとき，$\frac{2}{3}a^{-\frac{1}{2}}$ となる。 →ケ・コ

III **解答** ア．0　イ．-6　ウ．-12　エ．3　オ．-4

カ．-5　キ．2　ク．-1　ケ．$\dfrac{4}{5}$　コ．$\dfrac{9}{2}$

サ．$-2x+2y-z+9$ または $2x-2y+z-9$　シ．$-\dfrac{8}{9}$

ス．$\dfrac{8}{3}$　セ．4

◀解 説▶

≪四面体の体積≫

〔1〕 $\overrightarrow{\mathrm{CA}}=(1,\ 0,\ -2)$，$\overrightarrow{\mathrm{CB}}=(0,\ -3,\ -6)$

Pは平面 α 上の点だから，実数 p，q を用いて

$$\overrightarrow{\mathrm{CP}}=p\overrightarrow{\mathrm{CA}}+q\overrightarrow{\mathrm{CB}}=p(1,\ 0,\ -2)+q(0,\ -3,\ -6)$$
$$=(p,\ -3q,\ -2p-6q)\quad\cdots\cdots①$$

と表される。また，Pは直線DE上の点だから，実数 t を用いて

$$\overrightarrow{\mathrm{OP}}=t\overrightarrow{\mathrm{OD}}+(1-t)\overrightarrow{\mathrm{OE}}=t(1,\ 6,\ 11)+(1-t)(2,\ 1,\ 3)$$
$$=(-t+2,\ 5t+1,\ 8t+3)$$

と表され

$$\overrightarrow{\mathrm{CP}}=\overrightarrow{\mathrm{OP}}-\overrightarrow{\mathrm{OC}}=(-t-1,\ 5t-1,\ 8t-4)\quad\cdots\cdots②$$

したがって，①，②を比べて

$$p=-t-1,\ -3q=5t-1,\ -2p-6q=8t-4$$
$$\Longleftrightarrow p=-t-1,\ q=\frac{1-5t}{3},\ p+3q=2-4t$$
$$\Longleftrightarrow t=-1,\ p=0,\ q=2$$

よって

$$\overrightarrow{\mathrm{CP}}=(0,\ -6,\ -12)\quad\to ア〜ウ$$

$\overrightarrow{\mathrm{OP}}=\overrightarrow{\mathrm{OC}}+\overrightarrow{\mathrm{CP}}=(3,\ -4,\ -5)$ より

$$\mathrm{P}(3,\ -4,\ -5)\quad\to エ〜カ$$

〔2〕 $\vec{v}=(-2,\ l,\ m)$ とおくと

$$\overrightarrow{\mathrm{CA}}\cdot\vec{v}=-2-2m=0,\ \overrightarrow{\mathrm{CB}}\cdot\vec{v}=-3l-6m=0$$

よって　$l=2,\ m=-1$

$$\vec{v}=(-2,\ 2,\ -1)\quad\to キ・ク$$

〔3〕 $\overrightarrow{CA}\cdot\overrightarrow{CB}=12$, $|\overrightarrow{CA}|=\sqrt{5}$, $|\overrightarrow{CB}|=3\sqrt{5}$ より

$$\cos\theta=\frac{\overrightarrow{CA}\cdot\overrightarrow{CB}}{|\overrightarrow{CA}||\overrightarrow{CB}|}=\frac{12}{\sqrt{5}\cdot3\sqrt{5}}=\frac{4}{5}\quad\to ケ$$

$0<\theta<\pi$ より $\sin\theta>0$, $\sin\theta=\sqrt{1-\left(\frac{4}{5}\right)^2}=\frac{3}{5}$ であるから

$$S=\frac{1}{2}|\overrightarrow{CA}||\overrightarrow{CB}|\sin\theta=\frac{1}{2}\cdot\sqrt{5}\cdot3\sqrt{5}\cdot\frac{3}{5}=\frac{9}{2}\quad\to コ$$

$\overrightarrow{AH}=(x-4,\ y-2,\ z-5)$ と $\vec{v}$ が垂直だから

$$\overrightarrow{AH}\cdot\vec{v}=-2(x-4)+2(y-2)-(z-5)$$
$$=-2x+2y-z+9=0\quad\cdots\cdots③\quad\to サ$$

$\overrightarrow{DH}/\!/\vec{v}$ より, k を実数として $\overrightarrow{DH}=k\vec{v}$ とおけるので

$$\overrightarrow{OH}=\overrightarrow{OD}+\overrightarrow{DH}$$
$$=(1,\ 6,\ 11)+k(-2,\ 2,\ -1)$$
$$=(-2k+1,\ 2k+6,\ -k+11)$$

よって　$x=-2k+1$, $y=2k+6$, $z=-k+11$

③に代入すると

$$-2(-2k+1)+2(2k+6)-(-k+11)+9=0$$

$$\therefore\quad k=-\frac{8}{9}$$

したがって

$$\overrightarrow{DH}=-\frac{8}{9}\vec{v}\quad\to シ$$

$|\vec{v}|=3$ より

$$|\overrightarrow{DH}|=\frac{8}{9}|\vec{v}|=\frac{8}{9}\cdot3=\frac{8}{3}\quad\to ス$$

$$V=\frac{1}{3}\cdot S\cdot|\overrightarrow{DH}|=\frac{1}{3}\cdot\frac{9}{2}\cdot\frac{8}{3}=4\quad\to セ$$

Ⅳ　**解答**

ア. n　イ. $2n$　ウ. $\frac{7}{256}$　エ. $\frac{5}{8}$　オ. $\frac{5}{8}$　カ. $\frac{1}{2}$

キ. $\frac{3}{4}$　ク. n　ケ. $(n+1)$　コ. $\frac{1}{2}$　サ. $\frac{1}{2}$　シ. $\frac{2}{3}\left\{1-\left(-\frac{1}{2}\right)^{n+1}\right\}$

◀解　説▶

≪反復試行の確率，確率と漸化式≫

〔1〕 n 回の操作のうち表が出る回数を k とすると，裏が出る回数は $(n-k)$ より

$$p=2k+1\cdot(n-k)=n+k \quad (0\leqq k\leqq n)$$

よって　$n\leqq p\leqq 2n$　→ア・イ

(a) 8回の操作のうち表が出る回数を k' とおくと

$$p=8+k'=10 \qquad k'=2$$

したがって，表が2回，裏が6回である。ただし，10のポイントに書かれている文字が［表］であるから，8回目は表である。

よって

$${}_7C_1\cdot\frac{1}{2}\cdot\left(\frac{1}{2}\right)^6\cdot\frac{1}{2}=\frac{7}{2^8}=\frac{7}{256} \quad \rightarrow ウ$$

(b) 3回の操作を終えたとき，3のポイントに［表］が書かれているのは右の表の場合である。

1回目	2回目	3回目
表	表	表/裏
裏	裏	表
裏	表	表/裏

よって

$$5\cdot\left(\frac{1}{2}\right)^3=\frac{5}{8} \quad \rightarrow エ$$

(c) 3のポイントに書かれている文字は3回までの操作で決定されるので

$$\frac{5}{8}\cdot 1=\frac{5}{8} \quad \rightarrow オ$$

〔2〕 1回の操作を終えたとき，1のポイントに［表］の文字が書かれているのは，1回硬貨を投げて表が出る場合であるから

$$P_1=\frac{1}{2} \quad \rightarrow カ$$

2回の操作を終えたとき，2のポイントに［裏］の文字が書かれているのは，2回硬貨を投げて裏が2回出る場合だけであるから

$$P_2=1-\left(\frac{1}{2}\right)^2=\frac{3}{4} \quad \rightarrow キ$$

1回目に硬貨を投げて表が出たとき，$(n+2)$ のポイントにある文字は2のポイントを起点と考えると

n 番目　→ク

である。1回目に硬貨を投げて裏が出たとき，$(n+2)$ のポイントにある

文字は1のポイントを起点と考えると

$(n+1)$ 番目　→ケ

である。よって

$$P_{n+2}=\frac{1}{2}P_{n+1}+\frac{1}{2}P_n \quad \text{→コ・サ}$$

変形すると

$$P_{n+2}+\frac{1}{2}P_{n+1}=P_{n+1}+\frac{1}{2}P_n \quad (n\geqq 1)$$

が成り立ち，$\left\{P_{n+1}+\frac{1}{2}P_n\right\}$ は一定な数列であり

$$P_{n+1}+\frac{1}{2}P_n=P_2+\frac{1}{2}P_1=1$$

$$P_{n+1}-\frac{2}{3}=-\frac{1}{2}\left(P_n-\frac{2}{3}\right)$$

また　$P_1-\frac{2}{3}=-\frac{1}{6}$

よって，$\left\{P_n-\frac{2}{3}\right\}$ は，初項 $-\frac{1}{6}$，公比 $-\frac{1}{2}$ の等比数列であり

$$P_n-\frac{2}{3}=-\frac{1}{6}\left(-\frac{1}{2}\right)^{n-1}=\frac{1}{3}\left(-\frac{1}{2}\right)^n$$

$$P_n=\frac{2}{3}+\frac{1}{3}\left(-\frac{1}{2}\right)^n=\frac{2}{3}\left\{1-\left(-\frac{1}{2}\right)^{n+1}\right\} \quad \text{→シ}$$

参考　漸化式 $P_{n+2}=\frac{1}{2}P_{n+1}+\frac{1}{2}P_n$ から P_n を求めるとき

$$\begin{cases} P_{n+2}+\frac{1}{2}P_{n+1}=P_{n+1}+\frac{1}{2}P_n & \cdots\cdots① \\ P_{n+2}-P_{n+1}=-\frac{1}{2}(P_{n+1}-P_n) & \cdots\cdots② \end{cases}$$

と2通りに変形できる。

①から，〔解説〕より　$P_{n+1}+\frac{1}{2}P_n=1$　……③

②から，$P_2-P_1=\frac{1}{4}$ より，$\{P_{n+1}-P_n\}$ は初項 $\frac{1}{4}$，公比 $-\frac{1}{2}$ の等比数列となり

$$P_{n+1}-P_n=\frac{1}{4}\cdot\left(-\frac{1}{2}\right)^{n-1}=\left(-\frac{1}{2}\right)^{n+1} \quad \cdots\cdots④$$

③－④より　　$\frac{3}{2}P_n=1-\left(-\frac{1}{2}\right)^{n+1}$

$\therefore\ \ P_n=\frac{2}{3}\left\{1-\left(-\frac{1}{2}\right)^{n+1}\right\}$

❖講　評

Ⅰ．〔1〕エは6^{11}の最高位の数字を求める問題。$\log_{10}\frac{6^{11}}{10^8}=0.5591$を計算すればよいが，解いた経験がないと難しい。〔3〕のデータ分析の問題は2022年度と比較してかなり易化。xの分散を$s_x{}^2$で表すとき，公式「$s_{ax+b}{}^2=a^2s_x{}^2$」が成り立つことを利用する。

Ⅱ．放物線と2本の接線で囲まれた図形の面積を題材にした問題。面積計算には，公式$\int(x-a)^2dx=\frac{1}{3}(x-a)^3+C$を用いる。無駄な計算をしないよう注意が必要である。なお，放物線が$y=ax^2+bx+c$のとき，接点のx座標をα，β（$\alpha<\beta$）とすると面積は$\frac{|a|}{12}(\beta-\alpha)^3$である。

Ⅲ．〔1〕Pが平面α上の点であることの扱いに慣れていない受験生には難しい。〔2〕以降は誘導に従って計算していけばよい。Pの座標は，〔解説〕のようにtで表し，〔2〕の$\vec{v}$を用いて$\overrightarrow{\mathrm{AP}}\cdot\vec{v}=0$として求めてもよい。

Ⅳ．〔1〕は反復試行の確率の基本問題である。オは3のポイントに書かれる文字は3回までの操作で決定されることに注意が必要。〔2〕はクとケが漸化式を作るヒントになっている。

物理

I

解答 あ. 0.6　い. $\frac{1}{3}$　う. $\sqrt{\frac{3}{2}}$　え. $\frac{1}{3}$　お. $\sqrt{\frac{2}{3}}$

か. $-\frac{1}{3}$

イ―⑨　ロ―⑥　ハ―④　ニ―⑩　ホ―③

◀解　説▶

≪両端におもりを連結したばねの重心に対する単振動≫

〔1〕 あ. 衝突直後の小球1の速度を v_1 とする。運動量保存則より

$$\frac{1}{2}mv=\frac{1}{2}mv_1+mV$$

また，反発係数より

$$0.8=-\frac{v_1-V}{v-0}$$

この2式より v_1 を消去すると

$$V=0.6v$$

イ. 衝突直後とばねが最も縮んでいるときの小物体Aとばねの力学的エネルギー保存則から

$$\frac{1}{2}k(\Delta l_0)^2=\frac{1}{2}mV^2$$

$$\Delta l_0=\sqrt{\frac{m}{k}}V$$

ロ. 小物体Aが最初にばねが自然長になる位置にもどるまでの時間は周期の $\frac{1}{2}$ なので，ばね振り子の周期 $2\pi\sqrt{\frac{m}{k}}$ より

$$T_0=\pi\sqrt{\frac{m}{k}}$$

〔2〕 い. 衝突直後の小物体Aと小球2の速度を v_2 とする。運動量保存則より

$$\frac{1}{2}mv=\left(\frac{1}{2}m+m\right)v_2$$

$$v_2=\frac{1}{3}v$$

う．ばねが最初に自然長にもどるまでは小物体Aと小球2は一体となって運動しているので質量 $\frac{3}{2}m$ のおもりのばね振り子の運動となる。この間の時間は周期 $2\pi\sqrt{\frac{3m}{2k}}$ の半分なので，$\pi\sqrt{\frac{3m}{2k}}$ となり，これは T_0 の $\sqrt{\frac{3}{2}}$ 倍。

ハ．ばねの長さが最小のときは小球2と小物体Aは一体となって運動しているので，おもりの質量が $\frac{3}{2}m$ のばね振り子で，ばねの長さが最大のときは小球2は離れているので，おもりの質量が m のばね振り子である。

衝突直後とばねの長さが最小のときを比較した力学的エネルギー保存則から

$$\frac{1}{2}k(\Delta l_1)^2=\frac{1}{2}\times\frac{3}{2}m\left(\frac{1}{3}v\right)^2$$

$$\Delta l_1=\sqrt{\frac{m}{6k}}v$$

また，小球2が離れた自然長のときと，ばねの最大の長さのときの小物体Aとばねの力学的エネルギー保存則から

$$\frac{1}{2}k(\Delta l_2)^2=\frac{1}{2}m\left(\frac{1}{3}v\right)^2$$

$$\Delta l_2=\sqrt{\frac{m}{9k}}v$$

イの値に $V=0.6v$ を代入すると

$$\Delta l_0=\sqrt{\frac{m}{k}}V=0.6\sqrt{\frac{m}{k}}v$$

なので，これらを比較し

$$\Delta l_2<\Delta l_1<\Delta l_0$$

〔3〕　ニ．問題文の運動方程式から小物体Aが受ける力は正の向き，小物体Bが受ける力は負の向きにあるから，このような力が生じるのは，ばねが自然長より長いときである。このとき，ばねの伸びは $(x_B-x_A)-l$ なので，それぞれの運動方程式は

$$ma_A = k(x_B - x_A - l),\quad 2ma_B = -k(x_B - x_A - l)$$

ホ．小物体A，Bにはたらく力は向きが反対で大きさが等しいので全体としては内力だけがはたらいていることになり，2物体の運動量の和は保存している。

え．ばねが最も縮んでいるときの速度を V' とする。運動量保存則から

$$mV = (m + 2m)V'$$

$$V' = \frac{1}{3}V$$

お．小物体Aと小物体Bの重心は等速度運動をしているので，この重心の位置とともに運動する観測者から見ればどちらも単振動を行う。重心の位置は小物体Aと小物体Bの質量比から，それぞれを 2：1 に内分する点にあり，ばねが自然長のときは小物体Aからの距離が $\frac{2}{3}l$ の点になる。このことから重心からみた小物体Aの運動はばね定数 $\frac{3}{2}k$，質量 m のばね振り子の運動となる。したがってばねが再び自然長になるまでの時間は，周期 $2\pi\sqrt{\frac{2m}{3k}}$ の半分となり $\pi\sqrt{\frac{2m}{3k}}$ で，これは T_0 の $\sqrt{\frac{2}{3}}$ 倍。

か．全体の運動量が保存しているので重心の速度は一定であり，V' に等しい。重心からみた衝突時における小物体Aの相対速度は

$$V - V' = \frac{2}{3}V$$

このときばねの長さは自然長なので，再び自然長にもどったときの重心からみた小物体Aの相対速度は $-\frac{2}{3}V$ である。したがって静止座標からみた小物体Aの速度は

$$-\frac{2}{3}V + V' = -\frac{1}{3}V$$

II **解答**　あ．$4\pi kQ$　い．$\dfrac{4kQ}{r^2}$　う．$\dfrac{V_1}{d}$　え．$\dfrac{r^2}{4kd}$

お．$\dfrac{4\rho d}{3\pi r^2}$　か．$\dfrac{\omega\rho}{12\pi k}$

イ―⑪　ロ―③　ハ―⑩　ニ―⑧　ホ―⑥　ヘ―⑥

◀解　説▶

≪コンデンサーの一部分に挿入する誘電体・導体≫

〔1〕 あ．ガウスの法則より Q の電気量から出る電気力線の総数は

$4\pi kQ$

い．導体の端の影響は無視してよいので，それぞれの導体板は上下に $2\pi kQ$ の電気力線をつくる。2 つの導体板の内側は同じ向きの電気力線になるので，導体板間には $4\pi kQ$ の電気力線が生じる。単位面積当たりの電気力線の本数は電場の強さを示すので

$$E_1=\frac{4\pi kQ}{\pi r^2}=\frac{4kQ}{r^2}$$

う．一様な電場であれば電位差と距離の関係は

$$E_1=\frac{V_1}{d}$$

え．電場の強さを表す(い)・(う)の値が等しいので

$$\frac{4kQ}{r^2}=\frac{V_1}{d}$$

$$Q=\frac{r^2}{4kd}V_1$$

となり，電気容量は

$$C_1=\frac{r^2}{4kd}$$

〔2〕 イ．導体板間の距離が大きくなっても導体板間の電気力線の本数は変わらない。このため電場の強さも変わらない。したがって距離が 3 倍になれば，電位差は 3 倍になる。

ロ．導体板にはたらく力は電場の強さによって決まるので導体板の距離にかかわらず一定である。

ハ．距離を 3 倍にすると電気量は変わらないが，電位差が 3 倍になるので蓄えられていたエネルギーも 3 倍になり $3U_1$ となる。よって必要な仕事は

$$3U_1-U_1=2U_1$$

〔3〕 ニ．誘電体の面積から，導体板の $\frac{1}{4}$ の面積がそのままで，$\frac{3}{4}$ の面積が誘電体で満たされたことになる。このことから，容量の違う 2 つのコンデンサーが並列に接続された合成容量を求めればよいので

$$\frac{1}{4}C_1+\frac{3}{4}C_1\times\frac{5}{3}=\frac{3}{2}C_1$$

ホ．電気量は変化せずに合成容量が $\frac{3}{2}$ 倍になるので，電位差は $\frac{2}{3}$ 倍である。

へ．導体板の距離は d なので電位差 $\frac{2}{3}V_1$ から電場を求めると，$\frac{2V_1}{3d}$ となり，これは E_1 の $\frac{2}{3}$ 倍である。

〔4〕 お．導体で満たされる部分は全体の面積 πr^2 の $\frac{3}{4}$ なので，この部分が抵抗となる。電気抵抗は面積 $\frac{3}{4}\pi r^2$ に反比例し，長さ d に比例するので

$$\rho\frac{d}{\frac{3\pi r^2}{4}}=\frac{4\rho d}{3\pi r^2}$$

か．導体で満たされた部分の抵抗値 $\frac{4\rho d}{3\pi r^2}$ から，この抵抗を流れる電流の最大値は

$$V_0\div\frac{4\rho d}{3\pi r^2}=\frac{3\pi r^2V_0}{4\rho d}$$

また，抵抗を流れる電流は電圧の位相と等しいことから

$$I_R=\frac{3\pi r^2V_0}{4\rho d}\sin\omega t$$

一方，コンデンサー部分の電気容量は $\frac{C_1}{4}$ なので，コンデンサーを流れる電流の最大値は

$$\frac{\omega V_0 C_1}{4}=\frac{\omega V_0 r^2}{16kd}$$

また，コンデンサーを流れる電流は電圧の位相より $\frac{\pi}{2}$ 進むことから

$$I_C=\frac{\omega V_0 r^2}{16kd}\cos\omega t$$

したがって

$$\tan\alpha=\frac{\dfrac{\omega V_0 r^2}{16kd}}{\dfrac{3\pi r^2 V_0}{4\rho d}}=\frac{\omega\rho}{12\pi k}$$

Ⅲ　**解答**　あ．pA　い．$\frac{3}{2}pAh$　う．pA　え．$\frac{3}{2}pA$

お．$\frac{5}{3}$　か．$\frac{2}{3}$

A－⑧　B－⑥　C－①　D－①　E－⑬

◀解　説▶

≪ピストンで真空と仕切られた断熱容器内の気体の状態変化≫

〔1〕 あ．ピストンの上部が真空なので，気体の圧力はピストンの重力だけでつくりだされている。このためピストンの重力とピストンが気体から受ける力はつりあっている。

〔2〕 A．はじめの状態と状態Ⅰを比較する。ボイル・シャルルの法則から

$$\frac{phA}{T}=\frac{2phA}{T_1}\qquad T_1=2T$$

い．この間の変化は定積変化なので，気体定数を R とすると単原子分子気体の定積モル比熱 $\frac{3}{2}R$ から

$$Q=\frac{3}{2}R(T_1-T)$$

また，はじめの状態と状態Ⅰにおける気体の状態方程式から

$$pAh=RT,\ 2pAh=RT_1$$

なので

$$Q=\frac{3}{2}(2pAh-pAh)=\frac{3}{2}pAh$$

〔3〕　う．ピストンは底面からの高さが x の位置まで上昇したので，重力による位置エネルギーの増加は

$$\Delta U=pA(x-h)$$

え．内部エネルギーの変化分は温度変化で決まり，その値は

$$\Delta E=\frac{3}{2}R(T_2-T_1)$$

留め具を外す前後の気体の状態方程式から

$$2pAh=RT_1,\ \ pAx=RT_2$$

これを使って右辺を書きなおすと

$$\Delta E=\frac{3}{2}(pAx-2pAh)=\frac{3}{2}pA(x-2h)$$

B．この間は断熱変化なので熱力学第一法則から

$$0=\Delta E+\Delta U$$

$$0=\frac{3}{2}pA(x-2h)+pA(x-h)$$

$$x=\frac{8}{5}h$$

〔4〕　お．ポアソンの法則を使って，ピストンを押し下げた断熱変化の前後を比較すると

$$p(Ax)^{\frac{5}{3}}=p_3(Ah)^{\frac{5}{3}}$$

$$p_3=p\left(\frac{x}{h}\right)^{\frac{5}{3}}$$

か．断熱変化の前後の気体をボイル・シャルルの法則を使って比較すると

$$\frac{pAx}{T_2}=\frac{p_3Ah}{T_3}$$

$$T_3=\frac{p_3h}{px}T_2$$

ここで(お)の p_3 を代入し

$$T_3=\left(\frac{x}{h}\right)^{\frac{5}{3}}\times\left(\frac{h}{x}\right)T_2$$

$$T_3=\left(\frac{x}{h}\right)^{\frac{2}{3}}T_2$$

C．p_3 に $x=\frac{8}{5}h$ を代入し計算すると

$$p_3=\left(\frac{8}{5}\right)^{\frac{5}{3}}p$$

$$=\frac{8}{5}\times\left(\frac{2^3}{5}\right)^{\frac{2}{3}}p$$

$$=\frac{8}{5}\times\frac{2^2}{5^{\frac{2}{3}}}p$$

$$\fallingdotseq\frac{8}{5}\times\frac{4}{2.9}p=2.20p$$

となるので $2p$ よりも大きくなる。

D．温度 T_1 は断熱膨張の前の温度で，温度 T_3 は断熱圧縮後の温度である。外部とやり取りした仕事の大きさが同じであれば，この 2 つの温度は等しいが，断熱膨張で気体が外部にした仕事よりも断熱圧縮の際にはピストンに外力が作用しているので，断熱圧縮のときに外部からされた仕事の方が大きい。したがって内部エネルギーは断熱圧縮後の方が大きくなるので T_3 は T_1 よりも大きい。

〔5〕　E．この間は定積変化なので，熱力学第一法則より温度調整器の得た熱量は内部エネルギーの減少量に等しい。したがって正負に注意して

$$\frac{3}{2}R(T_3-T_1)$$

ここで気体の状態方程式

$$p_3Ah=RT_3,\quad 2pAh=RT_1$$

を使って書きなおすと

$$\frac{3}{2}Ah(p_3-2p)=\frac{3}{2}Ahp\left\{\left(\frac{8}{5}\right)^{\frac{5}{3}}-2\right\}$$

$$=Q\left\{\left(\frac{8}{5}\right)^{\frac{5}{3}}-2\right\}$$

❖講　評

大問３題の出題で試験時間 80 分。力学，電磁気，熱力学から１題ずつ出題された。問題文中の空所に，選択肢から選んでマークする問題と，数式の結果を記入する問題の組み合わせである。

Ⅰ．２物体をばねで連結させ，一方に小球を衝突させる問題。一方を固定している場合は衝突と単振動の問題であるが，２物体とも移動すると移動しながらの２物体の単振動の問題となるので，重心からみた単振動と考える。その際，ばね定数はもとのばね定数とは変わっていることに注意。

Ⅱ．ガウスの法則を使ってコンデンサーの電気容量を求め，このコンデンサーに部分的に誘電体を挿入し，合成容量を求める。また，導体を部分的に挿入し，コンデンサーと抵抗の並列回路として交流電源と接続する。コンデンサーを題材としているが，抵抗値や CR 並列回路など電気の広い範囲にわたっての出題である。

Ⅲ．ピストンで仕切られた断熱容器内の気体の状態変化である。一方は真空であるために，ピストンが自由に動く場合はピストンへの重力で生じる圧力が気体の圧力になる。〔４〕D においては，断熱変化前後の温度を比較している。この場合，ポアソンの式が成り立つ断熱変化はゆっくりとした変化（準静的変化）であるので，〔３〕のように勢いよくピストンが上昇するような断熱膨張の際には使えない。このため温度に差が生じる。

化学

I 解答

〔1〕あ―⑭　い―③　う―⑫　え―⑫　お―①
か―⑭　き―⑨　く―②　け―⑤

〔2〕(i) 0.25 mol　(ii) 36

〔3〕(i)―①　(ii) k_2K_c

〔4〕(i)―③　(ii) 312 kJ

◀解　説▶

≪多段階反応の反応速度，化学平衡，反応熱≫

〔1〕い・う．反応物がもつエネルギーが生成物より大きい場合は発熱反応，逆に小さい場合は吸熱反応となる。

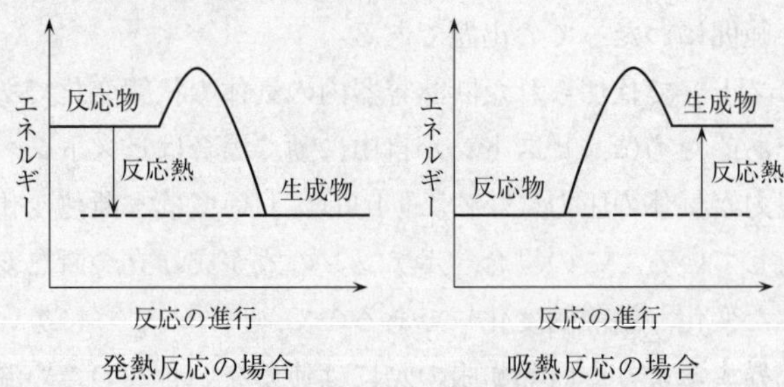

え．共有結合を切断し，原子にする変化は吸熱反応である。

〔2〕(i)

	H_2	+ I_2	⇄ $2HI$	
反応前	1.00	1.00	0	〔mol〕
変化量	−0.750	−0.750	+1.50	〔mol〕
平衡状態	0.25	0.25	1.50	〔mol〕

残った H_2 は 0.25 mol となる。

(ii)　容器の体積を V〔L〕，平衡定数を K とする。(i)の物質量を用いて

$$\text{平衡定数}\ K=\frac{[HI]^2}{[H_2][I_2]}=\frac{\left(\dfrac{1.50}{V}\right)^2}{\left(\dfrac{0.25}{V}\right)\left(\dfrac{0.25}{V}\right)}=36$$

〔3〕(i)　圧力を下げると，気体の総物質量が増加する方向に平衡が移動

する。

(ii)　式(6)より　　$[I]^2 = K_c[I_2]$

これを式(5)に代入すると

$v = k_2[H_2][I]^2 = k_2K_c[H_2][I_2] = k_1[H_2][I_2]$

したがって　　$k_1 = k_2K_c$

〔4〕　C_2H_6 (気) $+ \frac{7}{2}O_2$ (気) $= 2CO_2$ (気) $+ 3H_2O$ (液) $+ 1561\,kJ$　……①

C_2H_2 (気) $+ \frac{5}{2}O_2$ (気) $= 2CO_2$ (気) $+ H_2O$ (液) $+ 1301\,kJ$　……②

C (黒鉛) $+ O_2$ (気) $= CO_2$ (気) $+ 394\,kJ$　……③

H_2 (気) $+ \frac{1}{2}O_2$ (気) $= H_2O$ (液) $+ 286\,kJ$　……④

(i)　さ．$-$①$+2\times$③$+3\times$④ より

2C (黒鉛) $+ 3H_2$ (気) $= C_2H_6$ (気) $+ \underset{さ}{\underline{85\,kJ}}$　……⑤

し．$-$②$+2\times$③$+$④ より

2C (黒鉛) $+ H_2$ (気) $= C_2H_2$ (気) $\underset{し}{\underline{-227\,kJ}}$　……⑥

(ii)　⑤$-$⑥ より　　C_2H_2 (気) $+ 2H_2$ (気) $= C_2H_6$ (気) $+ 312\,kJ$

熱化学方程式の係数は，その物質の物質量を表す。そのため，アセチレン1.00mol と水素 2.00mol が反応すると，熱化学方程式より 312kJ の熱が発生する。

II　解答

〔1〕A—⑬　B—⑥　C—①　D—⑮　E—⑪
F—③　G—⑩　H—⑤

〔2〕⑨

〔3〕$Cr_2O_7^{2-}$

〔4〕④

〔5〕$2AgCl \longrightarrow 2Ag + Cl_2$

〔6〕⑦

〔7〕$2.0\times10^{-2}\,g$

◀解 説▶

≪塩の推定≫

〔1〕 いくつかの実験から，含まれるイオンを絞り込む。

実験3．下線部(a)では物質Aから生じたカルボン酸とエタノールが反応してエステルが生成しており，物質Aはカルボン酸の塩である。また，硫酸イオンと反応して白色沈殿を生成するイオンは選択肢の物質に含まれる陽イオンでは Ba^{2+} か Pb^{2+} であり，物質Aはこのどちらかをもつ。

実験4．炎色反応より，物質Bは Ba^{2+}，物質Gは K^+ をもつ。物質Bが Ba^{2+} をもつので物質Aは Pb^{2+} をもつと判断できる。

実験6．この変化は，$CrO_4{}^{2-}$ と $Cr_2O_7{}^{2-}$ との平衡移動による色の変化であり，物質Gは $CrO_4{}^{2-}$ をもつ。

実験7．塩基性条件下で H_2S を通じて白色沈殿を生じるイオンは，Zn^{2+} である。

実験9．感光性のある物質が生じることから物質BまたはDは Ag^+ をもつ。ただし，実験4より，物質Bは Ba^{2+} をもつので，Ag^+ をもつのは物質Dである。

実験11．酸化力のある NaClO 水溶液を加えて生じる褐色溶液はヨウ素溶液であり，物質Eは I^- をもつ。

実験12．弱塩基の遊離でアンモニアが発生しているため，物質Fは $NH_4{}^+$ をもつ。

実験13．生じた青白色の沈殿は $Cu(OH)_2$ であり，物質Hは Cu^{2+} をもつ。

	水溶液の色	特徴・含まれるイオン			
A	無色	CH_3COO^-，Pb^{2+}			黄色沈殿
B		Ba^{2+}	白色沈殿	黄色沈殿	
C		Zn^{2+}			
D		Ag^+			
E		I^-			
F		$NH_4{}^+$			
G	有色	K^+，$CrO_4{}^{2-}$			
H		Cu^{2+}			

以上より判断すると

A．選択肢の中のカルボン酸塩は②酢酸亜鉛，⑬酢酸鉛(Ⅱ)より，⑬と判断できる。

B．Ba^{2+} をもつ選択肢は⑥塩化バリウムのみである。

C．Zn^{2+} をもち，また，実験8で Ba^{2+} を含む物質Bの水溶液を加えると白色沈殿を生じることから SO_4^{2-} をもつ。よって①硫酸亜鉛である。

D．Ag^+ をもつため，⑮硝酸銀である。

E．I^- をもつため，⑪ヨウ化ナトリウムである。

F．NH_4^+ をもつため，③硫酸アンモニウムである。

G．K^+，CrO_4^{2-} をもつため，⑩クロム酸カリウムである。

H．Cu^{2+} をもつため，⑤硫酸銅(Ⅱ)五水和物である。

〔2〕 次の反応が起こっている。

$$(CH_3COO)_2Pb + Na_2SO_4 \longrightarrow 2CH_3COONa + PbSO_4\downarrow$$

$$2CH_3COONa + H_2SO_4 \longrightarrow 2CH_3COOH + Na_2SO_4$$

$$CH_3COOH + C_2H_5OH \xrightarrow[\text{エステル化}]{} CH_3COOC_2H_5 + H_2O$$

〔3〕 クロム酸イオンに酸を加えると，橙赤色の二クロム酸イオンが生じる。

$$\underset{\text{黄色}}{2CrO_4^{2-}} + 2H^+ \longrightarrow \underset{\text{橙赤色}}{Cr_2O_7^{2-}} + H_2O$$

〔4〕 Mn^{2+} は中性および塩基性の条件で硫化水素と反応し，淡桃色の沈殿 MnS を生成する。Mn^{2+} 以外の Ca^{2+}，K^+，Li^+，Ba^{2+}，Al^{3+}，Mg^{2+}，Na^+ は，硫化水素を加えても沈殿を生じない。

〔5〕 ハロゲン化銀には感光性があり，光で分解して単体の銀が生じる。

〔6〕 次亜塩素酸イオンは酸化剤としてはたらき，ヨウ化物イオンと次のように反応し，褐色のヨウ素溶液となる。

$$2I^- \longrightarrow I_2 + 2e^- \quad \cdots\cdots①$$

$$ClO^- + 2H^+ + 2e^- \longrightarrow Cl^- + H_2O \quad \cdots\cdots②$$

①＋②より　$2I^- + ClO^- + 2H^+ \longrightarrow I_2 + Cl^- + H_2O$

〔7〕 $Cu(OH)_2 = 98$

物質Hの水溶液と水酸化ナトリウム水溶液は次のように反応する。

$$CuSO_4 + 2NaOH \longrightarrow Cu(OH)_2\downarrow + Na_2SO_4$$

沈殿した $Cu(OH)_2$ の質量 $= 2.5\times10^{-2}\times\dfrac{8.0}{1000}\times98$

$$=1.96\times10^{-2}$$
$$\fallingdotseq2.0\times10^{-2}〔g〕$$

Ⅲ　解答

〔1〕 あ．官能基　い．親水基

〔2〕 う―⑪　お―⑫　か―⑤　き―⑥　く―⑩

〔3〕 ②

〔4〕 ナトリウムフェノキシド

〔5〕 A―②　B―⑤

〔6〕 (i)―①　(ii)―①・②　(iii)―②

〔7〕 ④

〔8〕 (i)

```
    H  H  H  H  H
    |  |  |  |  |
H ─ C ─ C ─ C ─ C ─ C ─ H
    |  |  |  |  |
    O  H  H  H  H
    |
    H
```

(ii)

```
    H   H     H     H
    |   |     |     |
H ─ C ─ C* ── C ─── C ─ H
    |   |     |     |
    H   O H ─ C ─ H H
        |     |
        H     H
```

◀解　説▶

≪アルコールの異性体と反応，フェノールの性質≫

〔3〕 え．アルコールはヒドロキシ基をもつので分子間で水素結合を生じ，融点や沸点が高い。エーテルは水素結合を生じないため，融点や沸点が低い。

け．フェノールの酸の強さは炭酸よりも弱い。

〔4〕 次のように反応する。

$C_6H_5OH + NaOH \longrightarrow C_6H_5ONa + H_2O$

ナトリウムフェノキシド

$C_6H_5ONa + CO_2 + H_2O \longrightarrow C_6H_5OH + NaHCO_3$

〔5〕 まずCの並び方を考え，次に官能基の位置を考える。

A．炭素数が3のとき，Cの並び方は1通り。下の図の↑にヒドロキシ基が結合できるため，2個の異性体が考えられる。

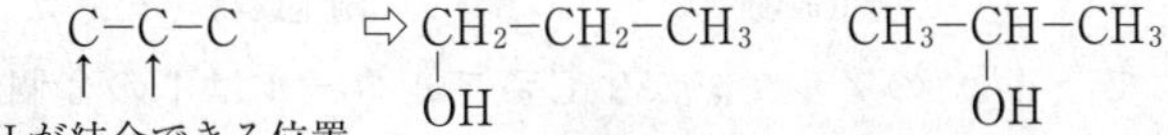

C−C−C（↑↑：OHが結合できる位置）⇨ $CH_2(OH)-CH_2-CH_3$　$CH_3-CH(OH)-CH_3$

炭素数が3のときの異性体

B．炭素数が4のとき，Cの並び方は2通り。下の図の↑および↓にヒドロキシ基が結合できるため，4個の構造異性体が考えられる。ただし，＊の位置にヒドロキシ基が結合した場合は1対の鏡像異性体が生じるため，異性体は合わせて5個考えられる。

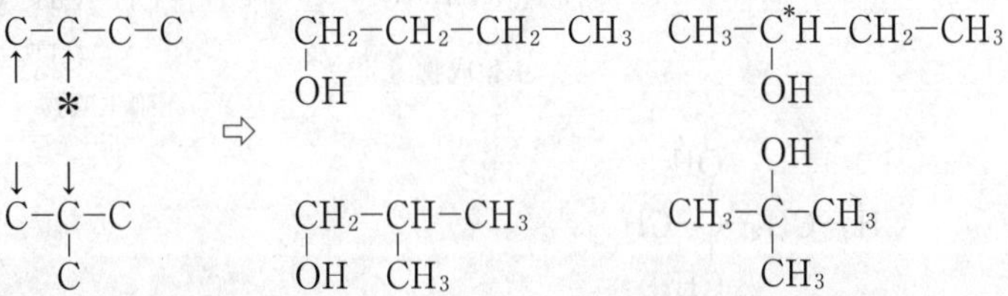

C−C−C−C（↑↑，＊）
C−C(C)−C（↓↓）
OHが結合できる位置

⇨ $CH_2(OH)-CH_2-CH_2-CH_3$　$CH_3-C^{*}H(OH)-CH_2-CH_3$
$CH_2(OH)-CH(CH_3)-CH_3$　$CH_3-C(OH)(CH_3)-CH_3$

炭素数が4のときの構造異性体

〔6〕(i)　プロペンに臭素水を加えると，付加反応が起こり，臭素水の赤褐色が消える。

(ii)　プロペンを硫酸酸性の過マンガン酸カリウム水溶液で酸化すると，二重結合が酸化されて開裂し，酢酸と二酸化炭素が生じる。

$$CH_2{=}CH-CH_3 \xrightarrow[\text{過マンガン酸カリウム}]{} CH_3-C(=O)-OH + CO_2$$

また，プロピオンアルデヒドを硫酸酸性の過マンガン酸カリウム水溶液で酸化すると，プロピオン酸が生じる。

(iii)　アンモニア性硝酸銀水溶液にプロピオンアルデヒドを加えると，銀鏡反応が起こり，銀が析出する。

〔7〕④誤り。硫酸酸性の二クロム酸カリウム水溶液で酸化されてアルデヒドを生じるものは第一級アルコールである。

〔8〕(i)　脱水して（i’）のアルケンが生じるアルコールは下の2個が考えられる。そのうち，（i’）が主生成物となるものは1個である。

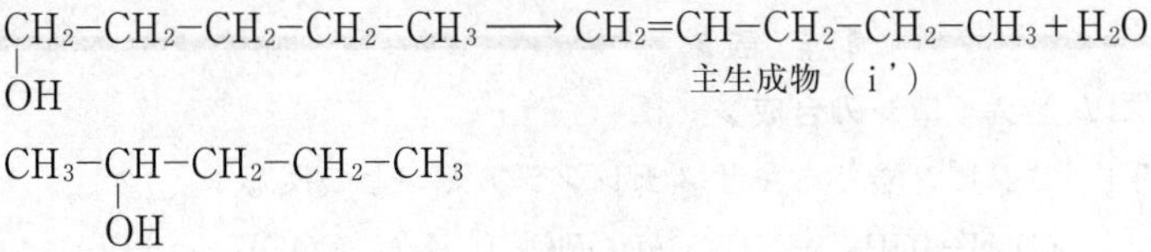

$$CH_2(OH)-CH_2-CH_2-CH_2-CH_3 \longrightarrow CH_2{=}CH-CH_2-CH_2-CH_3 + H_2O$$

主生成物（i’）

$$CH_3-CH(OH)-CH_2-CH_2-CH_3$$

$\longrightarrow CH_3-CH=CH-CH_2-CH_3+CH_2=CH-CH_2-CH_2-CH_3+H_2O$

主生成物　　　　副生成物（ⅰ'）

(ii) 脱水して（ⅱ'）のアルケンが生じるアルコールは下の 2 個が考えられ，どちらも（ⅱ'）が主生成物として得られる。問題の指示により，そのうち不斉炭素原子をもつ構造が正解となる。

$CH_3-C^*H(OH)-CH(CH_3)-CH_3$

$\longrightarrow CH_3-CH=C(CH_3)_2+CH_2=CH-CH(CH_3)-CH_3+H_2O$

主生成物（ⅱ'）　　　　副生成物

$CH_3-CH_2-C(OH)(CH_3)-CH_3$

$\longrightarrow CH_3-CH=C(CH_3)_2+CH_3-CH_2-C(CH_3)=CH_2+H_2O$

主生成物（ⅱ'）　　　　副生成物

Ⅳ 解答

〔1〕⑤

〔2〕 $H_2C=CH-C_6H_5$ 　　$H_2C=CH-CH=CH_2$

〔3〕⑥

〔4〕ⓐ6　ⓑ10

〔5〕③

〔6〕⑦

〔7〕 $\text{-[}NH-(CH_2)_5-CO\text{]-}_n$

〔8〕(i) 1.8×10^2 分子　(ii)―③

◀解　説▶

≪ゴムとナイロンの合成≫

〔3〕アジピン酸とヘキサメチレンジアミンとの反応：

$nH_2N-(CH_2)_6-NH_2+nHOOC-(CH_2)_4-COOH$

$$\longrightarrow \left[\begin{matrix}N\\|\\H\end{matrix}-(CH_2)_6-\begin{matrix}N\\|\\H\end{matrix}-\begin{matrix}C\\\|\\O\end{matrix}-(CH_2)_4-\begin{matrix}C\\\|\\O\end{matrix}\right]_n+2n\underline{H_2O}_{X}$$

アジピン酸ジクロリドとヘキサメチレンジアミンとの反応：

$$nH_2N-(CH_2)_6-NH_2+nClOC-(CH_2)_4-COCl$$

$$\longrightarrow \left[\begin{matrix}N\\|\\H\end{matrix}-(CH_2)_6-\begin{matrix}N\\|\\H\end{matrix}-\begin{matrix}C\\\|\\O\end{matrix}-(CH_2)_4-\begin{matrix}C\\\|\\O\end{matrix}\right]_n+2n\underline{HCl}_{Y}$$

〔4〕　ヘキサメチレンジアミンの炭素数は 6，セバシン酸ジクロリドの炭素数は 10 なので，ナイロン 610 となる。ジアミンの炭素数を先に記すことに注意する。

〔6〕　A．ポリイソプレンはイソプレンの付加重合で合成される。

B．スチレン-ブタジエンゴムは，２種類以上の単量体の付加重合で合成されるため，共重合である。

C．ナイロン 66 はヘキサメチレンジアミンとアジピン酸の縮合重合で合成される。

D．ナイロン 6 は ε-カプロラクタムの開環重合で合成される。

〔8〕　(i)　重合度を n とする。ナイロン 66 の分子量は

$$\left[\begin{matrix}N\\|\\H\end{matrix}-(CH_2)_6-\begin{matrix}N\\|\\H\end{matrix}-\begin{matrix}C\\\|\\O\end{matrix}-(CH_2)_4-\begin{matrix}C\\\|\\O\end{matrix}\right]_n=226n$$

平均分子量 4.1×10^4 を用いて

$$226n=4.1\times10^4 \qquad n=1.81\times10^2$$

繰り返し単位にヘキサメチレンジアミンは１分子含まれるため

ヘキサメチレンジアミンの数 $=1.81\times10^2 \fallingdotseq 1.8\times10^2$ 分子

(ii)　繰り返し単位にアミド結合は２個含まれるため

アミド結合の数 $=2\times n=3.62\times10^2 \fallingdotseq 3.6\times10^2$ 個

❖講　評

大問 4 題で構成され，Ⅰは理論，Ⅱは無機・理論，Ⅲは有機，Ⅳは有機・理論分野からの出題であった。多くの大問で計算問題が出題されたものの，論述や描図問題は出題されなかった。

Ⅰ．反応速度，化学平衡，反応熱について出題された。化学平衡，反応熱については基本的な語句，計算を問う出題が多かった。一方，反応速度では多段階反応について考える問題が出題された点が目新しい。計

算の誘導に従い何を求めるかをはっきりさせれば解答できる。

Ⅱ．さまざまなイオンを判別する問題であった。選択肢が多く，実験も多かったため，読解力が要求された。イオンを特定できる記述を見つけるところから始め，表などにまとめると理解しやすいであろう。

Ⅲ．アルコール，フェノールについて出題された。基本的な語句や性質を問う問題が多かったものの，酸化開裂やザイツェフ則など発展的な内容が出題され，思考力が要求された。構造式の書き方に指示があるため，見逃すことがないようにすること。

Ⅳ．ナイロン，ゴムの合成に関する出題であった。合成高分子化合物では基本的な反応，計算が出題された。一方，語句については，開発者の名前やナイロン610などが出題されたため，教科書をどれだけ読み込んだかで差が出る問題であった。

基本的な知識や計算力を問うものが多かったが，文章量が多く，思考力を要する問題もあり，時間配分に留意しながら解く必要がある。

生物

I

解答　〔1〕 フォールディング

〔2〕 ①

〔3〕 複製

〔4〕 ③

〔5〕 アミノ酸間の水素結合などが切断される。(20字以内)

別解 立体構造が変化し基質と結合できなくなる。

〔6〕ⓔ―④　ⓞ―③　ⓚ―②　ⓚ―①　ⓚ―①　ⓚ―③　ⓚ―④
ⓢ―③　ⓢ―④　ⓢ―①　ⓢ―①　ⓢ―③　ⓣ―④　ⓣ―③　ⓣ―②

〔7〕ⓣ―①　ⓣ―①　ⓝ―③　ⓝ―④　ⓝ―③　ⓝ―②　ⓝ―④
ⓗ―④　ⓗ―②　ⓗ―①　ⓗ―②　ⓗ―③

〔8〕 2

◀解　説▶

≪タンパク質の立体構造と酵素，転写と翻訳，遺伝暗号表≫

〔1〕 ポリペプチドが折りたたまれ，特有の立体構造を形成する過程は，フォールディングという。この過程を補助するのがシャペロンとよばれるタンパク質である。

〔2〕 システインは側鎖にSH基をもつアミノ酸である。システイン2分子がそれぞれのSH基のH原子を失ってつながる結合がジスルフィド結合（S–S結合）である。

〔4〕 酵素には基質と結合して触媒作用を示す部位（活性部位）があり，酵素はそこにぴったりと適合する特定の基質のみに作用する。この性質を③基質特異性という。空欄うには②活性部位も当てはまりそうだが，直前に「鍵と鍵穴に例えられ」という表現があることから，③を選ぶ。

〔5〕 字数が少ないため，タンパク質の立体構造に着目するか，立体構造を形成する結合に着目するかで記述内容が変わるだろう。

〔6〕 表から3番目（リシン）と4番目（システイン）のアミノ酸に対応するmRNA配列を読み取ると，リシンはAAAとAAG，システインはUGUとUGCである。これらを組み合わせ，GとCが順に多くなるよう

に並べればよい。なお，(Ⅰ)，(Ⅱ)にはリシンのmRNA配列としてAAAが記載されているので，(Ⅲ)，(Ⅳ)のリシンはAAGと決まる。

〔7〕 DNA鎖のうち，mRNAの鋳型となる方をアンチセンス鎖，ならない方をセンス鎖という。(Ⅳ)に対応するDNA塩基配列とmRNA配列を整理すると，下図のようになる。なお，DNA中の塩基Tは，RNA中ではUに置き換わることに注意する。

(Ⅳ)のセンス鎖　5'-●●● ●●● AAG TGC-3'
(Ⅳ)のアンチセンス鎖　3'-●●● ●●● TTC ACG-5'
↓転写
(Ⅳ)　5'-●●● ●●● AAG UGC-3'

〔8〕 (Ⅰ)と(Ⅳ)の7番目以降のmRNA配列に着目すると，(Ⅰ)は1つのGを含むのに対し，(Ⅳ)は2つのGと1つのCを含むことがわかる。よって，(Ⅰ)に対応するDNAでは1つのG−C対が，(Ⅳ)に対応するDNAでは3つのG−C対が含まれる。図3よりG−C対はA−T対より水素結合が1つ多いので，(Ⅳ)に対応するDNAは(Ⅰ)より水素結合の数が2つ多くなる。

Ⅱ 解答

〔1〕 A−②　B−⑥　C−⑤　D−⑩　E−⑨
〔2〕 (ア)−③　(イ)I．黄　J．白
〔3〕 あ−⑦　い−③　う−⑥　え−①　お−⑤
〔4〕 K−⑤　L−①　M−④
〔5〕 (ア)か．負（マイナス）　き．ナトリウム
(イ)N．静止電位　O．活動電位　(ウ)10m/秒　(エ)全か無かの法則

◀解　説▶

≪眼の構造と暗順応，視覚の伝導路，ニューロン，興奮の伝導速度≫

〔2〕 (ア) ヒトの眼は，およそ400～700nmの波長の光を受容することができ，この範囲の光を可視光という。可視光は波長が短い（400nm）方が青（紫）色光，長い（700nm）方が赤色光であることは覚えておきたい。

(イ) J．光の三原色の合成を考えればよい。

〔3〕 ②イソメラーゼは，トランス形レチナールをオプシンと結合できるシス形レチナールへと変える異性化酵素である。

⑧緑内障とは，視神経に障害が起こり視野が狭くなる病気である。

〔4〕　K．右眼からの情報はすべて大脳まで届かないが，左眼からの情報はすべて届いているため，⑤のように視野が欠損する。

L．左眼の左側からの光の情報（左眼の右半分の網膜で受容された情報）と，右眼の右側からの光の情報（右眼の左半分の網膜で受容された情報）が大脳に届かないので，①のように視野が欠損する。

M．左眼の右側からの光の情報（左眼の左半分の網膜で受容された情報）と，右眼の右側からの光の情報（右眼の左半分の網膜で受容された情報）が大脳に届かないので，④のように視野が欠損する。

〔5〕　(ア)・(イ)　興奮していない状態（静止時）のニューロンの細胞膜では，ナトリウムポンプがナトリウムイオン（Na^+）を細胞外に，カリウムイオン（K^+）を細胞内に運ぶので，細胞内はNa^+が少なく，K^+が多くなっている。このとき，K^+がK^+漏洩チャネルを通って細胞外に流出するため，膜内の電位は負になる。これを静止電位（N）という。細胞膜に刺激を受けるとNa^+チャネルが開いて，膜外のNa^+が膜内に急激に流入するので，膜内外の電位差が逆転する。これを活動電位（O）という。Na^+の流入よりやや遅れてK^+チャネルが開きK^+が膜外に流出すると，膜内の電位は急激に下降して負に戻る。

(ウ)　測定した2点間の距離は

$$3.2-2=1.2〔cm〕=0.012〔m〕$$

2点間の興奮伝導にかかる時間は

$$3.6-2.4=1.2\text{ミリ秒}=0.0012\text{秒}$$

よって，伝導速度〔m/秒〕は

$$0.012\div0.0012=10〔m/秒〕$$

III　解答　〔1〕　めしべ：③　おしべ：⑥

〔2〕（外側から）がく片，花弁，花弁，がく片の順に配置した構造。(25字以内)

〔3〕　④・⑤

〔4〕　分裂ⅰ：2　分裂ⅱ：3

〔5〕　細胞(あ)：10　細胞(い)：5　細胞(お)：5　細胞(き)：15

〔6〕　②・⑤

〔7〕　変異体Ａ：③　変異体Ｂ：⑤　変異体Ｃ：①

〔8〕　変異体A：①　変異体B：①　変異体C：②

〔9〕　変異体A：②　変異体B：①　変異体C：②

◀解　説▶

≪ABCモデル，重複受精，有胚乳種子の発芽とジベレリン≫

〔1〕　リード文から，野生型のシロイヌナズナの花における3種類のホメオティック遺伝子と花器官の関係は下表のようになると考えられる。

領域	ホメオティック遺伝子	花器官
領域1	A	がく片
領域2	A+B	花弁
領域3	B+C	おしべ
領域4	C	めしべ

〔2〕　Cクラス遺伝子が欠損した場合のホメオティック遺伝子と花器官の関係は下表のようになる。

領域	ホメオティック遺伝子	花器官
領域1	A	がく片
領域2	A+B	花弁
領域3	A+B	花弁
領域4	A	がく片

〔3〕〜〔5〕　細胞(あ)〜(き)をまとめると下表のように整理できる。

	名称	染色体数	
細胞(あ)	胚のう母細胞	$2n=10$	減数分裂（分裂ⅰ）により2回の核分裂が行われる。核相が$2n→n$になる。
細胞(い)	胚のう細胞	$n=5$	4つの細胞のうち3つは退化・消失する。残った大胞子中の核が3回の核分裂（分裂ⅱ）を行い，8つの核ができる。
細胞(う)	反足細胞	$n=5$	退化する
細胞(え)	中央細胞	$2n=10$	精細胞と受精後，胚乳（$3n$）になる。
細胞(お)	卵細胞	$n=5$	精細胞と受精後，受精卵→胚（$2n$）になる。
細胞(か)	助細胞	$n=5$	退化する
細胞(き)	胚乳	$3n=15$	胚が育つときの栄養分となり，やがてなくなる。

〔6〕　有胚乳種子は，発芽時の栄養分が胚乳に蓄えられている種子で，イネ，②カキ，⑤トウモロコシなどが挙げられる。一方，胚乳が発達せず，

発芽時の栄養分が子葉に蓄えられている種子を無胚乳種子といい，マメ科（④ダイズ），アブラナ科，ブナ科（③クリ），ヒルガオ科（①アサガオ）などが挙げられる。

〔7〕 変異体Aは，Gb合成能はないが，Gbに対する反応性はあるので，ジベレリンを外部から投与することで野生型と同様の反応を示すと考えられる。したがって③となる。

変異体Bには，Gbに対する反応性がないため，外部からジベレリンをどれだけ投与しても反応しないと考えられる。したがって⑤となる。

リード文に「変異体Cの特徴は外部からGbを与え続けた場合と類似しており，Gb合成阻害剤を与えても草丈は高いままであった」とあることから，変異体CはGb合成量が過剰なのではなく，Gbによって引き起こされる作用（茎葉部の伸長成長）が消えずに持続する変異であると考えられる。よって，変異体Cでは，Gb投与量に関わらず常に草丈が高くなると考えられる。したがって①となる。

〔8〕 リード文に，Gbは胚から供給されるとあるので，野生型を用いた実験では，胚が付いている側でのみ糊粉層からアミラーゼが合成され，デンプンを分解したのだと考えられる。

変異体AはGbを合成できないためアミラーゼも合成できない。また，変異体BはGbは合成できるが反応性を欠くため，やはりアミラーゼを合成できない。したがって，どちらの変異体もデンプンを分解できず，結果は①（左右とも変化なし）になると推測できる。

一方，変異体CはGbの作用であるアミラーゼ合成（アミラーゼ遺伝子の転写・翻訳）が持続していると考えられる。したがって，変異体Cではアミラーゼが種子全体で発現していると推測でき，結果は②（左右とも薄くなる）になるだろう。

〔9〕 変異体AはGbが供給されたことでアミラーゼを合成できるようになり，野生型と同じ反応になると考えられる。したがって，結果は②（左右とも薄くなる）となる。

変異体BはGbの反応性を欠くため，外部からGbを供給してもアミラーゼは合成されないと考えられる。したがって，結果は①（左右とも変化なし）となる。

変異体Cは外部からのGbの供給に関係なく，常に種子全体にGbの作用が持続している。したがって〔8〕と同じく結果は②（左右とも薄くなる）になるだろう。

Ⅳ 解答

〔1〕 2048倍

〔2〕 ⑤

〔3〕 ②

〔4〕 0

〔5〕 ①

〔6〕 ⑤

〔7〕 ③

〔8〕 宿主（被食者）

〔9〕 ニッチ（生態的地位）

〔10〕 生産構造

〔11〕 ③

〔12〕 光をめぐる競争に負けたから。(15字以内)

◀解　説▶

≪個体群の相互作用，アリー効果，生産構造図≫

〔1〕 このバクテリアは，1回の分裂（20分）で2倍に増えるとすると，分裂の回数と個体数の関係は次のように考えられる。

回数	1回目	2回目	3回目	…	n回目
個体数	2^1	2^2	2^3		2^n

4時間（240分）で240÷20＝12回の分裂が行われるので，4時間後の個体数が20分後の個体数の何倍かを求める式は次のようになる。

$$\frac{2^{12}}{2^1}=2^{11}=2048\text{倍}$$

〔3〕 リード文から読み取れるように，アリー効果とは，密度効果とは反対に，あるレベルの密度までは，密度が高いほど個体群の成長が促進されるというものであり，正の密度効果ともよばれる。動物の野生復帰などで，放す個体数が少なすぎると天敵による死亡率などが高まり全滅しやすいことが知られている。個体群の成長を可能にするためには，ある程度まとまった数の個体を放すことが必要である。

〔4〕 5日目の時点における個体数が，すでに環境収容力（$K=375$）の上限に達してしまっていることから，「増殖に対する残されている可能性の割合」は0だと判断できる。

〔5〕 リード文より，[単位時間あたりの個体数の増加率] は，[内的自然増加率]×[その時点での個体数]×[増殖に対する残されている可能性の割合] で求めることができる。また，[内的自然増加率]＝2.30であることも明記されている。よって，2～5日目の [単位時間あたりの個体数の増加率] を計算すると，下記のようになる。

2日目：$2.30\times137.2\times0.633=199.749\fallingdotseq199.75$

3日目：$2.30\times319.0\times0.149=109.321\fallingdotseq109.32$

4日目：$2.30\times369.0\times0.016=13.579\fallingdotseq13.58$

5日目：$2.30\times375.0\times0=0$

これらの値をとるグラフは，①である。

〔6〕 選択肢から判断する。キイロショウジョウバエは受精卵から羽化するまでの期間が約10日であることから，②，③，④は誤りである。残りの①，⑤について，本実験では実験期間中に餌の継ぎ足しを行っておらず，期間の経過とともに餌の量は減少する。すなわち，実験期間における餌の量は一定でないと考えられる。したがって，⑤を選ぶ。

〔7〕 動物群集内に被食－捕食の関係がある場合，捕食者の個体数は被食者の個体数を追いかけるように変化し，両者の個体数は周期的な変動をくり返す。

〔10〕～〔12〕 生産構造図とは，ある植生の光合成器官と非光合成器官などの垂直的な分布の調査結果をグラフ化したものである。図3のソバとヤエナリを比較すると，ヤエナリの光の確保戦略は茎を伸ばすよりも葉を水平方向に広げて広範囲の光を確保することに特化しているのに対し，ソバの戦略は茎を伸長させて高い位置で光を確保することに特化していることが読み取れる。このことから，混植した場合は，種間競争の結果，高い位置で光を優占できるソバがヤエナリよりも大きく成長すると推測できる。

❖講　評

Ⅰ．前半は酵素の性質も絡めたタンパク質の立体構造に関する問題である。フォールディングやジスルフィド結合のシステインなど，教科書によっては発展問題などで扱われる内容からの出題もあった。後半は遺伝暗号表を用いた転写・翻訳に関する問題である。内容は標準的だがマーク数がやや多い。素早く正確な解答を心がけたい。

Ⅱ．眼の構造や視覚，神経などに関する標準的な問題である。ただし，暗順応に関するさまざまな視物質の知識や，光の三原色の合成，視覚の伝導路について図を読み解く問題や，興奮の伝導速度の計算など，出題形式は多様であるため，一つ一つ着実に対処していきたい。

Ⅲ．ABC モデル，重複受精，有胚乳種子の発芽など，植物に関する問題である。特に後半の有胚乳種子の発芽に関する実験考察問題は焦らず取り組みたい。リード文や表・図をよく読み，情報を整理し，時に推察し，一つ一つの実験結果に丁寧に向き合うことが解答への近道となる。一方で，知識問題は確実に押さえておきたい。

Ⅳ．個体群の相互作用や生産構造図など，生態系に関する出題である。最後の大問でありながら，問題数が一番多く，また，実験考察，表・グラフ考察，計算，論述，正しい組み合わせの選択など，時間をとられる問題も多い。特に前半での表の計算や，その結果から導くグラフの選択問題などは時間がかかる。そのような問題は焦らずしっかり時間をかけ，正確に解答したい。そのためにも，最初の時間配分は大切である。問題に図やグラフが多いが，教科書や図説等でよく目にするものも多いので，よく理解しておくこと。

例年と同様に標準的な内容の問題で，総合的な学力が問われている。ただし，中には発展的な問題も見られるため，教科書のコラム欄や図説を活用したり，日頃から生物に関連するニュースはチェックしておきたい。問題中の実験や図をしっかり読み解き，きちんと整理する力や，そこから考察・計算する力も必要である。また，時間配分も大切である。試験開始時にはまず全部の問題に目を通し，時間をかける必要がありそうな問題を先にチェックしておきたい。

■学部個別配点方式(理系)

問題編

▶試験科目

【理工学部】

	学系・学科	教科	科目
理科1科目型	数理科学科・都市システム系	外国語	コミュニケーション英語Ⅰ・Ⅱ・Ⅲ，英語表現Ⅰ・Ⅱ
		数学	数学Ⅰ・Ⅱ・Ⅲ・A・B
		理科	「物理基礎，物理」，「化学基礎，化学」から1科目選択
	物理科学科・電子システム系・機械システム系	外国語	コミュニケーション英語Ⅰ・Ⅱ・Ⅲ，英語表現Ⅰ・Ⅱ
		数学	数学Ⅰ・Ⅱ・Ⅲ・A・B
		理科	物理基礎，物理
理科2科目型	数理科学科	外国語	コミュニケーション英語Ⅰ・Ⅱ・Ⅲ，英語表現Ⅰ・Ⅱ
		数学	数学Ⅰ・Ⅱ・Ⅲ・A・B
		理科	「物理基礎，物理」，「化学基礎，化学」，「生物基礎，生物」から2科目選択
	物理科学科・電子システム系・機械システム系	外国語	コミュニケーション英語Ⅰ・Ⅱ・Ⅲ，英語表現Ⅰ・Ⅱ
		数学	数学Ⅰ・Ⅱ・Ⅲ・A・B
		理科	「物理基礎，物理」，「化学基礎，化学」
	都市システム系	外国語	コミュニケーション英語Ⅰ・Ⅱ・Ⅲ，英語表現Ⅰ・Ⅱ
		数学	数学Ⅰ・Ⅱ・Ⅲ・A・B
		理科	「物理基礎，物理」必須，「化学基礎，化学」，「生物基礎，生物」から1科目選択

【情報理工・映像学部】

教科		科目
理科1科目型	外国語	コミュニケーション英語Ⅰ・Ⅱ・Ⅲ，英語表現Ⅰ・Ⅱ
	数学	数学Ⅰ・Ⅱ・Ⅲ・A・B
	理科	「物理基礎，物理」，「化学基礎，化学」，「生物基礎，生物」から1科目選択

【生命科・薬学部】

教科		科目
理科1科目型	外国語	コミュニケーション英語Ⅰ・Ⅱ・Ⅲ，英語表現Ⅰ・Ⅱ
	数学	数学Ⅰ・Ⅱ・Ⅲ・A・B
	理科	「物理基礎，物理」，「化学基礎，化学」，「生物基礎，生物」から1科目選択
理科2科目型	外国語	コミュニケーション英語Ⅰ・Ⅱ・Ⅲ，英語表現Ⅰ・Ⅱ
	数学	数学Ⅰ・Ⅱ・Ⅲ・A・B
	理科	「物理基礎，物理」，「化学基礎，化学」，「生物基礎，生物」から2科目選択

▶配　点

学部			外国語	数学	理科
理科1科目型	理工	数理科学科	100	200	100
		物理科学科	100	100	200
		電子システム系・機械システム系・都市システム系	100	150	150
	情報理工・映像		150	150	100
	生命科・薬		100	100	150
理科2科目型	理工		100	150	200 (100×2)
	生命科・薬		100	100	200 (100×2)

▶備　考

- 「数学B」は「数列，ベクトル」から出題。
- 理工・生命科・薬学部は理科1科目型と理科2科目型で実施するが，2つの型の併願はできない。

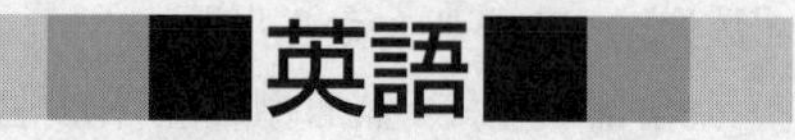

英語

(80分)

Ⅰ　次の文を読んで，問いに答えなさい。

In a tiny hotel at the back of a Wellington garden, a group of “guests” with shiny cigar-shaped[1] bodies and spiny[2] legs is making themselves at home. Once a fortnight the hotel's owner, Holly Neill, briefly opens the door to look inside and check on her guests, each time experiencing the excitement of being able to spy on the shy, strange creatures inside. They are not paying guests nor are these ordinary hotels, but rather human-made houses for one insect, only found in New Zealand — the wētā. Increasingly, wētā hotels are appearing in gardens as New Zealanders begin to accept the bugs in their backyards — something that may also give the endangered species a chance at survival.

Forests, grasslands, caves, and mountains once were full of wētā, but their populations have suffered with the introduction of foreign pests[3] and loss of habitat due to dairy farming[4]. Sixteen of New Zealand's wētā species are at risk, and the rest are classified as threatened or endangered. The largest species, the giant wētā (or wētāpunga), once abundant across parts of the North Island of New Zealand, is now found only on Hauturu-o-Toi (Little Barrier Island), a pest-free wildlife sanctuary off the east coast. The Mahoenui giant wētā was feared extinct until it was rediscovered in 1962, and now only exists in a very small area on the west coast.

“I think people hold them in high regard, and it's almost a point of pride to have wētā in the garden,” says Neill, a keen conservationist and wildlife photographer. "It adds another dimension of appreciation of nature if you're including the mysterious bugs that come out at night."

Wētā belong to the same group of insects as crickets and grasshoppers, and there are between 70 and 100 species of wētā local to New Zealand. They are wingless and nocturnal[5], and some, including the wētāpunga, are among the heaviest insects in the world — comparable to the weight of a small bird.

Neill installed two wētā hotels on native tree trunks at the back of her garden just over a year ago, after discovering the hotels at many different sanctuaries. Within three months, she had her first guests. At one point she opened a hotel to find a wētā, a native cockroach, and a bee in the same room. "I felt like I was interrupting a bug meeting," Neill laughs. When she first moved into the property, the garden was overgrown[6] with plants, where she found just three spiders hiding. She cleared the garden, set traps for predators, planted native trees, and installed the hotels. "I was shocked at how empty the garden was of life and then, since doing this, all the hotels became full. It was quite a rapid change."

The hotels are made of wood and are designed to have entrance and exit tunnels large enough for the wētā to crawl into but small enough to stop a mouse from entering. To attract wētā, they must be dark during the day. "If you were to split a log and look at what they naturally do, it's pretty similar to that," says Steve Rawson of Swiss Wood Technicians. He began making wētā homes in 2016 for the Department of Conservation and in 2018 started selling them independently to the public, becoming one of many small businesses or community groups now doing so. Sales had been stable, but leading up to last Christmas, they sold roughly 40 hotels — double that of the previous year.

"We've noticed a real increase in sales, especially in the Wellington area," something that Rawson says is due to education programmes at Wellington's urban wildlife sanctuary Zealandia. "Before that, I think a lot of people would look at wētā and think 'Yuck[7], I don't want to go near them,' but they are actually amazing creatures, and they are not that horrifying at all."

The hotels were originally developed as a research aid around 1994 by Massey University ecologist and wētā expert Steve Trewick. Trewick is a scientist who has been so dedicated to the insect that a tree wētā, the Hemideina trewicki, was named after him.

A growth in higher education and deepening awareness of conservation problems could be prompting more interest in wētā and how to care for them, says Warren Chinn, an ecologist at the Department of Conservation. "I would also say that social media and the internet have been very beneficial to awareness of conservation values. The insects don't know that the hotels are artificial. They just know they're suitable."

The hotels are definitely helpful for maintaining wētā populations, particularly in urban environments, Trewick adds, and the growth in understanding biodiversity[8] and caring for it has the added effect of helping other species. Wētā hotels in private gardens achieve more than just helping protect wētā populations; they also satisfy the curiosity of creepy-crawly[9] fans. "I think that the most useful thing about the hotels is that people see that there is much more to the biology of our planet than they would otherwise see. Most New Zealand biology is out and about[10] at night. It's a window to that world," Trewick says.

(Adapted from a work by Eva Corlett)

(注)

1. cigar-shaped　葉巻のような形の
2. spiny　とげだらけの
3. pest　有害な虫や動物
4. dairy farming　酪農
5. nocturnal　夜行性の

6. be overgrown with～　～が一面に生い茂っている
7. yuck　気持ち悪い
8. biodiversity　生物多様性
9. creepy-crawly　這い回る虫
10. be out and about　動き回る

〔1〕本文の意味，内容にかかわる問い(A)～(D)それぞれの答えとして，本文にしたがってもっとも適当なものを(1)～(4)から一つ選び，その番号を解答欄にマークしなさい。

(A) What is one reason that the number of wētā is decreasing?
(1) Small birds compete for the same food supply.
(2) Their population grew too large to be sustainable.
(3) Dairy farmers kill them to protect their cows from disease.
(4) Animals from outside of New Zealand are invading their habitat.

(B) What does the article say about the design of wētā hotels?
(1) They were designed to have tunnels that protect the wētā.
(2) They were designed to be ecologically friendly Christmas presents.
(3) They were designed to allow plenty of light to enter the wētā hotel rooms.
(4) They were designed by the Department of Conservation in 2016 to be sold in stores by 2018.

(C) Why were wētā hotels first created?
(1) They were created for research.
(2) They were created to sell to the public.
(3) They were created to protect other insects.
(4) They were created as decorations for the garden.

(D) What benefit of wētā hotels is NOT mentioned in the article?

(1) They are reducing fear of the insects.

(2) They are helping other species of insects.

(3) They are encouraging more students to study biology.

(4) They are allowing wētā enthusiasts to satisfy their curiosity.

〔2〕次の(1)～(5)の文の中で，本文の内容と一致するものには1の番号を，一致しないものには2の番号を，また本文の内容からだけではどちらとも判断しかねるものには3の番号を解答欄にマークしなさい。

(1) Wētā are native to New Zealand.

(2) The Mahoenui giant wētā was first discovered in 1962.

(3) There has been an increase in property sales in the Wellington area.

(4) Ecologists think wētā hotels have become popular due to increasing interest in environmental issues.

(5) Wētā hotels are having little effect on preserving the species.

〔3〕本文の内容をもっともよく表しているものを(1)～(5)から一つ選び，その番号を解答欄にマークしなさい。

(1) How to build a wētā hotel in your garden

(2) Why wētā are an important species of insect for New Zealand

(3) How wētā hotels can help save other species of insects around the world

(4) The role that wētā hotels are playing in the protection of the insect

(5) The influence of higher education on people's interest in designing wētā homes

Ⅱ　次の文を読んで，問いに答えなさい。

Dogs often seem uncannily shrewd about[1] what we're trying to tell them. Several recent studies offer surprising insights regarding the ways our canine[2] companions are born to communicate with people. "Dogs' communicative skills uniquely qualify them to play the role that they do (A)," Emily Bray, a canine researcher at the University of Arizona, said, "Many of the tasks that they perform for us, now and in the past, such as herding, hunting, detecting, acting as service dogs, are made possible by their ability to understand our cues[3]." (B) Bray's most recent study, dogs can tell the difference between a clumsy[4] human who intends to give them a treat and a person who is withholding[5] that reward on purpose. The researchers set up an experiment: A person and a dog were separated by a plastic barrier, with a small gap in the middle just large enough for a hand to get through. It(あ) did not span the length of the room, however, so the dogs could go around it if they wanted. The human participants attempted to pass the dog a treat through the gap in three ways. First, they offered the treat but suddenly dropped it on their side of the barrier and said, "Oh no!" Next, they tried to pass the treat through the gap, but it was blocked. Lastly, they offered the treat but then pulled back their arm and laughed.

The experimenters tried this set-up on 51 dogs and timed how long it took each to walk around the barrier and bring back the treat. The results showed that the dogs waited much longer to retrieve[6] the treat when the experimenter had purposefully withheld it than when the experimenter dropped it or couldn't get it through the barrier. This(い) suggests dogs can understand the difference between humans' intended and unintended behavior and respond accordingly.

In an earlier study, Bray analyzed the (C) of 8-week-old puppies — 375 of them, to be precise. The puppies were being trained at Canine

Companions, a service-dog organization in California. They had grown up mostly with their litter mates[7], so they had little one-on-one contact with people. Bray's team put the puppies through a series of tasks that measured the animals' ability to interact with humans. They measured how long it took the puppies to follow an experimenter's finger as they were pointing at a hidden treat and how long they held eye contact with them. The team found that once an experimenter spoke to the dogs, saying, "Puppy, look!" and made eye contact, the puppies successfully reciprocated[8] that eye contact and could follow the gesture to locate the treats. "However, if you take away the eye contact and verbal cue and just give a gesture that looks the same, dogs are not as likely to understand it(う)," Bray said.

The researchers found that the puppies' performance on these tasks did not improve over the course of the experiment, suggesting this wasn't part of a learning process. [(D)], the researchers believe dogs are born with the social skills they need to read people and understand our intentions. "We can assume that puppies started the task with the communicative ability necessary to be successful," Bray said. Furthermore, her team had access to each puppy's pedigree[9] so that they could [(E)] the 375 dogs were to one another. According to Bray, 40% of the variation in the puppies' performance could likely be explained by their genes, suggesting "genetics plays a large role in shaping an individual dog's understanding." She added, "Dogs' abilities can improve as they age, just as humans do." For example, in her study, she observed that some dogs tended to make eye contact with humans if they were unable to complete a task. While at first she believed the behavior was due to genetic factors, she quickly discovered that a higher proportion of adult dogs exhibited this social skill(え) in comparison to puppies.

Another research study [(F)] the idea that dogs are naturally programmed to be "human's best friend." This study compared 44 puppies raised with their litter mates at Canine Companions with little human interaction to 37 wolf puppies that received almost constant human care at a wildlife center in Minnesota, USA. The researchers tested how well the dogs and wolves could find a treat hidden in one of two covered bowls by following where the human participants were looking and at what they were pointing. The dog puppies were twice as likely as the wolf puppies to pick the right bowl, even though they'd spent [(G)] time around people. Many of the dog puppies got it right (お) on the first try, suggesting they didn't need training to follow those human gestures.

"Dogs have naturally better skills at understanding humans' cooperative communication than wolves do, even from when they are puppies," Hannah Salomons, an animal researcher at Duke University who co-authored the study stated. "I would say, [(H)] our results, that nature is definitely playing a greater role than nurture[10] in this regard."

(Adapted from a work by Aylin Woodward)

(注)

1. uncannily shrewd about～　～を不思議なほど理解する
2. canine　イヌ科の
3. cue　合図
4. clumsy　ぎこちない，不器用な
5. withhold　差し控える，与えない
6. retrieve　見つけて取ってくる
7. litter mate　同じ母親から同時に生まれた動物の兄弟姉妹
8. reciprocate　応える，交わす
9. pedigree　血統
10. nurture　育ち，しつけ

〔1〕本文の [(A)] ～ [(H)] それぞれに入れるのにもっとも適当なものを(1)～(4)から一つ選び，その番号を解答欄にマークしなさい。

出典追記：Recent discoveries reveal how dogs are hardwired to understand and communicate with people — even at birth, Insider on September 16, 2021 by Aylin Woodward

(A) (1) alongside humans (2) as research subjects
(3) in the wild (4) with other canines

(B) (1) According to (2) Because of
(3) In place of (4) Similar to

(C) (1) appearance (2) behavior
(3) emotions (4) health

(D) (1) Besides (2) Ideally
(3) Instead (4) Likewise

(E) (1) control how friendly (2) influence how aggressive
(3) limit how attractive (4) measure how related

(F) (1) completely rejected (2) criticized
(3) further emphasized (4) minimized

(G) (1) far less (2) far more
(3) no amount of (4) the same amount of

(H) (1) based on (2) contrary to
(3) despite (4) due to

〔2〕下線部㋐～㋔それぞれの意味または内容として，もっとも適当なものを(1)～(4)から一つ選び，その番号を解答欄にマークしなさい。

㋐ It

(1) The gap in the barrier
(2) The space on either side of the barrier

(3) The obstacle between the human and the dog

(4) The obstacle between the human and the treat

㋑ This

(1) The dog finding a way around the barrier

(2) The human dropping the treat by accident

(3) The dog not taking the treat from the human participant

(4) The dog waiting longer to take a treat when it was held back

㋒ it

(1) pointing at the treat

(2) saying, "Puppy, look!"

(3) looking at the location of the treat

(4) making eye contact with the puppy

㋓ exhibited this social skill

(1) made eye contact to ask for help

(2) followed the instructions of a human

(3) understood humans as a genetic ability

(4) signaled when they have completed a task

㋔ got it right

(1) found a hidden treat on their own

(2) found a hidden treat after training

(3) found a hidden treat with the help of a human

(4) found a hidden treat with the help of other dogs

Ⅲ

〔1〕次の会話の㋐〜㋓それぞれの空所に入れるのにもっとも適当な表現を(1)〜(10)から一つ選び，その番号を解答欄にマークしなさい。

In the classroom

A：Ms. Jacobs, can I talk to you about something?

B：Sure. (㋐)

A：No, I think I understand what I have to do. I'm thinking about studying abroad in the USA next year, and I'd like to ask for your advice.

B：(㋑) Sounds exciting. Where in the USA are you thinking of studying?

A：I want to study in California, but I'm not really sure where in California. I've never been there, but I've heard it's a very big state and each region is different.

B：Yes, that's true. I'm from Southern California, near Los Angeles. For me, Northern California is almost a different state.

A：Really? (㋒)

B：Well, the weather is very different, for one. Northern California gets more rain than Southern California. And, the industries are different. Silicon Valley in the north is the technology area, while the movie and music industries are in the south.

A：(㋓) Japan is a small country compared to the USA, but there are big differences between cities like Osaka and Tokyo.

B：Yes, like that. The good news is that both Southern and Northern California have several top universities. Also, there is so much to do in both places. I'm sure you'll enjoy yourself whichever you choose.

(1) In what way?

(2) That's great, Rumiko.

(3) What about the food?

(4) When do you want to go?

(5) I wouldn't recommend that.

(6) That's an interesting comparison.

(7) Why don't you study in Europe instead?

(8) Did you forget to bring your textbook again?

(9) Do you have a question about the homework?

(10) I liked Los Angeles better than San Francisco.

〔2〕次の会話の㋕～㋘それぞれの空所に入れるのにもっとも適当な表現を(1)～(10)から一つ選び，その番号を解答欄にマークしなさい。

Catching a shuttle bus

A：Excuse me. Do you know where I can catch a shuttle bus to the ABC Hotel?

B：All the hotel shuttle buses make the same stops along the airport terminal road. You have to cross the street and look for the shuttle bus sign.

A：Do you mean where those people are waiting over there?

B：No, that's a taxi stand. (㋕) The one for the shuttle bus is further down the road.

A：Thanks for your help. I'm sure I'll find it. Do you know how often the shuttle buses come?

B：(㋖) Does your hotel have a website? You can check when the next one is coming. The buses come at different times depending on the traffic.

A：I don't know if it does. I didn't even think about checking the website.

B：You can check on the airport website as well. Again, it's case by case depending on the hotel.

A：(㋗) I was just so busy getting ready for my flight.

B：How long will you be in town?

A：I'm just here for the weekend. I'm going to a friend's wedding. (㋘)

B：Actually, I live here. I'm waiting for a friend to pick me up. I hope you enjoy your trip.

A：I'm sure I will. Thanks for all of your help.

(1) How about you?

(2) Do you live here?

(3) It depends on the hotel.

(4) They come every 15 minutes.

(5) You need to sign in for the bus.

(6) You can catch the shuttle from there.

(7) It has a picture of a taxi on the sign.

(8) I need to be back at work on Monday morning.

(9) I guess I should have checked before I got here.

(10) OK, I'll look at the website after I get to the airport.

Ⅳ　次の(A)～(H)それぞれの文を完成させるのに，下線部の語法としてもっとも適当なものを(1)～(4)から一つ選び，その番号を解答欄にマークしなさい。

(A) I cannot speak Spanish, but I managed to make myself ______.

(1) to understand　(2) understand

(3) understanding　(4) understood

(B) Daniel was really satisfied with the local food ______ a visit to Europe.

(1) during　(2) in

(3) when　(4) while

(C) One problem with these plans ______ they are beyond our proposed budget.

(1) are that　(2) is that

(3) so that　(4) that

(D) The manager ordered that the food ______ to the office as soon as possible.

(1) be delivered　(2) delivering

(3) to be delivered　(4) was delivered

(E) That building is ______ the tallest building in the world at present.

(1) by far　(2) far

(3) most　(4) the most

(F) If you had started one hour earlier, you ______ your assignment by the deadline.

(1) will finish　(2) will have finished

(3) would finish　(4) would have finished

(G) My parents bought me two books, neither ________ I have read yet.

(1) at which (2) for which

(3) of which (4) to which

(H) It is ________ that I can hardly work.

(1) a very hot day (2) not a hot day

(3) such a hot day (4) too hot a day

V

〔1〕次の(A)～(E)それぞれの文を完成させるのに，下線部に入れる語としてもっとも適当なものを(1)～(4)から一つ選び，その番号を解答欄にマークしなさい。

(A) The student has a strong ________ to be a doctor and help sick children.

(1) admission (2) determination

(3) possession (4) proportion

(B) After losing some weight, the man had to ________ his belt.

(1) tease (2) thump

(3) tighten (4) tumble

(C) Japan's rainy season usually lasts about 45 days and causes extreme ________ to many people.

(1) apology (2) authority

(3) devotion (4) discomfort

(D) The farmer needed to ________ some of the water from the field.

(1) dismiss (2) distract

(3) downsize (4) drain

(E) The lawyer told Tom that the ______ against him was serious.

(1) adoption　　(2) allegation

(3) analogy　　(4) artistry

〔2〕次の(A)～(E)の文において，下線部の語にもっとも近い意味になる語を(1)～(4)から一つ選び，その番号を解答欄にマークしなさい。

(A) Her effort on the project was <u>appreciated</u> by her colleagues.

(1) admired　　(2) debated

(3) described　　(4) judged

(B) I spent <u>a miserable</u> weekend alone at home.

(1) a depressing　　(2) a memorable

(3) a typical　　(4) an abnormal

(C) I'm amazed by the <u>quantity</u> of information in this article.

(1) abundance　　(2) accuracy

(3) analysis　　(4) authority

(D) It would be <u>misleading</u> to argue that computer games have no effect on children.

(1) astonishing　　(2) deceptive

(3) pointless　　(4) preferable

(E) We had no <u>quarrel</u> with the company.

(1) alliance　　(2) dispute

(3) plot　　(4) purchase

数学

（100分）

次のⅠ，Ⅱ，Ⅲ，Ⅳの設問について問題文の ☐ にあてはまる適当なものを，解答用紙の所定の欄に記入しなさい。

Ⅰ　θ を $0 \leqq \theta < \pi$ を満たす実数とする。関数 $f(x)$，$g(x)$ を

$$f(x) = e^{x\cos\theta}\cos(x\sin\theta), \quad g(x) = e^{x\cos\theta}\sin(x\sin\theta)$$

とおく。

〔1〕

$$f'(x) = e^{x\cos\theta}\cos\left(\boxed{\text{ア}}\right), \quad f''(x) = e^{x\cos\theta}\cos\left(\boxed{\text{イ}}\right)$$

である。$f(x)$ の原始関数を $F(x)$ とすると，

$$F(x) = e^{x\cos\theta}\cos\left(\boxed{\text{ウ}}\right) + C \qquad (C\text{は積分定数})$$

である。ただし，

$$x\sin\theta \leqq \boxed{\text{ア}} < x\sin\theta + 2\pi$$
$$x\sin\theta \leqq \boxed{\text{イ}} < x\sin\theta + 2\pi$$
$$x\sin\theta - 2\pi < \boxed{\text{ウ}} \leqq x\sin\theta$$

である。

〔2〕$\theta = \boxed{\text{エ}}$ のとき，すべての実数 x に対して等式 $f'(x) = f(x)$ が成立する。$\theta = \boxed{\text{エ}}$ または $\theta = \boxed{\text{オ}}$ のとき，すべての実数 x に対して等式 $f^{(3)}(x) = f(x)$ が成立する。

〔3〕$f'(x)$，$g'(x)$ を $f(x)$ と $g(x)$ を用いて表すと，

$$f'(x) = \boxed{\text{カ}}\,f(x) + \boxed{\text{キ}}\,g(x)$$
$$g'(x) = \boxed{\text{ク}}\,f(x) + \boxed{\text{ケ}}\,g(x)$$

である。(注：[カ], [キ], [ク], [ケ] は x を含まない。)

$\theta \neq$ [エ] とする。複素数 α, β について，すべての実数 x に対して等式

$$f'(x) + \alpha g'(x) = \beta (f(x) + \alpha g(x))$$

が成立するとき，$(\alpha, \beta) =$ ([コ], [サ]) または

$(\alpha, \beta) =$ ([シ], [ス]) である。

Ⅱ　i を虚数単位とする。

複素数 z およびその共役複素数 $\overline{z}$ に関する方程式

$$(1 - \sqrt{3}i)z + (1 + \sqrt{3}i)\overline{z} = 2\sqrt{3} \quad \cdots (*)$$

を考える。

$z = x_0$ (x_0 は実数) が方程式 (＊) を満たすとき，$x_0 =$ [ア] であり，$z = iy_0$ (y_0 は実数) が方程式 (＊) を満たすとき，$y_0 =$ [イ] である。また，$z = sx_0 + ity_0$ が方程式 (＊) を満たすための実数 s と t の条件は [ウ] である。

方程式 (＊) を満たす z のうち，$|z|$ が最小となるのは，$z =$ [エ] のときで，このとき $|z| =$ [オ] である。

複素数平面の原点を O で表す。複素数 z_1, z_2 はともに方程式 (＊) を満たし，z_1 の実部は z_2 の実部より小さいとする。複素数平面において，z_1, z_2 が表す点をそれぞれ Z_1, Z_2 とする。

$\triangle OZ_1Z_2$ が正三角形となるとき，$z_1 =$ [カ], $z_2 =$ [キ] である。また，$\triangle OZ_1Z_2$ が $\angle O = 90^\circ$ の直角二等辺三角形となるとき，z_2 の実部は [ク] である。

Ⅲ a，bを正の実数とする。座標平面上に点A$(a,\ 0)$をとり，原点O$(0,\ 0)$を中心とする半径aの円を考え，点Pをその上の任意の点とする。点Pのy座標だけを$\dfrac{b}{a}$倍して得られる点を点Qとする。半直線OPが半直線OAとなす角度をθとする。ただし，角度は半直線OAから反時計回りに測るものとする。

〔1〕 点Pの座標はθとaを用いて$\left(\boxed{\text{ア}},\ \boxed{\text{イ}} \right)$と表せる。

θが$0 \leqq \theta < 2\pi$の範囲で変化するとき，点Qが描く図形は方程式

$$\boxed{\text{ウ}} = 1$$

で表される曲線である。

半直線OQが半直線OAとなす角度をφとすると，線分OQの長さは$\boxed{\text{エ}}$だから，$\cos\varphi$，$\sin\varphi$はそれぞれ

$$\cos\varphi = \frac{\boxed{\text{オ}}}{\boxed{\text{エ}}},\quad \sin\varphi = \frac{\boxed{\text{カ}}}{\boxed{\text{エ}}}$$

と表せる。

〔2〕 θが$0 \leqq \theta \leqq \dfrac{\pi}{2}$の範囲で変化するとき，点Qが描く曲線を曲線$C$とする。

曲線Cの点Qにおける接線ℓの方程式は

$$\ell:\ \boxed{\text{キ}}\,x + \boxed{\text{ク}}\,y = 1$$

と表せる。$0 < \theta < \dfrac{\pi}{2}$のとき，直線$\ell$と$x$軸の共有点を点U$(x_0,\ 0)$とし，直線$\ell$と$y$軸の共有点を点V$(0,\ y_0)$とするとき，それぞれ

$$x_0 = \boxed{\text{ケ}},\ y_0 = \boxed{\text{コ}}$$

である。曲線Cと直線ℓ，および線分AU，線分OVで囲まれた部分の面積Sは$S = \boxed{\text{サ}}$となる。θが$0 < \theta < \dfrac{\pi}{2}$の範囲で変化するとき，$S$は$\theta = \boxed{\text{シ}}$において最小値$\boxed{\text{ス}}$をとる。

Ⅳ　架空のある生物は一部の個体のみが，ある性質 P をもつ。また，この生物は単体で子を生む。

この生物に関する次のようなモデルを考える。

- P をもつ個体のうち r %が2体の子を生み，P をもつ個体のうち $(100-r)$ %は子を生まない。ただし，$0<r<100$ とする。
- P をもたない個体のうち s %が2体の子を生み，P をもたない個体のうち $(100-s)$ %は子を生まない。ただし，$0<s<100$ とする。
- P をもつ個体の子のうち75 %が P をもち，25 %が P をもたない。
- P をもたない個体の子は P をもたない。

この生物のある世代を第1世代と呼び，第1世代の子を第2世代と呼ぶ。第1世代と第2世代の個体数と P の遺伝は上述のモデルにしたがうと仮定する。第1世代の P をもつ個体の数を A_1，第1世代の P をもたない個体の数を B_1 で表し，第2世代の P をもつ個体の数を A_2，第2世代の P をもたない個体の数を B_2 で表す。このとき，

$$\begin{cases} A_2 = \boxed{\text{ア}}\, A_1 + \boxed{\text{イ}}\, B_1 \\ B_2 = \boxed{\text{ウ}}\, A_1 + \boxed{\text{エ}}\, B_1 \end{cases}$$

を満たす。

数列 $\{a_n\}$，$\{b_n\}$ は，$a_1>0$，$b_1>0$，$\dfrac{a_1}{a_1+b_1}=\dfrac{1}{5}$ および漸化式

$$\begin{cases} a_{n+1} = \boxed{\text{ア}}\, a_n + \boxed{\text{イ}}\, b_n \\ b_{n+1} = \boxed{\text{ウ}}\, a_n + \boxed{\text{エ}}\, b_n \end{cases}$$

を満たすとする。

特に，$r=s$ を仮定する場合を考える。

$r=s=\boxed{\text{オ}}$ のとき，a_n+b_n が n によらず一定になる。$r=s=\boxed{\text{オ}}$ とすると，$\dfrac{a_2}{a_2+b_2}=\boxed{\text{カ}}$ であり，$\dfrac{a_n}{a_n+b_n}=\boxed{\text{キ}}$ である。また，$\displaystyle\lim_{n\to\infty}\boxed{\text{キ}}=\boxed{\text{ク}}$ である。

一般に，$r=s$ を仮定しない場合を考える。

$\dfrac{s}{r}\geqq\boxed{\text{ケ}}$ のとき，

$$\lim_{n\to\infty}\frac{a_n}{a_n+b_n}=0$$

であり，$\dfrac{s}{r}<$ ケ のとき，

$$\lim_{n\to\infty}\frac{a_n}{a_n+b_n}=\boxed{\text{コ}}$$

である。

物理

（理科1科目型：80 分
理科2科目型：2科目 120 分）

I　次の文章を読み，［ア］～［ク］に適切な数式あるいは数値を解答欄に記入せよ。また，［い］～［へ］には指定された選択肢からもっとも適切なものを一つ選び，解答欄にマークせよ。解答欄に記入する数式は，文字定数として［ア］［イ］［ウ］［カ］**にはg, ω, Rのうち必要なもののみ，**［エ］［キ］［ク］**にはRのみ，**［オ］**にはωのみを用いること。**なお［　］は，すでに［　］で与えられたものと同じものを表す。重力加速度の大きさはgとする。

水平な床の上に半径Rの円板がおかれており，円板上には小球を打ち出す装置（投射機）が固定されている。この投射機から，水平面に対してつねに一定の角度$\frac{\pi}{4}$ rad で小球を空中に打ち出すことができる。以下では，打ち出された小球が床面上のある点Pに最初に着地したとき，これを「小球は点Pに命中した」と表現する。ただし，小球の直径，円板の厚みは円板の半径に比べて無視できるほど小さく，空気抵抗は無視できるものとする。

〔1〕　図1のように，床面に対して静止している円板の中心Oから距離$\frac{R}{2}$だけ離れた点に投射機をおき，最も近くにある円板の端の点に命中するように，時刻0に小球をある初速度で打ち出した。打ち出された小球は，床面に対して水平方向には［い］し，鉛直方向には［ろ］するので，小球が円板の端の点に命中するためには，小球の初速度の大きさを［ア］とすればよい。この場合，打ち出された小球は，時刻［イ］に円板の端の点に命中する。

〔2〕　中心Oから距離$\frac{R}{2}$だけ離れた円板上の点に投射機を固定したまま，中心Oの周りを上から見て反時計回りに円板が一定角速度ωで回転している状態で，

投射機から小球を打ち出した。このとき打ち出された小球の運動を，円板とともに回転する観測者 S_1 および床面に対して静止している観測者 S_2 からみてみよう。図2のように，中心Oを原点として，円板とともに一定の角速度 ω で回転する X 軸および Y 軸（X 軸と Y 軸は水平面内にあり，直交している）と，中心Oから鉛直上方向を向く Z 軸を観測者 S_1 にとっての座標系とする。一方，中心Oを原点として，床面に対して静止している x 軸および y 軸（x 軸と y 軸は水平面内にあり，直交している）と，中心Oから鉛直上方向を向く z 軸を観測者 S_2 にとっての座標系とする。

Z 軸を回転軸として，円板とともに回転する X 軸と Y 軸が，静止している x 軸と y 軸とそれぞれぴったり重なったとき，円板上の投射機は，図2の点Aの位置 $(x,\ y)=\left(\dfrac{R}{2},\ 0\right)$ の上を通過したとする。この瞬間（時刻0）に，観測者 S_1 からみて，速さ $\dfrac{\sqrt{2}}{4}\omega R$（ただし $\omega>0$）で，X 軸正方向に向け，水平方向に対して $\dfrac{\pi}{4}$ rad の角度で，小球が打ち出された。小球を打ち出したとき，投射機は中心Oの周りを等速円運動をしているので，観測者 S_2 から見た小球の初速度の x 成分は［は］，y 成分は［に］であり，z 成分は［［は］］となる。つまり，観測者 S_2 から見ると，小球はその後 x 方向には［［い］］，y 方向には［ほ］，z 方向には［［ろ］］をするため，小球の運動は床面に対して静止している x 軸正方向から外れる。

〔3〕 回転する円板の角速度 ω（ただし $\omega>0$）をうまく調節すると，〔2〕の条件で時刻0に点Aを通過した投射機から打ち出された小球は，点Oから距離 R にある床面上の点C（円板の端の点）に命中させることができる（図3参照）。以下では，このときの円板の角速度を求めてみよう。

まず，小球が点Cに命中するまでの時間を求めよう。鉛直方向に対して小球は［［ろ］］するので，打ち出された小球が床面に着地するまでに要する時間は，［ウ］と表すことができる。一方，図3のように，点Cから x 軸へ垂線CHをひくと，長さの比 $\dfrac{\mathrm{CH}}{\mathrm{AH}}$ は［へ］であるので，直角三角形OHCに対して三平方の定理を用いると，垂線CHの長さは［エ］である。よって小球が点Cに命中するまでの時間は［オ］と表すことができる。以上のことより，回転する投射機から打ち出された小球を点Cに命中させるためには，円板の角速度 ω を [カ] となるように調整すればよいことがわかる。

点Aにある回転する投射機から打ち出された小球が点Cに命中する瞬間，$(x,\ y)=(R,\ 0)$ にある点Bを時刻0に通過した円板上の点はどこにあるか考えてみよう。時刻0に点Bを通過した円板上の点は，角速度 ω で円板とともに反時計回りに回転して，点Bから円弧に沿って距離 [キ] だけ離れた点B′に移動した。つまり円板とともに回転する X 軸正方向は，小球が点Cに命中した瞬間にベクトル $\overrightarrow{\mathrm{OB'}}$ の方向を向いていることになる。一方，小球が命中した点Cは，表の $\sin\theta$ に対する θ の値を参照すると，点Bから円弧に沿って距離 [ク] だけ移動した位置にあることがわかる。

以上のことから，観測者 S_1 から見ると，X 軸正方向に向けて打ち出された小球の進行方向は，次第に X 軸正方向から外れ，点B′を中心Oの周りに時計回りに回転させた位置にある点Cに命中したことがわかる。回転している観測者 S_1 から見たときに，小球の進行方向を曲げるようにはたらくこのような見かけの力をコリオリ力とよぶ。

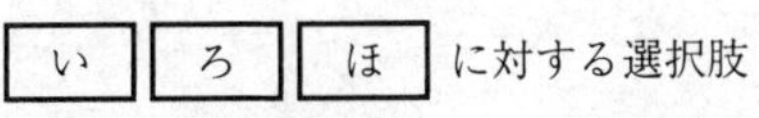

に対する選択肢

① 等速円運動　② 静止　③ 等速直線運動
④ 等加速度運動　⑤ ケプラー運動　⑥ 単振動

[は] [に] に対する選択肢

① $\dfrac{\omega R}{4}$　② $\dfrac{\sqrt{2}\omega R}{2}$　③ $\dfrac{\omega R}{2}$　④ $\sqrt{2}\omega R$
⑤ $\dfrac{\omega R}{g}$　⑥ $\dfrac{\omega R}{\sqrt{2}g}$　⑦ $\dfrac{\omega R}{2g}$　⑧ $\dfrac{\sqrt{2}\omega R}{4g}$

[へ] に対する選択肢

① $\dfrac{1}{3}$　② $\dfrac{1}{2}$　③ 1　④ $\sqrt{2}$

⑤　$\sqrt{3}$　　　⑥　2　　　⑦　$\frac{3}{5}$

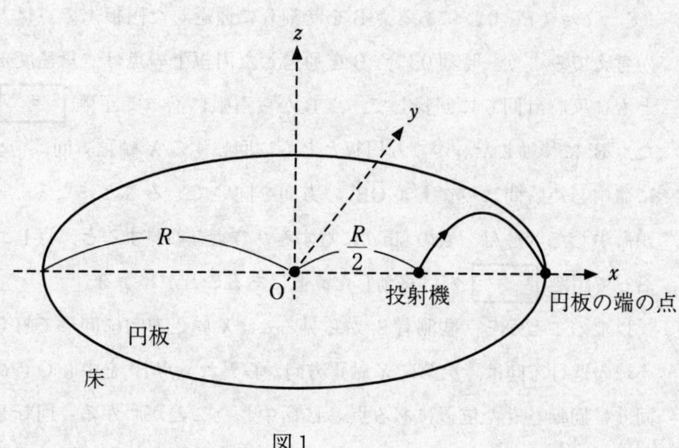

図1

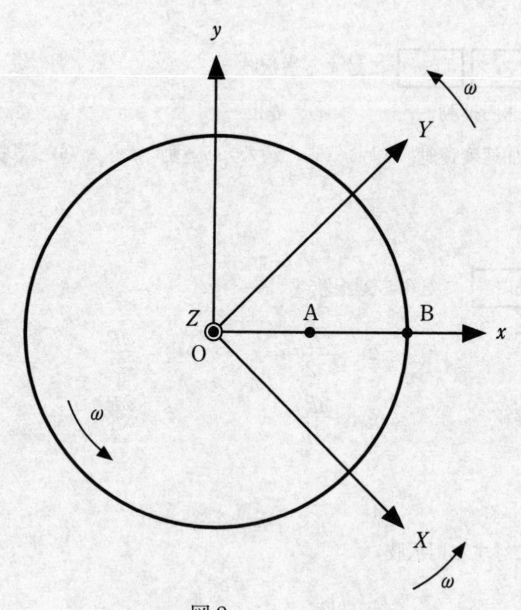

図2

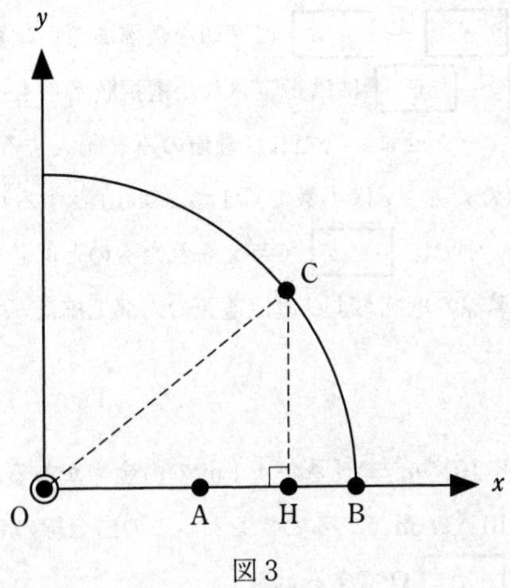

図 3

表. $\sin\theta$ に対する θ の値

$\sin\theta$	θ〔rad〕
0. 10	0. 10
0. 20	0. 20
0. 30	0. 30
0. 40	0. 41
0. 50	0. 52
0. 60	0. 64
0. 70	0. 78
0. 80	0. 93
0. 90	1. 12

Ⅱ　次の文章を読み，［イ］～［ヘ］に適切な数値あるいは数式を解答欄に記入せよ。また，［A］～［C］には指定された選択肢からもっとも適切なものを一つ選び，解答欄にマークせよ。ただし，数値のみを記入する場合は，7.7×10^{77} のように，$x \times 10^{n}$（ただし，x は小数で，$1 \leqq x < 10$ とする）の形で記入すること。なお［［　］］は，すでに［　］で与えられたものと同じものを表す。また，以下の設問において導線の抵抗および直流電源の内部抵抗は，すべて無視できるものとする。

〔1〕 断面積が $2.0 \times 10^{-9}\,\mathrm{m}^2$ で長さが $4.1\,\mathrm{m}$ の白金線がある。0.0℃での白金の抵抗率が $9.8 \times 10^{-8}\,\Omega\cdot\mathrm{m}$ であるとすると，この白金線の0.0℃での抵抗値は，有効数字2桁で［イ］Ωである。

この白金線の温度が0.0℃から 5.0×10^{1}℃に上がったとき，白金の抵抗率の温度係数が一定値 3.8×10^{-3}/K で，またその温度上昇で白金線の断面積および長さが変わらないとすると，その白金線の抵抗値は，有効数字2桁で［ロ］Ωだけ増加する。

〔2〕 図のように，抵抗値がそれぞれ R[Ω]，R_A[Ω]，R_B[Ω]，R_C[Ω] の抵抗R，$\mathrm{R_A}$，$\mathrm{R_B}$，$\mathrm{R_C}$ をつなぎ，さらにその両端に起電力 E[V] の直流電源をつないだ回路をつくる。このとき，図のab間の合成抵抗は，［A］[Ω] である。また，この回路の抵抗Rに流れる電流は，［ハ］[A] となる。したがって，抵抗Rに加わる電圧は，［ニ］[V] と求められる。一方で，抵抗 $\mathrm{R_B}$ に加わる電圧は，［ホ］[V] と求められる。

図の回路において，cd間の電位差（dを基準として測ったcの電位）がなくなるように抵抗の抵抗値を調整したときに満たされる条件は，［［ニ］］，［［ホ］］を利用すれば，$R =$［B］と導くことができる。

〔3〕 図のcd間の電位差がなくなるように回路の抵抗の抵抗値を調整した。その後に，抵抗Rの抵抗値が $R + \Delta R$ に変わった。このときのcd間の電位差（dを基準として測ったcの電位）は，$R =$［［B］］の条件を使って，［C］[V] と表される。

図の抵抗Rとして，0.0℃における抵抗値が$1.00 \times 10^2\ \Omega$の白金線を使った。一方，抵抗R_A，R_B，R_Cは，抵抗値がすべて$1.00 \times 10^2\ \Omega$で一定に保たれているとする。さらに，直流電源として，起電力が1.00×10^{-1} Vのものを使った。すると，抵抗Rの温度が0.0℃のときには，cd間に電位差はない。その後，抵抗Rの温度が上昇し，その抵抗値が$1.0 \times 10^1\ \Omega$だけ増加したとすると，cd間の電位差（dを基準として測ったcの電位）は，有効数字2桁で［ヘ］Vとなる。

このような回路（ホイートストンブリッジ）は，温度や照度などの条件によって抵抗値が変化するセンサーの検出回路として利用することができる。

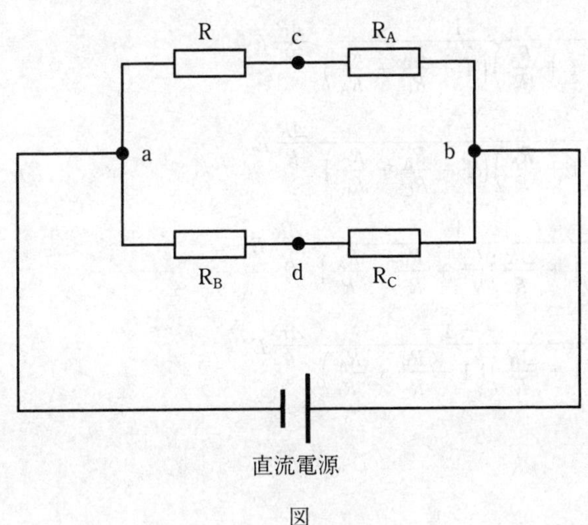

図

［A］の選択肢

① $\dfrac{R + R_A + R_B + R_C}{(R + R_A)(R_B + R_C)}$　　② $\dfrac{R + R_A + R_B + R_C}{(R + R_B)(R_A + R_C)}$

③ $\dfrac{R + R_A + R_B + R_C}{(R + R_C)(R_A + R_B)}$　　④ $\dfrac{(R + R_A)(R_B + R_C)}{R + R_A + R_B + R_C}$

⑤ $\dfrac{(R + R_B)(R_A + R_C)}{R + R_A + R_B + R_C}$　　⑥ $\dfrac{(R + R_C)(R_A + R_B)}{R + R_A + R_B + R_C}$

B の選択肢

① $\dfrac{R_C}{R_A R_B}$　② $\dfrac{R_B}{R_A R_C}$　③ $\dfrac{R_A}{R_B R_C}$

④ $\dfrac{R_B R_C}{R_A}$　⑤ $\dfrac{R_A R_C}{R_B}$　⑥ $\dfrac{R_A R_B}{R_C}$

C の選択肢

① $\dfrac{1}{\left(1+\dfrac{R_B}{R_C}\right)\left(1+\dfrac{R_A}{R}+\dfrac{\Delta R}{R}\right)}\dfrac{\Delta R}{R}E$

② $\dfrac{-1}{\left(1+\dfrac{R_B}{R_C}\right)\left(1+\dfrac{R_A}{R}+\dfrac{\Delta R}{R}\right)}\dfrac{\Delta R}{R}E$

③ $\dfrac{1}{\left(1+\dfrac{R_A}{R}\right)\left(1+\dfrac{R_B}{R_C}+\dfrac{R_C}{R_B}\right)}\dfrac{\Delta R}{R}E$

④ $\dfrac{-1}{\left(1+\dfrac{R_A}{R}\right)\left(1+\dfrac{R_B}{R_C}+\dfrac{R_C}{R_B}\right)}\dfrac{\Delta R}{R}E$

⑤ $\dfrac{1}{\left(1+\dfrac{\Delta R}{R}\right)\left(1+\dfrac{R_B}{R_C}+\dfrac{R_A}{R}\right)}\dfrac{\Delta R}{R}E$

⑥ $\dfrac{-1}{\left(1+\dfrac{\Delta R}{R}\right)\left(1+\dfrac{R_B}{R_C}+\dfrac{R_A}{R}\right)}\dfrac{\Delta R}{R}E$

Ⅲ　次の文章を読み，［あ］～［き］に適切な数値あるいは数式を解答欄に記入せよ。また，［イ］～［ホ］には指定された選択肢からもっとも適切なものを一つ選び，解答欄にマークせよ。プランク定数をh[J·s]，真空中の光速をc[m/s]，電気素量をe[C]とする。なお，［　］は，すでに［　］で与えられたものと同じものを表す。

図1のような，発光ダイオードについて考えよう。発光ダイオードは半導体ダイオードのうち，光を外部に取り出す目的で作られたものである。半導体ダイオードは，p型およびn型の半導体を接合した素子であり，p型半導体からn型半導体の向き（順方向）に，ある大きさ以上の電圧を加えると電流を流す性質を持つ。

〔1〕 アインシュタインの光量子仮説によれば，光（電磁波）の波長をλ[m]とすると，この波長を持つ光子1個のエネルギーは［あ］[J]と表される。

〔2〕 図1のように，理想的な発光ダイオードに電流が流されて光を発しているときには，供給される電気エネルギーはすべて光のエネルギーに変換されるものとする。理想的な発光ダイオードが波長λ[m]の光を発しているときに，発光ダイオードに流れている電流がI[A]，発光ダイオードの両端の電圧がV[V]であるとすると，この発光ダイオードからは，単位時間（1s）あたり，［い］個の光子が放出されている。

発光ダイオードの順方向に電流が流れる最小の電圧（最小順方向電圧）をV_F[V]とする。発光ダイオードにV_F[V]以上の順方向の電圧を加えると，電子は図2(a)のように，高いエネルギー準位に上がる。エネルギーを得た電子は，図2(b)のように，正孔が存在する低いエネルギー準位へ移る（電子と正孔の再結合）。このとき電子は発光ダイオード内部をn型領域からp型領域に移動するので，電流が流れる。

電子と正孔の再結合では，図2(b)のように，電子が低いエネルギー準位に移るので，エネルギー保存則から，そのエネルギー差に等しいエネルギーを持った光子が1個放出される。

〔3〕 理想的な発光ダイオードでは，電子1個と正孔1個の再結合によって，光子が1個放出されるものとする。理想的な発光ダイオードにV_F[V] に等しい電圧が加えられて，波長λ[m] の光を発しているときには，V_F = [う] の関係が成り立っており，図2(a)のエネルギー差は [え] × V_F[J] に等しい。

したがって，発光ダイオードのV_Fの値が異なると，λの値が異なる。さまざまな種類の理想的な発光ダイオードについて，波長λ[m] と最小順方向電圧V_F[V] を測定し，波長の逆数$\frac{1}{\lambda}$[1/m] を横軸に，V_F[V] を縦軸に取ってグラフを作成すると，[イ] のようになる。

〔4〕 理想的な発光ダイオードの両端に電圧計だけをつなぎ，発光ダイオードの発光部に外部から光を入射すると，電圧計で起電力（光起電力）が観測される場合がある。これは図2(b)に示される発光過程とは逆の過程であり，発光ダイオードに図のエネルギー差以上のエネルギーを持つ光子が入射すると，光子は消滅して，電子が高いエネルギー準位に励起されると同時に正孔が生じる。その結果，半導体内部に電荷の流れが生じる。理想的な発光ダイオードにおいて光起電力が発生するためには，外部から入射する光子の波長λ[m] と素子の最小順方向電圧V_F[V] との間に [ロ] という関係が成立する必要がある。可視光の波長は赤色光が最も長く，紫色光が最も短い。したがって，たとえば，紫色光を発する発光ダイオードに赤色の単色光を入射すると [ハ] 。いっぽう，赤色光を発する発光ダイオードに紫色の単色光を入射すると [ニ] 。

〔5〕 電子1個を真空中でV[V] の電圧で加速するとき，電子が得る運動エネルギーは [お] [J] となる。$V = 1$Vのときに電子が得る運動エネルギーを1eV（1電子ボルト）とする。つまり，[お] [J] のエネルギーは [か] [eV] に等しい。

以下では$h = 6.6 \times 10^{-34}$ J·s，$c = 3.0 \times 10^{8}$ m/s，$e = 1.6 \times 10^{-19}$ Cとせよ。

〔6〕 ヒトの目には，青色光と黄色光の混合光は白色に見える。そのため，近年普及している白色発光ダイオードの多くは，波長4.5×10^{-7} mの青色光を発す

る発光ダイオードと，青色光を吸収して黄色光を発する材料を組み合わせて，ヒトの目に白色に見える光を作り出している。波長 4.5×10^{-7} m の光子 1 個のエネルギーは［ホ］[eV] であるから，このような白色発光ダイオードを点灯させるためには，白色発光ダイオードの両端には，起電力が 1.2 V の電池を，直列に少なくとも［き］個接続する必要がある。ただし，発光ダイオードには過大な電流は流れないものとする。

［イ］に対する選択肢

①
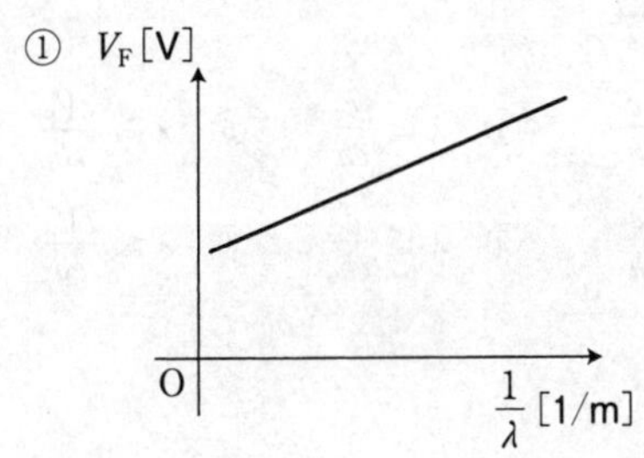

②
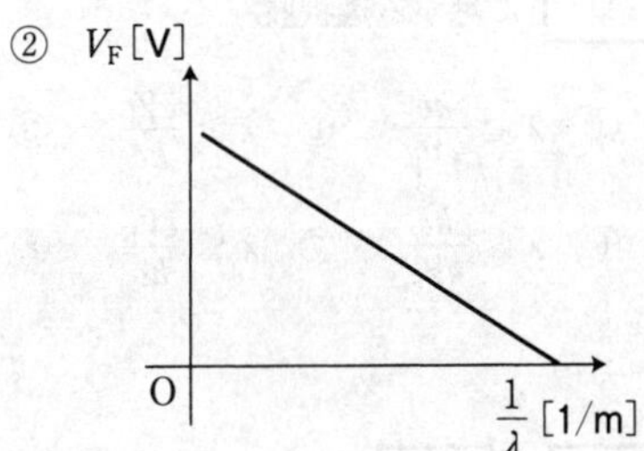

③
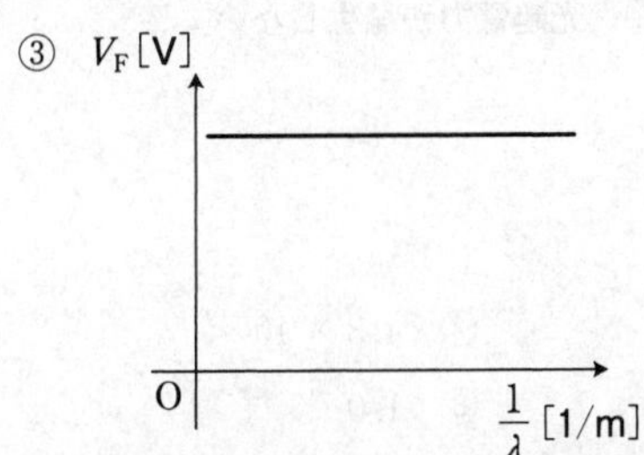

④
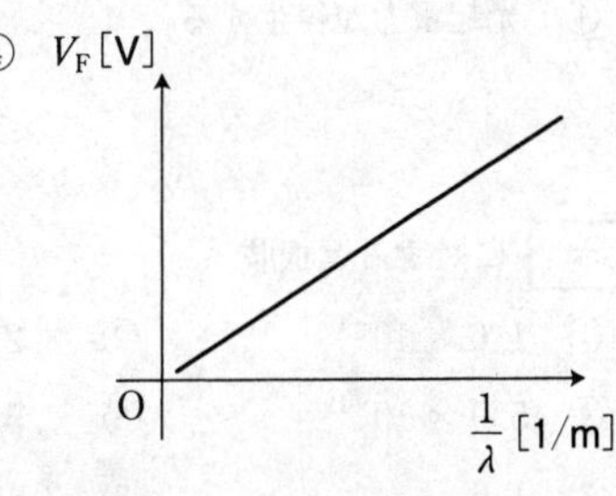

⑤
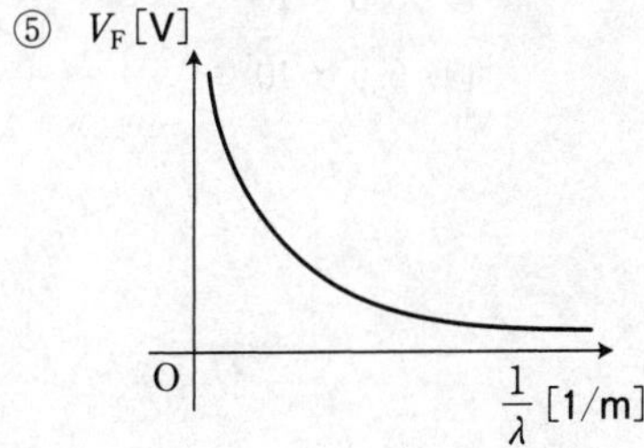

⑥
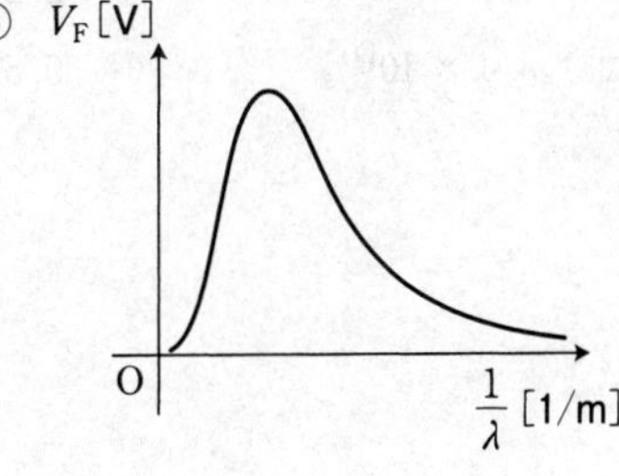

⑦ 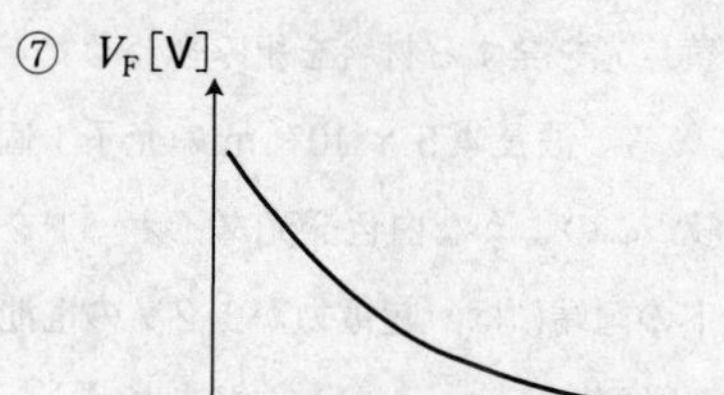

⑧ 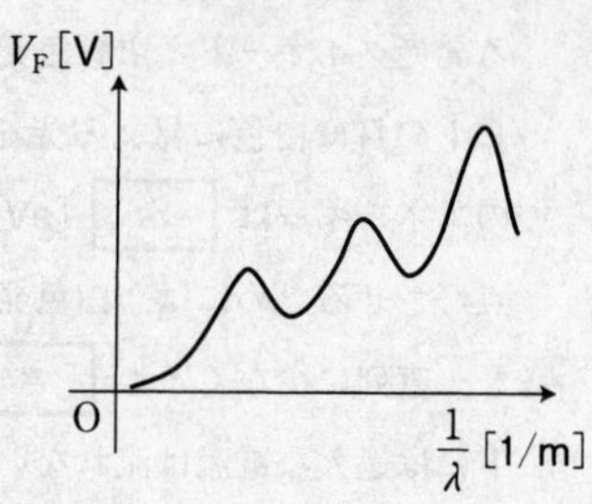

ロ に対する選択肢

① $\lambda \geqq \frac{hc}{eV_F}$　② $\lambda \geqq \frac{eV_F}{hc}$　③ $\lambda \geqq \frac{c}{h}$　④ $\lambda \geqq \frac{c}{eh}$　⑤ $\lambda \geqq \frac{cV_F}{eh}$

⑥ $\lambda \leqq \frac{hc}{eV_F}$　⑦ $\lambda \leqq \frac{eV_F}{hc}$　⑧ $\lambda \leqq \frac{c}{h}$　⑨ $\lambda \leqq \frac{c}{eh}$　⑩ $\lambda \leqq \frac{cV_F}{eh}$

ハ , ニ に対する選択肢

① 光起電力が発生する　② 光起電力が発生しない

ホ に対する選択肢

① 1.6×10^{-19}　② 3.2×10^{-19}　③ 4.3×10^{-19}
④ 5.9×10^{-19}　⑤ 7.5×10^{-19}　⑥ 1.0
⑦ 1.6　⑧ 2.8　⑨ 4.0
⑩ 5.2　⑪ 2.2×10^{19}　⑫ 3.3×10^{19}
⑬ 4.4×10^{19}　⑭ 5.5×10^{19}　⑮ 6.6×10^{19}

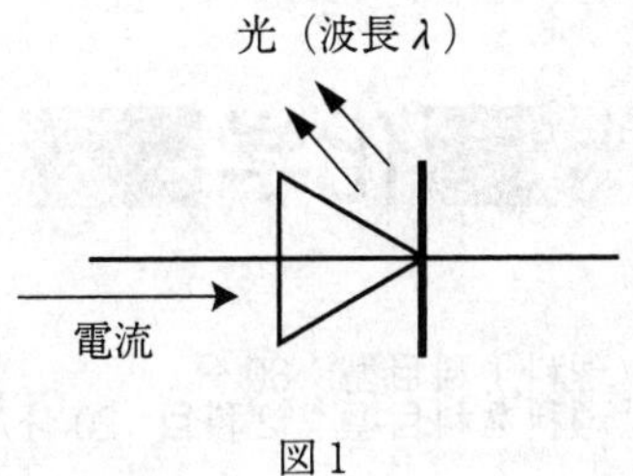

図 1

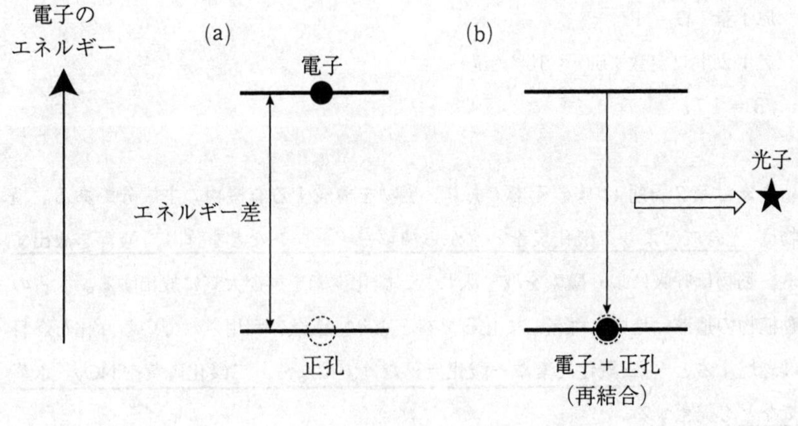

図 2

化学

(理科1科目型：80分
理科2科目型：2科目120分)

I　次の文章を読み，〔1〕～〔6〕の問いに答えよ。ただし，必要に応じて，以下の値を用いよ。

原子量：C = 12

アボガドロ定数：6.0×10^{23} /mol

$\sqrt{3} = 1.7$

炭素は第2周期14族の元素であり，生物を構成する有機物の主成分である。植物は(a)光合成により二酸化炭素と水から糖類やデンプンなどを作り，酸素を放出する。動物は呼吸により酸素を取り入れ，二酸化炭素を再び大気に放出する。太古の動植物の遺骸は地中に堆積して化石燃料となり，人類に利用されている。化石燃料は燃焼すると，(b)二酸化炭素や一酸化炭素だけではなく，二酸化硫黄やNO_x，水蒸気なども発生する。

炭素のみからなる純粋な物質としてはダイヤモンドや黒鉛などがある。これらは互いに［ あ ］と呼ばれ，それぞれ図1と図2のような構造をしている。図1のダイヤモンドの単位格子を8個の小立方体に分けると，1つおきの中心に炭素原子が存在している。炭素原子は［ い ］個の価電子を持ち，ダイヤモンドではすべての価電子がC-C結合に使われている。黒鉛では［ う ］個の価電子がC-C結合に使われ，層状の正六角形平面網目構造を形成する。残る［ え ］個の価電子は層内を自由に動き回れるため，黒鉛は［ お ］を示す。また，黒鉛の平面状の層と層は弱い［ か ］力によって結ばれているため，ダイヤモンドに比べて黒鉛はもろく，密度もダイヤモンドは3.5 g/cm^{3}なのに対し，黒鉛は2.3 g/cm^{3}と低い。

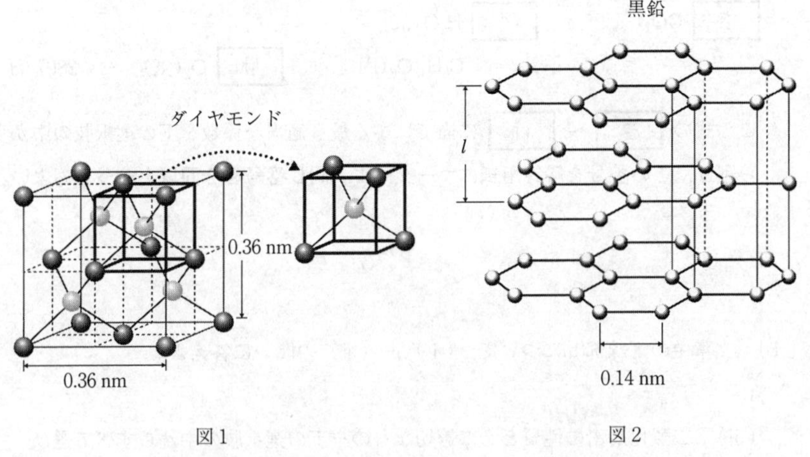

図 1　　図 2

〔1〕 文章中の あ ， お ， か にあてはまる最も適当な語句を下の選択肢の中から選び，その番号を解答用紙にマークせよ。

① アレニウス　② ルシャトリエ　③ ファントホッフ
④ 電気伝導性　⑤ 超伝導性　⑥ 弾性
⑦ 吸湿性　⑧ 風解性　⑨ 同位体
⑩ 同素体　⑪ 同族体　⑫ 異性体
⑬ 不動態　⑭ 重合　⑮ 過飽和
⑯ 圧力　⑰ 分子間　⑱ 電子親和
⑲ イオン　⑳ 放電

〔2〕 文章中の い ～ え にあてはまる最も適当な数字を下の選択肢の中から選び，その番号を解答用紙にマークせよ。

① 1　② 2　③ 3　④ 4
⑤ 5　⑥ 6　⑦ 7　⑧ 8

〔3〕 文章中の下線部(a)の光合成において，グルコースができるとした場合，次のような吸熱反応となる。

$$\boxed{\text{き}}\ CO_2(気) + \boxed{\text{く}}\ H_2O(液) = C_6H_{12}O_6(固) + \boxed{\text{け}}\ O_2(気) - 2807\ kJ$$

この式の き ～ け に当てはまる最も適当な係数を下の選択肢の中から選び，その番号を解答用紙にマークせよ。**同じ番号を2回以上使ってもよい。**

① 1　② 2　③ 3　④ 4
⑤ 5　⑥ 6　⑦ 7　⑧ 8

〔4〕 文章中の下線部(b)について，（ⅰ）～（ⅲ）の問いに答えよ。

（ⅰ） 二酸化炭素の性質として適切なものを下の選択肢の中から**すべて**選び，その番号を解答用紙にマークせよ。

① 水に不溶　② 水に少し溶ける
③ 可燃性がある　④ 不燃性である
⑤ 有毒　⑥ 毒性は少ない
⑦ 石灰水と反応して白濁する　⑧ 石灰水とは反応しない

（ⅱ） 二酸化硫黄は通常は還元剤としてはたらくが，硫化水素のような強い還元剤に対しては酸化剤としてはたらき，以下のような反応を起こす。

$$2H_2S + SO_2 \longrightarrow \boxed{}$$

この反応式の右辺の部分を解答用紙の □ 内に記入し，反応式を完成せよ。

（ⅲ） NO_xとは，一酸化窒素や二酸化窒素などの窒素酸化物のことである。このうち，二酸化窒素の性質として適切なものを下の選択肢の中から**すべて**選び，その番号を解答用紙にマークせよ。

① 常温で無色の気体　② 常温で赤褐色の気体
③ 有毒　④ 無毒
⑤ 水に溶けやすい　⑥ 水に溶けにくい

〔5〕 図1に示すダイヤモンドの炭素原子間の結合距離（nm）を求め，**有効数字2桁**で解答用紙の □ 内に記入せよ。ただし，図1の単位格子の一片の長さは0.36 nmとする。

〔6〕 図3は，図2の六角柱部分を取り出したものである。図3の平面層間の距離 l を黒鉛の密度2.3 g/cm^{3}から求めるには，以下のように考える。（i）～（iv）の問いに答えよ。

図3の第1層と第3層で，正六角形の部分は重なっており，炭素原子は六角柱の各頂点に1個ずつ存在する。また，第2層の正六角形の中心に1個，6つの頂点のうち3つに炭素原子が1個ずつ存在する。そこで，この六角柱内部に存在する炭素原子の個数から，六角柱の質量を求め，これを六角柱の体積で割れば，密度が求まる。今，密度はすでに2.3 g/cm^{3}とわかっているので，層間の距離 l を求めることができる。

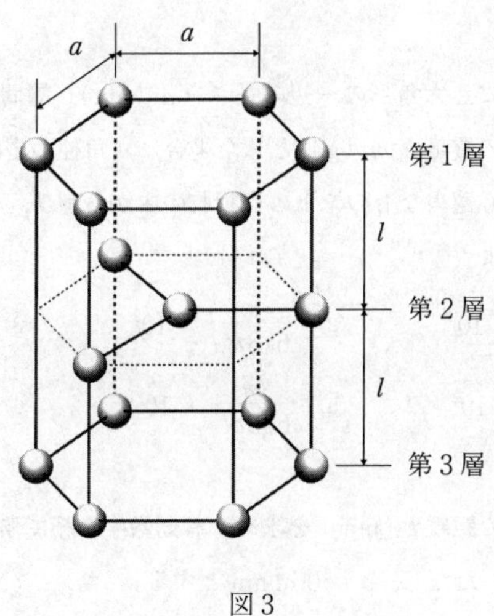

図3

（i） 図3の第1層，第2層，第3層について，それぞれ何個分の炭素原子が六角柱内に存在するか，最も適当な数字の組み合わせを下の選択肢の中から選び，解答用紙にマークせよ。

	第1層	第2層	第3層
①	1	1	1
②	1	2	1
③	2	1	2
④	2	2	2
⑤	1	3	1
⑥	3	1	3
⑦	3	2	3
⑧	2	4	2
⑨	4	2	4
⑩	6	4	6

(ii)　図3の六角柱の質量（g）を求め，**有効数字2桁**で解答用紙の［　］内に記入せよ。

(iii)　図3のように，六角形の一辺の長さを a（nm），層間の距離を l（nm）とし，六角柱の質量を m（g）とした場合，六角柱の密度（g/cm^3）を表す式として最も適当なものを下の選択肢の中から選び，その番号を解答用紙にマークせよ。

①　$\dfrac{2m}{3\sqrt{3}a^2l} \times 10^{21}$　　②　$\dfrac{m}{6\sqrt{3}a^2l} \times 10^{21}$　　③　$\dfrac{m}{3\sqrt{3}a^2l} \times 10^{21}$

④　$\dfrac{2m}{3\sqrt{3}al^2} \times 10^{21}$　　⑤　$\dfrac{m}{6\sqrt{3}al^2} \times 10^{21}$　　⑥　$\dfrac{m}{3\sqrt{3}al^2} \times 10^{21}$

(iv)　図3の層間の距離 l（nm）を求め，**有効数字2桁**で解答用紙の［　］内に記入せよ。ただし，a = 0.14 nm とする。

Ⅱ　次の文章を読み，〔1〕～〔8〕の問いに答えよ。ただし，必要に応じて，以下の値を用いよ。

原子量：H = 1.0，C = 12，N = 14，O = 16，Na = 23，S = 32，Cl = 35.5

標準状態の気体のモル体積：22.4 L/mol

ファラデー定数：9.65×10^4 C/mol

以下は，高校の部活動である化学部に入部してきた1年生に対して，3年生が化学実験でよく用いる実験装置や薬品の取り扱いについて説明しているときの会話のやりとりである。

3年生A：皆さん化学部にようこそ。まずは，私の方からは，実験でよく用いる蒸留装置の取り扱いの注意点について説明します。ところで蒸留とはどういうことか説明できますか。

1年生a：正確には説明できませんが，「海水を蒸留して純水をつくる」とか言いますね。

3年生A：そうだよね。液体とほかの物質の混合物を加熱して沸騰させ，生じた蒸気を冷却することによって，もとの溶液から液体を分離する操作を蒸留というんだよ。また，2種類以上の液体の混合物を，［ あ ］の違いを利用して，蒸留によって各成分を分離する方法を［ い ］というんだ。例えば，液体空気の温度をゆっくりと上げていくと，酸素と窒素とでは先に［ う ］が気体となって出てくるので，酸素と窒素を分離することができるんだ。

1年生a：原油からガソリンなどを分離するときにも用いている操作のことですね。

3年生A：そうだよ。よく知っているね。これから化学の授業で学習すると思うよ。さて，皆さんの目の前にある実験装置は蒸留装置とよばれているものですが，この装置で使われている冷却器の名称は，これを開発した化学者の名前から［ え ］冷却器とよばれているんだ。<u>この蒸留装置はまだ正しい完成形ではないので，実際に用いるとき</u>(a)

はいろいろなことに注意を払わなければならないんだ。

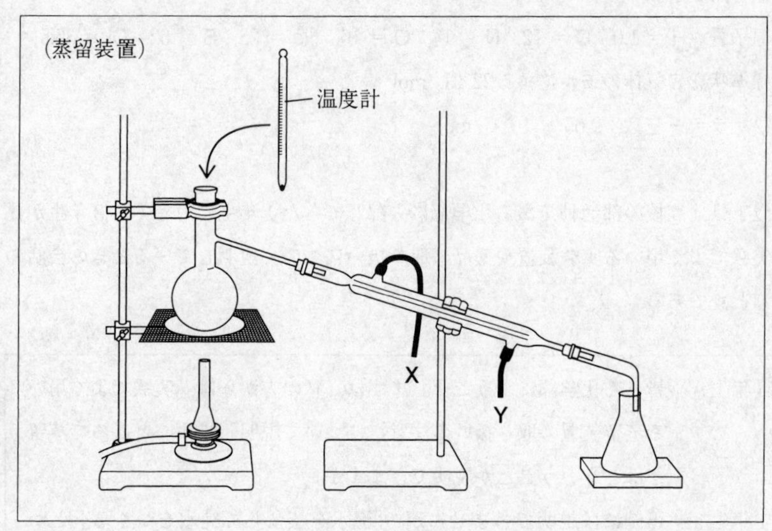

3年生B：次に，私の方からは薬品としてよく用いる水酸化ナトリウムと硫酸の取り扱いについて説明します。
水酸化ナトリウムは空気中の［ お ］を吸収するので，秤量するときは，手早くすることを心掛けなければならないんだ。さらに，水酸化ナトリウムは［ お ］の他に空気中の［ か ］も吸収する性質があるんだ。

1年生b：［ お ］を吸収するのは潮解と呼ばれる現象ですね。

3年生B：その通り。(b)この水酸化ナトリウムは実験でよく使用する薬品だけど，工業的にも重要な物質なんだ。

1年生b：そうなんですか。水酸化ナトリウムが工業的にも重要な物質とは知りませんでした。

3年生B：では，次に硫酸についてなんですが，とにかく気を付けなければならないのは希硫酸の作り方なんだ。希硫酸を作るのは，水に濃硫酸を注ぐのか，濃硫酸に水を注ぐのかどちらが正しい方法なのか知っていますか。

1年生b：はい，［き］をかき混ぜながら［く］を少しずつ注いでいくのですね。

3年生B：正解です。では，これは硫酸にどんな性質があるからそうするのか説明できますか？

1年生b：［け］熱が大きいので，逆にすると水が沸騰して危険なんですね。

3年生B：硫酸の性質をよく理解していますね。もう立派な化学部の部員ですね。ただ，(c)硫酸は他にもさまざま性質をもった物質で，(d)水酸化ナトリウムと同様に実験でよく使用する薬品だけど，工業的にも重要な物質なんだ。

1年生b：実験器具についても薬品についても，まだまだ知らないことが多くあり興味深いことが多いですね。化学部に入って良かったです。どうかこれからもいろいろと教えてください。

〔1〕 文章中の［あ］～［う］にあてはまる語句の組み合わせとして，最も適当なものを下の選択肢の中から選び，その番号を解答用紙にマークせよ。

選択肢	あ	い	う
①	溶解度	抽出	酸素
②	溶解度	抽出	窒素
③	溶解度	分留	酸素
④	溶解度	分留	窒素
⑤	沸点	抽出	酸素
⑥	沸点	抽出	窒素
⑦	沸点	分留	酸素
⑧	沸点	分留	窒素

〔2〕 文章中の［え］にあてはまる名称を**カタカナ**で解答用紙の［　］内に記入せよ。

〔3〕 文章中の下線部(a)に関して，3年生A君は1年生に蒸留装置の扱い方について次の①～⑤の正誤問題を出した。この①～⑤の中で正しいものを**すべて**選び，その番号を解答用紙にマークせよ。

① 沸騰直後の蒸気の温度を測るため，温度計の球部は液面近くに位置する。

② 液体の量は効率よく蒸留できるようフラスコの半分以上とする。

③ 突沸を防ぐため，フラスコ内に沸騰石を入れる。

④ 出てきた蒸気をすばやく冷却する必要があるので，冷却水は**X**側から**Y**側へ流す。

⑤ 受け器の三角フラスコは蒸気が漏れないように密閉する。

〔4〕 文章中の お と か にあてはまる最も適当な物質の化学式を解答用紙の ＿ 内にそれぞれ記入せよ。なお，水酸化ナトリウムが か を吸収して生じる物質は，アンモニアソーダ法で得られる最終目的生成物と同じ物質である。

〔5〕 文章中の き ～ け にあてはまる語句の組み合わせとして，最も適当なものを下の選択肢の中から選び，その番号を解答用紙にマークせよ。

選択肢	き	く	け
①	水	濃硫酸	蒸発
②	水	濃硫酸	溶解
③	水	濃硫酸	融解
④	濃硫酸	水	蒸発
⑤	濃硫酸	水	溶解
⑥	濃硫酸	水	融解

〔6〕 文章中の下線部(b)に関して，水酸化ナトリウムは工業的には塩化ナトリウム水溶液を電気分解するイオン交換膜法により製造されている。

塩化ナトリウム水溶液を5.00 Aの電流で6分26秒間電気分解した場合について，次の（i）および（ii）の問いに答えよ。ただし，発生した気体は水に溶解しないものとする。

（i）　陽極で発生する気体の化学式とその標準状態における体積（mL）について，最も適当な組み合わせを下の選択肢の中から選び，その番号を解答用紙にマークせよ。

選択肢	発生する気体	発生する体積（mL）
①	H_2	448
②	H_2	224
③	H_2	112
④	Cl_2	448
⑤	Cl_2	224
⑥	Cl_2	112
⑦	O_2	448
⑧	O_2	224
⑨	O_2	112

（ii）　水酸化ナトリウムは電極付近の溶液を濃縮して得られるが，それはどちら側の電極付近か。得られる電極側とその物質量について，最も適当な組み合わせを下の選択肢の中から選び，その番号を解答用紙にマークせよ。

選択肢	得られる電極側	得られる物質量（mol）
①	陰極	0.0100
②	陰極	0.0200
③	陰極	0.0400
④	陽極	0.0100
⑤	陽極	0.0200
⑥	陽極	0.0400

〔7〕　文章中の下線部(c)に関して，次の硫酸を用いた①～⑥における反応の中で，

硫酸が不揮発性であるという性質により反応が進行するものを**すべて**選び，その番号を解答用紙にマークせよ。

① 塩化バリウムに希硫酸を加える

② 酢酸ナトリウムに希硫酸を加える

③ スクロースに濃硫酸を加える

④ 亜硫酸ナトリウムに希硫酸を加える

⑤ 塩化ナトリウムに濃硫酸を加えて加熱する

⑥ 熱濃硫酸に銅を加える

〔8〕 文章中の下線部(d)に関して，次の（ⅰ）～（ⅲ）の問いに答えよ。

硫酸は工業的には次のような［こ］法でつくられる。

［1］ 硫黄の燃焼で得た二酸化硫黄を［さ］が主成分の触媒下で，空気中の酸素と反応させ三酸化硫黄とする。

［2］ 三酸化硫黄を直接，水に吸収させようとすると霧状になるため，97～98％の濃硫酸に吸収させて［し］とし，これを希硫酸でうすめて濃硫酸とする。

（ⅰ） 上記の［こ］および［さ］にあてはまる語句と化学式の組み合わせとして，最も適当なものを下の選択肢の中から選び，その番号を解答用紙にマークせよ。

選択肢	こ	さ
①	ハーバー・ボッシュ	V_2O_5
②	ハーバー・ボッシュ	Pt
③	ハーバー・ボッシュ	Fe_2O_3
④	オストワルト	V_2O_5
⑤	オストワルト	Pt
⑥	オストワルト	Fe_2O_3
⑦	接触	V_2O_5
⑧	接触	Pt
⑨	接触	Fe_2O_3

(ii)　上記の［し］は三酸化硫黄を過剰に溶かしこんだ濃硫酸である。［こ］法において，これは何とよばれているか。［し］にあてはまる最も適当な語句を**漢字4文字**で解答用紙の［　］内に記入せよ。

(iii)　この方法で硫黄48kgから得られる濃度98％，密度1.8 g/cm^{3}の濃硫酸の体積（L）を求め，**有効数字2桁**で解答用紙の［　］内に記入せよ。ただし，硫黄はすべて濃硫酸の生成に使われるものとする。

Ⅲ　次の文章を読み，〔1〕〜〔6〕の問いに答えよ。ただし，必要に応じて，以下の値を用いよ。

原子量：H = 1.0，C = 12，O = 16

以下は，6種類の有機化合物A〜Fに関する記述である。

化合物A　化合物AはC，H，Oからなる化合物で，元素分析を行うとその質量％は炭素C 52.2％，水素H 13.0％，酸素O 34.8％であり，分子量は46であった。(a)<u>Aの構造異性体A'を硫酸酸性の二クロム酸カリウム水溶液で酸化して得られた化合物A"は，フェーリング液とともに加熱すると赤色の沈殿物を生成した。</u>

化合物B　化合物Bは$C_{11}H_{14}O_3$で示される分子式を有し，ヒドロキシ基をもつ芳香族カルボン酸のエステルである。Bを加水分解すると炭素数4のアルコールと芳香族化合物B'が得られた。B'に塩化鉄(Ⅲ)水溶液を加えると呈色した。

化合物C　化合物Cは水に溶けにくいが，酸性の水溶液には塩を形成して溶解し，無水酢酸と反応させると，分子式がC_8H_9NOで示される芳香族化合物C'が得られた。

化合物D 化合物Dは標準状態（0℃，1.013×10^5 Pa）で気体であり，一般式C_nH_{2n+2}で表される炭化水素である。(b)標準状態のD 40 mLと酸素300 mLとを混合し，燃焼管に入れて完全燃焼させた。反応後の気体を十分な量の水酸化カリウム水溶液に通し，残存した気体を標準状態ではかったところ100 mLであった。ただし，水蒸気の存在は無視できるものとする。

化合物E 化合物Eは枝分かれのないアルキル基をもつベンゼンの一置換体である。32.7 gのEをベンゼン300 gに溶かした溶液の凝固点は，2.97℃であった。(c)次にEを濃硫酸とともに加熱すると，ベンゼンの二置換体が得られた。続いて，炭酸水素ナトリウム水溶液を加えるとベンゼンの二置換体のナトリウム塩が生成し，気体Xが発生した。ただし，純ベンゼンの凝固点は5.53℃，モル凝固点降下は，5.12 K·kg/molとする。

化合物F 化合物Fは分子式$C_5H_{10}O_2$で沸点が177℃のカルボン酸である。Fは，分子式が$C_5H_{10}O$であるアルコールF'に水素付加した後，酸化すると得られる。ただし，F'は(d)不斉炭素原子を1つもち，環状構造は含まない。

〔1〕 化合物Aについて，（i）および（ii）の問いに答えよ。

（i） 化合物Aの名称を解答用紙の［　　］内に記入せよ。

（ii） 化合物Aの構造異性体A'は，水酸化ナトリウム水溶液とヨウ素を加えて温めると，特有の臭いをもつ黄色の結晶を生じる。この反応を示すA'の構造，および文章中の下線部(a)で生成された沈殿物の化学式の組み合わせとして，最も適当なものを下の選択肢の中から選び，その番号を解答用紙にマークせよ。ただし，炭化水素基または水素原子を－Rで表している。

番号	A'の構造	化学式
①	$CH_2=CHO-R$	CuO
②	CH_3CO-R	Fe_2O_3
③	$CH_3CH_2CH(OH)-R$	Cu_2O
④	$CH_3CH(OH)-R$	FeO
⑤	$CH_2=CHO-R$	Fe_2O_3
⑥	CH_3CO-R	Cu_2O
⑦	$CH_3CH_2CH(OH)-R$	CuO
⑧	$CH_2=CHO-R$	FeO
⑨	$CH_3CH(OH)-R$	Cu_2O
⑩	CH_3CO-R	FeO
⑪	$CH_3CH_2CH(OH)-R$	Fe_2O_3
⑫	$CH_3CH(OH)-R$	CuO

〔2〕 化合物**B**について，（ｉ）および（ii）の問いに答えよ。

（ｉ） 化合物**B**として考えられる構造異性体は**B**を含めていくつあるか。最も適当なものを下の選択肢の中から選び，その番号を解答用紙にマークせよ。ただし，鏡像異性体（光学異性体）は区別しないものとする。

① 1　② 2　③ 3　④ 4　⑤ 5
⑥ 6　⑦ 7　⑧ 8　⑨ 9　⑩ 10
⑪ 11　⑫ 12　⑬ 13　⑭ 14　⑮ 15

（ii） 芳香族化合物**B'**の構造異性体の1つは，ナトリウムフェノキシドを用いて合成できる。その合成方法として，最も適当なものを下の選択肢の中から選び，その番号を解答用紙にマークせよ。

① 水酸化ナトリウムとともに融解させた後，強酸を反応させる。
② 濃硝酸と混合した後，水酸化ナトリウム水溶液を反応させる。
③ 塩化ベンゼンジアゾニウムとカップリング反応させる。
④ 塩酸を加えて加熱する。

⑤ 酸化バナジウム(V)を触媒に用いて酸化する。

⑥ 高温高圧の条件下で，二酸化炭素と反応させた後，強酸を加える。

⑦ 二クロム酸カリウムを用いて酸化する。

⑧ 無水酢酸と濃硫酸を加えて反応させる。

⑨ 白金を触媒として，加圧下で水素を反応させる。

〔3〕 化合物**C**について，（ｉ）および（ⅱ）の問いに答えよ。

（ｉ） 化合物**C**をベンゼンから合成する操作手順の**第1段階**および**第2段階**として，最も適当なものを下の選択肢の中からそれぞれ選び，その番号を解答用紙にマークせよ。

① 濃硫酸を加えて熱する。

② 塩化アルミニウムを触媒にしてクロロメタンを作用させる。

③ スズと塩酸を作用させて水酸化ナトリウム水溶液を加える。

④ 希塩酸中で亜硝酸ナトリウムを低温で反応させる。

⑤ 水酸化ナトリウム水溶液を加え加圧下で熱する。

⑥ プロペン（プロピレン）とリン酸を反応させる。

⑦ 低温でオゾンと反応させる。

⑧ 固体の水酸化ナトリウムを加えて加熱融解する。

⑨ 過マンガン酸カリウム水溶液を反応させる。

⑩ 濃硝酸と濃硫酸の混合物と反応させる。

⑪ 二酸化炭素を十分に通じる。

⑫ 鉄粉を加えて塩素を通す。

（ⅱ） 化合物**C**を検出する試薬として，最も適当なものを下の選択肢の中から選び，その番号を解答用紙にマークせよ。

① アンモニア性硝酸銀水溶液　　② 塩素水

③ 炭酸アンモニウム水溶液　　④ さらし粉水溶液

⑤ ヨウ素ヨウ化カリウム水溶液（ヨウ素液）　　⑥ 硫化水素水

〔4〕 化合物**D**について，（i）および（ii）の問いに答えよ。

（i） 文章中の下線部(b)の燃焼の化学反応式を下に示す。この化学反応式の**(ア)**～**(ウ)**に入る係数を，*n*を用いて解答用紙の □ 内に記入せよ。

$$C_nH_{2n+2} \ + \ (\ ア\ )O_2 \ \longrightarrow \ (\ イ\ )CO_2 \ + \ (\ ウ\ )H_2O$$

（ii） 実験結果と上記の化学反応式から，この化合物**D**の名称として，最も適当なものを下の選択肢の中から選び，その番号を解答用紙にマークせよ。

① メタン　② エタン　③ プロパン　④ ブタン
⑤ ペンタン　⑥ ヘキサン　⑦ ヘプタン　⑧ オクタン
⑨ ノナン　⑩ デカン

〔5〕 化合物**E**について，（i）および（ii）の問いに答えよ。

（i） 化合物**E**に含まれるアルキル基の炭素数として最も適当なものを下の選択肢の中から選び，その番号を解答用紙にマークせよ。

① 1　② 2　③ 3　④ 4　⑤ 5
⑥ 6　⑦ 7　⑧ 8　⑨ 9　⑩ 10
⑪ 11　⑫ 12　⑬ 13　⑭ 14　⑮ 15

（ii） 文章中の下線部(c)について，発生した気体**X**の名称として最も適当なものを下の選択肢の中から選び，その番号を解答用紙にマークせよ。

① 水素　② 酸素　③ 窒素
④ フッ素　⑤ 塩素　⑥ 一酸化炭素
⑦ 一酸化窒素　⑧ 二酸化炭素　⑨ 二酸化窒素
⑩ 二酸化硫黄　⑪ 硫化水素　⑫ 塩化水素

〔6〕 化合物**F**について，（i）および（ii）の問いに答えよ。

（i） **F'**の異性体のうち，文章中の下線部(d)の条件を満たすアルコールの数は，**F'**を含めていくつあるか。最も適当なものを下の選択肢の中から選び，その番号を解答用紙にマークせよ。ただし，シス-トランス異性体は区別し，鏡像異性体（光学異性体）は区別しないものとする。

① 1　② 2　③ 3　④ 4　⑤ 5　⑥ 6
⑦ 7　⑧ 8　⑨ 9　⑩ 10　⑪ 11　⑫ 12

（ii） 化合物**F**の構造を解答例にならって解答用紙の □ 内に記入し，不斉炭素原子に＊を元素記号の右肩に付記せよ。ただし，原子はすべて省略せずに表記し，原子間の結合はすべて線（価標）を用いて表せ。

〔解答例〕

```
                      O
                      ‖
    H   H   H         C－H   H   H
    |   |   |         |      |   |
 H－C－C－C－O－C*―――――C－C－H
    |   |   |         |      |   |
    H   H   H         O－H   H   H
```

Ⅳ　次の文章を読み，〔1〕～〔5〕の問いに答えよ。ただし，必要に応じて，以下の値を用いよ。

原子量：H = 1.0，C = 12，O = 16

石油からつくられる合成繊維・合成樹脂・合成ゴムなどの高分子化合物を合成高分子化合物といい，身近に広く使われている。合成高分子化合物は用途によって分類されるが，ポリエチレンテレフタラートのように一つの高分子化合物が，繊維として使われたり，樹脂として使われたりするなど，幅広い用途をもつものもある。

エテン（エチレン）やプロペン（プロピレン）は，適当な条件で触媒を作用させると，次々と［あ］反応を起こして多数の分子が長く鎖状に結合する。エテンやプロペンからの生成物は，それぞれポリエチレンやポリプロピレンとよばれ，軽くて強く，紐やロープ類のほか，樹脂としての用途も多い。

エテンやプロペンと同様に，酢酸ビニルも次々と［あ］反応を起こして，ポリ酢酸ビニルとなる。ポリ酢酸ビニルの［い］結合を水酸化ナトリウム水溶液で［う］すると<u>ポリビニルアルコールが得られる</u>(a)。ポリビニルアルコールは多くのヒドロキシ基をもつので，水溶性である。この濃い水溶液を細孔から［え］水溶液中に押し出して凝固させ，紡糸することができる。この糸をホルムアルデヒドにより［お］化すると，ビニロンができる。ビニロンでは，ポリビニルアルコール分子中のヒドロキシ基の約30～40％が$-O-CH_2-O-$の構造に変化する。ビニロンにはヒドロキシ基が残っているため，適度な吸湿性をもち，強度や耐薬品性もあるので，ロープ，産業資材などに広く用いられている。

一方，不飽和脂肪酸と呼ばれる化合物も次々と［あ］反応を起こして多数の分子が長く鎖状に結合する場合がある。アクリル酸はその一つでありポリアクリル酸となる。そのナトリウム塩であるポリアクリル酸ナトリウムは有用な高分子化合物の一つである。ポリアクリル酸ナトリウムに橋かけ構造を導入すると立体網目状構造となり，自身の質量の十倍から千倍の質量の水を吸収・保持することができる。このような高分子化合物を吸水性高分子（高吸水性樹脂）という。ポリアクリル酸ナトリウム樹脂は<u>吸水によって網目が拡大して</u>(b)水がしみこむ。樹脂の内部はイオン濃度が大きいので，［か］によりさらに水がしみこむ。この性質を利用して，紙おむつなどの衛生用品や砂漠など乾燥地帯の緑化のための土壌保水材，その他農業，土木分野で広く用いられている。

〔1〕 文章中の あ ～ か にあてはまる最も適当な語句を下の選択肢の中から選び，その番号を解答用紙にマークせよ。

① アセタール ② アミド ③ エステル ④ 加水分解
⑤ 凝縮 ⑥ 酸化 ⑦ 浸透圧 ⑧ 縮合
⑨ 水素 ⑩ でんぷん ⑪ 電子親和力 ⑫ 表面張力
⑬ 付加 ⑭ メタノール ⑮ 硫酸ナトリウム

〔2〕 ポリ酢酸ビニル 10 g を 1.0 mol/L 水酸化ナトリウム水溶液と反応させて，ポリビニルアルコールにしたい。1.0 mol/L 水酸化ナトリウム水溶液は何 mL 必要か。最も適当な数値を下の選択肢の中から選び，その番号を解答用紙にマークせよ。ただし，水酸化ナトリウム水溶液は 100 %反応するものとする。

① 0.30 ② 0.60 ③ 0.90 ④ 12
⑤ 36 ⑥ 60 ⑦ 90 ⑧ 1.2×10^2
⑨ 3.6×10^2 ⑩ 6.0×10^2

〔3〕 文章中の下線部(a)に関して，ポリビニルアルコールはポリ酢酸ビニルよりつくられる。ビニルアルコールから直接つくることができないのは，ビニルアルコールが不安定であり，別の化合物**A**に変化するためである。化合物**A**の名称を解答用紙の □ 内に記入せよ。

〔4〕 ビニロンの合成について，(ⅰ)および(ⅱ)の問いに答えよ。

(ⅰ) ポリビニルアルコール 100 g からビニロン 104 g を合成したい。30 %のホルムアルデヒド水溶液は何 g 必要か。最も適当な数値を下の選択肢の中から選び，その番号を解答用紙にマークせよ。ただし，ホルムアルデヒド水溶液は 100 %反応するものとする。

① 3.3 ② 6.6 ③ 9.9

④　33　　⑤　66　　⑥　99

⑦　3.3×10^2　　⑧　6.6×10^2　　⑨　9.9×10^2

（ii）　上記（i）で生成したビニロンには，ヒドロキシ基が約何％残っているか。最も適当な数値を下の選択肢の中から選び，その番号を解答用紙にマークせよ。

①　50　　②　55　　③　60　　④　65

⑤　70　　⑥　75　　⑦　80

〔5〕　高分子化合物の構造について，（i）および（ii）の問いに答えよ。

（i）　ポリプロピレン，ポリ酢酸ビニル，ポリビニルアルコール，およびポリアクリル酸ナトリウムは，以下に示す構造をもっている。

$$\left[CH_2 - \underset{\substack{| \\ B}}{CH} \right]_n$$

ポリプロピレンでは，B 部分の構造は CH_3 である。ポリ酢酸ビニルおよびポリビニルアルコールにおける B 部分の構造を，解答例にならって解答用紙の □ 内に記入せよ。ただし，原子はすべて省略せず表記せよ。

（解答例）

$$\left[CH_2 - \underset{\substack{| \\ CH_2 \\ | \\ NH_2}}{CH} \right]_n$$

（ii）　文章中の下線部(b)について，吸水によって網目が拡大するのは，ポリアクリル酸ナトリウムにおける上記（i）の B 部分の構造が変化するためである。変化前および変化後のB部分の構造を，上記（ i ）の解答例にならって解答用紙の □ 内に記入せよ。ただし，原子はすべて省略せず表記せよ。

生物

（理科1科目型：80分
理科2科目型：2科目120分）

I　次の（文1）～（文3）を読み，〔1〕～〔8〕の問いに答えよ。

（文1）

タンパク質は，アミノ酸が多数つながった分子量の大きい生体分子である。タンパク質を構成しているアミノ酸は20種類ある。タンパク質のはたらきは，タンパク質の構造によって決まり，それはアミノ酸の配列によって決まる。この配列のことを特に一次構造と呼ぶ。

アミノ酸の基本構造は，1つの炭素原子(C)に，塩基性を示す［ あ ］基，酸性を示す［ い ］基，水素原子，そして一般にRで表される側鎖がそれぞれ共有結合している。(a)個々のアミノ酸の性質はRによって決まる。隣接するアミノ酸の［ あ ］基と［ い ］基が結合したものを(b)［ う ］結合と呼ぶ。

また，アミノ酸には成人のヒトが合成できないものがあり，［ え ］アミノ酸と呼ばれる。

〔1〕 文章中の［ あ ］～［ え ］にあてはまる語句を，解答用紙の［　］内に記入せよ。

〔2〕 下線部(a)に関して，次のアミノ酸の中でもっとも酸性度が高いRを持つのはどれか。下の選択肢の中から1つ選び，その番号を解答用紙にマークせよ。

① セリン
NH_2-CH-COOH
　　　|
　　CH_2
　　　|
　　OH

② トレオニン
NH_2-CH-COOH
　　　|
　　CH-CH_3
　　　|
　　OH

③ ヒスチジン
NH_2-CH-COOH
　　　|
　　CH_2
（イミダゾール環：NH, N）

④ システイン

$NH_2-CH-COOH$
　　　$|$
　　CH_2
　　　$|$
　　SH

⑤ チロシン

$NH_2-CH-COOH$
　　　$|$
　　CH_2
（ベンゼン環）
　　OH

⑥ アスパラギン酸

$NH_2-CH-COOH$
　　　$|$
　　CH_2
　　　$|$
　　$COOH$

⑦ アラニン

$NH_2-CH-COOH$
　　　$|$
　　CH_3

⑧ グリシン

$NH_2-CH-COOH$
　　　$|$
　　H

〔3〕 下線部(b)に関して，[う]結合についての説明のうちで，正しいものを下の選択肢の中から1つ選び，その番号を解答用紙にマークせよ。

① 100℃で60分間加熱すると切断される。

② 胃や小腸に存在する酵素の中にはこの結合を切断するものがある。

③ αヘリックスのらせん構造を安定化させる。

④ β シート構造の中でシート間に見られる。

⑤ タンパク質を作るアミノ酸の側鎖の間でも作られる。

(文2)

ヒト赤血球の中には，ヘモグロビンと呼ばれるタンパク質が存在する。これは成人では α 鎖と β 鎖と呼ばれる2種類のサブユニットから構成され，計4分子が四量体を形成している（α 鎖と β 鎖2本ずつで構成される $\alpha_2\beta_2$ の構造)。

全てのサブユニットには1個ずつ[お]と呼ばれる色素成分が結合している。この[お]は鉄原子とポルフィリンと呼ばれる環状化合物から成る分子であり，その中心に鉄原子が存在する。この鉄は酸素と結合する性質があり，この性質を利用して肺から全身へ酸素を効率的に運搬する役割を担っている。

ミオグロビンはヘモグロビンのサブユニットと進化的に高い相同性を示すタンパク質である。ミオグロビン1分子あたり1個の[お]が結合しているのも同じである。一方，ヘモグロビンと異なり，(c)ミオグロビンは単量体として存在し，筋肉などで酸素貯蔵の役割を担っている。

〔4〕 文章中の お にあてはまる語句を，解答用紙の ＿＿ 内に記入せよ。

〔5〕 下線部(c)に関して，様々な種類の食用魚肉からミオグロビンを抽出し，魚肉100gあたりのミオグロビン量（mg）を定量すると，図1の結果が得られた。これを参考にしながら次の問いに答えよ。

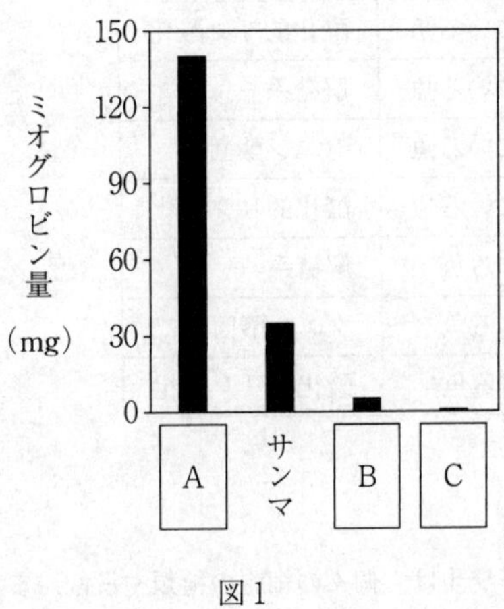

図1

(ア) 図1の A ～ C にあてはまる魚は何か。下の選択肢の中から1つ選び，その番号を解答用紙にマークせよ。

	A	B	C
①	カツオ	ヒラメ	マダイ
②	カツオ	マダイ	ヒラメ
③	ヒラメ	カツオ	マダイ
④	ヒラメ	マダイ	カツオ
⑤	マダイ	カツオ	ヒラメ
⑥	マダイ	ヒラメ	カツオ

(イ) A は C にくらべて極めてミオグロビン量が多い。この理由はそれぞれの魚の生態と代謝の違いによるものと考えられる。 A を特徴

づける生態と代謝はどのようなものか。下の選択肢の中から最も適当なものを1つ選び，その番号を解答用紙にマークせよ。

	生態	代謝
①	海底にいる魚	解糖系
②	海底にいる魚	クエン酸回路
③	海底にいる魚	酸化的リン酸化
④	沿岸にいる魚	解糖系
⑤	沿岸にいる魚	クエン酸回路
⑥	沿岸にいる魚	酸化的リン酸化
⑦	回遊する魚	解糖系
⑧	回遊する魚	クエン酸回路
⑨	回遊する魚	酸化的リン酸化

(文3)

私たちヒトの遺伝子発現は，個々の細胞の種類や役割，またその細胞内外の状態に応じて制御されている。

巨大なゲノムDNAを核内に収納するために，大部分のゲノムDNAは［か］と呼ばれるタンパク質に巻き取られている。この構造を［き］と呼び，これが数珠つなぎ状態となったものがクロマチンとなる。DNAは核内でこのように凝集しているが，遺伝子発現が活発な領域は(d)クロマチンが緩んでいる。

ヘモグロビンは出生時に遺伝子発現が切りかわる。(e)胎児期にはγ鎖が発現しているが$(\alpha_2\gamma_2)$，出生時にγ鎖の発現がとまり，かわりにβ鎖の発現が起こる$(\alpha_2\beta_2)$。これは，γ鎖の遺伝子領域でクロマチンの凝集が起こり，β鎖ではクロマチンが緩むからである。

〔6〕 文章中の［か］，［き］にあてはまる語句を，解答用紙の［ ］内に記入せよ。

〔7〕 下線部(d)に関して，クロマチンの構造変化は，［か］のリシン残基が図2

のようにアセチル化されることで起こる。その理由について，最も適当なものを下の選択肢の中から１つ選び，その番号を解答用紙にマークせよ。

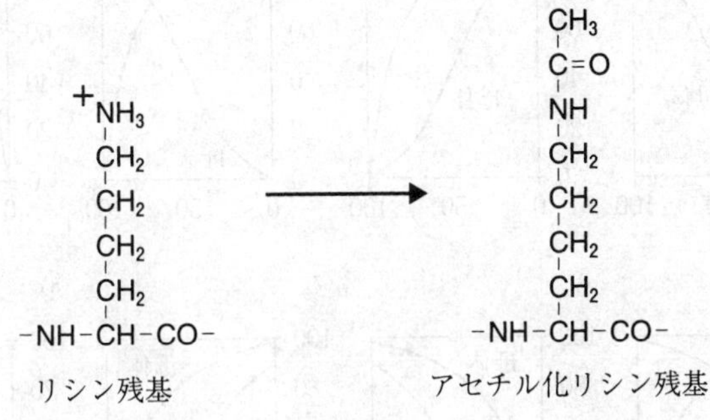

図２

① [か] 分子同士の相互作用が強まるので
② [か] 分子同士の相互作用が弱まるので
③ [か] 分子内の相互作用が強まるので
④ [か] 分子内の相互作用が弱まるので
⑤ [か] 分子とDNAの相互作用が強まるので
⑥ [か] 分子とDNAの相互作用が弱まるので
⑦ [か] 分子とクロマチンの相互作用が強まるので
⑧ [か] 分子とクロマチンの相互作用が弱まるので

〔８〕 下線部(e)に関して，ヘモグロビンは胎児型と成人型で酸素解離曲線が異なる。この性質の違いにより母体から胎児への効率的な酸素供給が行われる。下の選択肢の中から胎児型と成人型の酸素解離曲線として最も適当なものを１つ選び，その番号を解答用紙にマークせよ。なお，各選択肢の縦軸は酸素が結合したヘモグロビンの割合（%），横軸は酸素分圧（mmHg）とする。

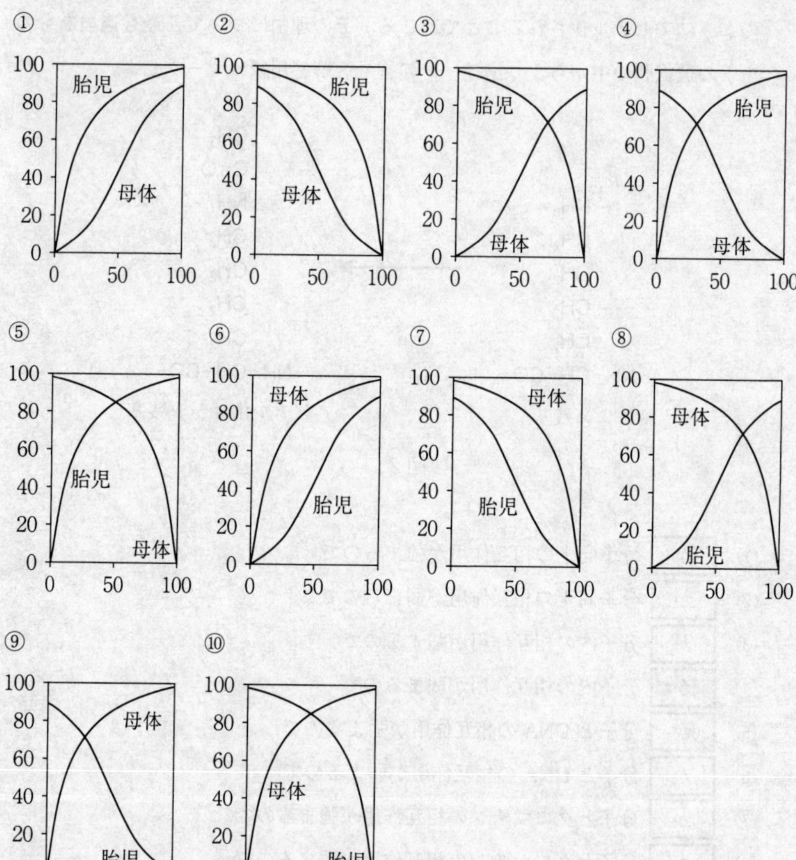
①
100
80
60
40
20
0
0
50
100
胎児
母体
②
胎児
母体
③
胎児
母体
④
胎児
母体
⑤
胎児
母体
⑥
母体
胎児
⑦
母体
胎児
⑧
母体
胎児
⑨
母体
胎児
⑩
母体
胎児

Ⅱ　次の（文1），（文2）を読み，〔1〕～〔7〕の問いに答えよ。

（文1）

外界の変化や生物自身の活動によって，体内環境は絶えず変化する。しかし，からだは常にその状態を感知し，速やかに調節を行うことによって，体内環境の変化は一定の範囲内で保たれている。

体内環境の維持をおこなう中枢としてはたらいているのは，おもに脳の間脳(a)にある［あ］と呼ばれる器官である。［あ］は，体の水分量や血糖濃度（血液中のグルコースの濃度），体温などの変化を感知すると，［い］と［う］という2つのしくみを通じて，からだの各器官のはたらきを調節する。［い］は交感神経と副交感神経(b)からなり，交感神経(c)の末端（交感神経と効果器官の接点）からは，主として［え］と呼ばれる神経伝達物質が，副交感神経の末端からは，主として［お］と呼ばれる神経伝達物質が分泌される。［う］では，［か］と呼ばれる物質が血液循環によって全身をめぐり，特定の組織や器官に存在するタンパク質である［き］に結合する。

ヒトの空腹時の血糖濃度は［A］%前後でほぼ一定している。食事などで糖質を摂取すると，血糖濃度は一時的に上昇する。この血液がすい臓を流れると，すい臓のランゲルハンス島のB細胞から［く］が分泌される。［く］は，細胞内へのグルコースの取り込みや，肝臓でのグルコースから［け］の合成を促進する。その結果，血糖濃度が低下して，通常の濃度にもどる。

一方，空腹時などに血糖濃度が低下すると，［あ］で感知され，交感神経を通じて［こ］から［さ］が分泌される。［さ］は，肝臓に貯蔵されている［け］の分解を促し，血糖濃度を上昇させる。また，すい臓のランゲルハンス島のA細胞から分泌される［し］も，［け］の分解を促進し，血糖濃度を上昇させ，通常の濃度にもどす。

血液中のグルコースは，細胞表面の［す］と呼ばれるタンパク質によって細胞内へと輸送され，細胞内で代謝を受けて，ATPの産生が行われる。グルコースが細胞質基質で，複数の酵素のはたらきを段階的に受けて代謝され，［せ］となりATPが産生される過程を解糖系と呼ぶ。

〔1〕 あ ～ せ にあてはまる語句を，解答用紙の 内に記入せよ。

〔2〕 下線部(a)に関して，図１はヒトの脳の断面図である。間脳の位置を図中の①～⑤から選び，その番号を解答用紙にマークせよ。

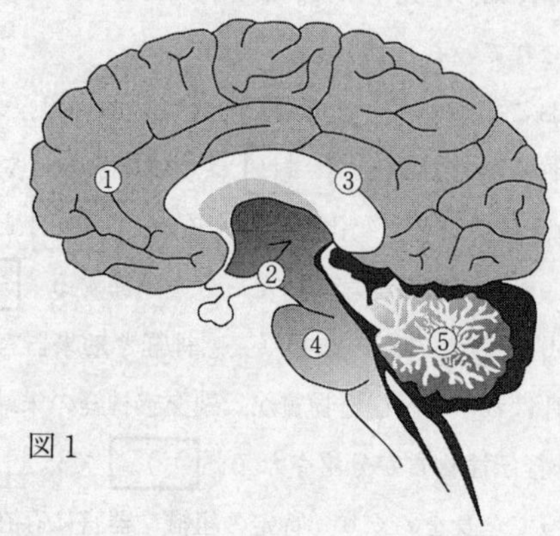

図１

〔3〕 下線部(b)に関して，交感神経と副交感神経はそれぞれ中枢神経のどこから出ているかを 30 字以内で解答用紙の 内に記入せよ。

〔4〕 下線部(c)に関して，交感神経のはたらきによっておこる変化として正しい記述はどれか。適当なものを下の選択肢の中からすべて選び，その番号を解答用紙にマークせよ。

① ひとみが拡大する。
② 気管支が収縮する。
③ 心臓の拍動が促進される。
④ 血圧が上昇する。
⑤ 胃腸のぜん動が促進される。

〔5〕 A に入る数値として最も適当な数字を選び，その番号を解答用紙にマークせよ。

① 0.02　　② 0.05　　③ 0.1　　④ 0.5　　⑤ 1

（文２）

解糖系の酵素Xはアロステリック調節を受けることが知られている。図２は，アロステリック酵素Xについて，基質Aの濃度と反応速度Vとの関係を示したものである。曲線アはADPを加えた場合，曲線ウはATPを加えた場合，曲線イは何も加えずに測定した結果である。なお，ADPおよびATPと基質Aとは構造上の類似性は低いものとする。

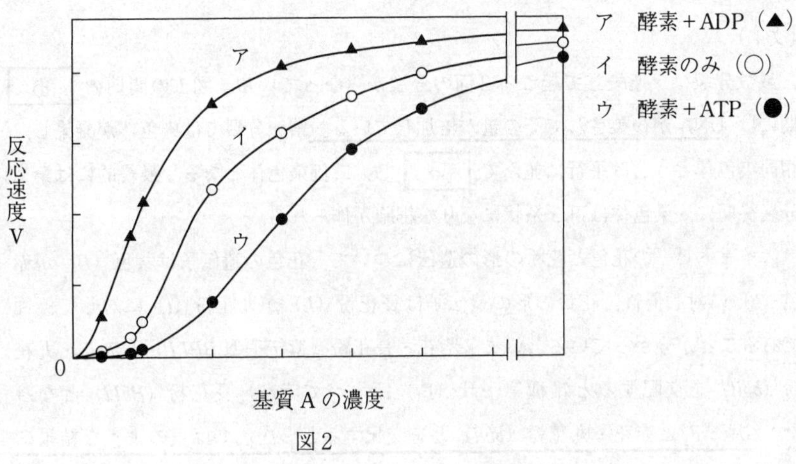

図２

〔６〕 この結果に関する考察のうちで，<u>誤っている</u>記述はどれか。下の選択肢の中から１つ選び，その番号を解答用紙にマークせよ。

① ADPおよびATPのいずれも存在しない状態で，基質Aの濃度を０からしだいに高めていくと，ある濃度以上になると反応速度Vは急激に増加する。

② 基質Aの濃度が低いときには，ADPによって酵素活性が阻害される。

③ 基質Aの濃度が十分に高いときには，ADP，ATPの存在，非存在にかかわらず，反応速度Vはほぼ等しい。

④ ATPの存在下では，酵素の基質Aに対する親和性が低下する。

⑤ 酵素上でADPおよびATPが結合する部位は，基質Aが結合する部位とは異なると考えられる。

〔７〕（文１）の血糖濃度の調節や，（文２）のATPによる解糖系の酵素の調節に

見られるように，最終的に作られた物質やはたらきなどが，はじめの段階にさかのぼって作用を及ぼすしくみのことを何と呼ぶか。解答用紙の［　　］内に記入せよ。

Ⅲ　次の（文1），（文2）を読み，〔1〕～〔7〕の問いに答えよ。

（文1）

減数分裂は，連続して起こる2回の分裂からなっている。図1の間期の［あ］期には(a)DNAが複製されてその量が倍加している。第一分裂では染色体が凝集し，相同染色体どうしは平行に並んで［い］し，二価染色体となる。最終的には第二分裂終期に，染色体は再び糸状になり娘細胞が作られる。

スイートピーの花色と花粉の形の遺伝について，花色の遺伝子は紫色（*B*）が赤色（*b*）に対し優性，花粉の形の遺伝子は長花粉（*L*）が丸花粉（*l*）に対して優性であることが分かっている。いま，紫花・長花粉（遺伝子型*BBLL*）と赤花・丸花粉（*bbll*）を交配すると雑種第一代（F_1）はすべて紫花・長花粉（*BbLl*）となった。(b)次にF_1と赤花・丸花粉（*bbll*）とを交配すると，次代では表のような結果になった。

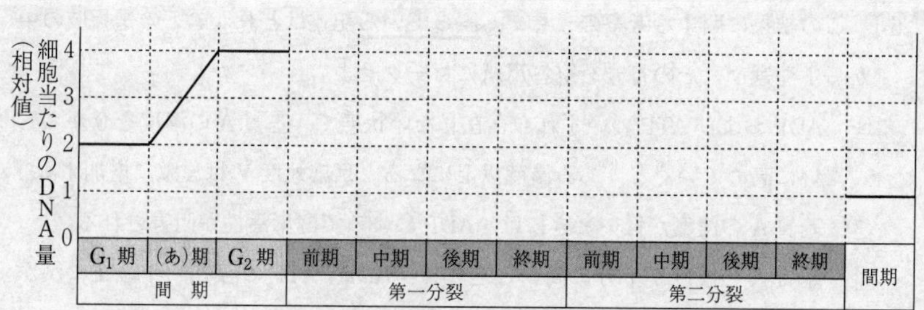

図1　減数分裂におけるDNA量の変化

表

表現型	紫花・長花粉	紫花・丸花粉	赤花・長花粉	赤花・丸花粉
個体数	180	24	26	170

〔1〕 文章中の［あ］，［い］にあてはまる語句を，解答用紙の［　］内に記入せよ。

〔2〕 下線部(a)に関して，倍加したDNAの量が分裂期にどのように変化していくか。細胞当たりのDNA量を解答欄のグラフに記入せよ。

（解答欄のグラフは図1と同じ）

〔3〕 下線部(b)に関して，次の問いに答えよ。

(ア) このような交配によって親の配偶子の遺伝子の組み合わせを調べる方法を何というか。解答用紙の［　］内に記入せよ。

(イ) 表の結果から，花色と花粉の形が連鎖していることがわかるが，組換えが起こって生じたのは，どの表現型の組み合わせか。解答用紙の［　］内に記入せよ。

(ウ) 組換えが起こる時期はいつか。解答用紙の［　］内に記入せよ。

(エ) 表の結果から，組換え価はいくらになるか。解答用紙の［　］内に記入せよ。

〔4〕 F_1どうしを交配してF_2を作ると，何種類の表現型の組み合わせが推測されるか。下の選択肢の中から1つ選び，その番号を解答用紙にマークせよ。

① 1種類　② 2種類　③ 4種類　④ 8種類　⑤ 16種類

（文2）

ショウジョウバエの突然変異には，体の一部の器官が別の器官に転換する<u>ホメオティック突然変異</u>(c)がある。その原因となるホメオティック遺伝子の多くのものは，180塩基対のよく似た塩基配列が含まれている。この配列を［う］という。これが転写，翻訳されてできるポリペプチドの特徴的な構造を［え］という。［え］をもつタンパク質は調節タンパク質としてはたらく。

ショウジョウバエのホメオティック遺伝子群と相同な遺伝子群は，マウスにも存在し<u>Hox（ホックス）遺伝子群</u>(d)と呼ばれる。マウスのHox遺伝子は図2のように，ショウジョウバエの遺伝子に対応するように1～13の番号が付けられている。その遺伝子群が4つあり，別の染色体上に存在している。

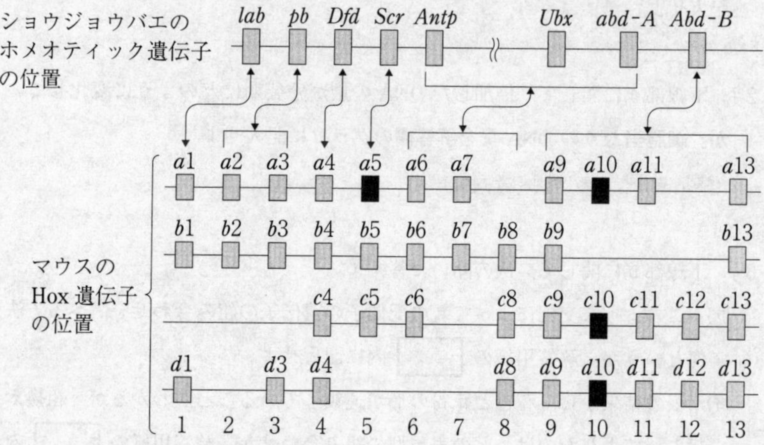

図2　ショウジョウバエとマウスのHox遺伝子の位置

〔5〕（文2）の［う］，［え］に当てはまる語句を，解答用紙の［　］内に記入せよ。

〔6〕下線部(c)について，次の問いに答えよ。

(ア) ショウジョウバエにホメオティック突然変異が起こり，アンテナペディア突然変異体が生じることがある。この変異は触角の器官が何に転換したのか。解答用紙の［　］内に記入せよ。

(イ) 植物で見られるホメオティック突然変異体を次の選択肢から2つ選び，その番号を解答用紙にマークせよ。

① 青色に発色したバラの花

② アサガオの斑入りの花

③ シロイヌナズナで，おしべと花弁がなくなり，めしべとがく片ばかりになった花

④ ヤマブキの八重咲の花

〔7〕下線部(d)に関して，次の問いに答えよ。

(ア) マウスのHox遺伝子のうち，Hox5の遺伝子（*a*5）を欠失させても，大きな変化は見られなかった。その理由は何か。ショウジョウバエのホメオティック突然変異を参考にして，下の選択肢の中から1つ選び，その番号を解答用紙にマークせよ。

① 遺伝子（*a*3）や（*a*4）が（*a*5）と同じはたらきをするから。

② 遺伝子（*a*4）が（*a*5）と同じはたらきをするから。

③ 遺伝子（*a*6）が（*a*5）と同じはたらきをするから。

④ 遺伝子（*b*5）や（*c*5）が（*a*5）と同じはたらきをするから。

(イ) マウスのHox6～9が発現している部分には胸椎が，Hox10が発現している部分には腰椎が形成される。マウスにおいてHox10（*a*10，*c*10，*d*10）を欠失させるとどうなるか。下の選択肢から1つ選び，その番号を解答用紙にマークせよ。

① 腰椎状のものは形成されないが，胸椎の次に仙椎が形成される。

② 腰椎状のものは形成されないが，その部位は胸椎がもつような肋骨が形成される。

③ 腰椎状のものは形成されるが，仙椎が形成されない。

④ 腰椎状のものは形成されるが，胸椎が形成されない。

(ウ) 哺乳類のHox遺伝子群が4つの異なる染色体に存在している理由について，最初に起こったできごととして考えられるのは何か。適当なものを，下の選択肢の中から1つ選び，その番号を解答用紙にマークせよ。

① 染色体が倍数化した（全ゲノム重複が起こった）。

② 染色体上で遺伝子群が逆位になってから他の染色体に移動した。

③ 染色体上で遺伝子群が欠失し，それを補うように他の染色体に現れた。

④ 染色体上の遺伝子群が他の染色体に移動した。

(エ) 次の［　　］内の（ア）～（カ）の生物のうちでHox遺伝子を持つ種類の組み合わせとして正しいものを選び，その番号を解答用紙にマークせよ。

（ア）イソギンチャク	（イ）ウニ	（ウ）エビ
（エ）ショウジョウバエ	（オ）メダカ	（カ）カエル

① （ア）と（イ）の2種類だけ

② （ウ）と（エ）の2種類だけ

③ （オ）と（カ）の2種類だけ

④ （ウ），（エ），（オ）と（カ）の4種類だけ

⑤ （ア）から（カ）の6種類すべて

Ⅳ 次の（文1），（文2）を読み，〔1〕～〔11〕の各問に答えよ。

（文1）

次の表1は地球上の北半球の気候帯とバイオームについてまとめたものである。表中の暖かさの指数（Warmth Index，以下WIという）とは1年間で月平均気温が5℃以上の各月について，月平均気温と5℃との差を合計した値であり，このWIの一定範囲内に特定のバイオームが成立することが知られている。

なお，日本では一部の場所を除けば極相のバイオームは森林になる。その理由は［あ］が十分だからである。したがって，現在見られる日本の［い］は火入れなどの人工的管理により保たれている植生であり，そのような管理をやめると遷移が極相へと進んでいく。

表1

<table>
<tr><td rowspan="4">［あ］</td><td rowspan="4">多い
↑
↓
少ない</td><td rowspan="4">寒荒原
（ツンドラ）</td><td rowspan="2">針葉樹林</td><td rowspan="2">夏緑樹林</td><td>照葉樹林</td><td colspan="2">熱帯・亜熱帯多雨林</td></tr>
<tr><td colspan="3">［X］</td></tr>
<tr><td colspan="3">ステップ</td><td colspan="2">サバンナ</td></tr>
<tr><td colspan="5">乾荒原（砂漠）</td></tr>
<tr><td colspan="2">気候帯</td><td>寒帯</td><td>亜寒帯</td><td>冷温帯</td><td>暖温帯</td><td>亜熱帯</td><td>熱帯</td></tr>
<tr><td colspan="2">暖かさの指数
（WI）</td><td colspan="6">15　　45　　85　　180　　240</td></tr>
</table>

〔1〕 針葉樹林，夏緑樹林，照葉樹林のそれぞれに含まれる代表的な植物について正しい組み合わせはどれか。次の選択肢から1つ選び，その番号を解答用紙に

マークせよ。

選択肢	針葉樹林	夏緑樹林	照葉樹林
①	エゾマツ	ヘゴ	ハウチワカエデ
②	エゾマツ	ブナ	クスノキ
③	シラビソ	ブナ	ミズナラ
④	シラビソ	タブノキ	クスノキ
⑤	アカマツ	タブノキ	ハウチワカエデ
⑥	アカマツ	ブナ	ミズナラ

〔2〕 表1の［X］にあてはまるバイオームの名称を解答用紙の［　］内に記入せよ。

〔3〕 表2のA～Dはそれぞれの地域に生息する動物のようすを述べたものである。A～Dがどのようなバイオームに該当しているのか，正しい組み合わせを次の選択肢から1つ選び，その番号を解答用紙にマークせよ。

表2

A	植物食性の哺乳類が豊富なバイオームで，それらを捕食するチーターなどの哺乳類も生息する。
B	年平均気温－5～17℃，年降水量250～1000 mmの地域に発達し，穴を掘って生活する哺乳類も多い。
C	ヒトコブラクダが生息し，動物はトビネズミやフェネックギツネ，サソリなど夜行性のものが多い。
D	年平均気温は－5℃を下回り，ジャコウウシやトナカイなどの大型哺乳類が生息し，は虫類や両生類はほとんどいない。

選択肢	A	B	C	D
①	熱帯多雨林	ステップ	砂漠	針葉樹林
②	熱帯多雨林	夏緑樹林	ステップ	ツンドラ
③	熱帯多雨林	サバンナ	ステップ	ツンドラ
④	サバンナ	夏緑樹林	ステップ	針葉樹林
⑤	サバンナ	ステップ	砂漠	針葉樹林
⑥	サバンナ	ステップ	砂漠	ツンドラ

〔4〕 文章中と表1の［あ］にあてはまる語句を，解答用紙の［　］内に記入せよ。

〔5〕 文章中の［い］にあてはまる語句を次の選択肢の中から1つ選び，その番号を解答用紙にマークせよ。

① 砂浜　② 湿地　③ 草原　④ お花畑　⑤ 低木林

〔6〕 熱帯から亜熱帯地域の海岸や河口の汽水域では，海水からでも吸水できるはたらきを持つ樹種が優占する森林が見られる。その森林の名称を解答用紙の［　］内に記入せよ。

〔7〕〔6〕の森林を形成する植物には種子中の胚が母樹からの養分供給を受け，10～50 cmの大きさの稚樹になり，そののち母樹から落下するしくみを持つ種類が知られている。このことに関して，正しい説明を次の選択肢から1つ選び，その番号を解答用紙にマークせよ。

① 母樹と長くつながり，前もって稚樹の細胞液の浸透圧を高くする。

② 森林内に泥や有機物が蓄積しにくい構造を作る。

③ できるだけ植物体内にタンニンや糖類を含ませないようにする。

④ 海水の浸透圧はかなり高いので，それ以上の膨圧を得る。

⑤ 種子の休眠期間を長くする。

〔8〕 次の表3は日本のある地点の過去（1882年）と現在（2021年）の各月の平

均気温（単位：℃）を示している。表を見て次の問いに答えよ。

表3

年	1月	2月	3月	4月	5月	6月	7月	8月	9月	10月	11月	12月
1882	−0.4	−0.6	1.2	8.9	12.1	16.6	21.1	23.7	18.5	12.2	3.8	−1.8
2021	−1.9	−0.7	5.4	9.0	14.4	19.4	23.9	23.5	19.8	13.9	9.0	1.7

(ア)　表3から計算すると，現在（2021年）のWIは93.3になる。表3から過去（1882年）のWIを求め，解答用紙の［　］内に記入せよ。答えは小数点以下第1位まで記せ。

(イ)　表3の地点では表1のバイオームに関して，どのような変化があったと考えられるか。(ア)の計算結果及びWIの値をもとに，30字以内で解答用紙の［　］内に記入せよ。なお，数字は1字と数える。

（文2）

一定面積内の生産者が一定期間内に光合成によって生産する全有機物の量を［う］という。物質生産の面では［う］は［え］と［お］の合計で示される。次の表4と表5は照葉樹林（幼樹林），または熱帯多雨林（高齢林）のどちらかの［う］の内容を示している。なお，文中の記号と表中の記号は一致している。この2つの表を比べると［お］や，被食量，枯死量の値から，［Y］が熱帯多雨林を示すことがわかるが，さらに調べると次のことが理解できる。

熱帯多雨林では1年を通して盛んに光合成が行われるので［う］は大きくなる。しかし，［お］を考慮すると，［え］は比較的小さくなる。一方，照葉樹林（幼樹林）において同様にみてみると，熱帯多雨林（高齢林）に比べて，［え］は［う］で示されるような大きな差は生じていない。さらに，照葉樹林の［か］についても，熱帯多雨林と比べて，その値は［う］や［お］でみられるほどの差にはなっていない。

表4

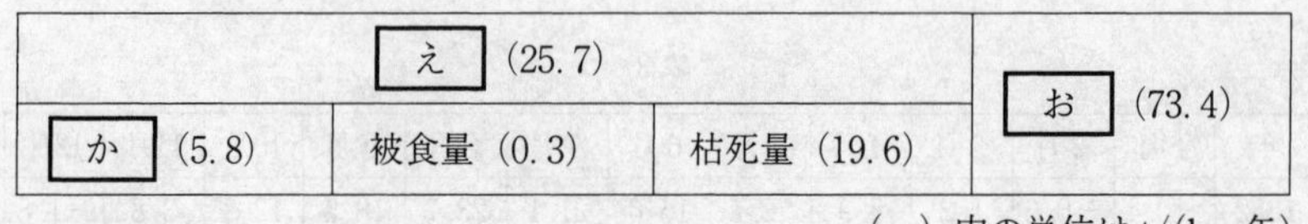

え (25.7)			お (73.4)
か (5.8)	被食量 (0.3)	枯死量 (19.6)	

(　) 内の単位は t/(ha・年)

表5

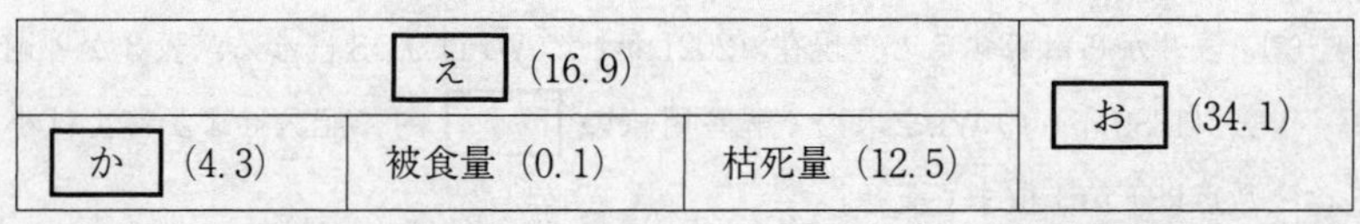

え (16.9)			お (34.1)
か (4.3)	被食量 (0.1)	枯死量 (12.5)	

(　) 内の単位は t/(ha・年)

〔9〕 文章中の [う] ～ [か] にあてはまる語句を解答用紙の [　　] 内に記入せよ。

〔10〕 文章中の [Y] にあてはまる語句を下の選択肢の中から1つ選び，その番号を解答用紙にマークせよ。

① 表4　② 表5

〔11〕 照葉樹は葉の表皮細胞が高分子の物質を分泌し，化学的に分解されにくく，水を通さない層を発達させる。この層の名称を解答用紙の [　　] 内に記入せよ。

解答編

英語

I 解答

〔1〕(A)―(4)　(B)―(1)　(C)―(1)　(D)―(3)

〔2〕(1)―1　(2)―2　(3)―3　(4)―1　(5)―2

〔3〕―(4)

◆全　訳◆

≪ウェタホテルが昆虫の保護に果たしている役割≫

ウェリントンの庭の裏手にある小さなホテルで，ツヤのある葉巻状の胴体とトゲだらけの脚をもつ団体「客」がくつろいでいる。2週間に一度，ホテルの持ち主のホリー=ニール氏は，ほんの束の間扉を開けて中をのぞき，客を確認し，毎回，中にいる人見知りで風変わりな生き物をひそかに見ることができる興奮を味わう。客は支払いをしないし，このホテルも普通のホテルとは違って，ある昆虫の人工の収容所なのである。その虫はニュージーランドにしかいない，ウェタである。ウェタのホテルは庭の中にどんどん増えており，このところニュージーランド人たちはその虫を自宅の庭に受け入れるようになっているのである。絶滅に瀕する生物に生き延びる機会を与えることにもなりそうなわけである。

森林，草原，洞窟，山地はかつて，ウェタがあふれていたが，その個体群は外来の有害生物の導入と，酪農による生息地消失とで，害を被った。ニュージーランド産ウェタのうち16種が危機に瀕しており，それ以外も危機種，あるいは絶滅危惧種に分類されている。最大の種，ジャイアント・ウェタ（あるいはウェタプンガ）は，かつてニュージーランドの北島地域全体にたくさんいたが，今ではハウトゥル（リトルバリア島）でしか見られない。そこは，東岸沖の有害生物のいない野生生物保護地区である。マホエヌイジャイアント・ウェタは，絶滅が危惧されていたが，1962年に再発見され，現在西岸のごく狭い地域にしかいない。

「人々はウェタを大切にしていると思いますし，庭にウェタがいるのを，誇りに思っているくらいです」と語るニール氏は，熱心な保護活動家であり，野生生物写真家である。「異次元の自然理解が加わりますよ，もしも夜にやってくる謎の昆虫を仲間に入れるならね」

ウェタはコオロギやキリギリスと同じ昆虫群に属しており，ニュージーランドに特有のウェタは70～100種いる。この虫は翼がなく，夜行性で，一部はウェタプンガを含めて，世界で最も重い昆虫の一つである。その重さは小型鳥類に匹敵する。

ニール氏はほんの一年ほど前にその庭の裏手の在来種の木の幹に，2つのウェタホテルを設置した。たくさんの異なる保護地域でホテルを発見したからである。3カ月もしないうちに最初の客を迎えた。ある箇所では，ホテルを開けてみたら，ウェタと，在来種のゴキブリ，ミツバチが同じ部屋にいたこともあった。「虫たちの会合を邪魔しているみたいな気がしました」とニール氏は笑う。その土地に初めて引っ越してきたとき，庭には植物が一面に生い茂っていて，そこでは3匹のクモが潜んでいるのを発見できただけだった。氏は，庭を刈り，捕食者を取る罠を仕掛け，在来樹木を植え，ホテルを設置した。「衝撃を受けました。庭には生物が空っぽだったのですから。それからすぐ，こんなふうにしてからは，ホテルは全部満杯になったのです。本当に急速の変化でした」

ホテルは木材でできていて，入り口と出口のトンネルは，ウェタが這い込めるくらいの広さはあるが，ハツカネズミが入るには狭すぎる大きさになっている。ウェタを引き寄せるには，日中は暗くないといけない。「丸太を割って中が本来どうなっているかを見たとしましょう。それに実にそっくりですよ」と，「スイス木工」のスティーブ=ローソン氏は語る。氏は2016年にウェタの住みかを環境保全省用に作り始め，2018年に独自に一般向けにも販売し始め，それには多くの小企業や地域集団が加わり，今も続いている。販売は安定していたが，この前のクリスマスまでには，おおよそ40台も売れた。前年の2倍である。

「私たちが気付いたのは，特にウェリントン地区の販売の実際の増加です」。それは，ウェリントンの都市野生生物保護地域のジーランディアの教育事業のおかげだとローソン氏が語る事態である。「それ以前には，思うに，多くの人々がウェタを見て，『気持ちが悪い，近寄りたくない』と思っていたんですけれど，ウェタは実際はすばらしい生き物で，そんなに怖くなんか全然ありませんよ」

ホテルは1994年頃に，元々研究補助物としてマッセー大学の生態学者でウェタの専門家，スティーブ=トレウィック先生によって開発された。先生はその昆虫にあまりに没頭したため，ツリーウェタの学名 Hemideina trewicki に，その名が入っているほどの科学者である。

高等教育の成長と，保護問題への意識の高まりによって，ウェタとその保護方法への関心が高まっていることがあると，環境保全省の生態学者，ウォレン=チン氏は語る。「ソーシャルメディアとインターネットが保護価値の認識に大変有益だったとも言えますね。昆虫はホテルが人の手によるものだとはわかりません。ただ，好ましいというのがわかるだけです」

ホテルはウェタの個体群を維持するのに，特に都市環境では，とても有益であり，生物多様性の理解とそれに対する配慮の増大は，他の生物を救うというさらなる効果もあると，トレウィック先生は付け加える。個人の庭のウェタホテルが成し遂げたことは，ウェタの個体群を保護するのに役立つだけにとどまらない。それは「這い回る虫ファン」たちの好奇心を満足させもする。「思うに，ホテルの一番有益なところは，地球の生物には，さもなければ，わからなかっただろうということがたくさんあることを人々が知ることですね。ニュージーランドの生物の大半は夜間に動き回ります。その世界への窓口になるわけですから」と，トレウィック先生は語る。

◀解　説▶

〔1〕 (A) 「ウェタが減っている一つの理由とは何か」「ウェタ減少」に関しては第2段第1文（Forests, grasslands, caves …）に「外来の有害生物の導入と，酪農による生息地消失」とある。選択肢はそれぞれ，

(1)「小さな鳥類が同じ食物源を巡って争う」

(2)「その個体群は大きくなりすぎて，維持できなかった」

(3)「酪農家が牛を病気から守るために虫を殺す」

(4)「ニュージーランドの外部から来た動物が生息地を侵害している」

の意味だから，正解は(4)だとわかる。

(B) 「本文はウェタホテルのデザインをどう述べているか」「ホテルデザイン」に関しては第6段に記述があり，第1文（The hotels are made …）に「入り口と出口のトンネルは，ウェタが這い込めるくらいの広さは

あるが，ハツカネズミが入るには狭すぎる大きさになっている」とある。選択肢はそれぞれ，

(1)「それらは，ウェタを守るトンネルがつくよう設計された」

(2)「それらは，環境に優しいクリスマスプレゼントになるよう設計された」

(3)「それらは，ウェタホテルの部屋にたっぷり光線が入るよう設計された」

(4)「それらは，2018 年頃に店頭で販売されるよう，環境保全省によって2016 年に設計された」

の意味だから，正解は(1)に決まる。

(C)「最初，ウェタホテルはなぜ製作されたのか」「最初のホテル」に関しては第 8 段第 1 文（The hotels were …）に「元々研究補助物として…開発された」とある。選択肢はそれぞれ，

(1)「それらは研究のために作成された」

(2)「それらは一般向けに販売するために作成された」

(3)「それらは他の昆虫を保護するために作成された」

(4)「それらは庭の飾りのために作成された」

の意味だから，正解は(1)だとわかる。

(D)「ウェタホテルの利点として本文に言及のないものはどれか」「ホテルの利点」に関しては第 7 段（"We've noticed a …）と最終段（The hotels are …）に記述されている。選択肢はそれぞれ，

(1)「それは，昆虫への恐怖心を減らしている」

(2)「それは，他の昆虫の助けになっている」

(3)「それは，より多くの学生が生物学を学ぶよう奨励している」

(4)「それは，ウェタファンがその好奇心を満足させられるようにしている」

の意味だから，本文に直接の記述がないのは(3)であると判断できる。

〔2〕(1)「ウェタはニュージーランドの在来生物である」 第 4 段第 1 文（Wētā belong to …）に「ニュージーランドに特有のウェタは 70～100 種いる」とあるので，一致。

(2)「マホエヌイジャイアント・ウェタは 1962 年に初めて発見された」第 2 段最終文（The Mahoenui giant wētā …）に「1962 年に再発見され」

とあるので，不一致。

⑶「ウェリントン地域の不動産販売数は増加した」 第6段最終文（Sales had been …）の記述は，「ウェタホテル」の話なので，不動産販売については不明というしかない。

⑷「生態学者は，ウェタホテルは，環境問題への関心の高まりのおかげで，人気が出たと考えている」 終わりから2番目の第9段第1文（A growth in …）に「保護問題への意識の高まりによって，ウェタとその保護方法への関心が高まっている」とある。よって，一致。

⑸「ウェタホテルは生物を保護するのにほとんど影響を与えていない」 最終段第1文（The hotels are …）末尾に「他の生物を救うというさらなる効果もある」とあるので，不一致。

〔3〕 選択肢はそれぞれ，

⑴「庭にウェタホテルを作るには」

⑵「ウェタはなぜニュージーランドにとって重要な昆虫なのか」

⑶「ウェタホテルはどうして世界中の他の昆虫を救うのに役立つか」

⑷「ウェタホテルが昆虫の保護に果たしている役割」

⑸「人々がウェタの家を設計するのに関心を抱くことに及ぼす高等教育の影響」

の意味。本文は，ウェタホテルがウェタを守ること，ひいては環境を守ることにどう役立っているかを話題にしている。そうなっているのは，⑷である。

II 解答

〔1〕 (A)—⑴　(B)—⑴　(C)—⑵　(D)—⑶　(E)—⑷　(F)—⑶　(G)—⑴　(H)—⑴

〔2〕 ㋐—⑶　㋑—⑷　㋒—⑴　㋓—⑴　㋔—⑶

◆全　訳◆

≪イヌの人との交流能力は生まれつき≫

イヌはよく，人が言おうとしていることを不思議なほど理解するように思われる。いくつかの最近の研究は，どうしてイヌ科の我が友人たちが生まれつき，人と意思伝達ができるのかに関して，驚くべき洞察を提供してくれる。「イヌの意思伝達能力は，イヌが人の隣で果たしている役割をするだけの資格を特別に与えてくれるのです」と，エミリー=ブレイ先生という，アリゾナ大学のイヌの研究者は語った。「今も昔も，人のためにイヌの果たす仕事の多く，たとえば，群れの番をしたり，狩りをしたり，探査したり，介助犬の務めをしたりといったことは，人の合図を理解する能力によって，可能となるのです」。ブレイ先生の最新研究によれば，イヌはご褒美をくれようとしているけれどそれが下手な人と，わざとその褒美を与えない人との違いがわかるそうだ。研究者は実験を行った。人とイヌとがプラスチックの仕切りで隔てられ，真ん中に片手がちょうど通るだけの隙間を開けておいた。しかし，仕切りは部屋全体には及んでおらず，イヌはそうしたければ，それを迂回することができた。人間の被験者はイヌにご褒美を隙間から3種の方法で渡そうとした。最初は，ご褒美を差し出したが，仕切りのこちら側で不意に落とし，「おっとっと！」と言った。次は，ご褒美を隙間から渡そうとするが，つっかえてしまった。最後は，ご褒美を差し出しはしたけれど，その後腕を引っ込めて，笑い声を上げた。

実験者がこの設定を51頭のイヌで試し，それぞれが仕切りを迂回してご褒美を見つけて取ってくるのにかかった時間を計測した。結果は，イヌは実験者が意図的にご褒美を与えない場合は，実験者が落とした場合や，仕切りを通せなかった場合より，はるかに長い時間待ってから取ってきたことを示していた。このことが示唆しているのは，イヌは人の意図的行動と意図しない行動の間の違いを理解し，それに従って反応できるということである。

以前の研究では，ブレイ先生は8週齢の仔犬たちの行動を分析した。375頭の仔犬である，細かく言えば。仔犬は，ケイナイン・コンパニオンズという，カリフォルニア州の介助犬組織で訓練を受けていた。イヌはたいてい，同時に生まれたイヌとともに成犬になっていたので，人と一対一の接触をすることはほとんどなかった。ブレイ先生の研究チームは，仔犬に一連の課題をこなすように仕向けて，人間と関わる能力を測定した。実験者が隠されたご褒美を指したときに，仔犬が実験者の指を追うのにどれぐらい時間がかかるか，どれぐらい実験者と目を合わせるかを彼らは測った。チームは，実験者がイヌに話しかけ，「ワンちゃん，ほら！」と言い，目を合わせた途端，仔犬は首尾よく見つめ返して，ご褒美のありかを示す動作を追いかけることができることを発見した。「でも，目も合わせず，言葉の合図もせず，ただ見かけの同じ動作をしても，イヌはそれがわからないようなのです」と，ブレイ先生は語った。

研究者が見出したのは，こうした課題に関する仔犬の成績は，実験が進んでいくうちに向上することはなく，こうしたことは学習過程の一環ではないらしいということだった。それどころか，研究者の考えでは，イヌは生まれつき，人の言葉を読み取り，意図を理解するのに必要な社交技能をもっているのである。「仔犬が課題を始めたときに，うまくやれるだけのコミュニケーション能力をもっていたと考えられるのです」と，ブレイ先生は語った。そのうえ研究チームはそれぞれの仔犬の血統を知ることができたので，375頭のイヌが互いにどれだけ近縁なのかを知ることができた。ブレイ先生によれば，仔犬の成績の変動の40％が，おそらく遺伝子によって説明でき，「遺伝が個々のイヌの理解力を形成するのに大きな役割を果たしている」ことが示唆されている。「イヌの能力は年齢が進むにつれ，向上します。人とちょうど同じですね」と，先生は重ねて言う。たとえば，先生の研究では，一部のイヌは課題をやり遂げられないと人と目を合わせる傾向があることが観察された。はじめはその行動は遺伝的要因によると先生は考えたが，幼犬に比べ成犬が高い割合でこの社会的な技能を示すことを，先生はすぐさま発見したのだった。

もう一つの研究では，イヌは生まれつき「人の最良の友」になるようにプログラムされているという考え方をいっそう強調した。この研究では，同時に生まれた仔犬とともに，ほとんど人間との交流のないまま，ケイナイン・コンパニオンズで飼育された44頭の仔犬が，アメリカ・ミネソタ州の野生生物センターでほぼ常時人間による保育を受けた37頭の仔オオカミと比較された。研究者は，イヌとオオカミがどれだけうまく，ご褒美を発見できるかを検査した。ご褒美は中が見えない2つのボウルのうちのどちらかに隠されていて，人間の被験者がどこを見ているか，どれを指さしているかを追うことでわかるようにしたのである。仔犬は仔オオカミの2倍の確率で正しい方のボウルを選んだ。仔犬の方が人の周囲で過ごす時間は，はるかに少なかったのに，である。仔犬の多くは，最初の試行でうまくやったのであり，そうした人の動作を追うのに，訓練は必要ないことが示唆されたのだった。

「イヌはオオカミよりも生まれつき，仔犬の頃から人間の協調的な意思伝達を理解するのが上手なのです」と，ハンナ=サロモンズ先生は述べた。

先生はデューク大学の動物研究者であり，この研究論文の共著者である。「言ってみれば，私たちの成果に基づくと，この点では生まれは明らかに育ちより大きな役割を果たしているわけです」

◀解　説▶

〔1〕(A)　空所を含む部分は「イヌの意思伝達能力は，イヌが（　　）で果たしている役割をするだけの資格を特別に与えてくれる」の意。「イヌの人との意思伝達」が話題なのだから，人との関わりを示す表現がふさわしい。選択肢はそれぞれ，(1)「人の隣で」，(2)「研究対象として」，(3)「野生で」，(4)「他のイヌ科動物とともに」の意であるから，正解は(1)に決まる。

(B)　空所を含む部分は「ブレイ先生の最新研究（　　）」の意。その後には，研究の成果の記述が続く。選択肢はそれぞれ，(1)「～によれば」，(2)「～のせいで」，(3)「～の代わりに」，(4)「～に似て」の意であるから，研究成果の導入にふさわしいのは(1)だとわかる。

(C)　空所を含む部分は「8週齢の仔犬たちの（　　）を分析した」の意。この段に記述される内容は，イヌが人との関係でどのような振る舞いをしたかである。選択肢はそれぞれ，(1)「外見」，(2)「行動」，(3)「情緒」，(4)「健康」の意であるから，正解は(2)だとわかる。

(D)　空所の前後の叙述の流れは，「こうしたことは学習過程の一環ではないのである。（　　）イヌは生まれつき，…必要な社交技能をもっている」となる。選択肢はそれぞれ，(1)「加えて」，(2)「理想的には」，(3)「それどころか」，(4)「同様に」の意であるから，最もふさわしいのは(3)だとわかる。

(E)　空所を含む部分は「研究チームはそれぞれの仔犬の血統を知ることができたので，375 頭のイヌが互いに（　　）ことができた」の意。選択肢はそれぞれ，(1)「どれだけ友好的かを左右する」，(2)「どれだけ攻撃的であるかに影響する」，(3)「どれだけ魅力的かを制約する」，(4)「どれだけ近縁かを知る」の意。「血統」からわかるのは「近縁性」であるから，正解は(4)である。

(F)　空所を含む部分は「もう一つの研究は，イヌは生まれつき『人の最良の友』になるようにプログラムされているという考え方を（　　）」の意。選択肢はそれぞれ，(1)「完全に否定した」，(2)「批判した」，(3)「いっそう強調した」，(4)「最小化した」の意。この第5段最終文（Many of the …）の結論「人の動作を追うのに，訓練は必要ない」から，正解は(3)だとわかる。

(G)　空所を含む部分は「仔犬の方が人の周囲で過ごす時間は，（　　）だったのに（仔犬は仔オオカミの2倍の確率で正しい方のボウルを選んだ）」の意。選択肢はそれぞれ，(1)「はるかに少ない」，(2)「はるかに多い」，(3)「全くない」，(4)「同じくらい」の意。「譲歩」の意味にふさわしいのは(1)だと判断できる。

(H)　空所を含む部分は「私たちの成果（　　），この点では生まれは明らかに育ちより大きな役割を果たしている」の意。選択肢はそれぞれ，(1)「～に基づくと」，(2)「～とは反対に」，(3)「～にもかかわらず」，(4)「～のおかげで」の意。「育ちより生まれ」という結論は，「研究成果」に支えられているのだから，正解は(1)に決まる。

〔2〕　㋐　下線部㋐の指示対象は直前の第1段第5文（The researchers set …）にある barrier「（人とイヌとを隔てる）仕切り」である。選択肢はそれぞれ，

(1)「仕切りの隙間」

(2)「仕切りの両側の空間」

(3)「人とイヌの間の障害物」

(4)「人とご褒美の間の障害物」

という意味。よって，これらの中で barrier に最もふさわしいのは(3)である。

㋑　下線部㋑の指示対象は直前の第2段第2文（The results showed …）に記述された「イヌの待ち時間の違い」である。選択肢はそれぞれ，

(1)「イヌが仕切りを迂回する通路を見つけること」

(2)「人がご褒美をたまたま落としたこと」

(3)「イヌが人間の被験者からご褒美を受け取らなかったこと」

(4)「イヌがご褒美を与えるのを控えられると，待ち時間が延びたこと」

という意味。よって，これらの中で「待ち時間が違うこと」を表しているのは(4)だとわかる。

㋒　該当部分は「ただ見かけの同じ動作をしても，イヌはそれがわからない」という意味だから，下線部㋒の指示対象は「同じ見かけの動作」であ

る。選択肢はそれぞれ,

(1)「ご褒美を指さすこと」

(2)「『ワンちゃん，ほら！』と言うこと」

(3)「ご褒美のありかの方を見ること」

(4)「仔犬と目を合わせること」

という意味。動作の内容は直前の第3段第6文（The team found …）にthe gesture to locate the treatsとある。よって，正解は(1)に決まる。

ⓔ　該当部分は「この社会的な技能を示す」という意味。thisの指示対象は直前の第4段第7文（For example, in …）に記述された「課題をやり遂げられないと，人と目を合わせる」といった行動だとわかる。選択肢はそれぞれ,

(1)「助けを求めて目を合わせた」

(2)「人間の指示に従った」

(3)「人間の言うことを遺伝的な能力であると解した」

(4)「課題をやり遂げてしまうと信号を出した」

という意味。よって，これらの中で最もふさわしいものは(1)である。

ⓞ　該当部分は，仔犬の多くは，最初の試行で「うまくやった」という意味。第5段第3文（The researchers tested …）から，その試行とは「ご褒美の発見」であり，その方法は「人間がどこを見るか，どれを指さしているかを追うこと」である。選択肢はそれぞれ,

(1)「独力で隠されたご褒美を発見した」

(2)「訓練の後で隠されたご褒美を発見した」

(3)「人間の助けを借りて隠されたご褒美を発見した」

(4)「他のイヌの助けを借りて隠されたご褒美を発見した」

という意味。前述の検討から，正解は(3)に決まる。

III　解答

〔1〕 ⓐ―(9)　ⓘ―(2)　ⓤ―(1)　ⓔ―(6)

〔2〕 ⓚ―(7)　ⓚⓘ―(3)　ⓚⓤ―(9)　ⓚⓔ―(1)

◆全　訳◆

〔1〕《教室で》

A：「ジェイコブス先生，ちょっとお話があるんですけれど」

B：「ええ。宿題のことが聞きたいのかな？」

A：「いいえ，しなくてはいけないことはわかっていると思います。来年アメリカに留学しようかなと思っていて，先生にアドバイスをいただきたくて」

B：「ルミコさん，すばらしい。ワクワクするね。アメリカのどこに留学しようとしているのかしら？」

A：「カリフォルニア州で勉強したいです。でも，カリフォルニア州のどこかは，実ははっきりしてなくて。行ったことがないですし，でもとても大きな州で，地域それぞれ違うって聞いているので」

B：「そう，その通りです。私は南カリフォルニアの出身，ロサンジェルスの近く。私には，北カリフォルニアって，別の州みたいなものね」

A：「本当ですか？　どんなふうに，ですか？」

B：「えーと，気候は全然違う，が一つ。北カリフォルニアは南カリフォルニアより雨が多いし。産業も違うの。北のシリコンバレーはテクノロジー地区，でも映画と音楽産業は南部ね」

A：「そんな比較って，面白いです。日本って，アメリカに比べると狭いですけど，大阪と東京じゃ，ずいぶん違います」

B：「そうね，そのようなものかな。南カリフォルニアと北カリフォルニアは両方ともいくつか一流大学があるっていうのは，いい知らせかな。それに，両方の地区ともにできることは山ほどありますよ。楽しめること間違いなし，どっちを選んだにしてもね」

〔2〕　≪シャトルバスに乗りに≫

A：「すみません。ABC ホテルに行くシャトルバスって，どこから出ているかわかりますか？」

B：「ホテルのシャトルバスは皆，空港ターミナル道沿いの同じところに停車するんです。道を渡って，シャトルバスの標識を探すといいです」

A：「あの人たちがあそこで待っているところのことですか？」

B：「いや，あそこはタクシー乗り場です。標識にタクシーの絵が描いてあるでしょ。シャトルバス乗り場は，道のもっと先です」

A：「どうもありがとうございます。わかると思います。シャトルバスって，どれくらい出ているかご存じですか？」

B：「ホテル次第ですね。ホテルにウェブサイトがあるのでは？　次がいつ来るのか調べてみては。バスは，道路の具合で来る時間が違いますから」

A：「あるかどうか，わかりません。ウェブサイトを調べるだなんて考えもしませんでした」

B：「空港のウェブサイトも調べるといいですよ。繰り返しになるけれど，ホテル次第，ケースバイケースです」

A：「ちゃんと調べてから来ればよかった。飛行機に乗る準備で手一杯だったもので」

B：「町にはどのくらいいるんですか？」

A：「ちょっと週末だけです。友人の結婚式に出ようとしてて。ところで，あなたは？」

B：「実は，ここの人間です。友人が迎えに来てくれるのを待ってるところです。楽しい旅行になるといいですね」

A：「はい，そうだといいですね。いろいろと，どうもありがとうございました」

◀解　説▶

〔1〕 ㋐ 次の「いいえ，しなくてはいけないことはわかっている」という返答にふさわしい質問は，(9)「宿題のことが聞きたいのかな？」である。

㋑ 「アメリカに留学しようかな」に対する，先生の返答としてふさわしいのは，(2)「ルミコさん，すばらしい」である。

㋒ 「気候は全然違う」という返答にふさわしい発言は，(1)「どんなふうに，ですか？」である。

㋓ 先行する「南北カリフォルニアの対比」に続くのにふさわしいのは，(6)「そんな比較って，面白いです」である。

残りの選択肢は，(3)「食べ物はどうですか？」，(4)「行きたいのはいつですか？」，(5)「それは勧めません」，(7)「代わりにヨーロッパに留学するのはどうですか？」，(8)「また教科書を持って来るの，忘れたの？」，(10)「私はロサンジェルスの方がサンフランシスコより気に入っていた」の意。

〔2〕 ㋕ 「あそこはタクシー乗り場」に続くのにふさわしいのは，(7)「標識にタクシーの絵が描いてあるでしょ」である。

㋖ 後の「ホテルのウェブサイトで調べる」と符合する発言は，(3)「ホテル次第ですね」である。

㋗「飛行機に乗る準備で手一杯だったもので」に先行するのは，(9)「ちゃんと調べてから来ればよかった」という反省の弁である。

㋘「実は，ここの人間です」という返答にふさわしい問は，(1)「ところで，あなたは？」である。

残りの選択肢は，(2)「こちらにお住まいですか？」，(4)「15分おきに出ます」，(5)「バスのことだと，サインインしないといけません」，(6)「そちらからシャトルに乗れます」，(8)「月曜の朝に仕事に戻らないといけません」，(10)「了解です，空港に着いたらウェブサイト，見ておきます」の意。

Ⅳ 解答

(A)—(4)　(B)—(1)　(C)—(2)　(D)—(1)　(E)—(1)　(F)—(4)
(G)—(3)　(H)—(3)

◀解　説▶

(A)「私はスペイン語を話せないが，どうにか通じた」 can make *oneself* understood in *X* で「*X* で話が通じる」の意となる。よって，正解は(4)である。

(B)「ダニエルはヨーロッパ訪問の間，地元の料理に本当に満足した」 続くのが名詞句なので，選択肢の中で「～の間に」という意味になる前置詞を探せばよい。それは(1)である。

(C)「これらの計画の一つの問題は，提案した予算をオーバーすることである」 they are 以下が補語の名詞節になるようにすればよい。そうなっているのは(2)である。

(D)「部長は料理をできる限り早く職場に配達するよう命じた」 order に続く that 節中の動詞は，仮定法現在＝原形になる。よって，正解は(1)である。

(E)「その建物は，現在飛び抜けて世界で最も高い建物である」 最上級を修飾できるのは，選択肢の中では(1)のみである。

(F)「一時間早く始めていれば，締め切りまでに宿題を片付けられただろうに」 仮定法過去完了の帰結節は，would have *done* となるので，正解は(4)である。

(G)「うちの両親が本を2冊買ってくれたが，そのどちらもまだ読んでいない」 非制限関係詞だから，neither of which ≒ and neither of them と考えると，正解は(3)だとわかる。

(H) 「あまりに暑い一日だったので，とても勉強できない」 いわゆる such ～ that 構文を用いればよいとわかれば，正解は(3)に決まる。

V 解答

〔1〕 (A)―(2) (B)―(3) (C)―(4) (D)―(4) (E)―(2)

〔2〕 (A)―(1) (B)―(1) (C)―(1) (D)―(2) (E)―(2)

◀解 説▶

〔1〕 (A) 「その学生は，医者になって病気の子どもたちを助けたいという強い（ ）をもっている」 選択肢はそれぞれ，(1)「入場許可」，(2)「決意」，(3)「所有」，(4)「比率」という意味。これらの中で文意に沿うのは(2)だとわかる。

(B) 「幾分やせた後，その男はベルトを（ ）せねばならなかった」 選択肢はそれぞれ，(1)「いじめる」，(2)「ドンと殴る」，(3)「締める」，(4)「転がす」という意味。これらの中で「体重減」の結果にふさわしいのは(3)である。

(C) 「日本の梅雨はたいてい 45 日ほど続き，多くの人にとって大変な（ ）を引き起こす」 選択肢はそれぞれ，(1)「弁解」，(2)「権威」，(3)「献身」，(4)「不快感」という意味。これらの中で「梅雨が引き起こす」のにふさわしいのは(4)である。

(D) 「農民は畑から一定の水を（ ）する必要があった」 選択肢はそれぞれ，(1)「解雇する」，(2)「気を散らせる」，(3)「小型化する」，(4)「排水する」という意味。これらの中で「畑の水」に対して行うにふさわしいのは(4)である。

(E) 「弁護士はトムに，あなたに対する（ ）は重大ですと告げた」 選択肢はそれぞれ，(1)「採用」，(2)「申し立て」，(3)「類比」，(4)「芸術家としての手腕」という意味。これらの中で「弁護士の話」にふさわしいのは(2)である。

〔2〕 (A) 「計画への彼女の尽力は，同僚から感謝された」 選択肢はそれぞれ，(1)「賞賛された」，(2)「議論された」，(3)「記述された」，(4)「判定された」という意味。これらの中で「感謝された」に近いのは(1)である。

(B) 「私は惨めな週末を自宅でひとりぼっちで過ごした」 選択肢はそれぞれ，(1)「滅入る」，(2)「記憶に残る」，(3)「よくある」，(4)「異常な」という意味。これらの中で「嫌な，ひどい」の意味に近いのは(1)である。

(C)「この記事の情報量には仰天です」　選択肢はそれぞれ，(1)「豊富」，(2)「正確」，(3)「分析」，(4)「権威」という意味。これらの中で「量の多さ」を表しているのは(1)である。

(D)「コンピュータゲームは子どもに影響がないと論じるのは，誤解を招くだろう」　選択肢はそれぞれ，(1)「驚くべき」，(2)「人をだますような」，(3)「無意味な」，(4)「好ましい」という意味。これらの中で「誤解を生む」に近いのは(2)である。

(E)「私たちはその会社に何の文句もなかった」　選択肢はそれぞれ，(1)「同盟」，(2)「争い」，(3)「筋書き」，(4)「購入」という意味。これらの中で「口論，苦情」に近いのは(2)である。

❖講　評

2023年度も，長文2題による「読解力」を中心に，「コミュニケーション」「文法」「語彙」の各分野の力が試された。一方で，英作文力を問う出題はない。

Ⅰの読解問題は，「ニュージーランドの昆虫保護」をめぐる論説文の内容理解を試す出題。現代の自然保護のあり方をユーモアを交えて論じる，英国の新聞記事だった。設問では〔1〕(B)が，本文の具体的な記述をまとめた選択肢を選ばせる問いになっていて，迷った受験生もいただろう。(D)は本文全体を読まねばならず，負担が重かっただろう。また〔2〕(4)が，本文の主旨の理解が問われる厳しい出題だった。

Ⅱの読解問題は，「イヌ」論だが，話題が身近な分，実験の細かい設定を読み取れるかによって，力の差が出やすかっただろう。設問では，〔1〕(D)は厳しい出題。(F)も，相当後まで読む必要があり，実力が問われた。〔2〕㋒と㋔は，内容理解を問う良問で，ここで差が開いたかもしれない。

Ⅲは，コミュニケーションの基礎力を試す出題である。〔1〕は「留学」の話題で，なじみのある話だったため，取り組みやすかっただろう。〔2〕は「空港」の話題で，こちらは，そもそもシャトルバスを知っていることが前提で，ややハードルが高かったかもしれない。㋖は，直前の疑問文につられて(4)にしやすい紛らわしい問題で，引っかかってしまった受験生も多かっただろう。

Ⅳは，基本的な文法・語法の力を試す出題である。準動詞や接続詞，仮定法，比較，関係詞といった，基本中の基本が問われた。文法学習の重要性を再認識するように，という声が聞こえてくるような出題だった。

Ⅴは，語彙力をみる問題であるが，読解問題の語彙レベルをはるかに超える出題であることに注意。〔1〕(B)はどの選択肢もかなり高レベル。(E)は，「高度な語彙は正解にならない」という俗説を打ち砕く出題。〔2〕(A)は，標準語彙の正確な理解が問われた良問で，差がついたかもしれない。

全体として，英文の内容をしっかりと読み取り，表現の意味内容まで理解する力が求められる出題であった。英作文以外の高校の履修範囲全般にわたって，十分な実力をつけることが求められていると言えるだろう。覚悟を決め，日々の努力をしっかり重ねよう。

数学

I

解答 ア．$x\sin\theta+\theta$　イ．$x\sin\theta+2\theta$　ウ．$x\sin\theta-\theta$　エ．0

オ．$\frac{2}{3}\pi$　カ．$\cos\theta$　キ．$-\sin\theta$　ク．$\sin\theta$　ケ．$\cos\theta$

コ．i　サ．$\cos\theta+i\sin\theta$　シ．$-i$　ス．$\cos\theta-i\sin\theta$

(注) コ・サとシ・スはセットで入れかえてもよい。

◀解　説▶

≪導関数の計算，恒等式≫

〔1〕 $f(x)=e^{x\cos\theta}\cos(x\sin\theta)$ より

$$f'(x)=e^{x\cos\theta}\cos\theta\cos(x\sin\theta)-e^{x\cos\theta}\sin(x\sin\theta)\sin\theta \quad \cdots\cdots ①$$
$$=e^{x\cos\theta}\{\cos(x\sin\theta)\cos\theta-\sin(x\sin\theta)\sin\theta\}$$
$$=e^{x\cos\theta}\cos(x\sin\theta+\theta) \quad \to ア$$

($x\sin\theta\leqq x\sin\theta+\theta<x\sin\theta+\pi$ より適する)

同様にして

$$f''(x)=e^{x\cos\theta}\cos(x\sin\theta+2\theta) \quad \to イ$$

($x\sin\theta\leqq x\sin\theta+2\theta<x\sin\theta+2\pi$ より適する)

$$\{e^{x\cos\theta}\cos(x\sin\theta-\theta)\}'=e^{x\cos\theta}\cos(x\sin\theta)$$

であるから

$$F(x)=e^{x\cos\theta}\cos(x\sin\theta-\theta)+C \quad (C\text{ は積分定数}) \quad \to ウ$$

($x\sin\theta-\pi<x\sin\theta-\theta\leqq x\sin\theta$ より適する)

〔2〕 $e^{x\cos\theta}>0$ であるから

$$f'(x)=f(x) \Longleftrightarrow \cos(x\sin\theta+\theta)=\cos(x\sin\theta) \quad \cdots\cdots ②$$

すべての実数 x に対して②は成立するから，$x=0$ を代入すると

$$\cos\theta=1$$

$0\leqq x<\pi$ より　　$\theta=0$

$\theta=0$ のとき②の両辺はともに $\cos 0=1$ となる。よって，$\theta=0$ のとき，すべての実数 x に対して②は成立する。 →エ

また〔1〕と同様にして，$f^{(3)}(x)=e^{x\cos\theta}\cos(x\sin\theta+3\theta)$ より

$$f^{(3)}(x)=f(x) \Longleftrightarrow \cos(x\sin\theta+3\theta)=\cos(x\sin\theta) \quad \cdots\cdots ③$$

上と同様に $x=0$ を代入すると，$\cos 3\theta=1$，$0\leqq 3\theta<3\pi$ より

$$3\theta=0,\ 2\pi \qquad \therefore \quad \theta=0,\ \frac{2}{3}\pi$$

$\theta=0$ のとき，③の両辺はともに $\cos 0=1$ となる。

$\theta=\frac{2}{3}\pi$ のとき，③の左辺は $\cos\left(\frac{\sqrt{3}}{2}x+2\pi\right)=\cos\frac{\sqrt{3}}{2}x$，右辺は $\cos\frac{\sqrt{3}}{2}x$ となる。

よって，$\theta=0,\ \frac{2}{3}\pi$ のとき，すべての実数 x に対して③は成立する。

→オ

〔3〕 $g(x)=e^{x\cos\theta}\sin(x\sin\theta)$ であるから，①より

$$f'(x)=\cos\theta f(x)+\{-\sin\theta g(x)\} \quad \text{→カ・キ}$$

また

$$g'(x)=e^{x\cos\theta}\cos\theta\sin(x\sin\theta)+e^{x\cos\theta}\cos(x\sin\theta)\sin\theta$$
$$=\sin\theta f(x)+\cos\theta g(x) \quad \text{→ク・ケ}$$
$$f'(x)+\alpha g'(x)=(\cos\theta+\alpha\sin\theta)f(x)+(-\sin\theta+\alpha\cos\theta)g(x)$$

したがって

$$f'(x)+\alpha g'(x)=\beta\{f(x)+\alpha g(x)\}$$
$$\Longleftrightarrow (\cos\theta+\alpha\sin\theta-\beta)f(x)+(-\sin\theta+\alpha\cos\theta-\alpha\beta)g(x)=0 \quad \cdots\cdots ④$$

すべての実数 x に対して④は成立するから，$x=0$ を代入すると，$f(0)=1$，$g(0)=0$ より

$$\cos\theta+\alpha\sin\theta-\beta=0$$
$$\beta=\cos\theta+\alpha\sin\theta \quad \cdots\cdots ⑤$$

このとき，④より

$$(-\sin\theta+\alpha\cos\theta-\alpha\beta)g(x)=0$$

「すべての x に対して $g(x)=0$」ではないので，この式が，すべての実数 x に対して成り立つ条件は

$$-\sin\theta+\alpha\cos\theta-\alpha\beta=0 \quad \cdots\cdots ⑥$$

⑤，⑥より，β を消去して整理すると

$$(\alpha^2+1)\sin\theta=0$$

$0<\sin\theta\leqq 1$ より $\alpha^2+1=0$ であるから

$\alpha^2=-1 \quad \alpha=\pm i$

よって，⑤より

$(\alpha,\ \beta)=(i,\ \cos\theta+i\sin\theta),\ (-i,\ \cos\theta-i\sin\theta)$ →コ～ス

II **解答** ア．$\sqrt{3}$　イ．1　ウ．$s+t=1$　エ．$\dfrac{\sqrt{3}+3i}{4}$

オ．$\dfrac{\sqrt{3}}{2}$　カ．i　キ．$\dfrac{\sqrt{3}+i}{2}$　ク．$\dfrac{3+\sqrt{3}}{4}$

◀解　説▶

≪平面図形と複素数≫

$$(1-\sqrt{3}i)z+(1+\sqrt{3}i)\bar{z}=2\sqrt{3} \quad \cdots\cdots(*)$$

$w=(1-\sqrt{3}i)z$ とおくと，$\bar{w}=(1+\sqrt{3}i)\bar{z}$ であるから

$$(*)\iff\frac{w+\bar{w}}{2}=\sqrt{3}\iff w\text{ の実部が }\sqrt{3}$$

$z=x_0$（x_0 は実数）のとき

$$w=(1-\sqrt{3}i)x_0=x_0-\sqrt{3}x_0i \qquad \therefore\quad x_0=\sqrt{3} \quad \text{→ア}$$

$z=iy_0$（y_0 は実数）のとき

$$w=(1-\sqrt{3}i)iy_0=\sqrt{3}y_0+iy_0$$

$$\sqrt{3}y_0=\sqrt{3} \qquad \therefore\quad y_0=1 \quad \text{→イ}$$

$z=\sqrt{3}s+it$ のとき

$$w=(1-\sqrt{3}i)(\sqrt{3}s+it)=\sqrt{3}(s+t)+(t-3s)i$$

$$\sqrt{3}(s+t)=\sqrt{3} \qquad \therefore\quad s+t=1 \quad \text{→ウ}$$

よって

$$|z|^2=3s^2+t^2=3s^2+(1-s)^2=4s^2-2s+1$$
$$=4\left(s-\frac{1}{4}\right)^2+\frac{3}{4}$$

したがって，$|z|$ が最小になるのは，$s=\dfrac{1}{4}$，$t=\dfrac{3}{4}$ のときであり，このとき

$$z=\frac{\sqrt{3}+3i}{4} \quad \text{→エ} \qquad |z|=\frac{\sqrt{3}}{2} \quad \text{→オ}$$

$w_1=(1-\sqrt{3}i)z_1$，$w_2=(1-\sqrt{3}i)z_2$ とおくと　$\dfrac{z_2}{z_1}=\dfrac{w_2}{w_1}$

w_1 の実部は $\sqrt{3}$ であるから，$w_1=\sqrt{3}+\alpha i$（α は実数）とおける。

$\triangle OZ_1Z_2$ が正三角形となるとき

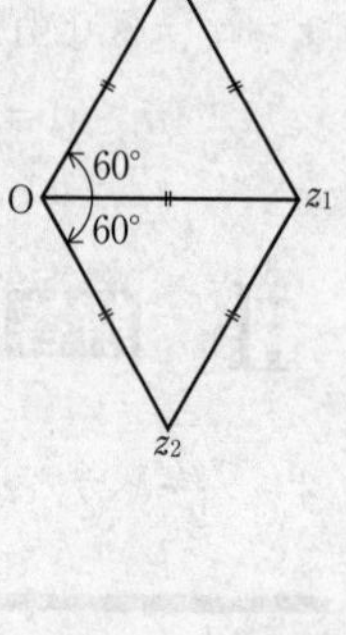

$$\frac{z_2}{z_1}=\cos(\pm 60^\circ)+i\sin(\pm 60^\circ)\quad\text{（複号同順）}$$

より

(i)　$\dfrac{z_2}{z_1}=\dfrac{1}{2}+\dfrac{\sqrt{3}}{2}i$　または　(ii)　$\dfrac{z_2}{z_1}=\dfrac{1}{2}-\dfrac{\sqrt{3}}{2}i$

(i)のとき

$$w_2=\frac{z_2}{z_1}w_1=\left(\frac{1}{2}+\frac{\sqrt{3}}{2}i\right)(\sqrt{3}+\alpha i)$$

$$=\frac{\sqrt{3}}{2}(1-\alpha)+\frac{\alpha+3}{2}i$$

w_2 の実部が $\sqrt{3}$ より

$$\frac{\sqrt{3}}{2}(1-\alpha)=\sqrt{3}\qquad \alpha=-1$$

よって

$$w_1=\sqrt{3}-i,\ \ w_2=\sqrt{3}+i$$

$$z_1=\frac{\sqrt{3}+i}{2},\ \ z_2=i$$

(ii)のとき，$\dfrac{z_1}{z_2}=\dfrac{1}{2}+\dfrac{\sqrt{3}}{2}i$ であるから，(i)の z_1，z_2 を交換して

$$z_1=i,\ \ z_2=\frac{\sqrt{3}+i}{2}$$

z_1 の実部は z_2 の実部より小さいので，(ii)のときが適するから

$$z_1=i,\ \ z_2=\frac{\sqrt{3}+i}{2}\quad \to カ・キ$$

$\triangle OZ_1Z_2$ が $\angle O=90^\circ$ の直角二等辺三角形となるとき

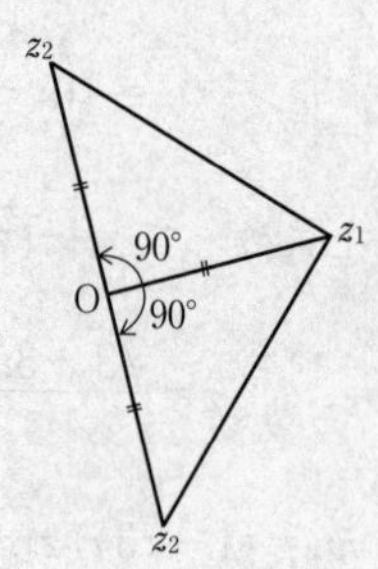

(iii)　$\dfrac{z_2}{z_1}=i$　または　(iv)　$\dfrac{z_2}{z_1}=-i$

(iii)のとき

$$w_2=\frac{z_2}{z_1}w_1=i(\sqrt{3}+\alpha i)=-\alpha+\sqrt{3}i$$

w_2 の実部が $\sqrt{3}$ より　　$\alpha=-\sqrt{3}$

よって

$$w_1=\sqrt{3}-\sqrt{3}i,\quad w_2=\sqrt{3}+\sqrt{3}i$$

$$z_1=\frac{3+\sqrt{3}+(3-\sqrt{3})i}{4},\quad z_2=\frac{-3+\sqrt{3}+(3+\sqrt{3})i}{4}$$

(iv)のとき，$\dfrac{z_1}{z_2}=i$ であるから，(iii)の z_1，z_2 を交換して

$$z_1=\frac{-3+\sqrt{3}+(3+\sqrt{3})i}{4},\quad z_2=\frac{3+\sqrt{3}+(3-\sqrt{3})i}{4}$$

z_1 の実部は z_2 の実部より小さいので，(iv)のときが適する。

$z_2=\dfrac{3+\sqrt{3}}{4}+\dfrac{3-\sqrt{3}}{4}i$ より，z_2 の実部は　$\dfrac{3+\sqrt{3}}{4}$　→ク

III　解答

ア．$a\cos\theta$　イ．$a\sin\theta$　ウ．$\dfrac{x^2}{a^2}+\dfrac{y^2}{b^2}$

エ．$\sqrt{a^2\cos^2\theta+b^2\sin^2\theta}$　オ．$a\cos\theta$　カ．$b\sin\theta$　キ．$\dfrac{\cos\theta}{a}$　ク．$\dfrac{\sin\theta}{b}$

ケ．$\dfrac{a}{\cos\theta}$　コ．$\dfrac{b}{\sin\theta}$　サ．$ab\left(\dfrac{1}{\sin 2\theta}-\dfrac{\pi}{4}\right)$　シ．$\dfrac{\pi}{4}$　ス．$ab\left(1-\dfrac{\pi}{4}\right)$

◀解　説▶

≪楕円，接線の方程式，面積の最小値≫

〔1〕　P$(a\cos\theta,\ a\sin\theta)$　→ア・イ

であるから　　Q$(a\cos\theta,\ b\sin\theta)$

$$x=a\cos\theta,\quad y=b\sin\theta$$

とおくと

$$\left(\frac{x}{a}\right)^2+\left(\frac{y}{b}\right)^2=\cos^2\theta+\sin^2\theta=1$$

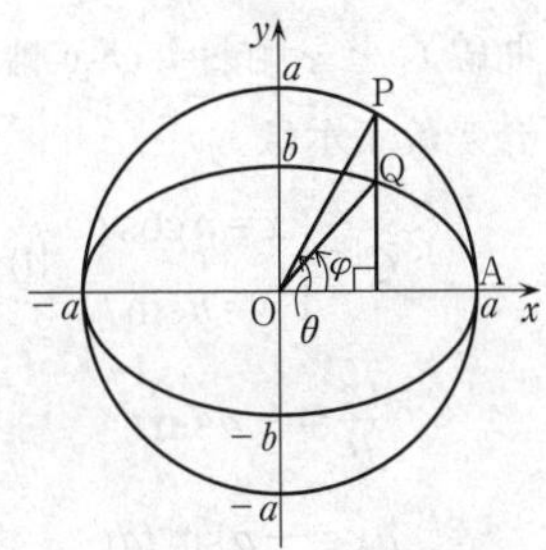

よって，点Qの描く図形の方程式は

$$\frac{x^2}{a^2}+\frac{y^2}{b^2}=1 \quad →ウ$$

$$\mathrm{OQ}=\sqrt{a^2\cos^2\theta+b^2\sin^2\theta} \quad →エ$$

だから

$$\cos\varphi=\frac{a\cos\theta}{\sqrt{a^2\cos^2\theta+b^2\sin^2\theta}} \quad →オ$$

$$\sin\varphi=\frac{b\sin\theta}{\sqrt{a^2\cos^2\theta+b^2\sin^2\theta}}\quad \to カ$$

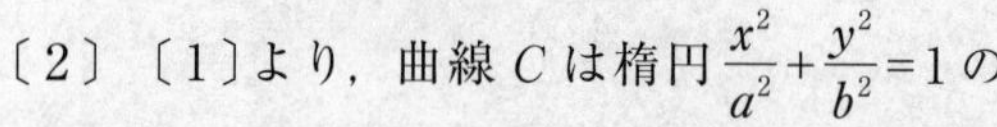

〔2〕〔1〕より，曲線 C は楕円 $\frac{x^2}{a^2}+\frac{y^2}{b^2}=1$ の第 1 象限の部分だから，曲線 C 上の点 $\mathrm{Q}(a\cos\theta,\ b\sin\theta)$ $\left(0\leqq\theta\leqq\frac{\pi}{2}\right)$ における接線 l の方程式は

$$l:\frac{a\cos\theta}{a^2}x+\frac{b\sin\theta}{b^2}y=1$$

$$\therefore\ \ \frac{\cos\theta}{a}x+\frac{\sin\theta}{b}y=1\quad \to キ・ク$$

$0<\theta<\frac{\pi}{2}$ のとき，$\cos\theta>0$，$\sin\theta>0$ より，l と x 軸の共有点 $\mathrm{U}\left(\frac{a}{\cos\theta},\ 0\right)$，$l$ と y 軸の共有点 $\mathrm{V}\left(0,\ \frac{b}{\sin\theta}\right)$ だから

$$x_0=\frac{a}{\cos\theta},\ y_0=\frac{b}{\sin\theta}\quad \to ケ・コ$$

$$\triangle\mathrm{OUV}=\frac{1}{2}x_0y_0=\frac{ab}{2\sin\theta\cos\theta}=\frac{ab}{\sin 2\theta}$$

曲線 C と x 軸および y 軸で囲まれた図形の面積を T とおく。曲線 C の媒介変数表示は

$$C:\begin{cases}x=a\cos t\\ y=b\sin t\end{cases}\quad \left(0\leqq t\leqq\frac{\pi}{2}\right)$$

$$\frac{dx}{dt}=-a\sin t$$

$$dx=-a\sin t\,dt$$

x	$0\to a$
t	$\frac{\pi}{2}\to 0$

であるから

$$T=\int_0^a y\,dx=\int_{\frac{\pi}{2}}^0 b\sin t\,(-a\sin t)\,dt=ab\int_0^{\frac{\pi}{2}}\sin^2 t\,dt$$

$$=\frac{ab}{2}\int_0^{\frac{\pi}{2}}(1-\cos 2t)\,dt=\frac{ab}{2}\left[t-\frac{1}{2}\sin 2t\right]_0^{\frac{\pi}{2}}=\frac{ab\pi}{4}$$

したがって

$$S=\triangle\mathrm{OUV}-T=ab\left(\frac{1}{\sin 2\theta}-\frac{\pi}{4}\right)\quad \to サ$$

ここで，$0<2\theta<\pi$ より $0<\sin 2\theta\leqq 1$ であるので，S が最小になるのは，$\sin 2\theta$ が最大，つまり $\sin 2\theta=1$ のときだから

S は $2\theta=\dfrac{\pi}{2}$ すなわち $\theta=\dfrac{\pi}{4}$ において最小値 $ab\left(1-\dfrac{\pi}{4}\right)$ をとる。

→シ・ス

Ⅳ　**解答**　ア．$\dfrac{3r}{200}$　イ．0　ウ．$\dfrac{r}{200}$　エ．$\dfrac{s}{50}$　オ．50

カ．$\dfrac{3}{20}$　キ．$\dfrac{1}{5}\left(\dfrac{3}{4}\right)^{n-1}$　ク．0　ケ．$\dfrac{3}{4}$　コ．$\dfrac{3r-4s}{4r-4s}$

◀解　説▶

≪確率と漸化式，数列の極限≫

P をもつ第2世代の個体数は，P をもつ第1世代の個体が生んだ個体の75％だから

$$A_2=A_1\times\frac{r}{100}\times 2\times\frac{75}{100}+0\times B_1$$

$$=\frac{3r}{200}A_1+0\cdot B_1\quad \to ア・イ$$

P をもたない第2世代の個体数は，P をもつ第1世代の個体が生んだ個体の25％と，P をもたない第1世代の個体が生んだ個体数の和だから

$$B_2=A_1\times\frac{r}{100}\times 2\times\frac{25}{100}+B_1\times\frac{s}{100}\times 2$$

$$=\frac{r}{200}A_1+\frac{s}{50}B_1\quad \to ウ・エ$$

条件より

$$a_{n+1}=\frac{3r}{200}a_n\quad \cdots\cdots ①,\quad b_{n+1}=\frac{r}{200}a_n+\frac{s}{50}b_n\quad \cdots\cdots ②,$$

$$\frac{a_1}{a_1+b_1}=\frac{1}{5}\quad \cdots\cdots ③$$

$r=s$ のとき，①，②より

$$a_{n+1}+b_{n+1}=\frac{r}{50}(a_n+b_n)$$

a_n+b_n が n によらず一定になる条件は $\frac{r}{50}=1$ であるから

$$r=s=50 \quad \to \text{オ}$$

①に代入すると，$a_{n+1}=\frac{3}{4}a_n$ より，$\{a_n\}$ は初項 a_1，公比 $\frac{3}{4}$ の等比数列だから

$$a_n=a_1\left(\frac{3}{4}\right)^{n-1}$$

$a_n+b_n=a_1+b_1$ であるから

$$\frac{a_2}{a_2+b_2}=\frac{\frac{3}{4}a_1}{a_1+b_1}=\frac{a_1}{a_1+b_1}\cdot\frac{3}{4}=\frac{3}{20} \quad (\because \ ③) \quad \to \text{カ}$$

$$\frac{a_n}{a_n+b_n}=\frac{a_1\left(\frac{3}{4}\right)^{n-1}}{a_1+b_1}=\frac{1}{5}\left(\frac{3}{4}\right)^{n-1} \quad (\because \ ③) \quad \to \text{キ}$$

$$\lim_{n\to\infty}\frac{1}{5}\left(\frac{3}{4}\right)^{n-1}=0 \quad \to \text{ク}$$

$r=s$ を仮定しない場合は，①，②より

$$\frac{b_{n+1}}{a_{n+1}}=\frac{\frac{r}{200}a_n+\frac{s}{50}b_n}{\frac{3r}{200}a_n}=\frac{1}{3}+\frac{4s}{3r}\cdot\frac{b_n}{a_n}$$

$\frac{4s}{3r}=p$，$\frac{b_n}{a_n}=x_n$，$T_n=\frac{a_n}{a_n+b_n}$ とおくと

$$x_{n+1}=px_n+\frac{1}{3} \quad \cdots\cdots ④,\quad T_n=\frac{1}{1+x_n}$$

③より，$b_1=4a_1$ だから　　$x_1=4$

(i)　$p=1 \Longleftrightarrow \frac{s}{r}=\frac{3}{4}$ のとき

④より，$x_{n+1}=x_n+\frac{1}{3}$ から，$\{x_n\}$ は初項 4，公差 $\frac{1}{3}$ の等差数列なので

$$x_n=4+\frac{1}{3}(n-1)$$

$\lim_{n\to\infty}x_n=\infty$ だから　　$\lim_{n\to\infty}T_n=0$

(ii)　$p\neq 1$ のとき，$r>0$，$s>0$ より　　$p>0$

$\alpha=p\alpha+\dfrac{1}{3}$　……⑤で α を定義すると　$\alpha=\dfrac{1}{3(1-p)}$

④－⑤ より

$$x_{n+1}-\alpha=p(x_n-\alpha)$$
$$x_1-\alpha=4-\alpha$$

よって，$\{x_n-\alpha\}$ は初項 $4-\alpha$，公比 p の等比数列だから

$$x_n-\alpha=(4-\alpha)p^{n-1}$$
$$x_n=\alpha+(4-\alpha)p^{n-1}$$

• $p>1 \iff \dfrac{s}{r}>\dfrac{3}{4}$ のとき

$$\lim_{n\to\infty}p^{n-1}=\infty$$

$4-\alpha=4+\dfrac{1}{3(p-1)}>0$ だから

$$\lim_{n\to\infty}x_n=\infty,\quad \lim_{n\to\infty}T_n=0$$

(i)と合わせて

$p\geqq 1 \iff \dfrac{s}{r}\geqq\dfrac{3}{4}$ のとき　→ケ

$$\lim_{n\to\infty}T_n=0$$

• $0<p<1 \iff \dfrac{s}{r}<\dfrac{3}{4}$ のとき

$\displaystyle\lim_{n\to\infty}p^{n-1}=0$ より

$$\lim_{n\to\infty}x_n=\alpha,\quad \lim_{n\to\infty}T_n=\frac{1}{1+\alpha}\quad(\alpha>0)$$

$$\frac{1}{\alpha}=3(1-p)=3\left(1-\frac{4s}{3r}\right)=\frac{3r-4s}{r}$$

$1+\alpha=1+\dfrac{r}{3r-4s}=\dfrac{4r-4s}{3r-4s}$ であるから

$$\lim_{n\to\infty}T_n=\frac{3r-4s}{4r-4s}\quad \to コ$$

❖講　評

2022 年度よりやや難化しているが，どの問題も前半部分で得点できるよう配慮されており，この部分は確実に得点しておくことが大事。

Ⅰ．微分法の標準的な問題。誘導に従って計算すればよい。$f'(x)$ の計算結果を利用して，$f''(x)$，$f^{(3)}(x)$ を求めることがポイントである。〔２〕，〔３〕では，$f(0)=1$，$g(0)=0$ であるから，$x=0$ のときに成り立つ条件を考えればよい。

Ⅱ．複素数平面を扱う問題。オまでは易しい。条件（＊）が「$(1-\sqrt{3}i)z$ の実部 $=\sqrt{3}$」と同値であることに気づかないと，やや計算が面倒になる。カ以降はやや難で，すぐに方針が思いつかない場合は後回しにし，あまり時間をかけないことが大事。

Ⅲ．楕円の代表的な問題。〔２〕の面積 S の最小値を求める問題は，入試において頻出であるため，解いた経験がある受験生も多かったと思われる。楕円の接線の公式や，楕円 $\dfrac{x^2}{a^2}+\dfrac{y^2}{b^2}=1$ が囲む図形の面積が πab であることを利用したい。

Ⅳ．確率と漸化式がテーマの問題だが，ア～エが解答できないと得点できない。問題の設定部分を丁寧に読んで理解することがポイント。この部分が解答できれば，クまでは易しい。コの部分は，数列 $\left\{\dfrac{b_n}{a_n}\right\}$ の漸化式を利用すればよいが，やや難と思われる。

物理

I

解答　ア．$\sqrt{\dfrac{gR}{2}}$　イ．$\sqrt{\dfrac{R}{g}}$　ウ．$\dfrac{\omega R}{2g}$　エ．$\dfrac{3}{5}R$　オ．$\dfrac{6}{5\omega}$

カ．$2\sqrt{\dfrac{3g}{5R}}$　キ．$\dfrac{6}{5}R$　ク．$0.64R$

い―③　ろ―④　は―①　に―③　ほ―③　へ―⑥

◀解　説▶

≪回転運動する円板からの斜方投射≫

〔1〕　い．水平方向には力が作用しないので等速直線運動をする。

ろ．鉛直方向には重力のみが作用するので，加速度 g の等加速度運動をする。

ア．初速度の大きさを v_0 とする。小球は $\dfrac{\pi}{4}$rad の角度で投射されているので，水平方向の初速度と鉛直方向の初速度の大きさはともに $\dfrac{v_0}{\sqrt{2}}$ になる。再び地面に落下するまでの時間を t とすると，鉛直方向の等加速度運動の公式から

$$0=\frac{v_0}{\sqrt{2}}t-\frac{1}{2}gt^2$$

$$t=\frac{\sqrt{2}\,v_0}{g}$$

水平方向は等速直線運動なので

$$\frac{v_0}{\sqrt{2}}t=\frac{R}{2}$$

$$v_0=\sqrt{\frac{gR}{2}}$$

イ．t に v_0 を代入し

$$t=\frac{\sqrt{2}}{g}\sqrt{\frac{gR}{2}}=\sqrt{\frac{R}{g}}$$

〔2〕　は．観測者 S_2 から見た投射機の速度は接線方向に $\dfrac{\omega R}{2}$ で，y 軸の正の向きである。小球の初速度の x 成分に投射機の運動は関係せず，投射機の初速度の水平方向の成分を考えればよい。小球は水平方向から $\dfrac{\pi}{4}$ rad の角度で投射されているので

$$\frac{\sqrt{2}}{4}\omega R\cos\frac{\pi}{4}=\frac{\omega R}{4}$$

に．静止した観測者 S_2 から見た小球の初速度の y 成分は投射機の y 軸方向の速度と同じなので　$\dfrac{\omega R}{2}$

ほ．静止している観測者 S_2 からは，重力のみがはたらいている運動が観測される。したがって y 軸方向には等速直線運動をする。

〔3〕　ウ．小球が着地するまでの時間を t_1 とする。鉛直方向の等加速度運動の公式から

$$0=\frac{\sqrt{2}}{4}\omega R\sin\frac{\pi}{4}\times t_1-\frac{1}{2}gt_1{}^2$$

$$0=\frac{\omega R}{4}t_1-\frac{1}{2}gt_1{}^2$$

$$t_1=\frac{\omega R}{2g}$$

へ．x 軸方向と y 軸方向とは等速直線運動なので，長さの比は各成分の速度の比に等しい。(は)と(に)から

$$\frac{\mathrm{CH}}{\mathrm{AH}}=\frac{\dfrac{\omega R}{2}}{\dfrac{\omega R}{4}}=2$$

エ．垂線 CH の長さを y_0 とすると，△OHC において三平方の定理から

$$\left(\frac{R}{2}+\frac{y_0}{2}\right)^2+y_0{}^2=R^2$$

$$5y_0{}^2+2Ry_0-3R^2=0$$

$$(y_0+R)(5y_0-3R)=0$$

$$y_0=\frac{3}{5}R$$

オ．CHの長さ$\frac{3}{5}R$とy軸正方向の速さ$\frac{\omega R}{2}$から，命中するまでの時間は

$$\frac{3}{5}R\div\frac{\omega R}{2}=\frac{6}{5\omega}$$

カ．鉛直方向の運動から求めた(ウ)の時間と水平方向の運動から求めた(オ)の時間が等しければよいので

$$\frac{\omega R}{2g}=\frac{6}{5\omega}$$

$$\omega=2\sqrt{\frac{3g}{5R}}$$

キ．角速度ωで移動している中心からRの距離の点Bの時間t_1の移動距離なので

$$\omega Rt_1=\frac{\omega^2R^2}{2g}=4\times\frac{3g}{5R}\times\frac{R^2}{2g}=\frac{6R}{5}$$

ク．∠COHをθ_0とすると

$$\sin\theta_0=\frac{\frac{3}{5}R}{R}=0.60$$

表を参照すると，θ_0は0.64 radなので，移動した円弧の長さは　　$0.64R$

II　解答　イ．2.0×10^2　ロ．3.8×10^1　ハ．$\frac{E}{R+R_\mathrm{A}}$

ニ．$\frac{ER}{R+R_\mathrm{A}}$　ホ．$\frac{ER_\mathrm{B}}{R_\mathrm{B}+R_\mathrm{C}}$　へ．2.4×10^{-3}

A―④　B―⑥　C―①

◀解　説▶

≪ホイートストンブリッジを使った温度センサー≫

〔1〕　イ．抵抗値は長さに比例し，断面積に反比例するので

$$9.8\times10^{-8}\times\frac{4.1}{2.0\times10^{-9}}=20.09\times10$$

$$\fallingdotseq2.0\times10^2\,〔\Omega〕$$

ロ．0.0℃からの温度上昇による抵抗率の増加は

$9.8\times10^{-8}\times3.8\times10^{-3}\times5.0\times10^{1}=186.2\times10^{-10}$

断面積と長さが温度変化でも変わらないので，抵抗の増加分は

$$186.2\times10^{-10}\times\frac{4.1}{2.0\times10^{-9}}=381.71\times10^{-1}$$
$$\fallingdotseq3.8\times10^{1}〔\Omega〕$$

〔2〕　A．ab 間の抵抗値を R_0〔Ω〕とする。

$$\frac{1}{R_0}=\frac{1}{R+R_A}+\frac{1}{R_B+R_C}$$
$$=\frac{R_B+R_C+R+R_A}{(R+R_A)(R_B+R_C)}$$
$$R_0=\frac{(R+R_A)(R_B+R_C)}{R+R_A+R_B+R_C}〔\Omega〕$$

ハ．抵抗Rを流れる電流と抵抗 R_A を流れる電流は等しい。ab 間にかかる電圧が E〔V〕なので，オームの法則から流れる電流は

$$\frac{E}{R+R_A}〔A〕$$

ニ．(ハ)の電流が抵抗Rに流れるので，Rにかかる電圧は

$$\frac{ER}{R+R_A}〔V〕$$

ホ．(ニ)と同様に考えて

$$\frac{ER_B}{R_B+R_C}〔V〕$$

B．(ニ)と(ホ)の電圧が等しければ cd 間の電位差はなくなるので

$$\frac{ER}{R+R_A}=\frac{ER_B}{R_B+R_C}$$
$$R(R_B+R_C)=R_B(R+R_A)$$
$$RR_C=R_AR_B$$
$$R=\frac{R_AR_B}{R_C}$$

〔3〕　C．抵抗Rの抵抗値が $R+\Delta R$〔Ω〕になっているので，cd 間の電位差は

$$\frac{E(R+\Delta R)}{(R+\Delta R)+R_A}-\frac{ER_B}{R_B+R_C}$$

$$=\frac{(R+\varDelta R)(R_B+R_C)-R_B(R+\varDelta R+R_A)}{(R+\varDelta R+R_A)(R_B+R_C)}E$$

$$=\frac{RR_C-R_AR_B+R_C\varDelta R}{(R+\varDelta R+R_A)(R_B+R_C)}E$$

ここで，(B)より $RR_C=R_AR_B$ なので，電位差は

$$\frac{R_C\varDelta R}{(R_B+R_C)(R+\varDelta R+R_A)}E=\frac{\varDelta R}{\left(\frac{R_B}{R_C}+1\right)\left(1+\frac{\varDelta R}{R}+\frac{R_A}{R}\right)R}E\,〔\mathrm{V}〕$$

へ．(C)の式に値を代入し

$$\frac{1.0\times10^1}{(1+1)\left(1+\frac{1.0\times10^1}{1.00\times10^2}+1\right)\times1.00\times10^2}\times1.00\times10^{-1}$$

$$=\frac{1}{2\times\left(2+\frac{1}{10}\right)\times1.00\times10^2}$$

$$=\frac{1}{2\times210}$$

$$=0.00238\cdots\fallingdotseq2.4\times10^{-3}\,〔\mathrm{V}〕$$

III　解答

あ．$\frac{hc}{\lambda}$　い．$\frac{VI\lambda}{hc}$　う．$\frac{hc}{e\lambda}$　え．e　お．eV

か．V　き．3

イ―④　ロ―⑥　ハ―②　ニ―①　ホ―⑧

◀解　説▶

≪発光ダイオードの発光と発電≫

〔1〕 あ．光子1個の持つエネルギーは $\frac{hc}{\lambda}$〔J〕である。

〔2〕 い．発光ダイオードに供給される電力により1秒あたり n 個の光子が放出されているとすると

$$n\frac{hc}{\lambda}=VI\qquad n=\frac{VI\lambda}{hc}$$

〔3〕 う・え．電子1個が V_F の電位差で失ったエネルギー eV_F が光子1個のエネルギーになるので

$$eV_F=\frac{hc}{\lambda} \qquad V_F=\frac{hc}{e\lambda}$$

イ．(う)から　　$V_F=\frac{1}{\lambda}\times\frac{hc}{e}$

となり，V_F と $\frac{1}{\lambda}$ は比例の関係となる。

〔4〕 ロ．光子の持っているエネルギーが電子が得るエネルギーより大きくなければいけないので

$$eV_F\leqq\frac{hc}{\lambda} \qquad \lambda\leqq\frac{hc}{eV_F}$$

ハ・ニ．外部から入射する光子のエネルギーの方が大きくないと起電力は生じない。可視光の持つエネルギーは赤色より紫色の方が大きい。

〔5〕 お．電子が V〔V〕の間に得られるエネルギーに等しいので

eV〔J〕

か．電子ボルトとジュールの単位は

$1.6\times10^{-19}\,\mathrm{J}=1\,\mathrm{eV}$

なので

eV〔J〕$=V$〔eV〕

〔6〕 ホ．(あ)の式に値を代入し計算する。答えの単位が〔eV〕であることに注意して

$$\frac{hc}{\lambda e}=\frac{6.6\times10^{-34}\times3.0\times10^{8}}{4.5\times10^{-7}\times1.6\times10^{-19}}$$

$=2.75\fallingdotseq2.8$〔eV〕

き．(ホ)の結果から電子には 2.8V よりも高い電圧をかけなければならない。したがって電池は3個以上必要である。

❖講　評

大問3題の出題。それぞれ力学，電磁気，原子の分野にわたる出題である。問題文中の空所に，選択肢から選んでマークする問題と，数式の結果を記入する問題の組み合わせである。身の回りで使われている製品の原理や高等学校では取り扱わない内容などを題材にしているが，誘導に従えばそれらの専門的知識はなくても解ける。

Ⅰ．回転している円板上から斜方投射した小球の運動を静止座標から

観測する問題。投射時の初速度に円板の速度を合成し考えれば，運動自体は斜方投射の問題になる。円板とともに回転する観測者から見た運動は慣性力であるコリオリの力（転向力）がはたらいているように見えるため，投射後まっすぐ進まないように見えることを示している。

Ⅱ．温度が変化すると導体の抵抗値は変化する。この抵抗値の変化を使って温度を測定する温度センサーの原理をもとにした設問になっている。物理の内容としては温度変化による抵抗率の変化とそれに伴う抵抗の変化・ホイートストンブリッジにおける等電位の条件・抵抗値の変化により生じる電位差などについて問われている。

Ⅲ．発光ダイオード（LED）は順方向に電圧を加えることによって光を発するが，逆の機構を使えば光を当てて発電することができる。電子のエネルギーと光子のエネルギーが相互に変換することを電子ボルト〔eV〕とジュール〔J〕単位換算を含めて問われている。

化学

I

解答

〔1〕 あ―⑩　お―④　か―⑰

〔2〕 い―④　う―③　え―①

〔3〕 き―⑥　く―⑥　け―⑥

〔4〕 (i)―②・④・⑥・⑦　(ii) $3S+2H_2O$　(iii)―②・③・⑤

〔5〕 0.15nm

〔6〕 (i)―②　(ii) 8.0×10^{-23} g　(iii)―③　(iv) 0.35nm

◀解　説▶

≪炭素の単体と化合物，結晶の構造≫

〔1〕 か．黒鉛の層内は共有結合でつながっているが，層と層の間はファンデルワールス力で結びついている。

〔2〕 図1より，ダイヤモンドでは炭素原子から4本の結合が伸びており，4個の価電子がすべてC−C結合に使われている。一方，図2より，黒鉛では炭素原子から3本の結合が伸びており，3個の価電子が結合に，1個の価電子は層内を自由に動いている。

〔3〕 $C_6H_{12}O_6$ の係数が1なので，右辺のCの数は6個，Hの数は12個となる。この数に合わせるように左辺の係数を決定すると，CO_2 の係数は6，H_2O の係数は6となる。左辺のOの数は18個となるため，O_2 の係数は6と決定できる。

〔4〕 (i) 二酸化炭素は少し水に溶け，燃えにくい気体であり，ヒトへの毒性は少ない。石灰水に二酸化炭素を吹き込むと白濁する。

(ii) 硫化水素は還元剤，二酸化硫黄は酸化剤として次のようにはたらく。

$$H_2S \longrightarrow S+2H^++2e^- \quad \cdots\cdots ①$$

$$SO_2+4H^++4e^- \longrightarrow S+2H_2O \quad \cdots\cdots ②$$

2×①+②より　$2H_2S+SO_2 \longrightarrow 3S+2H_2O$

(iii) 二酸化窒素は赤褐色の有毒な気体で，水に溶けて硝酸を生じる。

〔5〕 炭素原子一辺の長さを r〔nm〕とすると，結合距離は $2r$ となる。単位格子の一辺の長さを a〔nm〕とし，図1の単位格子を8等分した小立方体に注目すると

$$4r=\frac{\sqrt{3}}{2}a$$

結合距離 $2r=\frac{\sqrt{3}}{4}a$

$$=\frac{1.7}{4}\times 0.36$$

$$=0.153$$

$$\fallingdotseq 0.15\text{〔nm〕}$$

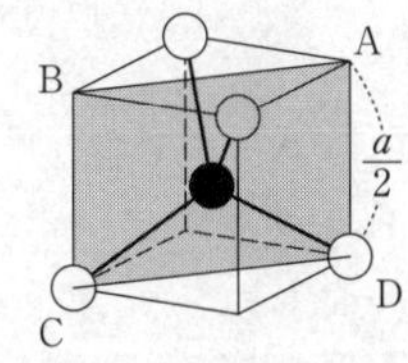

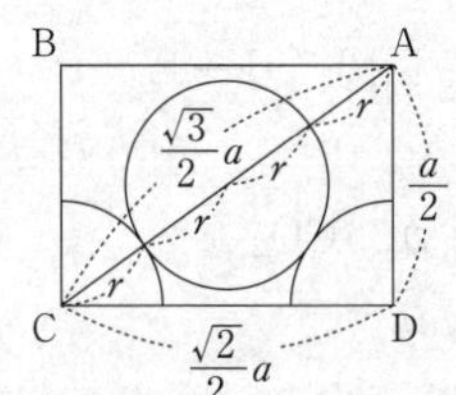

〔6〕 (i) 図3では，右の図のように原子を数える。

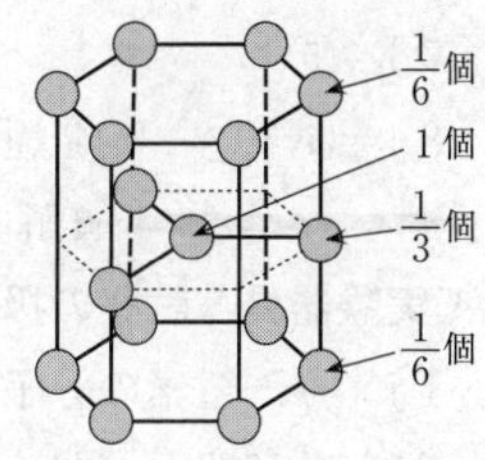

第1層：$\frac{1}{6}\times 6=1$ 個

第2層：$1+\frac{1}{3}\times 3=2$ 個

第3層：$\frac{1}{6}\times 6=1$ 個

(ii) (i)より，六角柱には4個の炭素原子が含まれており，六角柱の質量は炭素原子4個分の質量となる。

六角柱の質量 $=\frac{12}{6.0\times 10^{23}}\times 4=8.0\times 10^{-23}$〔g〕

(iii) 六角柱の体積＝底面積×高さ

$$=\triangle\text{OAB}\times 6\times 2l$$

$$=\frac{1}{2}\times a\times\frac{\sqrt{3}}{2}a\times 6\times 2l$$

$$=3\sqrt{3}a^2l\text{〔nm}^3\text{〕}$$

$$=3\sqrt{3}a^2l\times 10^{-21}\text{〔cm}^3\text{〕}$$

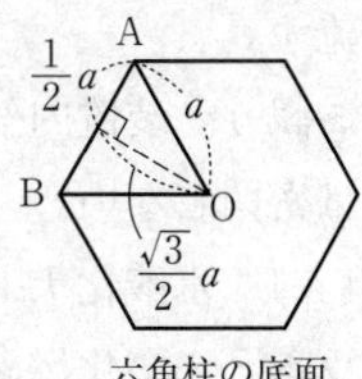

六角柱の底面

($1\text{nm}=10^{-7}\text{cm}$ より，$1\text{nm}^3=10^{-21}\text{cm}^3$)

$$六角柱の密度=\frac{六角柱の質量}{六角柱の体積}=\frac{m}{3\sqrt{3}\,a^2 l}\times 10^{21}〔g/cm^3〕$$

(iv)　(ii), (iii)より

$$2.3=\frac{8.0\times 10^{-23}}{3\sqrt{3}\times 0.14^2 l}\times 10^{21}$$

$$l=0.347\fallingdotseq 0.35〔nm〕$$

II　解答

〔1〕　⑧

〔2〕　リービッヒ

〔3〕　③

〔4〕　お．H_2O　か．CO_2

〔5〕　②

〔6〕　(i)―⑤　(ii)―②

〔7〕　⑤

〔8〕　(i)―⑦　(ii)発煙硫酸　(iii) 83 L

◀解　説▶

≪実験器具と試薬の扱い方，硫酸の性質≫

〔1〕　う．窒素の分子量は 28，酸素の分子量は 32 である。分子量が小さいほど分子間力が弱く沸点も低くなるため，窒素は酸素よりも沸点が低い。

〔3〕　①誤り。冷却直前の蒸気の温度を測るため，温度計の球部は枝付きフラスコの枝元の所にくるようにする。

②誤り。沸騰した液体が枝に入らないよう，液体の量はフラスコの半分以下にする。

④誤り。リービッヒ冷却器内を水で満たすため，冷却水はＹ側からＸ側へ流す。

⑤誤り。装置内部の圧力が大きくならないように，受け器の三角フラスコは密閉しない。

〔4〕　水酸化ナトリウムの固体は水蒸気を吸収する。また，水酸化ナトリウムと二酸化炭素が反応すると炭酸ナトリウムが生じる。

$$2NaOH + CO_2 \longrightarrow Na_2CO_3 + H_2O$$

〔5〕　濃硫酸は溶解熱が大きいため，濃硫酸に水を加えると水が突沸して濃硫酸が飛び散る危険がある。そのため，濃硫酸を希釈するには，水に濃

硫酸を少しずつ加えていく。

〔6〕 (i) 6分26秒=386秒より

流れた電子$=\dfrac{5.00\times386}{9.65\times10^4}=2.00\times10^{-2}$〔mol〕

陽極では次のような反応が起こる。

$2Cl^- \longrightarrow Cl_2+2e^-$

発生した塩素の体積$=2.00\times10^{-2}\times\dfrac{1}{2}\times22.4\times1000=224$〔mL〕

(ii) 陰極では次のような反応が起こる。

$2H_2O+2e^- \longrightarrow H_2+2OH^-$

生じたOH^-の物質量は流れた電子の物質量と等しいから，得られたNaOHは，2.00×10^{-2}molとなる。

〔7〕 ①沈殿生成反応であり，硫酸バリウムが沈殿することを利用している。

$BaCl_2+H_2SO_4 \longrightarrow 2HCl+BaSO_4\downarrow$

②弱酸の遊離反応であり，希硫酸が強酸であることを利用している。

$2CH_3COONa+H_2SO_4 \longrightarrow Na_2SO_4+2CH_3COOH$

③脱水反応であり，濃硫酸の脱水作用を利用している。

$C_{12}H_{22}O_{11} \longrightarrow 12C+11H_2O$

④弱酸の遊離反応であり，希硫酸が強酸であることを利用している。

$2NaHSO_3+H_2SO_4 \longrightarrow Na_2SO_4+2H_2O+2SO_2\uparrow$

⑤この反応では，加熱することによりHClが揮発する。ここでは濃硫酸の不揮発性を利用している。

$NaCl+\underset{\text{不揮発性}}{H_2SO_4} \longrightarrow NaHSO_4+\underset{\text{揮発性}}{HCl\uparrow}$

⑥酸化還元反応であり，濃硫酸の酸化作用を利用している。

$Cu+2H_2SO_4 \longrightarrow CuSO_4+2H_2O+SO_2$

〔8〕 (iii) $S+O_2 \longrightarrow SO_2$ ……①

$2SO_2+O_2 \longrightarrow 2SO_3$ ……②

$SO_3+H_2O \longrightarrow H_2SO_4$ ……③

S 1molからH_2SO_4は1mol得られる。

H_2SO_4の分子量98を用いて

$$得られる濃硫酸 = \frac{48\times10^3}{32}\times98\times\frac{100}{98}\times\frac{1}{1.8}\times\frac{1}{1000} = 83.3 \fallingdotseq 83〔L〕$$

III 解答

〔1〕(i)ジメチルエーテル　(ii)—⑨

〔2〕(i)—⑫　(ii)—⑥

〔3〕(i)第1段階—⑩　第2段階—③　(ii)—④

〔4〕(i)ア．$\frac{3n+1}{2}$　イ．n　ウ．$(n+1)$　(ii)—③

〔5〕(i)—⑩　(ii)—⑧

〔6〕(i)—⑥　(ii)

```
 H  H       H
 |  |       |
H-C-C------C*------C-O-H
 |  |       |      ‖
 H  H  H-C-H      O
          |
          H
```

◀解　説▶

≪有機化合物の構造決定≫

〔1〕(i)　化合物Aの組成式と分子式を考える。

$$C:H:O = \frac{52.2}{12}:\frac{13.0}{1.0}:\frac{34.8}{16} = 4.35:13.0:2.18 \fallingdotseq 2:6:1$$

組成式は C_2H_6O で，分子量46なので分子式も C_2H_6O である。

C_2H_6O の異性体：CH_3-O-CH_3　，　CH_3-CH_2-OH

C_2H_6O はエタノールとジメチルエーテルの2種類の異性体が考えられる。化合物A' を酸化したものはフェーリング液と反応することから，化合物A' はエタノールであり，化合物Aはジメチルエーテルとなる。

(ii)　化合物A' はエタノールである。エタノールに水酸化ナトリウム水溶液とヨウ素を加えて温めると，ヨードホルム反応が起こり，ヨードホルムの沈殿が生じる。

下線部(a)ではフェーリング液が反応して酸化銅(Ⅰ) Cu_2O が沈殿する。

〔2〕(i)　炭素数4のアルコールには，次の4種類の構造異性体が考えられる。

```
CH2-CH2-CH2-CH3     CH3-CH-CH2-CH3
|                        |
OH                       OH
```

$$\begin{array}{ccc} CH_2-CH-CH_3 & & \\ | \quad\;\; | \quad\;\; & & \\ OH \quad CH_3 & & \end{array} \qquad \begin{array}{c} CH_3 \\ | \\ CH_3-C-CH_3 \\ | \\ OH \end{array}$$

芳香族化合物 B' の炭素数は 11－4＝7 個であり，ヒドロキシ基とカルボキシ基をもつため，3 種類の構造異性体が考えられる。

OH　COOH　　OH　COOH　　OH　HOOC

アルコールと化合物 B' の組み合わせを考えると

化合物Bの構造異性体の数＝4×3＝12

(ii)　芳香族化合物 B' の構造異性体の 1 つはサリチル酸である。サリチル酸は，ナトリウムフェノキシドに高温高圧で二酸化炭素と反応させた後，強酸を加えることで生じる。

〔3〕(i)　化合物Cは酸性の水溶液と反応して塩を形成するため，アミノ基をもつ。アミノ基は無水酢酸と反応し，C_2H_2O だけ原子数が増加する。

$$R-NH_2+(CH_3CO)_2O \longrightarrow R-NHCOCH_3+CH_3COOH$$

そのため，化合物Cの分子式は $C_8H_9NO-C_2H_2O=C_6H_7N$ となり，アニリンである。

アニリンを合成するには，まずベンゼンに濃硝酸と濃硫酸の混合物を反応させてニトロベンゼンを作る。次に，ニトロベンゼンにスズと濃塩酸を作用させて還元させた後，強塩基を加え，アニリンを遊離させる。

(ii)　アニリンにさらし粉水溶液を加えると赤紫色に呈色する。

〔4〕(i)　C_nH_{2n+2} の係数が 1 なので，左辺のCは n 個，Hは $2n+2$ 個ある。それに合うように右辺の係数を決定すると，$nCO_2+(n+1)H_2O$ となる。右辺のOの数が $3n+1$ 個なので，これに合うように O_2 の係数を決定すると，$\frac{3n+1}{2}O_2$ となる。

(ii)

	C_nH_{2n+2} ＋	$\frac{3n+1}{2}O_2$	⟶ nCO_2 ＋	$(n+1)H_2O$	
反応前	40	300	0	0	〔mL〕
変化量	-40	$-40\times\frac{3n+1}{2}$	$+40n$	$+40(n+1)$	〔mL〕
反応後	0	$300-40\times\frac{3n+1}{2}$	$40n\to0$	$40(n+1)$	〔mL〕

水酸化カリウム水溶液は二酸化炭素を吸収し，また，水蒸気の体積は無視できるため，反応後は酸素のみが 100mL 残っている。

$$100 = 300 - 40 \times \frac{3n+1}{2} \qquad n = 3$$

よって，化合物Dは C_3H_8 のプロパンである。

〔5〕 (i) 化合物Eの分子量を M とする。凝固点降下度より

$$5.53 - 2.97 = 5.12 \times \frac{32.7}{M} \times \frac{1000}{300} \qquad M = 218$$

化合物Eのアルキル基の炭素数を n として化合物Eを $C_6H_5C_nH_{2n+1}$ と表すと，分子量は $14n + 78$ となるので

$$14n + 78 = 218 \qquad n = 10$$

(ii) 化合物Eを濃硫酸とともに加熱するとスルホン化が起こり，酸性の化合物が得られる。これに炭酸水素ナトリウムを加えると弱酸遊離反応で二酸化炭素が発生する。

$$C_6H_5\text{-}C_{10}H_{21} + H_2SO_4 \longrightarrow C_6H_4(C_{10}H_{21})(SO_3H) + H_2O$$

$$C_6H_4(C_{10}H_{21})(SO_3H) + NaHCO_3 \longrightarrow C_6H_4(C_{10}H_{21})(SO_3Na) + H_2O + CO_2$$

（o 位に置換した例）

〔6〕 (i) アルコール F' の不飽和度は $\frac{2\times5+2-10}{2} = 1$ であり，環状構造を含まないため，二重結合が1個含まれる。その中で不斉炭素原子をもつ構造は6個考えられる。

$H_2C{=}CH{-}C^*H(OH){-}CH_2{-}CH_3$　　$H_2C{=}CH{-}CH_2{-}C^*H(OH){-}CH_3$

$(H_3C)(H)C{=}C(H){-}C^*H(OH){-}CH_3$　　$(H_3C)(H)C{=}C(H){-}C^*H(OH){-}CH_3$

$H_2C{=}CH{-}C^*H(CH_3){-}CH_2{-}OH$　　$H_2C{=}C(CH_3){-}C^*H(OH){-}CH_3$

アルコール F'

(ii) 最終的にカルボン酸が生じるため，アルコール F' に水素を付加した

ものは第一級アルコールである。この条件を満たす構造は，(i)内の1個のみである。

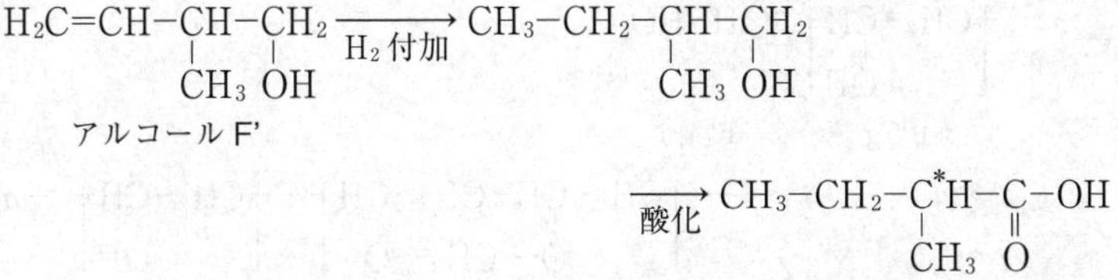

$$\underset{\text{アルコールF'}}{H_2C{=}CH{-}\underset{\substack{|\\CH_3}}{CH}{-}\underset{\substack{|\\OH}}{CH_2}} \xrightarrow{H_2\text{付加}} CH_3{-}CH_2{-}\underset{\substack{|\\CH_3}}{CH}{-}\underset{\substack{|\\OH}}{CH_2}$$

$$\xrightarrow{\text{酸化}} \underset{\text{化合物F}}{CH_3{-}CH_2{-}\underset{\substack{|\\CH_3}}{C^{*}H}{-}\underset{\substack{\|\\O}}{C}{-}OH}$$

Ⅳ 解答

〔1〕 あ―⑬　い―③　う―④　え―⑮　お―①　か―⑦

〔2〕 ⑧

〔3〕 アセトアルデヒド

〔4〕 (i)―④　(ii)―⑤

〔5〕 (i)ポリ酢酸ビニル：$\left[CH_2{-}\underset{\substack{|\\O{-}\underset{\substack{\|\\O}}{C}{-}CH_3}}{CH}\right]_n$

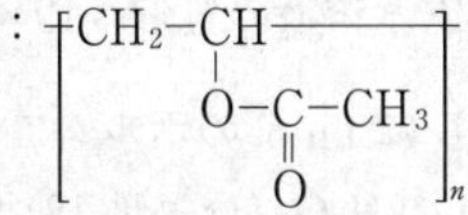

ポリビニルアルコール：$\left[CH_2{-}\underset{\substack{|\\OH}}{CH}\right]_n$

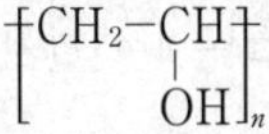

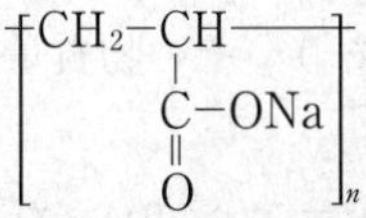

(ii)変化前：$\left[CH_2{-}\underset{\substack{|\\\underset{\substack{\|\\O}}{C}{-}ONa}}{CH}\right]_n$　変化後：$\left[CH_2{-}\underset{\substack{|\\\underset{\substack{\|\\O}}{C}{-}O^-}}{CH}\right]_n$

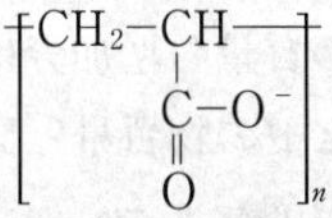

◀解　説▶

≪ビニロン，吸水性高分子≫

〔2〕 重合度をnとすると，ポリ酢酸ビニルの分子量は$86n$となる。

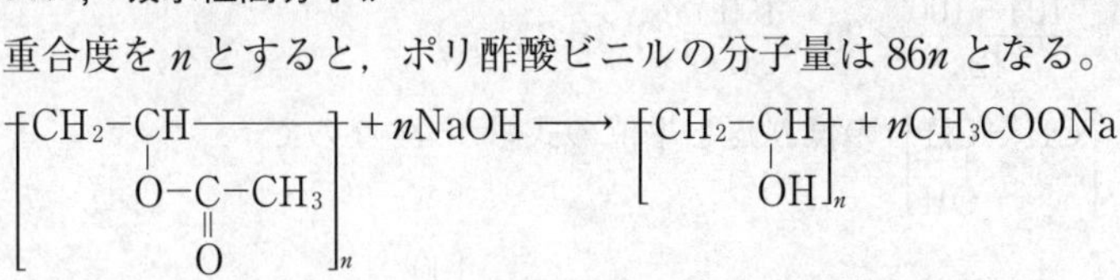

$$\left[CH_2{-}\underset{\substack{|\\O{-}\underset{\substack{\|\\O}}{C}{-}CH_3}}{CH}\right]_n + n\text{NaOH} \longrightarrow \left[CH_2{-}\underset{\substack{|\\OH}}{CH}\right]_n + nCH_3COONa$$

反応に必要な水酸化ナトリウム水溶液の量をx〔mL〕とすると

$$\frac{10}{86n}\times\frac{n}{1}=1.0\times\frac{x}{1000} \qquad x=1.16\times10^2\fallingdotseq1.2\times10^2\text{〔mL〕}$$

〔3〕 ビニルアルコールは不安定であり，即座にアセトアルデヒドに変化

する。

〔4〕 (i) 次のように反応が起こると考える。

$$\underset{100\,\mathrm{g}}{\left[\mathrm{CH_2{-}CH(OH)}\right]_n} + \underset{x\,[\mathrm{g}]}{a\mathrm{HCHO}} \longrightarrow \underbrace{\left[\mathrm{CH_2{-}CH{-}CH_2{-}CH}\ (\mathrm{O{-}CH_2{-}O})\right]_a + \left[\mathrm{CH_2{-}CH(OH)}\right]_b}_{104\,\mathrm{g}} + \underset{18\times\frac{x}{30}\,[\mathrm{g}]}{a\mathrm{H_2O}}$$

反応するホルムアルデヒド（分子量 30）の質量を x〔g〕とする。反応式より，反応したホルムアルデヒドと同じ物質量の水が生じるため，質量保存の法則より

$$100+x=104+18\times\frac{x}{30}\qquad x=10\,[\mathrm{g}]$$

$$30\,\%\text{ホルムアルデヒド水溶液の質量}=10\times\frac{100}{30}=33.3\fallingdotseq 33\,[\mathrm{g}]$$

別解 ポリビニルアルコールに 1 mol のホルムアルデヒド HCHO（分子量 30）を反応させると，1 mol の H_2O（分子量 18）が生じる。したがって，アセタール化されたポリビニルアルコールの質量は $30-18=12$〔g〕増加する。

すなわち生成物の質量の増加分は炭素だけであり，その物質量は，反応したホルムアルデヒドの物質量と同じである。

よって，ポリビニルアルコール 100 g から，ビニロン 104 g を合成するために必要な 30 % のホルムアルデヒド水溶液は

$$\frac{104-100}{12}\times30\times\frac{100}{30}=33.3\fallingdotseq 33\,[\mathrm{g}]$$

(ii) $\left[\mathrm{CH_2{-}CH(OH)}\right]_n$ の繰り返し単位の式量が 44 なので

$$\text{反応前のヒドロキシ基の物質量}=\frac{100}{44}\,[\mathrm{mol}]$$

アセタール化で反応するヒドロキシ基の物質量はホルムアルデヒドの物質量の 2 倍である。

$$\text{反応したヒドロキシ基の物質量}=\frac{10}{30}\times2=\frac{2}{3}\,[\mathrm{mol}]$$

$$残ったヒドロキシ基の割合=\frac{\frac{100}{44}-\frac{2}{3}}{\frac{100}{44}}\times100=70.6〔\%〕$$

〔5〕 (ii) ポリアクリル酸ナトリウムに水を加えると$-COONa$が$-COO^-$とNa^+に電離する。$-COO^-$どうしは電気的に反発するため，網目が広がる。

❖講　評

大問4題で構成され，Ⅰ・Ⅱは無機・理論，Ⅲ・Ⅳは有機・理論分野からの出題であった。すべての大問で計算問題が出題されたものの，論述・描図問題は出題されなかった。

Ⅰ．14族元素について，無機・理論から出題された。前半は基本的な語句や反応式について問われ，後半では思考力と計算力が要求された。基本的な単位格子での原子数や密度の計算式は暗記しつつ，なぜそのようになるのかを説明できるようにしておきたい。

Ⅱ．さまざまな実験方法についての注意事項および硫酸に関して出題された。実験操作の注意点だけでなくその理由まで知っておく必要があり，単なる暗記では解答しにくい大問であった。代表的な物質の工業的製法については化学反応式を含めて確認しておこう。

Ⅲ．さまざまな種類の有機化合物について構造を決定する問題であった。脂肪族から芳香族まで幅広く出題され，凝固点降下といった理論的な知識も必要となり，高い思考力が必要であった。

Ⅳ．ビニロンや吸水性高分子から出題された。吸水性高分子を扱った問題はめずらしく，教科書を最後まで読み込んでいる必要があった。

一つの大問に複数の分野が含まれており，単純な暗記では対応できない問題も多い。教科書を最後までしっかりと読み，式の成り立ちや現象の理論的な説明を確認しながら勉強をする必要がある。

生物

I

解答　〔1〕 あ．アミノ　い．カルボキシ　う．ペプチド
え．必須

〔2〕 ⑥

〔3〕 ②

〔4〕 ヘム

〔5〕 (ア)―②　(イ)―⑨

〔6〕 か．ヒストン　き．ヌクレオソーム

〔7〕 ⑥

〔8〕 ①

◀解　説▶

≪アミノ酸，ミオグロビン，ヒストン，酸素解離曲線≫

〔2〕 側鎖Rに酸性を示すカルボキシ基（$-COOH$）をもつものを選べばよい。タンパク質を構成する20種類のアミノ酸の中で酸性アミノ酸は，⑥アスパラギン酸とグルタミン酸の2つである。

〔3〕 ①誤文。ペプチド結合は，アミノ基とカルボキシ基の間で1分子の水 H_2O がとれる脱水縮合をして形成される共有結合である。そのため，ペプチド結合の切断は加水分解による。

②正文。ペプシンやトリプシン，キモトリプシンなどのタンパク質分解酵素は，それぞれ特定のペプチド結合を分解する。

③・④誤文。タンパク質の二次構造である α ヘリックスや β シート構造は，水素結合によって形成される。

⑤誤文。アミノ酸の側鎖間に生じる相互作用としては，水素結合やS–S結合（ジスルフィド結合），疎水結合などが挙げられるが，ペプチド結合は用いられない。

〔5〕 運動量が多い魚ほど筋肉に酸素を効率的に運搬する必要がある。よって，ヒラメのように海底にいる魚よりも，回遊して常に泳ぎ続けているカツオのような魚の方が運動量が多く，ミオグロビン量も多いと考えられる。また，マダイはカツオに比べると，それほど広範囲に回遊するわけで

はなく，沿岸付近を遊泳するため，両者の中間に位置すると考えられる。ミオグロビンが筋肉中の色素成分であることから，カツオとマダイの身の色を考えても推測できるだろう。A（カツオ）を特徴づける代謝としては，呼吸の過程の中で，酸素を消費するもの，すなわち電子伝達系における酸化的リン酸化を答えればよい。

〔7〕 図2より，ヒストンのリシン残基は＋の電荷を帯びていることがわかる。一方，DNAはリン酸基をもつことから－の電荷を帯びている。そのため，DNAはヒストンと電気的に引き合い，巻き付きやすくなっている。遺伝子の発現時には，RNAポリメラーゼなどの転写に関わるタンパク質がDNAに結合する必要があるが，クロマチンが凝集している状態では，それらのタンパク質がDNAに近づくことができない。しかし，ヒストンのリシン残基がアセチル化されると，＋の電荷が中和されるため，ヒストン分子とDNAの相互作用が弱まり（⑥），DNAがヒストンから遊離しやすくなる。これにより，転写が起こる。

〔8〕 酸素解離曲線は，酸素分圧（横軸）が大きくなるほど，酸素と結合したヘモグロビン（縦軸）の割合が大きくなるので，母体も胎児も共に右上がりのグラフになる。よって，選択肢は①か⑥に絞られる。また，胎児は母体の胎盤で酸素を受け取る必要があるため，胎児のヘモグロビンは母体のヘモグロビンより低い酸素分圧でも酸素と結合する。このことから，胎児のグラフが母体のグラフよりも左側に位置する①が最も適当なグラフと考えられる。

II　解答

〔1〕あ．視床下部　い．自律神経系　う．内分泌系
え．ノルアドレナリン　お．アセチルコリン
か．ホルモン　き．受容体　く．インスリン　け．グリコーゲン
こ．副腎髄質　さ．アドレナリン　し．グルカゴン
す．グルコース輸送体　せ．ピルビン酸

〔2〕 ②

〔3〕 交感神経は脊髄から，副交感神経は中脳，延髄，脊髄（仙髄）から出る。(30字以内)

〔4〕 ①・③・④

〔5〕 ③

〔6〕 ②

〔7〕 フィードバック

◀解　説▶

≪中枢神経系と自律神経系，血糖濃度の調節，アロステリック酵素≫

〔2〕 ①は大脳であり，新皮質は各種の感覚，随意運動，記憶や創造などの高度な精神作用の中枢を司る。辺縁皮質は本能行動などの中枢を司る。③は脳梁であり，左右の大脳半球をつないでいる。④は橋である。感覚・運動の情報伝達経路を担っている。⑤は小脳であり，随意運動の調節や体の平衡保持などの中枢を司る。

〔3〕 脊髄は，頸髄・胸髄・腰髄・仙髄・尾髄からなる。このうち，交感神経は脊髄の胸髄と腰髄から，副交感神経は脊髄の仙髄や中脳，延髄から出ている。

〔4〕 交感神経は活動・興奮時にはたらき，運動機能を高める。一方，副交感神経は安静・食事・疲労回復時などにはたらき，からだを休める。交感神経と副交感神経は拮抗的に作用する。

〔5〕 健常なヒトでは空腹時，血液100mLあたり約100mg（約0.1％）の血糖（グルコース）が含まれている。なお，100mg/100mLが「0.1％」と表現されるのは，血糖濃度が血液100mL（約100g）あたりの成分量で表されるためである。

100〔mg〕/100〔g〕=100〔mg〕/100000〔mg〕=0.1〔%〕

〔6〕 ①正文。酵素のみのグラフ（イ）はS字型曲線となっており，ある濃度以上になると，反応速度Vは急激に増加する。

②誤文。基質Aの濃度が低いとき，酵素+ADPのグラフ（ア）は酵素のみのグラフ（イ）よりも反応速度Vが大きい。

③正文。基質Aの濃度が十分に高いとき，ア～ウのグラフはほぼ等しい値となっている。

④正文。酵素+ATPのグラフ（ウ）は，酵素のみのグラフ（イ）より反応速度Vが小さい。

⑤正文。もし，酵素上でADPやATPが結合する部位が，基質Aの結合する部位（活性部位）と同じであれば，基質と結合部位を奪い合うはずである。すなわち，競争的阻害剤を加えたときと同様の，反応速度Vが低下した曲線となると考えられる。

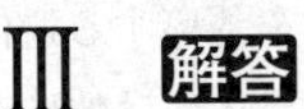
〔1〕あ．S　い．対合

〔2〕下図。

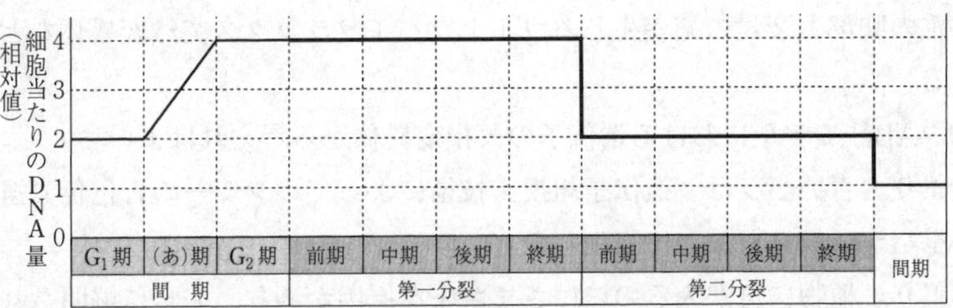

〔3〕(ア)検定交雑　(イ)紫花・丸花粉と赤花・長花粉

(ウ)第一分裂前期　(エ)12.5％

〔4〕③

〔5〕う．ホメオボックス　え．ホメオドメイン

〔6〕(ア)脚　(イ)―③・④

〔7〕(ア)―④　(イ)―②　(ウ)―①　(エ)―⑤

◀解　説▶

≪減数分裂，連鎖と組換え，Hox遺伝子群≫

〔2〕減数分裂は，動植物の配偶子を形成するときに行われる細胞分裂であり，分裂終了時には染色体数が半減している。

〔3〕(イ)　表の結果から，個体数が少ない，紫花・丸花粉と赤花・長花粉が組換えにより生じたものと考えられる。

(エ)　組換え価$=\dfrac{\text{組換えを起こした個体数}}{\text{全個体数}}\times 100$で求める。よって

$$\text{組換え価}=\frac{24+26}{180+24+26+170}\times 100$$

$$=\frac{50}{400}\times 100=12.5〔\%〕$$

〔4〕F_1（$BbLl$）の配偶子が形成されるとき，一部で遺伝子の組換えが起こり，4種類の配偶子（BL，Bl，bL，bl）ができる。その配偶子どうしを交配するのだから，16種類の遺伝子型が生じ，それらの表現型は，紫花・長花粉，紫花・丸花粉，赤花・長花粉，赤花・丸花粉の4種類である。

〔6〕(ア)　アンテナペディア突然変異体では，触角ができる位置に脚が形

成される。これは，頭部の触角を形成する領域に脚の形成を誘導する遺伝子が異常発現しているためである。ホメオティック突然変異体には他にも，二重の胸部と2対の翅が生じるウルトラバイソラックス突然変異体などがある。

(イ)　ABCモデルにおける遺伝子の欠損変異体から考えればよい。

①誤り。青いバラは，遺伝子組換え技術によってパンジーの青色色素遺伝子をバラに組込むことで誕生した。

②誤り。植物に斑が入るのにはさまざまな原因があり，完全に解明されていない場合もあるが，アサガオの斑入りは通常の遺伝（メンデルの法則）に従って生じる。

〔7〕(ア)・(ウ)　哺乳類のHox遺伝子群は，遺伝子重複によって4つ存在し，それぞれ異なる染色体上に存在する。本問のように遺伝子（*a*5）が欠失しても，別の染色体上の同じ位置にある遺伝子（*b*5）や（*c*5）が（*a*5）と同じはたらきをするため，大きな変化はみられない。

(イ)　Hox遺伝子は染色体上に存在する順に沿って発現していく。Hox10が欠失すると，Hox10を飛ばしてHox11が発現するのではなく，Hox10の領域に前の遺伝子が代わりにはたらく。よってHox10の本来の発現領域には胸椎の構造が発現すると考えられる。

(エ)　ショウジョウバエのホメオティック遺伝子群に相同な遺伝子は，すべての動物で見つかっており，ショウジョウバエのものも含めてHox遺伝子群と総称されている。

Ⅳ　解答

〔1〕②

〔2〕雨緑樹林

〔3〕⑥

〔4〕降水量（降雨量）

〔5〕③

〔6〕マングローブ

〔7〕①

〔8〕(ア)78.1

(イ)WIが85を超え，極相が夏緑樹林から照葉樹林になった。(30字以内)

〔9〕う．総生産量　え．純生産量　お．呼吸量　か．成長量

〔10〕 ①

〔11〕 クチクラ層

◀解　説▶

≪バイオーム，マングローブの植生，暖かさの指数，生態系の物質生産≫

〔1〕 各バイオームの代表的な植物は覚えておくとよい。

バイオーム	代表的な植物
針葉樹林	エゾマツ，トドマツ，シラビソ，トウヒ
夏緑樹林	ブナ，ミズナラ，カエデ，ケヤキ
照葉樹林	シイ，カシ，タブノキ，クスノキ
亜熱帯多雨林	ヘゴ，ビロウ，ガジュマル，アコウ

〔2〕 雨緑樹林が生育するのは主に熱帯・亜熱帯のモンスーン気候であり，この気候下では季節風（モンスーン）によって雨季と乾季ができる。植生の特徴は雨季に葉を茂らせ，乾季に葉を落とす落葉広葉樹で，代表的な植物にはチークやコクタンなどがある。

〔4〕・〔5〕 バイオームは年平均気温と年降水量によって区分される。日本は年降水量が豊富なため，火入れなどの人工的管理をしないと草原は森林へと遷移が進む。

〔6〕 マングローブは，世界の熱帯・亜熱帯の潮間帯にみられる，主にヒルギ科の植物で構成された植生（森林）である。

〔7〕 ②誤文。マングローブが分布する河口や沿岸部はやわらかい泥や砂地でできている。

③誤文。マングローブ植物の樹皮は防腐力のあるタンニン含量が高い。

④誤文。吸水力＝浸透圧－膨圧であるので，膨圧が高くなれば吸水力は低下してしまう。マングローブ植物は，自身の浸透圧を高めたり，塩分をろ過して取り除く仕組みを発達させたりして環境に適応している。

〔8〕 (ア)暖かさの指数（WI）の計算方法はリード文で説明されている。1882年の月平均気温が5℃以上の月について，月平均気温から5℃引いた値は下表のようになる。

	1月	2月	3月	4月	5月	6月	7月	8月	9月	10月	11月	12月
平均気温(℃)	−0.4	−0.6	1.2	8.9	12.1	16.6	21.1	23.7	18.5	12.2	3.8	−1.8
平均気温−5(℃)				3.9	7.1	11.6	16.1	18.7	13.5	7.2		

したがって，WI は次のように求められる。

$$WI=3.9+7.1+11.6+16.1+18.7+13.5+7.2=78.1$$

〔10〕 熱帯多雨林の総生産量（＝純生産量＋呼吸量）はきわめて大きいが，呼吸量の占める割合が大きいため，純生産量は比較的小さい。

〔11〕 クチクラ層とは，ロウや脂肪酸からなる，葉などの植物体表面を覆う透明な膜である。

❖講 評

Ⅰ．代謝，遺伝情報，体内環境など，さまざまな分野をまたぐ総合的な問題である。出題形式も空所補充，正誤問題，図・グラフの考察などさまざまであるが，内容は標準的なものが多く，リード文も丁寧なので，確実に解答していきたい。ただし，時間配分には気をつけること。

Ⅱ．前半は体内環境についての問題である。多めの空所補充や少ない文字数での論述，正しいものをすべて選ぶ問題など，知識を問う標準的な問題が多い。語句や教科書に出てくる数値はしっかりと押さえておきたい。後半はアロステリック酵素とフィードバックに関するグラフの読み取り考察問題である。リード文から得られる情報は少ないため，純粋なグラフ読解力が試されるだろう。

Ⅲ．減数分裂，遺伝の仕組み，Hox 遺伝子群に関する問題である。グラフの描図や，組換え価の計算など，実践的な問題が多い。また，後半の Hox 遺伝子群に関しては教科書だけの対策では不十分である。読んできた参考書や図説，取り組んできた問題の量ではっきりと差が出るところだろう。

Ⅳ．前半はバイオームと暖かさの指数に関する問題である。標準的な知識問題だけでなく，暖かさの指数の計算と，その結果からの考察論述もある。また，マングローブに関する問題は難しかったであろう。問題文から読み取れる情報と自分の知識をすり合わせ，落ち着いて考察したい。後半は生態系の物質生産に関する標準的な問題である。計算問題ではないが，数値で判断するものもあるため，数字感覚も含め教科書等でしっかり確認しておきたい。

2022年度と同様に標準的な内容の問題で，総合的な学力が問われている。基本的な知識をもとに考えれば十分正解できるものが多いが，実験やグラフなどの考察問題や実践的な問題も多く，必要な情報を適切にメモし，自分にわかりやすいよう情報を整理するくせをつけておきたい。時間配分も意識して，難度の高い問題に落ち着いて取り組める状況を作り出せるよう心がけよう。

////////////////////// · memo · //////////////////////

2022年度

問題と解答

■全学統一方式(理系)・理系型 3 教科方式・薬学方式

問題編

▶試験科目・配点

方式	学部		教科	科目	配点
全学統一(理系)	理工	物理科	外国語	コミュニケーション英語Ⅰ・Ⅱ・Ⅲ，英語表現Ⅰ・Ⅱ	100 点
			数学	数学Ⅰ・Ⅱ・Ⅲ・A・B	100 点
			理科	物理基礎，物理	100 点
		その他	外国語	コミュニケーション英語Ⅰ・Ⅱ・Ⅲ，英語表現Ⅰ・Ⅱ	100 点
			数学	数学Ⅰ・Ⅱ・Ⅲ・A・B	100 点
			理科	「物理基礎，物理」，「化学基礎，化学」から1科目選択	100 点
	情報理工・生命科		外国語	コミュニケーション英語Ⅰ・Ⅱ・Ⅲ，英語表現Ⅰ・Ⅱ	100 点
			数学	数学Ⅰ・Ⅱ・Ⅲ・A・B	100 点
			理科	「物理基礎，物理」，「化学基礎，化学」，「生物基礎，生物」から1科目選択	100 点
理系型3教科	スポーツ健康科		外国語	コミュニケーション英語Ⅰ・Ⅱ・Ⅲ，英語表現Ⅰ・Ⅱ	150 点
			数学	数学Ⅰ・Ⅱ・A・B	150 点
			理科	「物理基礎，物理」，「化学基礎，化学」，「生物基礎，生物」から1科目選択	100 点
	食マネジメント		外国語	コミュニケーション英語Ⅰ・Ⅱ・Ⅲ，英語表現Ⅰ・Ⅱ	120 点
			数学	数学Ⅰ・Ⅱ・A・B	100 点
			理科	「物理基礎，物理」，「化学基礎，化学」，「生物基礎，生物」から1科目選択	100 点

薬学	薬	外国語	コミュニケーション英語Ⅰ・Ⅱ・Ⅲ，英語表現Ⅰ・Ⅱ	100点
		数　学	数学Ⅰ・Ⅱ・A・B	100点
		理　科	「物理基礎，物理」，「化学基礎，化学」，「生物基礎，生物」から1科目選択	100点

▶備　考

- 2月2日実施分を掲載。
- 「数学B」は「数列，ベクトル」から出題。

(80 分)

I　次の文を読んで，問いに答えなさい。

In 16th-century Europe, Sofonisba Anguissola and Lavinia Fontana learned to paint and earned widespread praise for their work. Their names and reputations were known around the world. Then they were forgotten. For over a century, these female Renaissance[1] painters remained in obscurity[2], ignored by many historians and unknown to the general public. Anguissola's works were even incorrectly credited to famous male artists.

Born around 1535 in northern Italy, Anguissola came from a wealthy family. Then, as now, wealth opened doors. "Women who were lucky enough to be born into families with a certain amount of money would at least get some education. There was no free education back then," says Ann Harris, an art historian.

The oldest of seven, Anguissola had five sisters, and her father had certain ideas about how to raise a young woman. Ideally, aristocratic[3] women should be educated and able to do practically everything — paint, compose poetry, sing, play instruments and engage in clever, entertaining discussion. As with many other aristocratic families, the defining social beliefs of that era governed Anguissola's parents' decision to educate their many daughters in keeping with the changing trends. Around age 10, however, Anguissola's father and mother sent her and one of her sisters off to study under a local painter for a few years. This decision to let them apprentice[4] with a painter was almost revolutionary[5]. Later, Anguissola's training continued under a different artist; at one point, even the famous Italian artist Michelangelo judged and praised her work.

The daughter of an aristocrat, Anguissola could not sell her paintings as that would have been unacceptable, given her social status. Instead, she produced portraits, "a whole series of self-portraits — which are very interesting because they're so diverse in the way that she presents herself — which her father would then give to people who would then perhaps give him something back," Harris adds.

Soon enough, Anguissola was rubbing shoulders with[6] a royal family. In 1559, she was invited to work at the royal household of Philip II in Spain. "She wasn't hired as an in-house artist, as a man would have been," Harris says, "but she gave drawing lessons to the queen." Her position paid well. While she continued to produce paintings, her artistic work was hampered[7] by her duty to serve the queen. Anguissola didn't sign the works she produced during that period, and she never received payment specifically for her art; the unsigned pieces and lack of receipts made her Spanish paintings extremely difficult for historians to track. She left the Spanish royal household in the early 1570s and went on to live a very remarkable life. And it seems her success motivated others, noted Harris. "The incredible wealth her talents gained for her must have inspired other fathers with talented daughters to think of training them in hopes of similar success."

Another aristocrat artist, Lavinia Fontana, appeared on the artistic scene in the 1570s. Born in Bologna, Italy in 1552, she was the child of a painter, who taught his daughter the art form. Like Anguissola, she was highly educated. Unlike Anguissola, Fontana made a substantial income that wasn't tied to a royal. "She was the first woman artist to have a relatively normal career," Harris says, in that she was paid to paint a wide range of works, which was unusual, and she operated out of her own studio.

She didn't limit herself to painting objects or portraits, though she did gain fame for her portraits of influential people. She also painted landscapes, sacred scenes, and religious pieces. What's even more remarkable were the dynamics[8] of her household. "Lavinia Fontana was professionally active before her marriage to a minor painter," writes Harris. Her husband, with whom she had 11 children, "is said to have agreed to assist his wife's career after their marriage. Since his career never developed at all, he apparently did just that. His wife did not simply contribute to the family income; she became its chief source."

As it was rare at that time for women to be professional painters, Fontana and Anguissola inspired many. But they had detractors[9], too. For example, one historian wrote that Fontana could not handle painting very large images. And in a review of an exhibition of Anguissola's works an art critic wrote, "What's especially annoying is the way this show aims to represent her as more impressive than she is. Anguissola was a painter of the second rank." Harris acknowledges that some of Anguissola's work may not make "the best case," but she points to a few ambitious pieces the artist created before she was met with the limitations of court life. If she had been practicing, rather than giving drawing lessons to royals, Harris says, "who knows how else Anguissola would have matured?"

We may overstate[10] the level of the works of the pioneers, Harris notes, but early women painters made others consider the possibility of pursuing their own careers, eventually leading to female artists whose work "absolutely can compete with anybody's." "So, it's a complicated business," she adds, "but you've got to begin somewhere."

(Adapted from a work by Nneka McGuire)

(注)

1. Renaissance　　ルネサンス，学問・芸術の革新運動
2. in obscurity　　世に知られずに
3. aristocratic　　貴族の
4. apprentice　　弟子入りする

出典追記：These female artists were forgotten — and one woman's work was even credited to men. Now, an exhibit is making amends., The Lily on December 4, 2019 by Nneka McGuire, The Washington Post

5. revolutionary 画期的な
6. rub shoulders with 〜と付き合う
7. hamper じゃまする，妨げる
8. dynamics 関係性
9. detractor 中傷する人
10. overstate 大げさに言う，誇張する

〔1〕本文の意味，内容にかかわる問い(A)〜(D)それぞれの答えとして，本文にしたがってもっとも適当なものを(1)〜(4)から一つ選び，その番号を解答欄にマークしなさい。

(A) Why were both artists ignored by historians until recently?
(1) The text does not state the reasons.
(2) Historians were unwilling to track their paintings.
(3) It was only acceptable for men to be professional artists in the 16th century.
(4) Historians discovered that famous male painters had actually created their works.

(B) How was Sofonisba Anguissola's education different from that of most other aristocratic women?
(1) It was possible because of her social skills.
(2) She was highly educated in a variety of subjects.
(3) Her parents decided to follow the trends of the day.
(4) Her parents allowed her to study and work with professional painters.

(C) Why was it difficult for Anguissola to further her painting skills during her time in Spain?
(1) She was not inspired to paint.

(2) She had teaching responsibilities.

(3) She was too busy working as an in-house artist.

(4) She was not able to apprentice with another painter.

(D) In response to the art critic's opinion, what does Ann Harris emphasize?

(1) That Anguissola should have practiced painting more.

(2) That early women artists were as good as the male masters.

(3) That early women artists were role models for other women.

(4) That Anguissola's choice to work with the royal family was not a mature decision.

〔2〕次の(1)～(5)の文の中で，本文の内容と一致するものには1の番号を，一致しないものには2の番号を，また本文の内容からだけではどちらとも判断しかねるものには3の番号を解答欄にマークしなさい。

(1) Both artists had fathers who were painters.

(2) Both women were able to generate wealth because of being artists.

(3) Unlike women artists before her, Lavinia Fontana was able to have more independence in her career.

(4) Fontana's family life was typical of that era.

(5) Fontana's husband was not pleased about his wife earning more money than he did.

〔3〕本文の内容をもっともよく表しているものを(1)～(5)から一つ選び，その番号を解答欄にマークしなさい。

(1) How two Renaissance artists became forgotten

(2) Family challenges of two forgotten Renaissance artists

(3) Acknowledging the careers of two pioneer Renaissance artists

(4) The influence of royal families on the success of Renaissance artists

(5) The importance of education and wealth for the success of early Renaissance artists

Ⅱ 次の文を読んで，問いに答えなさい。

Nobody likes being on hold listening to an annoying tune interrupted every 20 seconds by a robotic voice saying, "Your call is important to us. Please stay on hold and a customer service representative will be with you shortly." Absolutely not!

As hard as companies make it to speak to a live telephone operator, they do actually care about customer service. Angry customers who hang up after 27 minutes on hold are more likely to say bad things about that company online or switch to [(A)]. It's called the "economic cost of waiting." Recently, there's been some surprising research into the psychology of waiting and what types of music and messaging make the on-hold experience more or less painful. [(B)], the biggest innovations[1] in the design of telephone hold systems have been the "estimated time" and "place in line" messages, techniques perfected by theme parks, places so famous for everyone having to wait in line.

According to a 2007 study comparing different types of [(C)], the most useful trick for keeping people calm while on hold was to tell them their place in line. In the experiment, 123 callers were put on hold for two minutes. One third of them listened to hold music, a third got music interrupted by messages apologizing for the wait, and the last group heard music with occasional status updates[2]: "You are the 4th caller in line... You are the 3rd caller in line..., etc." Asked afterward about their experience, the people who received the status updates were the most satisfied. It wasn't necessarily that they(あ) perceived[3] the wait to be shorter than the other groups, but that the sense of progress was comforting. "It is not an issue of time but an issue of sensing a hindrance[4]," study author Anat Rafaeli told the American Psychological Association. "What makes me happy is when I realize that I am getting closer to (D) and getting what I wanted."

But what about the hold music itself? Do different types of hold music affect callers differently? A 2014 study asked if pop songs with positive messages could improve the moods of callers waiting on a customer service hotline[5]. It turned out that they(い) don't. Hearing "pro-social"[6] music like Michael Jackson's "Heal the World" just made frustrated callers even more frustrated. Then there's the question of whether popular songs are a better distraction than elevator music[7]. Another study found that people subconsciously use background music as a (E), sensing the length of each song and adding them up to perceive total wait time. Since familiar pop songs are more "accessible to memory," the authors wrote, they're more closely tied to a time interval, and wait times are perceived as longer than with unfamiliar songs.

All of this research makes you wonder, though, why the on-hold experience delivered by so many companies is still so awful. For answers, we contacted a company that creates custom hold music and messaging for businesses. Rich Moncure, the president, calculates average wait times to determine the right mix of music and messaging. "The goal of our industry is to make hold time seem shorter than it is," says Moncure, adding that variety is the key(う). "If it's music only, we change it every two minutes. If you let that music keep playing, whatever the music is, that makes the whole time seem longer. At a call center, if your average wait time is 10 minutes, then you never want any piece of music to repeat itself," says Moncure, "because once callers start hearing a loop[8], their sense that they're (F) increases."

It's easy to understand why companies would want to aim for this(え). So what explains the low-quality, constantly looping music and dull messages that are on almost every company phone system? For Moncure, it comes down to laziness and one particular technological problem. [(G)], too many companies simply use the default[9] hold music that comes with their phone system. Moncure calls it "canned" music, and while some people strangely love it, much of it is annoying and repeats forever.

But even if a company creates a reasonably inoffensive modern jazz playlist for their hold music, their phone system technology can still make it [(H)]. Most call centers, for example, rely on Voice over Internet Protocol (VoIP) phone systems. These internet-based systems are designed to send the human voice across digital networks in little packets of data. That works well for the sound of the operator's voice but is a poor channel for music. Moncure says that the audio range on VoIP calls is very narrow and strong in the mid-range, which explains why high and low tones come through as unclear. "It's absolutely an artistic decision that we(お) have to make, but there's also a technical element," says Moncure. "My industry needs to make sure from a technical viewpoint that the hold music will actually work within the small amount of data that VoIP allows for."

No doubt the hold experience will continue to improve with time. Until then, customers should consider the limitations many companies face, and, in turn, companies must respect their customers' limited time and patience.

(Adapted from a work by Dave Roos)

(注)

1. innovation 革新
2. status update 状況の最新情報
3. perceive ～であると気づく

出典追記：Why Do We Find Waiting on Hold So Irritating?, HowStuffWorks by Dave Roos

4. hindrance　障害物
5. hotline　ホットライン，直通電話
6. pro-social　向社会的な，他者に恩恵を与えるような
7. elevator music　（エレベーターの中で流すような）耳に心地よい音楽
8. loop　反復，繰り返し
9. default　初期設定の

〔1〕本文の (A) ～ (H) それぞれに入れるのにもっとも適当なものを(1)～(4)から一つ選び，その番号を解答欄にマークしなさい。

(A) (1) a competitor　(2) a different live telephone operator
(3) an e-mail message　(4) the chat support option

(B) (1) Besides hold music　(2) In contrast
(3) Once again　(4) Regarding telephone operators

(C) (1) leisure activities　(2) on-hold messages
(3) product satisfaction　(4) sales techniques

(D) (1) hearing my favorite song　(2) knowing my status
(3) passing this barrier　(4) switching companies

(E) (1) kind of internal clock　(2) means to feel better
(3) source of inspiration　(4) way to forget the time

(F) (1) advancing in line　(2) being redirected
(3) being taken care of　(4) still waiting

(G) (1) Basically　(2) In addition
(3) On the contrary　(4) Similarly

(H) (1) a slightly more acceptable experience
(2) full of strange song choices
(3) hard to listen to
(4) repeat songs too often

〔2〕下線部ⓐ～ⓔそれぞれの意味または内容として，もっとも適当なものを(1)～(4)から一つ選び，その番号を解答欄にマークしなさい。

ⓐ they
(1) callers who heard an apology
(2) callers who only listened to hold music
(3) callers who knew their place in the queue
(4) callers who were frustrated by the experience

ⓘ they
(1) songs
(2) callers
(3) listeners
(4) musicians

ⓤ the key
(1) the way to get higher profits
(2) the way to become an industry leader
(3) the way to choose the best kind of music to play
(4) the way to keep customers from becoming impatient

ⓔ this
(1) creating original hold music
(2) increasing the amount of hold music
(3) adjusting people's feelings toward being on hold
(4) doing more research on why on-hold waiting remains unpleasant

㋔ we

(1) the operators who answer calls

(2) the companies that purchase telephone systems

(3) the companies that design the hold messaging systems

(4) the technicians who install the internet and phone lines

Ⅲ

〔1〕次の会話の㋐〜㋓それぞれの空所に入れるのにもっとも適当な表現を(1)〜(10)から一つ選び，その番号を解答欄にマークしなさい。

At a coffee shop

A：What's the matter? You seem awfully quiet today.

B：So it shows, huh? Actually, there's something I want to ask you about.

A：Sure, you know you can count on me. What is it?

B：Actually it's about Ken. (㋐)

A：That's right.... I remember him. Wait a minute, you're turning red? (㋑) I think that's great.

B：I guess it's pretty obvious, huh? I want to ask him out on a date, but I'm not sure how to do it.

A：I know it's scary, but why don't you just ask him?

B：The thing is that I haven't seen him since the end of last semester. He's not in any of my classes right now.

A：(㋒)

B：I think I would be more comfortable asking him in person. And I don't know his number anyway.

A：Hmm... that's tough. Wait a minute! He always studies on the third floor of the library. Why don't you see if you can find him there?

B：Oh, goodness! (㋓) But I guess I had better go do it.

(1) Why are you so angry?
(2) How about calling him?
(3) Here's his phone number.
(4) Suddenly I don't feel so sure.
(5) Thanks for that information!
(6) Now I feel eager to talk to him.
(7) He's my research partner in our history class.
(8) OK, now I think I understand how you're feeling.
(9) You know, the guy from our math class last semester.
(10) Yesterday we got into a huge fight about the money he owes me.

〔2〕次の会話のⓚ～ⓖそれぞれの空所に入れるのにもっとも適当な表現を(1)～(10)から一つ選び，その番号を解答欄にマークしなさい。

At a national park

A：Good morning, madam. Welcome to Glacier National Park.

B：Thank you. I have a reservation for tonight at the Mountain Lodge. (㋕)

A：Well, madam, the area for parking your car is right over there. That's also where you can get a free, open-air shuttle bus directly to your lodge. You'll have a fantastic view.

B：(㋖) I have two young children, and I have quite a lot of luggage.

A：Yes, I understand, but we're trying to reduce traffic and noise in the park so we don't frighten the wildlife. (㋗)

B：Well, that's all very good. But it'll be very difficult to unload everything and take care of the kids at the same time.

A：Don't worry, madam. There are several members of the staff who will meet you when you park. They will give you all the help you need.

B：I see. Will we have to wait very long for the next shuttle?

A：No, madam.（ ㋘ ）

B：That's great! Now I understand. I'm very excited about staying in this beautiful park. Thank you very much for your help.

A：You're welcome. Have a great stay with your family. I'm sure it will be an experience you'll never forget!

(1) They depart every ten minutes.
(2) I would really love to walk there.
(3) Can you tell me how to get there?
(4) Shuttle busses only run once a day.
(5) Do you mean I can't drive there myself?
(6) I'm sure my luggage will fit in the bus.
(7) You can buy your ticket when you get on.
(8) The electric bus is very comfortable and quiet.
(9) I'm sure you will love walking and won't get lost.
(10) Since the weather is so bad, they have been cancelled.

Ⅳ 次の(A)～(H)それぞれの文を完成させるのに，下線部の語法としてもっとも適当なものを(1)～(4)から一つ選び，その番号を解答欄にマークしなさい。

(A) What is this long list of words ______?

(1) for (2) necessary

(3) says (4) writing

(B) If you have any questions, please feel free to ______ the office.

(1) contact (2) contact for

(3) contact in (4) contact to

(C) His suitcase had a tag with his name ______ on it.

(1) been printed (2) prints

(3) printed (4) printing

(D) ______ a little more care, I could have avoided the mistake.

(1) Because of (2) In spite of

(3) Thanks to (4) With

(E) How dare ______ that to me?

(1) can you say (2) do you say

(3) will you say (4) you say

(F) I am tired because I have been reading ______ a thousand pages a week.

(1) all the more (2) as many as

(3) many more (4) more and more

(G) ______ did she dream that she was to become an astronaut.

(1) Enough (2) Even

(3) Little (4) Though

(H) The task ________ they are responsible is still left undone.

(1) at which　　(2) for which

(3) of which　　(4) which

V

〔1〕次の(A)～(E)それぞれの文を完成させるのに，下線部に入れる語としてもっとも適当なものを(1)～(4)から一つ選び，その番号を解答欄にマークしなさい。

(A) This animal rescue center relies on ________ from local citizens to survive.

(1) ancestors　　(2) donations

(3) manners　　(4) politics

(B) The deadline is tomorrow, so let's put away our phones to avoid further ________.

(1) possession　　(2) preservation

(3) procrastination　　(4) proportion

(C) ________ the powder in a glass of water.

(1) Accuse　　(2) Deprive

(3) Dissolve　　(4) Mount

(D) They proved that the antique was ________.

(1) deliberate　　(2) genuine

(3) mature　　(4) tame

(E) The unhappy situation I found myself in could only be described as a serious ________.

(1) prance　　(2) predicament

(3) preposition　　(4) prom

〔2〕次の(A)～(E)の文において，下線部の語にもっとも近い意味になる語を(1)～(4)から一つ選び，その番号を解答欄にマークしなさい。

(A) The arctic environment created problems for the team.

(1) artificial　(2) desert
(3) polar　(4) training

(B) It was an adorable performance by the children.

(1) a delightful　(2) a diligent
(3) a peculiar　(4) a persuasive

(C) We need to modify the materials.

(1) adapt　(2) distribute
(3) guarantee　(4) minimize

(D) The apartment buildings surround and dwarf the nearby houses.

(1) dignify　(2) disguise
(3) displace　(4) dominate

(E) The latest developments were jeopardizing our plans.

(1) assuring　(2) magnifying
(3) popularizing　(4) threatening

数学

◀全学統一方式(理系)▶

(100分)

次のⅠ，Ⅱ，Ⅲ，Ⅳの設問について問題文の［　］にあてはまる適当なものを，解答用紙の所定の欄に記入しなさい。

Ⅰ　kを0でない実数として，$x>0$ で定義された関数$f(x)$を $f(x)=x^k$ とする。実数pおよび0でない実数qに対して，

$$x^2f''(x)+pxf'(x)=qf(x) \qquad (*)$$

がすべての $x>0$ で成り立っているとする。このとき，kはwに関する2次方程式［ア］$=0$ の解となる。ここで，［ア］はwについて整理された最高次の係数が1である整式である。

等式（$*$）を満たすkが1つだけ存在するとするとき，k，qをそれぞれpを用いて表すと，$q=$［イ］，$k=$［ウ］である。

以後，等式（$*$）を満たすkが2つ存在し，それらをα，βとする。ただし，$\alpha>\beta$ である。

〔1〕　$\alpha+\beta=$［エ］，$\alpha-\beta=$［オ］である。また，αとβの符号が互いに異なるための必要十分条件は［カ］>0 である。ここで，［エ］，［オ］，［カ］はいずれもα，βを用いない式である。

〔2〕　αとβの符号が互いに異なるとする。cをある正の実数とするとき，$x\geqq 0$ で定義された関数$g(x)$を

$$x\geqq c \text{ のとき}\quad g(x)=c^{\alpha}x^{\beta}$$

$$0 \leqq x < c \text{ のとき } \quad g(x) = c^{\beta} x^{\alpha}$$

により定める。$0 < s < c$ に対して

$$I(s) = \int_s^c g(x)\, x^{-1-\alpha-\beta}\, dx$$

とすると，$\lim_{s \to +0} I(s) =$ [キ] となる。また，$c < t$ を満たす実数 t に対して

$$J(t) = \int_c^t g(x)\, x^{-1-\alpha-\beta}\, dx$$

とすると，$\lim_{t \to \infty} J(t) =$ [ク] となる。よって $\lim_{s \to +0} I(s) + \lim_{t \to \infty} J(t)$ を p と q を用いて表すと，[ケ] となる。

（注：[キ]，[ク] は α と β の式で答えよ。）

Ⅱ　xy 座標平面上の原点 O(0, 0) を中心とする半径1の円を C として，これと放物線 $y = f(x)$ との共有点を考える。

〔1〕 k を実数として，$f(x) = x^2 + k$ とする。このとき，$y = f(x)$ と C が共有点をもつための必要十分条件は，[ア] $\leqq k \leqq$ [イ] である。
$k =$ [ア] のとき，共有点の個数は [ウ] であり，$k =$ [イ] のとき，共有点の個数は [エ] である。

〔2〕 $y = f(x)$ と C の共有点の個数は最大 [オ] 個である。

〔3〕 $y = f(x)$ と C が3点 $(1, 0)$，$(\cos\theta, \sin\theta)$，$(\cos 2\theta, \sin 2\theta)$ を共有点にもつとする。ただし，θ は $0 < \theta < \dfrac{\pi}{3}$ を満たす定数である。このとき，$f(x)$ は $(x-1)$ を因数にもつことから，

$$f(x) = (x-1)\, g(x)$$

と表すことができる。ただし，$g(x)$ は x の1次式である。条件より，

$g(\cos\theta) = \dfrac{\boxed{\text{カ}}}{\sin\theta}$，$g(\cos 2\theta) = \dfrac{\boxed{\text{キ}}}{\sin\theta}$ である。また，$\cos\theta \neq \cos 2\theta$ であるので，$\dfrac{\cos 3\theta - \cos\theta}{\cos 2\theta - \cos\theta} = \dfrac{\boxed{\text{ク}}}{2\cos\theta + 1}$ となる。ただし，$\boxed{\text{カ}}$，$\boxed{\text{キ}}$，$\boxed{\text{ク}}$ はいずれも $\cos\theta$ に関する整式である。ここで，$y = g(x)$ は，点 $(\cos\theta,\ g(\cos\theta))$ を通る直線であることから，この傾きを a とおくと，

$$g(x) = a(x - \cos\theta) + g(\cos\theta)$$

と表すことができる。これより，$f(\cos 3\theta)$ を a を含まない $\sin\theta$ に関する整式 $\boxed{\text{ケ}}$ と表すことができる。

特に $\theta = \dfrac{2\pi}{7}$ のとき，$y = f(x)$ のグラフの概形は $\boxed{\text{コ}}$ のようになる。

(注：解答欄 $\boxed{\text{コ}}$ に記載されている図1に，グラフの概形を C との共有点が分かるようにかけ。)

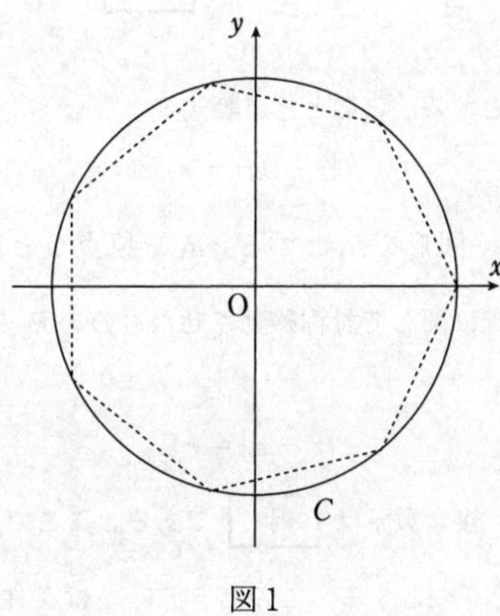

図1

Ⅲ　i は虚数単位とし，偏角は0以上 2π 未満であるとする。また，$\bar{z}$ は複素数 z の共役複素数を表す。

〔1〕原点をOとする複素数平面上の点Aを表す複素数を z とする。Aを実軸に関して対称移動した点をBとするとき，Bを表す複素数は［ア］である。また，Aを原点Oに関して対称移動した点をCとするとき，Cを表す複素数は［イ］である。Aを虚軸に関して対称移動した点をDとするとき，Dを表す複素数は［ウ］である。ここで，複素数［ア］，［イ］，［ウ］は i を含まない式である。

原点Oと $\cos\theta + i\sin\theta$ の表す点を通る直線を ℓ とする。ただし $0 \leqq \theta < \pi$ とする。Aを直線 ℓ に関して対称移動した点をEとする。Eを表す複素数は，z をOを中心に $-\theta$ だけ回転させ，実軸に関して対称移動した後，Oを中心に θ だけ回転したものであるから，$\bar{z}\left(\cos\text{［エ］} + i\sin\text{［エ］}\right)$ と表せる。特に $\theta = \dfrac{\pi}{2}$ のとき，これは［ウ］と一致する。

〔2〕k，r を正の実数とする。このとき，等式

$$|z - ki| = r$$

を満たす点 z の描く図形を R_1 とする。R_1 を原点Oと $\cos\dfrac{3}{4}\pi + i\sin\dfrac{3}{4}\pi$ の表す点を通る直線に関して対称移動させたものを R_2 とする。このとき，R_2 上の点 z は等式

$$|z - \alpha| = r$$

を満たす。ただし，複素数 α は［オ］である。ここで，R_1 と R_2 が異なる2つの共有点P，Qをもつとする。このとき，k，r は条件 $\dfrac{k}{r} <$［カ］を満たし，線分PQの長さは［キ］である。

また複素数 $-k$ が表す点を通り虚軸に平行な直線を考え，R_1 をこの直線に関して対称に移動させたものを R_3 とする。このとき，R_3 上の点 z は等式

$$|z - \beta| = r$$

を満たす。ただし，複素数 β は［ク］である。R_1 と R_3 が共有点を持たない

とき，k，rは条件 $\dfrac{k}{r} >$ [ケ] を満たす。

以下，$\dfrac{k}{r} = \dfrac{1+\sqrt{3}}{2}$ が成り立つとする。複素数kiが表す点をMとすると，$\angle\mathrm{PMQ} =$ [コ] である。ただし，$0 \leqq$ [コ] $\leqq \pi$ である。R_1で囲まれた部分とR_2で囲まれた部分の共通部分の面積は，rを用いて表すと [サ] である。

R_2，R_3を虚軸に関して対称に移動させたものをR'_2，R'_3とする。R_1，R_2，R_3，R'_2，R'_3を結合し1つにした図形の外周によって囲まれた部分の面積をrを用いて表すと [シ] となる。

（注：[サ]，[シ] はkを含まないrの式である。）

Ⅳ　nを自然数とする。図2のように，1から$2n$までの数が1つずつ書かれている球がそれぞれ1つずつ，合計$2n$個ある。これらの$2n$個の球をすべて袋の中に入れて1つ取り出し，その数を記録してから取り出した球を再び袋の中に戻す試行を考える。この試行をn回続けて行うとき，k回目の試行で記録された数をX_kとする。ただし，$k=1$，2，…，nである。

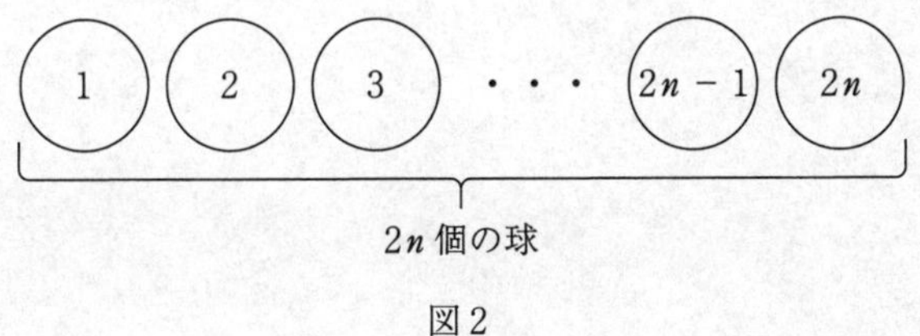

図2

〔1〕 $n=3$とする。

（a） X_1，X_2，X_3がすべて異なる球の取り出し方は [ア] 通りである。また，$X_1 < X_2 < X_3$となる球の取り出し方は [イ] 通りである。

（b） X_1を百の位の数，X_2を十の位の数，X_3を一の位の数にもつ3桁の整数を考えるとき，その3桁の数が2の倍数となるような球の取り出し方は [ウ] 通りであり，3の倍数となるような球の取り出し方は [エ] 通りである。

〔2〕 $X_1,\ X_2,\ \cdots,\ X_n$ を小さい順に並べ替えたものを $Y_1,\ Y_2,\ \cdots,\ Y_n$ とする。定め方から，$Y_1 \leqq Y_2 \leqq \cdots \leqq Y_n$ であることに注意せよ。

(a) $Y_n \leqq n$ となる確率は［オ］である。また，$Y_n \leqq 2n-1$ となる確率は［カ］である。したがって，$\lim_{n\to\infty}$［カ］＝［キ］である。

(注：必要であれば

$$\lim_{m\to\infty}\left(1-\frac{1}{m}\right)^m=\frac{1}{e}$$

であることを用いてよい。ここで，e は自然対数の底である。)

(b) $Y_{n-1} \leqq 2n-1$ となる確率は［ク］であり，$\lim_{n\to\infty}$［ク］＝［ケ］である。

◀理系型3教科・薬学方式▶

(100分)

次のⅠ，Ⅱ，Ⅲ，Ⅳの設問について問題文の［　　］にあてはまる適当なものを，解答用紙の所定の欄に記入しなさい。

Ⅰ

〔1〕 1辺の長さが a の正四面体ABCDがある。この正四面体の内接球について考える。内接球とはすべての面に接する球である。

(a) 内接球の半径 r を次のように求める。

正四面体の頂点Aから面BCDに垂線を下ろし，面BCDとの交点をHとする。垂線AHの長さは，AH = ［ア］，△BCDの面積 S は，S = ［イ］である。したがって，正四面体ABCDの体積 V は，V = ［ウ］となる。

内接球は各面と接していることより，内接球の中心Oから各平面に下ろした垂線の長さは内接球の半径 r に等しく，r = ［エ］である。

(b) 内接球の中心Oは垂線AH上にあり，垂線AHを1：［オ］に内分する。

〔2〕 数列 $\{a_n\}$ は正の実数からなる数列である。$b_n = \log_3 a_n$ として得られる数列 $\{b_n\}$ は，第3項が3，第10項が17の等差数列となる。このとき，数列 $\{b_n\}$ の一般項 b_n は，b_n = ［カ］であり，初項から第 n 項までの和 S_n は，S_n = ［キ］である。したがって，数列 $\{a_n\}$ は初項［ク］，公比［ケ］の等比数列である。また，初項から第 n 項までの積は，

$a_1 \cdot a_2 \cdot \cdots \cdot a_n$ = ［コ］となる。

〔3〕 次の表は，あるクラスの生徒５人に対して行われた，それぞれ 10 点満点の国語と数学のテストの得点をまとめたものである。

生徒番号	①	②	③	④	⑤	平均	分散
国語	8	4	2	6	10	6	ス
数学	5	サ	7	シ	3	5	2

（a） 生徒②の数学の得点は サ ，生徒④の数学の得点は シ である。ただし， サ ＞ シ である。

（b） 国語の得点の分散は ス である。

（c） 国語と数学の得点の相関係数は セ である。

（d） 次に示す４つの散布図は，同じテストを行った他のクラスの国語と数学の得点の散布図である。ただし，生徒の人数は異なる。

相関係数が セ に最も近い散布図は ソ である。

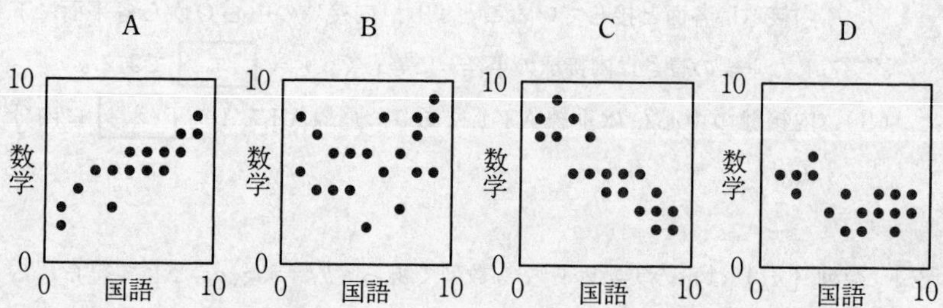

Ⅱ　aを定数とし，関数 $f(x)=-x^2+9$，$g(x)=(x^2-9)(x-a)$ とする。

方程式 $f(x)=g(x)$ の解は，$x=$ ［ア］，［イ］，［ウ］である。ここで，［ア］，［イ］はaを含まない実数であり，［ア］＜［イ］とする。

$x=$ ［ウ］のとき，$f'(x)=g'(x)$ が成り立つとする。このとき，$a=$ ［エ］，［オ］となる。ただし，［エ］＜［オ］とする。

$a=$ ［オ］のとき，$f(x)-g(x)=(x^2-9)\left(-x+\text{［カ］}\right)$ となる。したがって，曲線 $y=f(x)$ と $y=g(x)$ とで囲まれた領域の面積は［キ］である。さらに，曲線 $y=g(x)$ の点$(3,\ 0)$における接線ℓの方程式は，$y=$ ［ク］$x+$ ［ケ］となる。接線ℓは，曲線 $y=g(x)$ と接点以外の点$\left(\text{［コ］},\ \text{［サ］}\right)$で交わる。このとき，曲線 $y=f(x)$ と $y=g(x)$ および接線ℓとで囲まれた領域の面積は［シ］である。

Ⅲ　座標空間に点O$(0,\ 0,\ 0)$，A$(2,\ 0,\ 0)$，B$(0,\ 1,\ 2)$と動点Pがある。

〔1〕　動点Pは $|\overrightarrow{\mathrm{AP}}|=1$ を満たしながら動くとする。

$|\overrightarrow{\mathrm{OP}}|$ の最大値は［ア］であり，このときの動点Pの座標は［イ］である。

また，$|\overrightarrow{\mathrm{OP}}|$ の最小値は［ウ］であり，このときの動点Pの座標は［エ］である。

〔2〕　tを実数とし，動点Pは $|\overrightarrow{\mathrm{BP}}|\leqq t$ を満たしながら動くとする。

$|\overrightarrow{\mathrm{OP}}|$ の最小値は，$0\leqq t<$ ［オ］のとき［カ］であり，$t\geqq$ ［オ］のとき［キ］である。

〔3〕 動点Pは $\overrightarrow{AP}\cdot\overrightarrow{BP}=0$ を満たしながら動くとする。

動点Pの軌跡は，中心の座標が [ク]，半径が [ケ] の球面となる。

〔4〕 t を実数とし，動点Pは $\overrightarrow{AP}\cdot\overrightarrow{BP}=t$ を満たしながら動くとする。

t のとり得る値の範囲は $t\geqq$ [コ] である。とくに，$t>$ [コ] のとき，動点Pの軌跡は，中心の座標が [サ]，半径が [シ] の球面となる。

Ⅳ　下の図のような東西5本，南北5本の道があり，地点Aから地点Bに向かう経路を考える。それぞれの交差点では，1個のさいころを投げて，4以下の目が出たときは東へ1区画，5以上の目が出たときは南へ1区画進む。ただし，東，南のうち一方向にしか進めないときは，さいころを投げずにその方向に進む。また，さいころの目の出方は同様に確からしいとする。

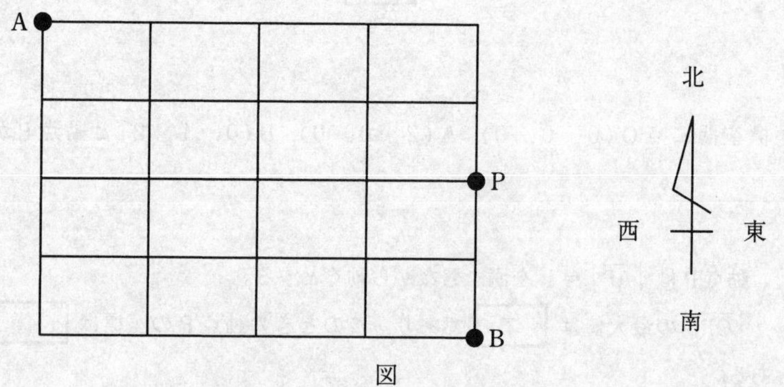

図

〔1〕 地点Aから地点Bに到達する経路は [ア] 通りであり，さいころを投げる回数は，少ない方から [イ]，[ウ]，[エ]，[オ] 回である。

さいころを投げる回数が [イ] 回の経路は [カ] 通り，[ウ] 回の経路は [キ] 通り，[エ] 回の経路は [ク] 通り，[オ] 回の経路は [ケ] 通りである。

〔2〕 地点Aから地点Bに到達するとき，地点Pを通過する確率を考える。

地点Pを通過して地点Bに到達し，かつ，さいころを投げる回数が［イ］回の確率は［コ］である。同様に，さいころを投げる回数が［ウ］回の確率は［サ］である。さいころを投げる回数が［エ］回の確率は［シ］である。さいころを投げる回数が［オ］回の確率は［ス］である。よって，地点Aから地点Bに到達するとき，地点Pを通過する確率は［セ］となる。

物理

(80分)

(注) 解答に字数制限がある場合には，句読点の1字分も1マスとすること。

I 次の文章を読み，ア ～ キ に適切な数値または数式を解答欄に記入せよ。また，あ ～ か には指定された選択肢からもっとも適切なものを一つ選び，解答欄にマークせよ。角度の単位はラジアンとし，重力加速度の大きさを g，円周率を π とする。

ばねを用いて斜め上向きに投射した質量 m の小物体の放物運動について考える。角度 θ は水平方向となす角度（ただし，$0 < \theta < \frac{\pi}{2}$ rad），v_0 は角度 θ の方向の小物体の初速度の大きさとする。また，小物体の大きさ，ばねの質量，空気抵抗は無視する。

〔1〕 図1のように，角度 θ だけ傾けた動かない台にばね定数 k のばねの下端を固定する。ばねの上端は板状にし，質量 m の小物体を乗せる。ばねが自然の長さのときにばねの上端が台の先端にくるものとする。台の表面はなめらかでばねおよび小物体と台の間の摩擦は考えない。ばねの上に小物体を乗せ，つりあいの位置で静止しているときのばねの自然の長さからの縮みは ア となる。小物体を乗せたばねを自然の長さから a（ただし，$a >$ ア ）だけ縮め，静止させた。その状態で静かに手をはなすと，小物体は台の斜面にそった方向に運動し，ばねが自然の長さのときに，小物体は，ばねからはなれて角度 θ の方向に投射される。

投射される小物体の初速度の大きさが v_0 となるために必要なばねの縮み a を，ばねと小物体からなる物体系の力学的エネルギー保存の法則より求めよう。自然の長さから a だけ縮めたばねに蓄えられる弾性エネルギーは あ である。小物体を静かにはなしてから小物体が投射されるまでの重力による位置エネルギーの増加量 い と，小物体が投射されるときの運動エネルギー

[う] との和が [あ] に等しくなることから，ばねの縮み a が

$$\boxed{\text{ア}} \times \left(1 + \sqrt{1 + \boxed{\text{イ}}}\right)$$

のとき初速度の大きさが v_0 となる。

〔2〕 図2のように，時刻0に水平面上の点Oから角度 θ の方向に大きさ v_0 の初速度で投射された小物体が水平面上の点Pに到達した。角度 θ を変化させたとき，点Oと点Pの水平距離の最大値を求めよう。投射後の時刻 t における小物体の水平面からの高さは [ウ] となり，時刻 [え] の時に小物体が水平面上の点Pに到達する。点Oと点Pの水平距離は [お] となり，角度 θ が [エ] radのとき最大値 [か] をとる。

〔3〕 図3のように，点Oから水平距離 L の点Aに鉛直の壁面を設けた場合を新たに考える。ただし，$L \leqq$ [か] とする。時刻0に水平面上の点Oから角度 θ の方向に大きさ v_0 の初速度で投射された小物体が壁面上の点Qに到達した。点Qは点Aの上方にある。角度 θ を変化させたとき，小物体が到達する点Qの水平面からの高さの最大値を求めよう。

小物体が壁面上の点Qに到達するのは時刻 [オ] であり，点Qの水平面からの高さは $\tan\theta$ を用いて

$$-\frac{gL^2}{2{v_0}^2}\left(\tan\theta - \boxed{\text{カ}}\right)^2 + \boxed{\text{キ}}$$

と表せる。これより g，L，v_0 を用いて表すと，点Qの水平面からの高さは $\tan\theta =$ [カ] のときに，最大値 [キ] をとる。

[あ] に対する選択肢

① ka^2　② $\frac{ka^2}{2}$　③ $ka^2 \sin\theta$　④ $\frac{ka^2 \sin\theta}{2}$

⑤ $ka^2 \cos\theta$　⑥ $\frac{ka^2 \cos\theta}{2}$　⑦ $ka^2 \sin^2\theta$　⑧ $\frac{ka^2 \sin^2\theta}{2}$

⑨ $ka^2 \cos^2\theta$　⑩ $\frac{ka^2 \cos^2\theta}{2}$

い に対する選択肢

① mga　② $\frac{mga}{2}$　③ $mga\sin\theta$　④ $\frac{mga\sin\theta}{2}$

⑤ $mga\cos\theta$　⑥ $\frac{mga\cos\theta}{2}$　⑦ $mga\sin^2\theta$　⑧ $\frac{mga\sin^2\theta}{2}$

⑨ $mga\cos^2\theta$　⑩ $\frac{mga\cos^2\theta}{2}$

う に対する選択肢

① $mv_0{}^2$　② $\frac{mv_0{}^2}{2}$　③ $mv_0{}^2\sin\theta$　④ $\frac{mv_0{}^2\sin\theta}{2}$

⑤ $mv_0{}^2\cos\theta$　⑥ $\frac{mv_0{}^2\cos\theta}{2}$　⑦ $mv_0{}^2\sin^2\theta$　⑧ $\frac{mv_0{}^2\sin^2\theta}{2}$

⑨ $mv_0{}^2\cos^2\theta$　⑩ $\frac{mv_0{}^2\cos^2\theta}{2}$

え に対する選択肢

① $\frac{v_0}{g}$　② $\frac{2v_0}{g}$　③ $\frac{v_0\sin\theta}{g}$　④ $\frac{2v_0\sin\theta}{g}$

⑤ $\frac{v_0\cos\theta}{g}$　⑥ $\frac{2v_0\cos\theta}{g}$　⑦ $\frac{v_0\sin^2\theta}{g}$　⑧ $\frac{2v_0\sin^2\theta}{g}$

⑨ $\frac{v_0\cos^2\theta}{g}$　⑩ $\frac{2v_0\cos^2\theta}{g}$

お に対する選択肢

① $\frac{v_0{}^2}{g}$　② $\frac{2v_0{}^2}{g}$　③ $\frac{v_0{}^2\sin\theta}{g}$　④ $\frac{2v_0{}^2\sin\theta}{g}$

⑤ $\frac{v_0{}^2\cos\theta}{g}$　⑥ $\frac{2v_0{}^2\cos\theta}{g}$　⑦ $\frac{v_0{}^2\sin 2\theta}{g}$　⑧ $\frac{2v_0{}^2\sin 2\theta}{g}$

⑨ $\frac{v_0{}^2\cos 2\theta}{g}$　⑩ $\frac{2v_0{}^2\cos 2\theta}{g}$

か　に対する選択肢

① $\frac{{v_0}^2}{g}$　② $\frac{\sqrt{2}{v_0}^2}{g}$　③ $\frac{\sqrt{3}{v_0}^2}{g}$　④ $\frac{2{v_0}^2}{g}$　⑤ $\frac{3{v_0}^2}{g}$

⑥ $\frac{{v_0}^2}{\sqrt{2}g}$　⑦ $\frac{{v_0}^2}{\sqrt{3}g}$　⑧ $\frac{{v_0}^2}{2g}$　⑨ $\frac{{v_0}^2}{3g}$

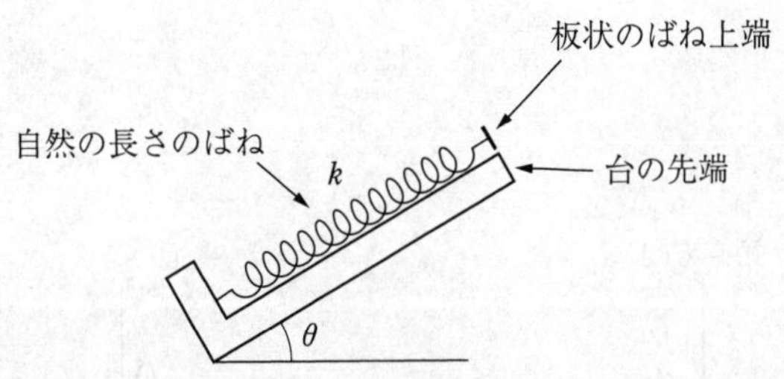

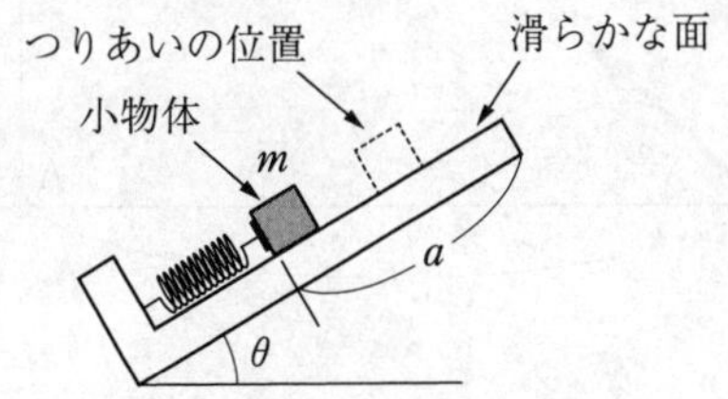

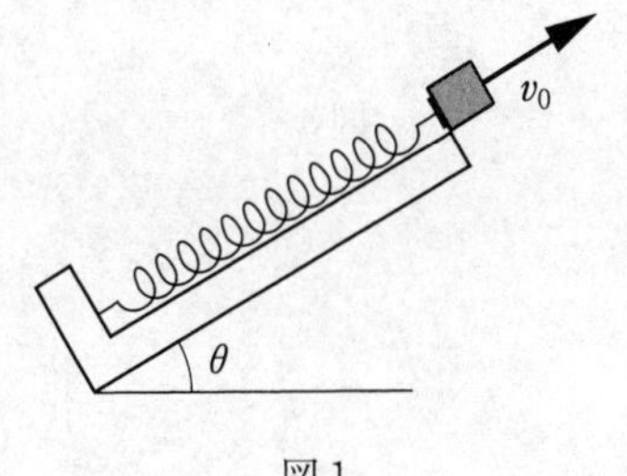

図1

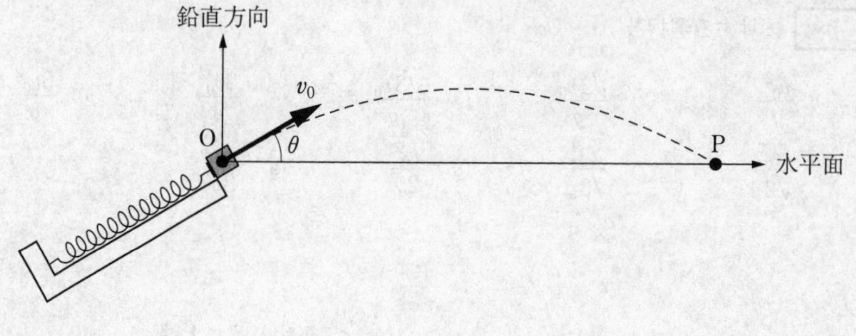

図 2

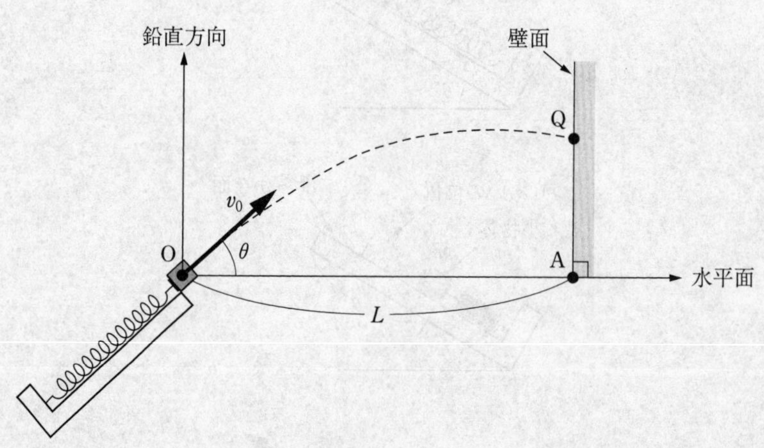

図 3

Ⅱ　次の文章を読み，［あ］～［き］に適切な数値または数式を解答欄に記入せよ。また，［イ］～［リ］には指定された選択肢からもっとも適切なものを一つ選び，解答欄にマークせよ。

直流電源の内部抵抗と，回路に接続された負荷における消費電力との関係について考えよう。

図1のように，内部抵抗を持つ直流電源に同一の豆電球を次々に並列接続して，豆電球の個数が1個，2個，･･･のときのそれぞれの状態での電流計と電圧計の値をグラフにしたところ，図2のように電流と電圧は直線の関係になった。

導線の抵抗と電流計の内部抵抗はゼロとし，電圧計の内部抵抗は十分に大きいものとする。直流電源の内部抵抗は一定であるものとする。豆電球は発熱によって抵抗値が変化するものとする。豆電球の消費電力が大きいほど，豆電球は明るくなるものとする。

〔1〕　豆電球を1個だけ接続したとき，電流計の値は I_1，電圧計の値は V_1 であった。豆電球における消費電力を P_1 とすると，P_1 は I_1 および V_1 を用いて［あ］と表される。このときの豆電球の抵抗値を R_1 とする。

〔2〕　豆電球を11個並列に接続したとき，電流計の値は $9I_1$，電圧計の値は $\frac{1}{2}V_1$ であった。このとき，豆電球1個あたりの消費電力は $\frac{［イ］}{［ロ］} \times P_1$ であり，豆電球1個の明るさは，豆電球を1個だけ接続していたときと比べて［ハ］。このときの豆電球1個の抵抗値は $\frac{［ニ］}{［ホ］} \times R_1$ であり，R_1 と比べて［ヘ］。これは豆電球の抵抗値が，［ト］ためである。また，図2のグラフから，直流電源の起電力 E は［い］$\times V_1$，内部抵抗 r は［う］$\times R_1$ であることがわかる。

〔3〕 電流計の値をIと表すと，n個（ただし，nは正の整数）の並列接続された豆電球における合計消費電力は，I，E，rを用いて［え］と表される。したがって，電流計の値IがEとrを用いて［お］と表されるときに，合計消費電力は最大となり，電圧計の値はEを用いて［か］となる。図2のグラフより，この条件を満たすのは$n=$［チ］のときであり，豆電球による合計消費電力は最大値［き］$\times P_1$となる。また，この状態における豆電球の合成抵抗の値は［リ］$\times r$である。

以上より，図1の回路では，豆電球を［チ］個並列に接続すれば，合計消費電力が最大となり，接続された豆電球を全体としてもっとも明るく点灯させることができる。

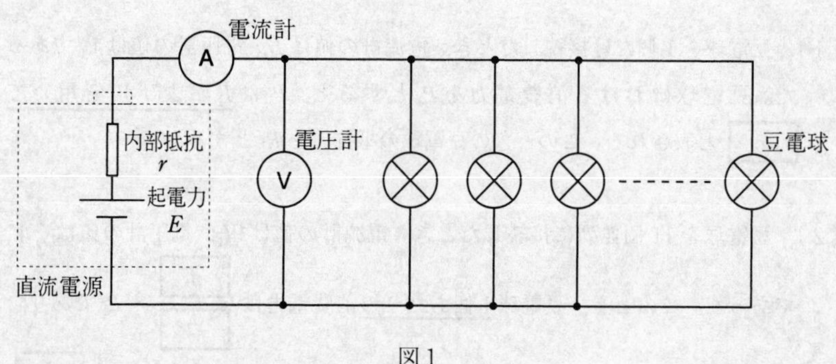

図1

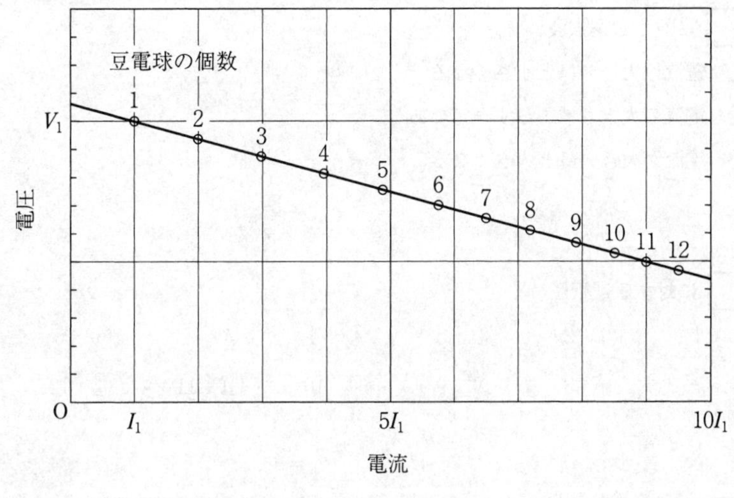

図2

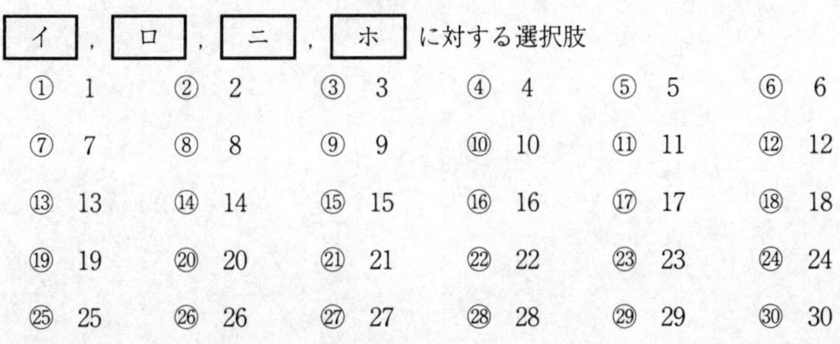

[イ], [ロ], [ニ], [ホ] に対する選択肢

① 1	② 2	③ 3	④ 4	⑤ 5	⑥ 6
⑦ 7	⑧ 8	⑨ 9	⑩ 10	⑪ 11	⑫ 12
⑬ 13	⑭ 14	⑮ 15	⑯ 16	⑰ 17	⑱ 18
⑲ 19	⑳ 20	㉑ 21	㉒ 22	㉓ 23	㉔ 24
㉕ 25	㉖ 26	㉗ 27	㉘ 28	㉙ 29	㉚ 30

[ハ] に対する選択肢

① 明るくなる　② 変わらない　③ 暗くなる

[ヘ] に対する選択肢

① 小さい　② 等しい　③ 大きい

ト に対する選択肢

① 電流が大きいほど小さくなる

② 電流の大きさによらず一定である

③ 電流が大きいほど大きくなる

チ に対する選択肢

① 1 ② 2 ③ 3 ④ 4 ⑤ 5 ⑥ 6

⑦ 7 ⑧ 8 ⑨ 9 ⑩ 10 ⑪ 11 ⑫ 12

リ に対する選択肢

① 1 ② $\frac{1}{2}$ ③ $\frac{1}{3}$ ④ $\frac{1}{4}$ ⑤ $\frac{1}{5}$ ⑥ $\frac{1}{6}$

⑦ $\frac{1}{7}$ ⑧ $\frac{1}{8}$ ⑨ $\frac{1}{9}$ ⑩ $\frac{1}{10}$ ⑪ $\frac{1}{11}$ ⑫ $\frac{1}{12}$

Ⅲ 次の文章を読み，［ A ］～［ F ］に適切な数式を解答欄に記入せよ。また，［ ア ］～［ ク ］には指定された選択肢からもっとも適切なものを一つ選び解答欄にマークせよ。同じ選択肢を重複して選択してもよい。気体定数をR，温度は絶対温度とする。気体はすべて理想気体と見なせるものとする。

図1のように，均一な断面積をもつ円筒形の容器があり，その両端にはなめらかに動くピストン1およびピストン2が取り付けられている。円筒容器の内部は，厚さの無視できる仕切板によって左右に仕切られている。仕切板は円筒容器に固定されており，動かない。そして，左右の空間には，同じ種類の単原子分子からなる理想気体が各1molずつ封入されている。容器外部の環境は，温度Tで一定であるとする。二つのピストンはどちらも理想的な断熱材からなる。また，容器壁，仕切板，ピストンの熱容量は無視できる。はじめ，ピストン1には圧力p_1に相当する外力がかけられており，ピストン2には圧力p_2に相当する外力がかけられているものとする。ただし$p_1 > p_2$である。また，左右の気体はどちらも，環境と同じ温度Tの熱平衡状態にある。このときの左右の気体の状態を状態Ⅰとする。ここで，理想気体の熱平衡状態とは，気体の温度，圧力，体積，物質量が定まった状態である。また，ある理想気体の二つの熱平衡状態を比較するとき，その二つの状態の温度，圧力，体積，物質量がそれぞれ等しいならば，その二つの状態は同一の熱平衡状態であると呼ぶことにする。

〔1〕 状態Ⅰにおいて，左の気体の体積をV_1，右の気体の体積をV_2とする。V_1とV_2がみたす関係式としてもっとも適切なものは［ ア ］である。また，右の気体がもつ内部エネルギーは［ イ ］であり，左の気体がもつ内部エネルギーは［ ウ ］である。したがって，左右の気体を合わせた気体全体がもつ内部エネルギーE_{I}は［ イ ］と［ ウ ］の和である。

〔2〕 円筒容器は熱を伝える材質からなる。したがって，容器内部の気体は容器の壁を通じて環境と熱のやりとりができる。ゆっくりとピストン1を操作し，左側の気体の温度をTに維持したまま，その圧力をp_1からp_2に減少させる（図2）。左側の気体の圧力がp_2になったときの気体の状態を状態Ⅱとする。状態Ⅱに

おける左側の気体の体積をV_1，V_2のうち必要なものを用いて表すと［A］である。状態Ⅰから状態Ⅱに変化する間に左の気体がピストン1からされた仕事をWとする。状態Ⅰから状態Ⅱに変化する間に左の気体が環境から受け取った熱をWを用いて表すと［B］である。

最後に，状態Ⅱにおいて，左右の気体の状態を乱すことなく，容器中央の仕切板の固定を外し，これを静かに取り去った。その後，実現した気体の熱平衡状態を状態Ⅲとする（図3）。状態Ⅱから状態Ⅲにいたる気体の状態変化において気体が環境から受け取った熱は［エ］である。

〔3〕 円筒容器を断熱性の素材からなるものに置き換えたのち，状態Ⅰで指定される気体の状態を再び準備する（図4）。容器壁およびピストンは断熱性であるから，以下の変化において，気体と容器外部の環境との間の熱のやりとりは一切発生しない。また，ピストンおよび仕切板は，図1と同じ配置にある。

左右の気体の状態を乱すことなく，仕切板に非常に小さな孔をあける。すると，左右の気体はこの細孔を通じて互いに移動できるようになる。孔は十分に小さいため，気体の移動はきわめてゆっくりと起きる。そのため，左右のピストンはどちらもつねに力のつり合いを維持したまま，十分にゆっくりと動いた（図5）。やがて，左側にあった気体はすべて右側の領域に移動し，ピストン1は仕切板の位置に到着して静止した。最終的に，右側に集合した気体は新たな熱平衡状態に達した（図6）。このときの気体の状態を状態Ⅳとする。

状態Ⅳにおける気体の体積をV，温度をT'とする。V，T'の間に成り立つ関係式としてもっとも適切なものは［オ］である。

状態Ⅰから状態Ⅳにいたる熱力学的変化を，エネルギーの観点から考察する。まず，気体がピストン1からされた仕事W_1をp_1およびV_1を用いて表すと，$W_1=$［C］である。また，気体がピストン2からされた仕事W_2をp_2，V_2およびVを用いて表すと，$W_2=$［D］である。一方，状態Ⅳにおいて気体全体がもつ内部エネルギーE_{IV}は［カ］である。したがって，気体の内部エネルギーの変化量$\Delta E=E_{\mathrm{IV}}-E_{\mathrm{I}}$を$R$，$T$および$T'$を用いて表すことができる。熱力学第一法則より，$\Delta E$，$W_1$および$W_2$の間には［キ］の関係式が成立する。以上より，状態Ⅳにおける気体の温度T'および体積Vを決定することができる。それらをR, T, V_1, V_2のうち必要なものを用いて表すと, $T' =$ [E] および $V =$ [F] となる。

〔4〕 状態Ⅲと状態Ⅳはどちらも, 状態Ⅰを始めの気体の状態とし, 異なる状態変化の過程をたどって得られた。具体的には, 状態Ⅲは状態Ⅰから環境と熱のやりとりを行う等温変化によって実現された熱平衡状態であり, 状態Ⅳは状態Ⅰから(不可逆変化を含む)断熱変化のみによって実現された熱平衡状態である。〔2〕および〔3〕で得られた結果にもとづくと, 状態Ⅲと状態Ⅳは [ク] 。

[ア] に対する選択肢

① $p_1V_1 = p_2V_2$　② $p_1V_1 = 2p_2V_2$　③ $2p_1V_1 = p_2V_2$

④ $p_1V_2 = p_2V_1$　⑤ $p_1V_1^{\frac{5}{3}} = p_2V_2^{\frac{5}{3}}$　⑥ $p_1V_1^{\frac{3}{5}} = p_2V_2^{\frac{3}{5}}$

[イ], [ウ] に対する選択肢

① $3RT$　② $\frac{3V_1}{V_1 + V_2}RT$　③ $\frac{3V_2}{V_1 + V_2}RT$

④ $\frac{3}{2}RT$　⑤ $\frac{5}{2}RT$　⑥ $\frac{1}{2}RT$

[エ] に対する選択肢

① W　② $-W$　③ $\frac{1}{2}W$

④ $-\frac{1}{2}W$　⑤ $2W$　⑥ 0

オ に対する選択肢

① $p_2V = RT'$　② $p_2V = 2RT'$　③ $2p_2V = RT'$

④ $p_1V = RT'$　⑤ $p_1V = 2RT'$　⑥ $2p_1V = RT'$

カ に対する選択肢

① RT'　② $2RT'$　③ $3RT'$

④ $\frac{3}{2}RT'$　⑤ $\frac{5}{2}RT'$　⑥ $\frac{1}{2}RT'$

キ に対する選択肢

① $\Delta E = W_1 - W_2$　② $\Delta E = -W_1 - W_2$　③ $\Delta E = 2W_1 + W_2$

④ $\Delta E = -W_1 + W_2$　⑤ $\Delta E = W_1 + W_2$　⑥ $\Delta E = 2W_1 - W_2$

ク に対する選択肢

① 温度が異っており，同一の熱平衡状態ではない

② 圧力が異なっており，同一の熱平衡状態ではない

③ 物質量が異なっており，同一の熱平衡状態ではない

④ 体積が異なっており，同一の熱平衡状態ではない

⑤ 状態変化の過程が異なっており，同一の熱平衡状態ではない

⑥ 同一の熱平衡状態である

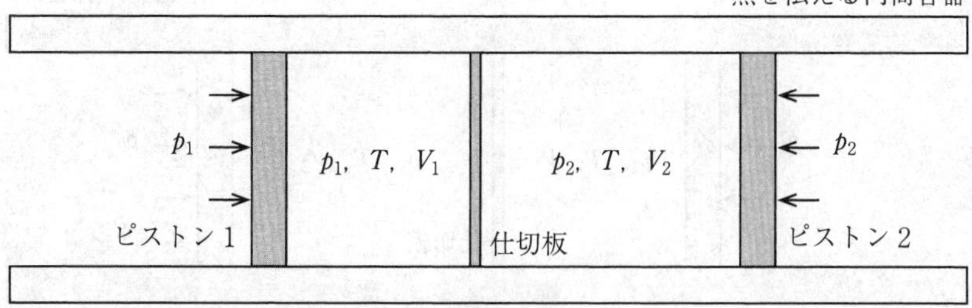

図1

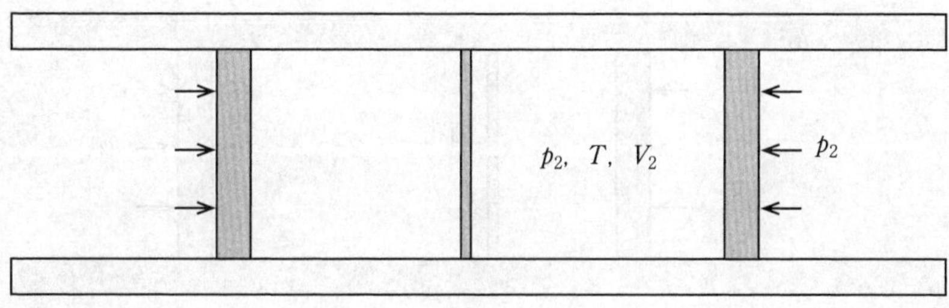

図2

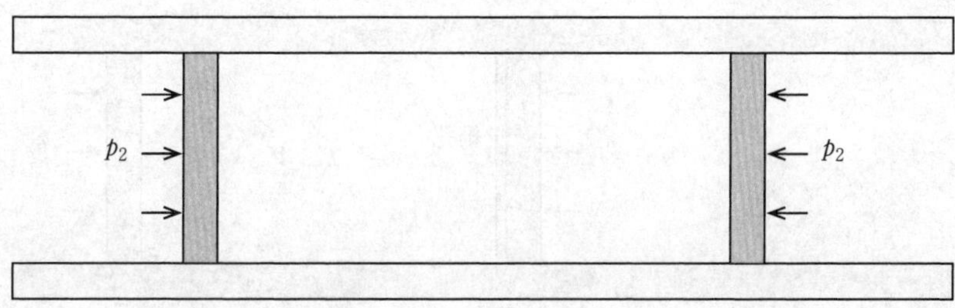

図3

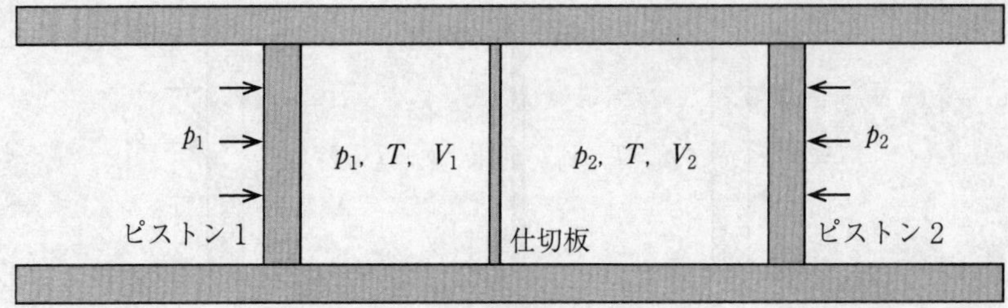

図 4

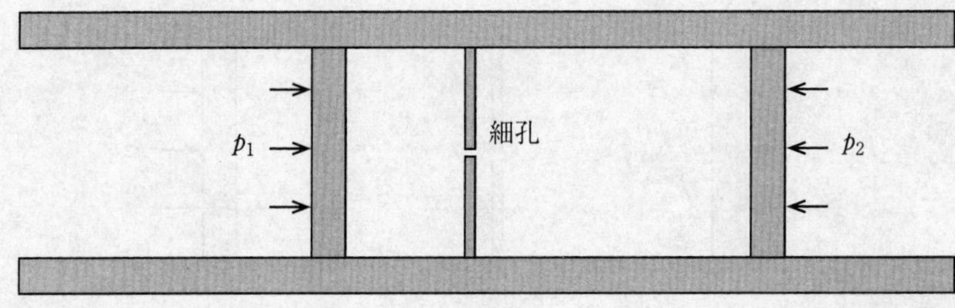

図 5

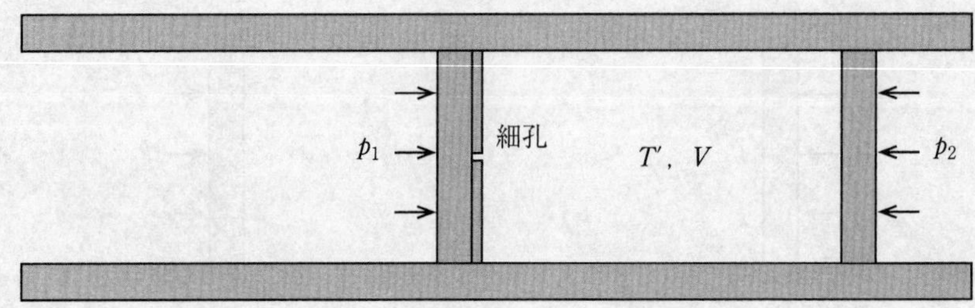

図 6

化学

(80分)

(注)　解答に字数制限がある場合には，句読点も1マスとすること。

I　次の文章を読み，〔1〕～〔6〕の問いに答えよ。ただし，必要に応じて，以下の値を用いよ。

原子量：O = 16.0，Cu = 63.6

アボガドロ定数：6.02×10^{23} /mol

ファラデー定数：9.65×10^{4} C/mol

標準状態の理想気体のモル体積：22.4 L/mol

鉄は体心立方格子，<u>銅は面心立方格子，亜鉛は六方最密構造の結晶構造をとる。</u>(a)体心立方格子の結晶中で，ある原子に近接している他の原子の数は［ あ ］個である。この構造よりも原子が密に詰まっているのが，面心立方格子や六方最密構造である。これらの結晶中で，ある原子に近接している他の原子の数はいずれも［ い ］個である。

鉄は酸化鉄(Ⅲ)Fe_2O_3を炭素で還元することにより製造できる。炭素の燃焼熱が394 kJ/mol，酸化鉄(Ⅲ)の生成熱が824 kJ/molであるとき，鉄が生成する熱化学方程式は次のように表される。

$$2Fe_2O_3 + 3C = 4Fe + 3CO_2 + \boxed{\text{う}}\ \text{kJ}$$

銅を空気中で加熱すると，酸化銅(Ⅱ)になる。酸化銅(Ⅱ)は希硫酸と反応して溶解する。この溶液を濃縮すると［ え ］色の硫酸銅(Ⅱ)五水和物が得られる。硫酸銅(Ⅱ)五水和物は加熱することにより水分子を失い，［ お ］色の硫酸銅(Ⅱ)に変化する。この色の変化は水の検出に使われる。<u>0.100 mol/Lの硫酸銅(Ⅱ)水溶液100 mLを，白金電極を用いて0.500 Aの電流で電気分解したところ，陰極で0.159 gの銅が析出した。</u>(b)

亜鉛を空気中で加熱すると1種類の固体の酸化物 ZnO を生じる。(c)同温同圧で一定体積の空気を用いて，種々の質量の亜鉛を酸化し，反応終了後の質量を測定した。結果をまとめたものが表1に示してある。

表1　亜鉛の質量と反応後の質量

実験	金属亜鉛の質量	反応後の質量
1	0.400 g	0.498 g
2	0.600 g	[A] g
3	0.800 g	0.996 g
4	1.000 g	1.245 g
5	1.400 g	1.720 g
6	1.800 g	[B] g
7	2.200 g	2.520 g

〔1〕 文章中の [あ] および [い] にあてはまる最も適当な数字を下の選択肢の中から選び，その番号を解答用紙にマークせよ。

① 6　② 8　③ 10　④ 12　⑤ 16

〔2〕 文章中の [う] にあてはまる最も適当な数字を下の選択肢の中から選び，その番号を解答用紙にマークせよ。

① 860　② 466　③ 430　④ 358
⑤ −358　⑥ −430　⑦ −466　⑧ −860

〔3〕 文章中の [え] および [お] にあてはまる最も適当な色を下の選択肢の中から選び，その番号を解答用紙にマークせよ。

① 白　② 赤　③ 緑　④ 黄　⑤ 青　⑥ 黒

〔4〕 文章中の下線部(a)について，銅の単位格子の体積は 4.7×10^{-23} cm^3 である。銅の結晶の密度（g/cm^3）を求め，**有効数字2桁**で解答用紙の □ 内に記入せよ。

〔5〕 文章中の下線部(b)について，電気分解を行った時間（秒）を求め，その時間として最も適当な数字を下の選択肢の中から選び，その番号を解答用紙にマークせよ。

① 4.83×10^2　② 9.65×10^2　③ 1.45×10^3
④ 1.93×10^3　⑤ 3.86×10^3

〔6〕 文章中の下線部(c)について，表1の結果をもとにして，（i）～（iii）の問いに答えよ。

（i） 使用した空気の標準状態における体積（L）を求め，**有効数字3桁**で解答用紙の □ 内に記入せよ。ただし，空気は理想気体で窒素と酸素だけの混合物とし，窒素と酸素の体積比は4：1とする。

（ii） 表中の A および B にあてはまる数値を求め，**小数点以下3桁までの数字**を解答用紙の □ 内に記入せよ。

（iii） 亜鉛の酸化物の組成式はZnOである。この実験から求められる亜鉛の原子量として最も近い値を下の選択肢の中から選び，その番号を解答用紙にマークせよ。

① 58.7　② 65.4　③ 69.7　④ 72.6　⑤ 79.0

Ⅱ　次の文章を読み，〔1〕～〔4〕の問いに答えよ。ただし，必要に応じて，以下の値を用いよ。

原子量：H = 1.0，C = 12，O = 16，S = 32

平方根の値：$\sqrt{0.50} = 0.70$，$\sqrt{5.0} = 2.2$

水のイオン積：$K_w = [H^+][OH^-] = 1.0 \times 10^{-14}\ (mol/L)^2$

非金属元素である硫黄は，火山地帯で天然にも単体として産出され，単体は古くから火薬の原料やマッチの着火燃料などに使われてきた。硫黄の単体は，常温では斜方硫黄の結晶として存在することが多いが，他にも単斜硫黄やゴム状硫黄などの多くの［ あ ］が存在することが知られている。

硫黄の酸化物にはさまざまな化合物がある。二酸化硫黄 SO_2 は，火山ガスなどにも含まれており刺激臭をもつ［ い ］色の有毒な気体である。(a)二酸化硫黄は酸化剤と還元剤の両方のはたらきをする物質としても知られている。二酸化硫黄を原料として，接触式硫酸製造法（接触法）により工業的に硫酸 H_2SO_4 が製造されている。濃硫酸（濃度98％）は，無色で粘性も高い液体である。この濃硫酸の性質には，不揮発性・吸湿性・酸化作用および［ う ］などがある。

また，火山の噴出口からは硫黄と水素の化合物である硫化水素 H_2S も発生しており，この硫化水素は［ え ］臭をもつ有毒な気体として有名である。実験室では，硫化鉄(Ⅱ)に［ お ］を加えて得ることができる。

硫化水素は，水に溶けて弱酸性を示す。そこで，(b)硫化水素水の水素イオン濃度について考えてみると，硫化水素は水溶液中で次の2段階で電離している。

$$H_2S \overset{K_1}{\rightleftarrows} H^+ + HS^- \qquad K_1 = \frac{[H^+][HS^-]}{[H_2S]} = 1.0 \times 10^{-7}\ mol/L$$

$$HS^- \overset{K_2}{\rightleftarrows} H^+ + S^{2-} \qquad K_2 = \frac{[H^+][S^{2-}]}{[HS^-]} = 1.0 \times 10^{-14}\ mol/L$$

$[H^+]$ は，K_1 と K_2 の大きさを比較すると第1段階の電離でほぼ決まると考えてよい。そこで，電離前の硫化水素の濃度を C mol/L とし，第1段階の電離度を α とすると，水素イオン濃度は $C\alpha$ mol/L となり，電離後の硫化水素の濃度は $C(1-\alpha)$ mol/L となる。ここで，α は十分に小さいので $1-\alpha \fallingdotseq 1$ とおくと，K_1 は次のように表すことができる。

$$K_1 = \boxed{\text{A}} = 1.0 \times 10^{-7}\ \text{mol/L}$$

したがって，硫化水素の濃度 C が 0.10 mol/L のときの pH は $\boxed{\text{B}}$ となる。

さらに，硫化水素水中の硫化物イオンの濃度は，硫化水素の２段階の電離式をまとめた次の電離平衡を表す式から考えることができる。

$$H_2S \overset{K}{\rightleftarrows} 2H^+ + S^{2-}$$

$$K = \frac{[H^+]^2[S^{2-}]}{[H_2S]} = \frac{[H^+][HS^-]}{[H_2S]} \cdot \frac{[H^+][S^{2-}]}{[HS^-]} = K_1K_2 = 1.0 \times 10^{-21}\ (\text{mol/L})^2$$

この式から，硫化物イオン S^{2-} の濃度は pH によって変化することがわかる。

〔1〕 文章中の $\boxed{\text{あ}}$ ～ $\boxed{\text{お}}$ にあてはまる最も適当な語句を下の選択肢の中から選び，その番号を解答用紙にマークせよ。

① 同位体	② 同素体	③ 同族体
④ 黄	⑤ 淡緑	⑥ 無
⑦ 強酸性	⑧ 脱水作用	⑨ 緩衝作用
⑩ 果実	⑪ 腐卵	⑫ 芳香
⑬ アンモニア水	⑭ 過酸化水素水	⑮ 希硫酸

〔2〕 文章中の下線部(a)について，二酸化硫黄 SO_2 が酸化剤としてはたらいている化学反応を下の選択肢の中から**すべて**選び，その番号を解答用紙にマークせよ。

① $H_2O + SO_2 \longrightarrow H_2SO_3$

② $H_2O_2 + SO_2 \longrightarrow H_2SO_4$

③ $CaO + SO_2 \longrightarrow CaSO_3$

④ $2H_2S + SO_2 \longrightarrow 2H_2O + 3S$

⑤ $NO_2 + SO_2 \longrightarrow NO + SO_3$

⑥ $2NaOH + SO_2 + S \longrightarrow Na_2S_2O_3 + H_2O$

〔3〕 文章中の下線部(b)の硫化水素水について，（i）～（iii）の問いに答えよ。

（i） 文章中の **A** にあてはまる最も適当な式を下の選択肢の中から選び，その番号を解答用紙にマークせよ。

① α　　② α^2　　③ $C\alpha$　　④ $C\alpha^2$　　⑤ $C^2\alpha$

（ii） 文章中の **B** にあてはまる最も適当な pH の値を下の選択肢の中から選び，その番号を解答用紙にマークせよ。

① 1　　② 2　　③ 3　　④ 4　　⑤ 5　　⑥ 6

（iii） $Fe(NO_3)_2$，$Zn(NO_3)_2$，$Pb(NO_3)_2$ の3種類の化合物について，それぞれの濃度が 0.10 mol/L で pH = 2.0 の水溶液を3本の試験管に用意した。それぞれの水溶液に十分な量の硫化水素を通じて飽和させた。このとき，生じる沈殿を下の選択肢の中から**すべて**選び，その番号を解答用紙にマークせよ。3本とも沈殿が生じない場合は④をマークすること。

ただし，硫化水素の飽和濃度は 0.10 mol/L とし，FeS，ZnS，PbS の溶解度積は，それぞれ $3.7 \times 10^{-19}\ (\mathrm{mol/L})^2$，$2.5 \times 10^{-22}\ (\mathrm{mol/L})^2$，$3.4 \times 10^{-28}\ (\mathrm{mol/L})^2$ とする。

① FeS　　② ZnS　　③ PbS　　④ なし

〔4〕 硫酸について，（i）～（iii）の問いに答えよ。

（i） 濃硫酸（濃度 98 %，密度 1.84 g/cm^3）を希釈して，0.10 mol/L の希硫酸を 1.0 L つくるのに必要な濃硫酸の体積（mL）を求め，**有効数字2桁**で解答用紙の □ 内に記入せよ。

（ii） 0.20 mol/L のアンモニア水 2.0×10 mL を 0.10 mol/L の希硫酸で中和滴定した。中和点に達するまでに必要な希硫酸の体積（mL）を求め，**有効数字2桁**で解答用紙の □ 内に記入せよ。

（iii）（ii）の中和滴定の中和点における水素イオン濃度（mol/L）を求め，**有効数字2桁**で解答用紙の［　　］内に記入せよ。

ただし，アンモニアの電離定数 K_b は次のように表される。

$$K_b = \frac{[NH_4^+][OH^-]}{[NH_3]} = 2.0 \times 10^{-5}\ \mathrm{mol/L}$$

Ⅲ　次の文章を読み，〔1〕～〔6〕の問いに答えよ。ただし，必要に応じて，以下の値を用いよ。

原子量：H = 1.0，C = 12，O = 16

加熱した濃硬酸にエタノールを加えると，反応温度により異なった化合物が生成する。例えば，160 ～ 170 ℃で加熱すると分子内で反応が起こり［あ］を生成するが，130 ～ 140 ℃で加熱すると分子間で反応が起こり［い］を生じる。

また，硫酸酸性の二クロム酸カリウム水溶液にエタノールを加えて加熱すると，（1）式の反応が進み，アセトアルデヒドが生成する。

$$\boxed{A}\ C_2H_5OH + \boxed{B}\ H_2SO_4 + \boxed{C}\ K_2Cr_2O_7 \longrightarrow$$
$$\boxed{A}\ CH_3CHO + \boxed{C}\ K_2SO_4 + \boxed{C}\ Cr_2(SO_4)_3 + \boxed{D}\ H_2O \quad (1)$$

(a)この反応を利用してエタノールからアセトアルデヒドを合成する実験を図1の装置を用いて行った。この実験では，温水の温度は50 ℃とし，試験管2にはあらかじめ少量の水を入れておいた。なお，エタノールとアセトアルデヒドの沸点は，それぞれ78.4 ℃および20.2 ℃である。

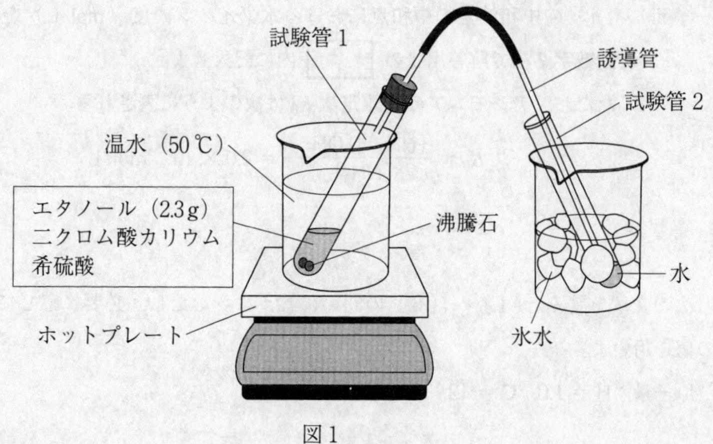

図1

アセトアルデヒドは硫酸酸性の二クロム酸カリウム水溶液中ではさらに酸化されるため，この反応を利用して酢酸を合成することができる。工業的には，アセトアルデヒドはパラジウム触媒を使用して［　あ　］を酸化することで生産されており，防腐剤や合成樹脂の原料として用いられる。

アセトアルデヒドのようにホルミル基を有する化合物は反応性に富むことが知られている。例えば，ホルムアルデヒドを青色のフェーリング液に加えて加熱すると，(b)<u>赤色の沈殿が析出する</u>。

(c)<u>グルコースは水溶液中では，一部の分子の六員環構造が開いてホルミル基をもつ鎖状構造となっている</u>。したがって，グルコースとフェーリング液を反応させると，ホルムアルデヒドと同様に赤色の沈殿が析出する。これらの反応は，いずれもホルミル基の還元性によるものである。一方，(d)<u>グルコース水溶液に酵母を加えると，酵素のはたらきによりエタノールを生じる</u>。

〔1〕 文章中の［　あ　］および［　い　］にあてはまる最も適当な化合物名を下の選択肢の中から選び，その番号を解答用紙にマークせよ。

① エチレン　　② アセチレン　　③ ジメチルエーテル

④ アセトン　　⑤ 酢酸エチル　　⑥ ジエチルエーテル

〔2〕 文章中の反応式（1）の [A] ～ [D] にあてはまる最も適当な係数を下の選択肢の中から選び，その番号を解答用紙にマークせよ。

① 1　② 2　③ 3　④ 4
⑤ 5　⑥ 6　⑦ 7　⑧ 8

〔3〕 文章中の下線部(a)について，（ｉ）～（iii）の問いに答えよ。

（ｉ） この実験で使用する2.3gのエタノールがすべてアセトアルデヒドに酸化されるとして，生成するアセトアルデヒドの質量（g）を求め，**有効数字2桁**で解答用紙の [　　] 内に記入せよ。

（ii） この実験に関する記述として，**誤っているもの**を下の選択肢の中から**すべて**選び，その番号を解答用紙にマークせよ。

① アセトアルデヒドは試験管2に捕集され，水溶液として取り出すことができる。

② 試験管2を氷水で冷却するのは，アセトアルデヒドがそれ以上反応することを防ぐためである。

③ この実験を冷水（10℃）中で行うと，50℃の温水中で行ったときと同程度の物質量のアセトアルデヒドを試験管1から取り出すことができるが，温水中で行った場合よりかなり長い時間が必要である。

④ （1）式の反応が進行していることは，試験管1内の溶液が橙赤色から緑色へ変化することで判断できる。

⑤ 試験管1に沸騰石を入れるのは，突沸を防ぐためである。

⑥ アセトアルデヒドを効率よく捕集するために，誘導管の先端は試験管2の水の中につけておくべきである。

⑦ 反応に用いる希硫酸を調製するときは，まず一定量の水をビーカーにとり，そこに必要な量の濃硫酸を撹拌しながらゆっくりと加えなければならない。

⑧ アセトアルデヒドとエタノールは分子量がほぼ同じであるが，エタノールの沸点はアセトアルデヒドよりかなり高い。これは，エタノール

にはアセトアルデヒドより強い分子間力がはたらくことが主な原因である。

(iii) エタノールのかわりに，2-プロパノールおよび2-メチル-2-プロパノールを用いて，硫酸酸性の二クロム酸カリウム水溶液中で同様の反応を行う場合に，それぞれのアルコールから得られる物質の構造を，解答例にならって解答用紙の □ 内に記入せよ。ただし，**反応が進まない場合は大きく×印を記入せよ。**

(解答例)

$$CH_3-\overset{\overset{\displaystyle O}{\|}}{C}-O-CH_2-CH_3$$

〔4〕 文章中の下線部(b)について，この沈殿の化学式を解答用紙の □ 内に記入せよ。

〔5〕 文章中の下線部(c)について，鎖状構造のグルコースは一般式 R-CHO で表すことができる。この構造について（i）および（ii）の問いに答えよ。

（i） R-CHO はハース式では図2のように表される複数の不斉炭素原子を含む化合物である。不斉炭素原子に結合している4つの置換基の空間的な配置を区別して，平面的に表記する別の方法にフィッシャー投影式がある。例として，乳酸のフィッシャー投影式を図3の右に示す。図3の左のように，四面体の中心にある不斉炭素原子を紙面上に置き，左右の原子（団）が紙面の手前に，上下の原子（団）が紙面の奥に配置されるようにした場合，フィッシャー投影式は図3の右のように表される。すなわち，フィッシャー投影式では，不斉炭素原子の左右の原子（団）は紙面の手前に，上下の原子（団）は紙面の奥に位置すると考える。不斉炭素原子が複数ある場合は，それぞれについて，上下に位置する原子が紙面の奥側に存在し，左右に位置する原子は紙面の手前に出ているものとして表現することができる。フィッシャー投影式で示したRの構造式として最も適当なものを下の選択肢の中から選び，その番号を解答用紙にマークせよ。

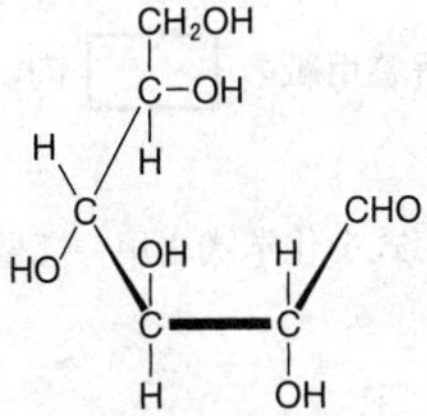

CH₂OH
C−OH
H
H
C
HO
OH
H
CHO
C
C
H
OH

図２

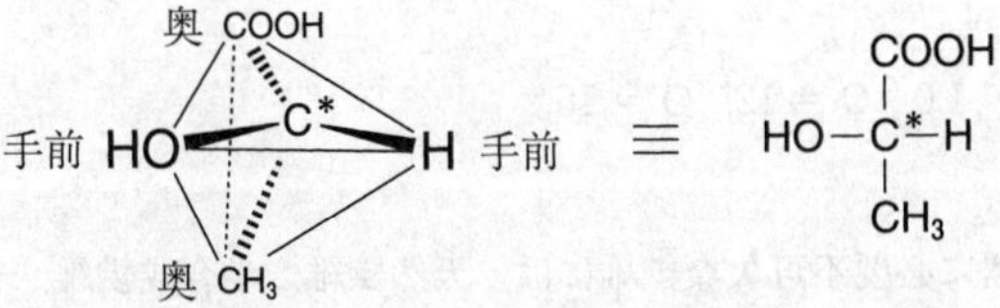

奥 COOH
C*
手前 HO　H 手前　≡　HO−C*−H
奥 CH₃

COOH
HO−C*−H
CH₃

図３（＊は不斉炭素原子を表す）

①
HO−C−H
H−C−OH
H−C−OH
H−C−OH
CH₂OH

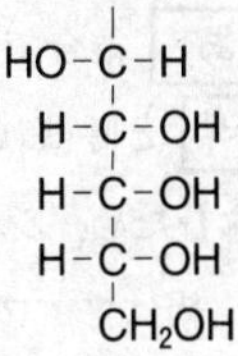

②
HO−C−H
HO−C−H
H−C−OH
H−C−OH
CH₂OH

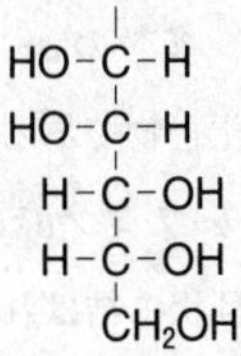

③
H−C−OH
HO−C−H
H−C−OH
H−C−OH
CH₂OH

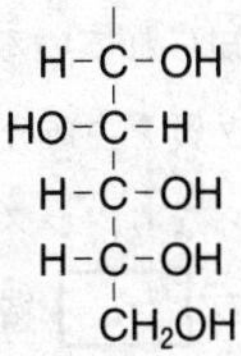

④
H−C−OH
HO−C−H
H−C−OH
HO−C−H
CH₂OH

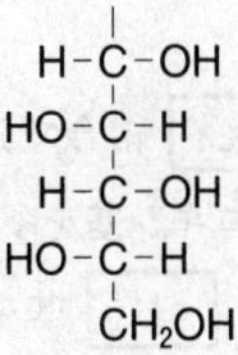

⑤
H−C−OH
H−C−OH
HO−C−H
H−C−OH
CH₂OH

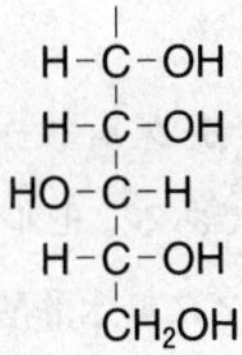

⑥
H−C−OH
H−C−OH
H−C−OH
HO−C−H
CH₂OH

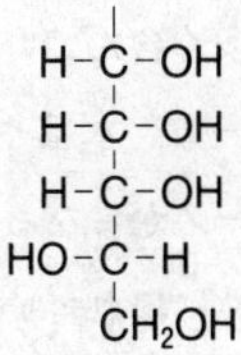

（ii）　鎖状構造のグルコースの立体異性体の数として最も適当な数字を下の選択肢の中から選び，その番号を解答用紙にマークせよ。

①　6　　②　8　　③　10　　④　12

⑤　14　　⑥　16　　⑦　18　　⑧　20

〔6〕 文章中の下線部(d)について，（ｉ）および（ⅱ）の問いに答えよ。

（ｉ） この反応の名称を解答用紙の［　　］内に記入せよ。

（ⅱ） この反応の化学反応式を化学式を用いて解答用紙の［　　］内に記入せよ。

Ⅳ 次の文章を読み，〔1〕～〔9〕の問いに答えよ。ただし，必要に応じて，以下の値を用いよ。

原子量：H = 1.0, C = 12, O = 16

私たちの生活に必要不可欠な繊維には，天然繊維，半合成繊維，合成繊維などがある。

天然繊維としては，羊毛，絹などの動物性繊維や木綿，麻などの植物性繊維が広く知られている。羊毛や絹は，多数のα-アミノ酸が［あ］結合で連なったタンパク質を主成分とする高分子化合物である。羊毛は［い］と呼ばれるタンパク質からなり，システインというα-アミノ酸を比較的多く含むため，システインどうしの［う］結合によって網目状に結ばれている。また，絹はフィブロインと呼ばれるタンパク質からなり，(a)グリシン，アラニン，セリンなどのα-アミノ酸を比較的多く含んでいる。

一方，木綿や麻は，多数のβ-グルコース単位が［え］結合で連なったセルロースからなる高分子化合物である。セルロースはヒドロキシ基を多数もつため吸湿性に優れている。セルロースに無水酢酸を作用させて［お］基を導入すると，［か］と呼ばれる繊維になる。このように，天然繊維の官能基の一部を化学変化させて得られる繊維が半合成繊維である。

合成繊維は，石油などから得られる低分子量の化合物（単量体）を重合させてつくられる。生産量の多い合成繊維には，アクリル繊維，ナイロン，ポリエステルがある。アクリル繊維の主成分は，アセチレンと(b)シアン化水素から合成した［き］と呼ばれる単量体を重合してつくられる高分子化合物であり，羊毛に似た肌触りをもっている。ナイロンは，天然繊維である絹の合成を目指して開発された繊維である。その代表的な(c)ナイロン66は，アジピン酸とヘキサメチレンジアミンを重合させてつくられる。また，(d)ナイロン6はε-カプロラクタム $C_6H_{11}ON$ に少量の水を加えて［く］重合させて得られる。ポリエステルは分子内に多数のエステル結合をもつ高分子化合物で，代表的なものにポリエチレンテレフタラートがある。(e)ポリエチレンテレフタラートは，テレフタル酸とエチレングリコールを重合させてつくられ，強度が大きくしわになりにくい繊維として広く利用されている。

〔1〕文章中の［あ］，［う］および［え］にあてはまる最も適当な語句を下の選択肢の中から選び，その番号を解答用紙にマークせよ。

① イオン　② 配位　③ アミド
④ エステル　⑤ エーテル　⑥ ジスルフィド

〔2〕文章中の［い］，［お］および［か］にあてはまる最も適当な語句を下の選択肢の中から選び，その番号を解答用紙にマークせよ。

① アミノ　② アセチル　③ ニトロ　④ デキストリン
⑤ キュプラ　⑥ アセテート　⑦ アルブミン　⑧ コラーゲン
⑨ ケラチン　⑩ カゼイン

〔3〕文章中の［き］にあてはまる最も適当な化合物名を解答用紙の［　］内に記入せよ。

〔4〕文章中の［く］にあてはまる最も適当な語句を**漢字2文字**で解答用紙の［　］内に記入せよ。

〔5〕文章中の下線部(a)について，(i)および(ii)の問いに答えよ。

(i) セリンの示性式は $HOCH_2-CH(NH_2)-COOH$ で表される。セリンに関する記述として**誤っているもの**を下の選択肢の中から**1つ**選び，その番号を解答用紙にマークせよ。

① 1対の鏡像異性体が存在する。

② 水には溶けにくいがエーテルによく溶ける。

③ メタノールと反応してエステルになる。

④ 無水酢酸と反応してエステルになる。

⑤ 無水酢酸と反応してアミドになる。

(ii) グリシン，アラニン，セリンの3種類のアミノ酸からなるトリペプチドには構造異性体が何種類考えられるか。その数として最も適当なものを下の選択肢の中から選び，その番号を解答用紙にマークせよ。

① 3　② 6　③ 9　④ 12

⑤ 15　⑥ 18　⑦ 21　⑧ 24

〔6〕 文章中の下線部(b)のシアン化水素の電子式を，解答例にならって解答用紙の □ 内に記入せよ。

(解答例)

$$:\ddot{O}::C::\ddot{O}:$$

〔7〕 文章中の下線部(c)について，ナイロン66の原料であるアジピン酸は，フェノールを高温・高圧下でニッケルなどの触媒を用いて水素と完全に反応させて化合物**X**とし，これを適当な酸化剤で酸化してつくられている。この**X**の化合物名を化合物命名法に基づいて解答用紙の □ 内に記入せよ。

〔8〕 文章中の下線部(d)のナイロン6について，ナイロン6を完全に加水分解して得られる化合物**Y**は，塩酸にも水酸化ナトリウム水溶液にも溶ける。塩酸に溶けたときの溶液中における**Y**のイオン式を，解答例にならって解答用紙の □ 内に記入せよ。

(解答例)

$$HO-(CH_2)_3-COO^-$$

〔9〕 文章中の下線部(e)について，（i）～（iii）の問いに答えよ。ただし，テレフタル酸およびエチレングリコールの分子量は166および62である。

（i） ポリエチレンテレフタラートを1000 gつくるのに必要なテレフタル酸の理論上の質量（g）に最も近い値を下の選択肢の中から選び，その番号を解答用紙にマークせよ。

① 564　② 642　③ 728　④ 865　⑤ 916

（ii） 分子量が5.76×10^4のポリエチレンテレフタラート1分子中に含まれるエステル結合の個数に最も近い値を下の選択肢の中から選び，その番号を解答用紙にマークせよ。

① 200　② 300　③ 400　④ 500　⑤ 600

（iii） ポリエチレンテレフタラート0.474 gを適当な溶媒に溶かして1.0×10^2 mLの溶液をつくった。この溶液を5.0×10 mL取り，2.5×10^{-3} mol/Lの水酸化ナトリウムのエタノール溶液で滴定したところ，1.58 mLを要した。このポリエチレンテレフタラートの分子量を求め，**有効数字2桁**で解答用紙の［　　］内に記入せよ。ただし，ポリエチレンテレフタラートは1分子当たり1個のカルボキシ基を末端にもち，この条件下では加水分解は起こらないものとする。

生物

(80分)

(注) 解答に字数制限がある場合には，句読点の1字分も1マスとすること。

I 次の（文1），（文2）を読み，〔1〕～〔7〕の問いに答えよ。

（文1）

親の形質が子や孫に伝えられることを遺伝という。DNAは，(a)リン酸と糖，塩基からなるヌクレオチドが鎖状につながった分子で，生物の遺伝情報を塩基の配列として保持している。細胞に含まれるタンパク質の機能はその特有な立体構造に依存し，(b)立体構造はタンパク質のアミノ酸配列によって決められる。タンパク質が合成されるときに，3つの塩基の組合せが1つのアミノ酸を規定することから，DNAの塩基配列はタンパク質の設計図に例えられ，その情報が安定的に子孫に伝えられることはDNA分子の構造に関係している。DNAの二重らせん構造は，2本のポリヌクレオチド鎖が逆向きにより合わさってできている。2本の鎖から突き出した塩基は，らせんの内側で［あ］結合によりアデニンはチミンと，グアニンはシトシンとそれぞれ特異的な塩基対を形成している。DNAが複製されるときは2本鎖が1本ずつに分離し，それぞれが鋳型となって［い］な新しい鎖を合成し，全く同一な2組の2本鎖DNAを形成する。こうした複製の仕組みを［う］複製という。(c)複製されたDNAは細胞分裂で生じた2つの娘細胞に均等に分配される。

(d)DNAの情報をもとにタンパク質が合成されることを遺伝子の発現という。多細胞生物は，もともと1つの受精卵から細胞分裂を繰り返してできた多数の細胞からできている。それぞれの細胞が同じ遺伝情報を受け継ぎながら細胞分化によって特定の形状や機能をもつようになるのは，細胞毎に異なる遺伝子を発現するためである。遺伝子発現は［え］などの細胞外刺激によって調節されている。昆虫の変態がエクジステロイドと呼ばれる［え］によって誘導されるのは，その一例である。

〔1〕 文章中の [あ] ～ [え] にあてはまる語句を，解答用紙の [ ] 内に記入せよ。

〔2〕 下線部(a)に関して，DNA と RNA を構成している糖の違いを，30字以内で解答用紙の [ ] 内に記入せよ。

〔3〕 下線部(b)のタンパク質の立体構造のうち，複数のポリペプチドが集合してできる複合体全体の構造を何というか。解答用紙の [ ] 内に記入せよ。

〔4〕 下線部(c)に関する記述として，適当なものを下の選択肢の中からすべて選び，その番号を解答用紙にマークせよ。

① 体細胞分裂における細胞周期は，G_1 期，G_2 期，S 期，M 期の順に進行する。

② DNA にヒストンが結合したビーズ状の構造をリソソームといい，これが数珠状につながってクロマチンを形成する。

③ 核内の染色体が凝集した後に，DNA の複製が開始される。

④ M 期の中期に染色体が細胞中央の赤道面に並び，後期に微小管の働きによって両極に移動する。

⑤ 肝細胞や神経細胞のような分裂を停止した細胞は G_1 期から G_0 期に移行すると考えられている。

⑥ 細胞分裂の期間を通して，1つの細胞に含まれる DNA の量は常に一定である。

〔5〕 下線部(d)の DNA からタンパク質が合成される過程について，次の問いに答えよ。

(ア) 真核生物では，1つの遺伝子から塩基配列の異なる複数種類の mRNA が作り出されることがある。これを何というか。解答用紙の [ ] 内に記入せよ。

(イ) 図1は，5つのエキソンからなる遺伝子から2種類のタンパク質が生成される過程を模式的に表している。このうち，エキソン1はタンパク質中のアミノ酸の情報を含んでいない。表に示したエキソン 2 ～ 5 までの塩基配列をもとに，タンパク質 1 と 2 に含まれるアミノ酸の数はいくつか。下の選択肢の中から正しいものをそれぞれ 1 つ選び，その番号を解答用紙にマークせよ。ただし，開始コドンは AUG，終止コドンは UAA，UGA および UAG である。

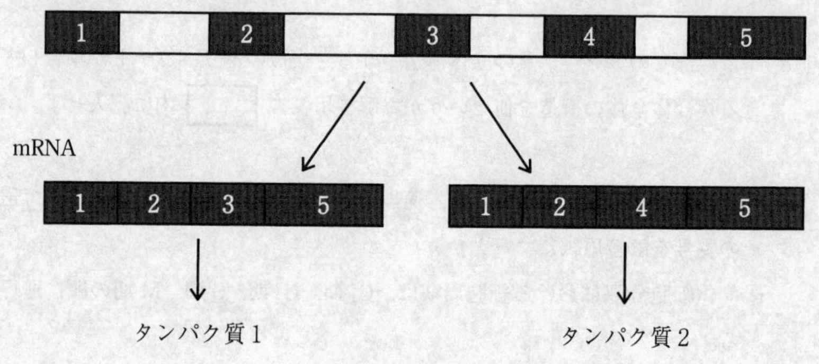

図 1

表

エキソン 2	5'-ATATGAGCCTG-3' 3'-TATACTCGGAC-5'
エキソン 3	5'-GTTAGGTC-3' 3'-CAATCCAG-5'
エキソン 4	5'-CGTCATT-3' 3'-GCAGTAA-5'
エキソン 5	5'-AAGCTGACCCTAAGC-3' 3'-TTCGACTGGGATTCG-5'

① 3　② 4　③ 5
④ 6　⑤ 7　⑥ 8

(ウ) 上記 2 つのタンパク質のアミノ酸の数が異なるのはなぜか。その理由を 40 字以内で解答用紙の □ 内に記入せよ。

（文2）

ある生物の特定の遺伝子を含むDNA断片を取り出し，それを別のDNAにつないで細胞に導入することを遺伝子組換えという。遺伝子組換えを可能とする技術は今から50年程前にその基礎が築かれ，その後，細胞を取り扱う技術や人工的にタンパク質を設計して作り出す技術などに応用された。このようなバイオテクノロジーは，生命科学の進歩に多大な影響を与えただけでなく，(e)医療や農業を含めた多くの分野で私たちの暮らしを豊かにしている。

生物個体の全遺伝情報をゲノムという。ヒトゲノムの全塩基配列が解読された今日においてもすべての遺伝子機能が明らかになっているわけではない。特定の遺伝子を細胞に導入して発現させる，あるいは特定の遺伝子を破壊して発現させないようにして，(f)遺伝子機能の解明が試みられている。

〔6〕 下線部(e)のバイオテクノロジーの医療への応用に関する次の問いに答えよ。

(ア) 毒性を弱めた病原体やそのタンパク質を接種し，病原体の排除に働く抗体をつくる能力を予め高めることにより，感染症にかかりにくくする方法がある。近年，病原体そのものの代わりにDNAやRNAを使ったワクチンが開発され，実用化されている。RNAを使ったワクチンが効果的に作用する機構について，最も適当なのはどれか。下の選択肢の中から1つ選び，その番号を解答用紙にマークせよ。

① 接種されたRNAに対する特異的抗体が産生される。

② 接種されたRNAが転写されたものが抗体になる。

③ 接種されたRNAが翻訳されたものが抗体になる。

④ 接種されたRNAが転写されてできた抗原タンパク質に対する抗体が産生される。

⑤ 接種されたRNAが翻訳されてできた抗原タンパク質に対する抗体が産生される。

(イ) 図2は抗体（免疫グロブリン）の構造を模式的に表している。抗体に関する文章のうち正しいものはどれか。下の選択肢の中からすべて選び，その番号を解答用紙にマークせよ。

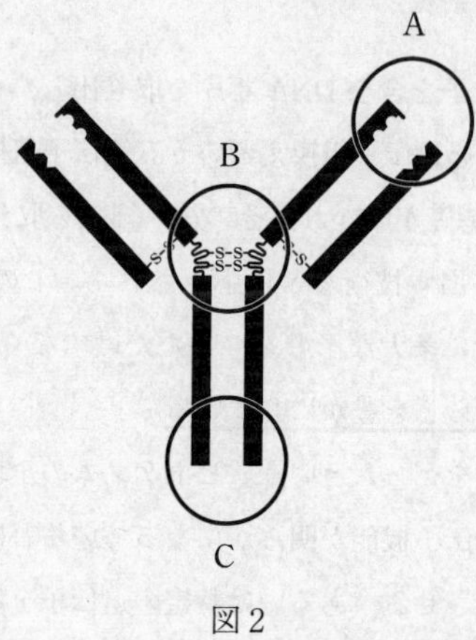

図2

① 免疫グロブリンは，H鎖とL鎖の2種類のポリペプチドが結合したタンパク質である。

② 様々な抗原分子への結合能を獲得するために，抗体産生細胞が成熟する過程で免疫グロブリン遺伝子が再編成される。

③ 抗原と特異的な結合をするのは，図2のBの領域である。

④ 抗体に結合した病原体を除去するマクロファージへの結合には，図2のCの領域が関与する。

〔7〕 下線部(f)の遺伝子解析手法に関する次の問いに答えよ。

(ア) ゲノム中の特定の配列を認識するRNA（ガイドRNA）とDNAを切断する酵素を共に用いることにより，ゲノム配列の一部を削除，挿入，置換する技術を何というか。解答用紙の □ 内に記入せよ。

(イ) ヒトゲノムのサイズは約 3×10^9 塩基対である。目的とする場所に上記ガイドRNAが正しく結合するために，その長さは少なくとも何塩基必要か。正しいものを下の選択肢の中から1つ選び，その番号を解答用紙にマークせよ。ただし，RNAは4種類の塩基から構成されているため，5塩基の長さで1024種類の異なる配列をつくることができる。

① 14塩基　　② 15塩基　　③ 16塩基

④ 17塩基　　⑤ 18塩基　　⑥ 19塩基

(ウ) 1998年に発見された植物やセンチュウなど多くの生物に元々備わっている遺伝子発現制御機構を応用した，目的の遺伝子の一部と同じ短いRNAを人工的に導入してmRNAを分解する方法を何というか。正しいものを下の選択肢の中から1つ選び，その番号を解答用紙にマークせよ。

① トランスジェニック　② クローニング　③ サンガー法

④ 遺伝子ノックアウト　⑤ PCR法　⑥ RNA干渉

⑦ 電気泳動

(エ) ある果物の果肉部分の細胞では，図3の化学反応経路により色素分子D〜Fが生合成されている。①〜⑤は，それぞれの反応を触媒する酵素である。

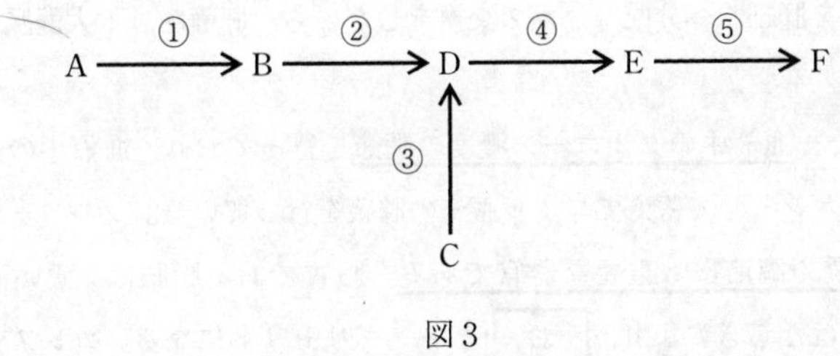

図3

栄養価が高い色素Dの含有量の多い果物をバイオテクノロジーを利用して作製した。(ウ)の操作の対象となる酵素の遺伝子として最も適しているものはどれか。その番号を解答用紙にマークせよ。ただし，図中の酵素はいずれもA〜Fの化合物によってその反応に影響を受けないものとする。

Ⅱ　次の文章を読み，〔1〕～〔5〕の問いに答えよ。

肝臓は，成人では1～2kgかそれ以上の重さがあり，体内で最も大きな器官である。肝臓には，肝門脈と［あ］という異なる2つの血管を通して血液が流れ込んでいる。(a)肝門脈は胃や［い］からくる太い静脈で，［い］やひ臓を循環して栄養分を豊富に取り込んだ静脈血を肝臓へ運んでいるが，［う］はほとんど消費し尽くされた血液が流れている。それでは肝臓の細胞が呼吸できないので肝門脈は，心臓からくる［あ］と合流して肝臓に［う］を供給する。肝臓へ流入する全血液量の30%は，［あ］からくる血液である。血液は，肝臓内で2つの血管が合流したあとに毛細血管を経由して，直径1mmほどの大きさの［え］に流れる。そのあと栄養素を肝細胞へ分配し，ガス交換をしたのち，肝静脈，下大静脈を経て心臓にもどる。

また肝臓は，(b)血液中のグルコース濃度の調節を行っており，血液中のグルコースをグリコーゲンとして蓄えてエネルギーの貯蔵を行っている。グルコース濃度のほかに，(c)脂質の調節にも重要な器官である。脂質である脂肪は，すい液中のリパーゼなどのはたらきにより，［お］とモノグリセリドになる。コレステロール由来の［か］酸は肝臓で合成され，脂肪の消化を促進する。［か］の主要構成成分には，［か］酸，赤血球の主成分であるヘモグロビンが分解され生成する［き］やコレステロールが含まれる。［か］は最終的に［く］に分泌される。タンパク質は消化管でアミノ酸に分解され，全身の細胞で(d)脱アミノ反応によって生じる［け］が遊離する。［け］は生体にとって有害な物質であるため，肝臓で［こ］に代謝され，解毒される。

〔1〕　文章中の［あ］～［こ］にあてはまる語句を，解答用紙の［　］内に記入せよ。

〔2〕　下線部(a)に関して，次の問いに答えよ。

(ア)　下の図1は肝臓における血管の結びつきを示している。肝門脈，［あ］および肝静脈の血管はどれか。図中の①～⑥からそれぞれ1つずつ選び，その番号を解答用紙にマークせよ。

(イ) 図1中の胸腔と腹腔を隔てる膜Aが，けいれんしふるえると起こる現象は何か。解答用紙の [　　] 内に記入せよ。

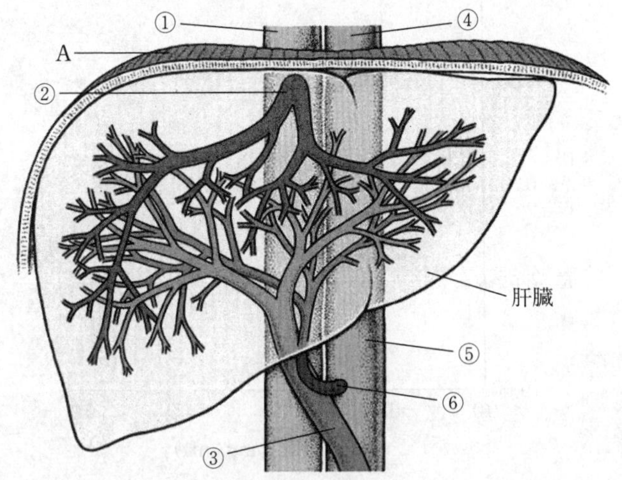

図1　肝臓における血管の結びつき

〔3〕 下線部(b)に関して，健常者における反応として正しい記述はどれか。下の選択肢の中から1つ選び，その番号を解答用紙にマークせよ。

① 食事をとると，異化作用により肝臓にグリコーゲンが蓄積する。

② 激しい運動をすると，同化作用が進む。

③ 空腹時の血糖の濃度は，およそ200 mg/100 mL に維持されている。

④ 肝臓はタンパク質からもグルコースをつくることができる。

⑤ 食事をとってから血糖の濃度が一定に戻るまで6時間以上かかる。

〔4〕 下線部(c)に関して，次の問いに答えよ。

(ア) 肝臓に含まれる脂肪含量を測定した。まず，脂肪濃度の異なる標準液1mLから，酵素法により得られた吸光度を図2のようにプロットした(●印)。マウスの肝臓を摘出し，肝臓小片の50 mg をイソプロパノールに溶かして全量を1 mL にした。これを用いて同様に測定したところ，0.250の吸光度（溶液中の物質濃度を定量することができる）を得た。肝臓1gあたりの脂肪含量を求め，解答用紙の [　　] に記入せよ。ただし，単位を記

出典追記：From the MSD Manuals (Known as the Merck Manuals in the US and Canada and the MSD Manuals in the rest of the world), edited by Sandy Falk. Copyright 2022 by Merck Sharp & Dohme Corp., a subsidiary of Merck & Co, Inc, Kenilworth, NJ. Available at http://www.msdmanuals.com/ja-jp/. Accessed Mar 31, 2022.

すこと。

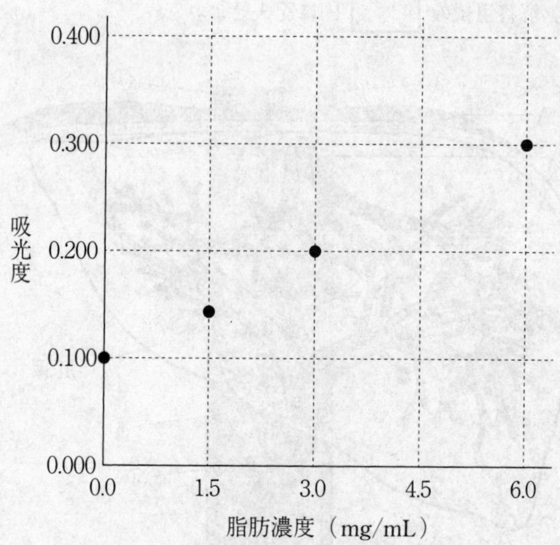

図2　肝臓に含まれる脂肪濃度の測定結果

(イ) [お] からアセチル CoA に変換する反応を何というか。解答用紙の [ ] に記入せよ。

〔5〕 下線部(d)に関して，次の問いに答えよ。

(ア) 次の（文）は，肝臓における解毒酵素の特徴を説明したものである。文中の [ ] にあてはまる語句を，解答用紙の [ ] に5字以内で記入せよ。

（文）

解毒酵素はさまざまな化学物質を代謝する。この解毒酵素と基質の関係は，1つの酵素が多数の化合物を代謝する性質をもち，一般的なほかの酵素と性質が違う。これを [ ] が低いという。

(イ) 脱アミノ反応で，ピルビン酸に代謝されるアミノ酸は次のうちどれか。下の選択肢の中から1つ選び，その番号を解答用紙にマークせよ。

① アラニン　② アルギニン　③ アスパラギン酸
④ グルタミン酸　⑤ ヒスチジン　⑥ プロリン

(ウ)　図３の反応①～⑤のうち，二酸化炭素が産生するのはどれか。下の選択肢の中からすべて選び，その番号を解答用紙にマークせよ。

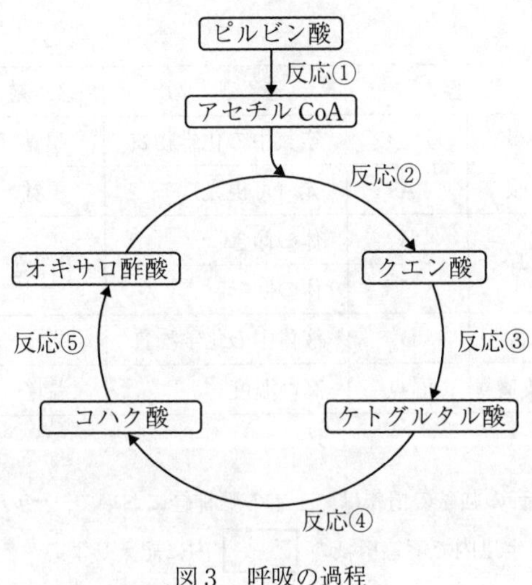

図３　呼吸の過程

Ⅲ　次の（文１），（文２）を読み，〔１〕～〔８〕の問いに答えよ。

（文１）

受容器で受容することができる刺激の種類を 適刺激(a)という。

音波は聴覚器によって音として受容される。ヒトでは，外耳で集められた音波は［あ］を振動させる。その振動は中耳の［い］を介して，内耳のうずまき管に伝えられる。うずまき管は［う］で満たされており，［う］が振動すると基底膜が振動する。基底膜の上に存在する［え］には［お］に接触した感覚毛をもつ聴細胞があり，基底膜の振動により感覚毛が動かされ，聴細胞が刺激を受ける。聴細胞で得られた 音の強さ(b)や 高さ(c)の情報は，聴神経を経て大脳に伝わり聴覚が生じる。

〔１〕　文章中の［あ］～［お］に適する語句を，解答用紙の［　］内に記入せよ。

〔2〕 下線部(a)に関して，下の表に受容器と適刺激の組み合わせを表した。表のA～Dにあてはまる受容器の名称を，解答用紙の ▭ 内に記入せよ。

表

受容器		適刺激	感覚
鼻	嗅上皮	空気中の化学物質	嗅覚
眼	A	光（可視光）	視覚
耳	B	体の傾き	平衡覚
	C	体の回転	
舌	D	液体中の化学物質	味覚
皮膚	温点	高い温度	温覚

〔3〕 下線部(b)の音の強さの情報は，1本の聴神経において，どのようにして伝えられるか。25字以内で解答用紙の ▭ 内に記入せよ。

〔4〕 下線部(c)に関して，図1は3つの異なる音の振動数において，基底膜の位置（卵円窓からの距離）と基底膜の振幅との関係を示したものであり，図2は基底膜の位置と基底膜の幅の違いを示したものである。

ヒトが音の高さを識別する仕組みについて，適当な記述を下の選択肢の中からすべて選び，その番号を解答用紙にマークせよ。

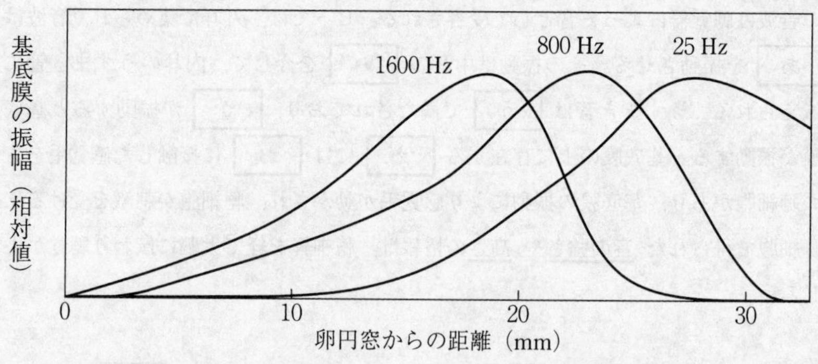

図1　異なる振動数における基底膜の位置と振幅との関係

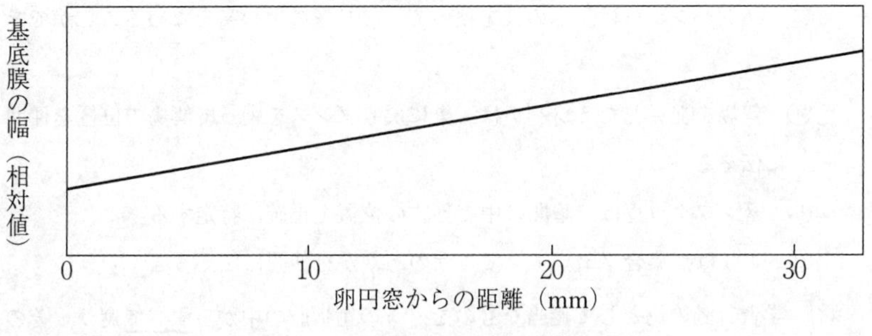

図2　基底膜の位置と幅の違い

① 音の振動数が異なると，強く反応する基底膜の幅も変わる。

② 音の振動数が異なっても，強く反応する基底膜の幅は変わらない。

③ 低い音では，基底膜のうずまき管の基部に近い位置が大きく振動する。

④ 低い音では，基底膜のうずまき管の先端部に近い位置が大きく振動する。

（文2）

(d)コウモリは夜間に活動し，超音波を利用してガなどの昆虫を捕食して生活している。コウモリは超音波の鳴き声を発して，獲物からはね返ってくる反響音を受容することで，獲物の位置を感知することができる。このような能力は［か］と呼ばれている。

コウモリの一種であるキクガシラコウモリは，飛翔中に獲物を検出すると，より正確な情報を得るために(e)鳴き声を変化させている。そして，鳴き声と反響音から(f)獲物に対する様々な情報を得ている。

〔5〕 文章中の［か］にあてはまる語句を，解答用紙の［　］内に記入せよ。

〔6〕 下線部(d)に関連した動物の行動について，次の問いに答えよ。

(ア) 生得的な行動の例として適当なものを，下の選択肢の中からすべて選び，その番号を解答用紙にマークせよ。

① メダカは，水流に逆らって泳ぎ，同じ位置にとどまろうとする。

② ボボリンクという鳥は，地磁気や星座の位置を利用して渡りの方位を決定する。

③　チンパンジーは，木の枝を使って，アリ塚の中の蜜をなめることができる。

④　餌場を発見したミツバチは，巣に戻りダンスを踊って餌場の位置を仲間に伝える。

⑤　メンフクロウは，暗闇の中で獲物の位置を正確に特定する。

⑥　アリは，集合フェロモンでエサのありかを仲間に伝える。

(イ)　学習行動の例として適当なものを，下の選択肢の中からすべて選び，その番号を解答用紙にマークせよ。

①　ホシムクドリは，太陽コンパスで渡りの方位を決定する。

②　レモンを口に入れると，唾液が分泌される。

③　コオロギは，ヒキガエルの舌の接近に伴う気流速度の変化に反応して，逃避行動を起こす。

④　ジュウシマツの雄は，強さや高さの異なる声を複雑に組み合わせて，さえずりを発する。

⑤　迷路中のネズミは，失敗を繰り返しながら最終的に迷わずにエサにたどり着ける。

⑥　ひなをもつ雌のニワトリは，ひなが目の前でどんなに攻撃されていても，悲鳴がなければ救援行動を起こさない。

〔7〕　下線部(e)に関して，図3はキクガシラコウモリが飛翔中の昆虫をとらえる際に発する超音波の鳴き声の変化を表したものである。キクガシラコウモリは，獲物に接近した際に，どのように鳴き声を変化させているか。下の選択肢の中から適当なものを1つ選び，その番号を解答用紙にマークせよ。

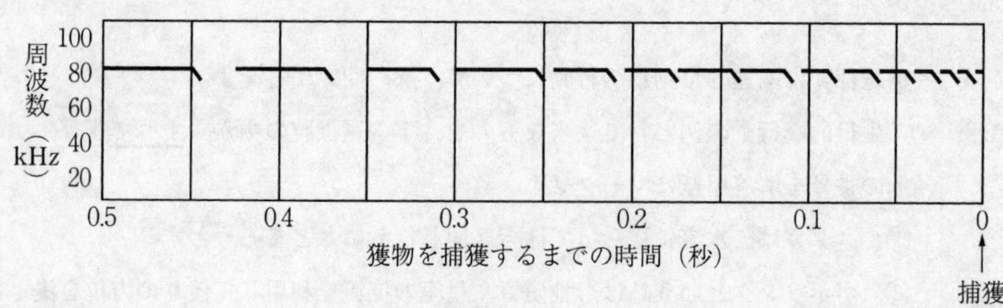

図3

① 鳴き声を強くする。

② 鳴き声を弱くする。

③ 鳴き声の周波数を増加させる。

④ 鳴き声の周波数を減少させる。

⑤ 鳴き声の頻度を増加させる。

⑥ 鳴き声の頻度を減少させる。

〔8〕 下線部(f)に関して，キクガシラコウモリの1回の鳴き声は，図4に示すように，周波数が一定のCF音とCF音の後に周波数が時間とともに低くなるFM音で構成されている。鳴き声と反響音との時間差や周波数の差は，それぞれ獲物のどのような情報を表しているか。下の選択肢の中からそれぞれ適当なものを1つずつ選び，その番号を解答用紙にマークせよ。

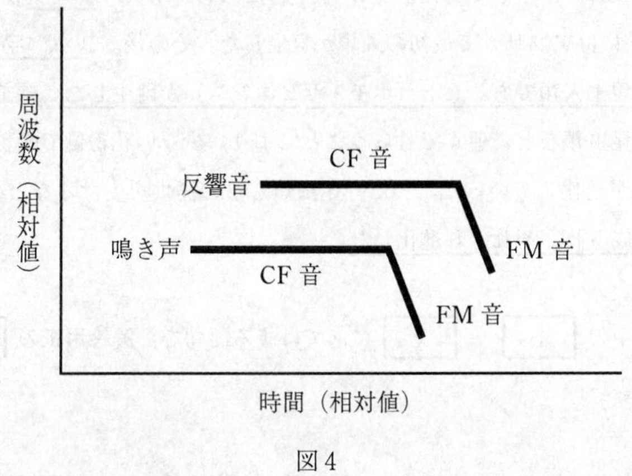

図4

① 獲物の大きさ

② 獲物との距離

③ 獲物の種類

④ 獲物との相対速度

⑤ 獲物の個体数

⑥ 獲物の重量

Ⅳ　次の文章を読み，〔1〕～〔8〕の問いに答えよ。

地質時代の古生代末には大規模な火山活動などにより，地球規模の環境変化があり，(a)多くの生物種が短い期間に地球上から姿を消した。地質時代に何回か起こった，このような現象を［あ］という。

中生代に入ると，植物では(b)裸子植物が繁栄し内陸部にも分布を広げた。動物ではハ虫類が多様化し，陸上では［い］，水中では魚竜，そして空中では翼竜へと進化して生活圏を広げていった。この時代の哺乳類は夜行性の小形のものが多かった。

新生代に入ると，(c)哺乳類が急速に多様化し適応放散していった。その中で，昼行性になり，樹上生活に適応した霊長類が出現した。眼は顔の前面につき［う］ができるようになり，指の爪は平爪に，親指は他の指から離れて［え］性になり，枝などをつかみやすくなった。やがて，霊長類の中から(d)類人猿が生まれ，約［D］年前にはアフリカで最初の人類が誕生した。その後，(e)いくつかの系統に分岐しながら現生人類であるヒト（ホモ・サピエンス）が誕生した。裸子植物の中からは花粉を昆虫類などに運んでもらうことにより，少ない花粉量で受粉効率を上げる被子植物が進化していった。また，昆虫類も蜜の提供を受けるなど(f)相互に密接な関係が形成され，それぞれ進化した。

〔1〕　文章中の［あ］～［え］にあてはまる語句を，解答用紙の［　］内に記入せよ。

〔2〕　下線部(a)に関して，古生代末に姿を消した生物種を，下の選択肢の中から2つ選び，その番号を解答用紙にマークせよ。

①　アンモナイト　　②　三葉虫　　③　ビカリア

④　フズリナ　　⑤　マンモス

〔3〕 下線部(b)に関して，次の問いに答えよ。

(ア) 裸子植物が出現したのは，古生代のどの時期か。下の選択肢の中から1つ選び，その番号を解答用紙にマークせよ。

① オルドビス紀　② カンブリア紀　③ シルル紀
④ 石炭紀　⑤ デボン紀　⑥ ペルム紀

(イ) 下の図は，シダ植物の生活環を模式的に示したものである。卵と精子の核相をnで表したとき，前葉体の核相は何と表せるか。解答用紙の □ 内に記入せよ。

(ウ) 下の図の生活環で，減数分裂がおこるのは，どの時期か。図中の①～⑥の中から1つ選び，その番号を解答用紙にマークせよ。

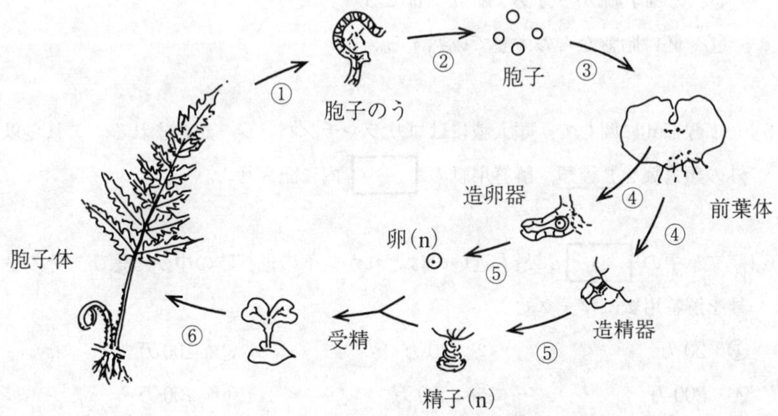

図　シダ植物の生活環

(エ) シダ植物の前葉体は独立生活を営んでいる。裸子植物ではシダ植物の前葉体に相当するものは次のうちどれか。下の選択肢の中から<u>2つ選び</u>，その番号を解答用紙にマークせよ。

① 雄花　② 花粉　③ 胚
④ 胚珠　⑤ 胚のう　⑥ 雌花

〔4〕 下線部(c)に関して，以下の問いに答えよ。

(ア) 哺乳類が新生代に入って，急速に適応放散できたのはなぜか。「ニッチ」と「分化」という語句を使って，25字以内で解答用紙の □ 内に記入せよ。

(イ) 哺乳類は次に示したA～Cの3つのグループに分類される。それぞれに該当する特性はどれか。下の選択肢の中からすべて選び，その番号を解答用紙にマークせよ。

A　真獣類　　B　単孔類　　C　有袋類

① 卵を産む。
② 子を産む。
③ 子を乳腺から分泌する乳で育てる。
④ 胚は胎盤からの栄養で成熟する。

〔5〕 下線部(d)に関して，類人猿にはゴリラやチンパンジーが含まれる。これら以外の類人猿を2種類，解答用紙の □ 内に記入せよ。

〔6〕 文章中の D に最も近いのはどれか。下の選択肢の中から選び，その番号を解答用紙にマークせよ。

① 20万　　② 40万　　③ 100万
④ 200万　　⑤ 400万　　⑥ 700万

〔7〕 下線部(e)に関して，次の問いに答えよ。

(ア) 類人猿には見られず，初期の人類が獲得したと思われる特徴を下の選択肢の中から3つ選び，その番号を解答用紙にマークせよ。

① 大後頭孔が頭骨の真下に開口する。
② 大後頭孔が頭骨の後方に開口する。
③ 骨盤が縦に細長くなる。
④ 骨盤の幅が広くなる。
⑤ 直立二足歩行をする。
⑥ ナックルウォークをする。

(イ)　人類は初期の人類が出現して以来，いくつも分岐を繰り返しながら新しい人類が出現し現生人類へと進化した。下のａ～ｄは現生人類以前に出現した種である。出現した順にａ～ｄの記号を使って，解答用紙の［　　］内に記入せよ。

ａ　アウストラロピテクス・アファレンシス

ｂ　アルディピテクス・ラミダス

ｃ　サヘラントロプス・チャデンシス

ｄ　ホモ・エレクトス

＜出現した順＞

［　　］→［　　］→［　　］→［　　］→ ホモ・サピエンス

(ウ)　ホモ・エレクトスが分布した範囲はどれか。下の選択肢の中から１つ選び，その番号を解答用紙にマークせよ。

①　アフリカのみ
②　シナイ半島のみ
③　ユーラシア大陸のみ
④　インドネシアのみ
⑤　アフリカからシナイ半島まで
⑥　アフリカからユーラシア大陸まで
⑦　アフリカからユーラシア大陸，インドネシアまで

〔８〕　下線部(f)に関して，このような異なる種同士の相互作用で進化することを何というか。解答用紙の［　　］内に記入せよ。

解答編

英語

I **解答**　〔1〕 (A)―(1)　(B)―(4)　(C)―(2)　(D)―(3)
〔2〕 (1)―3　(2)―1　(3)―1　(4)―2　(5)―3
〔3〕―(3)

◆全　訳◆

≪二人の先駆的ルネサンスの画家の業績≫

16世紀のヨーロッパで，ソフォニスバ=アンギッソラとラビニア=フォンタナは絵画を学び，その作品は広く好評を博した。二人の名声は世界中に知れ渡った。それから彼女らは忘れられた。100年以上も，このルネサンスの女流画家たちは無名のまま，多くの歴史家によって無視され，一般大衆に知られることはなかった。アンギッソラの作品は誤って有名男性画家の作とされさえした。

1535年頃，北イタリアに生まれたアンギッソラは，裕福な家庭の出であった。よって今の世と同様，富が門戸を開いたのだった。「運よく一定の資金を有する家庭に生まれた女性は，少なくともある程度の教育が受けられたのです。当時，無償の教育はなかったのですから」と，美術史家のアン=ハリス先生は語る。

子ども7人の一番の年長として，アンギッソラには5人の妹がいたが，父親には若い女性の育て方に定見があった。理想的には，貴族の婦人は教育を受けてほとんど何でもできるようになるのが望ましい。絵を描き，詩を詠み，歌を歌い，楽器を奏で，才知ある，楽しげな語らいができるようにというのである。他の貴族の家庭同様，その当時の截然たる社会通念が指し示すまま，アンギッソラの両親は，数多い娘たちに変わりゆく流行に遅れないよう教育を施す決心をした。しかし，10歳頃，アンギッソラの父と母はアンギッソラ本人と妹の一人を，数年間地元の画家の元で学ぶよう送り出した。娘たちを画家に弟子入りさせるこの決断は，画期的と言ってもよかった。後にも，アンギッソラの修業は別の画家の元で続き，あるとき，高名なイタリアの画家，ミケランジェロさえも，その作品を鑑定し賞賛したほどであった。

貴族の娘アンギッソラは，その絵画を売り出すことはできなかった。その社会的身分を考えれば，そんなことは許されるはずもなかったからである。そのかわり，アンギッソラは肖像画を描いた。「一連の自画像は，とても興味深いものがあります。自分自身を表現する方法がきわめて多様だからですが，それを父親がまず人に贈呈して，もらった人が次に何かをお返しにくれたのでしょうね」と，ハリス先生は付け加えた。

すぐさま，アンギッソラは王室と付き合うことになった。1559年に，スペインのフェリペ2世の王室に仕えるよう招かれたのである。「アンギッソラは専属画家として雇われたのではありません。男性のようにはいかなかったのです」と，ハリス先生は語る。「アンギッソラは女王にデッサンの手ほどきをしたのです」 立場上，給料はよかった。絵画を制作し続けてはいたが，女王に仕えるという務めのために，作品の芸術性は妨げられた。アンギッソラはこの時期の作品に署名を入れることはなく，自分の芸術活動のためだけに向けられた報酬を受け取ることは一度もなかった。署名がなされず，受取証もないため，アンギッソラのスペイン時代の絵画は歴史家にはきわめて追跡が困難になった。1570年代初めにアンギッソラはスペイン王室を離れ，実に驚くべき生活に乗り出した。その成功が他の人の励ましになったようだと，ハリス先生は指摘した。「アンギッソラの才能によって得られた信じがたい資産が，才能あふれる娘たちをもつ他の父親たちに，同じ成功を願って娘たちを教育しようと思うきっかけを与えたのです」

もう一人の貴族画家のラビニア=フォンタナは，1570年代に美術界に登場した。1552年にイタリアのボローニャに生まれたフォンタナは画家の娘であり，父から芸術形式の手ほどきを受けた。アンギッソラ同様，フォンタナも高い教養をもっていた。アンギッソラとは違い，フォンタナは王室とは無縁の，かなりの収入があった。「フォンタナは，女流画家として初めて，比較的普通の職業生活を営んだのです」と，ハリス先生は言う。フォンタナは，代金をもらって広範な作品を描いたからである。それはまれなことだったのであり，また，フォンタナは自分自身のアトリエを運営していた。

フォンタナは静物や肖像を描くだけにとどまらなかった。とはいっても，名声を得たのは重要人物の肖像画だったのだけれど。フォンタナは風景画や，聖書の場面，宗教画も描いた。さらに驚くべきは，その家庭の関係性であった。「ラビニア=フォンタナは，無名の画家と結婚した時点ではすでに職業画家として活動していました」と，ハリス先生は記す。夫との間に，フォンタナは 11 人の子をもうけたのだが，その夫は「結婚後，妻の仕事に協力することで合意していたと言われています。夫の名声は全く上がらなかったのだから，どうやらその通りにしたのでしょうね。妻が家庭の収入に貢献しただけではなかったのです。主な収入源になったのです」。

女性がプロの画家になることは当時まれだったので，フォンタナとアンギッソラは，多くの人を鼓舞することになった。しかし，中傷する人もいた。例えば，ある歴史家は，フォンタナは巨大画面を描くのは手に負えなかったと書いた。また，アンギッソラの作品の展覧会評で，ある美術評論家は，「とりわけ不快なのは，この展覧会がアンギッソラを実際以上に印象的だと表現しようとしていることである。アンギッソラは二流の画家だった」と書いた。ハリス先生は，アンギッソラの作品の一部には，「絶品」ではないものもあるかもしれないことは認めているけれども，アンギッソラがいくつかの野心的な作品を生み出したあとに，宮廷生活の制約を受けたと指摘している。もしもアンギッソラが修業を続け，王室にデッサンの手ほどきをしていなければと，ハリス先生は語る。「アンギッソラがどんな異なった成熟を見せたか誰にわかるというのでしょう」

先駆者たちの作品の水準を大げさに言いすぎているかもしれないけれどと，ハリス先生は言う。初期の女流画家のおかげで，他の人々が自分自身の仕事を追求する可能性を考慮するようになり，最終的に「誰にも一歩も引けを取らない」作品を生み出せる女流画家が出てきたのである。「だから，やっかいなことなのですが」と，先生は付け加える。「でも，どこかで始めないといけないのです」

◀解　説▶

〔1〕 (A) 「なぜ二人の画家は最近まで歴史家によって無視されたのか」
「歴史家による無視」に関しては，第 1 段第 4 文（For over a…）に「このルネサンスの女流画家は無名のまま，多くの歴史家によって無視さ

れ」とあるが，無視された理由は明記されていない。選択肢はそれぞれ，
(1)「本文に理由は述べられていない」
(2)「歴史家は二人の絵画を追跡する気がなかった」
(3)「16世紀には男性がプロの画家になることしか認められていなかった」
(4)「歴史家は有名な男性画家が実は二人の作品を作っていたことに気づいた」
の意味である。(2)は第5段第6文（Anguissola didn't sign …），(3)は第8段第1文（As it was …），(4)は第1段最終文（Anguissola's works were …）にそれぞれ一致せず，正解は(1)であるとわかる。

(B)「ソフォニスバ=アンギッソラの教育は，他の大半の貴族の婦人たちとはどのように違っていたのか」「教育の違い」に関しては，(注) 4を含む第3段第5文（This decision to …）に「娘たちを画家に弟子入りさせるこの決断は，画期的と言ってもよかった」とある。選択肢はそれぞれ，
(1)「彼女の社交的技法のせいでそれが可能になった」
(2)「彼女はさまざまな科目で高い教養があった」
(3)「彼女の両親が当時の流行に倣うことに決めた」
(4)「彼女の両親が，彼女がプロの画家の元で勉強し仕事をすることを認めた」
の意味だから，正解は(4)であるとわかる。

(C)「なぜアンギッソラにとって，スペインにいたときに絵画技術を深めることが難しかったのか」「スペイン時代」に関しては，(注) 7を含む第5段第5文（While she continued …）に「女王に仕えるという務めのために，作品の芸術性は妨げられた」とある。選択肢はそれぞれ，
(1)「アンギッソラは絵を描く気になれなかった」
(2)「アンギッソラは教育の責任があった」
(3)「アンギッソラは専属画家として務めを果たすのにあまりに忙しかった」
(4)「アンギッソラは別の画家に弟子入りすることができなかった」
の意味だから，正解は(2)だとわかる。第5段第3文（"She wasn't hired …）より，彼女は専属画家でなかったので，(3)は誤りである。

(D)「美術評論家の意見に答えて，アン=ハリス先生は何を強調しているか」「美術評論家への反論」に関しては，第8段および最終段に記述があ

り，最終段第1文（We may overstate …）に「初期の女流画家のおかげで，他の人々が自分自身の仕事を追求する可能性を考慮するようになった」と記述されている。これが(3)に一致する。選択肢はそれぞれ，

(1)「アンギッソラはもっと絵画の修業をすべきだったこと」

(2)「初期の女流画家が男性の巨匠と同じだけ優れていたこと」

(3)「初期の女流画家は他の女性のお手本であったこと」

(4)「アンギッソラの王室の元で働くという決断は，熟した判断ではなかったこと」

の意味である。(3)以外の選択肢に関する記述はない。

〔2〕 (1)「二人の画家には，画家の父がいた」 アンギッソラの父については第4段第1文（The daughter of …）から貴族であることはわかる。そこで「画家ではない」と思うかもしれないが，第6段第1・2文（Another aristocrat artist, … the art form.）にあるように，フォンタナも貴族の娘で父は画家のため，貴族だから画家ではないとは限らない。よって，真偽不明。

(2)「二人の女性は画家になることで財産を築くことができた」 アンギッソラについての第5段最終文（“The incredible wealth …），フォンタナについての第6段第4文（Unlike Anguissola, Fontana …）の記述より一致。

(3)「以前の女流画家とは異なり，ラビニア=フォンタナは，仕事でより自立することができた」 第5段第6文（Anguissola didn't …）・同段最終文（“The incredible …）にあるように，アンギッソラはかなりの収入を得たがそれは作品に対する対価ではなかった。第6段第4・5文（Unlike Anguissola, … her own studio.）の「フォンタナは女流画家として初めて，比較的普通の職業生活を営んだ」「王室とは関係ない収入を得た」から，アンギッソラも含め過去の画家と異なり，自分の作品に対してお金が支払われた初めての女流画家がフォンタナだということがわかる。(3)にあるindependenceというのは自分の作品に対して対価が支払われることを指すと考えると，本文に一致。

(4)「フォンタナの家庭生活は，その当時の典型であった」 第6段最終文（“She was the …）および第7段第3～最終文（What's even more … its chief source.”）の内容に，不一致。

(5)「フォンタナの夫は妻が自分より稼ぐことが不快であった」 第７段第５・６文（Her husband, with … did just that.）にフォンタナの夫に関する記述があるが，妻が自分より稼ぐことが「不快だった」かどうかについての記述はない。よって，真偽不明。

〔３〕 選択肢はそれぞれ，

(1)「どうして二人のルネサンスの画家は忘れられたのか」

(2)「二人の忘れられたルネサンスの画家の家族問題」

(3)「二人の先駆的ルネサンスの画家の業績を認める」

(4)「ルネサンスの画家の収めた成功への王室の影響」

(5)「初期のルネサンスの画家の成功に教育と財産がもった重要性」

という意味。本文は，第１段第４文（For over a …）および最終段第１文（We may overstate …）にあるように，歴史に無視されてきた二人の先駆的ルネサンス画家は，その後世への影響においても重要で正しく評価されるべきであることを述べている。よって，正解は(3)だとわかる。

II 解答

〔１〕 (A)―(1)　(B)―(1)　(C)―(2)　(D)―(3)　(E)―(1)　(F)―(4)　(G)―(1)　(H)―(3)

〔２〕 ㋐―(3)　㋑―(1)　㋒―(4)　㋓―(3)　㋔―(3)

◆全　訳◆

≪なぜ電話で待たされるといらつくのか≫

誰だって，待たされている間に，20秒おきにロボットの声で「お電話ありがとうございます。まもなくカスタマーサービス担当者が対応しますので，それまでしばらくお待ちください」と言われて中断される煩わしい曲を聞くのが，好きではない。絶対そうだ！

人間のオペレーターと話すのを難しくしているのは企業なのだけれど，実はカスタマーサービスを大切にしている。27分の保留の後で怒って電話を切った顧客は，その企業の悪口をネット上で言いふらすか，競争相手に乗り換えるかする可能性が高い。それは「待機の経済的費用」と言われている。最近，待機の心理と，どんな音楽や伝言文が保留経験のつらさを，高めたり和らげたりするのかを調べた，ある驚くべき研究が出た。保留音楽に加え，電話の待機設定の最大の革新は，「推定時間」と「何番目」のお知らせであった。それは，誰もが列に並んで待たなければならないことであまりに有名な場所である，テーマパークで完成した技術である。

さまざまな種類の保留の際の伝言文を比較した2007年の研究によれば，保留中に平静を保ってもらうのに最も有効な方策は，順位が何番目かを知らせることだった。実験では，123人が電話で2分保留にしておかれた。そのうち3分の1が保留用の音楽を聴き，3分の1が音楽の間に，お待たせして申し訳ありませんという言葉を聞かされ，残りは音楽を聴きながら，折々の状況の最新情報が挟まれた。「4番目におつなぎします…3番目におつなぎします」といった具合に。その経験について後に聞かれると，状況の最新情報をもらった人々が一番満足していた。必ずしも待ち時間が減るとわかるわけではないにしても，進んでいるという感覚で気が楽になるのである。「時間の問題ではなく，障害物に当たっている感覚の問題なわけです」と，研究の著者，アナト=ラファエリ先生は，米国心理学会に語っている。「満足感が得られるのは，自分がこの障壁を乗り越えて，欲しいものが手に入るのに近づいているとわかる場合です」

しかし，保留音それ自体はどうなのか。保留音楽が違えば，聞いている人に与える影響も違うのか。2014年の研究は，前向きな言葉の流行歌がカスタマーサービスのホットラインで待ち受けている人の気分をよくするかどうかを調べた。結果は，しない，だった。「向社会的な」音楽，例えばマイケル=ジャクソンの「ヒール・ザ・ワールド」といった曲は，腹を立てている電話の相手を一層腹立たしくするだけだった。それから，流行歌は，耳に心地よい音楽よりも気晴らしとして優れているのかという問題がある。別の研究で，人々は無意識にBGMを体内時計に準じるものとして使い，それぞれの歌の長さを感じて，それらを合計し，待ち時間全体を知ることがわかった。著者の言うことには，なじみのある流行歌は「記憶を使いやすい」ので，それらは時間の長さとより密接に結びついていて，なじみのない曲より待ち時間を長く感じるそうだ。

とはいえ，こうした研究はすべて，きわめて多くの企業が与える待たされる経験が，なぜ依然としてとても忌み嫌われるのかという疑問を生む。答えを求め，私たちは，企業向けの専用保留音楽・伝言文を作成する会社に連絡した。リッチ=モンキュール氏が社長であるが，同氏は平均待ち時間を計算し，音楽と文言の適切な組み合わせを決める。「私たちの業界の目標は，実際より待ち時間を短く感じてもらうことです」と，モンキュール氏は語り，多様性が鍵を握ると，続けて語った。「音楽だけだと，2分ごとに切り替えます。音楽を流し続けておくと，どんな音楽だったとしても，全体の時間を長く感じるようになってしまいます。コールセンターで，平均待ち時間が10分だとすれば，どんな楽曲であれ，繰り返してはいけません」と，モンキュール氏は語る。「なぜなら，繰り返しを聞いた途端，電話の相手は自分が待たされているという感覚を強めてしまうのです」

なぜ企業がこうしたことを手にしたがっているのかは，たやすく理解できる。では，常に反復される質の悪い音楽とつまらない文言が，ほぼすべての企業の電話システムに採用されていることをどう説明するのだろう。モンキュール氏によると，それは怠慢と一つの特定の技術的な問題に帰着する。そもそも，あまりに多くの企業が初期設定のまま，電話機についている待ち時間用音楽を使っているだけである。モンキュール氏はそれを「缶詰（あらかじめ録音された）」音楽と呼んでいるのだが，一部の人々は奇妙にもそれが大好きである一方，その多くは神経を逆なでし，果てしなく繰り返される。

しかし，企業が保留音楽用に，適度に神経に障らないモダンジャズの曲目リストを作ったとしても，電話システムの技術のせいでそれがやはり聞き取りにくいということにもなりかねない。例えば，大半のコールセンターは，「ボイスオーバーインターネットプロトコル（VoIP）」電話システムに依存している。このインターネットに依拠するシステムは，人間の声を小さなデータパケットに入れてデジタルネットワーク上で送り出すように設計されている。オペレーターの声には，それはよく機能するのだが，音楽を不得手とする回路なのだ。モンキュール氏は，VoIP通話の音域はきわめて狭くて中音域に強いので，それで高音と低音は不明瞭になってしまうことが説明できると語る。「私たちが下さなくてはいけないのは，確かに芸術的な決断ではありますが，技術的な要因もあるわけです」と，モンキュール氏は語る。「私の業界は技術的な観点から，確実に保留音楽がVoIPに対処可能な少量のデータに収まるよう，実際に機能させる必要があるのです」

疑いなく，電話で待たされる経験は，時間とともに改善され続けるだろう。それまで，顧客は多くの企業が直面する制約に配慮しなくてはいけないし，また企業の側でも，顧客の限られた時間と堪忍袋とを尊重しなければならない。

◀解　説▶

〔1〕(A)　空所を含む部分は「27分の保留の後で怒って電話を切った顧客は，その企業の悪口をネット上で言いふらすか，（　　）に乗り換えるかする可能性が高い」の意。電話での怒りが相手の企業に向けられるというこの記述から，空所には「別の企業」の意味の語が入るとわかる。選択肢はそれぞれ，(1)「競争相手」，(2)「別の人間のオペレーター」，(3)「電子メールの通信」，(4)「チャットサポートのオプション」の意であるから，(1)がふさわしいとわかる。

(B)　空所を含む部分は「（　　），電話の待機設定の最大の革新は，『推定時間』と『何番目』のお知らせであった」の意。空所直前の文（Recently, there's …）の記述は「最近，待機の心理と，どんな音楽や応答メッセージが保留経験のつらさを，高めたり和らげたりするのかを調べた，ある驚くべき研究が出た」である。保留音と応答メッセージという研究対象のうち，空所後には応答メッセージに関する記述しかないので，「保留音」に関わる表現が入るとわかる。選択肢はそれぞれ，(1)「保留音楽に加え」，(2)「反対に」，(3)「再度」，(4)「オペレーターに関して」の意。上記の検討から，最もふさわしいのは，(1)だと判断できる。

(C)　空所を含む部分は「さまざまな種類の（　　）を比較した2007年の研究によれば，保留中に平静を保ってもらうのに最も有効な方策は，順位が何番目かを知らせることだった」の意。保留中「順位が何番目かを知らせること」は，応答メッセージの一つである。選択肢はそれぞれ，(1)「余暇活動」，(2)「保留の際の伝言文」，(3)「製品満足度」，(4)「販売手法」の意。したがって，(2)が正解となる。

(D)　空所を含む部分は「満足感が得られるのは，自分が（　　）して，欲しいものが手に入るのに近づいているとわかる場合です」の意。空所直前の文（"It is not …）に「時間の問題ではなく，障害物に当たっている感覚の問題なわけです」とあるのだから，空所には「障害物を乗り越える」といった意味の語句が入ると読み取れる。選択肢はそれぞれ，(1)「大好きな歌を聴くこと」，(2)「自分の状況を知ること」，(3)「この障壁を乗り越えること」，(4)「会社を乗り換えること」の意であるから，正解は(3)である。

(E)　空所を含む部分は「別の研究で，人々は無意識にBGMを（　　　）として使い，それぞれの歌の長さを感じて，それらを合計し，待ち時間全体を知ることがわかった」の意。よって，空所には「時間を計るもの」を表す語句が入るとわかる。選択肢はそれぞれ，(1)「一種の体内時計」，(2)「気分がよくなる手段」，(3)「ひらめきの元」，(4)「時間を忘れる方法」の意であるから，(1)がふさわしいとわかる。

(F)　空所を含む部分は「繰り返しを聞いた途端，電話の相手は自分が（　　　）という感覚を強めてしまう」の意。loopは保留音の繰り返しのことである。空所直前の文（If you let …）に，どんな音楽でもずっと流れていれば時間が長く感じる旨の内容があることから，「待たされている」感覚であるとわかる。選択肢はそれぞれ，(1)「順番が早くなること」，(2)「転送されること」，(3)「処理されていること」，(4)「まだ待たされていること」の意。よって，正解は(4)に決まる。

(G)　空所を含む部分は「（　　　），あまりに多くの企業が初期設定のまま，電話機についている待ち時間用音楽を使っているだけである」の意。空所直前の文（For Moncure, …）の説明的内容で，それと明確な論理的結合は読み取れない。選択肢はそれぞれ，(1)「そもそも」，(2)「加えて」，(3)「それどころか」，(4)「同様に」の意。(1)以外は，明確な論理的関係を示すので，ふさわしくないとわかる。

(H)　空所を含む部分は「企業が待ち時間用音楽用に，適度に神経に障らないモダンジャズの曲目リストを作ったとしても，電話システムの技術のせいでそれがやはり（　　　）ということにもなりかねない」の意。ほぼすべての企業が質の悪い音楽を保留音として使っている理由として第6段第3文（For Moncure, …）でモンキュール氏が「一つの特定の技術的な問題」を挙げていることから，空所には「よく聞こえない」といった趣旨の表現が入れば，文意が通る。選択肢はそれぞれ，(1)「少しは受け入れやすい経験」，(2)「奇妙な選曲にあふれた」，(3)「聞き取りにくい」，(4)「あまりに頻繁に歌を繰り返す」の意であるから，正解は(3)になるとわかる。

〔2〕　あ　該当部分は「必ずしも待ち時間が減ると，彼らがわかるわけではない」という意味。下線部は，直前の文（Asked afterward about …）のthe people who received the status updatesを受けていると読み取れる。選択肢はそれぞれ，

(1)「謝罪を聞いた電話のかけ手」
(2)「保留音だけを聞いた電話のかけ手」
(3)「列の順位を知った電話のかけ手」
(4)「その経験に腹を立てた電話のかけ手」
という意味。したがって，正解は(3)だとわかる。

㋑　下線部は直前の文（A 2014 study …）の pop songs with positive messages を指していて，that 節以降は they don't improve the moods of callers の省略になっている。選択肢はそれぞれ，
(1)「歌」
(2)「電話のかけ手」
(3)「聞き手」
(4)「音楽家」
という意味だから，正解は(1)に決まる。

㋒　the key とは「鍵，鍵となる重要な要素」の意。何の鍵となるのかが問われている。原則として直前部分の内容を指示する。下線部の直前部分（"The goal of our … than it is,"）には「私たちの業界の目的は，実際より待ち時間を短く感じてもらうことです」とあることから考える。選択肢はそれぞれ，
(1)「高い利潤を上げる方法」
(2)「業界の指導者となる方法」
(3)「かけるのに最適の音楽を選ぶ方法」
(4)「顧客の堪忍袋の緒が切れないようにする方法」
という意味。よって，正解は(4)だとわかる。

㋓　this は基本的に，直前の内容を受ける。ここでは「企業の目的」になる事態のことだから，直前からそれにふさわしい内容を探ればよい。直前の第5段（All of this …）には，企業向けの専用保留音と応答メッセージを作成する会社の，実際より待ち時間を短く感じてもらうための取り組みが書かれている。選択肢はそれぞれ，
(1)「独自の保留音楽を創作すること」
(2)「保留音楽の量を増やすこと」
(3)「待たされることに対する人々の感情を調節すること」
(4)「なぜ保留待機が不快のままであるのかに関する調査をもっと行うこ

と」

という意味。よって，ふさわしい内容は(3)だとわかる。

㊎　この発言の主体はモンキュール氏である。よって，ここでの「私たち」とは，モンキュール氏のような企業向けの専用保留音と応答メッセージを作成する会社の人々だとわかる。選択肢はそれぞれ，

(1)「電話に応答するオペレーター」

(2)「電話システムを購入する企業」

(3)「保留の応答メッセージシステムを設計する企業」

(4)「インターネットと電話回線を設置する技術者」

という意味。よって，上記の検討に合致しているのは(3)だと判断できる。

III　解答

〔1〕 ㋐―(9)　㋑―(8)　㋒―(2)　㋓―(4)

〔2〕 ㋕―(3)　㋖―(5)　㋗―(8)　㋘―(1)

◆全　訳◆

〔1〕 ≪喫茶店にて≫

A：「どうしたの？　今日，えらくおとなしいようだけど」

B：「あ，わかっちゃったの？　実は，ちょっと聞きたいことがあるんだけど」

A：「どうぞ。力を貸してあげようじゃない。で，何？」

B：「実は，ケンのことなんだけど。あの，前の学期の数学のクラスの男子」

A：「確かにね…。覚えていますとも。あれ待って，赤くなってるの？あそっか，もう気持ちわかったから。それって，いいじゃない」

B：「もう，バレバレよね？　ケンをデートに誘いたいんだけど，でもどうすればいいかわかんなくて」

A：「気後れするよねえ。でも，本人にちょっと聞いてみたらどう？」

B：「実はね，先学期の終わりからケンに会ってないの。今は，私の授業にはいないの」

A：「電話してみたらどう？」

B：「私，本人に直接聞くほうがいいかな。それに，どのみち私，番号知らなくて」

A：「ううん…ついてないなあ。待て待て！　ケンはいつも図書館の3階

で勉強してるんだよ。そこにいるかどうか，見てみたら」

B：「ええ，そうなんだ！ 急に心配になってきた。でもやっぱり行ってみよう」

〔2〕 《国立公園にて》

A：「どうも，おはようございます。グレイシャーナショナルパークへ，ようこそ」

B：「どうも。今夜，マウンテンロッジを予約しているのですが。そこまでどう行けばいいか，教えてください」

A：「ええっと。車は，すぐそこに駐車してください。で，そこから，無料の屋根なし型の往復バスで直接ロッジに行けます。眺めが素晴らしいですよ」

B：「自分の車でそこまでは行けないってことですか。小さい子どもが二人と，荷物が山ほどあるんです」

A：「あ，それはわかりますが，公園内の交通と騒音を減らして，野生動物を驚かすことがないよう努めておりまして。電動バスは，とても快適で静かですよ」

B：「それは，大変結構。でも，ちょっと無理な相談ね。何もかも全部荷を降ろして，同時に二人の子どもの面倒を見るのは」

A：「ご心配には及びません。職員が数名おりまして，駐車の際にお出迎えします。すべて必要なお世話を致しますので」

B：「わかりました。長いこと待たないといけませんか，次のバスまで」

A：「いえ，そんなことはありません。10分おきに出ます」

B：「素晴らしい！ これで大丈夫。すごくわくわくしています。こんなきれいな公園に泊まれるんですからね。お世話かけました。ありがとう」

A：「どうたしまして。ご家族でごゆっくりお過ごしください。忘れられない経験になること請け合いです！」

◀解 説▶

〔1〕 ⓐ 返答が「確かにね…。覚えていますとも」になるような情報が示されているのだから，そうした発言はKenについての補足情報となる(9)「あの，前の学期の数学のクラスの男子」である。

ⓘ Kenについて話し始めたBに対するAの空所直前の「あれ待って，

赤くなってるの？」という発言から，「(Bは) Kenのことが好きになった」という趣旨の発言がくるとわかる。それは(8)「あそっか，もう気持ちわかったから」である。

㋒　Aの発言の次にBの「私，本人に直接聞くほうがいいかな」という発言が続くということは，「直接聞く」以外の行動を示す内容の発言がくるはず。そのような発言は，(2)「電話してみたらどう？」である。

㋓「でもやっぱり行ってみよう」と続くからには，「やめておこうかな」といった趣旨の発言がくるはず。それは，(4)「急に心配になってきた」である。

残りの選択肢は，(1)「どうしてそんなに腹を立てているのか？」，(3)「ほら，その人の電話番号」，(5)「知らせてくれてありがとう！」，(6)「これでその人と話したい気がする」，(7)「その人は，歴史の授業の私の共同研究者です」，(10)「昨日，私たちは私が彼に貸したお金の件で大げんかした」の意。

〔2〕㋕　直後のAの，車の駐車区域とロッジに直接行く往復バスについての発言（「車は，すぐそこに駐車してください」以下）から，Bは(3)「そこまでどう行けばいいか，教えてください」と，問うたことがわかる。

㋖　直前のAの発言から「バスで行ってくれ」と言われたことをつかむ。それに対してBは直後の発言で，小さな子どもがいて荷物も多いと言っていることから，(5)「自分の車でそこまでは行けないってことですか」とすれば，対話がうまくつながる。

㋗　往復バス利用をBにお願いしているAの発言で，直前の「公園内の交通と騒音を減らそうとしている」に続く内容としてふさわしいのは，(8)「電動バスは，とても快適で静かですよ」である。

㋘　直前にBから「長いこと待たないといけませんか」と問われたのだから，バスの発着頻度を示す情報がくるとわかる。また，直後にBは「素晴らしい」と言っているので，長いこと待つ必要がないことを知らせる内容である。Aのそのような発言としてふさわしいのは，(1)「10分おきに出ます」である。

残りの選択肢は，(2)「本当にそこを散歩したいです」，(4)「往復バスは1日に一本しか出ません」，(6)「間違いなく，私の荷物はバスにぴったり収まります」，(7)「乗るときに切符を買えます」，(9)「きっと散歩がお気に召すでしょうし，道に迷ったりなんかしませんよ」，⑽「天気がこんなに悪いので，キャンセルになってしまいました」の意。

Ⅳ 解答

(A)―(1)　(B)―(1)　(C)―(3)　(D)―(4)　(E)―(4)　(F)―(2)
(G)―(3)　(H)―(2)

◀解　説▶

(A)「この長い単語表は何に使うのか」 What for で「どんな目的で」の意味になる。(1) for が正解である。

(B)「疑問がありましたら，遠慮なく担当にお尋ねください」 contact は他動詞なので前置詞はつけずに目的語をとる。よって，正解は(1)である。

(C)「彼のスーツケースには，名前が印刷された札がついていた」 付帯状況の with で，his name とそのあとの動詞の関係が受動であるので過去分詞の(3) printed を選ぶ。his name was printed on the tag が with の後に埋め込まれていることがわかるかどうかが，正解の鍵。

(D)「もう少し注意していれば，間違いを避けられたのに」 could have *done* と仮定法過去完了になっていることから，実際には間違いを避けられなかったという文脈に合い，「～であるなら」という条件を示す意味がある(4) With が正解。

(E)「よくも私にそんなことが言えるものだ」 dare は助動詞で「あえて～する」の意だということを理解していれば，How dare S V となるので，正解は(4)に決まる。

(F)「うんざりです。1週間に1000ページも読んだのですから」 (2) as many as＋数字で，「～ものたくさんの」という意味になる。(1)「やはり」，(3)「さらにたくさんの」，(4)「ますます」の意。

(G)「自分が宇宙飛行士になるなど，彼女は夢にも思っていなかった」 did she という倒置形から，空所には強調のために前に出る否定語であり，「全く～しない」という意味の(3)が入ることをつかむ。

(H)「あの人たちが責任を負っている業務は，まだなされていない」 They are responsible for the task. を，関係詞によって主語である task に結びつければ，the task for which … となる。よって，正解は(2)である。

V 解答

〔1〕 (A)―(2) (B)―(3) (C)―(3) (D)―(2) (E)―(2)
〔2〕 (A)―(3) (B)―(1) (C)―(1) (D)―(4) (E)―(4)

◀解　説▶

〔1〕 (A) 「この動物救護センターは，切り盛りを地元の市民の方々からの（　　）に頼っている」 選択肢はそれぞれ，(1)「祖先」，(2)「寄付」，(3)「作法」，(4)「政治」という意味。これらの中で survive「何とかやっていく」のに必要なのは「運営資金」となる(2)である。

(B) 「締め切りは明日ですから電話を片付けましょう，これ以上の（　　）がないように」 選択肢はそれぞれ，(1)「所有」，(2)「保存」，(3)「遅れ」，(4)「比率」という意味。これらの中で「電話を片付けることで防止できる事態」にふさわしい行為を表しているのは，(3)である。

(C) 「一杯の水に粉末を（　　）なさい」 選択肢はそれぞれ，(1)「～を告発する」，(2)「～を奪う」，(3)「～を溶かす」，(4)「～を載せる」という意味。これらの中で意味が通るのは(3)だけである。

(D) 「その骨董が（　　）だとその人たちは証明した」 選択肢はそれぞれ，(1)「慎重な」，(2)「本物の」，(3)「成熟した」，(4)「人に慣れた」という意味。これらの中で「骨董」の記述と文の内容にふさわしいものは，(2)のみ。

(E) 「私が陥った不幸な状況とは，深刻な（　　）としか言えないものだった」 選択肢はそれぞれ，(1)「跳ね回り」，(2)「苦境」，(3)「前置詞」，(4)「舞踏会」という意味。これらの中で「不幸な状況」にふさわしいものは(2)だけである。

〔2〕 (A) 下線部は「北極の」の意。選択肢はそれぞれ，(1)「人工の」，(2)「砂漠」，(3)「極地の」，(4)「訓練」という意味だから，意味が最も近いのは(3)だとわかる。

(B) 下線部は「かわいらしい」の意。選択肢はそれぞれ，(1)「うれしい，魅力的な」，(2)「勤勉な」，(3)「奇妙な」，(4)「説得力のある」という意味だから，意味が近いのは(1)だけであろう。

(C) 下線部は「～を変更する」の意。選択肢はそれぞれ，(1)「～を合わせて変える」，(2)「～を配分する」，(3)「～を保証する」，(4)「～を最小にする」という意味だから，意味が最も近いのは(1)だとわかる。

(D) 下線部は「～を小さく見せる」の意。選択肢はそれぞれ，(1)「～に威厳をつける」，(2)「～を変装させる」，(3)「～を置き換える」，(4)「～を見下ろす」という意味である。アパートの周囲の家々に対する表現だから，意味が最も近いのは(4)だとわかる。

(E)　下線部は「危うくする」の意。選択肢はそれぞれ，(1)「保証する」，(2)「拡大する」，(3)「大衆化する」，(4)「脅かす，怯えさせる」という意味だから，意味が最も近いのは(4)だとわかる。

❖講　評

2022年度も，長文2題による「読解力」を中心に，「コミュニケーション」「文法」「語彙」の各分野が試された。一方，「英作文」分野に関しては出題されていない。

Ⅰの読解問題は，論説文による内容理解を試す出題。「ルネサンスの女流画家」が論じられ，歴史に埋もれた女性を発掘するという，ジェンダー視点を感じる内容で，先駆的な女性の業績の現代的意義が書かれていた。〔1〕の(A)は，「本文に書かれていない」という答えであり，従来にない選択肢だった。〔2〕の(1)は文脈からは読み取りにくい内容で，迷った受験生も多かっただろう。

Ⅱの読解問題は，やはり論説文が使われ，「電話の保留待機問題」を取り上げた，しゃれっ気たっぷりの文章が素材だった。〔1〕の空所補充問題では直前の部分からの推測が難しい(G)に手こずった受験生が多かっただろう。〔2〕㋎も，明瞭な指示対象を特定しにくく，正解に達するのに苦労した人が多かっただろう。

Ⅲは，特定の状況を設定した会話文が素材。〔1〕はなかなか微妙な「恋」の話題だったので，心情の揺れをつかむことが必要で，必ずしも平易とはいえない問題だった。〔2〕は「子連れでの旅先」の話題であり，日常で想定できる状況で，取り組みやすかっただろう。最初の㋕を入れられれば，後はすんなり埋められただろう。

Ⅳは，基本的な文法・語法の力を試す出題である。(A)は英文の意味がわかるには相当の学力を要する。(E)や(F)で盲点を突かれた受験生が多かったのではないだろうか。

Ⅴは，語彙力を試す問題であるが，とりわけ〔1〕(B)は，正解以外は旧センター試験の語彙だとはいえ，難問。(E)はさらに選択肢全部が難しい。

〔２〕(D)では「こびと」という言葉の意味を知っていても，文全体の意味を捉えにくいという意味で，難問。(E)も上級問題で，受験生には厳しかっただろう。

全体として，まず語学の基礎である文法・語彙の力をもとに，必要な情報を収集していく読解力，状況をつかめるコミュニケーション力を養成することが求められる出題であった。大学で学ぶための基礎になる総合的な英語力を身につけるように，という強いメッセージである。しっかり受け止めて，日々努力を重ねよう。

数学

◀全学統一方式(理系)▶

I **解答**　ア．$w^2+(p-1)w-q$　イ．$-\frac{1}{4}(1-p)^2$　ウ．$\frac{1}{2}(1-p)$

エ．$1-p$　オ．$\sqrt{(1-p)^2+4q}$　カ．q　キ．$-\frac{1}{\beta}$　ク．$\frac{1}{\alpha}$

ケ．$\frac{\sqrt{(1-p)^2+4q}}{q}$

◀解　説▶

≪2次方程式の解と係数の関係，定積分で表された関数の極限≫

$f(x)=x^k$ より　　$f'(x)=kx^{k-1}$，$f''(x)=k(k-1)x^{k-2}$

よって，$x>0$ のとき

$$(*)\iff k(k-1)x^k+pkx^k=qx^k$$

$$\iff k(k-1)+pk=q\iff k^2+(p-1)k-q=0$$

したがって，k は w に関する2次方程式

$$w^2+(p-1)w-q=0\quad\cdots\cdots①\quad\to ア$$

の解である。

等式(＊)を満たす k が1つだけ存在するとき，k は①の重解だから，解と係数の関係より

$$k+k=1-p,\ k\cdot k=-q$$

よって

$$q=-\frac{1}{4}(1-p)^2,\ k=\frac{1}{2}(1-p)\quad\to イ・ウ$$

〔1〕　α，β は①の2解であるから，解と係数の関係より

$$\alpha+\beta=1-p\quad\to エ$$

$$\alpha\beta=-q$$

よって，$\alpha-\beta>0$ より

$$(\alpha-\beta)^2=(\alpha+\beta)^2-4\alpha\beta=(1-p)^2+4q$$
$$\alpha-\beta=\sqrt{(1-p)^2+4q}\quad\to オ$$

また，α と β の符号が互いに異なるための必要十分条件は

$$\alpha\beta<0 \iff -q<0 \iff q>0 \quad\to カ$$

〔2〕 $\alpha\beta<0$, $\alpha>\beta$ より　　$\alpha>0>\beta$

$g(x)$ の定義式より，$0<s<c$ のとき

$$I(s)=c^{\beta}\int_s^c x^{-1-\beta}dx=c^{\beta}\left[-\frac{1}{\beta}x^{-\beta}\right]_s^c=-\frac{1}{\beta}(1-c^{\beta}s^{-\beta})$$

$-\beta>0$ より，$\lim_{s\to+0}s^{-\beta}=0$ であるから　　$\lim_{s\to+0}I(s)=-\dfrac{1}{\beta}$　$\to$キ

$c<t$ のとき

$$J(t)=c^{\alpha}\int_c^t x^{-1-\alpha}dx=c^{\alpha}\left[-\frac{1}{\alpha}x^{-\alpha}\right]_c^t=-\frac{1}{\alpha}(c^{\alpha}t^{-\alpha}-1)$$

$-\alpha<0$ より，$\lim_{t\to\infty}t^{-\alpha}=0$ であるから　　$\lim_{t\to\infty}J(t)=\dfrac{1}{\alpha}$　$\to$ク

よって

$$\lim_{s\to+0}I(s)+\lim_{t\to\infty}J(t)=-\frac{1}{\beta}+\frac{1}{\alpha}=-\frac{\alpha-\beta}{\alpha\beta}=\frac{\sqrt{(1-p)^2+4q}}{q}\quad\to ケ$$

II

解答　ア．$-\dfrac{5}{4}$　イ．1　ウ．2

エ．1　オ．4　カ．$-(\cos\theta+1)$　キ．$-\cos\theta$

ク．$4\cos\theta(\cos\theta+1)$　ケ．$4\sin^3\theta-3\sin\theta$

コ．右図。

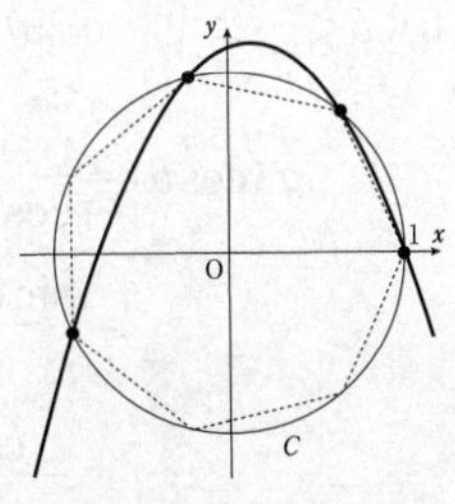

◀解　説▶

≪円と放物線の共有点，三角関数の計算≫

〔1〕 $C: x^2+y^2=1$ ……① と $y=f(x)$ より，x を消去すると

$$(1-y^2)+k=y \iff y^2+y-1=k \quad\cdots\cdots②$$

実数 y が与えられたとき，①を満たす実数 x が存在する条件は

$$-1\leqq y\leqq 1 \quad\cdots\cdots③$$

したがって，$y=f(x)$ と C が共有点をもつための必要十分条件は，②が③の範囲に，少なくとも1つの実数解をもつことであり，次のグラフから

求めるkの範囲は

$$-\frac{5}{4} \leqq k \leqq 1 \quad \to ア・イ$$

• $k=-\frac{5}{4}$のとき，共有点は$\left(\pm\frac{\sqrt{3}}{2},\ -\frac{1}{2}\right)$の2個　→ウ

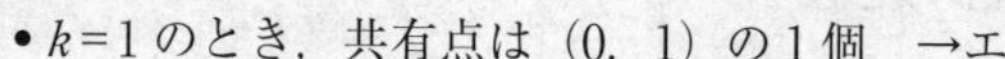

• $k=1$のとき，共有点は$(0,\ 1)$の1個　→エ

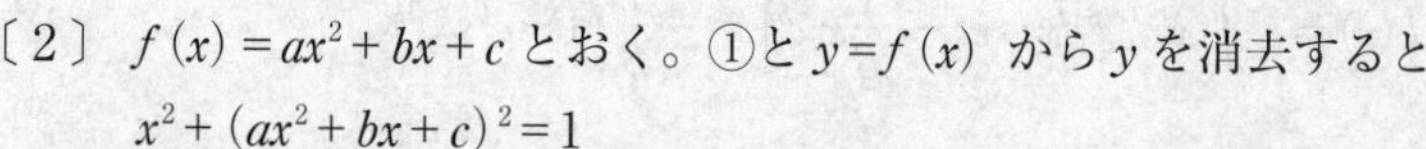

〔2〕 $f(x)=ax^2+bx+c$とおく。①と$y=f(x)$からyを消去すると

$$x^2+(ax^2+bx+c)^2=1$$

この方程式を満たす実数xの個数は最大4個だから，$y=f(x)$とCの共有点の個数は4個以下である。〔1〕で$-\frac{5}{4}<k<-1$のとき，②は

$$-1<y_1<y_2<0$$

を満たす解$y=y_1,\ y_2$をもち，共有点は　$(\pm\sqrt{1-y_i{}^2},\ y_i)$ $(i=1,\ 2)$

したがって，$y=f(x)$とCの共有点の個数は最大4個　→オ

〔3〕 $f(x)=(x-1)g(x)$より　$f(\cos\theta)=(\cos\theta-1)g(\cos\theta)$

$y=f(x)$が点$(\cos\theta,\ \sin\theta)$を通るから　$f(\cos\theta)=\sin\theta$

よって　$(\cos\theta-1)g(\cos\theta)=\sin\theta$

$0<\theta<\frac{\pi}{3}$より，$\cos\theta\neq\pm1$であるから

$$g(\cos\theta)=\frac{\sin\theta}{\cos\theta-1}=\frac{\sin\theta(\cos\theta+1)}{(\cos\theta-1)(\cos\theta+1)}$$

$$=\frac{\sin\theta(\cos\theta+1)}{-\sin^2\theta}$$

$$=-\frac{\cos\theta+1}{\sin\theta} \quad \to カ$$

$y=f(x)$が点$(\cos2\theta,\ \sin2\theta)$を通り，$\cos2\theta\neq\pm1$であるから

$$g(\cos2\theta)=-\frac{\cos2\theta+1}{\sin2\theta}=-\frac{(2\cos^2\theta-1)+1}{2\sin\theta\cos\theta}$$

$$=-\frac{\cos\theta}{\sin\theta} \quad \to キ$$

$$\cos2\theta-\cos\theta=2\cos^2\theta-\cos\theta-1$$

$$=(2\cos\theta+1)(\cos\theta-1)$$

$$\cos 3\theta - \cos\theta = (4\cos^3\theta - 3\cos\theta) - \cos\theta$$
$$= 4(\cos^3\theta - \cos\theta)$$
$$= 4\cos\theta(\cos\theta + 1)(\cos\theta - 1)$$

$$\frac{\cos 3\theta - \cos\theta}{\cos 2\theta - \cos\theta} = \frac{4\cos\theta(\cos\theta + 1)}{2\cos\theta + 1} \quad \to ク$$

$g(x) = a(x - \cos\theta) + g(\cos\theta)$ より

$$g(\cos 2\theta) = a(\cos 2\theta - \cos\theta) + g(\cos\theta)$$

$$a = \frac{g(\cos 2\theta) - g(\cos\theta)}{\cos 2\theta - \cos\theta} = \frac{-\dfrac{\cos\theta}{\sin\theta} + \dfrac{\cos\theta + 1}{\sin\theta}}{\cos 2\theta - \cos\theta}$$

$$= \frac{1}{\sin\theta(\cos 2\theta - \cos\theta)}$$

よって

$$g(\cos 3\theta) = a(\cos 3\theta - \cos\theta) + g(\cos\theta)$$
$$= \frac{\cos 3\theta - \cos\theta}{\sin\theta(\cos 2\theta - \cos\theta)} - \frac{\cos\theta + 1}{\sin\theta}$$
$$= \frac{4\cos\theta(\cos\theta + 1)}{\sin\theta(2\cos\theta + 1)} - \frac{\cos\theta + 1}{\sin\theta}$$
$$= \frac{\cos\theta + 1}{\sin\theta}\left(\frac{4\cos\theta}{2\cos\theta + 1} - 1\right)$$
$$= \frac{(\cos\theta + 1)(2\cos\theta - 1)}{\sin\theta(2\cos\theta + 1)}$$

また

$$\cos 3\theta - 1 = 4\cos^3\theta - 3\cos\theta - 1 = (\cos\theta - 1)(2\cos\theta + 1)^2$$

よって

$$f(\cos 3\theta) = (\cos 3\theta - 1)g(\cos 3\theta)$$
$$= (\cos\theta - 1)(2\cos\theta + 1)^2 \cdot \frac{(\cos\theta + 1)(2\cos\theta - 1)}{\sin\theta(2\cos\theta + 1)}$$
$$= \frac{(\cos\theta - 1)(\cos\theta + 1)(2\cos\theta + 1)(2\cos\theta - 1)}{\sin\theta}$$
$$= \frac{(\cos^2\theta - 1)(4\cos^2\theta - 1)}{\sin\theta}$$
$$= \frac{-\sin^2\theta\{4(1 - \sin^2\theta) - 1\}}{\sin\theta}$$

$$= -\frac{\sin^2\theta(3-4\sin^2\theta)}{\sin\theta}$$

$$= 4\sin^3\theta - 3\sin\theta \quad \cdots\cdots ④ \quad \to ケ$$

$\theta = \dfrac{2\pi}{7}$ のとき，$7\theta = 2\pi$ より

$$\sin 3\theta = \sin(2\pi - 4\theta) = -\sin 4\theta$$

$$\cos 3\theta = \cos(2\pi - 4\theta) = \cos 4\theta$$

④より，$f(\cos 3\theta) = -\sin 3\theta$ であるから

$$f(\cos 4\theta) = \sin 4\theta$$

したがって，$y=f(x)$ と C の共有点は

$A_k(\cos k\theta,\ \sin k\theta)$ $(k=0,\ 1,\ 2,\ 4)$ で，グラフは

右図のようになる。 →コ

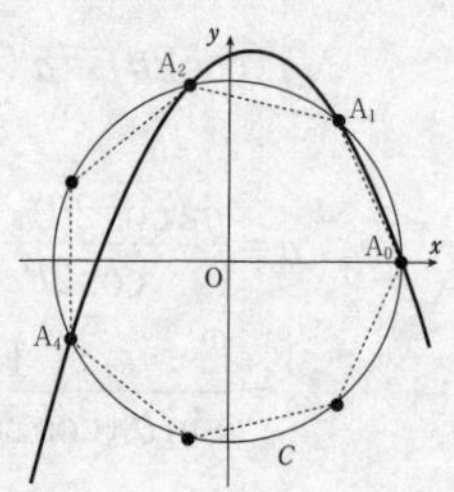

Ⅲ

解答　ア．$\overline{z}$　イ．$-z$　ウ．$-\overline{z}$　エ．2θ　オ．$-k$　カ．$\sqrt{2}$

キ．$\sqrt{4r^2-2k^2}$　ク．$-2k+ki$　ケ．1　コ．$\dfrac{\pi}{6}$　サ．$\dfrac{(\pi-3)r^2}{6}$

シ．$\dfrac{(13\pi+6)r^2}{3}$

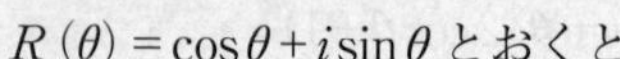

◀解　説▶

≪複素数平面における円の方程式≫

〔1〕　Aを表す複素数が z より

Bを表す複素数は　$\overline{z}$　→ア

Cを表す複素数は　$-z$　→イ

DはBをOに関して対称移動した点であるから

Dを表す複素数は　$-\overline{z}$　→ウ

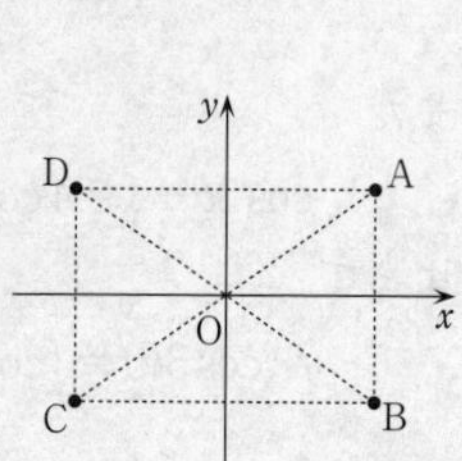

$R(\theta) = \cos\theta + i\sin\theta$ とおくと

$$R(-\theta) = \cos(-\theta) + i\sin(-\theta) = \cos\theta - i\sin\theta$$

$$\overline{R(-\theta)} = R(\theta)$$

z をOを中心に $-\theta$ だけ回転させたものは $zR(-\theta)$ だから，Eを表す複素数は

$$\overline{zR(-\theta)}\cdot R(\theta) = \overline{z}R(\theta)^2 = \overline{z}(\cos 2\theta + i\sin 2\theta) \quad \to エ$$

〔2〕 $R_1 : |z-ki|=r$ は中心 ki，半径 r の円であり，点 ki をOと $R\left(\frac{3}{4}\pi\right)$ の表す点を通る直線に関して対称移動したものは

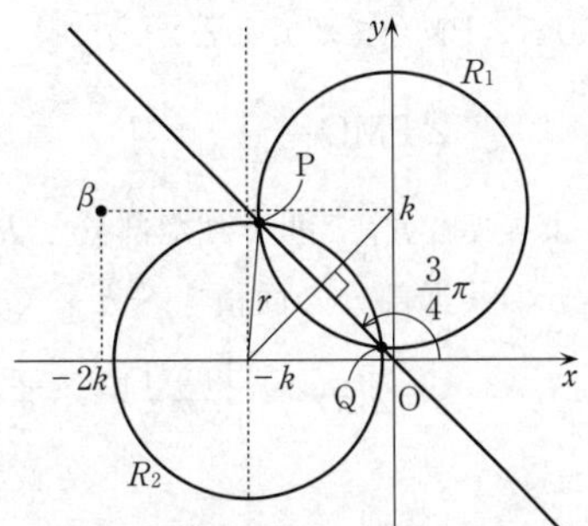

$$\overline{ki}R\left(\frac{3}{2}\pi\right) = -ki\cdot(-i) = -k$$

よって，R_2 は中心 $-k$，半径 r の円であり

$$\alpha = -k \quad \rightarrow オ$$

２円 R_1，R_2 の中心間の距離を d とおくと

$$d = |ki-(-k)| = |k+ki| = \sqrt{2}k$$

よって，R_1，R_2 が２つの共有点P，Qをもつ条件は

$$|r-r| < d < r+r \iff 0 < \sqrt{2}k < 2r$$

$$\iff \frac{k}{r} < \sqrt{2} \quad \rightarrow カ$$

また

$$\mathrm{PQ} = 2\sqrt{r^2 - \left(\frac{d}{2}\right)^2} = \sqrt{4r^2-d^2} = \sqrt{4r^2-2k^2} \quad \rightarrow キ$$

β と ki が表す点の中点を表す複素数は $-k+ki$ だから

$$\frac{\beta+ki}{2} = -k+ki \qquad \therefore \quad \beta = -2k+ki \quad \rightarrow ク$$

２円 R_1，R_3 の中心間の距離を d' とおくと　　$d'=2k$

したがって，R_1 と R_3 が共有点をもたない条件は

$$d' > r+r \iff 2k > 2r \iff \frac{k}{r} > 1 \quad \rightarrow ケ$$

以下，$\frac{k}{r} = \frac{1+\sqrt{3}}{2}$ のもとで考える。

ki が表す点がMより

$$\cos\angle\mathrm{PMQ} = \frac{\mathrm{PM}^2+\mathrm{QM}^2-\mathrm{PQ}^2}{2\mathrm{PM}\cdot\mathrm{QM}} = \frac{r^2+r^2-(4r^2-2k^2)}{2r^2}$$

$$= \left(\frac{k}{r}\right)^2 - 1 = \left(\frac{1+\sqrt{3}}{2}\right)^2 - 1 = \frac{\sqrt{3}}{2}$$

$0 \leqq \angle PMQ \leqq \pi$ であるから

$$\angle PMQ = \frac{\pi}{6} \quad \to コ$$

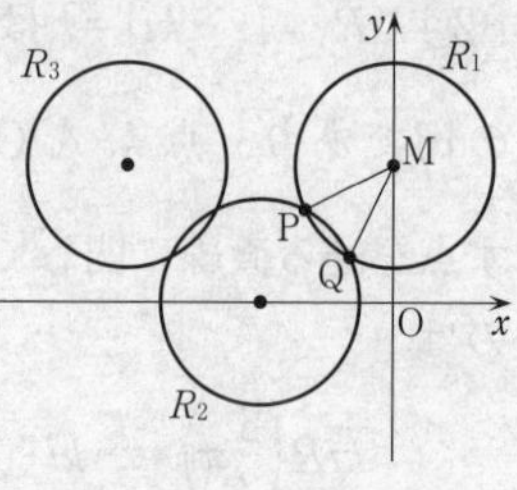

よって，R_1 で囲まれた部分と R_2 で囲まれた部分の共通部分の面積を S とおくと

$$S = 2\left(\pi r^2 \times \frac{1}{12} - \frac{1}{2} r^2 \sin\frac{\pi}{6}\right) = \frac{(\pi - 3)\,r^2}{6}$$

→サ

5つの円を結合した図形の外周によって囲まれた部分は虚軸に関して対称であるから，面積は

$$2\left\{\frac{\pi r^2}{2} + (\pi r^2 - S) + (\pi r^2 - S)\right\} = 5\pi r^2 - 4S$$

$$= 5\pi r^2 - \frac{2(\pi - 3)\,r^2}{3}$$

$$= \frac{(13\pi + 6)\,r^2}{3} \quad \to シ$$

Ⅳ　解答

ア．120　イ．20　ウ．108　エ．72　オ．$\left(\frac{1}{2}\right)^n$

カ．$\left(\frac{2n-1}{2n}\right)^n$　キ．$\frac{1}{\sqrt{e}}$　ク．$\frac{3n-1}{2n-1}\left(\frac{2n-1}{2n}\right)^n$　ケ．$\frac{3}{2\sqrt{e}}$

◀解　説▶

≪場合の数，反復試行の確率，数列の極限≫

〔1〕(a)　6個の球①，②，③，④，⑤，⑥から3個取り出し，X_1，X_2，X_3 に振り分けると考えると，X_1，X_2，X_3 がすべて異なる球の取り出し方は

$${}_6C_3 \cdot 3! = 120 \text{ 通り} \quad \to ア$$

また，$X_1 < X_2 < X_3$ となる球の取り出し方は

$${}_6C_3 \cdot 1 = 20 \text{ 通り} \quad \to イ$$

(b)　$100X_1 + 10X_2 + X_3$ が2の倍数となるのは，X_3 が偶数のときだから，球の取り出し方は

$$6 \times 6 \times 3 = 108 \text{ 通り} \quad \to ウ$$

6個の球を，次のように組分けする。

$A=\{①,\ ④\},\ B=\{②,\ ⑤\},\ C=\{③,\ ⑥\}$

3の倍数となるのは $X_1+X_2+X_3$ が3の倍数になるときで，それは

(i)　3個の球を同じ組から取り出す

(ii)　各組から1球ずつ取り出す

の場合であるから，球の取り出し方は

$2^3\times3+2^3\times3!=72$ 通り　→エ

〔2〕(a)　$Y_n\leqq n$ となるのは，$X_k\leqq n$ ($k=1,\ 2,\ \cdots,\ n$) のときであるから

$$P(Y_n\leqq n)=\left(\frac{n}{2n}\right)^n=\left(\frac{1}{2}\right)^n \quad \to オ$$

また，$Y_n\leqq 2n-1$ となるのは，$X_k\leqq 2n-1$ ($k=1,\ 2,\ \cdots,\ n$) のときであるから

$$P(Y_n\leqq 2n-1)=\left(\frac{2n-1}{2n}\right)^n \quad \to カ$$

$$\lim_{n\to\infty}\left(\frac{2n-1}{2n}\right)^n=\lim_{n\to\infty}\left\{\left(1-\frac{1}{2n}\right)^{2n}\right\}^{\frac{1}{2}}=\left(\frac{1}{e}\right)^{\frac{1}{2}}=\frac{1}{\sqrt{e}} \quad \to キ$$

(b)　$Y_{n-1}\leqq 2n-1$ となるのは

(i)　$X_k\leqq 2n-1$　($k=1,\ 2,\ \cdots,\ n$)

(ii)　$X_1,\ X_2,\ \cdots,\ X_n$ のうち1つが $2n$，それ以外は $2n-1$ 以下

のときだから

$$\begin{aligned}P(Y_{n-1}\leqq 2n-1)&=\left(\frac{2n-1}{2n}\right)^n+{}_n\mathrm{C}_1\left(\frac{1}{2n}\right)\left(\frac{2n-1}{2n}\right)^{n-1}\\&=\left(\frac{2n-1}{2n}\right)^n+\frac{1}{2}\left(\frac{2n-1}{2n}\right)^{n-1}\\&=\left(\frac{2n-1}{2n}\right)^n\left(1+\frac{1}{2}\cdot\frac{2n}{2n-1}\right)\\&=\frac{3n-1}{2n-1}\left(\frac{2n-1}{2n}\right)^n \quad \to ク\end{aligned}$$

$$\lim_{n\to\infty}\frac{3n-1}{2n-1}\left(\frac{2n-1}{2n}\right)^n=\lim_{n\to\infty}\frac{3-\frac{1}{n}}{2-\frac{1}{n}}\left(\frac{2n-1}{2n}\right)^n=\frac{3}{2\sqrt{e}} \quad \to ケ$$

❖講　評

2021年度よりやや易しめ。さらに，数学Ⅲは「複素数平面」と「極限値の計算」が出題されているだけで，取り組みやすい内容である。

Ⅰ．解と係数の関係を題材にした問題。キとクは数学Ⅲの関数の極限計算だが，いずれも基本的な問題で，誘導に従って計算していけばよい。確実に得点しておくことが大事。

Ⅱ．円と放物線の共有点を題材にした問題。〔1〕は頻出。〔2〕は記述しづらいが，答えは容易に予想できる。〔3〕は三角関数の計算問題。計算量が多く完答は難しい。特に，ケとコはやや難で，ア～クが正解できるかどうかがポイント。時間配分に要注意。

Ⅲ．複素数平面における円の基本的な問題。〔2〕は「中心 α，半径 r の円が $|z-\alpha|=r$ で表される」ことがポイントで，内容的には，数学Ⅱの「円と直線」の問題である。〔1〕で直線に関する対称移動の公式が誘導されているが，本問では，直線が $y=-x$，$x=-k$ なのでエが正解できなくても解答可能である。シの面積は図形の対称性が利用できる。

Ⅳ．場合の数，反復試行の確率，数列の極限を題材にした問題。エ，ク，ケ以外は基本的な問題で確実に得点しておきたい。エは，さいころの目の問題では頻出。和が $3k$（$k=1,\ 2,\ \cdots,\ 6$）の場合を調べる解法では数えもれなどのミスを犯しやすく，工夫が必要。

◀理系型 3 教科・薬学方式▶

I

解答　ア．$\dfrac{\sqrt{6}}{3}a$　イ．$\dfrac{\sqrt{3}}{4}a^2$　ウ．$\dfrac{\sqrt{2}}{12}a^3$　エ．$\dfrac{\sqrt{6}}{12}a$　オ．$\dfrac{1}{3}$

カ．$2n-3$　キ．$n(n-2)$　ク．$\dfrac{1}{3}$　ケ．9　コ．$3^{n(n-2)}$　サ．6　シ．4

ス．8　セ．-0.9　ソ．C

◀解　説▶

≪小問集合≫

〔1〕(a)　H は△BCD の重心で，CD の中点を M とおくと

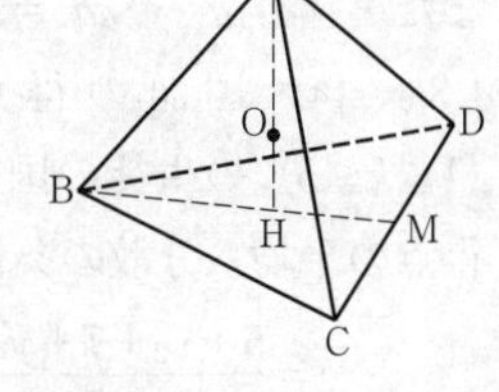

$$\mathrm{BH}:\mathrm{HM}=2:1$$

よって　$\mathrm{BH}=\dfrac{2}{3}\mathrm{BM}=\dfrac{2}{3}\cdot\dfrac{\sqrt{3}}{2}a=\dfrac{\sqrt{3}}{3}a$

$\angle\mathrm{BHA}=90^\circ$ より

$$\mathrm{AH}=\sqrt{\mathrm{AB}^2-\mathrm{BH}^2}=\sqrt{a^2-\left(\frac{\sqrt{3}}{3}a\right)^2}=\frac{\sqrt{6}}{3}a \quad \to ア$$

$$S=\frac{1}{2}\mathrm{BC}\cdot\mathrm{BD}\cdot\sin 60^\circ=\frac{\sqrt{3}}{4}a^2 \quad \to イ$$

$$V=\frac{1}{3}S\cdot\mathrm{AH}=\frac{1}{3}\cdot\frac{\sqrt{3}}{4}a^2\cdot\frac{\sqrt{6}}{3}a=\frac{\sqrt{2}}{12}a^3 \quad \to ウ$$

線分 OA，OB，OC，OD によって正四面体 ABCD を 4 つの三角錐に分割する。各三角錐の体積は $\dfrac{1}{3}rS$ であるから

$$\frac{4}{3}rS=V=\frac{1}{3}S\cdot\mathrm{AH}$$

$$r=\frac{1}{4}\mathrm{AH}=\frac{\sqrt{6}}{12}a \quad \to エ$$

(b)　$r=\mathrm{OH}$ だから，$\mathrm{OH}=\dfrac{1}{4}\mathrm{AH}$，$\mathrm{AO}=\dfrac{3}{4}\mathrm{AH}$ が成り立ち，点 O は垂線 AH を $3:1=1:\dfrac{1}{3}$ に内分する。→オ

〔2〕 $\{b_n\}$ の初項を b，公差を d とおくと

$$b_3=b+2d=3,\ b_{10}=b+9d=17$$

よって　$b=-1,\ d=2$

$$b_n=-1+2(n-1)=2n-3 \quad \rightarrow カ$$

$$S_n=\frac{n}{2}\{2\times(-1)+2(n-1)\}=n(n-2) \quad \rightarrow キ$$

$b_n=\log_3 a_n$ より　$a_n=3^{b_n}=3^{2n-3}$

よって　$a_1=\dfrac{1}{3}$　→ク

公比は　$\dfrac{a_{n+1}}{a_n}=\dfrac{3^{b_{n+1}}}{3^{b_n}}=\dfrac{3^{2n-1}}{3^{2n-3}}=3^2=9$　→ケ

また　$a_1\cdot a_2\cdot\cdots\cdot a_n=3^{b_1}\cdot 3^{b_2}\cdot\cdots\cdot 3^{b_n}=3^{S_n}=3^{n(n-2)}$　→コ

〔3〕 (a) 国語の得点を x，数学の得点を y とし，生徒番号が k $(1\leqq k\leqq 5)$ の生徒の国語の得点を x_k，数学の得点を y_k とおくと，数学の得点の平均，分散の条件から

$$\overline{y}=\frac{5+y_2+7+y_4+3}{5}=5 \Longleftrightarrow y_2+y_4=10$$

$$\Longleftrightarrow (y_2-5)+(y_4-5)=0$$

$$(s_y)^2=\frac{(5-5)^2+(y_2-5)^2+(7-5)^2+(y_4-5)^2+(3-5)^2}{5}=2$$

$$\Longleftrightarrow (y_2-5)^2+(y_4-5)^2=2$$

$y_2-5>y_4-5$ より　$y_2-5=1,\ y_4-5=-1$

よって　$y_2=6,\ y_4=4$　→サ・シ

(b) 国語の得点の分散は

$$(s_x)^2=\frac{(8-6)^2+(4-6)^2+(2-6)^2+(6-6)^2+(10-6)^2}{5}=8 \quad \rightarrow ス$$

(c) x と y の共分散は

$$s_{xy}=\frac{0+(-2)+(-8)+0+(-8)}{5}=-\frac{18}{5}$$

よって，x と y の相関係数は

$$\frac{s_{xy}}{s_x s_y}=\frac{-\frac{18}{5}}{\sqrt{8}\sqrt{2}}=-\frac{9}{10}=-0.9 \quad \rightarrow セ$$

(d)　相関係数が-0.9に最も近い散布図はCである。→ソ

II

解答　ア．-3　イ．3　ウ．$a-1$　エ．-2　オ．4　カ．3

キ．108　ク．-6　ケ．18　コ．-2　サ．30　シ．$\dfrac{671}{12}$

◀解　説▶

≪3次関数のグラフと放物線が接する条件，面積≫

$f(x)=-x^2+9$，$g(x)=(x^2-9)(x-a)$ より

$$\begin{aligned} f(x)-g(x)&=-(x^2-9)-(x^2-9)(x-a)\\ &=-(x^2-9)(x-a+1)\\ &=-(x+3)(x-3)(x-a+1) \end{aligned}$$

よって，$f(x)=g(x)$ の解は

$$x=-3,\ 3,\ a-1 \quad \to ア〜ウ$$

$g(x)=x^3-ax^2-9x+9a$ より

$$f'(x)=-2x,\ g'(x)=3x^2-2ax-9$$

$$f'(x)=g'(x) \iff 3x^2-2(a-1)x-9=0$$

$x=a-1$がこの方程式の解だから

$$3(a-1)^2-2(a-1)^2-9=0 \iff (a-1)^2=9$$

よって　　$a=-2,\ 4$　→エ・オ

また，$a=4$のとき

$$\begin{aligned} f(x)-g(x)&=(x^2-9)(-x+3) \quad \to カ\\ &=-(x+3)(x-3)^2 \end{aligned}$$

よって，$y=f(x)$ と $y=g(x)$ の交点の x 座標は $x=-3,\ 3$ であり，$-3\leqq x\leqq 3$ において，$f(x)-g(x)\leqq 0$ が成り立つから，2曲線 $y=f(x)$ と $y=g(x)$ とで囲まれた領域の面積を S_1 とおくと

$$\begin{aligned} S_1&=-\int_{-3}^{3}\{f(x)-g(x)\}dx\\ &=\int_{-3}^{3}(x^3-3x^2-9x+27)\,dx\\ &=2\int_{0}^{3}(-3x^2+27)\,dx \end{aligned}$$

$$=2\Big[-x^3+27x\Big]_0^3$$

$$=108 \quad \to キ$$

$g'(3)=-6$ より，接線 l の方程式は

$$y=-6(x-3)$$

$$y=-6x+18 \quad \to ク・ケ$$

$h(x)=-6(x-3)$ とおくと

$$g(x)-h(x)=(x+3)(x-3)(x-4)+6(x-3)$$
$$=(x-3)(x^2-x-6)$$
$$=(x+2)(x-3)^2$$

よって，l と $y=g(x)$ との接点以外の交点は　　$(-2,\ 30)$　→コ・サ

$$f(x)-h(x)=-(x-3)(x+3)+6(x-3)$$
$$=-(x-3)^2$$

であるから，l と $y=f(x)$ は点 $(3,\ 0)$ で接している。

$y=g(x)$ と l で囲まれた領域の面積を S_2 とおくと

$$S_2=\int_{-2}^{3}\{g(x)-h(x)\}dx$$
$$=\int_{-2}^{3}(x+2)(x-3)^2dx$$
$$=\int_{-2}^{3}\{(x-3)+5\}(x-3)^2dx$$
$$=\int_{-2}^{3}\{(x-3)^3+5(x-3)^2\}dx$$
$$=\left[\frac{1}{4}(x-3)^4+\frac{5}{3}(x-3)^3\right]_{-2}^{3}=\frac{625}{12}$$

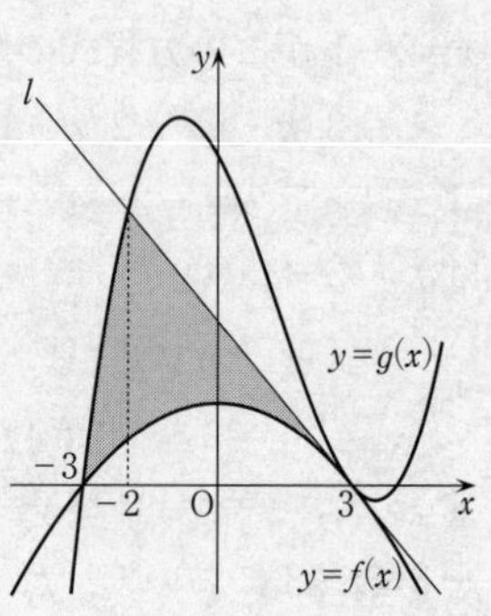

曲線 $y=f(x)$ と $y=g(x)$ および l で囲まれた領域は右図の網かけ部分になり，面積は

$$S_1-S_2=108-\frac{625}{12}=\frac{671}{12} \quad \to シ$$

III　解答

ア．3　イ．$(3,\ 0,\ 0)$　ウ．1　エ．$(1,\ 0,\ 0)$

オ．$\sqrt{5}$　カ．$\sqrt{5}-t$　キ．0　ク．$\left(1,\ \frac{1}{2},\ 1\right)$　ケ．$\frac{3}{2}$　コ．$-\frac{9}{4}$

サ．$\left(1,\ \dfrac{1}{2},\ 1\right)$　シ．$\sqrt{t+\dfrac{9}{4}}$

◀解　説▶

≪空間ベクトルの内積，球面の方程式≫

〔1〕 $|\overrightarrow{AP}|=1$ より，動点 P は A$(2,\ 0,\ 0)$ を中心とする半径 1 の球面上を動く。半直線 OA（x 軸）と球面の交点を $P_0(1,\ 0,\ 0)$，$P_1(3,\ 0,\ 0)$ とおくと

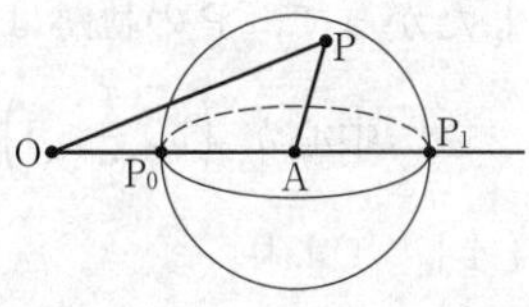

$$OP \leqq OA+AP=2+1=3$$

（等号は $P=P_1$ のときに成立）

よって，$|\overrightarrow{OP}|$ の最大値は 3，P の座標は $(3,\ 0,\ 0)$　→ア・イ

また，$OP+AP \geqq OA$ より

$$OP \geqq OA-AP=2-1=1$$

（等号は $P=P_0$ のときに成立）

よって，$|\overrightarrow{OP}|$ の最小値は 1，P の座標は $(1,\ 0,\ 0)$　→ウ・エ

〔2〕 $t \geqq 0$ のとき，$|\overrightarrow{BP}| \leqq t$ を満たす P は，B$(0,\ 1,\ 2)$ を中心とする半径 t の球 S の球面および内部を動く。$OB=\sqrt{5}$ であるから

• $0<t<\sqrt{5}$ のとき　→オ

O は S の外部の点で，線分 OB と球面の交点を P_2 とおくと

$$OP+PB \geqq OB=\sqrt{5} \qquad \therefore\ OP \geqq \sqrt{5}-PB$$

$0 \leqq PB \leqq t$ より　　$\sqrt{5}-PB \geqq \sqrt{5}-t$

よって　　$OP \geqq \sqrt{5}-t$

等号は $P=P_2$ のときに成立するから

$|\overrightarrow{OP}|$ の最小値は　　$\sqrt{5}-t$　→カ

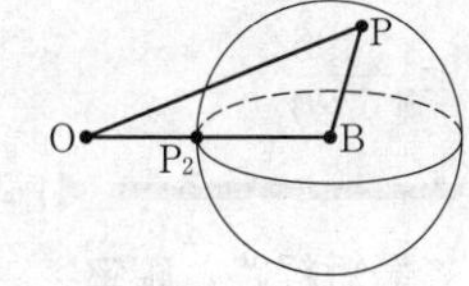

• $t=0$ のとき

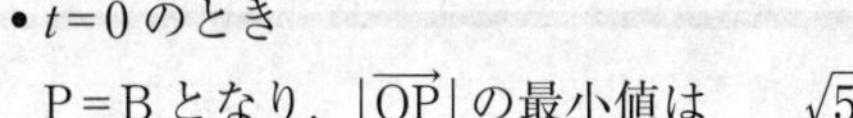

P＝B となり，$|\overrightarrow{OP}|$ の最小値は　　$\sqrt{5}$

• $t \geqq \sqrt{5}$ のとき

O が S に含まれ，$|\overrightarrow{OP}|$ の最小値は　　0　→キ

〔3〕 P$(x,\ y,\ z)$ とおくと，$\overrightarrow{AP}=(x-2,\ y,\ z)$，$\overrightarrow{BP}=(x,\ y-1,\ z-2)$ より

$$\begin{aligned}\overrightarrow{AP}\cdot\overrightarrow{BP}&=x(x-2)+y(y-1)+z(z-2)\\&=x^2-2x+y^2-y+z^2-2z\end{aligned}$$

$$=(x-1)^2+\left(y-\frac{1}{2}\right)^2+(z-1)^2-\frac{9}{4}\quad\cdots\cdots①$$

$$\overrightarrow{AP}\cdot\overrightarrow{BP}=0 \Longleftrightarrow (x-1)^2+\left(y-\frac{1}{2}\right)^2+(z-1)^2=\frac{9}{4}$$

したがって，Pの軌跡は

中心が $\left(1,\ \frac{1}{2},\ 1\right)$，半径が $\frac{3}{2}$ の球面　→ク・ケ

〔4〕①より

$$\overrightarrow{AP}\cdot\overrightarrow{BP}\geqq-\frac{9}{4}\quad\left(\text{等号は } x=1,\ y=\frac{1}{2},\ z=1 \text{ のとき成立}\right)$$

よって，$t=\overrightarrow{AP}\cdot\overrightarrow{BP}$ より　$t\geqq-\frac{9}{4}$　→コ

また，①より

$$(x-1)^2+\left(y-\frac{1}{2}\right)^2+(z-1)^2=t+\frac{9}{4}$$

したがって，$t>-\frac{9}{4}$ のとき，Pの軌跡は

中心が $\left(1,\ \frac{1}{2},\ 1\right)$，半径が $\sqrt{t+\frac{9}{4}}$ の球面　→サ・シ

Ⅳ　解答

ア．70　イ．4　ウ．5　エ．6　オ．7　カ．2　キ．8　ク．20　ケ．40　コ．$\frac{16}{81}$　サ．$\frac{64}{243}$　シ．$\frac{160}{729}$　ス．0　セ．$\frac{496}{729}$

◀解　説▶

≪最短経路と確率≫

〔1〕東へ1区画進むことをE，南へ1区画進むことをSで表すと，AからBに到達する経路と，4個のE，4個のSの順列が1対1に対応するから，最短経路は

$${}_8C_4=70 \text{ 通り}\quad →ア$$

右図のように点を設定する。

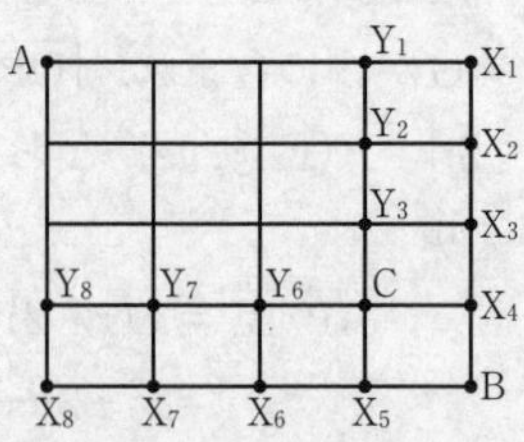

経路 A→Y_k→X_k→B を L_k ($k=1,\ 2,\ 3,\ 6,\ 7,\ 8$), 経路 A→C→B を L_0 とする。

経路が L_k のときの, さいころを投げる回数を $N(k)$ とおくと

$$N(1)=N(8)=4,\ N(2)=N(7)=5,\ N(3)=N(6)=6,\ N(0)=7$$

よって, さいころを投げる回数は, 少ない方から, 4, 5, 6, 7回である。 →イ〜オ

L_1 と L_8 は 1 通り, L_2 と L_7 は ${}_4C_1$ 通り, L_3 と L_6 は ${}_5C_2$ 通り, L_0 は ${}_6C_3\times2$ 通りであるので

投げる回数が4回の経路は　2通り　→カ

投げる回数が5回の経路は　${}_4C_1\times2=8$ 通り　→キ

投げる回数が6回の経路は　${}_5C_2\times2=20$ 通り　→ク

投げる回数が7回の経路は　${}_6C_3\times2=40$ 通り　→ケ

〔2〕 AからBに到達するとき, Pを通過するのは, L_k ($k=1,\ 2,\ 3$) を進む場合である。

• さいころを投げる回数が4回であるのは L_1 の場合だから, 確率は

$$\left(\frac{2}{3}\right)^4=\frac{16}{81}\quad→コ$$

• さいころを投げる回数が5回であるのは L_2 の場合だから, 確率は

$${}_4C_1\left(\frac{2}{3}\right)^3\cdot\frac{1}{3}\cdot\frac{2}{3}=\frac{64}{243}\quad→サ$$

• さいころを投げる回数が6回であるのは L_3 の場合だから, 確率は

$${}_5C_2\left(\frac{2}{3}\right)^3\left(\frac{1}{3}\right)^2\cdot\frac{2}{3}=\frac{160}{729}\quad→シ$$

• さいころを投げる回数が7回であるのは L_0 の場合だから, Pは通過せず, 確率は　0　→ス

よって, AからBに到達するとき, Pを通過する確率は

$$\frac{16}{81}+\frac{64}{243}+\frac{160}{729}=\frac{496}{729}\quad→セ$$

❖講　評

Ⅰ．小問形式の問題。いずれも易しく確実に得点しておきたい。〔3〕の相関係数の問題は，数値計算のミスをしないよう注意が必要。

Ⅱ．接する 2 曲線を題材にした頻出問題。2021 年度同様，3 次関数のグラフと接線で囲まれた領域の面積計算が出題されている。シの面積計算は領域を正確に把握することがポイントだが，やや難である。その他の問題は難しくはないが，計算量が多いので要領よく計算し，ミスをしないことが大事。

Ⅲ．空間図形の問題。〔1〕と〔2〕は，球面および内部の動点と定点の距離の最大・最小問題で易しい。〔解答〕のように，三角不等式を利用すると容易に説明できる。〔3〕と〔4〕は，P の座標を $(x,\ y,\ z)$ とおき，$\overrightarrow{\mathrm{AP}}\cdot\overrightarrow{\mathrm{BP}}$ を計算すればよい。〔4〕は少し複雑そうに見えるが

$$\overrightarrow{\mathrm{AP}}\cdot\overrightarrow{\mathrm{BP}}=t \Longleftrightarrow (x-1)^2+\left(y-\frac{1}{2}\right)^2+(z-1)^2=t+\frac{9}{4}$$

の変形でコ～シは容易に求まる。

Ⅳ．最短経路と反復試行の確率を題材にした易しめの問題。さいころを投げる回数によって，A から B に到達する経路を分類して考えるように誘導されている。A で 1 回カウントされることに注意が必要。〔2〕はさいころを投げる回数が決まれば，経路つまり，東へ進む回数と南へ進む回数が決まり，反復試行の確率の公式が利用できる。誘導が丁寧で，部分点が取れるよう考慮されている。

物理

I

解答　ア．$\dfrac{mg\sin\theta}{k}$　イ．$\dfrac{kv_0{}^2}{mg^2\sin^2\theta}$　ウ．$v_0\sin\theta\cdot t-\dfrac{1}{2}gt^2$

エ．$\dfrac{\pi}{4}$　オ．$\dfrac{L}{v_0\cos\theta}$　カ．$\dfrac{v_0{}^2}{gL}$　キ．$\dfrac{1}{2g}\left\{v_0{}^2-\left(\dfrac{gL}{v_0}\right)^2\right\}$

あ―②　い―③　う―②　え―④　お―⑦　か―①

◀解　説▶

≪斜面上のばねから斜方投射された物体の軌跡≫

〔1〕 ア．つりあいの位置でのばねの縮みを x_0 とする。斜面に沿った方向の小物体にはたらく力のつりあいから

$$kx_0=mg\sin\theta \qquad x_0=\frac{mg\sin\theta}{k}$$

あ．自然の長さから a だけ縮めたばねに蓄えられる弾性エネルギーなので

$$\frac{1}{2}ka^2$$

い．斜面上でばねの長さが a だけ縮められたので，このとき小物体は台の先端より鉛直方向に $a\sin\theta$ 低い位置にある。したがって，投射されるまでの重力による位置エネルギーの増加量は　$mga\sin\theta$

う．質量 m，速さ v_0 の物体がもつ運動エネルギーは　$\dfrac{1}{2}mv_0{}^2$

イ．力学的エネルギー保存則から

$$\frac{1}{2}ka^2=\frac{1}{2}mv_0{}^2+mga\sin\theta$$

これを a について解くと

$$ka^2-2mga\sin\theta-mv_0{}^2=0$$

$$a=\frac{mg\sin\theta\pm\sqrt{(mg\sin\theta)^2+kmv_0{}^2}}{k}$$

$$a=\frac{mg\sin\theta}{k}\pm\sqrt{\left(\frac{mg\sin\theta}{k}\right)^2+\frac{mv_0{}^2}{k}}$$

$$a=\frac{mg\sin\theta}{k}\left(1\pm\sqrt{1+\frac{kv_0{}^2}{mg^2\sin^2\theta}}\right)$$

$a>0$であるから

$$a=\frac{mg\sin\theta}{k}\left(1+\sqrt{1+\frac{kv_0{}^2}{mg^2\sin^2\theta}}\right)$$

〔2〕 ウ．鉛直方向の変位をyとする。初速度の鉛直成分は$v_0\sin\theta$なので，等加速度運動の公式から

$$y=v_0\sin\theta\cdot t-\frac{1}{2}gt^2$$

え．水平面上に再び到達するのは鉛直方向の変位が0になったときなので，このときの時刻をt_1とすると

$$0=v_0\sin\theta\cdot t_1-\frac{1}{2}gt_1{}^2 \qquad 0=t_1\left(v_0\sin\theta-\frac{1}{2}gt_1\right)$$

となり，$t_1>0$であるから

$$t_1=\frac{2v_0\sin\theta}{g}$$

お．小物体は水平方向に$v_0\cos\theta$の等速度運動をするので，水平到達距離は

$$v_0\cos\theta\cdot t_1=\frac{2v_0{}^2\sin\theta\cos\theta}{g}=\frac{v_0{}^2\sin 2\theta}{g}$$

エ・か．この水平到達距離が最大となるのは，$\sin 2\theta=1$のときなので

$$\theta=\frac{\pi}{4}$$

となり，最大値は　$\dfrac{v_0{}^2}{g}$

〔3〕 オ．壁面上の点Qに到達する時刻をt_2とすると，水平方向に等速度運動をするので

$$v_0\cos\theta\cdot t_2=L \qquad t_2=\frac{L}{v_0\cos\theta}$$

カ・キ．点Qの水平面からの高さは等加速度運動の公式から

$$y=v_0\sin\theta\cdot t_2-\frac{1}{2}gt_2{}^2=L\tan\theta-\frac{g}{2}\left(\frac{L}{v_0\cos\theta}\right)^2$$

$$=L\tan\theta-\frac{gL^2}{2v_0{}^2}(\tan^2\theta+1)$$

これを $\tan\theta$ について整理し，y の最大値を求める。

$$y=-\frac{gL^2}{2v_0{}^2}\left(\tan^2\theta-\frac{2v_0{}^2}{gL}\tan\theta+1\right)$$

$$=-\frac{gL^2}{2v_0{}^2}\left\{\left(\tan\theta-\frac{v_0{}^2}{gL}\right)^2-\left(\frac{v_0{}^2}{gL}\right)^2+1\right\}$$

$$=-\frac{gL^2}{2v_0{}^2}\left(\tan\theta-\frac{v_0{}^2}{gL}\right)^2+\frac{1}{2g}\left\{v_0{}^2-\left(\frac{gL}{v_0}\right)^2\right\}$$

となり，$\tan\theta=\dfrac{v_0{}^2}{gL}$ のとき最大値 $\dfrac{1}{2g}\left\{v_0{}^2-\left(\dfrac{gL}{v_0}\right)^2\right\}$ となる。

II　解答

あ．V_1I_1　い．$\dfrac{17}{16}$　う．$\dfrac{1}{16}$　え．$EI-rI^2$　お．$\dfrac{E}{2r}$

か．$\dfrac{E}{2}$　き．$\dfrac{289}{64}$

イ―⑨　ロ―㉒　ハ―③　ニ―⑪　ホ―⑱　ヘ―①　ト―③　チ―⑩

リ―①

◀解　説▶

≪非線形抵抗を並列に接続した直流電源から取り出せる電力の最大値≫

〔1〕 あ．回路図から，I_1 は豆電球を流れる電流を示し，V_1 は豆電球にかかる電圧を示している。したがって，豆電球の消費電力は

$$P_1=V_1I_1$$

〔2〕 イ・ロ．電流計の値から，豆電球1個に流れる電流は $\dfrac{9}{11}I_1$，電圧は $\dfrac{1}{2}V_1$ となる。したがって，豆電球1個あたりの消費電力は

$$\frac{1}{2}V_1\times\frac{9}{11}I_1=\frac{9}{22}V_1I_1=\frac{9}{22}P_1$$

ハ．1個だけ接続していたときと比較して，豆電球1個あたりの消費電力が少なくなっているので暗くなる。

ニ～ヘ．豆電球1個にかかる電圧と流れる電流から，このときの抵抗値を求めると

$$\frac{1}{2}V_1\div\frac{9}{11}I_1=\frac{11V_1}{18I_1}=\frac{11}{18}R_1$$

このときの抵抗値は R_1 より小さくなっている。

ト．豆電球の抵抗値は発熱により大きくなる。電流が大きくなると豆電球が発熱し，抵抗値が大きくなる。

い・う．電圧計の示す値を V，電流計の示す値を I とすると，起電力と内部抵抗の関係は図 1 の回路図から

$$E = rI + V \quad \cdots\cdots(a)$$

これに，豆電球が 1 個の場合と 11 個の場合の測定値を代入すると

$$E = rI_1 + V_1$$

$$E = r \times 9I_1 + \frac{1}{2}V_1$$

の 2 式を得る。これらを解いて

$$E = \frac{17}{16}V_1, \quad r = \frac{1}{16}\frac{V_1}{I_1} = \frac{1}{16}R_1$$

となる。

〔3〕　え．(a)から

$$V = E - rI$$

が得られる。豆電球の合計消費電力を P とすると

$$P = VI = EI - rI^2$$

お．P を I について整理すると

$$P = -r\left(I^2 - \frac{E}{r}I\right)$$

最大値を求めるために，変形すると

$$P = -r\left\{I^2 - \frac{E}{r}I + \left(\frac{E}{2r}\right)^2 - \left(\frac{E}{2r}\right)^2\right\}$$

$$= -r\left(I - \frac{E}{2r}\right)^2 + \frac{E^2}{4r}$$

したがって，合計消費電力 P は $I = \frac{E}{2r}$ のときに，最大値 $\frac{E^2}{4r}$ となる。

か．（お）の結果から，合計消費電力 P が最大の $\frac{E^2}{4r}$ のときに流れる電流が $\frac{E}{2r}$ なので，このときの電圧は

$$\frac{E^2}{4r} = V \times \frac{E}{2r} \qquad V = \frac{E}{2}$$

チ．合計消費電力 P が最大値をとるときの電流 $\dfrac{E}{2r}$ に(い)・(う)で求めた直流電源の起電力 E と内部抵抗 r の値を代入すると

$$I=\frac{E}{2r}=\frac{17}{16}V_1\times\frac{16I_1}{2V_1}=\frac{17}{2}I_1$$

この電流が流れる豆電球の個数は図2のグラフから，$n=10$ 個となる。

き．合計消費電力の最大値 $\dfrac{E^2}{4r}$ に(い)・(う)で求めた起電力と内部抵抗の値を代入すると

$$P=\frac{E^2}{4r}=\left(\frac{17}{16}V_1\right)^2\times\frac{16I_1}{4V_1}=\frac{289}{64}V_1I_1=\frac{289}{64}P_1$$

リ．(お)・(か)の結果から，電力が最大値のときの合成抵抗の値は

$$\frac{V}{I}=\frac{\dfrac{E}{2}}{\dfrac{E}{2r}}=r$$

Ⅲ　解答

A．V_2　B．$-W$　C．p_1V_1　D．$-p_2(V-V_2)$
E．T　F．$2V_2$

ア―①　イ―④　ウ―④　エ―⑥　オ―②　カ―③　キ―⑤　ク―⑥

◀解　説▶

≪等温変化と断熱変化における2つの容器内の気体の混合の比較≫

〔1〕　ア．状態Ⅰの左の気体と右の気体のそれぞれの状態方程式は

$$p_1V_1=RT,\ p_2V_2=RT$$

となる。右辺はそれぞれ等しいので

$$p_1V_1=p_2V_2$$

イ・ウ．左右の気体はともに温度 T で等しく，1mol の単原子分子気体なので，内部エネルギーはともに　$\dfrac{3}{2}RT$

〔2〕　A．状態Ⅰから状態Ⅱまでの変化は等温変化。状態Ⅱの左側の気体の体積を V_0 とすると，ボイルの法則から

$$p_1V_1=p_2V_0$$

アの関係から　$V_0=V_2$

B．等温変化であれば，内部エネルギーの増減はないので，気体がされた仕事は外部に熱として放出される。したがって，気体がされた仕事が W のとき，気体が受け取った熱は，負となり $-W$ である。

エ．状態Ⅱにおける左右の気体は，温度，圧力，体積が等しいので仕切り板を外し気体を混合させて状態Ⅲにしても，外部との熱の出入りはない。

〔3〕 オ．ピストン1の外側の圧力は p_1 であるが，状態Ⅳではピストン1は仕切り板と接している。このため気体の圧力はピストン2が受ける圧力 p_2 に等しい。左右の気体が混合したので全体の物質量が 2mol になっていることから，気体の状態方程式は

$$p_2V=2RT'$$

C．気体は，ピストン1が仕切り板に接するまで p_1 の圧力を受け，体積が V_1 減少するので，気体がピストン1からされた仕事 W_1 は

$$W_1=p_1V_1$$

D．気体がピストン2からされた仕事 W_2 は，圧力 p_2 で体積が V_2 から V へ変化しているので

$$W_2=-p_2(V-V_2)$$

カ．T' の温度の単原子分子気体 2mol がもつ内部エネルギーなので

$$\frac{3}{2}\times2RT'=3RT'$$

キ．状態Ⅰから状態Ⅳの変化は断熱変化なので，熱力学第一法則より外部からされた仕事が内部エネルギーの増加に等しい。これを式で表すと

$$\Delta E=W_1+W_2$$

E・F．状態Ⅰと状態Ⅳがもつ内部エネルギーから

$$\Delta E=3RT'-3RT$$

キにC・Dの各値を代入し

$$\Delta E=W_1+W_2$$

$$3RT'-3RT=p_1V_1-p_2(V-V_2)$$

これを，状態Ⅳの気体の状態方程式

$$p_2V=2RT' \quad \cdots\cdots\text{(b)}$$

と，状態Ⅰの左右の気体の状態方程式

$$p_1V_1=RT$$

$$p_2V_2=RT \quad \cdots\cdots\text{(c)}$$

を使って，書き換えると

$$3RT'-3RT=RT-2RT'+RT$$

$$T'=T$$

この結果を(b)に代入してから(c)を代入すると

$$p_2V=2p_2V_2 \qquad V=2V_2$$

〔4〕 ク．状態Ⅲの混合気体の体積は $2V_2$ になり，温度 T，圧力 p_2 の状態である。これは状態Ⅳの気体と等しく，この2つの気体は同一の熱平衡状態になっている。

❖講　評

大問3題の出題で試験時間80分。力学，電磁気，熱力学から1題ずつ出題された。問題文中の空所に，選択肢から選んでマークする問題と，数式の結果を記入する問題の組み合わせである。

Ⅰ．斜面上に設置したばねの弾性力を使って，小物体を斜方投射させ，その軌跡に関する問題。弾性力と重力による位置エネルギーを含む力学的エネルギー保存則，斜方投射全般の知識が必要。

Ⅱ．非線形抵抗である豆電球を複数用い，これを並列に接続していくことで全体の抵抗値を変化させ，電圧と電流の変化を測定する。直流電源の起電力と内部抵抗を測定する実験結果として問題が作られている。〔3〕外部の抵抗で取り出せる消費電力は，内部抵抗と同じ大きさの抵抗を接続したときに最大となる。知識としてもっておくと計算にも見通しを立てやすい。

Ⅲ．2つの仕切りで区切られた気体を最終的に混合させるが，その過程で等温変化と断熱変化の2つの状態変化を経由させ，結果を比較する問題。気体の状態方程式，単原子分子気体のもつ内部エネルギー，熱力学第一法則などの知識が必要。〔3〕状態Ⅳの左側からの圧力と右側からの圧力が違う状態で熱平衡状態になっているように見えるが，ピストンが仕切り板に接しているので，気体に及ぼす圧力は自由に動ける右側のピストンから受ける圧力に等しくなる。

化学

I

解答

〔1〕 あ—②　い—④

〔2〕 ⑦

〔3〕 え—⑤　お—①

〔4〕 9.0 g/cm^3

〔5〕 ②

〔6〕 (i)1.12L　(ii)A. 0.747　B. 2.120　(iii)—②

◀解　説▶

≪鉄と銅の単位格子と単体の生成反応，亜鉛酸化物の量的関係≫

〔1〕 配位数を答える問題であり，体心立方格子の配位数は8，面心立方格子と六方最密構造の配位数は12である。

〔2〕 単体の生成熱は0kJ/mol，炭素の燃焼熱と二酸化炭素の生成熱は等しいことを利用して

反応熱＝生成物の生成熱の和－反応物の生成熱の和

$$=(4\times 0+3\times 394)-(2\times 824+3\times 0)$$

$$=-466\,[\text{kJ}]$$

〔4〕 単位格子1個あたり4個の原子を含むため

$$\text{単位格子1個の質量}=\frac{4}{6.02\times 10^{23}}\times 63.6=4.22\times 10^{-22}\,[\text{g}]$$

したがって，密度は

$$\frac{4.22\times 10^{-22}}{4.7\times 10^{-23}}=8.97\fallingdotseq 9.0\,[\text{g/cm}^3]$$

〔5〕 下線部(b)では $Cu^{2+}+2e^- \longrightarrow Cu$ のような反応が起こるため，流れた電子の物質量は

$$\frac{0.159}{63.6}\times 2=5.00\times 10^{-3}\,[\text{mol}]$$

求める時間を t 秒とすると

$$5.00\times 10^{-3}=\frac{0.500t}{9.65\times 10^{4}}\qquad t=9.65\times 10^{2}\text{ 秒}$$

〔6〕(i)　結合した酸素の量を（反応後の質量）−（金属亜鉛の質量）から求めると，実験1～4では金属亜鉛の質量に比例しているが，実験5以降は0.320gで一定になっている。これより，実験5以降では酸素が不足し，未反応の亜鉛があると考える。

実験5ではすべての酸素が反応に使われたので，$O_2=32.0$ より

$$酸素の物質量=\frac{1.720-1.400}{32.0}=1.00\times10^{-2}〔mol〕$$

空気は 窒素：酸素＝4：1の混合気体なので

$$空気の体積=1.00\times10^{-2}\times\frac{4+1}{1}\times22.4=1.12〔L〕$$

(ii)　A．実験1～4までは，金属亜鉛の質量と反応後の質量が比例しているので，実験1の結果より

$$0.498\times\frac{0.600}{0.400}=0.747〔g〕$$

B．実験6では，酸素0.320gの全量が反応する。したがって

$1.800+0.320=2.120$〔g〕

(iii)　実験4の値を利用する。亜鉛の原子量を M とおくと

Oの質量＝$1.245-1.000=0.245$〔g〕

$$Znの物質量：Oの物質量=\frac{1.000}{M}:\frac{0.245}{16.0}=1:1$$

$M=65.3$

Ⅱ　解答

〔1〕あ―②　い―⑥　う―⑧　え―⑪　お―⑮

〔2〕④・⑥

〔3〕(i)―④　(ii)―④　(iii)―②・③

〔4〕(i)5.4mL　(ii)2.0×10mL　(iii)7.0×10^{-6}mol/L

◀解　説▶

≪硫黄の化合物，硫化水素の電離平衡，硫酸による中和滴定≫

〔2〕①・③酸化数は変化しておらず，酸化還元反応でない。

②Sの酸化数が+4→+6と変化しているため，SO_2 は還元剤である。

④SO_2 のSの酸化数が+4→0と変化しているため，SO_2 は酸化剤である。

⑤Sの酸化数が+4→+6と変化しているため，SO_2 は還元剤である。

⑥SO_2 の S の酸化数が $+4\to+2$ と変化しているため，SO_2 は酸化剤である。

〔３〕(i)　第１段階の電離のみが起こると考えると

$$H_2S \rightleftharpoons H^+ + HS^-$$

	H_2S	H^+	HS^-	
はじめ	C	0	0	〔mol/L〕
変化量	$-C\alpha$	$+C\alpha$	$+C\alpha$	〔mol/L〕
電離平衡時	$C(1-\alpha)$	$C\alpha$	$C\alpha$	〔mol/L〕

したがって，$\alpha\ll1$ より $1-\alpha\fallingdotseq1$ であるから

$$K_1=\frac{C\alpha\times C\alpha}{C(1-\alpha)}=\frac{C\alpha^2}{1-\alpha}\fallingdotseq C\alpha^2\text{〔mol/L〕}$$

(ii)　(i)より

$$\alpha=\sqrt{\frac{K_1}{C}}$$

$$[H^+]=C\alpha=\sqrt{CK_1}=\sqrt{0.10\times1.0\times10^{-7}}=1.0\times10^{-4}\text{〔mol/L〕}$$

$$pH=-\log_{10}(1.0\times10^{-4})=4$$

(iii)　化合物を $M(NO_3)_2$ とおき，沈殿が生じる溶解度積の条件を調べる。硫化水素の２段階の電離式をまとめた式の平衡定数を用いて

$$[H_2S]=0.10\text{〔mol/L〕}$$

pH＝2.0 より　　$[H^+]=1.0\times10^{-2}$〔mol/L〕

$$K=\frac{(1.0\times10^{-2})^2\times[S^{2-}]}{0.10}=1.0\times10^{-21}\text{〔mol/L〕}$$

$$[S^{2-}]=1.0\times10^{-18}\text{〔mol/L〕}$$

硫化物 MS の溶解度積を K_{sp} とする。$[M^{2+}]=0.10$〔mol/L〕で沈殿が生じるとき

$$[M^{2+}][S^{2-}]>K_{sp}$$

$$0.10\times1.0\times10^{-18}>K_{sp}$$

$$K_{sp}<1.0\times10^{-19}\,(\text{mol/L})^2$$

したがって，ZnS，PbS の溶解度積の値がこの条件を満たし沈殿する。

〔４〕(i)　希釈前後で硫酸の物質量は変化しないため，濃硫酸の体積を x〔mL〕とおくと，$H_2SO_4=98$ より

$$0.10\times1.0=\frac{1.84x\times98}{98\times100}\qquad x=5.43\fallingdotseq5.4\text{〔mL〕}$$

(ii)　中和滴定なので，硫酸から生じる H^+ とアンモニアから生じる OH^-

の物質量が等しい。希硫酸の体積を x〔mL〕とおくと

$$1\times0.20\times\frac{2.0\times10}{1000}=2\times0.10\times\frac{x}{1000}\qquad x=2.0\times10\text{〔mL〕}$$

(iii)　中和点では，NH_3 はすべて反応して NH_4^+ となっている。

中和点での溶液の体積 $=2.0\times10+2.0\times10=4.0\times10$〔mL〕

$$[NH_4^+]=0.20\times\frac{2.0\times10}{4.0\times10}=0.10\text{〔mol/L〕}$$

NH_4^+ は水溶液中で次のように加水分解する。NH_4^+ を c〔mol/L〕加水分解する NH_4^+ の割合を h とすると，反応後の物質量は

$$NH_4^+ + H_2O \rightleftarrows NH_3 + H_3O^+$$

	NH_4^+		NH_3	H_3O^+	
反応前	c		0	0	〔mol/L〕
変化量	$-ch$		$+ch$	$+ch$	〔mol/L〕
反応後	$c(1-h)$		ch	ch	〔mol/L〕

この加水分解の平衡定数を K_h とする。$h\ll1$ として

$$K_h=\frac{[NH_3][H_3O^+]}{[NH_4^+]}=\frac{ch\times ch}{c(1-h)}=\frac{ch^2}{1-h}\fallingdotseq ch^2\text{〔mol/L〕}$$

$$h=\sqrt{\frac{K_h}{c}}$$

$$[H_3O^+]=[H^+]=ch=\sqrt{cK_h}\text{〔mol/L〕}\quad\cdots\cdots①$$

また，K_h について

$$K_h=\frac{[NH_3][H_3O^+]}{[NH_4^+]}=\frac{[NH_3]\times[H_3O^+][OH^-]}{[NH_4^+][OH^-]}=\frac{K_w}{K_b}\text{〔mol/L〕}\quad\cdots\cdots②$$

①，②より

$$[H^+]=\sqrt{cK_h}=\sqrt{0.10\times\frac{1.0\times10^{-14}}{2.0\times10^{-5}}}=\sqrt{0.50\times10^{-10}}=0.70\times10^{-5}$$
$$=7.0\times10^{-6}\text{〔mol/L〕}$$

(注)　$h=\sqrt{\dfrac{K_h}{c}}=\sqrt{\dfrac{K_w}{cK_b}}=\sqrt{\dfrac{1.0\times10^{-14}}{0.10\times2.0\times10^{-5}}}=\sqrt{50}\times10^{-5}=7\times10^{-5}$

したがって，$h\ll1$ としてもよい。

III　解答　〔1〕　あ－①　い－⑥

〔2〕　A－③　B－④　C－①　D－⑦

〔3〕　(i) 2.2g　(ii)－②・③・⑥

(iii) 2-プロパノール：$CH_3-C(=O)-CH_3$

2-メチル-2-プロパノール：×

〔4〕 Cu_2O

〔5〕 (i)―③ (ii)―⑥

〔6〕 (i)アルコール発酵 (ii)$C_6H_{12}O_6 \longrightarrow 2C_2H_5OH + 2CO_2$

◀解 説▶

≪エタノールの酸化実験，グルコースの構造≫

〔2〕 エタノールと二クロム酸カリウムは次のように反応する。

$$C_2H_5OH \longrightarrow CH_3CHO + 2H^+ + 2e^- \quad \cdots\cdots①$$

$$Cr_2O_7^{2-} + 14H^+ + 6e^- \longrightarrow 2Cr^{3+} + 7H_2O \quad \cdots\cdots②$$

3×①+②より

$$3C_2H_5OH + 8H^+ + Cr_2O_7^{2-} \longrightarrow 3CH_3CHO + 2Cr^{3+} + 7H_2O$$

省略されたイオン（K^+，SO_4^{2-}）を付け加えて

$$3C_2H_5OH + 4H_2SO_4 + K_2Cr_2O_7 \longrightarrow 3CH_3CHO + K_2SO_4 + Cr_2(SO_4)_3 + 7H_2O$$

〔3〕 (i) $C_2H_5OH = 46$，$CH_3CHO = 44$

〔2〕の化学反応式より

$$\frac{2.3}{46} \times \frac{3}{3} \times 44 = 2.2\text{〔g〕}$$

(ii) ②誤り。試験管2を氷水で冷却するのは，アセトアルデヒドを凝縮して液体にするためである。

③誤り。実験を冷水中で行うと，アセトアルデヒドが試験管1で凝縮する。すると，さらに酸化が進んで酢酸になるため，取り出せるアセトアルデヒドの物質量が減る。

⑥誤り。誘導管の先端を水につけると，気体が誘導管を流れず，内部の圧力が大きくなり危険である。

(iii) 2-プロパノールは第二級アルコールなので，酸化するとケトンであるアセトンが生じる。2-メチル-2-プロパノールは第三級アルコールなので酸化されない。

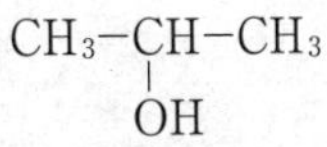

$$CH_3-\underset{\displaystyle OH}{\underset{|}{CH}}-CH_3 \qquad CH_3-\overset{\displaystyle CH_3}{\overset{|}{\underset{\displaystyle OH}{\underset{|}{C}}}}-CH_3$$

2-プロパノール 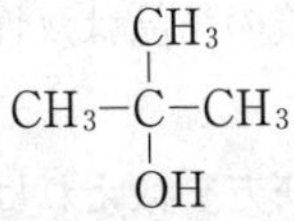　　2-メチル-2-プロパノール

〔5〕(i)　フィッシャー投影式では，左右にある原子団が紙面の手前に配置されると見る。下図のようにグルコースの鎖状構造をCを環状に並べて書いたとき，Cに結合している −H と −OH は環の外側を向くことから，−H と −OH の向きが判断できる。

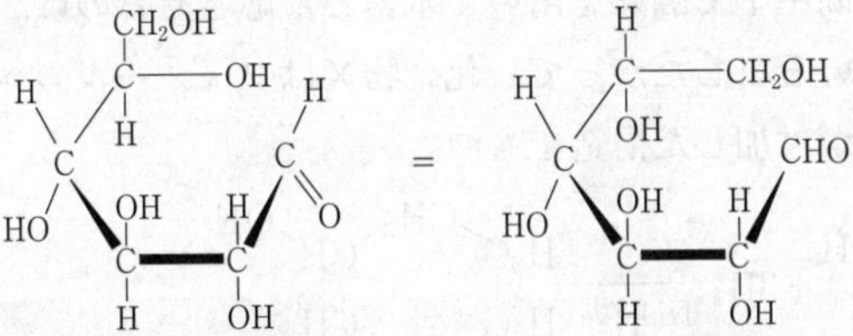

(ii)　鎖状構造のグルコースは，４個の不斉炭素原子 *C をもつ。したがって

立体異性体の数 $= 2^4 = 16$

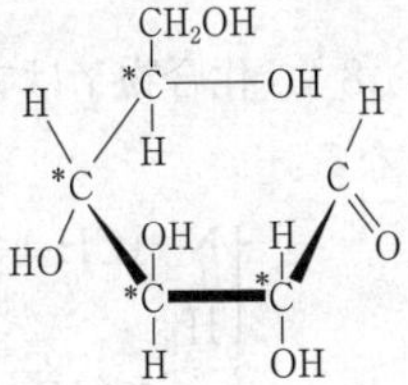

〔6〕アルコール発酵では，エタノールと二酸化炭素が生じる。

Ⅳ 解答

〔1〕あ―③　う―⑥　え―⑤

〔2〕い―⑨　お―②　か―⑥

〔3〕アクリロニトリル

〔4〕開環

〔5〕(i)―②　(ii)―②

〔6〕H:C⋮⋮N:

〔7〕シクロヘキサノール

〔8〕$H_3N^+-(CH_2)_5-COOH$

〔9〕(i)―④　(ii)―⑤　(iii) 6.0×10^4

◀解　説▶

≪天然繊維，合成繊維≫

〔3〕アセチレンとシアン化水素は次のように付加反応する。

$$CH\equiv CH + HCN \longrightarrow CH_2=CHCN$$

〔５〕（i）②誤り。アミノ酸の結晶は双性イオンからなるイオン結晶であり，水に溶けやすい。

（ii）３種類のアミノ酸の並び方を数えればよいので

$3! = 6$ 種類

〔６〕H，C，Nの電子式はそれぞれ次のようになる。不対電子どうしを結びつけ，最終的に不対電子が余らないようにすればよい。

$$\mathrm{H}\cdot \quad \cdot\dot{\underset{\cdot}{\mathrm{C}}}\cdot \quad \cdot\dot{\underset{\cdot}{\mathrm{N}}}:$$

〔７〕高温・高圧下で触媒を用いて水素と反応させるのは，芳香族の付加反応を示している。したがって，化合物Xはフェノールのベンゼン環の二重結合に水素が付加した構造をもつ。

$$C_6H_5OH + 3H_2 \xrightarrow{\text{Ni 触媒}} C_6H_{11}OH \ (\text{シクロヘキサノール: } H_2C, CH_2, CH(OH), CH_2, CH_2, H_2C \text{ の環})$$

〔８〕化合物Yはアミノ基をもち，酸性溶液中ではアミノ基が陽イオンとなる。

$$\left[\mathrm{N(H)}-(CH_2)_5-\mathrm{C(=O)}\right]_n + nH_2O \longrightarrow nH_2N-(CH_2)_5-COOH$$

ナイロン６　　　化合物Y

$$H_2N-(CH_2)_5-COOH + H^+ \longrightarrow H_3N^+-(CH_2)_5-COOH$$

〔９〕（i）ポリエチレンテレフタラートの繰り返し単位には２カ所のエステル結合があるため，$H_2O = 18$ より

ポリエチレンテレフタラートの分子量 $= (166 + 62 - 2 \times 18)n$

$= 192n$

次の反応式の量的関係より

$$nHO-(CH_2)_2-OH + nHO-\mathrm{C(=O)}-C_6H_4-\mathrm{C(=O)}-OH$$

$$\longrightarrow \left[O-(CH_2)_2-O-\mathrm{C(=O)}-C_6H_4-\mathrm{C(=O)}\right]_n + 2nH_2O$$

テレフタル酸の質量 $= \dfrac{1000}{192n} \times \dfrac{n}{1} \times 166 = 864.5 \fallingdotseq 865$〔g〕

（ii）ポリエチレンテレフタラートの繰り返し単位の式量が 192 であり，繰

り返し単位内にエステル結合を2個もつため

$$\frac{5.76\times10^4}{192}\times2=6.0\times10^2\text{個}$$

(iii)　ポリエチレンテレフタラートを1価の酸と考える。求める分子量をMとすると，中和反応なので

H^+の物質量$=OH^-$の物質量

$$1\times\frac{0.474}{M}\times\frac{5.0\times10}{1.0\times10^2}=1\times2.5\times10^{-3}\times\frac{1.58}{1000}$$

$$M=6.0\times10^4$$

❖講　評

大問4題で構成され，Ⅰは理論，Ⅱは理論・無機，Ⅲ・Ⅳは有機・理論分野からの出題であった。すべての大問で計算問題が出題されたものの，論述や描図問題は出題されなかった。

Ⅰ．金属に関する理論的な内容であった。基本的な問題が多かったが，亜鉛の酸化について表から反応後の状態を読み取るのに思考力を要した。酸素の量が一定なので，酸素の質量を求めることがポイントである。

Ⅱ．硫黄に関する理論・無機の内容であった。中和や電離平衡に関する基本的な知識や解法を問う問題が多かった。一方で，溶解度積を用いた計算や中和点におけるpHを問う問題では誘導が少なく，時間を要する内容であった。計算過程を自分で考える力が求められた。

Ⅲ．エタノールに関する反応の出題であった。エタノールの酸化の化学反応式や実験方法の考察，グルコースのフィッシャー投影式など深い知識や考察力を問う問題が多かった。

Ⅳ．天然繊維と合成繊維からの出題であった。高分子化合物の基本的な知識や計算力を問う問題が多く，計算量も多い。文章から，どのような反応が起こっているかを素早く判断することが重要である。

基本的な知識や計算力を問うものが多かったが，思考力を要する問題も出題され，そして計算量が多いため時間配分を気にする必要がある。

生物

I **解答**　〔1〕 あ．水素　い．相補的　う．半保存的
え．ホルモン

〔2〕 DNAの糖はデオキシリボース，RNAの糖はリボースである。(30字以内)

〔3〕 四次構造

〔4〕 ④・⑤

〔5〕 (ア)選択的スプライシング

(イ)タンパク質1：⑤　タンパク質2：③

(ウ)エキソン3と4の違いによりコドンの読み枠がずれ，終止コドンの位置が異なるから。(40字以内)

〔6〕 (ア)―⑤　(イ)―①・②・④

〔7〕 (ア)ゲノム編集　(イ)―④　(ウ)―⑥　(エ)―④

◀解　説▶

≪DNA，選択的スプライシング，バイオテクノロジー≫

〔1〕 あ．アデニン（A）とチミン（T）の間は2カ所の，グアニン（G）とシトシン（C）の間は3カ所の水素結合でつながっている。

〔3〕 ポリペプチドを構成するアミノ酸の配列順序を一次構造，一次構造が特定のアミノ酸間に生じる水素結合などにより，らせん状（αヘリックス）やシート状（βシート）などの規則的な構造を形成したものを二次構造，二次構造のポリペプチドが疎水結合やS-S結合などで折りたたまれてできたものを三次構造，複数のポリペプチドが集合してできた立体構造を四次構造という。

〔4〕 ①誤文。体細胞分裂の細胞周期は，G_1期，S期，G_2期，M期の順に進行する。

②誤文。DNAにヒストンが結合したビーズ状の構造をヌクレオソームという。

③誤文。S期にDNAが複製されて倍化した後，G_2期を経て，M期の前期で染色体が凝縮する。

④正文。

⑤正文。G_0期（静止期または休止期）は増殖能力を保ちつつ細胞分裂から外れた状態であり，再び細胞周期に戻ったり，分化・成熟して機能したりする。

⑥誤文。DNAはS期で倍化される。その後，M期の終期の細胞質分裂で生じる2個の娘細胞に等分され，細胞あたりのDNA量はG_1期の母細胞と同じになる。

〔5〕(イ)　各タンパク質のアミノ酸配列を指定するDNAのセンス鎖の塩基配列は次の通り。

<タンパク質1>

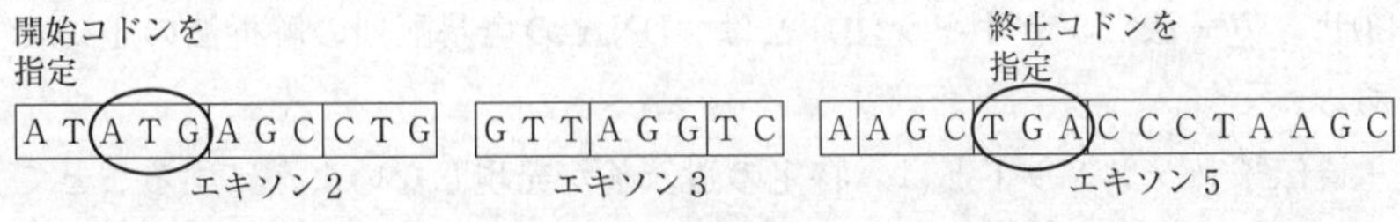

<タンパク質2>

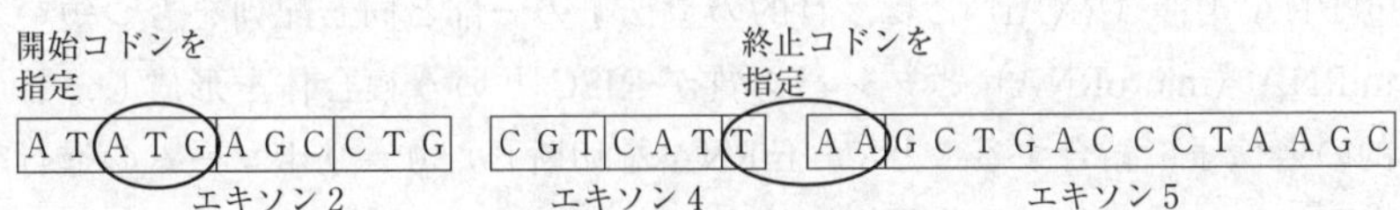

終止コドンには対応するアミノ酸がないことに注意する。

〔6〕(ア)　mRNAワクチンとは，病原体のもつタンパク質の遺伝情報の一部（mRNA）を接種し，ヒト体内で翻訳されることで病原体のタンパク質をつくり，それに対する抗体等を産生させるものである。接種したmRNAは数分から数日の時間経過で分解され，その情報が体内に長期に残ることはないとされている。

(イ)　③誤文。図2のAの領域を可変部といい，抗原と特異的に結合する。

〔7〕(イ)　RNAは4種類の塩基から構成されている。問題文より，5塩基の長さで1024種類$\fallingdotseq 10^3$種類の異なる配列をつくれるとすると，次の塩基の長さでできる配列の種類は下のように計算できる。

15塩基：$10^3 \times 10^3 \times 10^3 = 10^9$通り

16塩基：$10^3 \times 10^3 \times 10^3 \times 4 = 4 \times 10^9$通り

17塩基：$10^3 \times 10^3 \times 10^3 \times 4^2 = 16 \times 10^9$通り

ヒトゲノムの塩基配列は$2 \times 3 \times 10^9$塩基からなる（2本鎖のため）とする

と

16塩基の配列の種類＜$2\times3\times10^9$＜17塩基の配列の種類

よって，ヒトゲノムにおいては，17塩基あれば重複せずに特定の配列だけを認識できる計算になる。現在，ガイドRNAは一般的に17〜20塩基から構成されている。

(ウ)　①トランスジェニックとは，全身が人為的に導入された外来の遺伝子をもつ細胞からなる個体を作成することである。

②・⑤目的の塩基配列をもつDNA断片を増幅させる操作をクローニングといい，DNAポリメラーゼを利用してDNAを人工的に短時間で大量に増やすこの操作をPCR法（ポリメラーゼ連鎖反応法）という。

③サンガー法（ジデオキシ法）とは，DNAの塩基配列の解析法の1つである。

④遺伝子ノックアウトとは，特定の遺伝子が発現しないようにすることである。

⑥RNA干渉（RNAi）とは，目的の遺伝子の一部と同じ配列をもつ短いmiRNA（microRNA）とタンパク質がRISCという複合体を形成し，目的の遺伝子に結合することで，mRNAを切断したり，リボソームの進行を阻害して，タンパク質合成を抑制する機能である。

⑦電気泳動とは，DNA断片などの帯電した物質を電気が流れる溶液の中で分離する方法である。

(エ)　DからEを生合成する反応経路を阻害できれば，Dは消費されず，蓄積して含有量が多くなる。

II　解答

〔1〕 あ．肝動脈　い．小腸　う．酸素　え．肝小葉　お．脂肪酸　か．胆汁　き．ビリルビン（胆汁色素）　く．十二指腸　け．アンモニア　こ．尿素

〔2〕 (ア)肝門脈：③　あ：⑥　肝静脈：②　(イ)しゃっくり

〔3〕 ④

〔4〕 (ア)90mg　(イ)β酸化

〔5〕 (ア)基質特異性（5字以内）

(イ)—①　(ウ)—①・③・④

◀解　説▶

≪肝臓の構造とはたらき，血糖濃度の調節，脂質の調節，脱アミノ反応≫

〔2〕　図1中の各血管①～⑥および膜Aはそれぞれ以下の通り。

①（下）大静脈，②肝静脈，③肝門脈，④（胸部）大動脈，⑤（腹部）大動脈，⑥肝動脈，膜A：横隔膜

〔3〕　①誤文。食後に上昇する血糖（グルコース）からグリコーゲンを合成（同化作用）し，肝臓に蓄積している。

②誤文。激しい運動により血糖濃度が低下すると，肝臓に蓄積していたグリコーゲンをグルコースに分解（異化作用）し，血糖濃度を調節する。

③誤文。空腹時の血糖濃度は，およそ100mg/100mLに維持されている。

④正文。血糖が不足した場合，肝臓ではATPを消費してタンパク質や脂質からもグルコースを合成することができる。この反応を糖新生といい，肝臓や腎臓で行われる。

⑤誤文。健常者であれば，食後2時間ほどで空腹時の血糖濃度に戻る。

〔4〕　(ア)　吸光度0.250のとき，図2から脂肪濃度は4.5mg/mLと推測できる。本問で製作した試薬1mLにはマウスの肝臓小片が50mg（=0.05g）含まれているので，肝臓小片0.05gあたりの脂肪含量は4.5mgとなる。したがって，肝臓1gあたりの脂肪含量をX〔mg〕とおくと

$$0.05〔\mathrm{g}〕:4.5〔\mathrm{mg}〕=1〔\mathrm{g}〕:X〔\mathrm{mg}〕$$

よって　$X=\dfrac{4.5\times1}{0.05}=90〔\mathrm{mg}〕$

(イ)　脂肪酸の分解は，ミトコンドリアのマトリックスで行われる。脂肪酸の端から炭素2個を含む部分が切り離され，コエンザイムAと結合してアセチルCoAとなる。この過程をβ酸化といい，これが繰り返されて脂肪酸はアセチルCoAとしてクエン酸回路に入り，最終的に二酸化炭素と水になる。

〔5〕　(イ)　脱アミノ反応の代謝経路は下記の通り。

①アラニン→ピルビン酸

②アルギニン，④グルタミン酸，⑤ヒスチジン，⑥プロリン
　→α-ケトグルタル酸

③アスパラギン酸→オキサロ酢酸

(ウ)　クエン酸回路を進む際に，二酸化炭素が放出されるタイミングで中間

生成物（クエン酸など）の炭素数が減る。

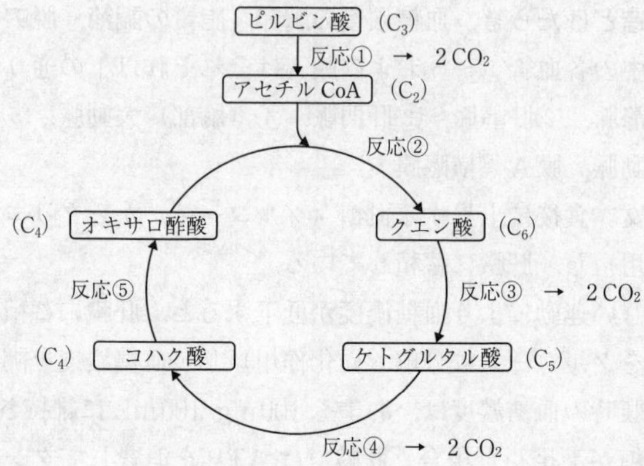

III 解答

〔1〕 あ．鼓膜 い．耳小骨 う．リンパ液
え．コルチ器 お．おおい膜

〔2〕 A．網膜 B．前庭 C．半規管 D．味蕾（味覚芽）

〔3〕 音が強いほど，興奮の発生頻度が高くなる。(25字以内)

〔4〕 ①・④

〔5〕 エコーロケーション（反響定位）

〔6〕 (ア)―①・②・④・⑤・⑥ (イ)―④・⑤

〔7〕 ⑤

〔8〕 時間差：② 周波数の差：④

◀解 説▶

≪聴覚器の構造とはたらき，生得的行動と学習行動≫

〔3〕 1本の神経細胞に生じる興奮の大きさは，閾値以上の刺激であれば刺激を強くしても変化せず，神経細胞は刺激に対して反応が起こるか起こらないかのいずれかを示す。これを全か無かの法則という。閾値以上の強さで弱い刺激と強い刺激を与えた場合，強い刺激ほど興奮の頻度が高くなり，中枢に伝えられた興奮の頻度に応じた強さの感覚を生じる。

〔4〕 低い音は振動数が少なくなり（Hz が小さい），高い音は振動数が多くなる（Hz が大きい）。図1より，低い音（25 Hz）ほど卵円窓から遠い（＝うずまき管の先端部に近い）基底膜が振動することがわかり，図2より，うずまき管の先端部に近いほど基底膜の幅が広いことがわかる。

〔6〕　動物の，特定の刺激に対する生まれながらに備わった定型的行動を生得的行動という。一方，経験によって変化する行動を学習行動（習得的行動）という。(ア)・(イ)の行動例を分類すると，次のようになる。

(ア)　①正の流れ走性（生得的行動）
②磁気コンパスによる渡りの定位（生得的行動）
③知能行動（学習行動）
④視覚による情報伝達（生得的行動）
⑤聴覚による音源定位（生得的行動）
⑥集合フェロモンによるコミュニケーション（生得的行動）

(イ)　①太陽コンパスによる渡りの定位（生得的行動）
②反射（生得的行動）
③捕食回避行動（生得的行動）
④小鳥のさえずり学習（学習行動）
⑤試行錯誤学習（学習行動）
⑥かぎ刺激による行動（生得的行動）

〔7〕　獲物との距離が短くなると，鳴き声（超音波）を発信してから，そのエコー（反射音）を受信するまでの時間が短くなるので，鳴き声が長いままだと波形が重なって正しく検知できなくなる。そのため，コウモリは獲物に近づくほど鳴き声を短かくし，発信頻度を増やしている。

〔8〕　音源や観測者が動くことで，もとの周波数と異なった周波数が観測される現象をドップラー効果という。コウモリが獲物に近づくと，ドップラー効果によって反響音の周波数が上がり，鳴き声と反響音の周波数の差から獲物の相対速度を検出することができる。また，鳴き声と反響音の時間差から獲物との距離を検出することができる。

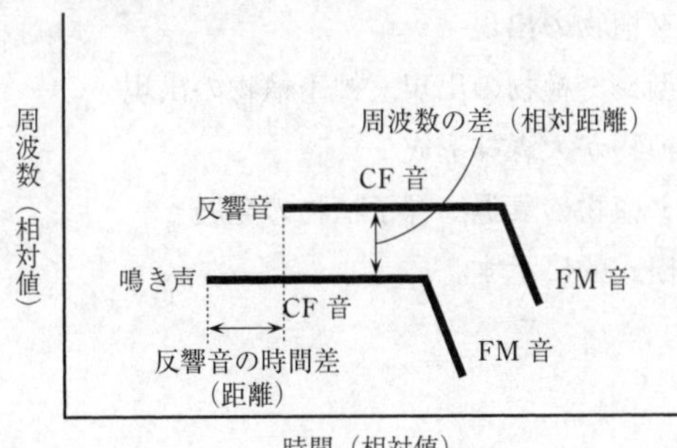

Ⅳ 解答

〔1〕 あ．大量絶滅　い．恐竜　う．立体視（両眼視）
え．母指対向（拇指対向）

〔2〕 ②・④

〔3〕 (ア)―⑤　(イ) n　(ウ)―②　(エ)―②・⑤

〔4〕 (ア)絶滅した恐竜のニッチを埋めるように分化したから。（25字以内）

(イ)A―②・③・④　B―①・③　C―②・③

〔5〕 オランウータン，テナガザル，ボノボから2つ

〔6〕 ⑥

〔7〕 (ア)―①・④・⑤

(イ)c→b→a→d（→ホモ・サピエンス）

(ウ)―⑦

〔8〕 共進化

◀解　説▶

≪地質時代と生物の変遷，植物の生活環，人類の進化≫

〔1〕 え．第一指（親指）が短くなり，他の指が向き合っている配置を母指（拇指）対向性という。

〔2〕 選択肢の生物が絶滅した時代は次の通りである。

古生代末に絶滅：②三葉虫，④フズリナ

中生代末に絶滅：①アンモナイト，恐竜

新生代に絶滅：③ビカリア，⑤マンモス

〔3〕 (ア)　選択肢を地質時代順に並べると，次のようになる。

②カンブリア紀：藻類の発達

①オルドビス紀：陸上植物の出現

③シルル紀：シダ植物の出現

⑤デボン紀：大型シダ植物の出現，裸子植物の出現

④石炭紀：シダ植物が大森林形成

⑥ペルム紀：シダ植物の衰退，裸子植物の発展

(イ)・(ウ)　下図に模式的に示す。

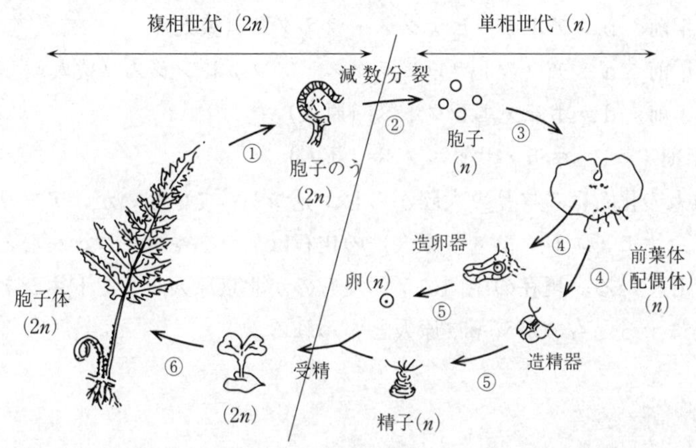

(エ)　シダ植物の前葉体は配偶体であり，裸子植物の配偶体は花粉や胚のうである。

〔4〕 (イ)　A．真獣類：現生の哺乳類のうち，単孔類と有袋類を除いたもの。現生哺乳類の大部分がこれに属する。有胎盤類ともいい，胎盤が発達し，胎児がよく発達してから産まれる。

B．単孔類：他の哺乳類とは三畳紀に分岐。鳥類やハ虫類と同様に総排出孔をもち，胎盤がなく卵生だが，他の哺乳類と同じく授乳して育てる。カモノハシ１種とハリモグラ４種の５種が分類される。

C．有袋類：胎生ではあるが胎盤が不完全であるため未成熟な胎児を出産し，母体の腹部の袋（育児のう）で授乳して育てる。カンガルーやコアラなどが分類される。

〔5〕　類人猿は，霊長目のうちヒトを除くヒト上科に属するサルの総称である。ヒトに最も近縁で，腕が長く尾をもたない。

〔6〕　最古の人類の化石は，アフリカ中央部のチャドにある約 700 万年前の地層から発見（2001 年）されたもので，サヘラントロプス・チャデンシスと呼ばれる。

〔7〕 (ア)　直立二足歩行に適応した骨格構造を考えればよい。⑥ナックルウォークとは，軽く握った手の指の背面を地面につけて歩く特徴的な四足歩行のことである。

(イ)　選択肢を出現順に並べると，次のようになる。

700 万年前：c．サヘラントロプス・チャデンシス（猿人）

450万年前：b．アルディピテクス・ラミダス（猿人）
370万年前：a．アウストラロピテクス・アファレンシス（猿人）
180万年前：d．ホモ・エレクトス（原人）
20万年前：　　ホモ・サピエンス（新人）

(ウ)　猿人の化石はアフリカ大陸からしか見つかっていないが，アフリカで誕生したホモ・エレクトス（原人）の化石はアジアやヨーロッパなどからも出土している。現在の中国に至ったものが北京原人，インドネシアのジャワ島に至ったものがジャワ原人といわれる。

❖講　評

Ⅰ．DNAやタンパク質の構造，選択的スプライシング，バイオテクノロジーなどに関する問題であり，特に遺伝情報について幅広く問われている。後半ではRNAワクチンやゲノム編集，RNA干渉など，教科書の発展問題やそれに伴う考察計算問題もあるため，やや難しいだろう。

Ⅱ．肝臓の構造とはたらき，およびさまざまな代謝に関する問題である。前半は標準的な知識問題であるが，後半はグラフの読み取り＋計算問題や，β酸化や脱アミノ反応などの発展的な問題である。計算は難しくないが単位に気をつけること。

Ⅲ．聴覚器の構造とはたらき，および生得的行動と学習行動に関する標準的な出題である。〔4〕は2つのグラフから読み解く考察問題ではあるが，聴覚器の基礎知識でも十分解答できる。〔6〕の選択問題は，適当なものをすべて選ばなければならないため，選択肢1つ1つは難しくないがしっかり吟味する必要がある。〔7〕〔8〕の問題は，グラフを素直に読み解き考察するとよいだろう。

Ⅳ．生物の進化・系統に関する問題である。内容は標準的であるが，特に〔2〕〔3〕の地質時代と生物の変遷や，〔5〕～〔7〕の人類の変遷については，教科書や図説などで全体像をしっかり把握しておきたい。

2022年度も2021年度と同様に標準的な内容の問題で，総合的な学力が問われている。ただし，中には発展的な問題も見られるため，教科書のコラム欄や図説を活用したり，日頃から生物に関連しそうなニュースをチェックしたりしておきたい。また，問題中の実験や図をしっかり読み解き，きちんと整理する力や，そこから考察・計算する力も必要である。

■学部個別配点方式（理系）

問題編

▶試験科目

【理工学部】

	学系・学科	教　科	科　　　　目
理科1科目型	数理科学科・都市システム系	外国語	コミュニケーション英語Ⅰ・Ⅱ・Ⅲ，英語表現Ⅰ・Ⅱ
		数　学	数学Ⅰ・Ⅱ・Ⅲ・A・B
		理　科	「物理基礎，物理」，「化学基礎，化学」から1科目選択
	物理科学科・電子システム系・機械システム系	外国語	コミュニケーション英語Ⅰ・Ⅱ・Ⅲ，英語表現Ⅰ・Ⅱ
		数　学	数学Ⅰ・Ⅱ・Ⅲ・A・B
		理　科	物理基礎，物理
理科2科目型	数理科学科	外国語	コミュニケーション英語Ⅰ・Ⅱ・Ⅲ，英語表現Ⅰ・Ⅱ
		数　学	数学Ⅰ・Ⅱ・Ⅲ・A・B
		理　科	「物理基礎，物理」，「化学基礎，化学」，「生物基礎，生物」から2科目選択
	物理科学科・電子システム系・機械システム系	外国語	コミュニケーション英語Ⅰ・Ⅱ・Ⅲ，英語表現Ⅰ・Ⅱ
		数　学	数学Ⅰ・Ⅱ・Ⅲ・A・B
		理　科	「物理基礎，物理」，「化学基礎，化学」
	都市システム系	外国語	コミュニケーション英語Ⅰ・Ⅱ・Ⅲ，英語表現Ⅰ・Ⅱ
		数　学	数学Ⅰ・Ⅱ・Ⅲ・A・B
		理　科	「物理基礎，物理」必須，「化学基礎，化学」，「生物基礎，生物」から1科目選択

【情報理工・映像・総合心理学部】

教　科		科　　目
理科1科目型	外国語	コミュニケーション英語Ⅰ・Ⅱ・Ⅲ，英語表現Ⅰ・Ⅱ
	数　学	数学Ⅰ・Ⅱ・Ⅲ・A・B
	理　科	「物理基礎，物理」，「化学基礎，化学」，「生物基礎，生物」から1科目選択

【生命科・薬学部】

教　科		科　　目
理科1科目型	外国語	コミュニケーション英語Ⅰ・Ⅱ・Ⅲ，英語表現Ⅰ・Ⅱ
	数　学	数学Ⅰ・Ⅱ・Ⅲ・A・B
	理　科	「物理基礎，物理」，「化学基礎，化学」，「生物基礎，生物」から1科目選択
理科2科目型	外国語	コミュニケーション英語Ⅰ・Ⅱ・Ⅲ，英語表現Ⅰ・Ⅱ
	数　学	数学Ⅰ・Ⅱ・Ⅲ・A・B
	理　科	「物理基礎，物理」，「化学基礎，化学」，「生物基礎，生物」から2科目選択

▶配　点

学　部			外国語	数　学	理　科
理科1科目型	理工	数理科学科	100	200	100
		物理科学科	100	100	200
		電子システム系・機械システム系・都市システム系	100	150	150
	情報理工・映像・総合心理		150	150	100
	生命科・薬		100	100	150
理科2科目型	理工		100	150	200 (100×2)
	生命科・薬		100	100	200 (100×2)

▶備　考

- 「数学Ｂ」は「数列，ベクトル」から出題。
- 理工・生命科・薬学部は理科１科目型と理科２科目型で実施するが，２つの型の併願はできない。

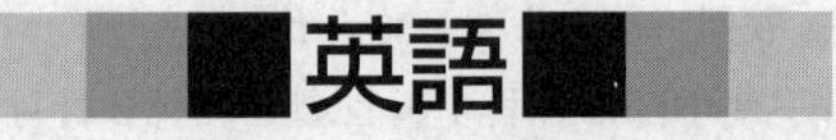

(80分)

I 次の文を読んで，問いに答えなさい。

Most of us don't have many close friends at work: We consider most of the people we work with co-workers or strangers. On average, people have five friends at work, but we usually don't include them among our closest relationships. In fact, only 15% meet the definition of a "real friend" according to a Yale School of Management study. Put differently, most people only actually have one real friend at work. Why is it so hard to have friends at work? And if it's so difficult, is it even worth it?

Employees often don't have a lot of choice about whom they interact with at the office. Teammates, office neighbors, and bosses are frequently assigned. This feature of work relationships is one of the reasons making friends at work can be more difficult than making friends "in the wild." Another reason the workplace is unfavorable to friendship is its transactional[1] nature. In exchange for a salary, employees agree to work a certain number of hours or to produce a set quantity of a product. But in friendship, people help out their friends because they need it, not because they expect something in return.

Work life is primarily a pursuit of instrumental[2] goals, such as making money, while our friendships are about affect[3]—love, joy, and shared sorrow. Indeed, money and social connection are conflicting values, according to a study by Fred Grouzet, a psychologist at the University of Victoria, and his colleagues. The research asked 1,854 university students living in Australia, Egypt, China, the United States, and South Korea, among other places, to rate how important 57 different goals were to them. The goals covered multiple areas, including safety, popularity, self-acceptance, and community. Based on the answers, the researchers created a diagram. Goals that people rated similarly, such as physical health and safety, were close together. Values that were rated differently (if one was very important, the other tended to be less important) were farther apart in the diagram. Based on the findings, the research concluded that financial success and socializing[4] can be conflicting values across cultures.

Furthermore, dozens of psychology experiments have found that thinking about or physically touching money makes people less generous, less helpful, and less likely to socialize. People are happiest when they are socializing. But simply mentioning money can make people change their priorities, says Cassie Mogilner Holmes, a professor at UCLA. Holmes gave 318 adults three minutes to create as many three-word sentences as possible from a specific set of words. Some of the participants in the study were given words that had to do with money, such as "price." Others were given words that had to do with time, such as "clock." A third group was given neutral words. When interviewed after the task, the group that had words related to money reported being more likely to work and less likely to socialize than groups that used words about either time or random things, such as "socks."

In fact, the increasingly transactional nature of work may partly explain the decline in work friendships, says Wharton School professor Adam Grant. Historically, it was far more common for work and personal lives to overlap. In 1985, nearly half of Americans had a close friend at the office. By 2004, only 30% reported having a workplace friend. If we compare generations, 54% of people graduating from high school in 1976 placed value on finding a job where they could make friends. Among members of Generation X[5] who graduated between 1989 and 1993, it was 48%. Among millennials[6], it dropped to 41%. At the same time, the value placed on leisure time has consistently increased — almost doubling from 1976 to 2006. As Grant wrote, "When we see our jobs primarily as a means to leisure, it's easy to convince ourselves that efficiency should take priority at work so we have time for friendships outside work." Increasingly, people work to afford a holiday. The conflict between instrumentality and affect can lead people to avoid work friends altogether or to worry that a friendly hello in the hallway has hidden motives. It can also make it hard to manage and maintain office friendships.

Having said that, people need work friends. The evidence is clear: Having work friends has benefits. Employees who report having close friends at work are more efficient, more satisfied with their job, and less likely to get in accidents at work. Social support from co-workers reduces job stress, helps people cope with work and time pressures, reduces work-family conflict, and helps people guard against burnout[7]. Most of these benefits, though, come from having a few close friends at work. People don't need to be friends with everyone. They need one or two close friends. One way of overcoming many of the tensions that can arise between the instrumental nature of work and the emotional connection we need from work friends is to try to draw clear lines between what's work and what's not. But making sure you have conversations that are simply a friendly chat or sending an email to say hello with no agenda[8] can help make sure your work friends stay friends.

(Adapted from a work by Marissa King)

(注)

1. transactional 取引的な
2. instrumental 実利的な，道具的な
3. affect 感情
4. socializing (多くの人との) 交流，ひとづきあい
5. Generation X ジェネレーションX世代 (1960年代初期〜1970年代半ばに生まれた人々)

出典追記：Social Chemistry : Decoding the Patterns of Human Connection by Marissa King, Dutton

6. millennials　ミレニアル世代（1980年代初期～2000年代初期に生まれた人々）

7. burnout　極度の疲労

8. with no agenda　議題抜きで，特に話しあうことがなくても

〔1〕本文の意味，内容にかかわる問い(A)～(D)それぞれの答えとして，本文にしたがってもっとも適当なものを(1)～(4)から一つ選び，その番号を解答欄にマークしなさい。

(A) In Professor Holmes' experiment, how did the people who used money-related words differ from the other two groups?

(1) They focused more on doing their work.

(2) They focused more on friendships at work.

(3) They focused more on the meanings of their words.

(4) They focused more on how much money they would receive.

(B) In what way do the generations mentioned in the article differ?

(1) Older generations had more friends at work.

(2) Younger generations are less efficient at work.

(3) Older generations valued free time more highly.

(4) Younger generations find it easier to make friends at work.

(C) What benefit that comes from having friends at work does the writer mention?

(1) Employees are less likely to suffer from overwork.

(2) Employees will appreciate their leisure time more.

(3) Employees are more likely to earn a higher salary.

(4) Employees can keep a clear line between work and private life.

(D) What is one reason NOT mentioned to explain why it is hard to be friends with people you work with?

(1) Workers do not decide who they work with.

(2) We do not know if people at work have secret intentions.

(3) The purpose of work and the nature of friendship can be in conflict.

(4) It can be difficult to make friends with people of different generations.

〔2〕次の(1)～(5)の文の中で，本文の内容と一致するものには1の番号を，一致しないものには2の番号を，また本文の内容からだけではどちらとも判断しかねるものには3の番号を解答欄にマークしなさい。

(1) People are willing to accept a lower salary if they can have friends at work.

(2) People from East Asian countries rated self-acceptance more highly than other people.

(3) Professor Holmes asked the participants to create three sentences each in three minutes.

(4) People from older generations earned more money when they were young than young people do today.

(5) According to the article, it is enough to have at least one good friend at work.

〔3〕本文の内容をもっともよく表しているものを(1)～(5)から一つ選び，その番号を解答欄にマークしなさい。

(1) Work life has varied and changing goals.

(2) Friendship is essential for mental health.

(3) Friendship at work is changing with generations.

(4) Making friends in the workplace can be difficult but it is worth it.

(5) Friends at work are important but we can also find them in our free time.

Ⅱ 次の文を読んで，問いに答えなさい。

Hidden deep in robotics labs around the world, a new generation of intelligent machines is learning to breed and evolve. Just like humans, these robots are able to "give birth" to new versions of themselves, with each one better than <u>the last</u>(あ). They are precise, efficient and creative — and scientists say they could some day help save humanity. It might sound like something from a science fiction novel, but robot evolution is an area that has been explored in earnest ever since mathematician John von Neumann showed how a machine could replicate[1] itself in 1949.

Researchers at universities in the EU and the UK have spent the past four years, and a lot of money, working on the first fully autonomous[2] system to [(A)] robot colonies. They imagine such robots being sent into space to explore distant planets and to construct space habitats for humans to live in. The idea is that two robots known to be suited to a particular environment would combine their "genes" — or in this case, their computer code — to produce a 3D-printed "robot child" that has the best features of both "parents." "I think [(B)] what we're doing is actually 'breeding' robots," says Alan Winfield, professor of robot ethics[3] at the University of the West of England. "The system will basically mix the 'DNA' of two successful parent robots to create the design for a new child robot, then print out all the parts, and put it together completely by itself without any human participation at all," explains Professor Emma Hart, at Edinburgh Napier University.

As part of the Autonomous Robot Evolution (ARE) project, the team has created a fully autonomous system called RoboFab that does just that.(い) Each of the robots it produces has a digital clone that undergoes rapid evolution in a simulated[4] world, while its physical counterpart[5] is tested in real-world environments. New generations of robots are then 3D-printed after combining the most successful features of a virtual "mother" and physical "father," as well as from two virtual parents or two physical parents. "You can imagine all of that taking place inside a box, like a factory," says Hart. "You could send this factory to space, and rather than having to predesign your robot and hope it works when it arrives, you get the factory to design robots, build them and test them out while there.(う) It would recycle ones that don't work, and then create new robots that are better than the previous generation."

Cambridge University has (C) by creating a "mother" robot that can build its own "children," test which ones do best, then modify their design. Such techniques could help with everything from the exploration of Mars to asteroid mining[6] and the construction of space habitats without the need to involve humans. NASA already has a seat on the advisory board[7] of the ARE project in order to explore (D) . Its researchers are hoping self-replicating robots could help with search and rescue missions, as well as during deep sea dives to build offshore oil rigs[8].

(E) , there are still major issues with robot breeding. Right now, about six robots can be printed each day, featuring basic premade sensors wired into a solid "skeleton." The machine's arms sometimes struggle to connect some of the sensors to the batteries, with the wiring becoming mixed up and requiring human assistance. Rapid advances in 3D printing, automated assembly, and batteries could soon solve these issues(え) and help create machines far superior to any existing Mars rover[9]. For instance, 3D printers — once used to create low-quality plastic prototypes[10] — are increasingly able to print using a range of materials. This would allow robots to integrate the wiring into the printing process. Meanwhile, lighter sensors and batteries could allow for the creation of smaller robots able to [(F)] during search and rescue missions, which the current rovers are too large to manage.

One technological advance Winfield is cautious about is artificial intelligence (AI). "We've already passed the point where humans can actually understand how an AI works, and that(お) is a problem," he says. "As an engineer, you want to be able to understand what you've built.... It might be OK in the lab, but I think it would be very dangerous to do in the real world. You never quite know what's going to happen."

George Zarkadakis, an AI engineer, adds, "How much [(G)] the robots? It's an important question that should be answered. Let's say, for instance, we send robots to the asteroid belt to mine an asteroid. What if, in the course of their evolution, they find the best way to do their work is to throw an asteroid into the path of Earth's orbit. Could we stop it?" In the end, the world will have to decide whether the benefits of [(H)] outweigh the risks. If we are ever going to live on a planet other than Earth, we may just have to depend on robot colonies to survive.

(Adapted from a work by Ellie Zolfagharifard)

(注)

1. replicate　複製する
2. autonomous　自律的な，自動制御可能な
3. ethics　倫理
4. simulated　仮想の
5. counterpart　対応するもの
6. asteroid mining　小惑星で鉱物を採掘すること
7. advisory board　諮問委員会（助言を与える組織）
8. oil rig　油田掘削機
9. rover　探査車
10. prototype　試作品

〔1〕本文の (A) ～ (H) それぞれに入れるのにもっとも適当なものを(1)～(4)から一つ選び，その番号を解答欄にマークしなさい。

(A) (1) defend Earth by using (2) design and build
(3) protect humans from (4) research the history of

(B) (1) a good description of (2) a minor part of
(3) a moral problem with (4) an unexpected result of

(C) (1) opposed the idea of robot breeding
(2) perfected the breeding process
(3) taken the opposite approach
(4) used a similar method

(D) (1) how to begin the project
(2) safety conditions for astronauts
(3) the potential of the technology
(4) the surface features of Mars

(E) (1) Additionally (2) Alternatively
(3) However (4) Therefore

(F) (1) carry more people
(2) communicate better with humans
(3) cope with extreme temperatures
(4) crawl into tight spaces

(G) (1) ambition do we have for
(2) control do we have of
(3) desire do we have to build

(4) financial investment do we have in

(H) (1) building bigger robots
(2) creating self-replicating machines
(3) discovering new asteroids
(4) researching in low Earth orbit

〔2〕下線部㋐～㋔それぞれの意味または内容として，もっとも適当なものを(1)～(4)から一つ選び，その番号を解答欄にマークしなさい。

㋐ the last
(1) the final version of the robots
(2) the previous version of the robots
(3) the final step in the evolution process
(4) the previous step in the evolution process

㋑ does just that
(1) sends out digital codes
(2) constructs space habitats
(3) creates robots with no human help
(4) investigates the ethics of breeding robots

㋒ there
(1) in space
(2) on Earth
(3) in the box
(4) in the virtual world

㋓ these issues
(1) difficulties regarding wiring

(2) potential dangers to humans

(3) problems with the life of batteries

(4) issues with the speed of improvement in 3D printing

㋔ that

(1) the fact that too many people understand how AI works

(2) the fact that AI is going to confuse the lab and the real world

(3) the fact that advances in AI have gone past human understanding

(4) the fact that humans have not been cautious enough about developing AI

Ⅲ

〔1〕次の会話の㋐～㋓それぞれの空所に入れるのにもっとも適当な表現を(1)～(10)から一つ選び，その番号を解答欄にマークしなさい。

Hiking in the mountains

A：Shall we stop here for a while? It looks like a good place for a break.

B：Sure. Let's do that. (㋐) It'll take at least three more hours to get down again before sunset.

A：That's a good point. It'd be pretty scary trying to get back down this path in the dark.

B：It certainly would. (㋑)

A：Really? On this mountain?

B：No, not here. I was on a hiking holiday in Malaysia. I didn't realize how quickly it gets dark there compared to Japan.

A：That makes sense. It's closer to the equator, isn't it? Were you by yourself?

B：Thankfully not. (㋒) None of us were experienced hikers though, so it was still quite scary. After the sun went down, we got lost a couple of times. Our smartphones had no internet connection, and nobody had thought to bring a paper map.

A：It sounds like you hadn't really prepared very well. Did you have to sleep on the mountain?

B：No, we managed to find the right path in the end. That was really lucky, as we hadn't taken much food or water with us. We all felt so relieved when we finally saw the lights of the village.

A：I'm not surprised!（　ⓔ　）

B：Definitely not. Talking of which, we should probably get started again. Otherwise the same thing might happen to us!

(1) My brother was with me.
(2) Was your hotel in that village?
(3) Which path should we take here?
(4) I'm hungry enough for breakfast now.
(5) We should make it a quick one, though.
(6) I was on holiday with a group of friends.
(7) I heard there are bears on this mountain.
(8) I don't suppose you'll make that mistake again.
(9) Actually, that happened to me a few years ago.
(10) That's why you should always take lots of water.

〔2〕次の会話のⓚ～ⓚそれぞれの空所に入れるのにもっとも適当な表現を(1)～(10)から一つ選び，その番号を解答欄にマークしなさい。

In the library

A：Hi! I just moved to this city, and I'd like to apply for a library card.
（　ⓚ　）

B：Do you have two forms of identification on you? You also need something to show where you currently live.

A：Let me see. I have identification, but nothing with my new address on it.

B：In that case, you'll need to come back when you have something that can prove your current address.

A：Wait! How about my apartment contract? (㋖) Will that be alright?

B：If it has your name on it, I think that will be alright.

A：Here's my driver's license, student ID, and my new contract.

B：OK, those will do fine. (㋗)

A：Thanks. Is it alright to use one of the desks over there to do that?

B：Sure. Let me make copies of your documents while you are writing.

A：No problem.

[*a few minutes later*]

B：Here's a temporary library card till we issue an official one. It'll be mailed to your new address. (㋘)

A：So, I can borrow books using this card from today?

B：Absolutely. Would you like a map of the library?

A：That'd be great. Thank you so much for all your help.

(1) Do I need it now?

(2) My rent is 400 dollars.

(3) How much will it cost?

(4) Are you a student here?

(5) Please fill out this form.

(6) Please wait for 30 minutes.

(7) It has my new address on it.

(8) It usually takes about a week.

(9) Could you tell me what I need?

(10) You can pick it up in two weeks.

Ⅳ　次の(A)～(H)それぞれの文を完成させるのに，下線部の語法としてもっとも適当なものを(1)～(4)から一つ選び，その番号を解答欄にマークしなさい。

(A)　According to the research, anyone deprived ＿＿＿＿ sleep can become annoyed.

(1)　from　　(2)　of

(3)　to　　(4)　with

(B)　The student ＿＿＿＿ studied but got a good grade on the test.

(1)　hard　　(2)　hardly

(3)　more　　(4)　most

(C)　＿＿＿＿ is the temperature outside today?

(1)　How many　　(2)　How much

(3)　What　　(4)　Which

(D)　＿＿＿＿ the scientists' best efforts, the question remains unanswered.

(1)　As far as　　(2)　Despite

(3)　Even though　　(4)　In addition to

(E)　I received a survey from the high school I went to, ＿＿＿＿ how much I had enjoyed my school days.

(1)　asked　　(2)　asking

(3)　being asked　　(4)　had asked

(F)　The new park has become a place ＿＿＿＿ attracts a lot of young people.

(1)　what　　(2)　where

(3)　which　　(4)　whose

(G) This book is about ancient and modern philosophy and is difficult to ________.

(1) being understood (2) understand

(3) understanding (4) understand it

(H) This new school has courses for children and adults ________.

(1) alike (2) either

(3) neither (4) unlike

V

〔1〕次の(A)～(E)それぞれの文を完成させるのに，下線部に入れる語としてもっとも適当なものを(1)～(4)から一つ選び，その番号を解答欄にマークしなさい。

(A) Recently, many countries have introduced ________ on smoking in public places.

(1) a ban (2) a hook

(3) a knock (4) an enemy

(B) The doctor explained the most common ________ of the disease.

(1) beasts (2) hatches

(3) symptoms (4) vowels

(C) That was definitely a ________ book, but I enjoyed it all the same.

(1) hasty (2) naked

(3) spiral (4) weird

(D) I fell down the stairs and got a ________ on my leg.

(1) blade (2) blast

(3) blaze (4) bruise

(E) Every morning in fall, fog would ________ the valley.

(1) burglarize　　(2) engulf

(3) hone　　(4) stab

〔2〕次の(A)～(E)の文において，下線部の語にもっとも近い意味になる語を(1)～(4)から一つ選び，その番号を解答欄にマークしなさい。

(A) The company has discovered <u>vast</u> resources below the Earth's surface.

(1) economic　　(2) enormous

(3) environmental　　(4) essential

(B) She is one of the most famous <u>warriors</u> in the country's history.

(1) entertainers　　(2) novelists

(3) scholars　　(4) soldiers

(C) His speech at the meeting <u>stirred</u> the audience.

(1) stimulated　　(2) strained

(3) strengthened　　(4) stressed

(D) I wonder who <u>smashed</u> these plates.

(1) scratched　　(2) shattered

(3) specified　　(4) stacked

(E) There is no doubt that was <u>a noble</u> thing to do.

(1) a harmless　　(2) a hazardous

(3) a humiliating　　(4) an honorable

数学

（100分）

次のⅠ，Ⅱ，Ⅲ，Ⅳの設問について問題文の［　　］にあてはまる適当なものを，解答用紙の所定の欄に記入しなさい。

Ⅰ　Nを2以上の自然数とし，数列$\{a_n\}$をN項からなる数列とする。この$\{a_n\}$の各項を用いて，整式$f(x)$を

$$f(x) = \sum_{n=1}^{N} a_n x^n$$

により定める。

〔1〕　数列$\{a_n\}$に関係なく$x =$［ア］のとき，$f(x)$の値は［イ］である。

〔2〕　数列$\{a_n\}$を初項1，公比rの等比数列とする。ただし，rは0でない実数である。このとき，数列$\{a_n x^n\}$も等比数列となる。$x =$［ウ］のとき，$\{a_n x^n\}$の公比は1となるので，$f($［ウ］$) =$［エ］となる。また，$x \neq$［ウ］のとき，$f(x) = \dfrac{［オ］}{rx - 1}$となる。

（注：［エ］はxを用いずに，［オ］はxの整式でそれぞれ答えよ。）

〔3〕　数列$\{a_n\}$を初項a，公差2の等差数列とする。このとき，$f(1)$をa，Nを用いて表すと，$f(1) =$［カ］となる。また，$f(-1)$はNが偶数ならば［キ］，Nが奇数ならば［ク］となる。

〔4〕　$f'(x) - f(x) + x^N$が定数cであるとき，一般項a_nをnを用いて表すと，$a_n =$［ケ］であり，$c =$［コ］である。

Ⅱ　関数 $f(x)$ を $f(x) = x^3 - x + 2$ により定める。また，実数 k に対して，関数 $g(x)$，$h(x)$ を $g(x) = x^3 + 2 - k$，$h(x) = x + k$ により定める。

〔1〕 $f'(x) =$ [ア] である。また，$f(x)$ の極大値は [イ] であり，極小値は [ウ] である。$y = f(x)$ は変曲点 $\left(\text{[エ]},\ f\left(\text{[エ]}\right)\right)$ をもち，方程式 $f(x) = f\left(\text{[エ]}\right)$ の解は $x =$ [オ] である。

〔2〕 $y = g(x)$ と $y = h(x)$ のグラフの共有点の個数は，

$\left|k - \text{[カ]}\right| <$ [キ] のとき [ク] 個，

$\left|k - \text{[カ]}\right| =$ [キ] のとき [ケ] 個，

$\left|k - \text{[カ]}\right| >$ [キ] のとき [コ] 個

となる。

〔3〕 3つの条件 $g(t) = h(t)$，$g(t) > 0$，$h(t) > 0$ を同時に満たす実数 t の個数が2個であるための k が満たす条件を求める。そのために，〔2〕の共有点の個数に関する分類を用いて新たに場合分けを行う。$y = g(x)$ と $y = h(x)$ のグラフの共有点の個数が2個の場合，$k =$ [サ] である。また，共有点の個数が3個の場合，[シ] である。ここで，[シ] は k に関する不等式である。

Ⅲ　α は正の実数とする。区間 $[-\alpha,\ \alpha]$ で連続な関数 $f(x)$ に対して，定積分 $I(\alpha)$ を

$$I(\alpha)=\int_{-\alpha}^{\alpha}\frac{f(x)}{1+e^{-2x}}\,dx$$

で与える。ただし，e は自然対数の底とする。

〔1〕 $f(x)=1$ とする。このとき，$x=-t$ とおき置換積分法を用いることにより，

$$\int_{-\alpha}^{0}\frac{1}{1+e^{-2x}}\,dx=\int_{0}^{\alpha}\boxed{\text{ア}}\,dt$$

となる。さらに

$$\frac{1}{1+e^{-2t}}+\boxed{\text{ア}}=\boxed{\text{イ}}$$

であることに注意すると，$I(\alpha)=\boxed{\text{ウ}}$ となる。ただし，$\boxed{\text{ア}}$ は t の式であり，$\boxed{\text{ウ}}$ は t を用いない式である。

〔2〕 $f(x)=e^{-2x}$ のとき，$I(2)=\boxed{\text{エ}}$ である。また，$f(x)=e^{2x}$ のとき，$I(2)=\boxed{\text{オ}}$ である。ただし，$\boxed{\text{エ}}$ および $\boxed{\text{オ}}$ は対数を用いない数である。

〔3〕 $f(x)$ が偶関数であるとする。このとき，〔1〕と同様に考えると，定数 k を用いて，

$$I(\alpha)=k\int_{0}^{\alpha}f(x)\,dx$$

と表せる。ここで，$k=\boxed{\text{カ}}$ である。

〔4〕 $f(x)=x\sin 2x$ のとき，$I\left(\dfrac{\pi}{4}\right)=\boxed{\text{キ}}$ である。

Ⅳ　aを2より大きい実数とする。座標空間内の3点O(0, 0, 0), A(0, 0, a), C(0, 0, 1)をとり, S_0をCを中心とする半径1の球面とする。ℓはAを通る直線で, S_0とただ一つの共有点Bをもつとする。ℓと平面 $z = 0$ との共有点をPとする。

〔1〕 $\angle ABC =$ [ア] であり, 線分BCの長さは [イ] , 線分ACの長さは [ウ] である。△ABCと△AOPが相似であることから, 線分OPの長さは [エ] であり, △AOPをz軸の周りに回転して得られる円錐の体積は [オ] となる。

〔2〕 線分AO上に中心がある球面で, 直線ℓとも球面S_0ともそれぞれただ1つの共有点を持つものをS_1とする。このとき, S_1とS_0は外接し, その共有点をD_1とすると $D_1 =$ [カ] である。また, 球面S_1の半径は [キ] である。

以下同様に, $k = 2, 3, \cdots$ について, 線分AD_{k-1}上に中心がある球面で, 直線ℓとも球面S_{k-1}ともそれぞれただ1つの共有点を持つものをS_kとして, S_kとS_{k-1}の共有点をD_kと順に定める。このとき, S_kの半径は [ク] であり, S_kが囲む球体の体積をV_kとすると, $V_k =$ [ケ] である。よって

$$\sum_{k=0}^{\infty} V_k = \boxed{\text{コ}}$$

である。したがって,

$$\lim_{a \to \infty} \frac{\boxed{\text{コ}}}{\boxed{\text{オ}}} = \boxed{\text{サ}}$$

となる。

物理

（理科1科目型：80分
理科2科目型：2科目120分）

I　次の文章を読み，［あ］～［か］に適切な数式あるいは数値を解答欄に記入せよ。また，［イ］～［ヘ］には指定された選択肢からもっとも適切なものを一つ選び，解答欄にマークせよ。［ロ］，［ヘ］には，同じ選択肢をマークしてもよい。

図のように，水平な2つの面と斜面が接続されている（これらの接続点はなめらかである）。その上を質量 m の小球Pが運動する。水平面はすべてなめらかであり，上側の水平面には質量 $3m$ の小球Qが置かれている。斜面は水平面と30°の角度をなし，小球Pと斜面の間の動摩擦係数は μ である。下側の水平面の左端には，ばねが水平に取りつけられており，ばねの左端は固定されている。下側の水平面の高さを0，上側の水平面の高さを $h(h>0)$ とする。ばね定数を k，重力加速度の大きさを g とする。なお，ばねの質量や小球の大きさ，空気抵抗は無視でき，小球は図の紙面内のみで運動するものとする。また，水平面や斜面は固定されている。

〔1〕 ばねの右端に小球Pを手で押しつけて，自然長から $a(a>0)$ だけ縮めてから静かに手を離した。手を離した瞬間にばねのもつ弾性力による位置エネルギーは［あ］であるため，［イ］保存則より，小球Pがばねから離れて下側の水平面上を運動しているときの小球Pの速さは［い］である。

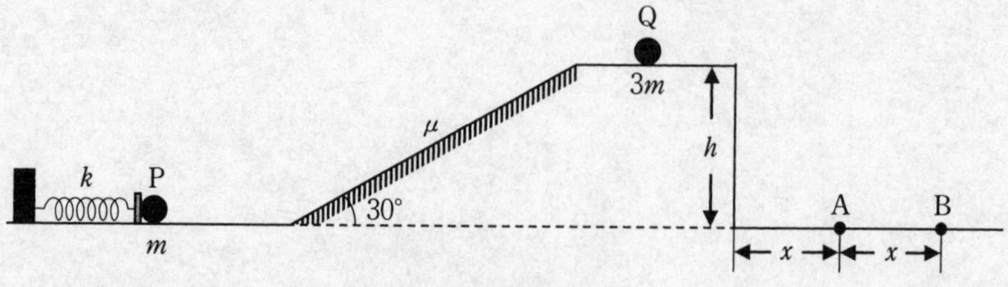

図

〔2〕 斜面の長さは [ロ] $\times h$ であるので，斜面を登りきるまでに動摩擦力が小球Pにする仕事は [う] である。このことより，小球Pが斜面を登りきるために a が満たすべき条件は $a^2 \geqq$ [え] であることがわかる。

〔3〕 小球Pは斜面を登りきった後，面から離れることなく上側の水平面上を移動し，小球Qと [ハ] して合体した。斜面を登りきった直後の小球Pの速さ v_1 の二乗 $v_1{}^2$ は [ニ] である。[ホ] 保存則より，衝突後の速さ v_2 は [ヘ] $\times v_1$ である。

〔4〕 衝突後，合体した小球は上の水平面の右端から水平に投射され，投射位置から水平方向に x だけ離れた位置Aで，下側の水平面に衝突して，合体したままはねかえった。このとき v_2 は，<u>x，g，h を用いて</u> [お] と表すことができる。その後，合体した小球は下側水平面に一度も衝突することなく，位置Aからさらに右に x だけ離れた位置Bに落下した。このことより，位置Aにおける合体した小球と水平面の間の反発係数 e は [か] であることがわかる。

[イ]，[ホ] に対する選択肢

① 運動エネルギー　② 運動量　③ 力学的エネルギー
④ 位置エネルギー　⑤ 質量　⑥ 力積

[ロ]，[ヘ] に対する選択肢

① 2　② $\sqrt{2}$　③ $\dfrac{2\sqrt{3}}{3}$　④ 1
⑤ $\dfrac{\sqrt{2}}{2}$　⑥ $\dfrac{2}{3}$　⑦ $\dfrac{3\sqrt{2}}{8}$　⑧ $\dfrac{1}{2}$
⑨ $\dfrac{1}{3}$　⑩ $\dfrac{1}{4}$　⑪ $\dfrac{1}{6}$　⑫ $\dfrac{1}{8}$

ハ に対する選択肢

① 弾性衝突　② 非弾性衝突　③ 完全非弾性衝突

ニ の選択肢

① $\dfrac{k}{m}a^2 - 2\mu gh$　② $\dfrac{k}{m}a^2 + 2\mu gh$

③ $\dfrac{k}{m}a^2 - 2(\mu + 1)gh$　④ $\dfrac{k}{m}a^2 + 2(\mu + 1)gh$

⑤ $\dfrac{k}{m}a^2 - 2(\mu - 1)gh$　⑥ $\dfrac{k}{m}a^2 + 2(\mu - 1)gh$

⑦ $\dfrac{k}{m}a^2 - 2\sqrt{3}\mu gh$　⑧ $\dfrac{k}{m}a^2 + 2\sqrt{3}\mu gh$

⑨ $\dfrac{k}{m}a^2 - 2(\sqrt{3}\mu - 1)gh$　⑩ $\dfrac{k}{m}a^2 + 2(\sqrt{3}\mu - 1)gh$

⑪ $\dfrac{k}{m}a^2 - 2(\sqrt{3}\mu + 1)gh$　⑫ $\dfrac{k}{m}a^2 + 2(\sqrt{3}\mu + 1)gh$

Ⅱ　次の文章を読み，い ～ ほ に適切な数式を解答欄に記入せよ。また，ア ～ カ には指定された選択肢からもっとも適切なものを一つ選び，解答欄にマークせよ。ウ と エ には同じ選択肢をマークしてもよい。**解答欄に記入する数式は，文字定数として い と ろ には $L,\ d,\ q,\ m,\ w,\ V$ のみ，は と に には $B,\ q,\ m$ のみ，ほ には $d,\ B,\ V$ のみを用いること。**

図1のように，紙面上に x，y 座標を取り，真空中で，2つの平行板コンデンサー（極板の x 軸方向の長さが L，極板間隔が d）を x 軸方向に L だけ離して置き，コンデンサーの間の領域S（x 軸方向の長さが L の直方体の領域）に磁束密度の大きさ B の一様な磁場をかける。コンデンサーと領域Sの中心は x 軸上にあり，極板は y 軸に垂直である。なお，コンデンサーの端での電場の乱れは無視できるとし，コンデンサー以外の領域には電場がないとする。また，領域S以外には磁場がないとし，重力は無視できるとする。

正の電気量 q をもつ質量 m の粒子Pを，原点Oから x 軸の正の向きに大きさ w の初速度で射出したところ，図2のように紙面上で点A，C，D，E，Fを順に通る軌跡を描いた。点CからEの間の軌跡は，点Rを中心とする円の一部である。ここで，線分RDは y 軸と平行であり，$\angle CRD = \angle DRE = \theta$ である。以上のことから，［ア］で表される回路を用いて各コンデンサーに大きさ V の電圧がかけられており，領域Sの磁場の向きは［イ］であることがわかる。

区間ACとEFでは，粒子Pは x 軸方向には［ウ］をし，y 軸方向には［エ］をする。点Cを通る瞬間の粒子Pの速度を $\vec{v_C}$ とすると，$\vec{v_C}$ の y 軸方向の成分 v_y の大きさは $|v_y| =$［い］で，$\vec{v_C}$ の大きさは $v =$［ろ］である。

領域S内では，粒子Pは大きさ［は］$\times v$ のローレンツ力を受け，このローレンツ力は［オ］。円運動の半径は［に］$\times v$ と書ける。一方，この円運動の半径は $\dfrac{L}{2\sin\theta}$ とも書ける。また，$\vec{v_C}$ と x 軸がなす角は θ であり，$\sin\theta = \dfrac{|v_y|}{v}$ と書ける。以上より，初速度の大きさは $w =$［ほ］と表せることがわかる。

粒子Pの運動エネルギー K と時間 t の関係をグラフにすると［カ］のようになる。ただし，粒子Pを原点から射出した時刻を0とし，点A，C，D，E，Fを通過した瞬間の時刻をそれぞれ t_A，t_C，t_D，t_E，t_F とする。

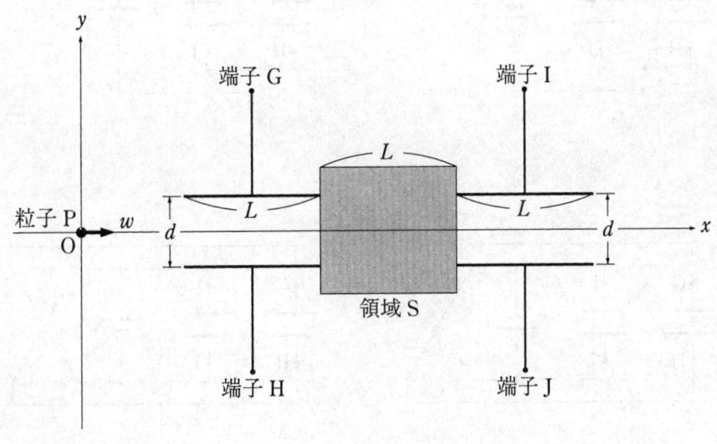

図1

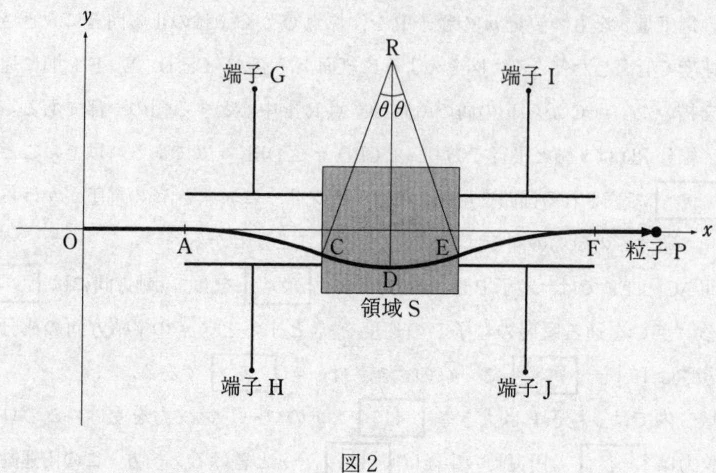

図 2

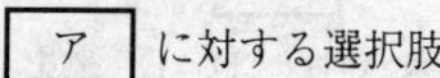

に対する選択肢

①

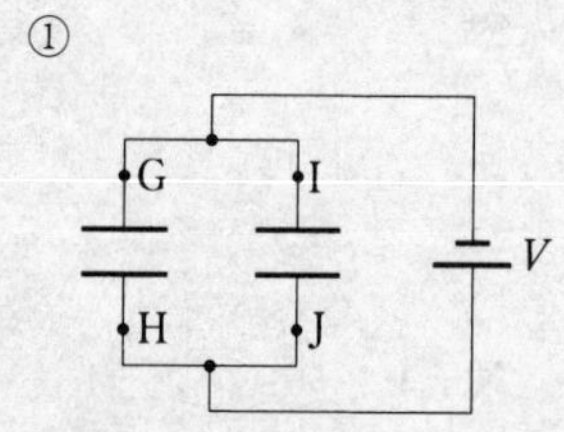

②

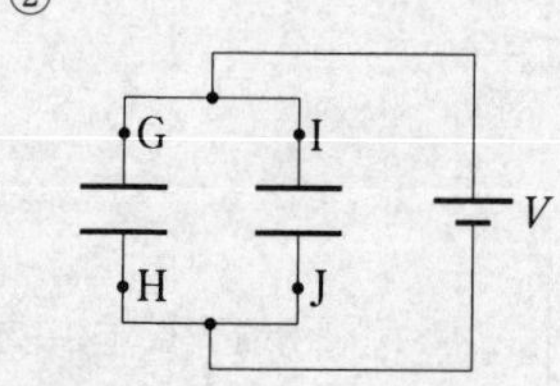

③

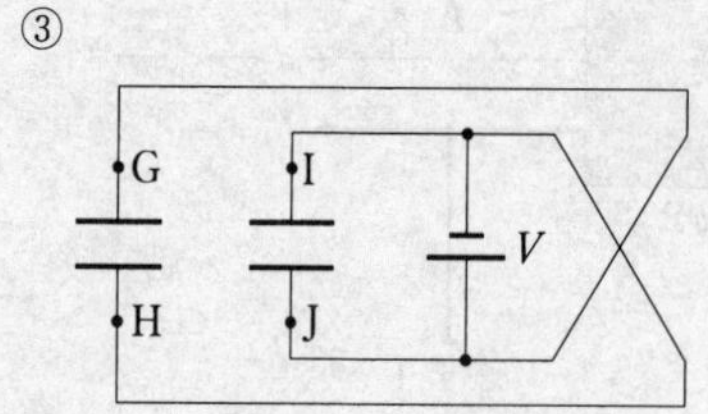

④

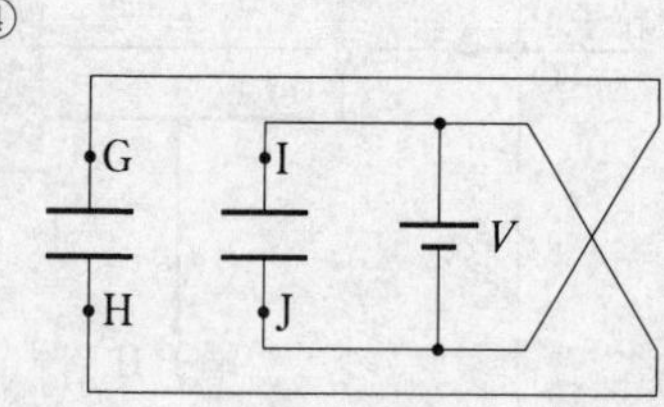

[イ] に対する選択肢

① x 軸の正の向き　② x 軸の負の向き
③ y 軸の正の向き　④ y 軸の負の向き
⑤ 紙面に垂直で裏から表向き　⑥ 紙面に垂直で表から裏向き

[ウ], [エ] に対する選択肢

① 単振動　② 等速直線運動　③ 等加速度直線運動
④ 加速度の大きさが時間的に増加する運動
⑤ 加速度の大きさが時間的に減少する運動

[オ] に対する選択肢

① 速度と同じ向きで，正の仕事をする
② 速度と同じ向きで，負の仕事をする
③ 速度と同じ向きで，仕事をしない
④ 速度と逆向きで，正の仕事をする
⑤ 速度と逆向きで，負の仕事をする
⑥ 速度と逆向きで，仕事をしない
⑦ 速度と垂直で，正の仕事をする
⑧ 速度と垂直で，負の仕事をする
⑨ 速度と垂直で，仕事をしない

カ　に対する選択肢

①
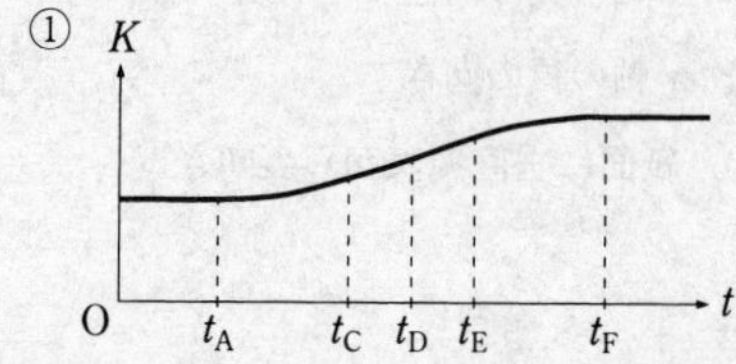

②
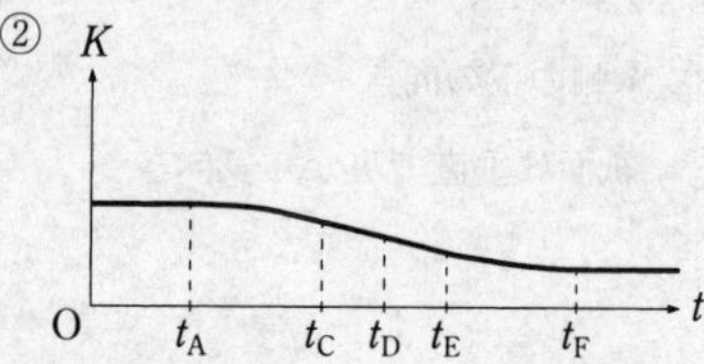

③
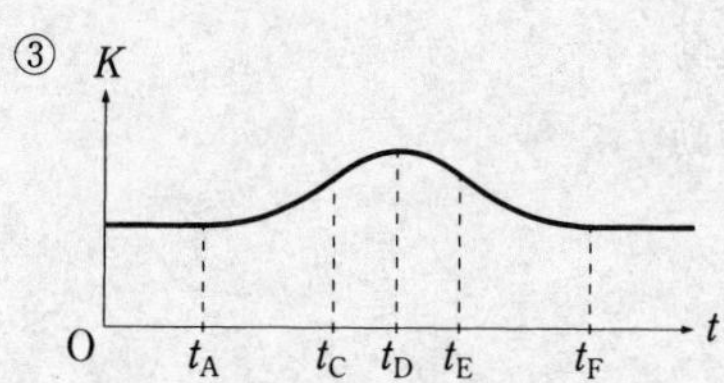

④
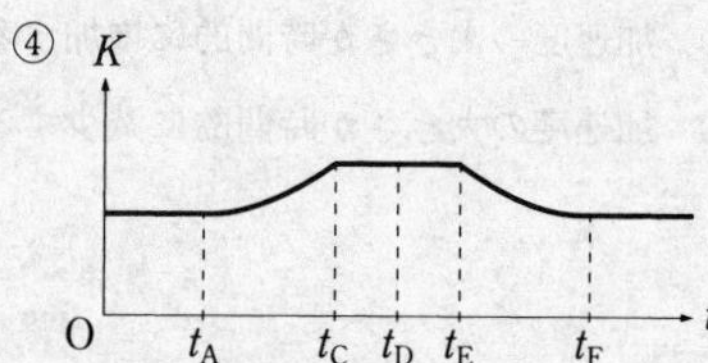

⑤
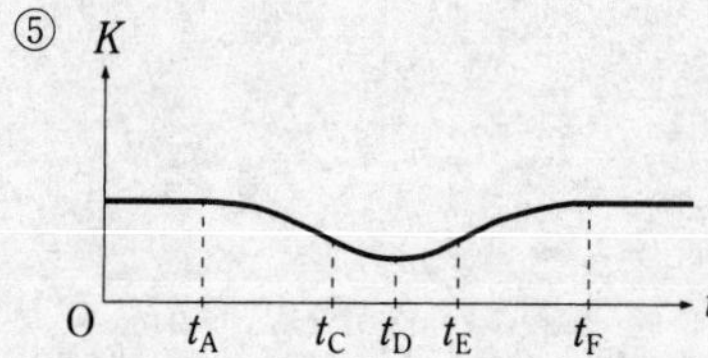

⑥
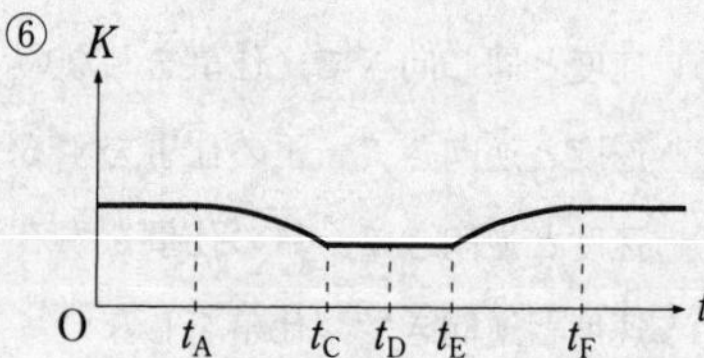

⑦
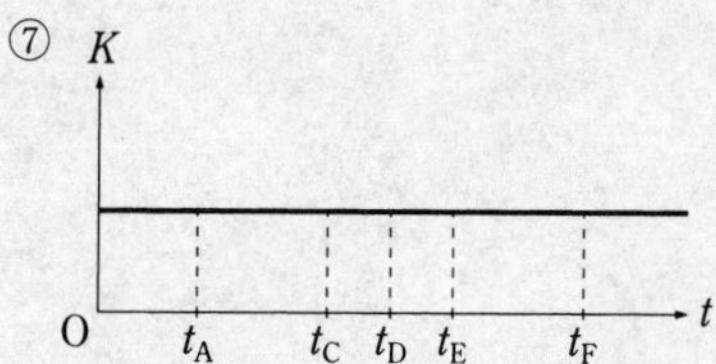

Ⅲ　次の文章を読み，[イ]～[ホ]に適切な数式を解答欄に記入せよ。また，[あ]～[か]には指定された選択肢からもっとも適切なものを一つ選び，解答欄にマークせよ。[あ]～[う]には同じ選択肢をマークしてもよい。真空中の光速は c，プランク定数は h とする。

光は波（電磁波）であると同時に粒子（光子）としての性質を持ち，光子の集まりとみなすことができる。このことを用いて，光の圧力について気体の分子運動にならって考察してみよう。

〔1〕 振動数 ν の光は，エネルギーが $E=$ [あ] で運動量の大きさが $p=$ [い] の光子としてふるまう。また，光の波長は [う] と表せる。

〔2〕 光の圧力を調べるために，図のように，一辺の長さが L の立方体型の固定された容器に N 個の光子のみが入っている状況を考える。光子は大きさがなく，その運動量の大きさ p はすべて等しく，容器内では常に光速 c で運動量の向きに直線運動すると仮定する。また，容器の壁はなめらかで，光子は容器の壁と弾性衝突し，光子どうしの衝突は無視できるものとする。

(a) ある1個の光子の運動量 $\vec{p}$ の z 軸方向の成分を p_z とする。この光子が容器の壁Aに衝突するとき，壁Aに与える力積の大きさは，p_z を用いて [イ] と表せる。また，この光子の速度の z 軸方向の成分は，[え] と表せる。このとき，壁Aに衝突してから，その光子が次にその壁に衝突するまでに要する時間は，p，p_z，c および L を用いて $\Delta t=$ [ロ] と表せる。したがって，時間 t の間に1個の光子が壁Aに衝突する回数は平均して $\frac{t}{\Delta t}$ 回であることと，時間 t の間に壁Aがこの光子から受ける平均の力積を考えれば，壁Aの受ける平均の力の大きさは，p，p_z，c および L を用いて [ハ] と表せる。

(b) 次に，容器内に N 個の光子がある場合を考える。すべての光子は不規則な方向に運動しており，運動量の成分の二乗平均はどの成分についても等しい。したがって，全光子が容器の壁におよぼす平均の力の大きさは，p，c，N および L を用いて [ニ] と表せる。よって，容器の体積を V とすると，光が壁におよぼす圧力 P は，p，c，N および V を用いて $P=$ ［ホ］ と表せることがわかる。

(c) 容器内にある全光子のエネルギー U は，1個の光子のエネルギー E を用いて $U=NE$ と表せるから，〔1〕で述べた関係式と $P=$ ［ホ］ を用いて光子の運動量の大きさ p を消去すると，容器内の全光子のエネルギー U と圧力 P には $U=$ ［お］ $\times PV$ の関係があることがわかる。これは，単原子分子理想気体の内部エネルギー U に対し成り立つ式 $U=$ ［か］ $\times PV$ とは比例定数が異なっている。

なお，光の電磁波としての性質を用いても，全く同じ関係が導かれることが知られている。

［あ］～［う］に対する選択肢

① $\frac{\nu}{c}$　② $\frac{c}{\nu}$　③ $\frac{h}{\nu}$　④ $\frac{h}{\nu c}$　⑤ $\frac{h\nu}{c}$

⑥ $\frac{hc}{\nu}$　⑦ $hc\nu$　⑧ $c\nu$　⑨ $h\nu$

［え］に対する選択肢

① c　② $\frac{p_z}{c}$　③ $\frac{p}{c}$　④ $\frac{cp_z}{p}$　⑤ $\frac{cp}{p_z}$

⑥ $\frac{pp_z}{c}$　⑦ $\frac{cp_z^{\,2}}{p^2}$　⑧ $\frac{cp^2}{p_z^{\,2}}$　⑨ $\frac{c^2}{pp_z}$

［お］，［か］に対する選択肢

① $\frac{1}{3}$　② $\frac{1}{2}$　③ $\frac{2}{3}$　④ 1　⑤ $\frac{4}{3}$

⑥ $\frac{3}{2}$　⑦ 2　⑧ 3　⑨ 4　⑩ 5

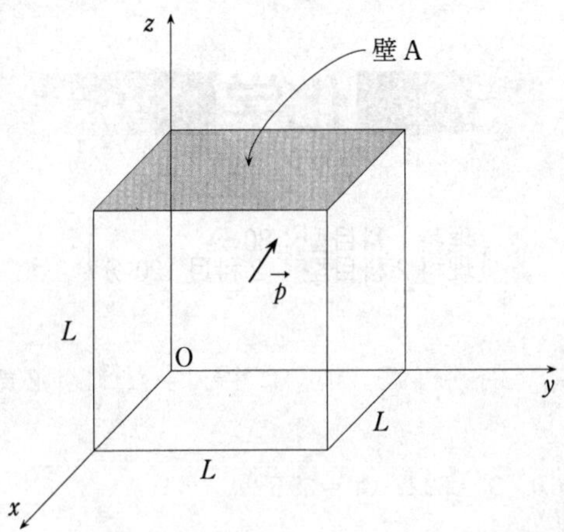

図

化学

(理科１科目型：80 分
理科２科目型：２科目 120 分)

I　次の文章を読み，〔１〕～〔７〕の問いに答えよ。ただし，必要に応じて，以下の値を用いよ。

原子量：O = 16.0，S = 32.1，Cl = 35.5

６種類の典型元素 A ～ F がある。A ～ F は Li，Na，Mg，Al，K，Ca，Zn，Rb，Sr，Cs，Ba，Pb のいずれかである。E の酸化物は有色であるが，他の酸化物はすべて白色である。

A および C の単体は常温の水と反応して，水素を発生する。D の単体は常温の水とは反応しないが，熱水と反応して水素を発生する。B および F の単体は熱水とは反応しないが，高温の水蒸気と反応して水素を発生する。E の単体は高温の水蒸気とも反応しないが，希硝酸と反応して水素を発生する。

0.1 mol/L の A ～ F のイオンをそれぞれ含む水溶液にアンモニア水を加えると，A および C のイオンを含む水溶液では変化がないが，B，D，E，F のイオンを含む水溶液では水酸化物の白色沈殿を生じる。(a)B，E，F の水酸化物は水酸化ナトリウム水溶液を加えると溶解する。したがって，B，E，F の水酸化物は［ あ ］水酸化物である。また，アンモニア水を加えて生じた水酸化物について，更にアンモニア水を加えると，F の水酸化物のみ溶解する。このとき，F の水酸化物が溶解して生成する錯イオンの構造は［ い ］である。

(b)A ～ F のイオンをそれぞれ含む水溶液にクロム酸カリウム水溶液を加えると，A および E のイオンを含む水溶液で沈殿が生じる。

(c)A ～ F のイオンをそれぞれ含む水溶液に硫酸水溶液を加えると，A，C，E のイオンを含む水溶液で沈殿が生じる。

A，C，D は［ う ］であり，A および C はそれぞれ黄緑色と橙赤色の炎色反応を示すが，D は炎色反応を示さない。

〔1〕 文章中の**A**～**F**にあてはまる最も適当な元素記号を下の選択肢の中から選び，その番号を解答用紙にマークせよ。

① Li　② Na　③ Mg　④ Al　⑤ K　⑥ Ca
⑦ Zn　⑧ Rb　⑨ Sr　⑩ Cs　⑪ Ba　⑫ Pb

〔2〕 文章中の［ あ ］にあてはまる最も適当な語句を**漢字2文字**で解答用紙の［　］内に記入せよ。

〔3〕 文章中の［ い ］にあてはまる最も適当な語句を下の選択肢の中から選び，その番号を解答用紙にマークせよ。

① 直線形　② 正方形　③ 正四面体形
④ 正六面体形　⑤ 正八面体形

〔4〕 文章中の［ う ］にあてはまる最も適当な語句を下の選択肢の中から選び，その番号を解答用紙にマークせよ。

① 1族元素　② 2族元素　③ 12族元素
④ 13族元素　⑤ 14族元素

〔5〕 文章中の下線部(a)について，**B**の水酸化物に水酸化ナトリウム水溶液を加えて生成する錯イオンのイオン式を解答用紙の［　］内に記入せよ。

〔6〕 文章中の下線部(b)について，**E**のイオンを含む水溶液にクロム酸カリウム水溶液を加えて生成する沈殿の化学式を解答用紙の［　］内に記入せよ。

〔7〕 文章中の下線部(c)について，ある濃度の**A**の塩化物を含む水溶液 10.0 g に 1.00 mol/L の硫酸水溶液 2.50 mL を加えて硫酸塩の沈殿を完全に生成させ，その沈殿をろ過して完全に分離した後，沈殿を乾燥させてその質量を測定したところ 0.4662 g であった。**A**の塩化物水溶液の質量パーセント濃度（%）を求め，**有効数字2桁**で解答用紙の［　］内に記入せよ。ただし，**A**のイオンと硫酸イオンは 1 : 1 で反応し，**A**の原子量は 137 とする。

Ⅱ 次の文章を読み，〔1〕～〔10〕の問いに答えよ。ただし，必要に応じて，以下の値を用いよ。

原子量：H = 1.0，O = 16，S = 32，Mn = 55

元素の周期表において，鉄，銅，クロム，マンガンなどの元素は遷移元素と呼ばれ，第 [あ] 周期以降に現れる元素である。第 [あ] 周期には [い] 種類の遷移元素が存在している。

遷移元素の単体はすべて金属で，融点が高く密度も大きいものがほとんどである。鉄と銅の単体は，私たちの生活で最もよく利用されている金属である。これらの単体に濃硝酸を加えると，鉄は [う] になるため反応しないが，(a)銅は [え] 色の気体を発生しながら溶ける。(b)クロムの単体は銀白色の美しい光沢をもつ金属で，空気中で表面に安定な被膜をつくるのでめっきの材料に使われる。マンガンの単体は硬いがもろく，合金の材料として利用されることが多い。

遷移元素の化合物には，有色でいろいろな酸化数をとるものが多い。例えばクロムの場合，二クロム酸カリウム $K_2Cr_2O_7$ は [お] 色の結晶であり，この水溶液に硫酸水溶液を加えたのち，過酸化水素水を加えると溶液は緑色に変化する。このとき，溶液中では $Cr_2O_7^{2-}$ が Cr^{3+} になり，Cr の酸化数は [A] のように変化するので二クロム酸カリウムは酸化剤であることがわかる。また，二クロム酸カリウム水溶液に水酸化ナトリウム水溶液を加えると溶液は [か] 色に変化する。

マンガンの場合，過マンガン酸カリウム $KMnO_4$ は黒紫色の結晶であり，この水溶液に硫酸水溶液を加えたのち，過酸化水素水を加えると赤紫色の溶液はほとんど無色に変化する。このとき，溶液中では MnO_4^- が Mn^{2+} になり，Mn の酸化数は [B] のように変化するので，(c)過マンガン酸カリウムも二クロム酸カリウムと同じように酸化剤であるといえる。(d)過マンガン酸カリウムの中性溶液中における酸化剤のはたらきを示す反応式を電子 e^- を用いて表すと，次のようになる。

$$MnO_4^- + 2H_2O + \boxed{C} \longrightarrow MnO_2 + \boxed{D} \qquad (1)$$

この反応で生じる二酸化マンガンに濃塩酸を加えて加熱すると，[き] 色の気体を発生しながら溶ける。また，(e)二酸化マンガンに過酸化水素水を加えると無色の気体が発生する。マンガン(Ⅱ)イオンを含む化合物である(f)硫酸マンガン(Ⅱ)の結晶は淡赤色である。

〔1〕 文章中の あ および い にあてはまる最も適当な数値を下の選択肢の中から選び，その番号を解答用紙にマークせよ。

① 1　② 2　③ 3　④ 4　⑤ 5
⑥ 6　⑦ 7　⑧ 8　⑨ 9　⑩ 10

〔2〕 文章中の う にあてはまる最も適当な語句を**漢字**で解答用紙の □ 内に記入せよ。

〔3〕 文章中の え ～ き にあてはまる最も適当な色を下の選択肢の中から選び，その番号を解答用紙にマークせよ。

① 無　② 黄　③ 黄緑　④ 緑　⑤ 青
⑥ 赤　⑦ 赤褐　⑧ 赤橙　⑨ 赤紫　⑩ 黒

〔4〕 文章中の A および B にあてはまる酸化数の変化を＋2→－1のように解答用紙の □ 内に記入せよ。

〔5〕 文章中の下線部(a)について，(i) および (ii) の問いに答えよ。

(i) 銅が濃硝酸に溶けるときに起こる反応の化学反応式を解答用紙の □ 内に記入せよ。

(ii) この反応で生じた気体を捕集し，注射器に詰めた。温度を一定に保って注射器のピストンを急激に押して中の気体を圧縮し，しばらくその状態に保った。このとき注射器の横から観察した気体の色の変化に関する最も適当な記述を下の選択肢の中から選び，その番号を解答用紙にマークせよ。

① ピストンを押した瞬間色が濃くなり，その後徐々に薄くなった。
② ピストンを押した瞬間色が濃くなり，その後変化は見られなかった。
③ ピストンを押した瞬間色が濃くなり，その後さらに濃くなった。
④ ピストンを押した瞬間色が薄くなり，その後徐々に濃くなった。
⑤ ピストンを押した瞬間色が薄くなり，その後変化は見られなかった。
⑥ ピストンを押した瞬間色が薄くなり，その後さらに薄くなった。

〔6〕 文章中の下線部(b)について，クロムの単体は，クロム鉱石から得た酸化クロム(Ⅲ)にアルミニウムの粉末を混合して加熱することでつくられる。この反応でクロムを1 molつくるときに発生する熱量（kJ）を求め，整数値で解答用紙の □ 内に記入せよ。ただし，酸化クロム(Ⅲ)および酸化アルミニウムの生成熱は1140 kJ/molおよび1676 kJ/molである。

〔7〕 文章中の下線部(c)について，酸化剤である過マンガン酸カリウムと二クロム酸カリウムを比較したとき，同じ物質量の過酸化水素をすべて酸化するのに必要な過マンガン酸カリウムの物質量は二クロム酸カリウムの物質量の何倍か。最も近いものを下の選択肢の中から選び，その番号を解答用紙にマークせよ。

① 0.60倍　② 0.83倍　③ 1.0倍　④ 1.2倍　⑤ 1.7倍

〔8〕 文章中の下線部(d)について，反応式（1）中の C および D にあてはまる最も適当なイオン式または記号を係数とともに解答用紙の □ 内に記入せよ。

〔9〕 文章中の下線部(e)について，この化学反応における二酸化マンガンのはたらきを下の選択肢の中から選び，その番号を解答用紙にマークせよ。

① 酸　② 塩基　③ 酸化剤　④ 還元剤　⑤ 触媒

〔10〕 文章中の下線部(f)について，水和水を含む硫酸マンガン(Ⅱ)の結晶5.54 gを取り，窒素気流中で十分に加熱して完全に無水和物に変化させると，白色粉末が3.02 g得られた。この結晶の化学式を求め，解答用紙の □ 内に記入せよ。

Ⅲ　次の文章を読み，〔1〕～〔7〕の問いに答えよ。ただし，必要に応じて，以下の値を用いよ。

原子量：H = 1.0，C = 12，N = 14，O = 16

ベンゼンは，1825年にイギリスのファラデーによって発見され，新しい物質として認識されたが，構造については不明だった。その後，多くの化学者がベンゼンの構造について論じてきたが，なかなか確定したものにはならなかった。1865年に，ドイツの化学者ケクレによって(a)「ベンゼンは6個の炭素原子からなる環状構造で，各炭素原子に1個ずつの水素原子が結合し，さらに炭素原子間には単結合と二重結合が交互に配列した構造になっている」と発表されて，構造が解明されることになった。

1834年にドイツのルンゲによってコールタールの中から発見された新しい物質は「石炭酸」と呼ばれていたが，1843年にフランスの化学者ジェラールによって(b)フェノールと命名された。その当時フェノールは，消臭剤や消毒剤として使用されていた。現在では，医薬品や染料・樹脂の原料などに用いられている。

常温で，フェノールに濃硫酸と濃硝酸を反応させると，ベンゼン環のH原子が官能基 [X] で置換された化合物Aができる。

HO—(ベンゼン環)　$\xrightarrow[HNO_3]{H_2SO_4}$　HO—(ベンゼン環)—[X]

フェノール　　　　　　　化合物A

実際には，化合物A以外にもさまざまな位置に官能基 [X] が付いた化合物ができる。また，この反応が進むと複数の位置に [X] が置換した化合物が得られ，最終的には(c)黄色の結晶が得られる。この黄色の結晶は，火薬として使われた物質で，その水溶液は強い酸性を示す。

化合物Aにスズと [あ] を加えて還元したのち，水酸化ナトリウム水溶液などの塩基を加えて中和すると，官能基 [X] が官能基 [Y] に変換された化合物Bが生じる。

HO−⟨ベンゼン環⟩−[X]　—(Sn, [あ])→　—(NaOH)→　HO−⟨ベンゼン環⟩−[Y]

化合物A　　　　　　　　　　　　　　化合物B

化合物Bに [い] を反応させると アセトアミノフェン(d)（*p*-ヒドロキシアセトアニリド）が合成される。これは解熱鎮痛剤として利用されている。

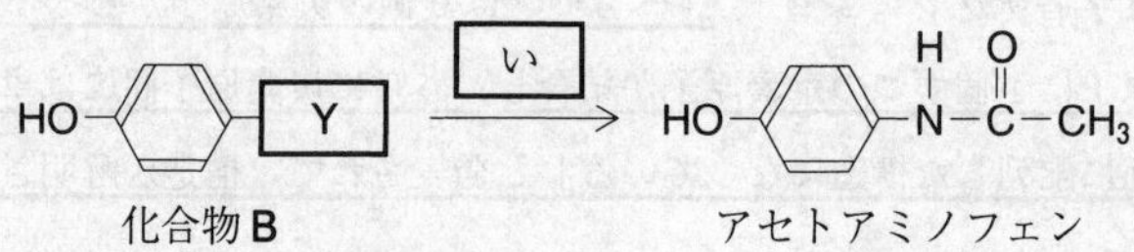

〔1〕 文章中の [X] および [Y] にあてはまる最も適当な官能基を下の選択肢の中から選び，その番号を解答用紙にマークせよ。

① −OH　② $-CH_3$　③ −CHO　④ −COOH

⑤ $-NO_2$　⑥ $-COCH_3$　⑦ $-SO_3H$　⑧ $-NH_2$

〔2〕 文章中の [あ] および [い] にあてはまる最も適当な試薬を下の選択肢の中から選び，その番号を解答用紙にマークせよ。

① 濃塩酸　② 濃硫酸　③ 濃硝酸　④ 無水酢酸

⑤ アンモニア水　⑥ 水酸化ナトリウム水溶液

⑦ 硝酸ナトリウム水溶液　⑧ 炭酸水素ナトリウム水溶液

〔3〕 文章中の下線部(a)について，ケクレの時代には「ベンゼンの炭素間の結合は，単結合と二重結合がすばやく入れ替わっている」と考えられていた。

このことから導かれるベンゼンの特徴として最も適当な記述を下の選択肢の中から選び，その番号を解答用紙にマークせよ。

① ベンゼンを構成する原子は，すべて同一の平面上にある。

② ベンゼンの炭素骨格は，正六角形である。

③ ベンゼンの分子内にある炭素原子と水素原子の比は1：1である。

④　ベンゼンは水に溶けにくく，有機溶媒に溶けやすい。

⑤　ベンゼンの沸点は，シクロヘキサンの沸点よりわずかに低い。

〔4〕　文章中の下線部(b)について，（i）および（ii）の問いに答えよ。

（i）　フェノールは，常温では無色の固体（結晶）であるが，空気中に放置すると水蒸気を吸収して溶解する。このような性質の名称を**漢字3文字**で解答用紙の □ 内に記入せよ。

（ii）　水溶液中に含まれるフェノールを検出する最も適当な方法を下の選択肢の中から選び，その番号を解答用紙にマークせよ。

①　青色リトマス紙に水溶液を滴下して色の変化を見る。

②　さらし粉水溶液を加える。

③　塩化鉄(Ⅲ)水溶液を加える。

④　フェーリング液を加えて加熱する。

⑤　ニンヒドリン溶液を加えて加熱する。

〔5〕　文章中の下線部(c)について，（i）および（ii）の問いに答えよ。

（i）　黄色の結晶の構造式を解答例にならって，解答用紙の □ 内に記入せよ。

(解答例)

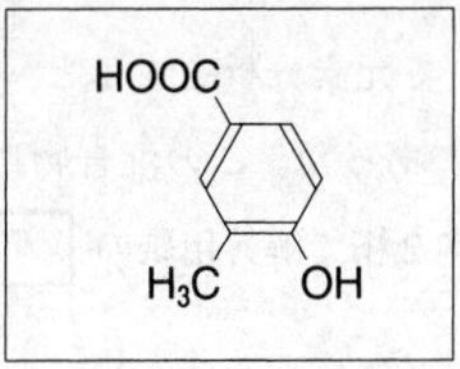

HOOC

H_3C　OH

（ii）　黄色の結晶の化合物名を解答用紙の □ 内に記入せよ。

〔6〕 文章中の下線部(d)について，10.0 g のフェノールを用いてアセトアミノフェンを合成するとき，合成されたアセトアミノフェンの質量（g）を求め，**有効数字2桁**で解答用紙の［　　］内に記入せよ。

ただし，フェノールの47 %がアセトアミノフェンに変化したものとする。

〔7〕 フェノールと安息香酸の混合物について，（i）および（ii）の問いに答えよ。

（i） この混合物からフェノールを分離して得るには，「まず混合物をエーテルに溶かしたのち，分液ろうと内に入れる。その後，［ア］水溶液を加えて撹拌し，［イ］に含まれる物質を取り出す」という方法がある。［ア］および［イ］にあてはまる語句の組み合わせを下の選択肢の中から選び，その番号を解答用紙にマークせよ。

	ア	イ
①	水酸化ナトリウム	エーテル層
②	炭酸水素ナトリウム	エーテル層
③	水酸化ナトリウム	水層
④	炭酸水素ナトリウム	水層
⑤	水酸化ナトリウム	沈殿物
⑥	炭酸水素ナトリウム	沈殿物

（ii） この混合物105.2 mg を用いて元素分析をすると，炭素が76.8 mg，水素が6.0 mg，酸素が22.4 mg であった。この混合物に含まれるフェノールのモル分率を求め，**有効数字2桁**で解答用紙の［　　］内に記入せよ。

Ⅳ　次の文章を読み，〔1〕～〔5〕の問いに答えよ。ただし，必要に応じて，以下の値を用いよ。

原子量：H = 1.0，C = 12.0，O = 16.0，I = 127

気体定数：8.3×10^3 Pa·L/(mol·K)

高分子化合物の多くは，比較的小さな構成単位が繰り返し結合した構造をしている。繰り返し単位に相当する低分子化合物を単量体という。また，単量体から高分子化合物が生成する反応を重合という。重合には，不飽和結合をもつ単量体が付加反応を繰り返しながら連結する付加重合，2つ以上の官能基をもつ単量体の間で水などの小さな分子が脱離する縮合反応を繰り返すことにより連結する縮合重合などがある。一般に，高分子化合物の重合度は一定ではなく，さまざまな分子量をもつものが混在する。そのため，(a)高分子化合物では，各分子の分子量または重合度を平均した平均分子量や平均重合度が用いられる。合成高分子は用途に応じて，合成樹脂，合成ゴム，合成繊維などに分類される。

合成樹脂は熱に対する性質によりさらに分類できる。加熱すると軟化し，冷却すると再び硬化する合成樹脂を熱可塑性樹脂という。一方，合成する際の加熱により反応が進み，しだいに硬化する合成樹脂を熱硬化性樹脂という。

合成ゴムは天然ゴムに似たゴム弾性をもつ合成高分子化合物であり，1,3-ブタジエンや(b)クロロプレンなどを原料にして生産される。優れた性質をもたせるために，2種類以上の単量体を共重合させてつくる合成ゴムも多い。例えば，(c)スチレンと1,3-ブタジエンを共重合して得られるスチレン-ブタジエンゴム（SBR）は耐磨耗性に優れるため，車のタイヤなどに広く用いられている。

使用済みの合成高分子を燃焼し，発生する熱エネルギーを回収して利用する技術をサーマルリサイクルという。合成高分子は石油や石炭と同程度の発熱量をもつため，発電用の燃料などに用いる原油の使用量削減に繋がるものとして期待される。一方，(d)燃焼により二酸化炭素が発生するため，環境への影響を慎重に見きわめなければならない。

〔1〕 合成高分子化合物について，（ i ）～（vi）の記述にあてはまる化合物あるいは語句を下の選択肢の中から**すべて**選び，その番号を解答用紙にマークせよ。

（ i ） **付加重合ではない**重合反応により合成される高分子化合物
（ii） 高分子鎖どうしが橋かけされ，立体網目状構造をもつ高分子化合物
（iii） 生分解性高分子化合物
（iv） 高分子の**主鎖を構成する結合**に二重結合を含む高分子化合物
（v） 酸触媒を用いてフェノールとホルムアルデヒドからフェノール樹脂を製造する過程で得られる中間生成物
（vi） 合成樹脂を単量体に分解して，再び原料として使用するリサイクル技術

① ポリ酢酸ビニル　② ポリスチレン
③ ポリ乳酸　④ ポリエチレン
⑤ ポリメタクリル酸メチル　⑥ ポリアセチレン
⑦ ナイロン6　⑧ 尿素樹脂
⑨ レゾール　⑩ ノボラック
⑪ シリコーンゴム　⑫ マテリアルリサイクル
⑬ ケミカルリサイクル

〔2〕 文章中の下線部(a)について，ポリビニルアルコール10gを純水に溶かして1.0Lの水溶液を調製した。この水溶液の浸透圧を27℃で測定すると，1.5×10^3 Paであった。このポリビニルアルコールの平均重合度を求め，**有効数字2桁**で解答用紙の □ 内に記入せよ。

〔3〕 文章中の下線部(b)のクロロプレンについて，この化合物の1位と4位の炭素がそれぞれ結合することによって得られる高分子化合物に含まれる繰り返し単位には2種類の異性体が存在する。それぞれの構造を，解答例にならって解答用紙の □ 内に記入せよ。

(解答例)

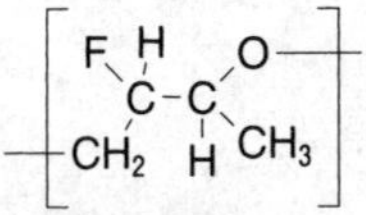

```
  [  F  H      O—— ]
      \ |     /
       C – C
       |   | \
 ——CH₂    H   CH₃  ]
```

〔4〕 文章中の下線部(c)について，スチレン－ブタジエンゴム（SBR）に含まれるブタジエン単位の比率を求めるために，0.500 g の SBR を 2.54 g のヨウ素と反応させる実験を行った。この実験では，ヨウ素は SBR に対して過剰量存在しており，SBR はヨウ素と完全に反応したとする。反応が完結した後，デンプン水溶液を指示薬として 0.500 mol/L のチオ硫酸ナトリウム水溶液で未反応のヨウ素を滴定すると，チオ硫酸ナトリウム水溶液を 20.0 mL 加えたところでデンプン指示薬の色が完全に消失した。ただし，チオ硫酸ナトリウム水溶液を用いた滴定では，水溶液中で次の反応が起こる。

$$I_2 \ + \ 2Na_2S_2O_3 \ \longrightarrow \ 2NaI \ + \ Na_2S_4O_6$$

この SBR に含まれるブタジエン単位の質量パーセント（%）を求め，**有効数字2桁**で解答用紙の □ 内に記入せよ。

〔5〕 文章中の下線部(d)について，平均重合度が 1.0×10^2 であるポリスチレン 5.2 g を完全燃焼させるときに発生する二酸化炭素の質量（g）を求め，**有効数字2桁**で解答用紙の □ 内に記入せよ。

生物

(理科1科目型：80分
理科2科目型：2科目120分)

I

次の文章を読み，〔1〕～〔5〕の問いに答えよ。

遺伝子組換え技術を用いて病原体Xのワクチンを作成し，その効果についてマウスを用いて調べる実験を計画する。具体的には以下に示す実験1～4の順で行い，各実験の概略を図1に示した。

実験1．病原体XのDNAを調製し，これを鋳型としてポリメラーゼ連鎖反応(PCR)法を用いて病原体Xの表面タンパク質XSを発現するDNA断片(XS遺伝子)を増幅する。

実験2．このDNA断片を制限酵素HindIIIとBamHIで処理し，同じ制限酵素で処理したプラスミドに挿入する。

実験3．得られた組換えDNAを酵母へ導入してタンパク質XSを合成する。

実験4．タンパク質XSから調製したワクチンをマウスに接種した後，病原体Xを感染させ，ワクチンの効果を検討する。

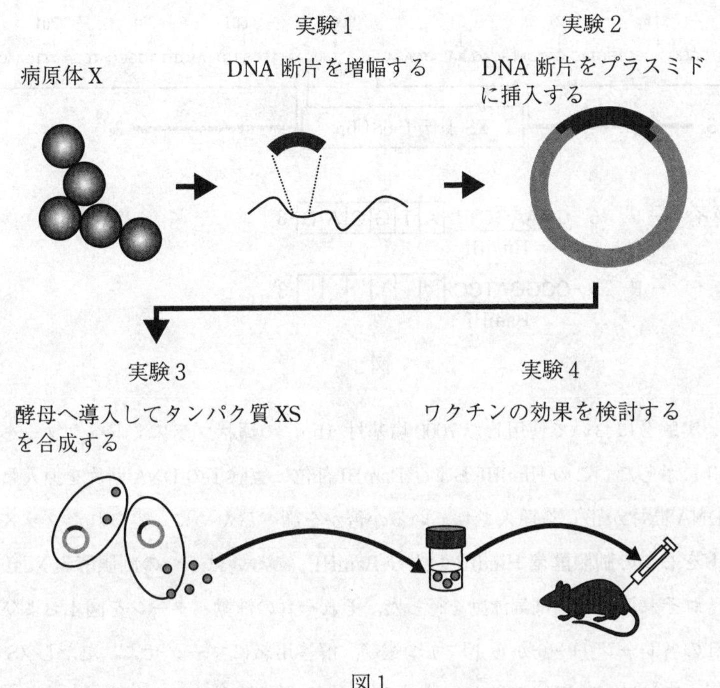

図1

〔1〕 実験1でXS遺伝子の開始コドンから終止コドンまでのmRNAに対応する681塩基対（bp）を増幅させるために2つのDNAプライマーFとRを用いる。XS遺伝子の5′側の開始コドン周辺と3′側の終止コドン周辺のDNA塩基配列，およびプライマーFの5′末端側の6つのDNA塩基配列を図2に示した。このときのプライマーRの5′末端側の6つのDNA塩基配列を解答用紙の空欄に記入せよ。なお各プライマーには制限酵素で切断する目的で8塩基付加されているが，これは考慮に入れなくてよい。

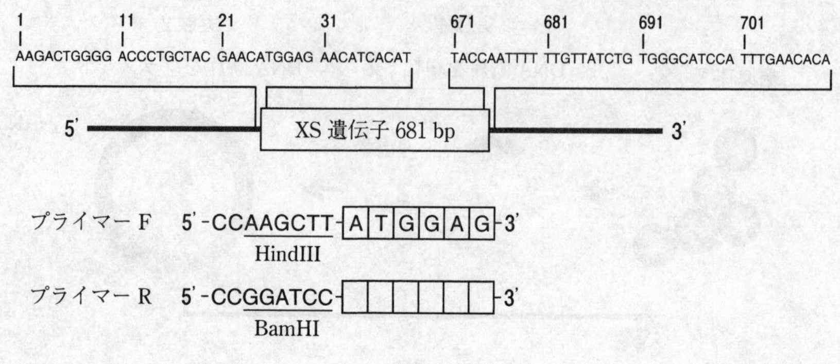

図2

〔2〕 実験2において使用した7000塩基対（bp）の環状プラスミドベクターを図3に示した。このHindIIIおよびBamHI部位に実験1のDNA断片を挿入した。DNA断片が正しく挿入されているか否かを調べるために，得られたプラスミドを2つの制限酵素HindIIIおよびBamHI，あるいは1つの制限酵素XbaIでそれぞれ切断し，電気泳動を行った。それぞれの泳動パターンを図4および図5の各レーン①～⑥から1つずつ選び，解答用紙にマークせよ。ただしXS遺伝子内にはHindIII，BamHI，およびXbaIの認識配列はないものとする。

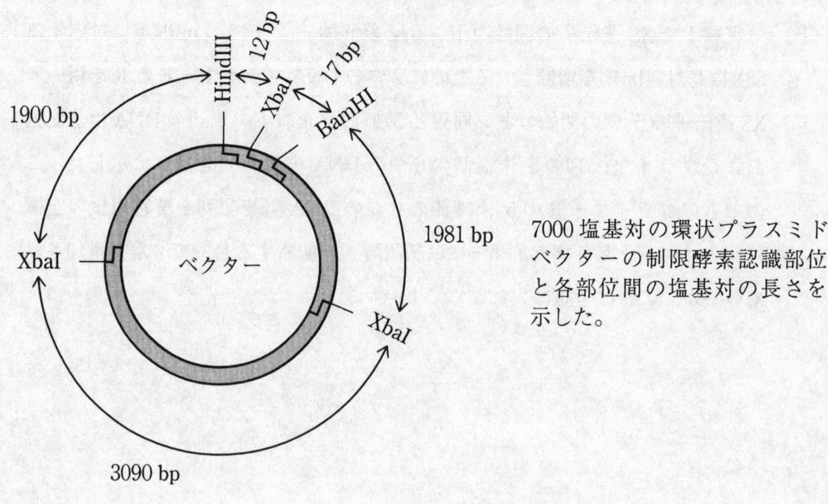

図3

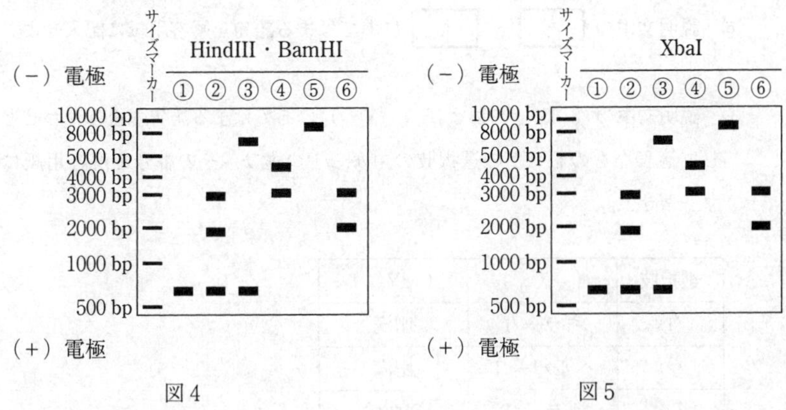

図 4　　　　図 5

〔3〕 実験 3 で合成される XS タンパク質の分子量はいくつか。アミノ酸 1 個の平均分子量を 120 として計算し，解答用紙の [　　] 内に数値を記入せよ。

〔4〕 実験 4 において，タンパク質 XS と Toll（トル）様受容体[(a)]刺激物質を混合して調製したワクチンをマウスに接種した。このマウスの免疫応答に関する次の説明文を読み，(ア)～(エ)の問いに答えよ。

(文)

ワクチンにより活性化され，タンパク質 XS を取り込んだ [あ] 細胞は，その抗原を分解し，一部を細胞表面上の [い] というタンパク質にのせて提示する。このような働きを [う] という。これによりタンパク質 XS 抗原に反応した T 細胞が活性化して増殖する。T 細胞にはヘルパー T 細胞とキラー T 細胞の 2 種類がある。そのうちの（　X　）細胞の作用により活性化された（　Y　）細胞は病原体感染細胞を直接殺傷する。また（　X　）細胞により活性化された [え] 細胞は増殖し，形質細胞へ分化して抗体[(b)]を産生する。増殖した T 細胞と [え] 細胞の一部は [お] 細胞として体内に保存される。[お] 細胞は同じ抗原が体内に入ったときに速やかに増殖して免疫応答を引き起こす。これを免疫 [お] という。ワクチン接種により [お] 細胞を体内に保存することにより，病原体 X に対する感染防御機構を獲得することができる。

(ア) 説明文中の あ ～ お にあてはまる語句を解答用紙に記入せよ。

(イ) 説明文中の（ X ）および（ Y ）にあてはまる語句の組み合わせとして適当なものを，下の選択肢の中から1つ選び，その番号を解答用紙にマークせよ。

選択肢	（ X ）	（ Y ）
①	キラーT	肥満
②	ヘルパーT	肥満
③	キラーT	造血幹
④	ヘルパーT	造血幹
⑤	キラーT	ヘルパーT
⑥	ヘルパーT	キラーT

(ウ) 下線部(a)に関して，下の選択肢の中から誤っているものを1つ選び，その番号を解答用紙にマークせよ。

① 細菌やウイルスなどが共通して持つ特徴を認識する受容体である。

② 炎症反応や免疫細胞の活性化などを引き起こす。

③ 主に細胞表面上や細胞内小胞に存在する。

④ サイトカインと呼ばれるタンパク質の分泌を誘導する。

⑤ 細胞外から取り込んだタンパク質を食胞内で直接分解する。

(エ) 下線部(b)に関して，下の選択肢の中から誤っているものを1つ選び，その番号を解答用紙にマークせよ。

① 体液性免疫に関わるタンパク質である。

② 2本のH鎖と2本のL鎖で構成される。

③ 遺伝子再構成により多様な抗原に対応することができる。

④ 特定の抗原に結合する部位を1つもち，その部位は定常部とよばれる。

⑤ 1種類の形質細胞は1種類の抗体しかつくらない。

〔5〕 実験4において，正常マウス，ヘルパーT細胞のないマウス，およびキラーT細胞のないマウスにそれぞれワクチン接種（1回目）し，その約30日後に再び同じワクチンを接種（2回目）した。このマウスの血液に含まれるXSに対する抗体濃度を測定すると図6の結果が得られた。さらに，2回目ワクチン接種の10日後にそれぞれのマウスに同じ数の病原体Xを感染させた。その後，各マウス体内の病原体X量を測定したところ，図7の結果が得られた。なおグラフの縦軸は対数目盛である。

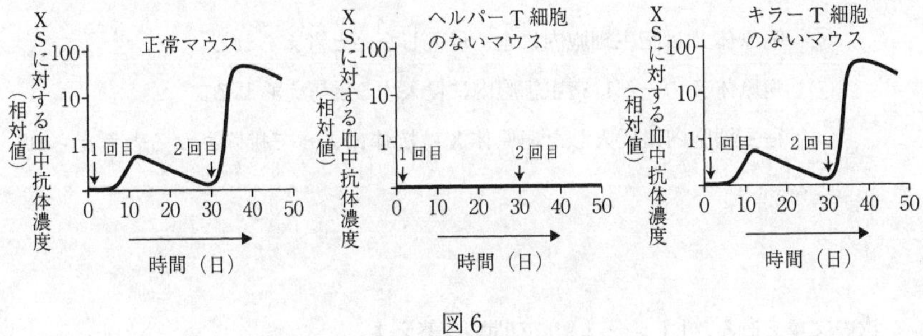

図6

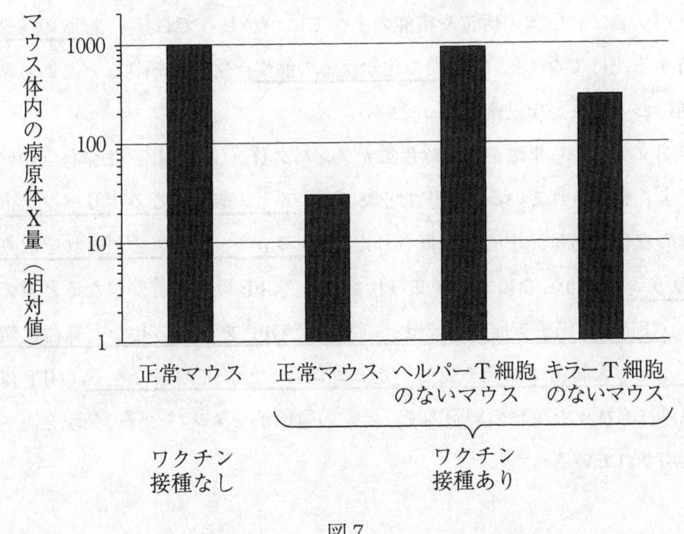

図7

図6と図7の実験結果の考察として適切なものを下の選択肢の中から2つ選び，番号を解答用紙にマークせよ。

① 正常マウスでワクチン効果が認められなかった。

② 正常マウスでワクチン接種により85%の病原体Xが排除された。

③ 病原体Xの排除には体液性免疫のみ関与すると考えられる。

④ 病原体Xの排除には細胞性免疫のみ関与すると考えられる。

⑤ 病原体Xの排除には体液性免疫と細胞性免疫の両方が関与すると考えられる。

⑥ 病原体Xは宿主細胞内に全く侵入しないと考えられる。

⑦ 病原体Xの一部は宿主細胞内に侵入すると考えられる。

⑧ 宿主細胞内に侵入した病原体Xは抗体によって排除されると考えられる。

Ⅱ 次の文章を読み，〔1〕～〔9〕の問いに答えよ。

タンパク質は，生体の構造や機能のすべてにかかわっており，(a)細胞の構造や形を維持するだけでなく，(b)細胞内の化学反応の触媒，物質の輸送など，あらゆる生命活動において重要な役割を担っている。

オワンクラゲから単離された緑色蛍光タンパク質（GFP）は，生命科学の研究においてよく利用されている。GFPは238個の(c)アミノ酸からなるポリペプチドであり，その立体構造は，中心に配置された(d)1本のα-ヘリックスとそれを取り囲む11本のβシートからなることが知られている。GFPは紫外線が当たると蛍光を発する。(e)GFPの遺伝子を取り込ませ，細胞内でGFPをつくらせた大腸菌に紫外線を当てると，大腸菌は蛍光を発し，光るコロニーとして観察できる。GFPは，大腸菌以外にも様々な生物の細胞内で，特定の遺伝子やタンパク質の発現を調べることに利用されている。

〔1〕 下線部(a)に関して，下の選択肢の中から誤っているものを2つ選び，その番号を解答用紙にマークせよ。

① 原核細胞では，DNA はタンパク質などとクロマチンを形成して核に存在する。

② リソソームは，分解酵素を含み，細胞内で生じた不要物を分解する。

③ 生体膜は，分子の疎水性の部分を外側に向けて2層に並んだリン脂質の二重層からできている。

④ リボソームでは，mRNA に転写された遺伝情報がタンパク質に翻訳される。

⑤ アクチンが鎖状につながってできたアクチンフィラメントは，細胞の形状や細胞運動にかかわる。

〔2〕 下線部(b)に関して，このような役割を担うタンパク質を酵素とよぶ。酵素に関する下の選択肢の中から誤っているものを1つ選び，その番号を解答用紙にマークせよ。

① 酵素は特定の物質のみに作用する。

② 酵素は触媒する反応が決まっている。

③ 酵素が関与する反応は，温度が高くなればなるほど反応速度が上昇する。

④ 酵素には特定の立体構造をもつ活性部位がある。

⑤ 酵素反応において，最終産物が反応系の初期に作用する酵素のはたらきを阻害することを，フィードバック阻害という。

〔3〕 下線部(c)に関して，下の選択肢の中から誤っているものを1つ選び，その番号を解答用紙にマークせよ。

① アミノ酸は側鎖の違いによって性質が決まる。

② アミノ酸の構造には塩基が含まれている。

③ タンパク質を構成するアミノ酸は 20 種類ある。

④ アミノ酸の側鎖には硫黄（S）を含むものがあり，その硫黄どうしがジスルフィド結合しているタンパク質がある。

⑤ タンパク質を構成するアミノ酸は固有の順序で配列されている。

〔4〕 下線部(c)に関して，下の図は2つのアミノ酸からなるペプチドの構造式である。解答用紙の空欄 [ ] に構造式の一部を記入して構造式を完成させよ。なお，R1とR2はアミノ酸の側鎖を示している。

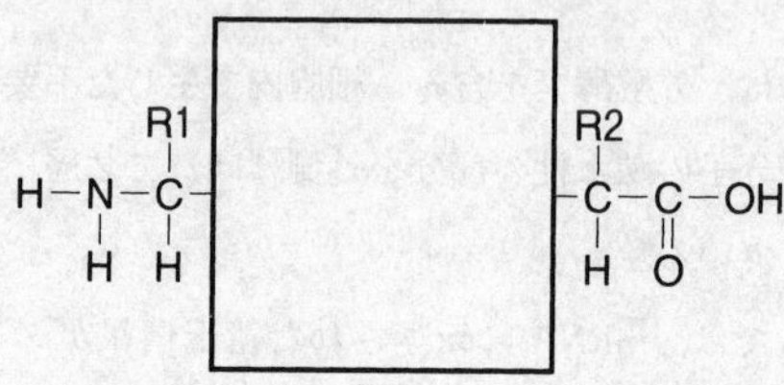

〔5〕 下線部(d)に関して，α-ヘリックスやβシートのような立体構造を何というか。解答用紙の [ ] 内に記入せよ。

〔6〕 下線部(e)に関して，次の(1)～(3)の手順で実験1を実施した。下の文章を読み，問いに答えよ。

実験1

手順(1) 大腸菌を培養するための寒天培地を4枚作製した。すべての寒天培地には抗生物質アンピシリンを加えた（表1のⅠからⅣ）。また，それらのうち2枚の寒天培地には，IPTGとX-galを寒天培地上に塗布した（表1のⅡとⅣ）。IPTGは，ラクトースオペロンで調節される遺伝子の発現を誘導する物質であり，X-galはβガラクトシターゼによって加水分解されて青い色素を遊離する。

手順(2) 2種類のプラスミドpGFPとpUC19の溶液を用意した（図1）。pGFPとpUC19は，どちらもアンピシリン耐性遺伝子（amp）をもち，pGFPはGFPの遺伝子（gfp），pUC19はβガラクトシターゼ遺伝子（lacZ）をもつ。また，gfpとlacZは，ラクトースオペロンのプロモーター（P）とオペレーター（O）に連結されている。

手順(3)　2種類のプラスミド溶液をそれぞれ大腸菌の培養液に混ぜて，大腸菌にDNAを導入した。その後，pUC19を導入した大腸菌は，寒天培地ⅠとⅡに，pGFPを導入した大腸菌は，寒天培地ⅢとⅣに植菌した。37℃で20時間培養したのち，寒天培地上の自然光下でのコロニーの色，紫外線下でのコロニーの色について観察した（表1）。

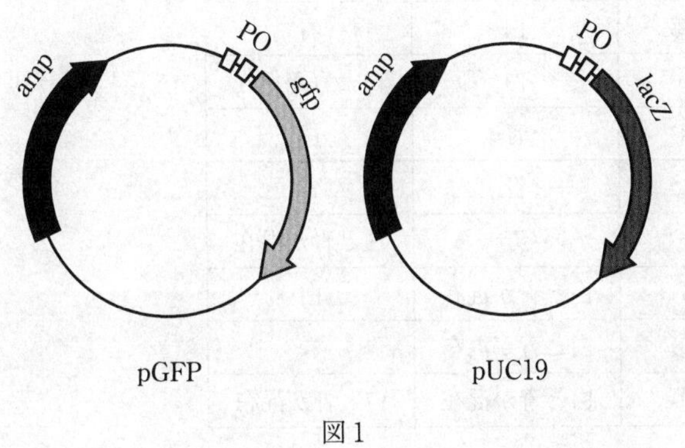

図1

表1　実験条件およびコロニーの観察結果

寒天培地	Ⅰ	Ⅱ	Ⅲ	Ⅳ
アンピシリン	あり	あり	あり	あり
IPTGとX-gal	なし	あり	なし	あり
プラスミド	pUC19	pUC19	pGFP	pGFP
自然光下でのコロニーの色	白	あ	白	い
紫外線下でのコロニーの色	緑の蛍光を発するコロニーはなかった	う	え	すべてのコロニーが緑の蛍光を発した

(ア) 表1は実験条件およびコロニーの観察結果を示している。表中の あ , い にあてはまる語句の組み合わせとして適当なものを，下の選択肢の中から1つ選び，その番号を解答用紙にマークせよ。

選択肢	あ	い
①	白	白
②	白	青
③	白	白と青が混在
④	青	白
⑤	青	青
⑥	青	白と青が混在
⑦	白と青が混在	白
⑧	白と青が混在	青
⑨	白と青が混在	白と青が混在

(イ) 表1の う , え に入る結果としてもっとも適当なものを，下の選択肢の中からそれぞれ1つ選び，その番号を解答用紙にマークせよ。なお，同じ番号を選んでもかまわない。

① 緑の蛍光を発するコロニーはなかった
② すべてのコロニーが緑の蛍光を発した
③ 緑の蛍光を発するコロニーと蛍光を発しないコロニーがあった

(ウ) 手順(1)で寒天培地に抗生物質アンピシリンを加えるところを，誤って抗生物質カナマイシンを加えた。なお，カナマイシンはアンピシリンとは異なるはたらきで大腸菌の生育を阻害する。この場合，寒天培地ⅠからⅣで観察されるコロニーに関しての記述として，もっとも適当なものを下の選択肢の中から1つ選び，その番号を解答用紙にマークせよ。

① すべてのコロニーが白く，紫外線をあてても蛍光を発しなかった。
② すべてのコロニーが青く，紫外線をあてると蛍光を発した。
③ 白いコロニーと青いコロニーが混在しており，すべて紫外線をあてると

蛍光を発した。

④　コロニーはひとつもなかった。

⑤　コロニーの数は少なかったが，すべて紫外線をあてると蛍光を発した。

〔7〕 実験1において寒天培地Ⅳで生育した大腸菌を用いて，次の(1)〜(3)の手順で実験2を実施した。下の文章を読み，問いに答えよ。

実験2

手順(1)　アンピシリンとIPTGの入った培地溶液に大腸菌を植菌し，それを4つに分けて，それぞれ25℃，30℃，37℃，42℃で20時間培養した。

手順(2)　各温度で培養した大腸菌に紫外線を当てて，専用の測定器を用いて，蛍光の強度を測定したところ，表2のような結果が得られた。なお，蛍光強度は，どの温度においても同じ細胞数あたりの蛍光強度として記載している。

手順(3)　各温度で培養した大腸菌内のGFPのタンパク質としての含量を測定したところ，表2のような結果が得られた。なおGFP量は，どの温度においても同じ細胞数あたりの量として記載している。

表2

温度（℃）	蛍光強度（相対値）	GFP量（相対値）
25	330	1.0
30	98	0.7
37	68	0.8
42	9	0.6

得られた結果（表2）をもとにして，各温度におけるGFPの蛍光強度を大腸菌内GFP量あたりで比較するグラフを完成せよ。ただし，25℃のデータは，既にグラフにプロットしている。

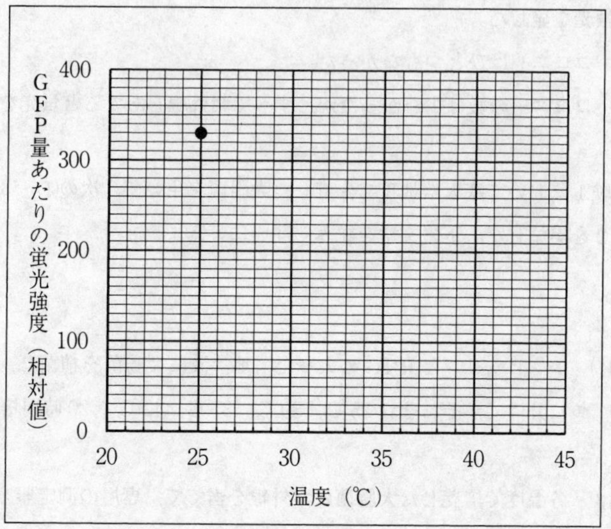

〔8〕 実験2の手順(1)において25℃で20時間培養した大腸菌を用いて，引き続き実験3を実施した。

実験3

実験2の手順(1)において25℃で20時間培養した大腸菌溶液に，抗生物質クロラムフェニコールを加えた。それを二分し，2本の試験管に入れた。一方は25℃で，もう一つは42℃で5時間培養した後，それぞれの大腸菌の発する蛍光強度を測定した。その結果，25℃，42℃においてGFP量あたりの蛍光強度に違いはなかった。なお，クロラムフェニコールは抗生物質の一種で，細菌のタンパク質合成をとめるはたらきがある。

次の（文）は実験2と実験3の結果と考察をまとめたものである。

(文)

実験2の結果から明らかなように，各温度で大腸菌を20時間培養した場合には，GFP量あたりの蛍光強度は，大腸菌の培養温度が　A　なるほど小さくなる。ところが，実験3で示されたように，大腸菌を　B　で20時間培養した後に，クロラムフェニコールを加えて大腸菌のタンパク質合成を停止させて培養した場合には，[B]と[C]で蛍光強度に差が認められなかった。つまり，[B]でつくられたGFPは，[C]にさらされても蛍光強度が減少しないことを示している。これらの結果から，実験2で温度が[A]なるほどGFP量あたりの蛍光強度が小さくなる原因は[D]。

(ア) 文中の[A]～[C]にあてはまる語句の組み合わせとして，もっとも適当なものを下の選択肢の中から1つ選び，その番号を解答用紙にマークせよ。

選択肢	A	B	C
①	高く	高温	低温
②	高く	低温	高温
③	高く	高温	高温
④	高く	低温	低温
⑤	低く	高温	低温
⑥	低く	低温	高温
⑦	低く	高温	高温
⑧	低く	低温	低温

(イ) 文中の[D]にあてはまる記述として，もっとも適当なものを下の選択肢の中から選び，その番号を解答用紙にマークせよ。

① 培養する時間が不足していたためであるといえる
② 大腸菌が死滅したためであるといえる
③ GFPの合成が促進されたためであるとはいえない
④ GFPが失活したためであるとはいえない
⑤ 転写活性が低下したためであるとはいえない

〔9〕 現在，生命科学の研究では，バイオテクノロジーでオワンクラゲ由来のGFP 遺伝子を改変し，37℃でよく光る GFP が用いられている。さらに，GFP は緑色だけでなく黄色や青色などの蛍光が発するようなタンパク質に改変されて，様々な研究で役立っている。このような GFP の開発では，DNA の塩基配列の置換が用いられている。

例えば，あるアミノ酸をロイシンに置換することで蛍光強度が高くなることが知られている。DNA の塩基配列が TTC であったとき，この DNA の1塩基のみ置換させて，あるアミノ酸をロイシンに変えたい。表3を参考にして，置換後の DNA の塩基配列3文字を解答欄の □ 内にアルファベットの大文字を用いて記入せよ。ただし，複数の解答がある場合は，すべて記入せよ。

表3　遺伝暗号表（mRNA）

1番目の塩基	2番目の塩基 U		2番目の塩基 C		2番目の塩基 A		2番目の塩基 G		3番目の塩基
U	UUU	フェニルアラニン	UCU	セリン	UAU	チロシン	UGU	システイン	U
U	UUC	フェニルアラニン	UCC	セリン	UAC	チロシン	UGC	システイン	C
U	UUA	ロイシン	UCA	セリン	UAA	終止コドン	UGA	終止コドン	A
U	UUG	ロイシン	UCG	セリン	UAG	終止コドン	UGG	トリプトファン	G
C	CUU	ロイシン	CCU	プロリン	CAU	ヒスチジン	CGU	アルギニン	U
C	CUC	ロイシン	CCC	プロリン	CAC	ヒスチジン	CGC	アルギニン	C
C	CUA	ロイシン	CCA	プロリン	CAA	グルタミン	CGA	アルギニン	A
C	CUG	ロイシン	CCG	プロリン	CAG	グルタミン	CGG	アルギニン	G
A	AUU	イソロイシン	ACU	トレオニン	AAU	アスパラギン	AGU	セリン	U
A	AUC	イソロイシン	ACC	トレオニン	AAC	アスパラギン	AGC	セリン	C
A	AUA	イソロイシン	ACA	トレオニン	AAA	リシン	AGA	アルギニン	A
A	AUG	（開始コドン）メチオニン	ACG	トレオニン	AAG	リシン	AGG	アルギニン	G
G	GUU	バリン	GCU	アラニン	GAU	アスパラギン酸	GGU	グリシン	U
G	GUC	バリン	GCC	アラニン	GAC	アスパラギン酸	GGC	グリシン	C
G	GUA	バリン	GCA	アラニン	GAA	グルタミン酸	GGA	グリシン	A
G	GUG	バリン	GCG	アラニン	GAG	グルタミン酸	GGG	グリシン	G

Ⅲ　次の文章を読み，〔1〕～〔5〕の問いに答えよ。

植物は一般に自ら移動せず，定着した生活を送っているが，生活に影響を及ぼす環境の変化を感知し，反応するしくみを備えている。その中には，環境が変化したという情報を，感知した細胞から反応する細胞に伝えるしくみが必要であり，そのような情報を伝達する物質を総称して［あ］という。

オーキシンは植物の茎や根の成長の調節に最も重要なはたらきをもつ［あ］である。植物細胞は［い］繊維を主成分とする固い［う］をもっているので，そのままでは伸長しにくいが，オーキシンがはたらくと［い］繊維どうしを結びつけている多糖類が切断されて［う］がゆるみ，その結果，細胞が［え］して膨潤し，伸長することが可能になる。

オーキシンはおもに茎の先端部でつくられ，基部側へと移動する。このような方向性をもった物質の移動を［お］移動という。オーキシンの［お］移動は［か］に存在してオーキシンを輸送する2種類の［き］が関与しており，1つはオーキシンを細胞内に取り込む［き］で，もう1つはオーキシンを細胞外に排出する［き］であるが，後者は基部側の［か］に集中して存在するため，［お］移動がおこるものと考えられている。

植物は光や(a)重力の方向に関係して一定の方向に屈曲することがある。これにもオーキシンのはたらきが関係している。例えば，マカラスムギの芽ばえの葉を包んでいる幼葉鞘に一方向から光を当てると光の当たる側に屈曲する。これは［A］色光受容体の［B］による光吸収がひきがねになってオーキシンを輸送する［き］の分布が変わるからであり，この場合，オーキシンの濃度が［C］側の方が高くなって，［C］側の伸長成長が［く］されるからである。

植物の成長方向の調節には他の［あ］のはたらきも関係している。エチレンがはたらくと，［い］繊維が［X］方向に配列され，細胞は［Y］方向に成長する。

これに対して，エチレンとは逆の方向にはたらくことによって［い］繊維が［Y］方向に配列され，細胞を［X］方向に成長させる［あ］が［け］とブラシノステロイドである。

また，(b)茎の頂芽がよく成長しているときは側芽の成長は抑制されており，このような現象を［こ］という。しかし，頂芽を切りとると側芽が成長を始める。これにはサイトカイニンという［あ］のはたらきが関係している。

〔1〕 文章中の［あ］～［こ］にあてはまる語句を，解答用紙の［　］内に記入せよ。

〔2〕 文章中の［A］～［C］にあてはまる語句の組み合わせとして適当なものを下の選択肢の中から1つ選び，その番号を解答用紙にマークせよ。

選択肢	A	B	C
①	青	フィトクロム	光の当たる
②	青	フィトクロム	陰の
③	青	フォトトロピン	光の当たる
④	青	フォトトロピン	陰の
⑤	赤	フィトクロム	光の当たる
⑥	赤	フィトクロム	陰の
⑦	赤	フォトトロピン	光の当たる
⑧	赤	フォトトロピン	陰の

〔3〕 文章中の［X］・［Y］にあてはまる語句の組み合わせとして適当なものを下の選択肢の中から1つ選び，その番号を解答用紙にマークせよ。

選択肢	X	Y
①	縦	縦
②	縦	横
③	横	縦
④	横	横

〔4〕　下線部(a)に関して，次の問いに答えよ。

下の図1はマカラスムギの芽ばえを暗所で水平においた様子を表しており，図2はオーキシンの濃度と茎および根の成長の度合いの関係を表している。

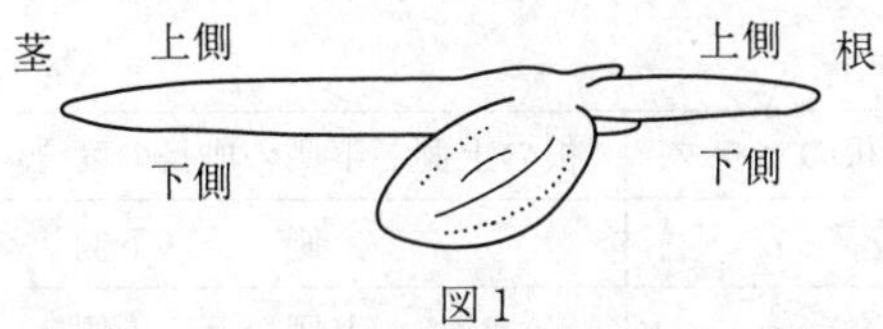

図1

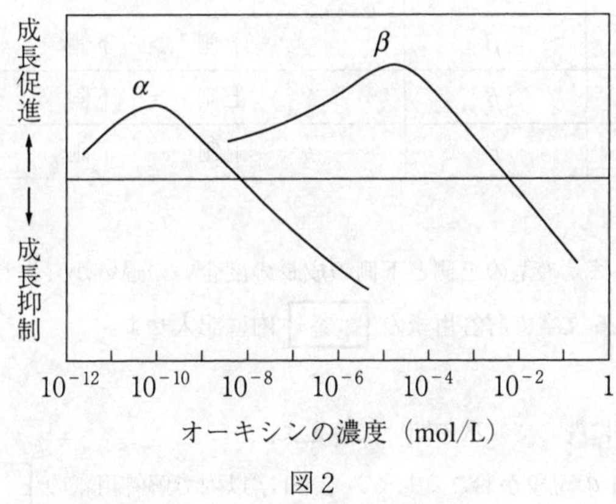

図2

(ア)　図1の茎と根では，それぞれ上側と下側のどちらの方がオーキシンの濃度が高いと考えられるか。下の選択肢の中から1つ選び，その番号を解答用紙にマークせよ。

選択肢	茎	根
①	上側	上側
②	上側	下側
③	下側	上側
④	下側	下側

(イ)　この芽ばえの根の下側のオーキシンの濃度が 10^{-6} mol/L の場合に，図 2 中の根のグラフと，図 1 の根の上側と下側の成長の度合いの比較の組み合わせとして適当なものを下の選択肢の中から 1 つ選び，その番号を解答用紙にマークせよ。

選択肢	根のグラフ	根の上側と下側の成長の度合いの比較
①	α	上側　＞　下側
②	α	上側　＝　下側
③	α	上側　＜　下側
④	β	上側　＞　下側
⑤	β	上側　＝　下側
⑥	β	上側　＜　下側

(ウ)　この芽ばえの茎の上側と下側の成長の度合いの違いから生じる屈性を何というか。6 文字で解答用紙の [　] 内に記入せよ。

〔5〕 下線部(b)に関して，次の問いに答えよ。

(ア)　[こ] の現象がおこるしくみを 50 字以内で解答用紙の [　] 内に記入せよ。

(イ)　[こ] は植物にとってどんな利点があるか。30 字以内で解答用紙の [　] 内に記入せよ。

Ⅳ　次の（文1）～（文3）を読み，〔1〕～〔8〕の問いに答えよ。

（文1）

近年の農業では，合成農薬の使用によって多くの害虫の防除が可能となったが，一方で様々な問題が生じてきた。そこで期待されているのが，害虫を捕食する天敵を利用して被害を抑える生物的防除(a)という技術である。

昆虫に寄生するハチ（寄生蜂）の利用はそのひとつである(b)。アブラナ科の作物に被害を与えるコナガには，このコナガに寄生するコナガサムライコマユバチという天敵が存在する。この寄生蜂は1個体のコナガ幼虫に1個の卵を産みつけ，ふ化後，宿主を生かしたまま体内で成長し，さなぎになる直前に宿主を食い破って外に現れ繭を作る。

〔1〕 下線部(a)の生物的防除について，農薬を使用する化学的防除と比較して，長所として考えられることを下の選択肢の中からすべて選び，その番号を解答用紙にマークせよ。

① 農薬に対する抵抗性害虫が発生しにくい。

② 効果が早く現れる。

③ 対象となる害虫以外への作用が少なく，環境への影響が少ない。

④ 開発費用が比較的安価であり，生物農薬（天敵）は長期保存できる。

⑤ 広範囲の害虫に対処できる。

〔2〕 下線部(b)について，コナガサムライコマユバチによる寄生がない場合のコナガ個体群の親世代から子世代にかけての増殖率(注)をRとする。子世代の個体数を親世代の個体数より減少させるためには，コナガサムライコマユバチによる寄生率Pがどのような条件を満たす必要があるか。正しいものを下の選択肢の中から1つ選び，解答用紙の番号をマークせよ。

ただし，コナガサムライコマユバチによる寄生以外にコナガ個体群の成長に影響を与えるものはないものとする。

(注) 親世代の個体数をN_1，子世代の個体数をN_2とすると増殖率Rは，下のように表される。

$$R = \frac{N_2}{N_1}$$

① $P > \frac{1}{R-1}$　② $P > \frac{1}{R^2-1}$

③ $P > \frac{R}{R-1}$　④ $P > \frac{R}{R^2-1}$

⑤ $P > \frac{R-1}{R}$　⑥ $P > \frac{R^2-1}{R}$

(文2)

ある調査区域においてショウジョウトンボの個体数を推定するために，捕虫網で飛翔中のショウジョウトンボを100個体採集した後，それぞれに標識をつけてその場で放した。翌日，再び採集したところ150個体のショウジョウトンボが採集され，そのうち10個体に標識が確認された。このことからこの調査区域には，ショウジョウトンボが［あ］個体生息していると推定できる。

このようにして個体群の個体数を推定する方法を［い］というが，この方法を行うときには(c)いくつかの前提が必要である。

〔3〕 文章中の［あ］，［い］にあてはまる数値，または語句を解答用紙の［　］内に記入せよ。

〔4〕 下線部(c)の前提として，誤っていると考えられるものを下の選択肢の中からすべて選び，その番号を解答用紙にマークせよ。

① 標識をつけても，捕獲効率に差がない。

② 1回の捕獲で捕虫網に入るショウジョウトンボの個体数が，一定である。

③ 標識をつけても，生存率に差がない。

④ 調査区域内で個体がランダムに混ざり合う。

⑤ 調査期間中，他のショウジョウトンボ個体群との間で個体の移出入がない。

⑥ 2回目の捕獲は1回目の捕獲後，直ちに行われている。

⑦ 1回目の捕獲と2回目の捕獲は同じ方法で行う。

⑧ 調査期間中に，個体群内で個体の死亡や出生が起こらない。

〔5〕 調査中，下のように条件が変化した場合に ［あ］ の値はそれぞれどのようになるか。正しい組合せを下の選択肢の中から1つ選び，その番号を解答用紙にマークせよ。

（条件1）

ショウジョウトンボに付けた標識が脱落した場合

（条件2）

標識したことで捕獲しにくくなった場合

選択肢	条件1	条件2
①	大きくなる	大きくなる
②	大きくなる	小さくなる
③	小さくなる	大きくなる
④	小さくなる	小さくなる

（文3）

下の表は，世界の様々な生態系における生産者の現存量と純生産量を示したものである（推定値）。地球全体では年間およそ 1.7×10^{14} kg の有機物が生産されており，そのうち陸地で約3分の2，海洋で約3分の1が生産されている。

表

	生態系	地球全体での面積 10^6 km^2	生産者の現存量 合計 10^{12} kg	生産者の現存量 平均 kg/m^2	純生産量 合計 10^{12} kg/年	純生産量 平均 kg/(m^2・年)
陸地	(A)	24.0	74.0	3.1	18.9	0.79
陸地	(B)	57.0	1700.0	29.8	79.9	1.40
陸地	(C)	14.0	14.0	1.0	9.1	0.65
陸地	(D)	50.0	18.5	0.4	2.8	0.06
陸地	陸地合計（その他含む）	149.0	1836.6	12.3	115.2	0.77
海洋		361.5	3.9	0.01	55.0	0.15
地球全体		510.5	1840.5	3.6	170.2	0.33

〔6〕 表の陸地生態系（A）～（D）に，あてはまる組合せとして適当なものを下の選択肢の中から1つ選び，その番号を解答用紙にマークせよ。

選択肢	（A）	（B）	（C）	（D）
①	森　林	草　原	荒　原	農耕地
②	森　林	荒　原	草　原	農耕地
③	草　原	森　林	荒　原	農耕地
④	草　原	森　林	農耕地	荒　原
⑤	荒　原	森　林	草　原	農耕地
⑥	荒　原	森　林	農耕地	草　原

〔7〕 表の各生態系について，生体量1kgあたりの年間の純生産量を求めたところ，森林の値が他の生態系より小さい値になった。この理由について，「同化器官」と「非同化器官」の2つの用語を用いて，50字以内で解答用紙の □ 内に説明せよ。

〔8〕 表で，単位面積あたりの現存量を純生産量で割った値は，その生態系における生産者のおよその平均寿命（年）を表している。

(ア) 陸地と海洋それぞれの生産者の平均寿命を求め，解答用紙の □ 内に記入せよ。ただし，小数第3位を四捨五入して小数第2位まで求めよ。

(イ) (ア)の結果を比較して，陸地と海洋の生産者の特徴を60字以内で，解答用紙の □ 内に記入せよ。

解答編

英語

I　**解答**　〔1〕 (A)—(1)　(B)—(1)　(C)—(1)　(D)—(4)
〔2〕 (1)—3　(2)—3　(3)—2　(4)—3　(5)—1
〔3〕—(4)

◆全　訳◆

≪職場で仲良くなるのは難しいが，それだけの価値はある≫

私たちの大半は，職場に親友はあまりいない。私たちは，一緒に働く人々の大半を，同僚，あるいは知らない人と考えている。平均すると，職場には5人，友人がいるが，たいていは彼らを一番近しい関係の輪に含めることはしない。事実，イェール・スクール・オブ・マネジメントの研究によれば，たった15％しか「真の友」の定義を満たしていない。別の言い方をすれば，大半の人々は，実際は職場には本当の友人が一人いるにすぎない。どうして職場で友人をもつのがこれほど難しいのだろうか。そして，そんなに難しいのなら，そこまでの価値があるのだろうか。

被用者は，職場で誰と付き合うかの選択肢があまりないことがよくある。チームメイトや職場の隣どうし，上司はしばしばあてがわれる。職場関係のこの特徴が，職場で仲良くなる方が「自然の状態で」仲良くなるのより難しい理由の一つである。職場が友情に好ましくないもう一つの理由は，そこに取引的な性質があるからである。給料と引き換えに，被用者は一定時間働くことや一定の品質の製品を作ることに同意する。しかし，友達の間では，友人に手を貸すのは必要があるからであって，何か見返りを期待しているからではない。

仕事生活は，第一義的には，お金を稼ぐといった実利的な目標の追求であるが，一方友情は，愛，喜び，悲しみの分かち合いといった感情が中心である。実際，お金と社会的な関係とは，ビクトリア大学の心理学者，フレッド=グラウゼット先生たちによれば，相反する価値なのである。研究では，中でもオーストラリアやエジプト，中国，米国，韓国の大学生 1,854 名に，57 の異なる目標が自分にとってどれだけ重要かをランク付けしてもらった。目標は多岐にわたっており，安全，人気，自己受容，地域社会といったものが含まれていた。回答に基づき，研究者は図表を作成した。同じようにランク付けされた目標，例えば健康や安全といった目標は，まとめて置かれた。異なるランク付けの価値（一方が大切でも，他方はそれほど大切でない）は，図表上で離れるように置かれた。調査結果を基に，研究では財産的な成功と人的交流は，文化を問わず対立する価値となりうるという結論が得られた。

さらに，数十の心理学の実験によって，お金のことを考えたり，実際に触れたりすることで，寛容でなくなったり，援助を惜しんだり，付き合いを避けがちになったりするということがわかった。幸福感が最も強くなるのは，人と交流しているときである。しかし，単にお金のことを話すだけで，優先順位が変わりかねないと，UCLA のキャシー=モジルナー=ホームズ教授は語る。ホームズ教授は成人 318 人に 3 分間で，特定の一連の単語からできるだけ多くの 3 語文を作ってもらった。研究の被験者の一部は，「価格」といったお金に関係する単語を与えられた。一部は「時計」といった時間に関係する単語を与えられた。3 つ目の集団は中立の単語を与えられた。作業後，面接を受けたとき，お金に関係する単語を使った集団は，時間とか，「靴下」といった無作為のものに関する単語を使った集団に比べ，人付き合いより仕事をする可能性の方が高いと答えた。

実は，職場の友情が減っていることは，一つには仕事のもつ取引的な性質がどんどん高まっていることで説明できると，ウォートン・スクールのアダム=グラント教授は語る。歴史的には，仕事と個人的な生活が重なり合うのは，はるかにありふれたことだった。1985 年には，米国人のほぼ半数は職場に親友がいた。2004 年までには，職場に友人がいると報告した人は，30％だけだった。世代を比べるなら，1976 年に高校を卒業した人の 54％は，友人のできる仕事を見つけることに，価値を置いていた。1989 年から 1993 年の間に卒業したジェネレーション X 世代の人たちの間では，48％であった。ミレニアル世代の人たちの間では，41％まで落ちてしまう。同時に，余暇に置かれる価値は一貫して増した。1976 年から 2006 年までにほぼ 2 倍になっている。グラント教授が書いたとおり，「仕事を主に余暇のための手段とみなすと，職場外での友情を育む時間をもつには，効率を優先すべきと，自分に言い聞かせるのはやさしい」。ますます，人々は休暇が取れるように働くようになる。実利性と感情の間の対立のせいで，人々は職場で友人をつくることをすっかり避けてしまったり，廊下で親しげにこんにちはと言われることに，秘めた動機があるのではないかと勘ぐってしまったりするようになりかねない。またそのせいで，仕事の友人関係を調整したり維持したりするのが難しくなりかねない。

そうは言っても，職場に友人は不可欠である。調べはついている。職場に友人がいると，いいことがある。職場に親友がいると報告する被用者は，効率が上がり，仕事の満足度も上がり，職場で事故を起こす可能性は低くなる。仕事仲間どうしの社会的支援が仕事のストレスを軽減し，仕事と時間の圧力に対処するのに役立ち，仕事と家庭の対立を軽減し，極度の疲労を防ぐのに役立つ。とはいえ，こうした恩恵の大半は，親友が職場に数人いることから生じるのである。あらゆる人々と友人になる必要はない。一人か二人の親友でいい。仕事の実利的な性質と，職場の友人から必要としている感情的な結びつきとの間に生じる緊張の多くを克服する一つの方法は，仕事とそうでないものとを，はっきりと区別しておくことである。しかし，単なる親しげなおしゃべりである会話をするようにしたり，議題抜きで挨拶を交わす電子メールを送ったりすれば，それが確実に職場の友人を友人のままにとどめるのに役立ってくれるのである。

◀解　説▶

〔1〕 (A) 「ホームズ教授の実験では，お金に関連した単語を使った人々は他の二つの集団とどう違っていたか」 ホームズ教授の実験結果に関しては，第4段最終文（When interviewed after …）に「お金に関係する単語を使った集団は，…人付き合いより仕事をする可能性の方が高いと答えた」とある。選択肢はそれぞれ，

(1)「彼らは，自分の仕事をする方に集中した」

(2)「彼らは，職場の友情の方に集中した」

(3)「彼らは，自分の単語の意味の方に集中した」

(4)「彼らは，どれだけのお金を受け取れるかの方に集中した」

の意味だから，正解は(1)に決まる。

(B) 「本文で言及された世代はどのように異なるのか」「世代」に関して

は，(注) 5・6を含む第5段第5～7文（If we compare … 1976 to 2006.）に「若い世代になると，職場の友人関係を尊重しなくなり，余暇を大事にするようになる」という趣旨の記述がある。選択肢はそれぞれ，
(1)「年長世代の方が，職場に友人がいる」
(2)「若年世代の方が，職場での効率は悪い」
(3)「年長世代の方が，自由時間を尊重する」
(4)「若年世代の方が，職場で友人を見つけやすいことに気づく」
の意味だから，正解は(1)であるとわかる。

(C)「職場で友人をもつことから生じるどんな恩恵に筆者は言及しているか」「職場の友人の恩恵」に関しては，最終段第3・4文（Employees who report … guard against burnout.）に記述されている。選択肢はそれぞれ，
(1)「被用者は過労で苦しむことにはなりにくい」
(2)「被用者は余暇の方を高く評価するだろう」
(3)「被用者は給料がより高くなりそうである」
(4)「被用者は仕事と私生活とをはっきり区別できるだろう」
の意味である。(1)以外は，利益として本文に挙げられていない。

(D)「ともに働く人々と仲良く友達になるのが難しい理由を説明するのに，言及されていない一つの理由は何か」「同僚が友人になりにくい理由」に関しては，第3段以降に研究結果が述べられているが，それより前の記述も参照する必要がある。選択肢はそれぞれ，
(1)「労働者は，ともに働く人を選べない」
(2)「職場の人間が秘めた動機をもっているかどうかわからない」
(3)「仕事の目的と友情の本質とは，対立しうる」
(4)「異なる世代の人々と仲良くなるのは難しいかもしれない」
の意味である。(1)は第2段第1文（Employees often don't …），(2)は第5段最後から2文目（The conflict between …），(3)は第3段第1・2文（Work life is … and his colleagues.）に言及されているため，正解は(4)だとわかる。

〔2〕(1)「人々は，職場に友人がいれば安い給料を喜んで受け入れる」本文には「安い給料」に関する記述はないから，どちらとも判断しかねるというしかない。

⑵「東アジア諸国出身の人々は，他の人より自己受容を高くランク付けした」第3段第3・4文（The research asked … acceptance, and community.）に自己受容を含む調査に関連する記述があるが，その結果についての記述はないので，どちらとも判断しかねる。

⑶「ホームズ教授は被験者に3分間で3つの文章を作るように依頼した」第4段第4文（Holmes gave 318 adults …）の，3分間でできるだけ多くの3語文を作るように依頼したという内容に不一致。

⑷「年長の世代の人々は，若いときに今日の若者よりもお金を多く稼いだ」第5段第3～7文（In 1985, … to 41%.）に，世代の変化の記述があるが，賃金の変化の記述はない。よって，どちらとも判断しかねる。

⑸「本文によれば，職場に親友は一人いれば十分である」最終段第5～7文（Most of these … two close friends.）の記述に一致する。

〔3〕 選択肢はそれぞれ，

⑴「仕事生活にはさまざまな，変わりゆく目標がある」

⑵「友情は心の健康に不可欠である」

⑶「職場の友情は世代によって変わっていく」

⑷「職場で仲良くなるのは難しいが，それだけの価値はある」

⑸「職場の友人は重要だけれど，自由時間でも見つけられる」

という意味。第1段最後の2文（Why is it … even worth it?）で，どうして職場で友人をつくることが難しいのか，その価値があるのかが問題提起され，第2～5段（Employees often don't … maintain office friendships.）で職場で友人をつくる難しさについての理由や考察が述べられ，最終段では第1・2文（Having said that, … friends has benefits.）にあるように，職場で友人をつくることによる恩恵が述べられている。したがって，本文の内容に最も近いのは，⑷だと判断できる。

II 解答

〔1〕 (A)—(2)　(B)—(1)　(C)—(4)　(D)—(3)　(E)—(3)
(F)—(4)　(G)—(2)　(H)—(2)

〔2〕 ㋐—(2)　㋑—(3)　㋒—(1)　㋓—(1)　㋔—(3)

◆全　訳◆

≪ロボット繁殖技術で人間は別世界に行けるか≫

世界中のロボット工学研究室の奥深くに隠れて，新世代の高知能マシンが繁殖，進化するようになりつつある。人間とちょうど同じように，こうしたロボットは新形式の自分自身を「生み出」し，それぞれが前世代より優れたものになれるのである。それらは正確で，効率的で独創的である。そして，科学者が言うには，いつの日か人類を救うのに役に立つだろうというのである。何か SF 小説から出てきたもののように聞こえるかもしれないが，ロボットの進化は，数学者のジョン=フォン=ノイマンが 1949 年にどうやって機械が自己を複製できるのかを示して以来，真剣に探査されてきた分野なのだ。

EU とイギリスの大学の研究者は，これまでの 4 年間と多額の資金を，ロボットのコロニーを設計，建造するための完全に自律的な最初のシステムに取り組むのに費やしてきた。彼らはそうしたロボットを宇宙に派遣して，遠くの惑星を探索し，宇宙に人間が暮らす生息地を建造するのを想定してきた。特定の環境にふさわしいとわかっている 2 台のロボットがその「遺伝子」，すなわち，この場合であれば，そのコンピュータコードを結合して，両「親」の最も優れた特徴をもつ 3D プリントされた「子ロボット」を生み出そうという考えなのである。「私たちがしていることを，一番よく説明するのは，実際にロボットを『繁殖させ』ようとしているということだと思います」と，アラン=ウィンフィールド先生は語る。先生は，西イングランド大学のロボット倫理学教授である。「そのシステムは基本的に二つの成功した親ロボットの『DNA』を混合して，新たな子ロボットの設計を生み出し，次に部品をすべてプリントし，人間は全く参加せずに自分で完全に組み立てることになるでしょう」と，エジンバラ・ネピア大学のエマ=ハート教授は説明する。

オートノマス・ロボット・エボルーション計画（ARE）の一部として，研究チームはロボファブという名の完全に自律的なシステムを作成したが，それはまさしくそのように作動するのである。生み出されたそれぞれのロボットには，仮想世界の中で急速に進化するデジタルのクローンがあり，その一方，それと対応する実物の方は，現実の世界の環境で検査を受ける。新世代のロボットは次に，仮想世界の「母」と現実世界の「父」の最も成功した特徴を，仮想世界の両親，現実世界の両親からのものも加えて，結合した後に，3D プリントされる。「そうしたことすべてが一つの箱の中で，工場みたいに起こるのが思い浮かべられるでしょう」と，ハート教授は語る。「この工場を宇宙に送り出すことができるのです。ロボットを事前に設計し，到着したら作動してくれるように願うほかないというのではなく，工場にロボットを設計させ，それを作らせ，実際に検査するようにさせるのです。そこにいるうちにね。動かないロボットはリサイクルして，それから前世代より優秀な新たなロボットを作ることになるでしょう」

ケンブリッジ大学は，自分の「子ども」を作って，どれが一番出来がよいかを検査し，それからその設計を修正することができる「母」ロボットを作り出すことで，同じような手法を用いてきた。そうした技術は，火星探査から小惑星で鉱物を採掘することや，人間を伴う必要なしに宇宙に人間の暮らす生息地を建造することまで，ありとあらゆることに役立ちうる。NASAはすでにARE計画の諮問委員会の席に着いて，その技術の可能性を探ろうとしている。その研究者は，自己複製ロボットが深海に潜って沖合の油田掘削機を建造している間だけでなく，探索救助任務を果たす場合にも役立ってくれたらよいと願っている。

しかし，ロボットの繁殖に関してはまだ大きな問題がある。今のところ，約6台のロボットが日々プリントできるが，基本的な既製のセンサーが堅牢な「骨格」に配線されるのが特徴である。ロボットのアームは，ときにセンサーのいくつかを電池につなぐのに苦労し，配線が絡み合い，人間の助力が必要になる。3Dプリント技術や，自動組み立て，電池の急速な進歩によって，こうした問題はすぐに解決され，既存のどの火星探査車をもはるかにしのぐ機械が作りやすくなるだろう。例えば，3Dプリンターは，かつては低品質のプラスチックの試作品を作るのに使われていたが，さまざまな素材を使いながらプリントすることがどんどんできるようになっている。こうしたことでロボットはプリント過程に配線を組み込むことができるようになるだろう。そのうちに，センサーと電池がもっと軽くなれば，探査救助活動の間に，狭い場所に這うように入ることができる小型化したロボットの製作が可能になるだろう。そこには，今の探査車は大きすぎて入れないのである。

ウィンフィールド先生が警戒している一つの技術的な進歩は，人工知能（AI）である。「私たちはすでに，どのようにAIが作動しているのかを人間が本当に理解できる地点を過ぎてしまいましたが，それは問題です」と，先生は語る。「技術者として，自分が何を作ったのか，理解できていないといけない…。研究室ではそれでいいのかもしれませんが，現実の世界では大変危険だろうと思います。何が起きるのか，全然わからないわけですから」

AI技術者のジョージ=ザルカダキス氏は，さらに「ロボットをどれだけ制御するのでしょうか。これは，答えを出しておかなければいけない重要な問題です。たとえば，ロボットを小惑星帯に派遣して，小惑星を採掘させるとしましょう。ロボットが進化していくうち，自分の仕事を実行する最善の方法は地球軌道上に小惑星を放り込むことだとわかったらどうでしょう。それを私たちに防げますか」と語る。最終的に，自己複製マシンを創出する利益が，危険を補ってなお余りあるのかどうか，世界は決断しなければならなくなるだろう。もし私たちがいつか地球以外の惑星に住むことになるのなら，生き延びるにはロボットコロニーに頼るしかないのかもしれない。

◀解　説▶

〔1〕 (A) 空所を含む部分は「これまでの4年間と多額の資金を，ロボットのコロニーを（　　）するための完全に自律的な最初のシステムに取り組むのに費やしてきた」の意。直後の「そうしたロボットを宇宙に派遣して，遠くの惑星を探索し，宇宙に人間が暮らす生息地を建造する」という記述から，「ロボットに人間の居住地を作らせようとしている」ことがわかる。選択肢はそれぞれ，(1)「～を使うことで地球を防衛する」，(2)「～を設計し，建造する」，(3)「～から人間を守る」，(4)「～の歴史を研究する」の意であるから，(2)が内容に最も適しているとわかる。

(B) 空所を含む部分は「私たちがしていること（　　）は，実際にロボットを『繁殖させ』ようとしているということだ」の意。よって，「私たちがしていること」とは，「ロボットの繁殖である」という意味になるような語句がふさわしいとわかる。選択肢はそれぞれ，(1)「～の一番よい説明」，(2)「～の小部分」，(3)「～の道徳的な問題」，(4)「～の予期しない結果」の意。上記の検討から，正解は(1)に決まる。

(C) 空所を含む部分の直後に「自分の『子ども』を作って，どれが一番出来がよいかを検査し，それからその設計を修正することができる『母』ロボットを作り出す」とあり，それは，第3段第2～4文（Each of the … says Hart.）に述べられているARE計画のチームの，最も優れた性質を

選んで自律的に繁殖を行うようにするのと同様の方法である。選択肢はそれぞれ，
(1)「ロボットの繁殖という考えに反対してきた」
(2)「繁殖過程を完成した」
(3)「正反対の取り組み方をした」
(4)「同様の方法を使った」
の意。よって，正解は(4)である。

(D)　空所を含む部分は「NASA はすでに ARE 計画の諮問委員会の席に着いて，(　　　)を探ろうとしている」の意。空所直前の文（Such techniques could …）に「そうした技術は，…ありとあらゆることに役立ちうる」とあるのだから，「その技術がどう役立つのか（を探ろうとしている)」と補えるとわかる。選択肢はそれぞれ，
(1)「その計画を始める方法」
(2)「宇宙飛行士の安全性の条件」
(3)「その技術の可能性」
(4)「火星の地表の特徴」
の意であるから，上記の検討に合致するのは(3)である。

(E)　空所直前の第4段（Cambridge University …）には，ロボット繁殖技術の可能性とそれへの取り組みが述べられているが，空所に続く部分は「ロボットの繁殖に関してはまだ大きな問題がある」であるから，「だが」で始まるのがふさわしい。選択肢はそれぞれ，(1)「加えて」，(2)「代わりに」，(3)「しかしながら」，(4)「それゆえに」の意であるから，(3)が正解である。

(F)　空所を含む部分は「探査救助活動の間に，(　　　)ことができる小型化したロボットの製作が可能になるだろう」の意。小型化したロボットに何ができるのかを考える。選択肢はそれぞれ，
(1)「たくさんの人々を運ぶ」
(2)「人間とよりうまく意思疎通する」
(3)「極端な気温に対処する」
(4)「狭い場所に這うように入る」
の意。よって，正解は(4)になる。

(G)　空所を含む部分は「ロボットをどれだけ(　　　)でしょうか」の意。

この引用文の中の具体的な例（Let's say, for … of Earth's orbit.）と末尾に「それを私たちは防げますか」とあることから考える。選択肢はそれぞれ,

(1)「〜に大望をもっている」

(2)「〜を制御する」

(3)「〜を建造する意欲をもっている」

(4)「〜に財政上の投資をしている」

の意であるから，具体例にあるようなロボットの暴走を「防ぐ」ためにふさわしい内容の解答は(2)だとわかる。

(H)　空所を含む部分は「(　　　) する利益が，危険を補ってなお余りあるのかどうか，世界は決断しなければならなくなるだろう」の意。第5段（ (E) , there are …）までの，自己繁殖機械に対する期待と，第6段（One technological …）および第7段第1文（George Zarkadakis, an …）のAIについて何が起こるか人間はもはや十分にわからず，暴走する危険があるという内容から,「自己繁殖するマシンの利益と危険を天秤にかける」という趣旨だと読み取れる。選択肢はそれぞれ,

(1)「より大きなロボットを作ること」

(2)「自己複製マシンを創出すること」

(3)「新たな小惑星を発見すること」

(4)「低い地球軌道を研究すること」

の意であるから，正解は(2)だとわかる。

〔2〕　㋐　下線部㋐ the last の具体的な内容はその直前の new versions of themselves に対応した the last version of robots「前世代のロボット」である。選択肢はそれぞれ,

(1)「最終形式のロボット」

(2)「前の形式のロボット」

(3)「進化過程の最終段階」

(4)「進化過程の前段階」

という意味。ここでの last の意味は「直前の」であり，正解は(2)である。

㋑　該当部分は「それはまさしくそのように作動するのである」という意味。do that は直前の内容（has created a fully autonomous system）を受けるから下線部㋑の具体的な意味は,「完全に自律的なシステムを生む」

であり，それはつまり「ロボットが人間なしにロボットを作る」ことを意味している。選択肢はそれぞれ，

(1)「デジタル信号を送出する」

(2)「宇宙居住地を建造する」

(3)「人間の手を借りずにロボットを作る」

(4)「ロボットを繁殖させることの倫理を調査する」

という意味だから，上記の検討に合致するのは(3)だとわかる。

㋒　該当部分の while there は，先行する You could send this factory to space と it works when it arrives (in space) を受けて，… test them out while there (=in space) となっていることをつかめるかどうか。選択肢はそれぞれ，(1)「宇宙で」，(2)「地球で」，(3)「その箱の中で」，(4)「仮想世界で」という意味だから，正解は(1)ということになる。

㋓　these の指示対象を答えればよい。直前の文 (The machine's arms …) には「センサーのいくつかを電池につなぐのに苦労し，配線が絡み合い，人間の助力が必要になる」とあることから考える。選択肢はそれぞれ，

(1)「配線に関する困難」

(2)「人間に対する潜在的な危険」

(3)「電池の寿命に関わる問題」

(4)「3D プリンターの改良の速度に関する問題」

という意味。よって，上記の内容に一致しているのは(1)だとわかる。

㋔　この問題も that の指示対象を答えればよい。直前部分 ("We've already passed …) には「どのように AI が作動しているのかを人間が本当に理解できる地点を過ぎてしまった」とあることから考える。選択肢はそれぞれ，

(1)「あまりに多くの人々がどのように AI が作動しているのかを知っているということ」

(2)「AI は研究室と現実世界とを混同することになるということ」

(3)「AI の進歩は人間の理解を超えてしまったということ」

(4)「AI を開発することに関して人間は十分警戒してこなかったということ」

という意味。よって，上記の検討に合致している(3)が正解である。

Ⅲ 解答

〔1〕 ㋐―(5)　㋑―(9)　㋒―(6)　㋓―(8)

〔2〕 ㋕―(9)　㋖―(7)　㋗―(5)　㋘―(8)

◆全　訳◆

〔1〕 ≪山でハイキング≫

A：「ここでちょっと休もうよ。休憩にはいいところみたい」

B：「そうね。休もう。でも，早くしないとね。少なくとももう3時間かかるよ。日没までにまた下りるには」

A：「そこ，大事大事。この道を暗くなってから引き返すのは，とても怖いだろうから」

B：「絶対そう。実は，数年前そうなっちゃってね」

A：「ほんとに？　この山で？」

B：「いや，この山じゃない。マレーシアで休みにハイキングしたんだよね。日本に比べて，そこがどれだけ早く暗くなるのかわかってなくてね」

A：「そりゃそうだよね。赤道に近いんだよね？　1人で行ったの？」

B：「ありがたいことに，違ったね。友人連中と休みを取ってたわけね。でも，誰一人，ハイキングに詳しい人がいなくて，だからやっぱりめちゃくちゃ怖かった。日が沈んじゃったあと，何回か道に迷って。スマホ，どれもネットにつながってなくって。誰も紙の地図を持ってこようなんて思ってなくてね」

A：「それってもう，ちゃんと準備してないってことじゃない。山で寝なきゃいけなくなったの？」

B：「そんなことはない。最後にうまく本道が見つかったわけ。十分な食べ物も水も持ってなかったから，ほんとついてた。皆もう，ほっとしたんだよ，とうとう村の光が見えたときはね」

A：「そうでしょうとも！　その誤りをまた，しでかしたりはしないでしょうね」

B：「絶対ないです。ん，そういや，そろそろ出発した方がよくないかい。さもないと，また例の二の舞いになるかもよ！」

〔2〕 ≪図書館内にて≫

A：「どうも。この町に引っ越してきたところです。図書館カードを申し込みたいのですが。何が必要か，教えてください」

B：「２種類の身分証明書をお持ちですか。現住所がわかるものも必要です」

A：「待って。身分証明書はあるけれど，現住所が載っているものはないんですが」

B：「では，現住所を証明できるものを持って，もう一度来ていただかないといけません」

A：「ちょっと待って！　アパートの契約書はどうでしょう。新しい住所，書いてありますし。それならいいですか」

B：「名前が書いてあれば，大丈夫ですよ」

A：「はい，免許証，学生証，それから，新しい契約書も」

B：「はい，結構です。この書類に記入してください」

A：「ありがとう。あそこの空いている机を一つ，書くのに使ってもいいですか」

B：「はい。ご記入の間に書類のコピーを取らせてくださいね」

A：「かまいません」

〔数分後〕

B：「こちらが，仮の図書館カードです。正式なカードの発行まで，これでどうぞ。新しい住所に郵送でカードはお届けします。たいてい，１週間程度かかります」

A：「じゃあ，本を借りられるんですね。このカードで，今日からでも」

B：「もちろんです。図書館の地図はご入り用ですか」

A：「それはありがたい。いやあ，いろいろと本当に助かりました。ありがとうございます」

◀解　説▶

〔1〕 ㋐　Aの休息しようという提案に対する，Bの，いったん肯定してからの発言であり，直後の「少なくとももう３時間かかる…」という発言から，「（しかし）ゆっくりしては，いられない」という趣旨の発言でないといけないとわかる。それは(5)「でも，早くしないとね」である。

㋑　直後のAの「ほんとに？　この山で？」という問いかけを挟んで，Bが３つの発言で遭難しかかった体験を述べていることから，直前のAの発言にある，暗い中で山を下りることに近い体験をしたという情報がくるとわかる。それは(9)「実は，数年前そうなっちゃってね」である。

㋒ マレーシアでのハイキングについてのBの発言で，直前のAの1人で行ったのかという質問に対する答えの部分。直後にNone（2人ならNeitherを用いる）of usとあるので，3人以上の集団であるとわかる。よって，(6)「友人連中と休みを取っていたわけね」がふさわしい。

㋓ 直前のBの発言の遭難経験を受けての発言で，Bの答えが「絶対ないです」になるのは，(8)「その誤りをまた，しでかしたりはしないでしょうね」である。

残りの選択肢は，(1)「弟と一緒だった」，(2)「ホテルはその村にあったのかな」，(3)「ここからどっちの道を行けばいいのかな」，(4)「腹ぺこだから，今，朝ご飯にしよう」，(7)「この山には熊が出るんだって」，(10)「だからいつも，たくさん水を取るんだね」の意。

〔2〕 ㋕ 直後にBが，身分証や住所確認のための書類を挙げているので，図書カードの申し込みに必要なものを聞く表現になるはず。それは，(9)「何が必要になるか，教えてください」である。

㋖ 直前の「現住所を証明するもの」が必要だというBの発言に対して，Aがアパートの契約書を示す場面だから，(7)「新しい住所，書いてありますし」が適切。

㋗ 返答としてAは「空いている机，使ってもいいですか」と言うのだから，「机が必要なこと」を依頼されたとわかる。よって，(5)「この書類に記入してください」がふさわしい。

㋘ 「郵送でカードはお届けします」に続く発言としてふさわしいのは，(8)「たいてい，1週間程度かかります」である。

残りの選択肢は，(1)「それは今いるんですか」，(2)「家賃は400ドルです」，(3)「お金はどれくらいかかりますか」，(4)「ここの学生さんですか」，(6)「30分ほどお待ちください」，(10)「2週間後に取りに来ていただけます」の意。

Ⅳ 解答

(A)―(2) (B)―(2) (C)―(3) (D)―(2) (E)―(2) (F)―(3)
(G)―(2) (H)―(1)

◀解 説▶

(A) 「研究によれば，睡眠不足の人は誰でも，イライラしかねない」

deprive *A* of *B*「*A* から *B* を奪う」が受け身になった形。よって，正解は(2)である。

(B)「その学生はほとんど勉強しなかったのに，テストでよい点を取った」 but に続く「テストでよい点を取った」という内容から，空所は否定の意味をもった語でないと，文意が通らない。よって，正解は(2)「ほとんど〜ない」である。

(C)「外の気温は，今日どれくらいですか」 気温や体温，温度を聞くときは(3) What を使うのであって，how many / much は使わない。

(D)「科学者たちが全力で頑張ったにもかかわらず，その問題は未解決のままである」「全力投入」と「未解決」は，逆接の関係。よって，正解は〈譲歩〉の内容になる。空所後に節がこないので(3)は使えない。よって，(2)が正解。

(E)「通っていた高校からアンケートが届いた。学校生活はどれくらい楽しかったかとあった」 カンマ以下は分詞構文ではなく，survey を非限定的に後置修飾する形容詞節に相当する。ask の意味上の主語は survey だから，現在分詞にすればよい。よって，正解は(2)である。

(F)「新しい公園は，多くの若者たちを引きつける場所になった」 place は，attracts の意味上の主語であるから，主格の関係代名詞でなければいけない。よって，正解は(3)である。

(G)「この本は古代と近代の哲学が話題であり，理解しにくい」 主語は This book だが，同時に不定詞の意味上の目的語になっている。こうした形のときは，不定詞の目的語は空欄にしておかなければならない。よって，正解は(2)である。

(H)「この新たな学校には，子どもと大人のどちらもとれる課程がある」 *A* and *B* の後ろに置いて，「どちらも」という意味を表すのは，(1) alike しかない。

V　解答

〔1〕 (A)—(1)　(B)—(3)　(C)—(4)　(D)—(4)　(E)—(2)

〔2〕 (A)—(2)　(B)—(4)　(C)—(1)　(D)—(2)　(E)—(4)

◀解　説▶

〔1〕 (A)「最近，多くの国が公共の場所での喫煙の（　　）を導入した」 選択肢はそれぞれ，(1)「禁止（令）」，(2)「かぎ」，(3)「打撃」，(4)「敵」という意味。これらの中で「最近導入されたもの」にふさわしいの

は，(1)である。

(B)「医師はその病気の最もありふれた（　　）について説明した」 選択肢はそれぞれ，(1)「野獣」，(2)「出入り口」，(3)「症状」，(4)「母音」という意味。これらの中で「病気」に関わる事態を表しているのは，(3)だけである。

(C)「それは確かに（　　）な本だが，にもかかわらず私は楽しんだ」選択肢はそれぞれ，(1)「急ぎの」，(2)「裸の」，(3)「らせんの」，(4)「風変わりな，異様な」という意味。これらの中で意味が通るのは，(4)しかない。

(D)「階段から落ちて，足に（　　）を負った」 選択肢はそれぞれ，(1)「刃」，(2)「突風」，(3)「炎」，(4)「打ち身」という意味。これらの中で「階段転落」で生じる事態にふさわしいのは，(4)である。

(E)「秋には毎朝，霧が谷を（　　）したものだ」 選択肢はそれぞれ，(1)「押し込み強盗をする」，(2)「〜を飲み込む」，(3)「〜を研ぐ」，(4)「〜を突き刺す」という意味。これらの中で「霧」にふさわしいものは，(2)しかない。

〔2〕(A) 下線部は「巨大な，莫大な」の意。選択肢はそれぞれ，(1)「経済的な」，(2)「非常に大きい，法外な」，(3)「環境の」，(4)「不可欠な」という意味だから，最も近い意味になるのは，(2)だとわかる。

(B) 下線部は「戦士」の意。選択肢はそれぞれ，(1)「芸人」，(2)「小説家」，(3)「学者」，(4)「兵士」という意味だから，意味が最も近いのは，(4)だとわかる。

(C) 下線部は「感動を呼んだ」の意。選択肢はそれぞれ，(1)「刺激した」，(2)「痛めつけた」，(3)「強化した」，(4)「圧迫した」という意味だから，意味が最も近いのは，(1)だとわかる。

(D) 下線部は「〜をたたき割った」の意。選択肢はそれぞれ，(1)「〜をひっかいた」，(2)「〜を粉々にした」，(3)「〜を指定した」，(4)「〜を積み重ねた」という意味だから，意味が最も近いのは，(2)だとわかる。

(E) 下線部は「高貴な」の意。選択肢はそれぞれ，(1)「無害な」，(2)「危険な」，(3)「屈辱的な」，(4)「名誉ある」という意味だから，意味が最も近いのは(4)だとわかる。

❖講　評

2022 年度も，長文２題による「読解力」を中心に，「コミュニケーション」「文法」「語彙」の各分野が試された。一方，英作文能力を問う出題はない。

Ｉの読解問題は，「職場の友人」をめぐる論説文の内容理解を試す出題。職場の人間関係を，歴史的な労働観の変化や心理学と絡めて論じた，いかにもアメリカ的な文章であった。設問では〔１〕(D)が，確認すべき内容が本文全体に散らばっていて，時間を取られたかもしれない。〔２〕では，本文の内容からだけでは判断しかねる「真偽不明」が５問中３問という，迷いやすい出題だった。

Ⅱの読解問題は，「ロボット」が話題だったが，最新の話題で興味深い議論が展開されており，それだけに受験生は論旨の展開に振り回されやすかったかもしれない。〔１〕の空所補充の設問では，直前の内容や文の流れから明らかに誤りのものを外していって確認することも有効である。〔２〕は指示語の内容や文脈の理解を問う出題で，読解力が問われている。

Ⅲは，コミュニケーションの基礎力をみる出題である。〔１〕は「山歩き」の話題で，対話に否定表現が頻出していて，発言の真意がつかめないと，「ちんぷんかんぷん」という状態に陥りかねない問題だった。ありふれた話題ではあるが，日本語の言い方とのずれを，しっかりつかめているかが大きなポイントであった。〔２〕は「図書館」の話題で，こちらは取り組みやすかったであろう。案外，(9)の，疑問文中の一人称につまずいた受験生がいたかもしれない。

Ⅳは，基本的な文法・語法の力を試す出題である。準動詞や関係詞，品詞の識別など，基本中の基本が並んでいて，受験生に文法学習の重要性を再確認するよう促していると思われる出題だった。

Ⅴは，語彙力をみる問題であるが，読解問題の語彙レベルをはるかに超える出題であることに注意しよう。〔１〕(B)の symptom, vowel, (C)の weird, (E)の burglarize, hone も，高いレベルの厳しい問題。〔２〕(D)の smash はスポーツで使う「スマッシュ」からは，つかみにくい意味だった。(E)の humiliating も，相当なレベルである。

全体として，英文の内容をしっかりと読み取り，設問の内容までしっかり丁寧に読み解いて処理する力が求められる出題であった。英作文以外の高校の履修範囲全般にわたって，十分な実力をつけることが求められていると言えるだろう。日々努力を重ねよう。

数学

I

解答　ア．0　イ．0　ウ．$\dfrac{1}{r}$　エ．$\dfrac{N}{r}$　オ．$r^N x^{N+1}-x$

カ．$N(N+a-1)$　キ．N　ク．$-N-a+1$　ケ．$\dfrac{N!}{n!}$　コ．$N!$

◀解　説▶

≪等比数列，等差数列，漸化式，恒等式≫

〔1〕 $f(x)=\sum_{n=1}^{N}a_nx^n$ より　$f(0)=0$ →ア・イ

〔2〕 数列 $\{a_n\}$ は初項1，公比 r の等比数列だから　$a_n=r^{n-1}$

$a_nx^n=r^{n-1}x^n=x(rx)^{n-1}$

よって，等比数列 $\{a_nx^n\}$ の公比は rx であり

$$rx=1 \qquad \therefore \quad x=\frac{1}{r} \quad \to ウ$$

このとき，$a_n\left(\dfrac{1}{r}\right)^n=\dfrac{1}{r}$ であるから

$$f\left(\frac{1}{r}\right)=\sum_{n=1}^{N}a_n\left(\frac{1}{r}\right)^n=\sum_{n=1}^{N}\frac{1}{r}=\frac{N}{r} \quad \to エ$$

また，$x\neq\dfrac{1}{r}$ のときは，$rx\neq 1$ だから

$$f(x)=\sum_{n=1}^{N}a_nx^n=\sum_{n=1}^{N}x(rx)^{n-1}=\frac{x\{(rx)^N-1\}}{rx-1}$$

$$=\frac{r^Nx^{N+1}-x}{rx-1} \quad \to オ$$

〔3〕 数列 $\{a_n\}$ は初項 a，公差2の等差数列だから

$$f(1)=\sum_{n=1}^{N}a_n=\frac{N}{2}\{2a+2(N-1)\}=N(N+a-1) \quad \to カ$$

また，$f(-1)=\sum_{n=1}^{N}(-1)^na_n$ であるから

• N が偶数のとき，$N=2L$（L は自然数）とおくと

$$a_{2k}-a_{2k-1}=2 \quad (k=1,\ 2,\ \cdots,\ L)$$

よって

$$f(-1)=\sum_{n=1}^{2L}(-1)^n a_n=\sum_{k=1}^{L}(a_{2k}-a_{2k-1})$$
$$=\sum_{k=1}^{L}2=2L=N \quad \to キ$$

• N が奇数のとき，$N=2L+1$（L は自然数）とおくと

$$f(-1)=\sum_{n=1}^{2L}(-1)^n a_n-a_{2L+1}=2L-(a+4L)=-2L-a$$
$$=-(N-1)-a=-N-a+1 \quad \to ク$$

〔4〕 $$f'(x)-f(x)+x^N=\sum_{n=1}^{N}na_nx^{n-1}-\sum_{n=1}^{N}a_nx^n+x^N$$
$$=\sum_{n=0}^{N-1}(n+1)a_{n+1}x^n-\sum_{n=1}^{N}a_nx^n+x^N$$
$$=a_1+\sum_{n=1}^{N-1}(n+1)a_{n+1}x^n-\sum_{n=1}^{N-1}a_nx^n-a_Nx^N+x^N$$
$$=a_1+\sum_{n=1}^{N-1}\{(n+1)a_{n+1}-a_n\}x^n+(1-a_N)x^N$$

よって，$f'(x)-f(x)+x^N$ が定数 c である条件から

$$a_1=c,\ a_N=1$$
$$(n+1)a_{n+1}=a_n \quad (n=1,\ 2,\ \cdots,\ N-1) \quad \cdots\cdots①$$

①の両辺に $n!$ を掛けると

$$(n+1)!a_{n+1}=n!a_n \quad (n=1,\ 2,\ \cdots,\ N-1)$$

したがって，数列 $\{n!a_n\}$ は定数の数列で

$$n!a_n=a_1=c \Longleftrightarrow a_n=\frac{c}{n!} \quad (n=1,\ 2,\ \cdots,\ N)$$

$a_N=\dfrac{c}{N!}=1$ より　　$a_n=\dfrac{N!}{n!}$，$c=N!$　→ケ・コ

II

解答　ア．$3x^2-1$　イ．$2+\dfrac{2\sqrt{3}}{9}$　ウ．$2-\dfrac{2\sqrt{3}}{9}$　エ．0

オ．0，±1　カ．1　キ．$\dfrac{\sqrt{3}}{9}$　ク．3　ケ．2　コ．1　サ．$1+\dfrac{\sqrt{3}}{9}$

シ．$1-\dfrac{\sqrt{3}}{9}<k\leqq 1$

◀解　説▶

≪３次方程式の実数解の個数≫

〔1〕　$f(x)=x^3-x+2$ より

$$f'(x)=3x^2-1 \quad \to ア$$

$$=3\left(x+\frac{1}{\sqrt{3}}\right)\left(x-\frac{1}{\sqrt{3}}\right)$$

$f(x)$ の増減表は次のようになる。

x	$\cdots$	$-\frac{1}{\sqrt{3}}$	$\cdots$	$\frac{1}{\sqrt{3}}$	$\cdots$
$f'(x)$	$+$	0	$-$	0	$+$
$f(x)$	↗		↘		↗

よって，$f(x)$ の極大値は　$f\left(-\frac{1}{\sqrt{3}}\right)=2+\frac{2\sqrt{3}}{9}$　→イ

極小値は　$f\left(\frac{1}{\sqrt{3}}\right)=2-\frac{2\sqrt{3}}{9}$　→ウ

また，$f''(x)=6x$ は $x=0$ の前後で符号が変わるので

変曲点は　$(0,\ 2)$　→エ

$$f(x)=2 \iff x^3-x=0$$

$$\iff x(x+1)(x-1)=0$$

$$\iff x=0,\ \pm 1 \quad \to オ$$

〔2〕　$g(x)=h(x) \iff x^3-x+2=2k$

$$\iff \frac{1}{2}f(x)=k$$

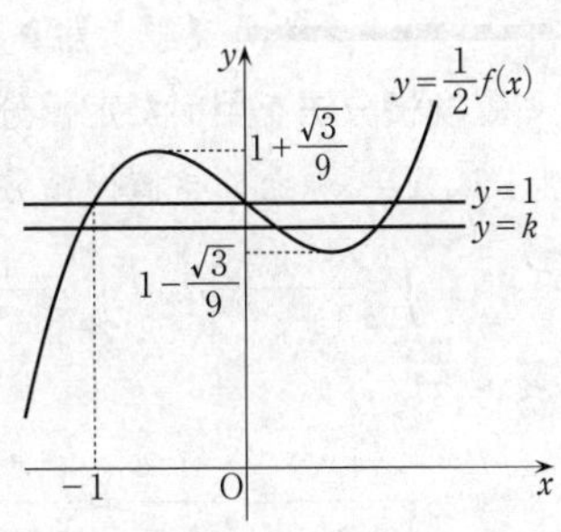

$y=g(x)$ と $y=h(x)$ のグラフの共有点の個数と，$y=\frac{1}{2}f(x)$ のグラフと直線 $y=k$ の共有点の個数は一致し，右のグラフから

$|k-1|<\frac{\sqrt{3}}{9}$ のとき３個　→カ～ク

$|k-1|=\frac{\sqrt{3}}{9}$ のとき２個　→ケ

$|k-1|>\frac{\sqrt{3}}{9}$ のとき１個　→コ

〔3〕 $g(t)=h(t),\ g(t)>0,\ h(t)>0$

$$\Longleftrightarrow \frac{1}{2}f(t)=k,\ h(t)=t+k>0$$

$$\Longleftrightarrow \frac{1}{2}f(t)=k,\ \frac{1}{2}f(t)+t>0$$

$$\frac{1}{2}f(t)+t>0 \Longleftrightarrow t^3+t+2>0 \Longleftrightarrow (t+1)(t^2-t+2)>0$$

$t^2-t+2=\left(t-\frac{1}{2}\right)^2+\frac{7}{4}>0$ だから　　$t>-1$

したがって，$y=\frac{1}{2}f(x)$ $(x>-1)$ のグラフと直線 $y=k$ の共有点の個数が2個となる k の条件を求めればよい。

〔2〕で $|k-1|=\frac{\sqrt{3}}{9}$ のときは　　$k=1+\frac{\sqrt{3}}{9}$　→サ

〔2〕で $|k-1|<\frac{\sqrt{3}}{9}$ のときは　　$1-\frac{\sqrt{3}}{9}<k\leqq 1$　→シ

III　解答　ア．$\frac{1}{1+e^{2t}}$　イ．1　ウ．α　エ．2

オ．$\frac{1}{2}\left(e^4-\frac{1}{e^4}\right)-2$　カ．1　キ．$\frac{1}{4}$

◀解　説▶

≪置換積分法を用いた定積分の計算≫

〔1〕 $x=-t$ とおき置換積分法を用いると

$$\int_{-\alpha}^{0}\frac{1}{1+e^{-2x}}dx=\int_{\alpha}^{0}\frac{1}{1+e^{2t}}(-dt)=\int_{0}^{\alpha}\frac{1}{1+e^{2t}}dt \quad \to ア$$

さらに

$$\frac{1}{1+e^{-2t}}+\frac{1}{1+e^{2t}}=\frac{e^{2t}}{1+e^{2t}}+\frac{1}{1+e^{2t}}=1 \quad \cdots\cdots① \quad \to イ$$

であるから

$$I(\alpha)=\int_{-\alpha}^{\alpha}\frac{1}{1+e^{-2x}}dx=\int_{-\alpha}^{0}\frac{1}{1+e^{-2x}}dx+\int_{0}^{\alpha}\frac{1}{1+e^{-2x}}dx$$

$$=\int_{0}^{\alpha}\frac{1}{1+e^{2t}}dt+\int_{0}^{\alpha}\frac{1}{1+e^{-2t}}dt$$

$$=\int_0^{\alpha}\left(\frac{1}{1+e^{2t}}+\frac{1}{1+e^{-2t}}\right)dt$$

$$=\int_0^{\alpha}dt \quad (\because \ ①)$$

$$=\alpha \quad \to ウ$$

〔2〕 $f(x)=e^{-2x}$ のとき

$$I(2)=\int_{-2}^{2}\frac{e^{-2x}}{1+e^{-2x}}dx=\int_{-2}^{2}\frac{1}{1+e^{2x}}dx$$

$$=\int_{-2}^{2}\left(1-\frac{1}{1+e^{-2x}}\right)dx \quad (\because \ ①)$$

$$=\int_{-2}^{2}dx-\int_{-2}^{2}\frac{1}{1+e^{-2x}}dx$$

〔1〕の $I(\alpha)$ で $\alpha=2$ として

$$I(2)=4-2=2 \quad \to エ$$

$f(x)=e^{2x}$ のとき

$$I(2)=\int_{-2}^{2}\frac{e^{2x}}{1+e^{-2x}}dx=\int_{-2}^{2}e^{2x}\left(1-\frac{1}{1+e^{2x}}\right)dx \quad (\because \ ①)$$

$$=\int_{-2}^{2}e^{2x}dx-\int_{-2}^{2}\frac{e^{2x}}{1+e^{2x}}dx$$

$$=\left[\frac{1}{2}e^{2x}\right]_{-2}^{2}-\left[\frac{1}{2}\log(1+e^{2x})\right]_{-2}^{2}$$

$$=\frac{1}{2}(e^4-e^{-4})-\frac{1}{2}\log\frac{1+e^4}{1+e^{-4}}$$

$$\frac{1+e^4}{1+e^{-4}}=\frac{e^4(e^{-4}+1)}{1+e^{-4}}=e^4$$

であるから

$$I(2)=\frac{1}{2}\left(e^4-\frac{1}{e^4}\right)-2 \quad \to オ$$

〔3〕 $f(x)$ は偶関数であるから，すべての実数 t について

$$f(-t)=f(t)$$

が成り立ち，$x=-t$ とおき置換積分法を用いると

$$I(\alpha)=\int_{-\alpha}^{\alpha}\frac{f(x)}{1+e^{-2x}}dx=\int_{\alpha}^{-\alpha}\frac{f(-t)}{1+e^{2t}}(-dt)$$

$$=\int_{-\alpha}^{\alpha}\frac{f(t)}{1+e^{2t}}dt$$

$$=\int_{-\alpha}^{\alpha} f(t)\left(1-\frac{1}{1+e^{-2t}}\right)dt \quad (\because \ ①)$$

$$=\int_{-\alpha}^{\alpha} f(t)\,dt-\int_{-\alpha}^{\alpha}\frac{f(t)}{1+e^{-2t}}dt$$

よって

$$I(\alpha)=\frac{1}{2}\int_{-\alpha}^{\alpha} f(t)\,dt=\int_{0}^{\alpha} f(t)\,dt=\int_{0}^{\alpha} f(x)\,dx$$

であるから　　$k=1$　→カ

〔4〕 $f(x)=x\sin 2x$ のとき

$$f(-x)=-x\sin(-2x)=x\sin 2x=f(x)$$

が成り立ち，$f(x)$ は偶関数だから

$$I\left(\frac{\pi}{4}\right)=\int_{0}^{\frac{\pi}{4}} f(x)\,dx=\int_{0}^{\frac{\pi}{4}} x\sin 2x dx=\int_{0}^{\frac{\pi}{4}} x\left(-\frac{1}{2}\cos 2x\right)'dx$$

$$=\left[-\frac{x}{2}\cos 2x\right]_{0}^{\frac{\pi}{4}}+\frac{1}{2}\int_{0}^{\frac{\pi}{4}}\cos 2x dx$$

$$=\frac{1}{4}\Big[\sin 2x\Big]_{0}^{\frac{\pi}{4}}$$

$$=\frac{1}{4}$$ →キ

Ⅳ　解答

ア．90°　イ．1　ウ．$a-1$　エ．$\sqrt{\dfrac{a}{a-2}}$

オ．$\dfrac{\pi}{3}\cdot\dfrac{a^2}{a-2}$　カ．(0，0，2)　キ．$\dfrac{a-2}{a}$　ク．$\left(\dfrac{a-2}{a}\right)^k$　ケ．$\dfrac{4\pi}{3}\left(\dfrac{a-2}{a}\right)^{3k}$

コ．$\dfrac{4\pi}{3}\cdot\dfrac{a^3}{6a^2-12a+8}$　サ．$\dfrac{2}{3}$

◀解　説▶

≪円錐に内接する球，無限等比級数，関数の極限≫

〔1〕 l および z 軸を含む平面による切り口の図形は右図のようになる。

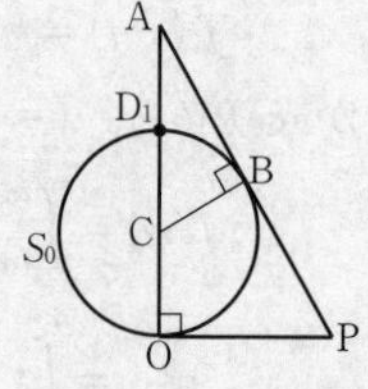

$\angle ABC=90°$，$BC=1$，$AC=a-1$　→ア〜ウ

$\triangle ABC \backsim \triangle AOP$ より

$$\frac{OP}{AO}=\frac{BC}{AB}$$

$$\mathrm{AB}=\sqrt{\mathrm{AC}^2-\mathrm{BC}^2}=\sqrt{a^2-2a}$$

よって

$$\mathrm{OP}=\frac{\mathrm{BC}\cdot\mathrm{AO}}{\mathrm{AB}}=\frac{a}{\sqrt{a^2-2a}}=\sqrt{\frac{a}{a-2}}\quad\to エ$$

△AOP を z 軸の周りに回転して得られる円錐の体積は

$$\frac{\pi}{3}\cdot\mathrm{OP}^2\cdot\mathrm{OA}=\frac{\pi}{3}\cdot\frac{a^2}{a-2}\quad\to オ$$

〔2〕　D_1 の座標は $(0,\ 0,\ 2)$　→カ

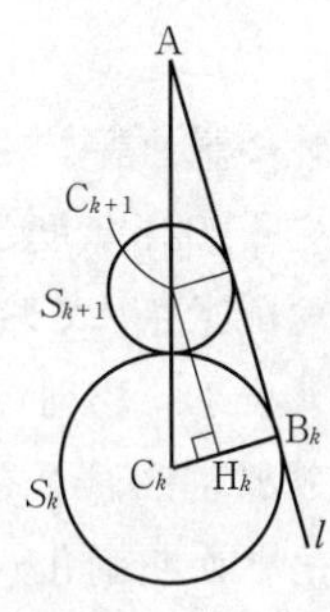

球面 S_k の中心を C_k，半径を r_k，直線 l との接点を B_k とし，点 C_{k+1} から線分 $\mathrm{C}_k\mathrm{B}_k$ に下ろした垂線の足を H_k とおくと

$$\triangle\mathrm{C}_{k+1}\mathrm{C}_k\mathrm{H}_k\backsim\triangle\mathrm{ACB}$$

であるから

$$\frac{\mathrm{C}_k\mathrm{H}_k}{\mathrm{C}_{k+1}\mathrm{C}_k}=\frac{\mathrm{CB}}{\mathrm{AC}}\Longleftrightarrow\frac{r_k-r_{k+1}}{r_k+r_{k+1}}=\frac{1}{a-1}$$

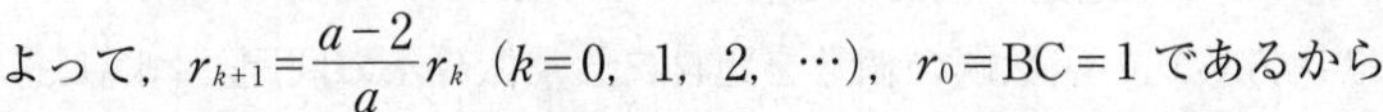

よって，$r_{k+1}=\dfrac{a-2}{a}r_k\ (k=0,\ 1,\ 2,\ \cdots)$，$r_0=\mathrm{BC}=1$ であるから

球面 S_1 の半径は　　$r_1=\dfrac{a-2}{a}$　→キ

球面 S_k の半径は　　$r_k=r_0\left(\dfrac{a-2}{a}\right)^k=\left(\dfrac{a-2}{a}\right)^k$　→ク

$$V_k=\frac{4\pi}{3}\left(\frac{a-2}{a}\right)^{3k}\quad\to ケ$$

$\displaystyle\sum_{k=0}^{\infty}V_k$ は，初項 $\dfrac{4\pi}{3}$，公比 $\left(\dfrac{a-2}{a}\right)^3$ の無限等比級数で，$0<\left(\dfrac{a-2}{a}\right)^3<1$ であるから収束し

$$\sum_{k=0}^{\infty}V_k=\frac{\frac{4\pi}{3}}{1-\left(\frac{a-2}{a}\right)^3}=\frac{4\pi}{3}\cdot\frac{a^3}{a^3-(a-2)^3}$$

$$=\frac{4\pi}{3}\cdot\frac{a^3}{6a^2-12a+8}\quad\to コ$$

$$\lim_{a\to\infty}\frac{\boxed{\ コ\ }}{\boxed{\ オ\ }}=\lim_{a\to\infty}\frac{4\pi}{3}\cdot\frac{a^3}{6a^2-12a+8}\cdot\frac{3}{\pi}\cdot\frac{a-2}{a^2}$$

$$=\lim_{a\to\infty}\frac{4a(a-2)}{6a^2-12a+8}$$

$$=\lim_{a\to\infty}\frac{4\left(1-\dfrac{2}{a}\right)}{6-\dfrac{12}{a}+\dfrac{8}{a^2}}$$

$$=\frac{2}{3}\quad\to サ$$

❖講　評

2021 年度と同程度の難易度。どの問題も前半部分で得点できるよう配慮されており，この部分は確実に得点しておくことが大事。

Ⅰ．数列の標準的な問題。カまでは易しい。$f(-1)$ の計算は，$a_{n+1}-a_n=2$ を利用する。〔4〕は $f'(x)-f(x)+x^N=c$ が恒等式であることから漸化式を導けばよい。$(n+1)a_{n+1}=a_n$ は入試頻出の漸化式。両辺に $n!$ を掛けて，定数の数列に帰着させることがポイント。

Ⅱ．３次方程式の実数解の個数を題材にした微分法の問題。〔1〕は基本的で易しい。〔2〕は「$g(x)=h(x) \Longleftrightarrow \dfrac{1}{2}f(x)=k$」と同値変形すれば，〔1〕の結果が利用できる。〔3〕は，$h(t)>0$ を t だけの不等式に変形すればよいがやや難。

Ⅲ．定積分の計算問題。誘導に従って計算すればよい。イの結果をうまく活用することがポイント。$e^4+1=e^4(1+e^{-4})$ に注意。

Ⅳ．円錐に内接する球を題材にした無限等比級数の問題。z 軸を含む平面による断面を考えることがポイント。キまでは易しい。S_k の半径は漸化式を利用すれば容易に求まる。クができるかどうかが鍵である。

物理

I

解答　あ．$\frac{1}{2}ka^2$　い．$a\sqrt{\frac{k}{m}}$　う．$-\sqrt{3}\mu mgh$

え．$\frac{2(\sqrt{3}\mu+1)mgh}{k}$　お．$x\sqrt{\frac{g}{2h}}$　か．$\frac{1}{2}$

イー③　ロー①　ハー③　ニー⑪　ホー②　ヘー⑩

◀解　説▶

≪ばねの力で摩擦のある斜面を上昇し，水平投射される小球の運動≫

〔1〕 あ．自然長から a だけ縮められたばねの弾性力による位置エネルギーなので　$\frac{1}{2}ka^2$

イ・い．下側の水平面上を運動しているときの速さを v_0 とする。力学的エネルギー保存則より

$$\frac{1}{2}ka^2=\frac{1}{2}mv_0{}^2 \qquad v_0=a\sqrt{\frac{k}{m}}$$

〔2〕 ロ．高さ h で角度が 30° の斜面なので，斜面の長さは

$$\frac{h}{\sin 30^\circ}=2h$$

う．斜面上を運動する小球にはたらく垂直抗力の大きさは $mg\cos 30^\circ$ なので，動摩擦力は進行方向と逆向きに作用することに注意して，動摩擦力がする仕事は

$$-\mu mg\cos 30^\circ\times 2h=-\sqrt{3}\mu mgh$$

え．小球の上側の水平面での運動エネルギーを K とする。上側の水平面でもつ力学的エネルギーは，下側の水平面でもつ力学的エネルギーより動摩擦力にされた仕事だけ少ないので

$$\frac{1}{2}ka^2-\sqrt{3}\mu mgh=mgh+K \quad \cdots\cdots(\mathrm{a})$$

$K\geqq 0$ であれば斜面を登りきっているので

$$K=\frac{1}{2}ka^2-(\sqrt{3}\mu+1)mgh\geqq 0$$

$$a^2 \geqq \frac{2(\sqrt{3}\mu+1)mgh}{k}$$

〔3〕　ハ．小球Qと合体したということは，衝突後2つの速度が同じになったということなので，反発係数が0となり完全非弾性衝突である。

ニ．(a)から K を書き換えて

$$\frac{1}{2}mv_1{}^2+mgh=\frac{1}{2}ka^2-\sqrt{3}\mu mgh$$

$$\frac{1}{2}mv_1{}^2=\frac{1}{2}ka^2-(\sqrt{3}\mu+1)mgh$$

$$v_1{}^2=\frac{k}{m}a^2-2(\sqrt{3}\mu+1)gh$$

ホ・ヘ．運動量保存則より

$$mv_1=(3m+m)v_2 \qquad v_2=\frac{1}{4}v_1$$

〔4〕　お．小球が投射されてから位置Aに到達するまでの時間を t_0 とする。鉛直方向には自由落下をするので

$$h=\frac{1}{2}gt_0{}^2$$

また，水平方向には等速度運動をするので

$$v_2t_0=x$$

この2式から t_0 を消去すると

$$h=\frac{1}{2}g\left(\frac{x}{v_2}\right)^2 \qquad v_2=x\sqrt{\frac{g}{2h}}$$

か．位置Aから位置Bまでの距離は x であり，小球は水平方向に等速度運動をするので，台から投射されAに達するまでの時間とAB間を運動する時間は t_0 で等しい。Aに衝突する直前の速さと衝突直後の速さの鉛直成分をそれぞれ v_A，$v_\mathrm{A}{}'$ とする。Aまでは鉛直方向に自由落下をするので等加速度運動の公式から

$$v_\mathrm{A}=gt_0$$

AB間では鉛直方向に投げ上げ運動をするので，等加速度運動の公式から

$$0=v_\mathrm{A}{}'t_0-\frac{1}{2}gt_0{}^2 \qquad v_\mathrm{A}{}'=\frac{1}{2}gt_0$$

反発係数は衝突前後の速さの比であるから

$$e=\frac{v_A'}{v_A}=\frac{\frac{1}{2}gt_0}{gt_0}=\frac{1}{2}$$

II　**解答**　い．$\dfrac{qVL}{mdw}$　ろ．$\sqrt{\left(\dfrac{qVL}{mdw}\right)^2+w^2}$　は．qB　に．$\dfrac{m}{qB}$

ほ．$\dfrac{2V}{dB}$

ア—②　イ—⑥　ウ—②　エ—③　オ—⑨　カ—④

◀解　説▶

≪一様な電場・磁場中を移動する荷電粒子の運動≫

ア．正に帯電した荷電粒子は極板間で運動を y 軸負の方向に曲げられているので，端子G，端子Ｉが正に帯電している。したがって，回路図は②。

イ．粒子Ｐは領域Ｓでは等速円運動をする。粒子Ｐにかかる磁場からの力の向きと粒子Ｐの速度の向きから，フレミングの左手の法則を使い磁場の向きを考えると，紙面に垂直で表から裏向きになる。

ウ・エ．コンデンサーがつくる電場は y 軸方向なので，粒子Ｐは x 軸方向には力を受けず等速直線運動をし，y 軸方向には等加速度直線運動をする。

い．粒子Ｐが点Ａから点Ｃまでの移動にかかる時間を t_0 とする。x 軸方向には等速直線運動をするので

$$L=wt_0$$

また，y 軸方向の加速度の大きさを a とすると，極板間の電場の大きさが $\dfrac{V}{d}$ であることを使い，運動方程式から

$$ma=\frac{qV}{d}\qquad a=\frac{qV}{md}$$

等加速度直線運動の公式から

$$|v_y|=at_0$$

であるから，a，t_0 を代入し

$$|v_y|=\frac{qV}{md}\times\frac{L}{w}=\frac{qVL}{mdw}$$

ろ．点Ｃでの粒子Ｐの x 軸方向の速さは w なので

$$v=\sqrt{{v_y}^2+w^2}=\sqrt{\left(\frac{qVL}{mdw}\right)^2+w^2}$$

は・オ．一様な磁束密度 B の中を磁場に対して垂直に v の速さで運動する電気量 q の粒子Pが受けるローレンツ力の大きさは qvB。また，この力の向きは速度と垂直にはたらくために，ローレンツ力は仕事をしない。

に．円運動の半径を r とする。粒子Pはローレンツ力を向心力とする速さ v の等速円運動をするので，運動方程式は

$$m\frac{v^2}{r}=qvB \qquad r=\frac{mv}{qB}$$

ほ．図2から　　$2r\sin\theta=L$

また，点Cでの粒子Pの速度の向きが x 軸と θ の角度をなしているので

$$\sin\theta=\frac{|v_y|}{v}$$

この2式から $\sin\theta$ を消去し

$$\frac{L}{2r}=\frac{|v_y|}{v}$$

これに r，$|v_y|$ を代入すると

$$\frac{qBL}{2mv}=\frac{|v_y|}{v} \qquad \frac{qBL}{2m}=\frac{qVL}{mdw} \qquad w=\frac{2V}{dB}$$

カ．区間ACのコンデンサー内では x 軸方向の速度は変わらないが，y 軸方向の速度が増加するので，運動エネルギーは増加していく。領域Sでは等速円運動なので運動エネルギーの増加はない。区間EFのコンデンサー内では，斜めに入射し，y 軸方向の速度が減少していくので，運動エネルギーは減少する。この条件に合うグラフは④。

Ⅲ　解答

イ．$2p_z$　ロ．$\dfrac{2Lp}{cp_z}$　ハ．$\dfrac{c{p_z}^2}{Lp}$　ニ．$\dfrac{Ncp}{3L}$　ホ．$\dfrac{Ncp}{3V}$

あ―⑨　い―⑤　う―②　え―④　お―⑧　か―⑥

◀解　説▶

≪気体の分子運動による圧力と光子の圧力≫

〔1〕　あ．光子のもつエネルギーは　　$E=h\nu$

い・う．光子の波長を λ とすると，波の基本公式から

$$\lambda=\frac{c}{\nu}$$

光子の運動量は $p=\dfrac{h}{\lambda}$ なので，λ を代入すると

$$p=\frac{h\nu}{c}$$

〔2〕(a)　イ．光子は壁と弾性衝突をするので衝突により運動量の大きさは変化せず，向きが変わる。衝突後の光子の運動量の z 軸方向の成分は $-p_z$ になるので，衝突による運動量の変化は

$$-p_z-p_z=-2p_z$$

これは光子が受ける力積に等しく，壁Aに与える力積はこの反作用によって生じるので　　$2p_z$

え．光子の z 軸方向の速度成分を c_z とする。運動量の大きさと運動量の z 軸成分の大きさの関係は，光子の速さと速度の z 軸方向の成分の大きさの関係に等しいので

$$\frac{c_z}{c}=\frac{p_z}{p}\qquad c_z=\frac{cp_z}{p}$$

ロ．同じ壁に再び光子が衝突するまでの z 軸方向の移動距離は $2L$ なので

$$\Delta t=\frac{2L}{c_z}=\frac{2Lp}{cp_z}$$

ハ．１つの光子から壁Aが受ける平均の力の大きさを f とする。時間 t の間に壁Aが受ける平均の力積は

$$ft=2p_z\times\frac{t}{\Delta t}$$

$$f=2p_z\times\frac{cp_z}{2Lp}=\frac{cp_z{}^2}{Lp}$$

(b)　ニ．壁Aが全光子 N 個から受ける平均の力の大きさを F とすると

$$F=fN=\frac{Ncp_z{}^2}{Lp}$$

運動量の成分の２乗平均が x，y，z 軸方向のどの成分についても等しいので

$$3p_z{}^2=p^2$$

この関係を使って平均の力を表すと

$$F=\frac{Ncp^2}{3Lp}=\frac{Ncp}{3L}$$

ホ．壁に及ぼす圧力 P は，壁が受ける力 F から

$$P=\frac{F}{L^2}=\frac{Ncp}{3L^3}=\frac{Ncp}{3V}$$

(c)　お．全光子 N 個がもつエネルギーは

$$U=Nh\nu$$

これと，光子 1 個のもつ運動量 $p=\frac{h\nu}{c}$ から

$$U=Ncp$$

また，全光子がつくる圧力 P の式から

$$P=\frac{Ncp}{3V}\qquad P=\frac{U}{3V}\qquad 3PV=U$$

か．単原子分子理想気体の物質量を n，絶対温度を T，気体定数を R とすると，気体の内部エネルギー U は

$$U=\frac{3}{2}nRT$$

気体の状態方程式を使ってこれを表すと

$$U=\frac{3}{2}PV$$

❖講　評

大問 3 題の出題。それぞれ力学，電磁気，原子と熱力学の分野にわたる出題であった。問題文中の空所に，選択肢から選んでマークする問題と，数式の結果を記入する問題の組み合わせである。

Ⅰ．ばねの弾性力によって摩擦のある斜面上を登り，台の上にある物体と衝突し，台から水平投射で落ちたのち下側の水平面と斜衝突するという運動分野の多岐にわたる知識を問われている。項目としては，力学的エネルギー保存則，動摩擦力による力学的エネルギーの減少，運動量保存則，水平投射，斜衝突の反発係数である。

Ⅱ．荷電粒子の一様な電場・磁場中の運動に関する問題。電磁気分野での出題であるが，最後に運動エネルギーの時間変化について問われている。ローレンツ力による円運動や極板を通過する荷電粒子の運動は電

磁気分野でもよくある問題であるが，この間の運動エネルギーの変化も問われている。コンデンサーの極板中を移動する間は2次関数のグラフになるが，本問では増減さえわかれば選択肢の中から選ぶことができる。

Ⅲ．気体の分子運動から気体の圧力を導出する問題を光の運動量をもとに解いていく問題。気体の分子運動では圧力を求める過程はよく見られる問題であるが，これを光子のエネルギーや運動量を使って説明するものである。熱力学分野の公式を結果の暗記だけで対処していなければ難しい問題ではない。

化学

I

解答　〔1〕 A―⑪　B―④　C―⑥　D―③　E―⑫　F―⑦

〔2〕 両性

〔3〕 ③

〔4〕 ②

〔5〕 $[Al(OH)_4]^-$

〔6〕 $PbCrO_4$

〔7〕 4.2%

◀解　説▶

≪金属イオンの定性分析≫

〔1〕 A，Cについて，炎色反応の色からAがBa，CがCaとわかる。

B，E，Fは，水酸化ナトリウム水溶液を過剰に加えると溶けることから両性元素（Al，Zn，Pb）である。Bは高温の水蒸気と反応することからAl，Eは酸化物が有色であることからPbとわかる。Fのイオンはアンモニア水を過剰に加えて溶けることから，Znである。

Dは熱水と反応することからMgである。Dのイオンに水酸化ナトリウム水溶液を過剰に加えても溶けず，また炎色反応を示さないことからも判断できる。

〔5〕 BはAlであり，次の反応により錯イオンが生じる。

$$Al(OH)_3 + OH^- \longrightarrow [Al(OH)_4]^-$$

〔6〕 EはPbであり，次の反応により沈殿が生じる。

$$Pb^{2+} + CrO_4^{2-} \longrightarrow PbCrO_4$$

〔7〕 Aのイオンと硫酸イオンが1：1で反応するため，Aは2価の陽イオンである。Aの塩化物をACl_2，硫酸塩をASO_4とする。$ACl_2 = 208$，$ASO_4 = 233.1$より，ACl_2の質量は

$$\frac{0.4662}{233.1} \times 208 = 0.416 \text{〔g〕}$$

水溶液は10.0gなので，Aの塩化物水溶液の質量パーセント濃度は

$$\frac{0.416}{10.0}\times 100=4.16\fallingdotseq 4.2\text{〔\%〕}$$

Ⅱ　解答

〔1〕 あ―④　い―⑨

〔2〕 不動態

〔3〕 え―⑦　お―⑧　か―②　き―③

〔4〕 A．$+6\rightarrow+3$　B．$+7\rightarrow+2$

〔5〕 (i)$Cu+4HNO_3 \longrightarrow Cu(NO_3)_2+2H_2O+2NO_2$　(ii)―①

〔6〕 268kJ

〔7〕 ④

〔8〕 C．$3e^-$　D．$4OH^-$

〔9〕 ⑤

〔10〕 $MnSO_4\cdot 7H_2O$

◀解　説▶

≪遷移元素，酸化還元反応と反応熱，水和水の数≫

〔3〕 え．銅に濃硝酸を加えると，赤褐色の二酸化窒素が発生する。

お・か．二クロム酸イオンは赤橙色である。二クロム酸イオンに塩基を加えると，クロム酸イオンが生じ，黄色に変化する。

$$Cr_2O_7^{2-}+2OH^- \rightleftarrows 2CrO_4^{2-}+H_2O$$

き．二酸化マンガンに濃塩酸を加えて加熱すると，黄緑色の塩素が発生する。

$$MnO_2+4HCl \longrightarrow MnCl_2+2H_2O+Cl_2$$

〔4〕 A．$Cr_2O_7^{2-}$ 中の Cr の酸化数を x とする。

$$2x+(-2)\times 7=-2 \qquad x=+6$$

Cr^{3+} の酸化数は $+3$ である。

B．MnO_4^- 中の Mn の酸化数を x とする。

$$x+(-2)\times 4=-1 \qquad x=+7$$

Mn^{2+} の酸化数は $+2$ である。

〔5〕 (i) 銅に濃硝酸を加えると，二酸化窒素が発生する。

(ii) 圧縮した直後は，赤褐色の NO_2 の濃度が大きくなり，色が濃くなる。

$$2NO_2 \rightleftarrows N_2O_4$$

圧力が大きくなると，無色の N_2O_4 が増加する方向へ平衡が移動し，色が徐々に薄くなっていく。

〔6〕 クロム 1mol 分の反応熱を求めるため，生成される Cr の係数を 1 とすると，熱化学方程式は

$$Al+\frac{1}{2}Cr_2O_3=\frac{1}{2}Al_2O_3+Cr+Q\,kJ$$

反応熱＝(生成物の生成熱の和)－(反応物の生成熱の和) より

$$Q=\left(0+\frac{1}{2}\times1676\right)-\left(\frac{1}{2}\times1140+0\right)=268\,kJ$$

〔7〕 同じ物質量の過酸化水素を酸化するということは，酸化剤が受け取る電子の物質量が等しいと考える。$H_2O_2 \longrightarrow O_2+2H^++2e^-$ より，過酸化水素 1mol を酸化するのに必要な電子は 2mol であるので，必要な物質はそれぞれ

$$MnO_4^-+8H^++5e^- \longrightarrow Mn^{2+}+4H_2O$$

$KMnO_4$ の物質量$=2\times\frac{1}{5}$〔mol〕

$$Cr_2O_7^{2-}+14H^++6e^- \longrightarrow 2Cr^{3+}+7H_2O$$

$K_2Cr_2O_7$ の物質量$=2\times\frac{1}{6}$〔mol〕

したがって　$\dfrac{\frac{2}{5}}{\frac{2}{6}}=1.2$ 倍

〔8〕 中性・塩基性条件下での反応式なので，OH^- と e^- を用いて原子数と電荷の和をそれぞれ合わせる。

〔9〕 二酸化マンガンは触媒であり，反応には関与していない。

〔10〕 結晶の化学式を $MnSO_4\cdot xH_2O$（式量 $151+18x$）とする。結晶中と無水和物で $MnSO_4$ の物質量は等しいので，$MnSO_4=151$ より

$$\frac{5.54}{151+18x}=\frac{3.02}{151}\qquad x=7$$

Ⅲ 解答

〔1〕 X－⑤　Y－⑧

〔2〕 あ－①　い－④

〔3〕 ②

〔4〕（i）潮解性　（ii）―③

〔5〕（i）

OH

O_2N　NO_2

NO_2

（ii）2,4,6-トリニトロフェノール（ピクリン酸）

〔6〕7.6g

〔7〕（i）―②　（ii）0.60

◀解　説▶

≪芳香族の構造，アセトアミノフェンの合成≫

〔1〕　フェノールに濃硫酸と濃硝酸の混合物を反応させると，オルトとパラの位置のH原子がニトロ基（$-NO_2$）で置換される。ニトロ基は塩酸中でSnによって還元され，アミノ基の塩酸塩（$-NH_3Cl$）に変化する。ここに水酸化ナトリウム水溶液を加えると，アミノ基が遊離する。

〔2〕　あ．ニトロ基の還元は塩酸酸性中で行う。

い．置換基が，$-NH_2 \longrightarrow -NHCOCH_3$ と変化しており，アミノ基がアセチル化されている。アセチル化には無水酢酸を用いる。

〔3〕　①誤り。単結合と二重結合の入れ替わりがなくても，炭素原子は同一平面上に存在する。

②正しい。単結合と二重結合がすばやく入れ替わることで，一辺の長さが単結合と二重結合の中間の長さの正六角形となる。

③誤り。単結合と二重結合の入れ替わりがなくても，炭素原子と水素原子の比は1：1となる。

④誤り。ベンゼンは無極性分子であることから，疎水性が高い。

⑤誤り。シクロヘキサンよりベンゼンの方が分子量が小さいため沸点の差が生じる。

〔4〕（ii）　フェノールは塩化鉄(Ⅲ)水溶液で検出する。フェノールは酸性であるが，フェノールのpHは約6であり，リトマス紙の色が大きく変化するのはpH5程度であるため，リトマス紙では検出できない。

〔5〕　フェノールをニトロ化すると，最大で3つのニトロ基が置換した化合物となる。2,4,6-トリニトロフェノールは黄色の結晶で，強酸性を示す。

〔6〕　フェノールの分子量94，アセトアミノフェンの分子量151より

$$\frac{10.0}{94}\times\frac{47}{100}\times151=7.55\fallingdotseq7.6〔\mathrm{g}〕$$

〔7〕(i) 炭酸水素ナトリウムを加えた場合，フェノールは変化せずエーテル層に留まるが，安息香酸は塩となり水層に移る。水酸化ナトリウム水溶液を加えた場合，フェノールと安息香酸がどちらも塩となり水層に移るため，分離できない。

(ii) フェノールのモル分率を x，安息香酸のモル分率を $1-x$ とする。フェノールと安息香酸の分子式はそれぞれ C_6H_6O，$C_7H_6O_2$ なので

$$\text{Cの物質量}:\text{Oの物質量}=6x+7(1-x):x+2(1-x)=7-x:2-x$$

元素分析の結果より

$$\text{Cの物質量}:\text{Oの物質量}=\frac{76.8}{12}:\frac{22.4}{16}$$

したがって

$$7-x:2-x=\frac{76.8}{12}:\frac{22.4}{16}\qquad x=0.60$$

Ⅳ 解答

〔1〕(i)—③・⑦・⑧・⑪ (ii)—⑧・⑪ (iii)—③ (iv)—⑥ (v)—⑩ (vi)—⑬

〔2〕3.8×10^2

〔3〕$\left[\!-CH_2\!\!\underset{Cl}{>}C=C\underset{H}{<}CH_2\!-\right]$ 　$\left[\!-CH_2\!\!\underset{Cl}{>}C=C\underset{CH_2-}{<}H\right]$

〔4〕54％

〔5〕18g

◀解　説▶

≪合成高分子化合物≫

〔1〕(i) ③乳酸の縮合重合により合成される。

⑦ε-カプロラクタムの開環重合により合成される。

⑧尿素とホルムアルデヒドの付加縮合により合成される。

⑪ジクロロジメチルシランなどの縮合重合により合成される。

⑨・⑩レゾールとノボラックはフェノール樹脂を作るときの中間生成物。共に分子量は1000以下なので高分子化合物に分類されない。

⑫マテリアルリサイクルは廃プラスチックをプラスチックのまま原料とし

て再利用することである。

(iv)　ポリアセチレンは次のような構造をもつ。

$$n\mathrm{CH{\equiv}CH} \longrightarrow \left[\mathrm{CH{=}CH}\right]_n$$

〔2〕　ポリビニルアルコールの平均分子量を M とする。ファントホッフの法則より

$$1.5\times10^3\times1.0=\frac{10}{M}\times8.3\times10^3\times(27+273)\qquad M=1.66\times10^4$$

ポリビニルアルコールは，次の構造式で表されるため，平均重合度を n とすると

ポリビニルアルコールの平均分子量 $\left[\mathrm{CH_2{-}\underset{\underset{\displaystyle OH}{|}}{CH}}\right]_n=44n$

$$44n=1.66\times10^4\qquad n=3.77\times10^2\fallingdotseq3.8\times10^2$$

〔3〕　クロロプレンはC=C結合をもつため，シス-トランス異性体があると考える。

〔4〕　ヨウ素は，SBRのブタジエン単位のC=C部分に付加反応する。そのため，反応したヨウ素とブタジエン単位の物質量は等しい。

$$\left[\mathrm{CH_2{-}CH{=}CH{-}CH_2}\right]_n\left[\mathrm{CH_2{-}\underset{\underset{\displaystyle C_6H_5}{|}}{CH}}\right]_m+n\mathrm{I_2}$$

(構造式中のブタジエン単位は $\mathrm{C{=}C}$ の両炭素に H をもつ形で示されている)

$$\longrightarrow\left[\mathrm{CH_2{-}\underset{\underset{\displaystyle I}{|}}{CH}{-}\underset{\underset{\displaystyle I}{|}}{CH}{-}CH_2}\right]_n\left[\mathrm{CH_2{-}\underset{\underset{\displaystyle C_6H_5}{|}}{CH}}\right]_m$$

ヨウ素はまずSBRのブタジエン単位と反応し，未反応のヨウ素がチオ硫酸ナトリウムと反応する。ブタジエン単位の物質量を n〔mol〕とすると，SBRと反応したヨウ素も n〔mol〕であるため

(ヨウ素の物質量)＝(SBRと反応したヨウ素の物質量)

＋(チオ硫酸ナトリウムと反応したヨウ素の物質量)

$$\frac{2.54}{254}=n+0.500\times\frac{20.0}{1000}\times\frac{1}{2}$$

$$n=5.00\times10^{-3}\text{〔mol〕}$$

ブタジエン単位の式量は54なので，求める質量パーセント濃度は

$$\frac{5.00\times10^{-3}\times54}{0.500}\times100=54\text{〔\%〕}$$

〔5〕 ポリスチレンを燃焼させると，次の反応が起こる。

$$\left[CH_2-CH(C_6H_5) \right]_n + 10nO_2 \longrightarrow 8nCO_2 + 4nH_2O$$

ポリスチレンの分子量は $104n$，$CO_2=44$ なので

$$\frac{5.2}{104n}\times\frac{8n}{1}\times 44=17.6\fallingdotseq 18〔\mathrm{g}〕$$

❖講　評

大問4問で構成され，Ⅰ・Ⅱは無機・理論，Ⅲ・Ⅳは有機・理論の分野から出題された。解答はマークシート形式に加え，語句や数値を答える問題もあったが，論述・描図問題は出題されなかった。

Ⅰ．金属イオンの定性分析であった。金属イオンの種類が多いが，炎色反応など金属イオンを特定できる記述があるため，しっかりと最後まで文章を読み，情報を整理できるかがポイントである。

Ⅱ．酸化還元反応から出題された。無機物質の知識を問う問題が多く，基本的な内容が多かった。〔6〕はテルミット反応と似た反応だと考えればよい。〔7〕について，酸化還元反応ではやりとりする電子の物質量が等しいという知識があれば考えやすい。

Ⅲ．アセトアミノフェンの合成から出題された。文章が長いものの，基本的な芳香族の反応から出題されている。〔3〕は，芳香族と脂肪族の違いについて，深いところまで理解できているかを問われた。

Ⅳ．合成樹脂およびゴムから出題された。〔1〕では反応中間物が選択肢に入っていたことが目新しい。〔4〕では付加反応と酸化還元反応を用いた滴定実験である。ヨウ素が反応にどう関わっているかを考えられるかがポイントとなる。

全体的には基本的な計算や語句を確認する問題が多い。一つの大問の中にさまざまな分野からの出題があるため，幅広い知識を身に付けて臨む必要がある。

生物

I 解答

〔1〕 5'-CCGGATCC-ATTTGA-3'

〔2〕 HindIII・BamHI：③　XbaI：④

〔3〕 27120

〔4〕 (ア)あ．樹状　い．MHC 抗原　う．抗原提示　え．B　お．記憶

(イ)―⑥　(ウ)―⑤　(エ)―④

〔5〕 ⑤・⑦

◀解　説▶

≪PCR 法，遺伝子組換え，予防接種と二次応答≫

〔1〕 プライマーFの ATG は図 2 の 25 番目の塩基対から始まる開始コドン（AUG）に対応している。XS 遺伝子は 681 塩基対（bp）とあるので，25 番目から数えて 681 個目，すなわち 705 番目の塩基対で終わる終止コドン（UGA）にプライマーRの TGA が対応している。

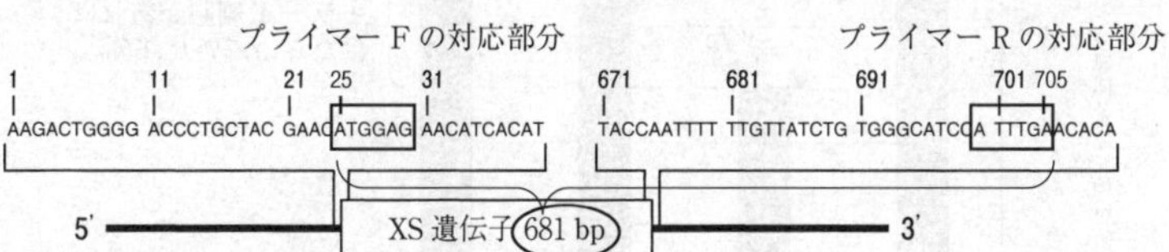

〔2〕 DNA 断片が正しく挿入されていれば，HindIII から BamHI の間（右図の太矢印部分）に XS 遺伝子の 681 bp が挿入されていることになり，その間にあった XbaI の認識領域もなくなっていることに注意する。したがって，HindIII・BamHI：681 bp の断片と，1900＋3090＋1981＝6971〔bp〕の断片の 2 つのバンドが見られる。

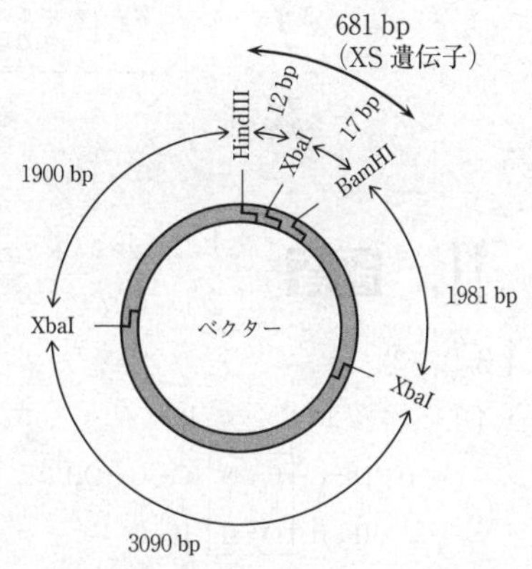

XbaI：3090 bp の断片と，1900＋681＋1981＝4562〔bp〕の断片の 2 つのバンドが見られる。

〔3〕 XS 遺伝子の塩基対は 681 あるので，コドンの数は 681÷3＝227 個

である。最後の終止コドンには対応するアミノ酸がないので，226個のアミノ酸からなるXSタンパク質の分子量は

　　226×120＝27120

〔4〕 (ウ)　⑤誤文。直接分解するのはリソソームの加水分解酵素である。

(エ)　④誤文。特定の抗原に結合する部位は可変部とよばれる。

〔5〕 ①・②誤文。ワクチン接種なしの正常マウス体内の病原体X量1000に対し，ワクチン接種ありの正常マウスでは病原体X量は30測定された。よって，$\frac{1000-30}{1000}\times100=97$〔%〕の病原体Xが排除されたことになる。

③〜⑧正常マウスとは，キラーT細胞とB細胞の両方がはたらいているマウスであることがわかる。また，キラーT細胞のはたらきは，細胞内に侵入した抗原を宿主細胞ごと排除する細胞性免疫なので，病原体Xは宿主細胞内にも侵入していることがわかる。

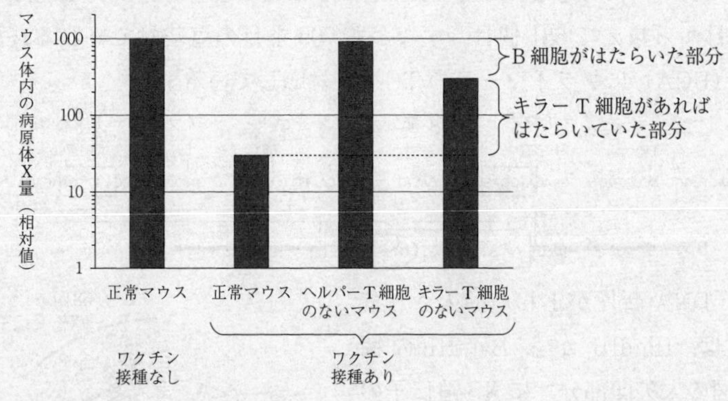

II　解答

〔1〕 ①・③

〔2〕 ③

〔3〕 ②

〔4〕

```
      R1          R2
      |           |
H-N-C-[C-N]-C-C-OH
  | |  ‖ |  | ‖
  H H  O H  H O
```

（□で囲まれた部分：C－N，O，H）

〔5〕 二次（構造）

〔6〕 (ア)―④　(イ)う―①　え―①　(ウ)―④

〔7〕

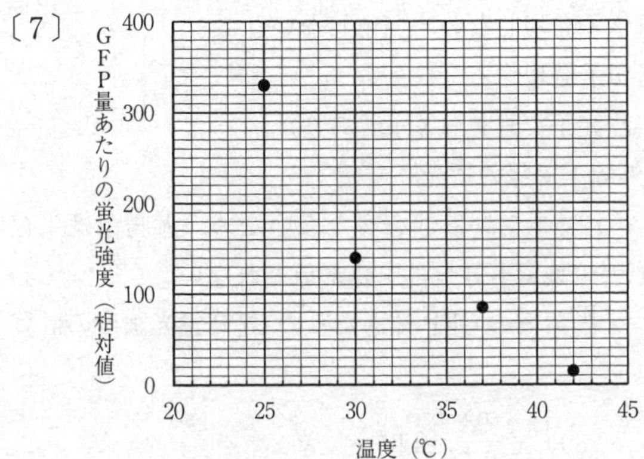

〔8〕 (ア)―②　(イ)―④

〔9〕 TTA，TTG，CTC

◀解　説▶

≪細胞の構造，タンパク質，ブルーホワイトセレクション≫

〔1〕 ①誤文。原核細胞には核が存在せず，DNA は細胞質基質中に局在している。

③誤文。生体膜では，リン脂質の疎水部が向かい合って二重層を形成している。

⑤正文。アクチンフィラメントは細胞膜直下に多く存在し，原形質流動やアメーバ運動，筋収縮などに関与している。

〔2〕 ①正文。この作用を基質特異性という。

③誤文。温度が高くなるほど反応速度は上がるが，ある程度以上に温度が上がると酵素を構成するタンパク質が熱変性によって失活してしまう。

⑤正文。フィードバック阻害は，負のフィードバック調節ともいわれる。

〔3〕 ②誤文。mRNA の塩基3つの並びで1つのアミノ酸が指定されるのであって，塩基がアミノ酸に取り込まれるわけではない。

④正文。S-S結合（ジスルフィド結合）とは，アミノ酸の一種であるシステイン2分子がそれぞれのSH基のHを失ってつながる結合である。

〔4〕 2個のアミノ酸間の結合をペプチド結合といい，一方のアミノ基（$-NH_2$）と他方のカルボキシ基（またはカルボキシル基，$-COOH$）との間で1分子の水が取れて結合（$-CO-NH-$）する脱水縮合である。

〔6〕 (ア)・(イ)　実験結果を簡単にまとめると次のようになる。

Ⅰ・Ⅲ：IPTG なし→遺伝子発現しない＝発色しない

Ⅱ・Ⅳ：IPTG あり→遺伝子発現する

┌ Ⅱ（pUC19)→自然光下で青色（X-gal あり）
└ Ⅳ（pGFP)→紫外線下で緑の蛍光

(ウ)　pUC19 も pGFP もカナマイシン耐性をもたないため，大腸菌は生育を阻害され，いずれの寒天培地でもコロニーは形成されない。

〔７〕　各温度における，大腸菌内の GFP 量あたりの GFP 蛍光強度の計算は下記の通り。

$$25℃：\frac{330}{1.0}=330 \qquad 30℃：\frac{98}{0.7}=140$$

$$37℃：\frac{68}{0.8}=85 \qquad 42℃：\frac{9}{0.6}=15$$

〔８〕(イ)　低温でつくられた GFP は，高温にさらされて熱変性，失活しても蛍光強度が減少しないことから考える。

Ⅲ　解答

〔１〕　あ．植物ホルモン　い．セルロース　う．細胞壁　え．吸水　お．極性　か．細胞膜　き．輸送タンパク質（輸送体）　く．促進　け．ジベレリン　こ．頂芽優勢

〔２〕　④

〔３〕　②

〔４〕　(ア)―④　(イ)―①　(ウ)負の重力屈性

〔５〕　(ア)頂芽で合成されたオーキシンは側芽まで下降して，側芽の成長を促進するサイトカイニンの合成を抑制する。(50 字以内)

(イ)より高く明るい場所に到達でき，光の獲得競争に有利にはたらく。(30 字以内)

◀解　説▶

≪植物ホルモン，伸長成長のしくみ，重力屈性，頂芽優勢≫

〔１〕　お～く．茎の内皮細胞や根の根冠にあるコルメラ細胞（平衡細胞）内のアミロプラストが重力方向へ沈降すると，オーキシンが下側の表皮や皮層に輸送される。

〔２〕　フォトトロピンは，光屈性の他にも気孔の開口や葉緑体の定位運動

などにも関与する青色光受容体である。フィトクロムは，赤色光を吸収するとPfr型に，遠赤色光を吸収するとPr型に可逆的に構造が変化する光受容体であり，光発芽や花芽形成などに関与する。

〔4〕 (ア) 芽ばえを暗所で水平に置くと，茎でも根でもオーキシンは重力刺激に従い上側から下側に移動する。

(イ) 根はオーキシンの感受性が高く，オーキシン濃度が普段より少し上昇するだけで伸長成長が抑制される。根では，オーキシン濃度が高くなる重力側（下側）より上側の成長の度合いが大きくなり，その結果，根は地下深くに向かうことができる。

(ウ) 刺激源の方向に屈曲する屈性を正の屈性，刺激源とは反対方向に屈曲する屈性を負の屈性という。暗所に水平に置いた芽ばえの茎は上方向，つまり重力刺激とは反対方向に屈曲するので本問の解答は「負の重力屈性」である。一方，根では重力刺激の方向に屈曲するので「正の重力屈性」となる。

Ⅳ 解答

〔1〕 ①・③

〔2〕 ⑤

〔3〕 あ．1500　い．標識再捕法

〔4〕 ②・⑥

〔5〕 ①

〔6〕 ④

〔7〕 森林は，葉などの同化器官を支える幹や枝などの非同化器官の現存量の割合が高く，呼吸量が大きくなるから。（50字以内）

〔8〕 (ア)陸地：15.97年　海洋：0.07年

(イ)陸地での生産者は主に寿命が長い樹木などであるのに対し，海洋での生産者は主に寿命が短い植物プランクトンである。（60字以内）

◀解　説▶

≪生物農薬，標識再捕法，生態系の物質収支≫

〔1〕 ①正文。農薬を使わないので，害虫も薬剤抵抗性の獲得機会がない。

②誤文。生物的防除は使用する環境を整える必要があり，効果が現れるまでに時間がかかる。ただし，適切に管理できれば省力的・持続的に害虫を防除できる。

③正文，⑤誤文。捕食ー被食の関係を利用しているため，対象となる虫（被食者）の種類は限られる。

④誤文。生物農薬は化学農薬と比較し，登録要件となる試験項目が少なく，農薬として市場に出すまでの時間が短いため開発コストは比較的低い。しかし，保存性に劣り，使用すると使い切る必要もあるため長期保存は難しい。

〔2〕 具体的な数字で考えるとわかりやすい。例えば，

コナガの親世代（N_1）が100匹

コナガの子世代（N_2）が400匹

とすると，増殖率 $R=\frac{N_2}{N_1}=\frac{400}{100}=4$ 倍となる。

コナガサムライコマユバチの寄生率Pを0.75（=75%）とすると

コナガの親世代（N_1）は $100\times0.75=75$ 匹が死亡し，

$100\times(1-0.75)=25$ 匹が生存する。

このとき，コナガの子世代（N_2）は $25\times4=100$ 匹となる。

コナガの子世代の式をまとめると

$$N_2=100\times(1-0.75)\times4=N_1\times(1-P)\times R \quad \cdots\cdots①$$

本問では，子世代（N_2）を親世代（N_1）より減少させたいので $N_2<N_1$ となり，①より

$$N_1\times(1-P)\times R<N_1$$

となる。この式を変形させると

$$P>\frac{R-1}{R}$$

（※N_1，N_2，R，Pはいずれも0より大きい）

〔3〕 標識再捕法（い）の計算方法は下記の通り。

$$\frac{\text{標識をつけた個体数}}{\text{調査区全体の個体数}}=\frac{\text{再捕獲した標識個体数}}{\text{再捕獲した全個体数}}$$

よって

調査区全体の個体数（あ）

$$=\frac{\text{標識をつけた個体数}\times\text{再捕獲した全個体数}}{\text{再捕獲した標識個体数}}$$

$$=\frac{100\times150}{10}=1500\text{ 個体}$$

〔4〕 標識再捕法の前提条件は下記の通り。

- 付けた標識がその後の生物の生態・行動に影響を与えない。
- 2度の捕獲は同じ条件で行い，どちらの捕獲率も等しい。
- 他の個体群との間で個体の移出入がない。
- 調査期間中，その個体群内で個体の死亡や出生が起こらない。

したがって，

①正文，②誤文。捕獲個体数ではなく，捕獲効率を等しくする。

⑥誤文。1回目の捕獲後，一定時間が経過し標識個体が十分分散してから2回目の捕獲を行う。

〔5〕（条件1）標識が脱落した場合，〔3〕の計算式において「再捕獲した標識個体数」が小さくなる。

$$\text{調査区全体の個体数（あ）} = \frac{\text{標識をつけた個体数} \times \text{再捕獲した全個体数}}{\text{再捕獲した標識個体数}}$$

したがって，調査区全体の個体数（あ）の値は大きくなる。

同様に，（条件2）標識したことで捕獲しにくくなった場合も，〔3〕の計算式の「再捕獲した標識個体数」が小さくなるので，調査区全体の個体数（あ）の値は大きくなる。

〔6〕 生態系に生息する生物の種数や生物量が大きく，自然豊かな環境ほど純生産量が大きい。よって，純生産量が最も大きい(B)が森林，次いで大きい(A)が草原，最も小さい(D)が荒原である。

〔7〕 純生産量＝総生産量－呼吸量である。総生産量に対する呼吸量の割合が高くなるほど，純生産量は低くなる。

〔8〕 (ア) 陸地の生産者の平均寿命は

単位面積当たりの生産者の平均現存量÷平均純生産量

$= 12.3〔\mathrm{kg/m^2}〕 \div 0.77〔\mathrm{kg/(m^2 \cdot 年)}〕 = 15.974 \fallingdotseq 15.97$ 年

同様に，海洋の生産者の平均寿命は

$0.01〔\mathrm{kg/m^2}〕 \div 0.15〔\mathrm{kg/(m^2 \cdot 年)}〕 = 0.066 \fallingdotseq 0.07$ 年

❖講　評

Ⅰ．バイオテクノロジーと免疫の複合的な問題である。問題内容としては標準的であるが，実験やその結果についてさまざまな図やグラフを読み取り，計算が必要になるものもある。特に最初の大問でもあるため，時間配分には気をつけたい。

Ⅱ．細胞やタンパク質の構造やはたらきに関する問題と，ブルーホワイトセレクションに関連させた実験考察問題である。前半は知識問題が多いが，後半の実験考察では計算が必要なグラフの描図もある。情報量も少なくないので，先に自分なりにまとめられると解答しやすくなるだろう。描図のグラフは目盛りがやや細かいので，丁寧に取り組むこと。

Ⅲ．植物の反応に関する問題である。多めの空欄補充や文字数指定の語句問題，組み合わせや論述など形式はさまざまだが，知識を問う標準的な問題が多いので，落ち着いて取り組みたい。

Ⅳ．（文１）は生物的防除（生物農薬）に関する問題である。発展的な問題のためやや難しく感じるが，教科書の知識を土台にしっかり考察したい。（文２）は標識再捕法に関する問題である。（あ）の計算式をしっかり立てられれば考察問題も難しくないだろう。（文３）は生態系の物質収支に関する問題である。教科書や図説でもよく見られる表だが，載っている数値が多いので，どの数値に注目すればよいのか，焦らず確実に読み解いていきたい。

2022 年度も 2020・2021 年度と同様に標準的な内容の問題で，総合的な学力が問われている。基本的な知識をもとに考えれば十分正解できるものが多いが，実験考察問題も多く，必要な情報を適切にメモし，自分にわかりやすいよう情報を整理するくせをつけておきたい。また，知識を問われる選択問題では誤っているものを選ぶタイプが多い。確実に正しい選択肢はわかりやすいものが多いので素早く除外し，消去法をしっかり活用していきたい。

//////////////////// · memo · ////////////////////

////////////////////// · memo · //////////////////////

教学社 刊行一覧

2025年版 大学赤本シリーズ

国公立大学(都道府県順)

374大学556点
全都道府県を網羅

全国の書店で取り扱っています。店頭にない場合は，お取り寄せができます。

1 北海道大学(文系−前期日程)
2 北海道大学(理系−前期日程) 医
3 北海道大学(後期日程)
4 旭川医科大学(医学部〈医学科〉) 医
5 小樽商科大学
6 帯広畜産大学
7 北海道教育大学
8 室蘭工業大学／北見工業大学
9 釧路公立大学
10 公立千歳科学技術大学
11 公立はこだて未来大学 総推
12 札幌医科大学(医学部) 医
13 弘前大学 医
14 岩手大学
15 岩手県立大学・盛岡短期大学部・宮古短期大学部
16 東北大学(文系−前期日程)
17 東北大学(理系−前期日程) 医
18 東北大学(後期日程)
19 宮城教育大学
20 宮城大学
21 秋田大学 医
22 秋田県立大学
23 国際教養大学 総推
24 山形大学 医
25 福島大学
26 会津大学
27 福島県立医科大学(医・保健科学部) 医
28 茨城大学(文系)
29 茨城大学(理系)
30 筑波大学(推薦入試) 医 総推
31 筑波大学(文系−前期日程)
32 筑波大学(理系−前期日程) 医
33 筑波大学(後期日程)
34 宇都宮大学
35 群馬大学 医
36 群馬県立女子大学
37 高崎経済大学
38 前橋工科大学
39 埼玉大学(文系)
40 埼玉大学(理系)
41 千葉大学(文系−前期日程)
42 千葉大学(理系−前期日程) 医
43 千葉大学(後期日程) 医
44 東京大学(文科) DL
45 東京大学(理科) DL 医
46 お茶の水女子大学
47 電気通信大学
48 東京外国語大学 DL
49 東京海洋大学
50 東京科学大学(旧 東京工業大学)
51 東京科学大学(旧 東京医科歯科大学) 医
52 東京学芸大学
53 東京藝術大学
54 東京農工大学
55 一橋大学(前期日程)
56 一橋大学(後期日程)
57 東京都立大学(文系)
58 東京都立大学(理系)
59 横浜国立大学(文系)
60 横浜国立大学(理系)
61 横浜市立大学(国際教養・国際商・理・データサイエンス・医〈看護〉学部)
62 横浜市立大学(医学部〈医学科〉) 医
63 新潟大学(人文・教育〈文系〉・法・経済科・医〈看護〉・創生学部)
64 新潟大学(教育〈理系〉・理・医〈看護を除く〉・歯・工・農学部) 医
65 新潟県立大学
66 富山大学(文系)
67 富山大学(理系) 医
68 富山県立大学
69 金沢大学(文系)
70 金沢大学(理系) 医
71 福井大学(教育・医〈看護〉・工・国際地域学部)
72 福井大学(医学部〈医学科〉) 医
73 福井県立大学
74 山梨大学(教育・医〈看護〉・工・生命環境学部)
75 山梨大学(医学部〈医学科〉) 医
76 都留文科大学
77 信州大学(文系−前期日程)
78 信州大学(理系−前期日程) 医
79 信州大学(後期日程)
80 公立諏訪東京理科大学 総推
81 岐阜大学(前期日程) 医
82 岐阜大学(後期日程)
83 岐阜薬科大学
84 静岡大学(前期日程)
85 静岡大学(後期日程)
86 浜松医科大学(医学部〈医学科〉) 医
87 静岡県立大学
88 静岡文化芸術大学
89 名古屋大学(文系)
90 名古屋大学(理系) 医
91 愛知教育大学
92 名古屋工業大学
93 愛知県立大学
94 名古屋市立大学(経済・人文社会・芸術工・看護・総合生命理・データサイエンス学部)
95 名古屋市立大学(医学部〈医学科〉) 医
96 名古屋市立大学(薬学部)
97 三重大学(人文・教育・医〈看護〉学部)
98 三重大学(医〈医〉・工・生物資源学部) 医
99 滋賀大学
100 滋賀医科大学(医学部〈医学科〉) 医
101 滋賀県立大学
102 京都大学(文系)
103 京都大学(理系) 医
104 京都教育大学
105 京都工芸繊維大学
106 京都府立大学
107 京都府立医科大学(医学部〈医学科〉) 医
108 大阪大学(文系) DL
109 大阪大学(理系) 医
110 大阪教育大学
111 大阪公立大学(現代システム科学域〈文系〉・文・法・経済・商・看護・生活科〈居住環境・人間福祉〉学部−前期日程)
112 大阪公立大学(現代システム科学域〈理系〉・理・工・農・獣医・医・生活科〈食栄養〉学部−前期日程) 医
113 大阪公立大学(中期日程)
114 大阪公立大学(後期日程)
115 神戸大学(文系−前期日程)
116 神戸大学(理系−前期日程) 医
117 神戸大学(後期日程)
118 神戸市外国語大学 DL
119 兵庫県立大学(国際商経・社会情報科・看護学部)
120 兵庫県立大学(工・理・環境人間学部)
121 奈良教育大学／奈良県立大学
122 奈良女子大学
123 奈良県立医科大学(医学部〈医学科〉) 医
124 和歌山大学
125 和歌山県立医科大学(医・薬学部) 医
126 鳥取大学 医
127 公立鳥取環境大学
128 島根大学 医
129 岡山大学(文系)
130 岡山大学(理系) 医
131 岡山県立大学
132 広島大学(文系−前期日程)
133 広島大学(理系−前期日程) 医
134 広島大学(後期日程)
135 尾道市立大学 総推
136 県立広島大学
137 広島市立大学
138 福山市立大学 総推
139 山口大学(人文・教育〈文系〉・経済・医〈看護〉・国際総合科学部)
140 山口大学(教育〈理系〉・理・医〈看護を除く〉・工・農・共同獣医学部) 医
141 山陽小野田市立山口東京理科大学 総推
142 下関市立大学／山口県立大学
143 周南公立大学 新 総推
144 徳島大学 医
145 香川大学 医
146 愛媛大学 医
147 高知大学 医
148 高知工科大学
149 九州大学(文系−前期日程)
150 九州大学(理系−前期日程) 医
151 九州大学(後期日程)
152 九州工業大学
153 福岡教育大学
154 北九州市立大学
155 九州歯科大学
156 福岡県立大学／福岡女子大学
157 佐賀大学 医
158 長崎大学(多文化社会・教育〈文系〉・経済・医〈保健〉・環境科〈文系〉学部)
159 長崎大学(教育〈理系〉・医〈医〉・歯・薬・情報データ科・工・環境科〈理系〉・水産学部) 医
160 長崎県立大学 総推
161 熊本大学(文・教育・法・医〈看護〉学部・情報融合学環〈文系型〉)
162 熊本大学(理・医〈看護を除く〉・薬・工学部・情報融合学環〈理系型〉) 医
163 熊本県立大学
164 大分大学(教育・経済・医〈看護〉・理工・福祉健康科学部)
165 大分大学(医学部〈医・先進医療科学科〉) 医
166 宮崎大学(教育・医〈看護〉・工・農・地域資源創成学部)
167 宮崎大学(医学部〈医学科〉) 医
168 鹿児島大学(文系)
169 鹿児島大学(理系) 医
170 琉球大学 医

2025年版　大学赤本シリーズ

国公立大学 その他

- 171 〔国公立大〕医学部医学科 総合型選抜・学校推薦型選抜※ 医 総推
- 172 看護・医療系大学〈国公立 東日本〉※
- 173 看護・医療系大学〈国公立 中日本〉※
- 174 看護・医療系大学〈国公立 西日本〉※
- 175 海上保安大学校／気象大学校
- 176 航空保安大学校
- 177 国立看護大学校
- 178 防衛大学校 総推
- 179 防衛医科大学校（医学科） 医
- 180 防衛医科大学校（看護学科）

※No.171～174の収載大学は赤本ウェブサイト（http://akahon.net/）でご確認ください。

私立大学①

北海道の大学（50音順）

- 201 札幌大学
- 202 札幌学院大学
- 203 北星学園大学
- 204 北海学園大学
- 205 北海道医療大学
- 206 北海道科学大学
- 207 北海道武蔵女子大学・短期大学
- 208 酪農学園大学（獣医学群〈獣医学類〉）

東北の大学（50音順）

- 209 岩手医科大学（医・歯・薬学部） 医
- 210 仙台大学 総推
- 211 東北医科薬科大学（医・薬学部） 医
- 212 東北学院大学
- 213 東北工業大学
- 214 東北福祉大学
- 215 宮城学院女子大学 総推

関東の大学（50音順）

あ行（関東の大学）

- 216 青山学院大学（法・国際政治経済学部ー個別学部日程）
- 217 青山学院大学（経済学部ー個別学部日程）
- 218 青山学院大学（経営学部ー個別学部日程）
- 219 青山学院大学（文・教育人間科学部ー個別学部日程）
- 220 青山学院大学（総合文化政策・社会情報・地球社会共生・コミュニティ人間科学部ー個別学部日程）
- 221 青山学院大学（理工学部ー個別学部日程）
- 222 青山学院大学（全学部日程）
- 223 麻布大学（獣医、生命・環境科学部）
- 224 亜細亜大学
- 226 桜美林大学
- 227 大妻女子大学・短期大学部

か行（関東の大学）

- 228 学習院大学（法学部ーコア試験）
- 229 学習院大学（経済学部ーコア試験）
- 230 学習院大学（文学部ーコア試験）
- 231 学習院大学（国際社会科学部ーコア試験）
- 232 学習院大学（理学部ーコア試験）
- 233 学習院女子大学
- 234 神奈川大学（給費生試験）
- 235 神奈川大学（一般入試）
- 236 神奈川工科大学
- 237 鎌倉女子大学・短期大学部
- 238 川村学園女子大学
- 239 神田外語大学
- 240 関東学院大学
- 241 北里大学（理学部）
- 242 北里大学（医学部） 医
- 243 北里大学（薬学部）
- 244 北里大学（看護・医療衛生学部）
- 245 北里大学（未来工・獣医・海洋生命科学部）
- 246 共立女子大学・短期大学
- 247 杏林大学（医学部） 医
- 248 杏林大学（保健学部）
- 249 群馬医療福祉大学・短期大学部
- 250 群馬パース大学 総推
- 251 慶應義塾大学（法学部）
- 252 慶應義塾大学（経済学部）
- 253 慶應義塾大学（商学部）
- 254 慶應義塾大学（文学部） 総推
- 255 慶應義塾大学（総合政策学部）
- 256 慶應義塾大学（環境情報学部）
- 257 慶應義塾大学（理工学部）
- 258 慶應義塾大学（医学部） 医
- 259 慶應義塾大学（薬学部）
- 260 慶應義塾大学（看護医療学部）
- 261 工学院大学
- 262 國學院大學
- 263 国際医療福祉大学 医
- 264 国際基督教大学
- 265 国士舘大学
- 266 駒澤大学（一般選抜T方式・S方式）
- 267 駒澤大学（全学部統一日程選抜）

さ行（関東の大学）

- 268 埼玉医科大学（医学部） 医
- 269 相模女子大学・短期大学部
- 270 産業能率大学
- 271 自治医科大学（医学部） 医
- 272 自治医科大学（看護学部）／東京慈恵会医科大学（医学部〈看護学科〉）
- 273 実践女子大学 総推
- 274 芝浦工業大学（前期日程）
- 275 芝浦工業大学（全学統一日程・後期日程）
- 276 十文字学園女子大学
- 277 淑徳大学
- 278 順天堂大学（医学部） 医
- 279 順天堂大学（スポーツ健康科・医療看護・保健看護・国際教養・保健医療・医療科・健康データサイエンス・薬学部） 総推
- 280 上智大学（神・文・総合人間科学部）
- 281 上智大学（法・経済学部）
- 282 上智大学（外国語・総合グローバル学部）
- 283 上智大学（理工学部）
- 284 上智大学（TEAPスコア利用方式）
- 285 湘南工科大学
- 286 昭和大学（医学部） 医
- 287 昭和大学（歯・薬・保健医療学部）
- 288 昭和女子大学
- 289 昭和薬科大学
- 290 女子栄養大学・短期大学部 総推
- 291 白百合女子大学
- 292 成蹊大学（法学部ーA方式）
- 293 成蹊大学（経済・経営学部ーA方式）
- 294 成蹊大学（文学部ーA方式）
- 295 成蹊大学（理工学部ーA方式）
- 296 成蹊大学（E方式・G方式・P方式）
- 297 成城大学（経済・社会イノベーション学部ーA方式）
- 298 成城大学（文芸・法学部ーA方式）
- 299 成城大学（S方式〈全学部統一選抜〉）
- 300 聖心女子大学
- 301 清泉女子大学
- 303 聖マリアンナ医科大学 医
- 304 聖路加国際大学（看護学部）
- 305 専修大学（スカラシップ・全国入試）
- 306 専修大学（前期入試〈学部個別入試〉）
- 307 専修大学（前期入試〈全学部入試・スカラシップ入試〉）

た行（関東の大学）

- 308 大正大学
- 309 大東文化大学
- 310 高崎健康福祉大学
- 311 拓殖大学
- 312 玉川大学
- 313 多摩美術大学
- 314 千葉工業大学
- 315 中央大学（法学部ー学部別選抜）
- 316 中央大学（経済学部ー学部別選抜）
- 317 中央大学（商学部ー学部別選抜）
- 318 中央大学（文学部ー学部別選抜）
- 319 中央大学（総合政策学部ー学部別選抜）
- 320 中央大学（国際経営・国際情報学部ー学部別選抜）
- 321 中央大学（理工学部ー学部別選抜）
- 322 中央大学（5学部共通選抜）
- 323 中央学院大学
- 324 津田塾大学
- 325 帝京大学（薬・経済・法・文・外国語・教育・理工・医療技術・福岡医療技術学部）
- 326 帝京大学（医学部） 医
- 327 帝京科学大学 総推
- 328 帝京平成大学 総推
- 329 東海大学（医〈医〉学部を除くー一般選抜）
- 330 東海大学（文系・理系学部統一選抜）
- 331 東海大学（医学部〈医学科〉） 医
- 332 東京医科大学（医学部〈医学科〉） 医
- 333 東京家政大学・短期大学部 総推
- 334 東京経済大学
- 335 東京工科大学
- 336 東京工芸大学
- 337 東京国際大学
- 338 東京歯科大学
- 339 東京慈恵会医科大学（医学部〈医学科〉） 医
- 340 東京情報大学
- 341 東京女子大学
- 342 東京女子医科大学（医学部） 医
- 343 東京電機大学
- 344 東京都市大学
- 345 東京農業大学
- 346 東京薬科大学（薬学部） 総推
- 347 東京薬科大学（生命科学部） 総推
- 348 東京理科大学（理学部〈第一部〉ーB方式）
- 349 東京理科大学（創域理工学部ーB方式・S方式）
- 350 東京理科大学（工学部ーB方式）
- 351 東京理科大学（先進工学部ーB方式）
- 352 東京理科大学（薬学部ーB方式）
- 353 東京理科大学（経営学部ーB方式）
- 354 東京理科大学（C方式、グローバル方式、理学部〈第二部〉ーB方式）
- 355 東邦大学（医学部） 医
- 356 東邦大学（薬学部）

2025年版　大学赤本シリーズ

私立大学②

357 東邦大学（理・看護・健康科学部）
358 東洋大学（文・経済・経営・法・社会・国際・国際観光学部）
359 東洋大学（情報連携・福祉社会デザイン・健康スポーツ科・理工・総合情報・生命科・食環境科学部）
360 東洋大学（英語〈3日程×3カ年〉）
361 東洋大学（国語〈3日程×3カ年〉）
362 東洋大学（日本史・世界史〈2日程×3カ年〉）
363 東洋英和女学院大学
364 常磐大学・短期大学 総推
365 獨協大学
366 獨協医科大学（医学部） 医

な行（関東の大学）

367 二松学舎大学
368 日本大学（法学部）
369 日本大学（経済学部）
370 日本大学（商学部）
371 日本大学（文理学部〈文系〉）
372 日本大学（文理学部〈理系〉）
373 日本大学（芸術学部〈専門試験併用型〉）
374 日本大学（国際関係学部）
375 日本大学（危機管理・スポーツ科学部）
376 日本大学（理工学部）
377 日本大学（生産工・工学部）
378 日本大学（生物資源科学部）
379 日本大学（医学部） 医
380 日本大学（歯・松戸歯学部）
381 日本大学（薬学部）
382 日本大学（N全学統一方式－医・芸術〈専門試験併用型〉学部を除く）
383 日本医科大学 医
384 日本工業大学
385 日本歯科大学
386 日本社会事業大学 総推
387 日本獣医生命科学大学
388 日本女子大学
389 日本体育大学

は行（関東の大学）

390 白鷗大学（学業特待選抜・一般選抜）
391 フェリス女学院大学
392 文教大学
393 法政大学（法〈I日程〉・文〈II日程〉・経営〈II日程〉学部－A方式）
394 法政大学（法〈II日程〉・国際文化・キャリアデザイン学部－A方式）
395 法政大学（文〈I日程〉・経営〈I日程〉・人間環境・グローバル教養学部－A方式）
396 法政大学（経済〈I日程〉・社会〈I日程〉・現代福祉学部－A方式）
397 法政大学（経済〈II日程〉・社会〈II日程〉・スポーツ健康学部－A方式）
398 法政大学（情報科・デザイン工・理工・生命科学部－A方式）
399 法政大学（T日程〈統一日程〉・英語外部試験利用入試）
400 星薬科大学 総推

ま行（関東の大学）

401 武蔵大学
402 武蔵野大学
403 武蔵野美術大学
404 明海大学
405 明治大学（法学部－学部別入試）
406 明治大学（政治経済学部－学部別入試）
407 明治大学（商学部－学部別入試）
408 明治大学（経営学部－学部別入試）
409 明治大学（文学部－学部別入試）
410 明治大学（国際日本学部－学部別入試）
411 明治大学（情報コミュニケーション学部－学部別入試）
412 明治大学（理工学部－学部別入試）
413 明治大学（総合数理学部－学部別入試）
414 明治大学（農学部－学部別入試）
415 明治大学（全学部統一入試）
416 明治学院大学（A日程）
417 明治学院大学（全学部日程）
418 明治薬科大学 総推
419 明星大学
420 目白大学・短期大学部

ら・わ行（関東の大学）

421 立教大学（文系学部－一般入試〈大学独自の英語を課さない日程〉）
422 立教大学（国語〈3日程×3カ年〉）
423 立教大学（日本史・世界史〈2日程×3カ年〉）
424 立教大学（文学部－一般入試〈大学独自の英語を課す日程〉）
425 立教大学（理学部－一般入試）
426 立正大学
427 早稲田大学（法学部）
428 早稲田大学（政治経済学部）
429 早稲田大学（商学部）
430 早稲田大学（社会科学部）
431 早稲田大学（文学部）
432 早稲田大学（文化構想学部）
433 早稲田大学（教育学部〈文科系〉）
434 早稲田大学（教育学部〈理科系〉）
435 早稲田大学（人間科・スポーツ科学部）
436 早稲田大学（国際教養学部）
437 早稲田大学（基幹理工・創造理工・先進理工学部）
438 和洋女子大学 総推

中部の大学（50音順）

439 愛知大学
440 愛知医科大学（医学部） 医
441 愛知学院大学・短期大学部
442 愛知工業大学 総推
443 愛知淑徳大学
444 朝日大学 総推
445 金沢医科大学（医学部） 医
446 金沢工業大学
447 岐阜聖徳学園大学 総推
448 金城学院大学
449 至学館大学 総推
450 静岡理工科大学
451 椙山女学園大学
452 大同大学
453 中京大学
454 中部大学
455 名古屋外国語大学 総推
456 名古屋学院大学 総推
457 名古屋学芸大学 総推
458 名古屋女子大学 総推
459 南山大学（外国語〈英米〉・法・総合政策・国際教養学部）
460 南山大学（人文・外国語〈英米を除く〉・経済・経営・理工学部）
461 新潟国際情報大学
462 日本福祉大学
463 福井工業大学
464 藤田医科大学（医学部） 医
465 藤田医科大学（医療科・保健衛生学部）
466 名城大学（法・経営・経済・外国語・人間・都市情報学部）
467 名城大学（情報工・理工・農・薬学部）
468 山梨学院大学

近畿の大学（50音順）

469 追手門学院大学 総推
470 大阪医科薬科大学（医学部） 医
471 大阪医科薬科大学（薬学部） 総推
472 大阪学院大学 総推
473 大阪経済大学 総推
474 大阪経済法科大学 総推
475 大阪工業大学 総推
476 大阪国際大学・短期大学部 総推
477 大阪産業大学 総推
478 大阪歯科大学（歯学部）
479 大阪商業大学 総推
480 大阪成蹊大学・短期大学 総推
481 大谷大学 総推
482 大手前大学・短期大学 総推
483 関西大学（文系）
484 関西大学（理系）
485 関西大学（英語〈3日程×3カ年〉）
486 関西大学（国語〈3日程×3カ年〉）
487 関西大学（日本史・世界史・文系数学〈3日程×3カ年〉）
488 関西医科大学（医学部） 医
489 関西医療大学 総推
490 関西外国語大学・短期大学部 総推
491 関西学院大学（文・法・商・人間福祉・総合政策学部－学部個別日程）
492 関西学院大学（神・社会・経済・国際・教育学部－学部個別日程）
493 関西学院大学（全学部日程〈文系型〉）
494 関西学院大学（全学部日程〈理系型〉）
495 関西学院大学（共通テスト併用日程〈数学〉・英数日程）
496 関西学院大学（英語〈3日程×3カ年〉） 新
497 関西学院大学（国語〈3日程×3カ年〉） 新
498 関西学院大学（日本史・世界史・文系数学〈3日程×3カ年〉） 新
499 畿央大学 総推
500 京都外国語大学・短期大学 総推
502 京都産業大学（公募推薦入試） 総推
503 京都産業大学（一般選抜入試〈前期日程〉）
504 京都女子大学 総推
505 京都先端科学大学 総推
506 京都橘大学 総推
507 京都ノートルダム女子大学 総推
508 京都薬科大学 総推
509 近畿大学・短期大学部（医学部を除く－推薦入試） 総推
510 近畿大学・短期大学部（医学部を除く－一般入試前期）
511 近畿大学（英語〈医学部を除く3日程×3カ年〉）
512 近畿大学（理系数学〈医学部を除く3日程×3カ年〉）
513 近畿大学（国語〈医学部を除く3日程×3カ年〉）
514 近畿大学（医学部－推薦入試・一般入試前期） 医 総推
515 近畿大学・短期大学部（一般入試後期） 医
516 皇學館大学 総推
517 甲南大学 総推
518 甲南女子大学（学校推薦型選抜） 新 総推
519 神戸学院大学 総推
520 神戸国際大学 総推
521 神戸女学院大学 総推
522 神戸女子大学・短期大学 総推
523 神戸薬科大学 総推
524 四天王寺大学・短期大学部 総推
525 摂南大学（公募制推薦入試） 総推
526 摂南大学（一般選抜前期日程）
527 帝塚山学院大学 総推
528 同志社大学（法、グローバル・コミュニケーション学部－学部個別日程）

2025年版　大学赤本シリーズ

私立大学③

529 同志社大学(文・経済学部－学部個別日程)
530 同志社大学(神・商・心理・グローバル地域文化学部－学部個別日程)
531 同志社大学(社会学部－学部個別日程)
532 同志社大学(政策・文化情報〈文系型〉・スポーツ健康科〈文系型〉学部－学部個別日程)
533 同志社大学(理工・生命医科・文化情報〈理系型〉・スポーツ健康科〈理系型〉学部－学部個別日程)
534 同志社大学(全学部日程)
535 同志社女子大学 総推
536 奈良大学 総推
537 奈良学園大学 総推
538 阪南大学 総推
539 姫路獨協大学 総推
540 兵庫医科大学(医学部) 医
541 兵庫医科大学(薬・看護・リハビリテーション学部) 総推
542 佛教大学 総推
543 武庫川女子大学 総推
544 桃山学院大学 総推
545 大和大学・大和大学白鳳短期大学部 総推
546 立命館大学(文系－全学統一方式・学部個別配点方式)／立命館アジア太平洋大学(前期方式・英語重視方式)
547 立命館大学(理系－全学統一方式・学部個別配点方式・理系型3教科方式・薬学方式)
548 立命館大学(英語〈全学統一方式3日程×3カ年〉)
549 立命館大学(国語〈全学統一方式3日程×3カ年〉)
550 立命館大学(文系選択科目〈全学統一方式2日程×3カ年〉)
551 立命館大学(IR方式〈英語資格試験利用型〉・共通テスト併用方式)／立命館アジア太平洋大学(共通テスト併用方式)
552 立命館大学(後期分割方式・「経営学部で学ぶ感性＋共通テスト」方式)／立命館アジア太平洋大学(後期方式)
553 龍谷大学(公募推薦入試) 総推
554 龍谷大学(一般選抜入試)

中国の大学(50音順)

555 岡山商科大学 総推
556 岡山理科大学 総推
557 川崎医科大学 医
558 吉備国際大学 総推
559 就実大学 総推
560 広島経済大学
561 広島国際大学 総推
562 広島修道大学
563 広島文教大学 総推
564 福山大学／福山平成大学
565 安田女子大学 総推

四国の大学(50音順)

567 松山大学

九州の大学(50音順)

568 九州医療科学大学
569 九州産業大学
570 熊本学園大学
571 久留米大学(文・人間健康・法・経済・商学部)
572 久留米大学(医学部〈医学科〉) 医
573 産業医科大学(医学部) 医
574 西南学院大学(商・経済・法・人間科学部－A日程)
575 西南学院大学(神・外国語・国際文化学部－A日程／全学部－F日程)
576 福岡大学(医学部医学科を除く－学校推薦型選抜・一般選抜系統別日程) 総推
577 福岡大学(医学部医学科を除く－一般選抜前期日程)
578 福岡大学(医学部〈医学科〉－学校推薦型選抜・一般選抜系統別日程) 医 総推
579 福岡工業大学
580 令和健康科学大学 総推

医 医学部医学科を含む
総推 総合型選抜または学校推薦型選抜を含む
DL リスニング音声配信　新 2024年 新刊・復刊

掲載している入試の種類や試験科目，収載年数などはそれぞれ異なります。詳細については，それぞれの本の目次や赤本ウェブサイトでご確認ください。

難関校過去問シリーズ

出題形式別・分野別に収録した
「入試問題事典」
20大学 73点

定価**2,310～2,640**円(本体2,100～2,400円)

先輩合格者はこう使った!
「難関校過去問シリーズの使い方」

61年，全部載せ!
要約演習で，総合力を鍛える

東大の英語
要約問題 UNLIMITED

国公立大学

東大の英語25カ年[第12版] 改
東大の英語リスニング20カ年[第9版] DL 改
東大の英語 要約問題 UNLIMITED
東大の文系数学25カ年[第12版] 改
東大の理系数学25カ年[第12版] 改
東大の現代文25カ年[第12版] 改
東大の古典25カ年[第12版] 改
東大の日本史25カ年[第9版] 改
東大の世界史25カ年[第9版] 改
東大の地理25カ年[第9版] 改
東大の物理25カ年[第9版] 改
東大の化学25カ年[第9版] 改
東大の生物25カ年[第9版] 改
東工大の英語20カ年[第8版] 改
東工大の数学20カ年[第9版] 改
東工大の物理20カ年[第5版] 改
東工大の化学20カ年[第5版] 改
一橋大の英語20カ年[第9版] 改
一橋大の数学20カ年[第9版] 改
一橋大の国語20カ年[第6版] 改
一橋大の日本史20カ年[第6版] 改
一橋大の世界史20カ年[第6版] 改
筑波大の英語15カ年 新
筑波大の数学15カ年 新
京大の英語25カ年[第12版]
京大の文系数学25カ年[第12版]
京大の理系数学25カ年[第12版]
京大の現代文25カ年[第2版]
京大の古典25カ年[第2版]
京大の日本史20カ年[第3版]
京大の世界史20カ年[第3版]
京大の物理25カ年[第9版]
京大の化学25カ年[第9版]
北大の英語15カ年[第8版]
北大の理系数学15カ年[第8版]
北大の物理15カ年[第2版]
北大の化学15カ年[第2版]
東北大の英語15カ年[第8版]
東北大の理系数学15カ年[第8版]
東北大の物理15カ年[第2版]
東北大の化学15カ年[第2版]
名古屋大の英語15カ年[第8版]
名古屋大の理系数学15カ年[第8版]
名古屋大の物理15カ年[第2版]
名古屋大の化学15カ年[第2版]
阪大の英語20カ年[第9版]
阪大の文系数学20カ年[第3版]
阪大の理系数学20カ年[第9版]
阪大の国語15カ年[第3版]
阪大の物理20カ年[第8版]
阪大の化学20カ年[第6版]
九大の英語15カ年[第8版]
九大の理系数学15カ年[第7版]
九大の物理15カ年[第2版]
九大の化学15カ年[第2版]
神戸大の英語15カ年[第9版]
神戸大の数学15カ年[第5版]
神戸大の国語15カ年[第3版]

私立大学

早稲田の英語[第11版] 改
早稲田の国語[第9版] 改
早稲田の日本史[第9版] 改
早稲田の世界史[第2版] 改
慶應の英語[第11版] 改
慶應の小論文[第3版] 改
明治大の英語[第9版] 改
明治大の国語[第2版] 改
明治大の日本史[第2版] 改
中央大の英語[第9版] 改
法政大の英語[第9版] 改
同志社大の英語[第10版]
立命館大の英語[第10版]
関西大の英語[第10版]
関西学院大の英語[第10版]

DL リスニング音声配信
新 2024年 新刊
改 2024年 改訂

大学赤本シリーズ

赤本ウェブサイト

過去問の代名詞として、70年以上の伝統と実績。

新刊案内・特集ページも充実！
受験生の「知りたい」に答える

akahon.netでチェック！

志望大学の赤本の刊行状況を確認できる！

「赤本取扱い書店検索」で赤本を置いている書店を見つけられる！

赤本チャンネル＆赤本ブログ

赤本チャンネル

YouTubeや
TikTokで受験対策！

人気講師の大学別講座や
共通テスト対策など、
受験に役立つ動画を公開中！

YouTube

TikTok

赤本ブログ

受験のメンタルケア、合格者の声など、
受験に役立つ記事が充実。

2025 年版　大学赤本シリーズ　No. 547

立命館大学（理系－全学統一方式・学部個別配点方式・理系型３教科方式・薬学方式）

2024 年 6 月 10 日　第 1 刷発行
ISBN978-4-325-26605-1
定価は裏表紙に表示しています

編　集　教学社編集部
発行者　上原 寿明
発行所　教学社
〒606-0031
京都市左京区岩倉南桑原町56
電話　075-721-6500
振替　01020-1-15695
印　刷　太洋社

- 乱丁・落丁等につきましてはお取替えいたします。
- 本書に関する最新の情報（訂正を含む）は，赤本ウェブサイトhttp://akahon.net/の書籍の詳細ページでご確認いただけます。
- 本書は当社編集部の責任のもと独自に作成したものです。本書の内容についてのお問い合わせは，赤本ウェブサイトの「お問い合わせ」より，必要事項をご記入の上ご連絡ください。電話でのお問い合わせは受け付けておりません。なお，受験指導など，本書掲載内容以外の事柄に関しては，お答えしかねます。また，ご質問の内容によってはお時間をいただく場合がありますので，あらかじめご了承ください。

- 本シリーズ掲載の入試問題等について，万一，掲載許可手続等に遺漏や不備があると思われるものがございましたら，当社編集部までお知らせください。